当代俄罗斯语言学理论译库
北京市科技创新平台项目
俄罗斯叶利钦基金会资助项目
总主编 刘利民　　主编 杜桂枝

РУССКОЕ СЛОВО, СВОЁ И ЧУЖОЕ
Исследования по современному русскому языку
и социолингвистике

社会语言学与现代俄语

〔俄〕Л.П.克雷欣 著

赵蓉晖 译

著作权合同登记 图字:01－2011－1993

图书在版编目(CIP)数据

社会语言学与现代俄语/(俄罗斯)Л.П.克雷欣著;赵蓉晖译.
—北京:北京大学出版社,2011.4
(当代俄罗斯语言学理论译库)
ISBN 978-7-301-18772-2

Ⅰ.社… Ⅱ.①克…②赵… Ⅲ.①社会语言学－研究②俄语－研究
Ⅳ.①H0②H35

中国版本图书馆 CIP 数据核字(2011)第 063633 号

Л. П. КРЫСИН
РУССКОЕ СЛОВО, СВОЁ И ЧУЖОЕ:
Исследования по современному русскому языку и социолингвистике
© Л. П. Крысин, 2004
© Языки славянской культуры, 2004

书　　　　名:	社会语言学与现代俄语
著作责任者:	〔俄〕Л. П. 克雷欣　著　赵蓉晖　译
组稿编辑:	张　冰
责任编辑:	李　哲
标准书号:	ISBN 978-7-301-18772-2/H · 2810
出版发行:	北京大学出版社
地　　　　址:	北京市海淀区成府路 205 号　100871
网　　　　址:	http://www.pup.cn
电子邮箱:	zbing@pup.pku.edu.cn
电　　　　话:	邮购部 62752015　发行部 62750672　编辑部 62759634　出版部 62754962
印　刷　者:	北京鑫海金澳胶印有限公司
经　销　者:	新华书店
	730 毫米×980 毫米　16 开本　29 印张　560 千字
	2011 年 4 月第 1 版　2011 年 4 月第 1 次印刷
定　　　　价:	65.00 元

未经许可,不得以任何方式复制或抄袭本书之部分或全部内容。
版权所有,侵权必究　举报电话:010－62752024
　　　　　　　　　　电子邮箱:fd@pup.pku.edu.cn

总　序

　　俄语语言学理论研究在世界语言学中一直都占有重要的位置。从 18 世纪的罗蒙诺索夫到 20 世纪的维诺格拉多夫，从历史悠久的喀山学派到著名的莫斯科语义学派，俄罗斯产生和培养了一批批颇有影响的语言学家。他们一代代传承着语言学研究的优良传统，以敏锐和细腻的语言感悟，用完全不同于西方的研究方法，在斯拉夫语言的沃土上开垦和耕耘，建立起许多独特的语言学理论，收获着令世人瞩目的成就。

　　将俄罗斯语言学的发展变化置于世界语言学的大视野中做个粗略比照，便不难发现，在世界语言学发展的每一个历史转折时期，每当有新的思潮和范式涌现，俄罗斯语言学界都会同期出现伟大的语言学家和语言学理论，譬如，与索绪尔站在同一时代语言学制高点上的博杜恩·库尔特内；可与乔姆斯基"转换生成模式"并肩的梅里丘克的"意义⇔文本"语言学模式；20 世纪 80 至 90 年代，当西方语言学界在为乔治·莱考夫的以解释学为中心的认知语言学新范式欢呼雀跃时，解释学方法早在 1974 年出版的俄罗斯语言学家阿普列相的《词汇语义学》中便得到了详细的论述和应用，这一方法在俄国的许多语言学家，譬如博古斯拉夫斯基、什梅廖夫、沙图诺夫斯基等的语义学研究中都已广泛应用与发展；进入 21 世纪，帕杜切娃进行的"词汇语义动态模式"研究震撼和颠覆了传统语义学理念，她进而提出的"动态语义学"理论更是让人耳目一新。由此，可以不夸张地说，俄语语言学理论研究一直是与世界语言学的发展律动保持着同一节拍的，在个别时期或个别领域有时候甚至是领先一步。当代许多著名的俄罗斯语言学家的思想都具有国际领先水平和前沿性，俄语语言学理论是当今人文社会科学中极具价值且尚待努力开掘的一方富矿。

　　然而，由于种种原因，我国语言学界对俄罗斯语言学研究的发展历史和目前的理论水准缺少应有的关注，对俄罗斯语言学取得的成就了解得较少，致使俄罗斯语言学领域中的许多重要理论和先进思想没有得到应有的传播。中国语言学界并没有真正地全面了解和学习到俄罗斯语言学理论研究的精华，未能在实质上分享到俄语语言学先进理论的成果。

中国当代俄语语言学理论研究真正兴起于20世纪80年代,发展在改革开放和中苏关系正常化之后。虽然目前呈现出蓬勃发展的良好势头,但与我国的西方语言学研究相比,俄语语言学理论研究尚缺乏系统性、本源性和宏观整体性,许多语言学理论的引介或者通过第三种语言翻译过来,或通过二次评介传入,致使俄罗斯语言学理论研究显得支离破碎,或者说只见树木不见森林。究其根源,就是在我国的俄语语言学理论研究中缺乏系统、宏观的本源性、整合性研究,而理论研究的缺失与偏误必然会影响和阻滞整个学科的进步和可持续性发展。

如此局面的形成,作为俄语工作者的我们深切感受到的不仅仅是愧疚,同时还有一份不可推卸的责任。要全面了解俄罗斯语言学理论的发展和现状,把握其精髓,必须对俄罗斯语言学理论宝藏做本源性的开掘,必须对语言学理论的精品做系统的直接译介和潜心研究,让人类文化的这一块宝贵财富不仅能够哺育圣·西里尔的后人,也为中国的语言学者所共享,也为丰富中华语言和文化发挥作用。

基于这样的理念和目标,杜桂枝教授主持申报了北京市科技创新平台项目,精选了九位当代俄罗斯语言学著名学者的理论代表作,邀集了国内俄语界相关领域理论研究造诣较深的学者,担纲翻译及研究工作。毋庸置疑,这是一项颇具挑战性的巨大工程。

我们说,这项工程是一个创新性的大胆尝试,因为这是一项史无前例的工作:自中国开办俄语教育300余年以来,虽然有过个别的俄语语言学理论著作的翻译引介,但如此大规模地、系统地、有组织地进行翻译和研究,在我国的俄语教育史上尚属首次。

我们说,这项工程是一种可贵的无私奉献,因为在当今的学术氛围下,在当今的评价体系中,每个人都清楚,学术著作的翻译几乎不具学术"价值",甚至是一些人回避不及的"辛苦"。然而,我们邀请到的每一位学者都欣然地接受了这份几近无酬又"不增分"的"低性价比"的"纠结和折磨":缘于一份浓郁的俄语情结,期待的是自身理论的升华和自我价值的超越,为的是先进的前沿性俄语语言学理论的传播。

我们说,这项工程是一份默默耕耘的艰辛劳作,因为这九位俄罗斯语言学家都是各自研究领域的顶级学者,这些代表作中的每一部几乎都是作者倾其一生的研究成果之集成。没有对该学者的深入了解,没有对其多年研究脉络和方法的把握，没有对其理论、概念和相关术语的理解和领悟，要想完成这一翻译任务是根本无望的，译者在其间的艰辛可想而知，其中的付出不言而喻。

我们说，这项工程是一个庞大而艰巨的综合项目，因为这一工程涉及语言学的各个领域：句法学、语义学、语用学、词汇学、语言哲学、语言的逻辑分析、逻辑语义、功能语言学、社会语言学、心理语言学等等。面对语言学理论林林总总的学科，站在语言学前沿理论的高端上，体验着俄罗斯语言学家的思维脉动，感受着学者们思想的敏锐和理论的深邃，这无疑是对语言学大千世界的一次鸟瞰，此时此刻无人敢言内行。因此，在制定翻译计划和领受翻译任务时，我们有约在先：每一位翻译者应对所翻译著作全文负责，力争使自己成为各自领域中的专家、内行。

简言之，这是一项有责任、有分量、有难度的大工程。有人说，翻译是一门艺术。其实，学术著作的翻译更是一门特殊的艺术。在走进艺术殿堂的行程中，要经历崎岖与荆棘，需要努力跋涉，要不断地克服困难，不停顿地向着目标艰难攀登，才有可能摘取艺术的皇冠。也曾有人形象地比喻：翻译是"带着镣铐起舞"。如果说一般语言翻译的镣铐尚是"舞者"可以承受之重的话，那么，学术理论著作翻译的镣铐对译者的考验、束缚更让"舞者"举步维艰，即便使出浑身解数，也未必能展示出优美的舞姿。所幸，中国的俄语界有这样一批知难而进的学者，他们不畏惧这副沉重的镣铐，心甘情愿地披挂在身，欣然前行。当我们亲历了艰难起舞的全过程，当一本本沉甸甸的译稿摆上案头，我们会释然地说，无论舞姿是否优美，我们尽心，也尽力了。

当我们即将把这样一套理论译著奉献给读者时，心中仍存一份忐忑：毕竟这是俄罗斯著名语言学家的理论代表作，毕竟民族间语言与文化差异的存在、某些术语的无法完全等译，会给译文留下些许的遗憾，难免会有不够精准的理解、表述和疏漏之处。在此，真诚地欢迎语言界同仁和广大读者提出意见，同时也真诚地希望给"带着镣铐的舞者"们多些宽容和鼓励。

再谈一些技术性问题。

1. 我们所选的九位俄罗斯语言学家代表着语言学不同的方向和领域，各自都有独特的研究视角，独特的研究方法和独特的语言表述风格。因此，我们不力求每部作品在形式、风格乃至术语上都一致，而是给予译者相对的独立性，以此保证每一部译著的完整性、统一性和独特性。我们希望读者在不同的译著中，除了能读出原作者的风范外，还能品读到译者的风格。

2. 对于国外学者译名的处理问题，我们采用了如下原则：①对在我国语言学界早已耳熟能详的世界著名学者，沿用现有的译名，如索绪尔、乔姆斯基等；②对西方的语言学家、哲学家等，采用国内学界已有的译名，尽量接轨；③对俄罗斯及斯拉夫语系的学者，我们按照国内通行的译名手册的标准翻译，同时兼顾已有的习惯译法。

3. 关于术语在上下文、前后章节中的使用问题，我们的基本原则是：在准确把握原文意图的前提下尽量一致，前后统一，减少歧义；同时又要考虑作者在不同时期、不同语境下的使用情况做灵活处理，术语的译文以保证意义准确为宗旨，以准确诠释学术理论思想为前提，随文本意义变化而变，因语境不同而异。

4. 为保持原著的面貌和风格，在形式上遵循和沿用原著各自的行文体例，没有强求形式上的统一，因此，即便是在同一本译作中，也会有前后不一致的情况。

5. 鉴于篇幅问题，个别著作的中译版分为上、下卷出版。

最后，由衷地感谢北京市教委，为我们搭建了这样一个坚实的大平台，使诸多俄语学者实现了为俄语学界、为我国语言学界做一点贡献的愿望。

本书的翻译出版得到了俄罗斯叶利钦基金会的支持和帮助，在此表示衷心感谢。

我们还要感谢北京大学出版社对本套译库出版给予的大力支持。

唯愿我们的努力能为我国的俄语教学与研究，为我国语言学的整体发展产生助推和添薪作用。

总主编 刘利民
2010 年 12 月

致中国读者

亲爱的中国读者们：

　　这本书是我多年从事语言学研究的结果。我的研究主要关注现代俄语和20世纪以及当今俄语中正在发生的各种变化和进程。这些变化中有很多是由社会因素决定的，这些社会因素是指俄语社会正在经历的各类事件。这个社会被划分成不同的阶层和群体，它们用各自不同的方式使用语言手段，而这正是科学技术成就在语言中的反映。我对社会语言学的兴趣在本书中得到了反映。社会语言学是一个比较年轻的语言学领域，大约从20世纪前30年起，学者们才开始对语言的社会制约性有所关注。人们首先关注的是语言的历史发展，还有所有自然语言都具备的手段在不同的言语交际情景中是如何使用的。目前，社会语言学在揭示和描写语言与社会间不同的制约关系方面已经取得了一定成绩，其中的一些观察和思考你们可以在我的书中看到。

　　祝你们在俄语学习和研究中取得成功！如果在这个过程中我的书对你们有所裨益，我将感到万分欣慰。

Л. П. 克雷欣

2011年3月于莫斯科

符号与略语表

АРСАС — Англо-русский словарь американского сленга. М.,1994
БАС — Большой академический словарь (Словарь современного русского литературного языка. Т. 1—17. М.; Л., 1950—1965)
Грамматика-70 — Грамматика современного русского литературного языка. М., 1970
Грамматика-80 — Русская грамматика. Т. 1—2. М., 1980
МАС — Малый академический словарь (Словарь русского языка. Т. 1—4. М., 1957—1961. 2-е изд. М., 1981—1984)
КЛЯ — кодифицированный литературный язык
НБАРС — Новый большой англо-русский словарь. Т. 1 / Под общим руководством Э. М. Медниковой и Ю. Д. Апресяна. Т. 2—3 / Под ред. Ю. Д. Апресяна. М., 1993—1994
НФРС — Новый французско-русский словарь / Сост. В. Г. Гак, К. А. Ганшина. М., 1994
РР — разговорная речь
РРР — русская разговорная речь
РЯДМО — Русский язык по данным массового обследования / Под ред. Л. П. Крысина. М., 1974
РЯиСО — Русский язык и советское общество. Кн. 1—4 / Под ред. М. В. Панова. М., 1968
СИС — Словарь иностранных слов (разные годы издания)
СЛИ — Социально-лингвистические исследования / Под ред. Л. П.Крысина и Д. Н. Шмелева. М., 1976
СО — *С. И. Ожегов*. Словарь русского языка (разные годы издания)
СОШ — *С. И. Ожегов, Н. Ю. Шведова*. Толковый словарь русского языка (разные годы издания)
СУ — Толковый словарь русского языка. Т. 1—4 / Под ред. Д. Н. Ушакова. М., 1935—1940
ТКС — *И.А.Мельчук, А.К.Жолковский*. Толково-комбинаторный словарь современного русского языка. Вена, 1984
ТСИС — *Л.П.Крысин*. Толковый словарь иноязычных слов. М., 1998; 5-е изд. М.

目 录

第一编 词汇学·词典学·语义学

导言 ………………………………………………………………… 1
关于词汇借用的若干理论问题 ………………………………… 3
  1. 作为语言过程的借用 ………………………………………… 4
    1.1 关于借用理论的语言学文献分析 ……………………… 5
    1.2 借用的定义和种类 ……………………………………… 9
  2. 词汇借用的原因和前提 …………………………………… 10
    2.1 外部原因 ………………………………………………… 11
    2.2 内部(语言)原因 ……………………………………… 12
  3. 借用的条件 ………………………………………………… 16
  4. "借词"="外来词"？ ……………………………………… 17
    4.1 外来词吸收的几个阶段 ………………………………… 19
    4.2 外来词在语言中同化的特征——必要的标准和多余的标准 … 25
    4.3 外来新词的构词能力 …………………………………… 30
  5. 外来词的类型 ……………………………………………… 35
    5.1 借词和国际术语 ………………………………………… 35
    5.2 外语夹杂词和异国情调词 ……………………………… 37
  6. 判断词汇借用来源的标准 ………………………………… 41
    6.1 借用还是构词？ ………………………………………… 43
20 世纪俄语的外来词汇借用 ………………………………… 47
  1. 19 世纪末至 20 世纪词汇借用情况综述 ………………… 47
  2. 19 世纪末至 20 世纪前十五年俄语言语中的外来词汇 …… 49
    2.1 词汇变体 ………………………………………………… 57
    2.2 语法变体 ………………………………………………… 63
  3. 20 世纪 20 年代后半期至 30 年代的外来词汇借用情况 … 66
    3.1 表示新事物和新现象的外来词 ………………………… 68
    3.2 不表示新事物、新现象的外来词 ……………………… 83
    3.3 结构上与外语原型词一致的外来词 …………………… 85

3.4　借助俄语语法手段构成的外来词……………………………… 91
4. 20世纪40年代至50年代初外来词汇的借用及其使用特点 ………… 97
　　4.1　卫国战争时期俄语言语中的外来词汇 ……………………… 97
　　4.2　20世纪40年代后半期至50年代初外来词使用的特点 …… 107
5. 20世纪50年代后半期至60年代初——外来词汇借用的活跃时期…… 118
　　5.1　表示新事物和新概念的外来词汇 …………………………… 120
　　5.2　不表示新事物、新概念的外来词汇 ………………………… 134
6. 20世纪末社会生活语境下的外来词 …………………………………… 151
　　6.1　外来词积极使用的条件 ……………………………………… 151
　　6.2　再论外来词借用的原因 ……………………………………… 154
　　6.3　20世纪80至90年代俄语言语中外来词使用的特点 …… 161
7. 新外来分析形容词和元音连读现象 …………………………………… 165
　　7.1　外来词在详解词典中的体现：外来词的词典学信息类型 …… 172
　　7.2　20世纪末俄语中的词语仿造 ………………………………… 181

第二编　修辞学·言语礼节

词汇"错误"的类型 ………………………………………………………… 186
社会语言学方面的言语"错误"研究 …………………………………… 194
俄语口语中的夸张 ………………………………………………………… 199
　　1. 导言 ……………………………………………………………… 199
　　2. 夸张及其在口语中出现的原因 ………………………………… 201
　　3. 夸张的条件 ……………………………………………………… 204
　　4. 夸张的表达手段 ………………………………………………… 205
现代俄语言语中的委婉语 ………………………………………………… 216
　　1. 导言 ……………………………………………………………… 216
　　2. "委婉语"的定义 ……………………………………………… 218
　　3. 委婉语的主题和领域 …………………………………………… 220
　　4. 人类社会活动领域中的委婉语 ………………………………… 221
　　　　4.1　言语委婉化的目的 ……………………………………… 222
　　　　4.2　言语委婉化使用的社会生活领域 ……………………… 229
　　　　4.3　委婉化的语言方法和手段 ……………………………… 232
　　　　4.4　创造和使用委婉语的说话人的社会差异 …………… 235
　　　　4.5　篇章中委婉语的标记性 ………………………………… 237
宗教—说教语体及其在俄语标准语功能修辞聚合体中的地位 ………… 239

第三编　社会语言学

- 导言 ……………………………………………………………………… 242
- 现代语言学中的语言社会制约性问题 ………………………………… 244
  - 1. 导言 ………………………………………………………………… 244
  - 2. 语言的社会分化 …………………………………………………… 246
  - 3. 语言发展及使用的社会条件 ……………………………………… 253
    - 3.1 波利万诺夫的社会语言学思想 ……………………………… 253
    - 3.2 关于语言发展和使用的一些现代社会语言学观点 ………… 257
- 现代俄语的社会及功能分化 …………………………………………… 263
  - 1. 俄语变体的语言和社会本质的历史变异性及边界 ……………… 263
  - 2. 标准语 ……………………………………………………………… 264
  - 3. 地域方言 …………………………………………………………… 275
  - 4. 俗语 ………………………………………………………………… 278
  - 5. 行业隐语 …………………………………………………………… 291
  - 6. 集团隐语 …………………………………………………………… 296
  - 7. 青年隐语 …………………………………………………………… 298
- 社会制约的过程：语言变体间的相互作用与相互影响 ……………… 301
  - 1. 标准语和地域方言间的相互关系 ………………………………… 301
    - 1.1 标准语和方言的社会基础的变化 …………………………… 301
    - 1.2 标准语和方言的交际领域的变化 …………………………… 302
    - 1.3 标准语和方言规范的性质 …………………………………… 303
    - 1.4 标准语和方言相互作用的形式 ……………………………… 304
  - 2. 标准语和俗语间的相互关系 ……………………………………… 306
    - 2.1 标准语对俗语的影响 ………………………………………… 306
    - 2.2 俗语对标准语的影响 ………………………………………… 308
    - 2.3 言语的过渡形式 ……………………………………………… 312
    - 2.4 标准语文本中使用俗语成分的特殊情况 …………………… 313
  - 3. 标准语和行业隐语间的关系 ……………………………………… 314
  - 4. 标准语和集团隐语间的相互关系 ………………………………… 317
  - 5. 非标准语言变体间的相互关系 …………………………………… 319
  - 6. 俄语在异族环境中的变异 ………………………………………… 322
- 语言获得的社会方面 …………………………………………………… 326
  - 1. 现代语言学中的"语言获得"概念 ………………………………… 326

  2. 语言获得的层次 ··· 330
  3. 言语交际与交际者的社会角色 ······················· 337
语言单位的语义和搭配中的社会限制 ····················· 345
  1. 导言 ··· 345
  2. 语言单位意义中的社会成分 ····························· 346
   2.1 意义中指示 $P_x > P_y$ 型角色关系的词 ········· 348
   2.2 意义中指示 $P_x < P_y$ 型角色关系的词 ········· 355
   2.3 语气词-ка 语义中的社会成分 ····················· 359
   2.4 社会成分在语言单位释义中的地位 ··············· 361
   2.5 含有带社会偏向意义词语的话语的正误问题 ··· 361
  3. 语言单位搭配中的社会限制条件 ······················· 363
   3.1 某些对称性谓词的搭配特点 ······················· 363
   3.2 代词 мой 的使用特点 ································ 366
作为双言现象的语言变体获得 ······························ 371
关于小群体的言语行为 ·· 376
  1. 小群体的种类 ··· 377
  2. 小群体的结构 ··· 378
  3. 群体的言语同质性 ·· 380
  4. 言语的群体套语 ·· 381
  5. 小群体成员的双言性质 ·································· 382
  6. 群体内交际中口头言语的一些特点 ···················· 383
语言单位的社会标记 ·· 384
  1. 语音现象中的社会标记 ·································· 384
  2. 重音现象中的社会标记 ·································· 388
  3. 词形变化中的社会标记 ·································· 390
  4. 构词模式和个别派生词中的社会标记 ················· 391
  5. 句法结构的社会标记 ····································· 393
Особый 和 специальный 的使用问题 ····················· 397
现代俄罗斯知识分子的言语肖像 ···························· 403
  1. 导言 ··· 403
  2. 描写对象的非一致性 ····································· 404
  3. 语言单位系统构成中的特点 ····························· 406
   3.1 语音 ·· 406
   3.2 词汇与词语使用 ····································· 408
  4. 言语行为特点 ··· 410

  4.1 交际模式 ………………………………………………… 410
  4.2 先例现象 ………………………………………………… 412
  4.3 语言游戏 ………………………………………………… 413
参考文献 ……………………………………………………………… 415
人名索引 ……………………………………………………………… 448

第一编　词汇学·词典学·语义学

导　言[*]

在使苏联时期俄语标准语词汇不断丰富的诸多过程中，外来词汇借用占有重要的地位，它既是称名新现象的一种手段，也是替代已有名称（尤其是描写性名称）的一种手段。

在现代语言学文献中，人们对近五十年来俄语借用外语词汇这一现象研究得并不是很透彻。当时，语言学家只是为了研究十月革命后俄语发展的各种普遍问题才不得不对新借词的结构、数量、性质、类型、本土化特点等问题有所涉及。因此，对这一问题的研究具有现实意义。

由于现代语言学对词汇借用过程的个别方面尚未有清楚的解释，因此要阐明与此相关的一系列具体问题时就遇到了理论上的阻碍，甚至连一些最基本的问题也未能明确，例如，什么是词汇借用？什么是借词？什么是"词汇从一种语言迁移到另一语言"？促使词汇从一种语言"移民"到另一语言的原因是什么？在研究词汇借用的语言学文献中，对诸如此类问题的回答各不相同。在这种情况下，自然必须先从具体的材料分析入手，同时厘清最基本的概念和术语（或者至少取得一定的共识）。

我们对外来词的研究分为两个基本部分。第一部分是理论前言，探讨词汇借用的基本理论问题，根据需要来引述不同观点，同时，根据外来词的结构及功能特点对其进行分类。第二部分是对20世纪俄语借用外语词汇历史的概述，包括几个章节。词汇借用过程和被借用的词汇素材本身都被置于历史年代的关照中，它们根据俄语标准语词汇借用的特点和功能被划分成几个历史时期。

本章研究的材料多来自于词典（见图书参考文献）、报刊及科普类文章，来源于文学作品（包括翻译作品）的材料较少。这种把研究材料来源集中在报刊文章的做法绝非偶然。有研究表明，现代社会中的媒体恰恰是词汇从一种语言移民至另一语言的"中间人"。

---

[*] 这一部分的大部分内容来自《现代俄语中的外来词》（Иноязычные слова в современном русском языке. М.：Наука，1968）一书，此次增补了一些后来撰写的关于词汇借用的文章（每篇文章都标注了首次发表于何处）。

因此，伊萨钦科（Исаченко 1958：336）的话颇值得关注："在当代……以这样或那样的方式影响每个公民日常生活（自然，还有语言）的主要标准语体裁是报纸和广播的语言，是科学与技术的语言。因此，现代标准语中最具代表性的正是那些能够直接反映现代生活最活跃部分的词汇。这些词汇，在相当条件下可以被称为'术语化'的词语。"

我们发现，20 世纪俄语标准语中出现的许多外来词，恰恰是这种"特定条件下的术语化"词语。

关于词汇借用的若干理论问题

对外来词的研究,或者更宽泛地说,对语言借用的研究在俄罗斯和国外的语言学中都有悠久的历史。与此相关的纯粹的语言学问题,主要是在研究国家与民族间文化及社会经济交往时有所讨论,与"纯洁"词汇问题一起探讨。

大约在18世纪下半叶,更准确地说,从俄罗斯科学院计划编纂第一部详解的《斯拉夫—俄罗斯词典》(*Славено-российский словарь*)[①]时开始,俄罗斯的历史学家、语文学家、社会活动家、作家和批评家们就密切关注着外来词语进入俄语的过程和使用情况,就是否该接受这个或那个词语发表自己的看法,这些探讨和争论因此已经远远超出了狭窄的语言学领域,在意识形态、政治、社会学领域中展开[②]。

甚至在此后出现的纯语言学的著作中(例如,索博列夫斯基、法斯梅尔、卡尔斯基、柯尔什、奥基延柯的文章和书籍),对词语深入客观的科学分析(主要是词源学的)有时也会转变成带有规范和净化意味的论述,变成对某些借词命运的预告。例如,卡尔斯基在1910年时说过:"……当我们有更明了的自有词语时,就没有必要使用外来词。比方说,俄语中有 положение(论点),为什么要用外来的 тезис?我们有 склад(仓库),为什么要用法语借词 депо?是否有必要使用拉丁语借词 абсурд (奇谈怪论),而我们明明有近10个同义词语,像 чушь(胡说八道)、нелепость(荒唐的话)、нелепица(胡言乱语)、бестолочь(混话)、ахинея(瞎话)、бессмыслица(废话)等等?我们本来可以说'он приводит следующие доказательства, доводы(他列举了以下证据和理由)',结果却要说 'в подтверждение своей мысли он ссылается на следующие аргументы(为了证明自己的观点他援引了以下论据)',这难道不奇怪吗?"[③]尽管现在已经十分明确,仅靠(类似于卡尔斯基院士所列举的)逻辑上的理由无法影响被借用词汇的数量和性质,但是这些大学者(而非语言学业余爱好者)的观点还是很能说明问题。它们表明,从另一种语言借用词汇的问题既复杂又多元。我们不禁要问,俄语到底在多大程度上需要外来词语?这一涉及语言纯洁性的问题此时显得特别重要。是否可能调整词汇借用的过程?如果一些外来词让

---

① 《俄罗斯科学院史》(Сухомлинов. *История Российской академии*. Вып. 5. СПб, 1880; Вып. 7. СПб., 1885)。

② 关于俄罗斯语文学领域纯语主义者和反纯语主义者之间斗争的详细情况参见(Виноградов 1938;Левин 1964;Сорокин 1965)。

③ 《关于俄语中外来词语的使用》(Карский Е. Ф. *К вопросу об употреблении иностранных слов в русском языке*. Варшава, 1910);并请见:《略论外来词的使用》(Брандт Р. Ф. *Несколько замечаний об употреблении иностранных слов*. М., 1882)。

大多数语言学权威人士感到是多余的、不必要的,是对语言的污染,那么是否有可能和它们进行斗争,并且取得相当的成效?这些关乎外来词的使用、存在的必要性(或者不必要性)的种种问题,不仅被人们提出来了,而且在很多实践修辞学、言语礼节、语言科普著作中或多或少地得到了解决①。

  但这是否意味着,每次谈到语言借用问题时都必须同时考虑规范—修辞的层面?显然不是,一切都应取决于研究者给自己订立的任务。对外来词来源感兴趣的词源学家为保证科学分析的完整性和针对性,可以,甚至应该解决其他一些直接涉及外来词语借用和功能的问题,尽管这些问题与他的具体任务,即明确词语的来源,没有任何(至少是直接的)关系。同样地,历史学家应从借用、同化和应用方面研究借词和被借词语,对词汇中引入外语成分的过程予以基本的关注。当然,假如语言借用很快地在社会政治和文化生活领域发生复杂的联系,他还应考虑语言外的问题,其关注度应与解决语言学问题需要的程度相适应。但是,评估语言发展的每一阶段中词汇借用的过程和结果,从"需要——不需要"和其他规范—修辞的角度,即个人兴趣、范畴等给出判断,显然不是历史学家的任务。这是一个特殊且颇为专业的问题②。

  有鉴于此,本项研究的任务应是历史—词汇学性质的,而不必从规范—修辞角度对这些或那些外来词语的使用问题提出建议。

1. 作为语言过程的借用

  一种语言向另一种语言借用成分的问题很复杂,它包括一系列不同的具体问题,其中还有非语言学性质的问题。最为急迫和对本项研究来说最为重要的问题有:

- 哪种语言现象是借用
- 借用的原因
- 发生迁移的语言成分的种类及类型

---

① 言语礼节方面的著作清单请看:《俄语言语礼节》(*Проблемы культуры русской речи* // Известия АН СССР. Серия литературы и языка. 1961. No 5)。关于其它语言的规范化及其中的外语使用问题的研究,请见,例如:Faulseit D. *Gutes und schlechtes Deutsch*(参看《Fach-und Fremdwörter》这一章)。Leipzig, 1965;《Le français moderne》和《Vie et langage》这两本刊物中反映法语中英语借词使用的文章;还有《Kúltúrny život》(Bratislava, май — ноябрь 1961)中对斯洛伐克语文化的讨论;《关于词语的文化》(Doroszewski W. *O kulturę słowa*. Warszawa, 1962. C. 18—21, 274—275, 292, 561);Wierzbicka A. *O języku dla wszystkich*. Warszawa, 1965 (《Kontakt i wymiana》一章)等等。

② 看来,语言借用的研究者至少应该对进入一种语言的外语词汇的寿命和活力做出这样那样的预测和预报。历史却表明,这类预言和预言者,尽管曾言之凿凿、信心满满,却往往无功而返。

- 最常见和最有规律的被借用的语言单位——外语词汇的种类及类型
- 借用语言对外来词的吸收以及这一过程的不同方面
- 使外来词成为借词的特征(即,如何判断借词,是什么使"外语词"变成了"借词")

1.1 关于借用理论的语言学文献分析

19世纪至20世纪前三十年间,语言学家们对(具体语言中的)外来词语及词语群进行了实质性的观察,积累了宝贵的深入观察的材料,这些材料涉及不同语言间的相互作用。随着材料的不断丰富,人们越来越清晰地认识到,作为所有自然语言都或多或少都具备的一种过程,词汇借用的基本理论探讨面临着什么样的任务。那些饶有趣味的,然而同时也是偶然的、零散的事实研究中学者们所关注的问题说明,词汇借用在社会—经济、政治、文化—历史及不同民族间语言接触的复杂背景下具有怎样的地位。

19世纪末至20世纪初,探讨借用问题的成果都具备这样一个特点,即紧密地结合文化因素讨论语言学问题。如此一来,对借用的其他方面关注得就比较少,例如,借用过程的动态特征、词汇借用与其他借用之间的相互关系、借用过程中发生的语义变化、(借词及其外语原型)结构—语义的等效问题、外来词语在借用语言中的应用,等等。

这一时期,德国语言学家对借用问题的研究最有成效,他们研究的基本对象是外来词汇。与此相关,"借用"(заимствование)这一术语(其实,那时还未足够明确地成为一个术语)仅被理解为词汇借用。

在最早出现的德国研究者关于语言借用的著作中,借用过程是和邻近语言间的接触一起探讨的。例如,巴乌利(Пауль 1960:460)发现,在两种语言发生了最低限度的接触之后,词汇借用在语言中得到了巩固。因此,对借用的分析应从对双语人行为的研究开始。谢尔巴(Щерба 1958:52)同样认为双语现象是词汇借用的基础。这一观点后来在英国与美国语言学家的著作中得以发展和细化(Emenau 1962;Haugen 1950;Hoenigswald 1962;Weinreich 1963)。他们认为,由于一些历史—地理原因的影响,应关注双语问题(有必要研究数量众多的在封闭的地理和社会环境下出现的双语共通语,对比殖民地不同的英语—土著语混合方言、美洲原住民和欧洲移民中各种各样的语言混合物,等等)。始于20世纪上半叶的双语现象研究尚未取得实质性的进展,它仍在勉强维持,只是做些表面文章。

这一时期成果的基本关注点在于外来词语在借用语言中的同化问题及借用的原因,对纯语言和语言外原因没有足够清楚的分析。

例如,雷赫特(Richter 1919)认为,词语借用的基本原因在于对事物和概念称名的需要。他还列举了其他一些不同性质的原因——语言的、社会的、心理的、审美的,对新的语言形式的需求,对分解概念的需求,对语言手段补充完善和多样化的需求,对简洁与明了的需求,对表达便利的需求,等等。如果考虑到语言借用过程本身与文化密切相关,与两个不同的语言社会间的接触密切相关,同时还是这种接触产生的结果的一部分,我们就完全可以理解他为什么没有对借用的原因进行进一步的明确和分类。但与后来出现的成果不同的是,雷赫特没有提出关于双语是借用的条件和基本来源之一的问题。雷赫特书中的一些观点在后来的一些研究借用问题的语言学著作中得到了回应。缪勒(Møller 1933)在其关于外来词汇研究方法的文章中一直以雷赫特著作中的观点为依据,援引他对借用原因的分类、对外来词根据其被吸收程度划分出的类型。

众所周知,在研究外来词语在借用语言中的同化问题方面,德国语言学家提出,应根据外来词在语言中被吸收的程度将其分成 Lehnwörter 和 Fremdwörter 两大类,即,被吸收的和外语的、"异类的"。这一分类方法在传统语言学中得到了继承,一些俄罗斯学者的著作中也接受了这一观点(例如:Огиенко 1915)。至今,这一思想仍在语言借用研究领域占有主导地位。

1950 年,豪根(Haugen 1950)提出了对借用词语进行结构分类的主张。他把外来词分成 3 种类型[①]:

(1) 无形态替代的词语(loanwords),即,形态上与来源语中的词汇原型完全相同的词语;

(2) 形态上部分被替代的词语(loan-blends),或称杂交词,即,只有部分要素来源于外语的词语;

(3) 形态上被完全替代的词语,即仿造词(loan-shifts),或称语义借用词(semantic loans)。

俄语中属于第一种类型的只有静词,主要是名词和不变化的形容词,因为属于其他所有词类的借词由于语法构形的需要,都必须以俄语自有词缀代替外语词缀,可以比较动词借词的情况。第二、三类词语可以包括所有语法类别的词语。

---

   ① 比较一下雷赫特(Richter 1919:86)书中提出的外来词分类:(1) 借用外语词形和外语词义;(2) 借用外语词形表达固有意义;(3) 用母语形式表达外语中的意义,即仿造。

根据外来词的吸收特性划分其类别的还有格罗特。在《语文学探索》(Филологические разыскания. Т. 1. СПб., 1889)中,他列出了词语借用的如下几种类型:

— 不做任何改变地接受外来词语(根据语言的需要所做的词尾变化除外)
— 根据自己的方式改造词语,如 церковь(教堂)、налой(读经台)、кадило(长链手提香炉)等等
— 以外语词为样板的词语翻译。格罗特认为,是否词语属于第二种类型、借用中"重新改造"或者这种改造是否是多年使用的结果,这些问题都无关紧要。

本项研究的材料中几乎完全排除了那些以外语词面貌出现、要长期使用才能被接受的变化现象,因为绝大多数的这类词语不久前刚刚为俄语使用者所了解。因此我觉得,豪根提出的以结构和共时(准确地说是时间)为基础进行的分类是最为恰当的。

近来有人批评把外来词按照其吸收程度分类的做法，这不无道理。例如沙赫莱(Шахрай 1961)就认为，把借词区分成 Lehnwörter 和 Fremdwörter 的方法是把形式(词语在语言中的同化)和功能(使用性)两种特征混为一谈。此外，把借词划入非此即彼的类型中的做法也不够严谨、明确。但是，还没有人提出更为恰当的方案来代替目前的分类①。

与此相关，克雷恩(Крейн 1963)试图区分被同化词(ассимилированное слово)和未被同化词(неассимилированное слово)的做法很有意思②，他的依据是英语中固有的音位、音素单位和形态特征的统计数字与19世纪英语中借用的法语成分的统计数字对比的结果。

克雷恩的实际做法如下：从英语的词汇中首先区分出固有词(其古旧性质根据斯密特编纂的《词源学大词典》[Большой этимологический словарь]来判定)，通过对其音位、音素单位和形态特征的描写确定对比范畴的标准。作者认为，是否符合这些标准就能表明借用成分同化的程度。如果外来词符合某一特征，就在表格中相应的地方记录数字"1"，如果不符合，就记为"0"，不完全符合的情况就记为"0.5"。这样一来，每个词都能得到一个能够作为其同化参数的总分值(q)。q = 1 的词可以看做是完全同化了的词语，q = 0 的词就是外语夹杂词。

通过对克雷恩的方法和其不足的分析③，我们必须指出，这种研究借用的方法原则上是很有效的，但是，它当然不是唯一可能的途径。

对借用范畴的数字统计使人们有可能区分在音位和形态方面被语言吸收了的词汇、未被完全吸收的词语、未被本族语同化的外语词，后者指那种结构上属于异类的词。但这面临着一些直接的困难，例如说，以下范畴该如何构成就很成问题：词汇在言语中的可用度、构词的活跃程度、语义和借词同其他词语发生的句法联系种类，等等。

另外，目前已经清楚的是，用词对音位和语法系统的"适应性"、构成新词和成语的能产性、获得转义的能力等范畴区分借词的传统做法(Сорокин 1965：62—63；

---

① (豪根)把所有借用现象划分为借用词语(借词)、借用词素、借用意义，其依据是完全不同结构原则，体现的不是外来词语在借用语言中的功能，而更应该是词汇单位从一种语言转移至另一语言的可能性与变化。

② 另请参见：《量化方法如何帮助我们理解语言混合和语言借用？》(Herdan G. *How can quantitative methods contribute to our understanding of language mixture and language borrowing?* // Statistique et analyse linguistique. Colloque de Strasbourg. Paris，1966)

③ 我认为，类似的不足还有：非常粗略地判断固有的旧词、外语借词是否具备某种特征，把"同化"概念局限于语言对音位、音素单位和形态特征的吸收(构成外来词语活性标志的是词汇在意义和构词方面的吸收，而非其在语言中的同化情况)。除此之外，克雷恩的著作中没有考虑外来词语在言语中的功能，而功能看来对确定其同化性也十分重要。

Евреинова 1965：367），不能很好地满足精确地区分所有外来词语的需要，也因此不能就词汇借用过程的不同方面得出某种结论（例如，外来词语的进入如何影响借用语言的结构，是不是任一词汇都能从一种语言"移民"至另一语言，特定结构和语言限制的原因是什么，等等），其本身还有待于进一步明确。

20 世纪下半叶出现的成果中，对术语"借用"的理解不同于以往的传统。前文曾提到，19 世纪末到 20 世纪初的研究中，借用被看做是词，或者在较少情况下，是词和词的个别部分从一种语言转移到另一语言的现象，在绝大多数著作中曾经和正在被使用的术语"借用"表示的都是这个意思。与此同时，也有一些研究者坚持把借用和仿造作为两种本质不同的过程严格区分开来（Ефремов 1959；1959a）。

鉴于对双语和语言接触问题的研究，有人认为，两种语言的相互影响不仅出现在词汇层面，同时也出现在其他语言层面，也就是说，不同语言系统间会有深层的结构影响。雅克布森①在 30 年代时指出，两种相邻的语言中有语音相似的特点。他还就此得出结论，两种相邻的语言间的相互影响和因此而造成的结构相似远胜于它们遗传上的非相似性②。

在一些研究双语现象的现代著作中，词汇借用没有被当作是特别的过程，它是语言成分间的双向迁移及干扰问题中的一部分（Diebold 1961）。此外，从邻近的、所接触的语言中的借用有时被理解为内部借用（intimate borrowing），与其他所有的借用相对立："……内部借用发生的条件是，两种语言被地理和政治上独立的言语共同体所使用。"（Bloomfield 1933：461）

对借用最为宽泛的理解来自于卡尔采夫斯基（Карцевский 1923），他认为，借用的过程不仅指语言中引入了外语词汇，还应包括"从某种专门语言（技术语言、某种社会群体的黑话或方言、地域语言等）中引入词语"。

我们对不同研究中通过或隐或显的方式表达的诸多观点进行了简要的回顾，这些关于借用现象和词汇借用类型的众多看法充分说明，涉及语言成分从一种语

---

① 参见他在哥本哈根大会（1936）上所做的报告《Sur la théorie des affinités phonologiques entre les langues》，此报告后来作为特鲁别茨柯依《语音学基础》（Troubetzkoy N. *Principes de phonologiqe*. Paris, 1949. P. 351-365）法文本的附录被重新印刷。对比加姆克列利泽和马恰瓦里阿尼的结论，他们分析了印欧语系（卡尔特维里语族）语言的语音系统。在库里洛维奇研究了闪米特语族诸语言之后（《L'Apophonie en sémitique》,1961），他们认为，没有亲属关系的语言之间之所以有结构上的相似性，是因为长期的语言接触和语言间的相互影响对两者的结构发展趋势共同发挥了作用，参见《卡尔特维语言中的半元音系统和元音交替·卡尔特维语言结构的类型学》（Гамкрелидзе Т. В., Мачавариани Г. И. *Система сонантов и аблаут в картвельских языках. Типология общекартвельской структуры*. Тбилисы, 1965. С. 474）。

② 参见另一观点，它看起来和语言接触文献中记载的事实是相矛盾的："一种语言对另一语言的影响程度……在很大程度上取决于语言因素，即两种相互影响的语言间的相似性，换言之，就是它们是否具有亲属关系。"（Арнольд 1959：209）

言侨居至另一语言的过程方面,对基本概念,即"借用"和"借用词"的理解尚无统一的观点。①

这是由研究的任务、目的和方法不同造成的,同时还要看借用问题在研究中究竟扮演什么角色,是从属、次要的还是研究的中心问题。在研究双语现象的著作中,借用是两种语言接触后产生的结果之一,外来词语在每种语言中的功能受到的关注通常较少。另一方面,研究语言成分的迁移过程使人们有可能对术语"借用"提出另一种理解,正如我们所见,是一种很宽泛和直接的理解。因此,"借用词"这一词组的含义和使用便不同于以往。但是,类似的术语上的不确定性已经成为方法论上的严重障碍。

1.2 借用的定义和种类

看来,(相比对"借词"理解的分歧而言)对借用过程理解的分歧还比较容易统一,因为这里基本的分歧点在于是从较大还是较小的范围予以定义。

把不同的语言成分从一种语言迁移至另一语言的现象称作借用过程是合理的,不同的语言成分是指语言结构不同层面的单位②——语音的、形态的、句法的、词汇的、语义的。因此,必须把术语"借用"限定在同一语言层面的成分迁移上,例如,"词汇借用"。

如此一来我们就可以说,借用有几个不同的层面:词汇借用是借用中最常见和典型的现象;音素借用是最稀少、最局部的借用现象,它取决于两种语言接触的程度;词素借用[通常发生在词汇内部;词素分离发生在有共同词义成分的、有共同的复现结构成分的词所构成的词汇序列基础之上,例如,бизнесмен(商人)、бармен(酒吧侍者)、спортсмен(运动员)③,等等]④;当语言中的句子构成受到外语句子结构的影响时就发生了句法借用或言句法—结构借用,请比较:例如,英语报刊套语,主要是文章标题对现代俄语报刊标题的影响;最后就是语义借用(在外语范本的"压力之下"出现新的词义,这也称为仿造)⑤。

所有这些种类的借用存在于几个相互关联的层级上。

---

① 我之所以说"概念",是因为在对"借用"和"借用词语"众说纷纭、观点相互矛盾的情况下,无法将它们称为术语。

② 此处所说的语言"系统"、"结构",其含义遵照列福尔马茨基(Реформатский 1960)的解释。

③ 这些词共有一个表示"从事某种活动的人"之义的后缀-мен,对比来自英语的-man (businessman, barman, sportsman)——译注

④ 波利万诺夫认为,在"外语词素在两种语言,至少是俄语的'外来词语'交替"的条件下可以分离出基于外语的词素(Поливанов 1931)。

⑤ 比较:在德罗依(Deroy 1956:87-110)的著作中,他区分了(除词汇借用之外)音素借用、重音借用、意义借用、句法借用(emprunt de phonemes, emprunt d'accents, emprunt de sens, emprunt de tpurnures syntaxiques)。

词汇借用可以说是外语影响的第一阶段,其特点在于,词汇借用的"不是完整的、全部的、语法完善的词语,而只是程度不一的、借用了另一语言(借用语言)手段,且仅在借用语言中获得了新的外形的不成形的词汇材料"(Смирницкий 1956:235)。借词在语言中所获得的语法联系通过进入一定聚合体的方式得以巩固,这时的词要服从于这样或那样的语法范畴,例如,俄语中词性与形式的对应关系(以辅音结尾的名词通常为阳性词,以元音 o、e、и、y 结尾的名词属于不变格的中性词,等等)。除此之外,外来词还可以获得对应的固有词所特有的那些句法联系。在最大程度上,这种影响为非标准语所特有。非标准语中,词语的同义关系对其在句子里支配和一致关系的影响很少受到规范标准的制约。比较:ликвидировать из колхоза(从集体农庄中消灭)受到了 исключить(开除)、выгнать из(从……中赶出)的搭配影响;职业运动员所说的 лидировать гонку(领先比赛)受到了 возглавлять(领导)的支配关系影响;аннулировать из комсомола(从共青团中废除)[来自《共青团真理报》(Комсомольская правда)1925 年 10 月 7 日,直接引语],等等①。

但是对"别人的"词语的使用并不一定会导致其他层面的借用,相反,形态借用不可能在没有词汇借用、没有那些具有特定的共同结构特征的外来词语积累的情况下发生②。在更大程度上,这关系到一种语言对另一语言的语音方面的影响。

仿造和句法—结构借用还能使人们很好地认识语言,包括认识其词汇—语义系统和句法结构,但本项研究并不专门地讨论这些问题。下面要探讨的是与词汇借用相关的问题。

2. 词汇借用的原因和前提

前面提到,19 世纪末到 20 世纪初期间出现的成果中对借用的语言和非语言原因是结合在一起探讨的。但是,所有的原因之所以被完整地呈现,是因为借用过程实际上取决于语言和非语言原因复杂的综合作用③。

---

① 这里所举的几个斜体单词都是借词,其语法支配关系明显受到了同义的俄语固有词的影响。——译注

② "词汇总是被完整地借用,单独的构词后缀和词尾从来不被借用。但是在借用一组有同一后缀的词语时,这些词看起来就好像是母语中有同一后缀的词,它们逐渐就能变成能产的词汇组。"(Пауль 1960:469)

③ 比较:"影响词汇从一种语言迁移至另一语言的原因中,学者们主要区分了一系列为方便起见可被称为借用的心理气候的、相互关联的因素。"(Hope 1962:120)

我讨论的只是借用的个别原因和前提,并主要关注语言前提。很多能够解释语言从一种语言迁移至另一语言并在借用语言中生根的其他因素(心理的、伦理道德的,等等),在此甚至没有涉及。这类因素中包括,例如说,对委婉的追求在一系列情况下(主要是在医学和法律术语中,但不限于此)要求必须使用外来词。详情请见(Шор 1926:70—71;Møller 1933:19—20;Hawers 1946:128—132;Paratesi 1964:38—39)。

2.1 外部原因

不同民族,即语言使用者间不同程度上政治、经济—工业和文化上的联系应看做是借用外部的、非语言的原因。

众所周知,词汇是语言中对各种外来影响最为"开放"的领域,它能够反映社会生活中发生的所有变化。自然地,一个民族和其他民族联系的加强或者削弱,也会以特定的方式反映在词汇借用过程中。事实上,应当指出的是,尽管人们普遍认为社会因素对语言的词汇系统有直接的影响,但社会—政治和其他联系对词汇借用的影响并不是直接地,有时还以相当复杂的方式被人所感知。

换言之,政治、经济和其他联系的加强可能并未伴随着词汇借用现象的活跃,而上述联系的减弱也不是立即就能削弱词汇借用过程。这样一来,即使民族间的文化—经济关系良好,也未见得会有大规模的语言间的词汇迁移。例如,现代俄语和斯拉夫诸语言间的相互关系就具有借用过程的"方向一致性":斯拉夫语言从俄语中借用,而鲜有相反方向的借用。

另一方面,大规模的词汇借用可能发生在经济、工业、文化等联系相对较弱的条件下,但受到其他因素的积极影响,例如,国家及语言的地位、通过构词手段对词汇持续的更新,等等。比较一下,作为国际词汇的"美国词"的扩散,尽管它们有时会有那么点异域色彩,但在很多语言中使用[例如,буклет(折叠状的印刷品)、стриптиз(脱衣舞)、герлз(姑娘、女孩)、бестселлер(畅销书、畅销唱片)、комикс(带插图小书,连环图画)等等]。

具体探讨外在的社会—经济、政治等社会关系对词汇借用过程发生影响的问题时,应该说,这种影响最典型的形式就是借用名称的同时还借用了事物、概念①。通过这种方式借用的词汇在每一种语言中都形成了一大词汇类型。但是,上述影响还可能的表现是,语言中渗入了与已有名称构成同义关系的词语,在借用语言中因此就出现了同义的一组词。这时,语言会通过同义词对产生语义和修辞分化的方式消除副本。比较 удобство-комфорт(方便)、обслуживание-сервис(服务)、слуга-портье(仆役)、ограничивать-лимитировать(限制)、существенный-релевантный(相关的),等等。

要寻找这种借用的原因,看来,不仅要看语言外,即外在的社会接触对借用过程的影响,还要看接受语言本身。

---

① "……语言借用和文化借用这一原因间有着更近的关系。"(Булич 1886)

2.2　内部(语言)原因

如果借用语言的词汇系统中具有借用的前提,那么借用的词语通常会更容易地扎下根来。这说明什么呢？

对外语词的借用可能因消除固有词语多义性、简化其意义结构的趋势而产生。除此之外,借用的原因还可能是使概念精确化、让词汇具有某些细微的意义差别的需要（试比较：俄语中原有 варенье,借用了 джем；原有 половой,借用了 сексуальный；原有 рассказ,借用了 репортаж 和更早的 информация；原有 всеобщий,借用了 тотальный；原有 страсть、увлечение,借用了 хобби,等等）。如此一来,语言中原本存在的词和新借用的词在语义影响范围上产生分化,这些范围可能在不同程度上有所交叉,但永远也不会完全重合。

促成借用（或者,最少使用借用变得容易）的重要因素在于,借用语言中有构成结构类似的词汇的趋势,或者存在着与被接受的词汇单位结构同型的词群①。例如,20世纪时俄语从法语、德语和其他语言中借用了 кино, авто, такси, метро 一类的截断词。吸收这些词语之所以很容易,是因为俄语系统本身此时就有着强烈的截短词和词组的趋势,结果因此出现了结构上与借词相似的词语。比较一下,例如,像 национал（民族共和国人）、универсал（多面手）、интеллектуал（脑力劳动者,知识分子）等词语,都是俄语中通过截短相应的外语形容词的方式构成的,还有 оригинал（原文,原型）、потенциал（潜力）等其他一些看来是借用自其他语言的词语（试比较：法语词 original,德语词 potential）。

在许多情形下,甚至常常难以确定,我们看到的究竟是借词还是通过紧缩词组方式构成的新词,例如,类似 интим, гуманитар 这些词。请看下面的例子：

　　Ведущий, *гуманитар* по образованию, то и дело жонглирует именами: Бетховен, Толстой, Ван-Гог... (*Молодая гвардия*. 1964. №11);

试对比 гуманитар 与法语中的 humanitaire。再请看 артезиан 的例子：

　　Женщины ушли и стали водить лошадей по улицам. Потом сводили к артезиану на водопой (С. Третьяков. *Бабий бунт*).

---

①　试比较:"……词汇借用……远非总是事物和概念('东西')互换的结果。在很大程度上,词汇借用是一种现象,发生在语言间相互作用的条件下,在词汇关系和趋势的非母语材料上,后者也可能出现在这种语言所固有的材料基础上。"(Якубинский 1926:11)

试对比 артезиан 与法语中的 artesien。

因此,应当注意加里基(Гальди 1958:59-)的观点。他坚持认为,必须要把借词和借用语言中结构类似的自身新造词进行区分①。的确,如果能够做到的话,这种界定从科学意义上说毫无疑问是重要的,但是,在一种语言中以其固有的词汇和构词成分为基础的词汇借用和构词在许多情况下同样是可以预见的。例如,加里基认为 демократизм(民主主义)这个词是毫无争议的借词,他所依据的唯一理由就是法语词 democratisme。但是,为什么不可以说,демократизм 这个词是由俄语中已经存在的词根构成的,况且,后缀-изм 是非常能产的[比较 большевизм(布尔什维主义),ленинизм(列宁主义),хвостизм(尾巴主义),отзовизм(召回主义)等大约与 демократизм 在同一时期出现的词]?上述引用还不足以充分说明,这个或者那个词是借用的,且恰恰是从这个语言,而非那个语言借用的。这里,显然必须引入一些补充的资料,既包括语言方面的,也包括非语言性质的(具体见下文)。

回到对外语词汇渗入一种语言的原因和前提的考察,可以饶有兴味地指出下列规律:如果语言中确认了可以并入某一词汇系列的借词,前提是这一系列的词汇拥有共同的意义和某一结构成分的复现,那么与这一系列词汇同类型的借词或者至少是新的外语词的使用,就会大大简化。例如,现代俄语中有一系列词借自英语,它们拥有共同的表示"人"的含义,还有共同的成分-мен:джентльмен(先生,绅士),полисмен(英、美的警察),спортсмен(运动员),рекордсмен(纪录创造者)等等。19 世纪至 20 世纪初,只有前两个词在使用;后来这一系列中出现了спортсмен(运动员),рекордсмен(纪录创造者);随着该系列的不断丰富,大量同类型词语涌入了俄语,如 бизнесмен(商人),конгрессмен(美国和大多数拉丁美洲国家的国会议员),кроссмен,бармен(酒吧男侍;酒吧间的老板),клубмен(交谊俱乐部的会员,花花公子),甚至还有 супермен(超人),尽管最后一个词在意义和结构上多少有别于此类

---

① 修特里—沃尔特在对(Сорокин 1965)一书的评论对此表达了另外的观点。他特别强调,人们无法准确地证明,某个由外来语言成分构成的词是构词衍生物,而非独立的词汇借用。"……一个构词族中的任何一个成员都有可能是与其他词一起或者独立从源语言中借入的,当然,也有可能是通过某些中介借入的。只有在极个别情况下,才能断定某个词是独立构词衍生的结果。这种情况就是:恰好在法语、德语和英语中都没有类似的词。"(Вопросы языкознания. 1966. No 3. C. 106)

但是,正如我们后面将要证明的那样,在一些情况下,即便是其他语言中存在类似的词,要证明该词是借词还是语言自身的构词衍生物也是相当困难的。这是因为:许多世纪以来,语言间始终在进行着词汇和其他语言成分的交流。在语言发展的现阶段,一种语言中完全生产出结构上与其他语言中的语言单位类似的语言单位。

词语①。

  应当归入借用原因的甚至还包括能指与所指不分离的倾向，换言之，如果所指是一个整体（"一件东西"、"一个物体"、"一种现象"等），那么语言就倾向于以一个词来称呼它，而不是用词组，或者会用单成素的称名替代描写性（双成素）称名。伊萨钦科写道："……语言内部存在着形式分割和所指事物、思想完整统一性之间的矛盾，语言必须消除这一矛盾，在每一种语言的词汇中，始终都在进行着这样一些过程。……失去称名形式和语义的分割性，这是词汇发展的规律之一。"（Исаченко 1958：339）

  借用是以单成素称名替代双成素称名的途径之一。因此可以肯定，外来词语偏重于那些自古就有的描写性结构②，如果它们都能对不可分割的概念进行称名的话。比较：снайпер（狙击手，神枪手）代替了 меткий стрелок，турне（环行、周游）代替了 путешествие по круговому маршруту，мотель（汽车旅客旅馆）代替了 гостиница для автотуристов，спринт（短跑）代替了 бег на короткие дистанции。

  但是应该指出，以外来词语代替固有词组的趋势并不总是行之有效。考察某一外来词能否在语言中扎根的问题，要看它在这一方面的"能力"如何，要看它能否与借入语中已有的语义相近的词汇单位相互关联，等等；重要的是应该看到借用语言的系统所决定的一些因素，准确地说，就是微系统，即，根据"主题"原则构成的特定的称名总和。例如，机器零件的名称、特定（在某种方面属于同一类的）产品种类的名称，等等。在这些微系统内部，除共同属于这个或那个主题之外，有时可以发现共同的结构特征，这就使人们可以把这些词看做是由相互关联的词所组成的集。

  微系统中的称名可以是描写性质的（双成素的），这时就不可能用外来借词代替其中的一个称名，因为这种替换会破坏系统内部的相互关联性。例如，随着有声电影的发明而产生的术语 тонфильм（德语词 Tonfilm）并没有被俄语接受，是因为俄语中已经形成了一个由词组构成的微系统，其中的词组在所指含义上的对立非常明显：немой фильм（无声电影）—звуковой фильм（有声电影），немое кино（无声电

---

① 例如，带有-мен 成分的随机词的使用：

Давно уже известно, что группировка 《ультра》, известная под названием *минитменов*, имеет в своем распоряжении значительные запасы оружия и регулярно проводит боевые учения. (*Известия*. 1964. 12 нояб.)（英语词 minuteman 指的是"随时准备行动的人"）

Впрочем, шумному поведению этих господ—их называют *трэйдсменам*—легко найти оправдание... (*Литературная газета*. 1964. 12 нояб.)（英语词 tradesman 指"商人、店铺老板"）

—Позор,—комментировал это событие [свадьбу куклуксклановцев] один из присутствовавших.—Слава богу, что *клансмены* не играют в нашей общине ведущий роль. (*Литературная газета*. 1965. 19 июня)

② 一些研究者认为，借用不仅偏重于描写性结构，还有作为指称新事物或新现象方法之一的构词。（参见：例如，前文提到的叶弗列莫夫的作品）

影)-звуковое кино(有声电影)①。

另一个例子。在《外来语词典》(Словарь иностранных слов. М.,1964)中收录了оранжад一词,它来自法语,表示"清凉的橘汁饮料"。这个词通常用在译文中②;如果用在地道的俄语中,则只用在确实出现了它所表达的事实的情况下。然而,作为词组 апельсиновый сок(橘子汁)的单成素替代品,оранжад未必能够适应俄语的环境,因为俄语中为表示各类果汁,已经形成了由"形容词+ сок(汁)"结构组成的称名系统,例如,апельсиновый сок(橘子汁),абрикосовый сок(杏汁),вишневый сок(樱桃汁),等等③。

因结构和主题特征而被汇聚在这样或那样的集合中的称名可能是单成素的,在这种情况下,表示某种细节或者意味的外语词,如果至此还没有获得特别的称名地位,此时就能有机会在借入语中生根,因为它在结构上没有脱离业已形成的术语微系统。

最后,称名系统还可能是混合的——既有单成素的,也有描写性的。这时,渗入的外语词看起来是有机会在借入语中留存下来的,因为这完全符合前面所提到的以单成素称名替代描写性称名的趋势。

说到替代固有描写性称名的借用词语时,出现了一个与语言经济原则有关的问题。这一原则的存在和作用,众所周知,在波利万诺夫(主要在语音变化中)(Поливанов 1928б)、齐普夫(Zipf 1949)、马丁内(Мартине 1960)等人的著作均有所阐述。然而,经济原则在形态、句法、词汇领域的作用机制还远未解释清楚,对这一原则本身的性质也有争论:这究竟是语言发展的规律,抑或是语言发展在不同层面上所表现出的程度不一的趋势之一。

外语借词替代固有的描写性称名结构,似乎可以看做是经济原则导致了表达手段的简化,这种借用会引发交际中使用的词汇单位系统的变化。但令人感到好奇的是,如果用完全为解释语音过程(即,通俗地说,在不改变所述信息的前提下减小文本的长度)而得出的经济规律来理解词汇,就会发现,这种词汇变化导致了矛盾的结果,并不符合经济规律。

的确,一方面,借词比描写性结构要短,这就是说,称名单位的量确实减小了。此外,词汇单位集合(或言词汇表)的成组规模(不论我们从哪一方面考察,从一种语言的全部词汇,或者从某一主题的术语组合)获得了更加清晰有序的特征,每一个独立的意义都由一个独立的单位表达,而无需借助于表达其他意义的词汇单位来描写。

---

① 后来区分这两种电影已经不再重要,因为有声电影成了电影艺术的主要形式。
② 例如,请参见格林的小说《文静的美国人》(Тихий американец),格雷舍娃和伊萨科夫译。
③ вишневка之类带有-ка的词表示的是用水果制成的果子酒,而不是果汁。

另一方面,借用扩大了词汇单位集合的规模。而在言语中使用新的单位往往必须在一定程度上扩大其意义范围,也就是说,必须增加文本的长度进行解释。例如:

  Что такое *концессия*? Слово это иностранное, происходящее от глагола *уступаю*. Предоставить концессию одному лицу или группе лиц-значит уступить им право на использование (эксплуатация) тех или иных природных богатств страны (*Гудок*. 1920. 3 дек.);

  Проблема *денацификации*, т. е. выкорчевывания корней нацизма, удаления фашистов с административных постов-главная проблема для самих немцев, и для союзных оккупационных властей (*Известия*. 1946. 12 апр.);

  Потом на площадку ринга выпрыгнул весь в белом *рефери* (судья). (*Крокодил*. 1948. №17).

  这样一来,语码(词汇)更加经济和系统的构造在我们考察过的情形中就意味着扩大语言单位的集合,增加包含了创新成分的言语链的长度(也就是说,与从前相比,言语的构造不太经济了)。

  这一矛盾可以从更广的层面理解,也就是说,从"说话人——听话人"的二元对立中理解。说话人(或者用另一个术语"言语发出者")力图使用最紧缩的话语形式,使其包含他想传递的所有信息;听话人(言语接收者)感兴趣的是以最快的速度理解文本,对方说得越详细,听话人就越容易达到目的[①]。因此我们认为,如果可以把掌握了一种语言的人划分成两个固定的组——说话人和听话人,那么所有的能够促使语言更加经济的创新成分,包括替代称名词组的外语借词,都将是说话人的"过错"。(实际上,正如我们所知,每一个语言使用者的角色既是言语的"发出者",也是言语的"接收者"。)

3. 借用的条件

  应当区分导致词汇借用的原因和使词汇从一种语言转移[②]到另一语言的条件。

  [①] 根据信息理论,信息的可理解度与信息量成反比关系(Моль 1966:103)。
  [②] 术语"(词汇从一种语言向另一语言)转移"(переход),当然是有条件的。从字面意思看,借用过程中并没有任何转移发生,只不过是在语言中出现了一个形式上和意义上来源于另一语言的词语。研究的一部分任务在于,或者证明第一种语言中词语的出现是由第二种语言的影响引起的,或者这个新词是构词的结果。

语言学家中最普遍的一种观点就是，借用的必要条件中主要的一个是双语（двуязычие）①。

英国研究者萨兰(Sulan 1963：14)写道："我认为，词汇借用研究中的基本方法原则应当是，双语是词汇借用的基础和中介……要把词汇从外语中借用过来并使其适应新语言的环境，必须要使借用语言的社会成员或多或少地了解源语言，他们至少应达到部分的双语程度，否则他们就不可能懂得外语词汇的意义，借用也就不会发生，至少是那种带有源语言意义的借用。"对比一下霍凯特(Hockett 1960, chapt. 47)的观点，他甚至认为，借用必不可少的条件是借用语言的使用者对源语言有一定程度的了解。

但是，双语在此不应被理解为相邻而居的两个民族地理接触的结果。众所周知，语言的地理隔绝不会影响词汇借用：借用在地理上相距遥远的两种语言（借用语言和源语言）间可能相当密集，相反，在毗邻的语言间表现得却很弱②。双语可能发生在几种（甚至一种）语言的使用者与其他语言环境相邻而居的条件下。因此，萨兰(Sulan 1963：13-14)的观点是对的，他用这样的方式描写了借用的"技术"："绝大多数词汇借用发生在双语环境中，外语词起初被操双语的人使用，且只有在他们的环境中才能被理解，后来就散布到该语言环境更广泛的群体中，最终，词汇进入书面语，并通过这样的方式进入语言的全部领域。"我们只需注意，现代条件下双语不只在口头交往中出现，在阅读外文文本（书籍、报刊）时、在翻译等活动中也存在。换言之，双语可能在两种不同语言的人群非直接接触的条件下实现，而作为双语的结果，借词能迅速进入书面语，跳过了英国学者萨兰所说的那种双语人群口头使用的阶段。

这样一来，了解借出语言（源语言——译注）、最小程度的双语——这就是词汇借用的主要条件。

但是显然，这并不足以使外语词汇在新的语言中扎根，要做到这一点，看来，必须借助于只关乎借用语言系统的某些条件。这里我们需要考察迁居的词汇材料并回答这样一个问题：所有的外来词语是否在同等程度上能够被借用语言吸收，或者存在着一些阻碍某类外来词进入借入语系统的特定因素？

4."借词"="外来词"？

如此一来，根据上文所提到的对借用的理解（和分类），我们可以轻松地确认术语"被借成分"(заимствуемый элемент)、"借词"(заимствованное слово)的含义。

---

① 参见前面提过的巴乌利、豪根、达依博尔德的论述，还有万莱赫(Weinreich 1963)的书。
② 布里奇(Булич 1886：4)在1886年时就此写道："在借用的历史上地理条件没有很大的作用……"

但是在术语"词汇借用"(лексическое заимствование)(意为"词汇从一种语言迁移至另一语言的过程")和"借词"(заимствованное слово)之间却没有同义关系。这是因为,"词语从一种语言迁移至另一语言"的特征是唯一的,是确认术语"词汇借用"的基础,在应用至"借词"概念时层层汇聚了对任一词汇(包括外语词)来说都很重要的特征,例如:在语言中的使用,与不同语言成分(包括词汇)的相互关系,在言语中出现的规律性程度,以及与此相关的,与语言"系统的"、常规的、"言语的"、惯例的成分相配合的程度,等等。

现在,正如我们看到,在对"借词"概念的界定方面,以及这一术语与外来词(иноязычное слово)、外语夹杂词(иноязычное вкрапление)、已吸收外来词(усвоенная или освоенная иноязычная лексика)的区别方面并不存在一致的理解①。有的人为了绕过对这一概念的理论论证,认为所有在词典中收录的外来词都属于借词②。但是,因为词典编纂法本身具有不完善性,同一个词在不同的词典中具有不同的体现,所以我们认为,这种观点并不是对"借词"概念的正确、合理的界定。

这里的主要困难之一在于,判定借词的标准分属不同的层面:其中一些属于历时层面,一些属于共时层面。

确实,语言中词汇的获得是一个历时问题,因为词汇的获得发生在历史上的某一时间段内,借词(即与借入语的语言系统产生确定联系的词)从外语词(即来自外语并在借入语中使用的词)中的分离也是与词源和历史密切相关的。但从另一方面看,在研究诸如"外语词在言语中的使用频率"、"它与同一语义场的词汇之间的关系"等问题的时候,我们是从共同角度进行研究,并不必然涉及词汇的历史、它在语言中出现的途径、先后次序等方面的问题。

当然,说话人对外语词的态度、不同人和社会群体对借词的评价(往往是对这些词的"异国情调"的评价)并不总是与这些词的历史知识、其借用的时代等问题相关。

这样来看,词汇借用问题是许多不同层面问题的交叉,而这种交叉又可能会导致混乱。但即便如此,这些不同层面的问题都应当得到不同程度的考察和研究。至于考察和研究的程度,我们认为,应当足以揭示词汇借用的过程和结果。

界定借词的另一个困难是与一个更宽泛的问题,尤其是与这个问题的解决相联系的,即界定词汇。我们是否能够提出一个明确的标准,以判定某一词汇属于(或者不属于)某一语言系统?(Шмелев 1964:6)我们能够相当明确地指出一些语

---

① 一些研究者对这几个概念不进行区分。他们试图完全回避外来词在语言中的功能问题,在研究中更关注外来词结构上的差异,关注外来词与近义词汇单位之间的关系以及它们的语义区分等问题。例如,霍凯特把借词(loanword)定义为"与事物或者习惯一起被借用者接受的新的词语形式"(Hockett 1960:408)。

② 例如,请参见克雷恩在"语义形式化研讨会"上宣读的报告(莫斯科,1963年)。

法和语音特征,从而证明某一词汇属于某种语言。但是,外来词的研究实践证明,这些特征并不能说明这一词汇在哪种语言中使用(例如,在说话人使用俄语交际时有可能使用法语或英语词)。因此,如果想找到纯粹的词汇标准或者词汇—语义标准以解决这个问题,是很困难的。

但是,解决这些困难的办法还是有的。我们认为,办法之一就是挑选一些特征作为衡量外来词吸收度(освоенность)的必要标准。同时,根据这些特征应当足以认定某个词属于借词(即进入了借用语言的词汇系统)。

4.1 外来词吸收的几个阶段①

通过对语言接触的研究,我们可以得出这样的结论:词汇借用是语言接触的自然和必然的结果,是语言中新词汇补充的手段之一(除此之外,还有基于内部构词法和语义演变产生新词的手段)。

外来词是如何进入语言系统的呢?外来词又是如何在语言系统中巩固、确定下来的呢?是什么促使(或者阻止)它进入言语交际环节的呢?语言学家们对这些问题的答案一直很感兴趣,并且进行了许多专门研究。这里,我们仅仅讨论一下外来词汇单位进入语言系统并在其中巩固生根的几个阶段。

(1) 初始阶段。此时外来词以其固有的正字法形式(在口语中则为语音形式)和语法形式在借用语的篇章中使用,尚未进行转写和译音,而是作为一种独特的外语夹杂词出现。例如,在普希金的作品中我们可以遇到类似的外语夹杂词:

Пред ним *roast-beef* окровавленный
И трюфли②, роскошь юных лет.
　　　(《*Евгений Онегин*》);

Друзья и дружба надоели,
Затем, что не всегда же мог
Beef-steaks и страсбургский пирог
Шампанской обливать бутылкой
И сыпать острые слова,
Когда болела голова...
　　　(《*Евгений Онегин*》);

---

① 本节最早发表于《中小学俄语》(*Русский язык в школе*. 1991, № 2)。
② 对于这个词,普希金使用的是19世纪的词法规则。在现代俄语标准语中此词在进行格和数的变化时末音节的字母 е 保留,例如:трюфель-трюфеля, трюфели (及 трюфеля) трюфелéй...(参见《俄语正音词典》*Орфоэпический словарь русского языка*, М., 1989 年及以后各版)。

> В Петрополь едет он теперь
> С запасом фраков и жилетов,
> Шляп, вееров, плащей, корсетов,
> Булавок, запонок, лорнетов,
> Цветных платков, чулков *à jour*...
>   (《*Граф Нулин*》).

  roast-beef 和 beef-steaks 是现在的 ростбиф（烤牛肉）和 бифштекс（煎牛排）的外语原型词。而 чулков *à jour* 则已经转化为 чулки ажурные（顺便指出，在普希金时代可以使用 чулков 这种形式，而在现代俄语中规范的复数二格形式应当为 чулок）。在普希金的作品中我们还可以看到这样的例子：

> Никто не плакал: слезы были бы—*une affécation*. Графиня так была стара, что смерть ее никого не могла поразить... （《*Пиковая дама*》）

  此处法语词 une affécation 意思为"非自然性，伪装的行为"，今天它已经转化为现代词汇 аффектация，在词典中的释义为"假装，做作"[见奥热果夫《俄语词典》（Ожегов С. И. *Словарь русского языка*.）]。

  作者在篇章中插入读者不熟悉的词，甚至是纯外语词的同时，可以在上下文中伴随着对这个词的意思和用法的解释。例如：

> Никто не мог ее прекрасной
> Назвать, но с головы до ног
> Никто бы в ней найти не мог
> Того, что модой самовластной
> В высоком лондонском кругу
> Зовется *vulgar*（не могу...
> Люблю я очень это слово,
> Но не могу перевести;
> Оно у нас покамест ново
> И вряд ли быть ему в чести...）
>   （《*Евгений Онегин*》）

  普希金在上文中的预言并没有实现。今天，他使用过的 vulgar 一词已经作为形容词 вульгарный（粗俗的，粗野的）进入了俄语。

  毫无疑问，远非所有篇章中作为外语夹杂词使用的外来词都随着时代的发展发生了在本土语言中的驯化。过去的许多作家、社会活动家、外交家和学者都熟知法语、英语、德语、意大利语这些欧洲语言(此外,还包括在中学学习的拉丁语和古希腊语),他们能够熟练地使用外语词汇。例如,我们如果翻阅一下赫尔岑、屠格涅夫、陀思妥耶夫斯基、列夫·托尔斯泰的文学作品,克留切夫斯基的历史著作,以及著名律师克尼的回忆录,就会发现其中有许多来自其他语言的词汇和短语。例如,赫尔岑在《自然研究通信》(*Письма об изучении природы*)中使用了 divide et impera(拉丁语,意为"划分和统治"),contradictio in adjecto(拉丁语,意为"定义中的矛盾,内容矛盾"),*c'est le mot de l'énigme* всей философии(法语,意为"这个词是整个哲学的谜底"),*esprit de conduite*(法语,意为"行为方针")等等。屠格涅夫在《父与子》(*Отцы и дети*)中使用了 европейское 《shake hands》(英语,意为"握手"),*bien publique*(法语,意为"社会福利"),живопись al fresco(意大利语,意为"在墙上的"),*suum cuique*(拉丁语,意为"各得其所")。

当然,作者在使用这些词的时候,并不总是因为在母语中找不到合适的词,也并不总是因为外来词能够更加准确地表达意思①。更确切地说,这表明了作者对外语和异域文化的熟知,表明作者可以没有障碍地在本国语言、文化与外国语言、文化之间进行转换。在对话以及文艺作品中的人物语言中这种外语夹杂词往往可以反映人物的性格特点、语言习惯、受教育程度等方面的信息。

(2) 外来词吸收的第二阶段——适应借用语的语言系统,即进行转写和译音(例如 roast-beef 转变为 ростбиф,affécation 转变为 аффектация),归入某一词类,并同时伴有形态和(有时伴有)构词方面的形式体现。例如,ростбиф 和 бифштекс 属于阳性名词,аффектация 属于阴性名词(并主要用于单数);à jour 和 vulgar 借助形容词后缀-н-转变为形容词 ажур-н-ый 和 вульгар-н-ый,等等。即使某些外来词没有完全在语法系统中被吸收(例如不变格名词和没有性变化的形容词:депо,шимпанзе; хаки, плиссе),它们在被用作句子成分时也服从于借用语言的句法规则。例如:Построили новое депо(这意味着:депо 是中性的,在句子中作为非动词名词使用。试比较:Начали новое дело),взрослый, взрослая шимпанзе, Поймали еще одного (еще одну) шимпанзе(这意味着:шимпанзе 根据其具体性别分别是阳性和阴性的,在句子中作为动物名词作用。试比较:Поймали еще одного медведя), рубашка хаки, юбка плиссе(这些外来词被用作修饰形容词的非一致定语。试比较:белая рубашка, короткая юбка)。

词语失去外语的特征(与此同时获得借用语言的特征并进入其语言系统)后,就不再被作为外语夹杂词使用,而是或多或少地被作为俄语语篇的构成单位使用。

---

① 虽然是存在这种情况的,例如冈察洛夫在评价圭多·雷尼(1575—1642,意大利画家——译注)的画作《基督》(*Христос*)的时候写道:"在圭多·雷尼的《基督》中描绘了投向天空的一丝视线,这是痛苦的力量和 résignation——对此没有俄语词能够表达。"(法语词 résignation 意为"谦恭,对命运的屈服")

但是事实表明,外来词用俄语字母转写并开始像俄语固有词那样进行形式变化,只是外语词进入俄语并被俄语使用者掌握的必要条件,但不是充分条件。因为这些词有可能只是个人用法,只是作者的创新,并未被普遍使用。例如赫尔岑作品中的例子:

  Яков Бём... имел мужество принимать *консеквенции* [т. е. Выводы, следствия-от лат. *consequens* (*consequentis*)], страшные для боязливой совести того века (《*Письма об изучении природы*》).

有时,词语虽然被吸收了,但它们最初在借用语言中的意义与现在并不相同,或并不完全相同。例如 пальто 这个词,现在指的是"在户外穿的上衣"(例如词组 осеннее пальто, зимнее пальто, демисезонное пальто),但在 20 世纪中叶它的词义是"常礼服(旧日欧洲一种有细腰身,长下摆的男上衣)",这更接近于法语中的原型词 paletot。例如:

  [Галахов] приехал на званый вечер; все были во фраках... Галахова не звали, или он забыл, но он явился в *пальто*; посидел, взял свечу, закурил сигару, говорил, никак не замечая ни гостей, ни костюмов (Герцен).

从上下文中我们可以看到,加拉霍夫的穿着显然并不是"户外穿的上衣"(即 пальто 现在的词义),而是不符合上流社会的礼节:没有穿燕尾服。

外来词被借用语言的语音和语法系统吸收并具有确定的语义之后,它仍然有可以会被说话人认为是"异己",或者,最少不完全适应于俄语的语言意识。对于这一点,可以从伴随外来词在篇章中使用时出现的各种信号得到证明。这些信号有括号、补充说明和注释(例如,"正如现在通常说的那样","用专业的话来说"等等)。并且,在口语中对这些词还往往在语调上进行区分。例如:

  —Послезавтра в дворянском собрании большой бал. Советую съездить: здесь не без красавиц. Ну, и всю нашу *интеллигенцию* увидите.

  Мой знакомый, как человек, некогда обучавшийся в университете, любил употреблять выражения ученые (Тургенев)①;

  Поехали за фельдшером, чтобы он шел как можно скорее подать какую-

---

  ① интеллигенция 这个词及其同根词在 19 世纪往往带有讽刺和批评色彩。例如,一百多年前,在《彼尔姆教区公报》(*Пермские епархиальные ведомости*)中有这样的决议:"通过《教区公报》宣布:彼尔姆的牧师们在正式文件中不得使用 интеллигент, интеллигентный...这些词,这些词用来形容那些一味追求理智,而在心目中没有上帝的人。而这些人不能成为东正教教堂的真正成员。"(转引自:Боровой 1963:316—317)

нибудь помощь или, как нынче красиво говорят, *констатировать* смерть (Лесков).

再例如,эвакуация(疏散,后送)一词的情感评价色彩在阿·托尔斯泰的作品中能够找到体现:

—Эвакуация! Эвакуация! — донесся до Семена Ивановича дикий рокот голосов с перекрестка...

Выдумали же люди такое отвратительное слово—《эвакуация》. Скажи-отъезд, всеобщая перемена жительства, никто бы не стал, вылупив луковицами глаза, ухватив узлы и чемоданы, скакать без памяти на подводах и извозчиках в одесский порт, как будто сзади за ним гонятся львы.

《Эвакуация》 в переводе на русский язык значит—《спасайся кто может》. Но если вы — я говорю для примера—остановитесь на людном перекрестке и закричите во все горло: спасайся кто может! —вас же и побьют в лучшем случае.

А вот—не шепните даже, пошевелите одними губами магическое ибикусово слово: 《эвакуация》,—ай, ай, ай!.. Почтенный прохожий уже побелел и дико озирается, другой врос столбом, будто нос к носу столкнулся с привидением. Третий ухватил четвертого:

—Что такое? Бежать? Опять?

—Отстаньте. Ничего не знаю.

—Куда же теперь? В море?

И пошло магнитными волнами проклятое слово по городу. Эвакуация—в трех этих слогах больше вложено переживаний, чем в любой из трагедий Шекспира... (《*Прохождения Невзорова, или Ибикус*》. Кн. 3)

(3) 第三阶段。此时语言使用者已不再感觉到外来词使用的不习惯,外来词失去了使用中的信号和注解,并开始与借用语言中的其他词汇单位"平等地"使用。但是在使用中仍然可能保留修辞—体裁、情景和社会特点。例如,一个词语可能在某种修辞场合下更常用,而在另一些场合下几乎不用,可能倾向于某些类型的交际情景,可能只在某些特定社会群体中使用。

例如,术语 аутентичный(真实的,准确的),денонсировать(声明废除),ратификация(批准)等常用于外交文件中,而在其他语境下很少使用。出版社的工作人员可能在工作场合使用词组 пролонгировать договор(пролонгировать 来自法语 prolonger,意为"继续、延长"),但是在跟这一职业圈之外的人交际的时候他往往使

用更容易理解的 продлить договор(延长合同)。不久前刚从英语中借入俄语的词 уик-энд(周末,周末的休息)更多用于知识分子的言语中(并不是说在其他社会阶层和群体中不使用,只是使用频率更低而已)。

有趣的是,外来词使用中的这些修辞习惯和社会限制反映了外来词在借用语言中吸收的性质和程度。这首先反映在词的语音特征和它的构词能产性方面。例如,болеро, консоме, несесер 这些词中 о 的发音不弱化,并且 е 发 э 的音,即:[бо]леро、[ко]нсо[мэ́]、[нэсэсэ́р];而在 боксер, депо, секрет 中已经按照俄语的发音规则来发音,即:[ба]есёр、[д'и]по́、[с'икрэ́т],它们在构词能产性方面也与俄语固有词无异,例如:боксерский, деповский, деповцы, секретный, секретик, секретничать。

(4) 外来词在俄语中的适应还可能有第四个阶段,即丧失使用中的修辞—体裁、情景和社会限制。但远非所有的外来词都能达到这一阶段,许多外来词汇单位具有专业术语性,其使用范围较窄。此外,外来词还往往只限于特定的社会群体使用。例如 60—70 年代出现了许多来自英语的青年俚语词:френд(朋友)、герла(姑娘)、шузы(鞋)等等。

尽管如此,克服情景—修辞限制和社会限制仍然是外来词吸收过程中的趋势之一。正如 1923 年俄罗斯著名语言学家卡尔采夫斯基所言:"已经在某一社会群体中被吸收的词可能会扩大其使用范围,其社会性质或丧失或发生某种变异。除此之外,在某些事件的影响下,这些词还可能会产生某种情感色彩。"(Карцевский 1923:14)

外来词走出其社会使用领域和失去其特定的社会限制之后,其语义也最终得以确定。当然,在此前的几个阶段,外来词也具有特定的意思,但是其语义尚未最终确定,其他的语义因素可能会进入其词义系统,使语义发生某种改变(例如前面所举的 пальто 的例子)、动摇或产生多义。例如,来自英语的外来词 бульдозер 在最初使用的时候,有时指推土机上的铲刀,有时指推土机本身。

语义的稳定化是语言中词汇借入的标志之一。语义稳定化过程中的重要环节之一是:固有词与意义和用法上与固有词近似的外来词发生语义分化,例如 водитель 和 шофер 的区分,всеобщий 和 тотальный 的区分,заграничный 和 импортный 的区分,等等。这些区分在其词汇搭配上体现得最为明显,例如:可以说 шофер, водитель автомобиля, автобуса, такси,但只能说 водитель троллейбуса,不能说 * шофёр троллейбуса;可以说 тотальная война,但大概不能说 * всеобщая война;可以说 всеобщее избирательное право,但不能说 * тотальное избирательное право;可以说 импортный костюм, заграничный паспорт,但不能说 * импортный паспорт。

语义的稳定化既发生在使用受情景、修辞和社会限制的词语身上,也可以发生在通用词身上。在词语取消使用限制、进入一般言语交流环节的时候,随着它与其他词语联系的扩大,可能会发生语义改变。例如,某些专业术语的使用可能会超出其专业范围。在现代报刊政论文章中,我们可以见到这样的隐喻性用法:орбита славы, инфляция слов, вирус равнодушия 等等①。

如果某一术语比较频繁地使用于这种隐喻性的词语搭配中,它就会产生转义义项,并体现在详解词典的释义中。例如术语 орбита(来自拉丁语 orbita,意为"轨道,道路"),在现代词典中这个词除了专业术语义项之外还有转义义项"行为,活动领域。"[见奥热果夫《俄语词典》(Ожегов С. И. *Словарь русского языка*. 21-е изд. М., 1989]

外来词在详解词典中收录。这是外来词吸收的最后一个阶段。因为出现在大多数词典中是外来词借入的判定标准之一。词典中收录的是那些最常使用的、已经在语言中生根的词语。因此,外来词在详解词典中收录本身具有重大的意义,它表示该词已经被正式承认为是借用语言的词汇—语义系统的成员之一。

对外来词在详解词典和其他词典中的描写释义具有特定的要求。因为外来词可能会给本族语言使用者带来一些众所周知的困难:这个词如何写?如何读?它有哪些语法形式?它指的到底是什么?它是从哪儿来的?为了回答类似这些问题,必须对外来词进化词汇—图示整合描写。当然,这是另外一个需要专门讨论的课题了②。

4.2 外来词在语言中同化的特征——必要的标准和多余的标准

通常认为,外来词进入借用语言的系统需满足以下条件:

(1) 通过借用语言的音、形来表达外来词;
(2) 外来词归入借用语言的语法类别和范畴;
(3) 外来词的语音吸收;
(4) 外来词的语法吸收;
(5) 外来词具有构词能产性;
(6) 外来词的语义吸收:意义确定,并与语言中的固有词产生意义和修辞色彩区分;
(7) 外来词在言语中经常使用:外来词不固定用于某一社会修辞领域,而是用在标准语的多种语体中;外来术语稳定地在借用语言的相应术语领域使用,与所

---

① 以上例子来自《俄语与苏维埃社会》(*Русский язык и советское общество*. М., 1968. Кн. 1. С. 177)。顺便指出的是,专业术语使用范围扩大并在报刊政论文章中使用往往是因为其显得"时髦"。例如,20 世纪 90 年代初,在俄罗斯报纸上外交术语 консенсус(协议,同意)不仅用于外交谈判和议会斗争等场合,还可以指日常生活中的妥协和同意[例如,有幽默色彩的用法 консенсус между покупателем и продавцом(顾客与售货员的妥协),консенсус между жильцами дома и ЖЭКом(住户与房管处的妥协)等等]——2003 年注。

② 这一课题我们将在后面专门讨论。

在术语场中的其他术语具有特定的聚合关系和"语义值"①关系。

　　显然,对于判定外来词借入某语言并在其中使用而言,上述特征并非都是必须的。我认为,类似"外来词的语音和语法吸收②,具有构词能产性"这些特征属于可有可无的特征,可以把它们从判定标准中取消。例如,在现代俄语中就存在并广泛使用着一些非俄语语音特点和未被俄语语法系统同化的词。请看以下未被语音吸收(或者准确地说——未完全吸收)的词语:джем, джемпер, джигит, в колледже〈音组[чж(дж)]在俄语中只出现在两个词素的结合部,例如词语 отжил, от жены 的发音〉;再例如 фланг, шланг, демпинг, пеленг, блюминг, ринг 等等(词尾出现音组[нк]对于俄语而言也是非典型现象);再例如 бонтон, досье, оазис; болеро, модерато 等等(俄语中的元音 о 在第一和第二非重读音节应弱化,读类似 а 的音);再例如硬辅音之后的 е 的发音:бифш[тэ]кс, ш[тэ]псель, [дэ]каданс, [дэтэ]ктив, [дэ]льта, мо[дэ]ль, то[нэ]ль, а[нэ]ксия, [сэ]псис, [нэсэсэр]等等③。请看以下未被语法吸收的词:филе, желе, пике, драже, атташе, кофе, жюри, алиби, коми, пальто, лассо, инкогнито; кенгуру, табу, рагу, меню, ревю, инженю; алоэ; беж, бордо, эпонж 等等。请看以下既未被语音吸收,也未被语法吸收的词:пенсне, турне, шоссе, фойе, кафе; койне, консоме; интервью, рандеву 等等。

　　对于以上未被俄语完全吸收(或者说是"俄化")的词,需要进行以下专门说明:
　　应当对语音替代(即用借用语言的语音手段来表示外来词④)和语音吸收在原则上进行区分。前者是词汇借用过程中不可缺少的一个环节;而后者是指借词对借用语言的语音系统进行适应,它体现在借词在言语中的使用过程中。而且,并非所有的借词都进行了语音同化(例如,е 前的硬辅音 т, д, с, н 在一些词中软化了,而在另外一些词中却保留了硬辅音的发音:[тэз'ис], [дэмп'инк], [сэрв'ис],

---

① "语义值(значимость)"即指符号(术语)的价值(ценность),它决定了该符号(术语)在某系统中与其他符号(术语)的关系。例如,一些术语可以同时出现在不同的专业术语系统中,以 монотип(单字排铸机,单型)一词为例:在印刷行业,它与一方面 монотипия([彩色版画]一次印刷法)、монотипист(单字排铸工)相关,另一方面与 линотип(莱诺排铸机,整行排铸机),甚至 дагеротип(银版照片,银版照片术)同处一个术语系统;而在生物学上,它用来指机体类型——"单型"。可见,这个词与完全不同的两个专业术语体系发生了关系(请参考列福尔马茨基著作中"术语场"的概念[Реформатский 1959])。

② 例如,缪勒认为,借词并不一定必须要在语音—语法上适应新的语言系统。他写道:"词汇的同化过程和在借入语言中的生根过程并不是平行的。词语有可能(在语音方面)完全适应了借用语言,但并未在借用语言中生根,或者并未成为'大众'词。与其相反,未驯化的外来词语反倒有可能在借用语言中生根并成为'大众'词"。(Møller 1933:45)

③ 以上大部分例子都来自阿瓦涅索夫的《俄语标准发音》(Русское литературное произношение. М., 1950)一书。

④ 尤什马诺夫的《外来词语法》(Грамматика иностранных слов)中论述了俄语外来词的语音适应问题(参见:Словарь иностранных слов. М., 1933. С. 1434)。

［нэйро́н］—［тэ́кст］,［дэ́мън］,［сэ́ктъ］,［нэ"йтро́н］,等等）。

同时,我们认为,也应当区分外来词在借用语言中的语法形成和语法吸收。前者是词汇借用过程中不可缺少的一个环节,而后者是指借词对新的语法系统的适应。例如,жюри（［竞赛、展览等的］评奖组,评奖委员会）这个词显然在俄语中有特定的语法标志（它的名词词类属性、性、数、格可以在句法中得到体现,因此说它也是有语法标志的）,但是对俄语的语法系统而言,它在某种程度上显得"另类",因为它不变格,没有数的词法体现形式。

基于以上这些区分我们可以得出一些结论,这些结论能够在某些方面解释外来词进入语言的过程。例如,结论之一："外来词的语音吸收过程要比其获得形式标志的过程进行得缓慢"(Ледяева 1965：244)；语音演变过程不但"具有保守性"（同上）,而且在获得词的基本功能——交际功能——的同时向两个不同的方向发展。由于词语在言语中的使用不能脱离开语法范畴,所以外来的词汇单位必须"登记"入某一确定的语法聚合体,而短语也必须具有形态或者句法标志。例如,借用的外来名词获得性、数、格,外来动词获得俄语词缀,等等。从本质上说,这不是一个过程,而是一次性的、瞬间的行为,是不可避免的。只要外来词在俄语中不用作外语夹杂词,而和其他正常语言单位一起用在俄语的句法组合之中,它就必须如此。而外来词的语音吸收,即它对其他俄语中典型音组（例如在第一非重读音节中用 a 代替 o, e 前的硬辅音软化,避免连续辅音组合,等等）的"追赶和磨合"是一个漫长的历史过程。因为这些过程的实现对交际任务的完成不产生直接的影响。说俄语的人在进行交际的时候完全可能在某些情况下发出［тэ́мп］,［дэпо́］,［сонэ́т］这样的音。当然,俄化程度更高的发音形式应当为:［тэ́мп］,［дэ"по́］,［санэ́т］。

许多外来词是以元音结尾的,是构词非能产的,或几乎是非能产的,在大多数情况下它们作为生产词的构词能力几乎为零（当然,一些高频词也可能具有相当的构词能产性,例如: пальтишко, пальтецо, пальтовый, деповский, деповцы, шоссейный, кофейный, кофеек 等等）[①]。

除此之外,对于前面列举的外来词同化的其他特征,我们认为,应当都属于词汇借用的必要标准。

外来词如果没有借助借用语言的音、形来表达,那它只能在篇章中被当作与上下文中其他词语无关的外语夹杂词使用,而它们与其他词语的语义联系则多半只能通过翻译为借用语言中与其近义的固有词来间接实现。例如,篇章中出现的一些用拉丁语拼写的词或短语,会被理解为是一些孤立的"语际"元素（例如, персона non grata, ergo, dixi, gratis 等等,后面我们还将对此进行论述）。

---

① 多扎认为,借用词具有构词能产性（以及它们能够用作转义）是它们完全获得借用语言的"公民证"的标志（参见: Доза А. История французского языка. 1956. C. 138）。

有时,同一个外来词既可写做外语形式,又可写做借用语形式。在这种情况下,我们可以特别清楚地看到,它的外语形式具有"孤立性",它的借用语形式则具有"自然性"。例如:

Для горячей и активной оппозиционной работы на словах и в печати-требуется лишь некоторый *minimum* научно-теоретической подготовки...(*Речь*. 1906. 23 февр.);

Прислуга в отделе доведена до *минимума*, преобладают женщины и мальчики (*Речь*. 1916. 20 янв.);

Товарищи боялись положиться на К., которого простые партийные дискуссии доводили до исступления. Но во время *Action* он не только оставался в бою... но ни разу не дал воли разбитым нервам (Л. Рейснер. *Гамбург на баррикадах*. М., 1924);

Можно было бы привести выдержки из ответов некоторых других участников анкеты 《Ар》, но и приведенных, пожалуй, достаточно, чтобы показать характер неблаговидной *акции*, предпринятой парижским еженедельником (*Литературная газета*. 1959. 3 февр.).

此外,外来词保留其外语书写形式是一个现实的障碍,不利于使用借用语言的手段来进行语音表达,也无法使其与借用语法的语法范畴相适应。

但是,对外来词进行借用语言的音、形转换和使其与借用语言的某一语法范畴一致只是词汇借用的表层的、可见的特征。

有许多外来词,虽然已经按俄语形式书写,但对俄语使用者而言仍是"异己"。例如 крузейро(克鲁塞罗[巴西货币单位]),чидаоба(格鲁吉亚的一种格斗术),просперити([英、美]繁荣),вигвам([北美洲印第安人住的]圆顶棚屋),куадрилья([斗牛士的]助手组),хартал(哈塔尔[19—20 世纪初,印度商店为了反抗英国殖民政权的一种罢市形式:关闭店铺,抵制进口货等])等词。也就是说,它们是所谓的"异国情调词"(экзотизм),它们与某些特定的民族文化(某一民族的政治制度、风俗、文化特点和日常生活)相联系。这些词的使用并非出于语言原因,而是出于主题和言语情景的原因:作者谈及的是外来事物,因此他使用了表示这个国家独有的事物的词。

因为这些异国情调词多是表示具体事物的词,这就限制了这些词进入借用语言。只有其表示的事物被引进之后,这些词才会随之进入。在语言中可以使用这些词,但是它们被打上了"异己"的标签,直到借用语的语言使用者感觉到其标志的事物不再是异国情调为止。

在以下情况下,语言中会开始使用这些异国情调词:① 这些词被该语言的借用者用于指称新的事物（或现象），并且替代了固有的描写方式［例如 кемпинг（汽车旅馆）替代了 гостиница для автотуристов，блюминг（初轧机）替代了 прокатный стан，等等］；② 其词义中相对于固有词而言添加了新的语义色彩（例如：комфорт 相对于固有词 удобство 而言，контейнер 相对于固有词 ящик 而言，вместилище，импорт 相对于固有词 заграничный 而言，иностранный，экспорт 相对于固有词 вывоз 而言，等等）。在第二种情况下，固有词会在外来词的影响下发生意义或者语义区分特征的重组（或者相反，外来词在固有词的影响下发生变化）。其结果是固有词和外来词的语义划定界限：它们虽然是同义词关系，但会在语义特征和使用范围方面具有区分性。

正如库里洛维奇所言："当新词或者借词出现在语言中的时候，有两种可能性：或者其指称的事物成为新事物［例如文化领域的借词 twist（跳扭摆舞），再例如表示新发明事物的词语 magnétophone、tonband］；或者——对此语言学家更为感兴趣——其指称的事物已经有了名称，新来的词威胁到了旧有名称的地位。这样一来，有两种解决方案：固有词 B 被新词 B′ 排挤出去，或者重新划分固有词 B 原来独占的语义范围"（Kuryłowicz 1963）①。

因此，在情况①或者情况②下，我们在研究语义上独立的外来词时，都不仅要研究借用语言的词汇系统，而且要研究词汇系统中各成员的相互影响。

语义的独立性、与固有词的意义不完全重合（即不是直接对译关系），这是词汇借用的重要特征。这一特征决定了外来词能够具有功能积极性（функциональная активность），即能够在言语中频繁使用。外来词语义的完整、独立对于其作为交际工具而言是必需的。如果一个词语的意义只是其他词语的意义的直接复制，这样的词很容易被排挤出使用领域。

但是，如何"衡量"外来词的功能积极性呢？通常而言，统计其在篇章中的使用频率效果并不明显。因为一个词在某些主题的篇章中可能使用频率非常高，而在另外一些语境下可能使用频率为零（例如异国情调词）。有人认为，外来词"占据"的语体越多，认定它是外语借词的依据就越充分（Сорокин 1965：62）这一指标本身虽然很重要，但是它也是相当不明确的。这一指标可以用来衡量那些无修辞标记词。可是对于那些只在书面语体中使用的词应当如何来衡量呢？对于那些只用在某一专业领域中的术语应当如何来衡量呢？我们对于这些问题只能做出这样的回答：首先，对于术语的借用和通用词的借用应当分开来考虑；其次，判断外来词在

---

① "由于语言和词汇具有系统性，词典中补充进来新借词时不可能对词典的原来条目不产生任何影响。借词通常会获得词典中与其最相近的固有词的意义。此时会发生它们的意义结构的重组，也就是说，一些次要的义项可能会成为核心义项，或者相反。也经常会发生与新词同义的固有词被排挤出去的现象。这是因为，语言中出现绝对同义是不可能的，意义总是要有区分性，不再需要的词会被语言抛弃"（Арнольд И. В. *Лексикология английского языка*. С. 211）。

标准语中的功能积极性时应引入"修辞级"（стилистическая градация）的概念，不应当按语体来划分，而应当按照其使用它的言语体裁（речевой жанр）①来划分。

如果某一外来术语具有"单一语体"的功能特点——也就是说，它经常使用在某一特定的社会领域、某一特定的术语场——这就足以认定这一外来术语是从其他术语系统借用的。但是对于非术语来说，其特点恰恰应当是不固定使用在某一特定领域：它在言语中使用的范围越广，能够出现的体裁种类越多，就越有充分的证据说明它已经属于一般标准语。总之，如果在某一专业领域经常使用一个借自其他术语系统的术语，就可以说它是外来术语；如果在各种（最少两种）言语体裁中经常使用某一借自②其他语言的词，这可以说它是外来词。

因此，对于以上我们分析过的词汇借用的特征，我们只挑选出那些对于判定某外来词（术语）是被该词汇（术语）体系借用而言是必要和充分的特征。这样一来，就只有：(1) 通过借用语言的音、形来表达外来词；(2) 外来词与借用语言的语法分类和范畴相适应；(3) 外来词具有语义独立性，并且其语义并非是对借用语言中其他固有词汇语义的完全复制③；(4) 对于标准语词汇而言——最少用于两种言语体裁中，对于术语而言——在某一术语领域经常使用。符合这四个特征的外来词就属于借词。

4.3 外来新词的构词能力④

外来词汇单位的构词能产性（即其作为生产词借助借用语言的词缀手段构成新词的能力）是借词在该语言中生根的重要标志之一。此外，其他标志还有：

---

① 对于"言语体裁"可以给出如下定义：言语体裁是某一语体的一系列现实和潜在的篇章的总和，它们遵循同样的语言手段使用原则（词汇原则和语法原则）。关于"言语体裁"的详细论述，以及言语体裁的清单，请参见《俄语和苏维埃社会》（*Русский язык и советское общество*. Алма-Ата, 1962. С. 97—98）。

② 前提是符合语义独立性标准。

③ 布什卡留持与此不同的观点（见：Puscariu 1943：241）。他认为词义完全相同并不是外来词借入并在借用语言中同化的障碍。"自家"词和"异己"词的区别可能并不在语义方面。外来词替代固定词的原因可能是被替代词出现了"功能弱化"。但是，我们认为，发生借用的原因应当是由于语言中存在着"空位"，也就是说，有表达借助固有词汇手段无法表达的意思的需求。即使有固有词汇表达手段，但可能它们表达的意思与外来词并不完全相同，或者只是临时的表达方式，是言语事实，而非语言手段。这里有以下可能情况：

(1) 外来词的出现早于相应的固有完全同义词。后者在言语中出现的时候会引发竞争，竞争的结果或者是它们发生语义分化，或者是发生功能—修辞分化；

(2) 外来词和与其意义相近，但并不完全相同的固有词一起出现在言语中。这种并行使用和对比使它们的区别日益突出。往往是借用与固有词的差别起初并不明显，但是其词语"配价"（即它们与其他词的语义搭配能力）使他们分化。例如，сервис 和 обслуживание 这两个词的语义非常相近，但是它们的语义搭配能力并不相同。其他一些同义词偶中也可以见到这样的情况（例如 тотальный—всеобщий，шофер—водитель，等等）。

④ 本节最早以《论外来新词的构词能力》（*О словообразовательных возможностях иноязычных неологизмов*）为题发表于《高等学校科研报告（语文科学）》杂志（*Научные доклады высшей школы. Филологические науки*）1998 年第 3 期（与尤·哈克·苏合著）。

借词的音、形吸收；进入借用语言的语法形式系统；词义获得稳定性；在言语中不同程度上的广泛、经常使用。这些一起构成了外来词在接受语言中完全适应的判断标准。

正如布龙菲尔德所言："从语法角度看，被借用的语言形式服从于借用语言系统不但体现在句法上，而且体现在词形变化方面，最为重要的是，还体现在构词能产性，即构词结构的'活力'方面。"（Блумфилд 1968：497）

词在其他语言系统中的适应是一个渐进的过程，并且在许多情况下是一个长期的过程。许多外来词汇单位并未被完全吸收，具有"异己"的色彩。例如，它们有可能在发音特点上有所不同[例如，несессер（梳妆盒），сеттер（塞特猎狗），темп（速度）等词中 e 前的辅音没有软化]，有可以是未纳入变格系统（例如 депо，какаду，кофе，радио，такси 等词），也有可能是没有任何派生词。

最后一种情况（即没有派生词）经常出现在一些不变格名词和不变格形容词身上，虽然这与词的使用频率有关系。例如，манто（女大衣）一词没有派生词（最少在词典中没有收录派生词），而与它在形态和意义方面都很相似的пальто（大衣）一词却有派生词 пальтишко，пальтецо，пальтовый（此词主要用在职业用语中，例如 пальтовая ткань）。кофе（咖啡）一词有派生词 кофеёк，кофейня，кофейный，кофейник，而与它属于同一语义类别，并且同样不变格（当然，在音节构造方面略有不同）的词 какао（可可）却没有派生词[在扎莉兹尼娅克的《语法词典》（Грамматический словарь．1977）中收录了形容词 какаовый，但显然，这个词只是职业用语]。再例如，其他一些不变格名词的构词能产性也存在差异：домино（有派生词 доминошный，доминошник）-кимоно（无派生词）；депо（有派生词 деповский，деповцы）-кашпо（无派生词）；декольте（有派生词 декольтированный，декольтировать）-фуэте（无派生词）；купе（有派生词 купейный）-канапе（无派生词）。在不变格形容词方面：беж（米色的）有派生词 бежевый，бордо（深红色的）有派生词 бордовый，而 маренго（黑灰色的），хаки（浅褐绿色的），электрик（蓝灰色的）却没有派生词。

外来词适应借用语言的语法系统是指：名词获得格和数形式，归入某一性范畴；形容词获得俄语形容词的词形变化特征；动词归入某一动词类并以俄语的方式按人称进行变位。一般来说，在语法方面被俄化的外来借词的构词能力都得到了增强。

表示事物的非动词名词可以借助后缀-н(ый)，-ов(ый)构成关系形容词。例如：абажур—абажурный，каюта—каютный，майонез—майонезный；бомба—бомбовый，стенд—стендовый，грунт—грунтовый；动物名词可以借用后缀-ск(ий)构成关系形容词。例如：президент—президентский，шофёр—шофёрский，дама—дамский；表示科学门类、艺术流派、社会潮流等意义的名词可以借用后缀-ическ （ий），-истск（ий）构成关系形容词。例如：зоология—зоологический，абстракционизм—обструкционистский，пуризм—пуристический，пуристский，等等。

带有后缀-ирова(ть)，изова(ть)，-изирова(ть)，-фицирова(ть)的外来动词可以构成带有后缀-ани(е)，-аци(я)的动名词。例如：конструировать—конструирование，стилизовать—стилизация，экранизировать—экранизация，электрифицировать—электрификация[①]，等等。

除此之外，动词、动词连带的动名词以及其他外来词还能够通过加前缀来进行派生。例如：блокировать—заблокировать，разблокировать，деблокировать；инфляция—гиперинфляция；инвестиции—реинвестиции，等等。

在对外来词构词能力进行了以上描述之后，我们就能够回答以下问题了：刚刚开始被吸收入俄语系统的外来新词在构词能产性方面有怎样的表现呢？

20世纪最近15—20年来出现在俄语中的外来新词主要是名词[②]，而其中大部分是变格名词。例如社会政治方面的词语 брифинг，импичмент，инаугурация，истеблишмент，популизм，саммит，спикер 等；财经方面的术语 бартер，брокер，ваучер，дилер，инвестиции，консалтинг，маркетинг，менеджер，менеджмент，монетаризм，приватизация，риелтор，спонсор，субвенция 等；科技术语 дисплей，дигитайзер，драйвер，интерфейс，компьютер，ксерокс，модем，мониторинг，пейджер，принтер，сканер，телефакс，файл，хакер 等；体育术语 армрестлинг，аэробика，бодибилдинг，боулинг，виндсёрфинг，допинг，кикбоксинг，могул，овертайм，скейтборд，сноуборд，фристайл 等；时尚、商业表演、音乐艺术、电影、文艺创作方面的术语 бутик，имидж，имиджмейкер，клип，клипмейкер，попса，промоутер，римейк，триллер，шоумен 等；日常生活词汇 гамбургер，сауна，скотч，степлер，шоп-тур 等。

不变格的名词数量不多。虽然它们在语法方面并未完全俄化，但其中一些相当常用，例如 киви（猕猴桃），кутюрье（时装设计师），паблисити（广告），ноу-хау（专有技术），профи（职业运动员），хиппи（嬉皮士），шоу（表演），ток-шоу（脱口秀）。还有一些不太常用，但在报刊、电视和无线电广播中也可以遇到，例如 рóяти（稿费的一种）、прет-а-портé（成衣）、уóки-тóки（便携通话设备）等等。构词能产性最强的是以辅音结尾的变格新外来词，它们往往可以借助后缀-н(ый)，-ов(ый)，-ск(ий)，很容易地构成关系形容词。例如：бартер—бартерный，ваучер—ваучерный，компьютер—

[①] 这里我们没有考虑另外一种情况，即这个动名词本身也有可能是从外语中直接借用的（例如俄语词 стилизация 就是直接来自法语词 stylisation）。与此相应，从现代俄语的构词角度来看，"动词——动名词"词偶应当分为两类：包含派生词的和不包含派生词的。

[②] 据巴亚尔金娜的统计，在所有新词（包括外来借词）中动词只占9%（Бояркина 1993：8）。

компьютерный，маркетинг—маркетинговый，консалтинг—консалтинговый，допинг—допинговый；брокер—брокерский，риелтор—риелторский，спонсор—спонсорский。带有后缀-изм 的名词可以借助后缀-истск(ий)构成关系形容词。例如：монетаризм—монетаристский，популизм-популистский。以-ия 结尾的名词可以借助后缀-онн(ый)构成关系形容词。例如：инвестиция—инвестиционный，приватизация—приватизационный，субвенция—субвенционный，деноминация—деноминационный，等等。

一些变格名词可以在俄语中构成动词[例如：компьютер—компьютеризовать，компьютеризировать，在行业口语中以-окс 结尾的截短词 ксерокс 还可以构成动词кверить(用复印机复印)]，或者动词与名词一起从外语中借入（例如 сканер—сканировать）。

以上列举的变格新名词中有一些似乎"不情愿"进行派生。例如以-мент 结尾的词：импичмент，менеджмент，它们没有派生词(同根词 менеджмент 和 менеджер 是一同借入的，但这两个词在派生构词方面却不相同)，虽然以它们为词根构成关系形容词在理论上是完全可能的。大多数以-инг 结尾的表示体育运动的新词在构词方面也不积极。армрестлинговый，боулинговый，виндсёрфинговый 只是个别现象，并且只使用在范围很窄的行业言语交际中。

外来新词构词能力的实现不仅与其形态结构和在俄语语法中的驯化程度有关，而且与其使用频繁有关。一些处于社会关注的焦点，在大众媒体和日常交际中出现较为频繁的词的构词能产性要比那些较少使用的词的能产性要高得多。

例如，术语 приватизация(私有化)一词在 20 世纪 90 年代初被广泛使用，它和它的派生词 деприватизация，реприватизация，приватизационный，приватизатор，приватизировать 构成了一个完整的词族。术语 ваучер(私有化证券)（ваучерный，ваучеризация，ваучеризировать)、инвестиция（投资）（инвестиционный，инвестор，инвестировать，реинвестиция，реинвестировать）、деноминация（货币改值）(деноминационный，деноминировать)的情况也与此类似。инаугурация([总统]就职，[国家元首]加冕)一词与上述各词有同样的后缀和词尾，但由于这个词用得少，所以它只有一个形容词派生词 инаугурационный，相应的动词 * инаугуривовать 具有理论上的可能性，但实际上这个词并没有出现。

词的交际现实性因素，即其使用的广泛性，可能会比其语法吸收度因素的影响更大。一些不变格的外来名词由于使用广泛(甚至有时只是在某一社会领域中使用广泛)，可以克服其语法上的先天不足，而构成派生词。例如 хиппи 一词，在俚语—俗语领域可以构成诸如 хипповый，хпповать，хиппист，хиппистка，хиппушка，хиппизм，хиппня，хипповский 等派生词（Юганов，Юганова 1977：238-239）。

有时,一些不变格的词由于在言语中使用频率高,甚至可以促使其演变为变格词。来自英语的外来词попс(流行音乐)就是这样一个例子,它最初是作为不变格形容词出现在俄语中的(例如музыка в стиле попс),但它很快就变成了变格名词,得到了词尾-а并归入了阴性名词的行列,例如以下词形:попса́(一格),попсы́(二格),попсо́й(五格)等等。如此一来,这个词又产生了若干派生词(当然,这些词的使用范围只限于音乐和商业演出活动领域):попсовый(流行音乐的),попсовик(流行歌手),попсятина(女流行歌手)(Юганов, Юганова 1977:177—178)。

大部分具有或多或少的使用领域限制的不变格外来新词都在构词方面不活跃,它们在俄语没有派生词(例如быстье, гран-при, ноу-хау, просперити, уоки-токи, экстези等等)。

外来词汇单位的语法未驯化与其使用广泛性之间的矛盾还可能会导致一个现象,就是某些词汇单位可能会获得构词词素的性质。例如шоу这个词就是这样,在现代俄语中,它不但用作不变格名词,而且还用作构词词素:шоу-бизнес, шоу-группа, шоу-программа(再例如包含шоу的词шоумен和ток-шоу,它们是从英语词showman和talk show整体借入的)。

不变化的外来形容词也可能会变为构词词素,例如ретро(古老的,仿古的)(试比较стиль ретро-ретростиль)。从形态结构方面具有同一类型的一系列外来词中能够分离出某些构词词素。例如,今天俄语中有大量外来词素:аудио-(аудиокассета, аудиопродукция), видео-(видеофильм, видеопрокат;试比较видео本身用做名词的例子:Купил новое видео), рок-(рок-музыка, рок-опера;试比较рок用做名词的例子:музыка в стиле рок; На сцене-сплошной рок), панк-(панк-культура, панк-мода, панк-музыка;试比较:панки и представители других молодежных групп),等等。这些外来词素正在呈快速增长之势,例如авиа-, авто-, био-, гидро-, моно-, нейро-(有人把这些词素解释为分析形容词,见:Панов 1971);再例如-дром,-ман,-пат,-филия,-фоб,等等。

另外值得一提的是,在我们的报纸上还出现了一个"全新的"外来构词词缀-мейкер[例如имиджмейкер(形象设计师), клипмейкер(电视音乐短片制作人), ньюсмейкер(有新闻价值的人或事,新闻人物),我们还仿造了一个半戏谑性质的слухмейкер,用来指那些传播流言的人)和-гейт(例如уотергейт(水门事件),以及最近出现的ирангейт(伊朗门事件), кремльгейт(克里姆林宫门事件)等等①]。

我们对上述讨论的问题进行一下总结:

---

① 这些构词词缀并不是我们习惯意义上所说的词缀,因为它们保留了实词的意义,虽然这一意义有可能只能通过相关外语词的翻译为我们所知[例如гидро-来自希腊语词hydor(水), -мейкер来自英语动词make(做)]。对于带有-гейт的词的详细分析请参见(Земская 1992:52)。

外来新词具有不同的构词能产性。其是构词最积极的是被语法系统吸收的名词,也就是说,纳入了变格系统,有数、性等标志的名词。除了语法吸收因素之外,词语使用的广泛性也是影响其构词能产性的重要因素。处于社会大众关注视野的高频的外来新词(如 ваучер, приватизация 等)更易于"扩张"派生词。甚至于那些语法吸收度不足的不变格名词,因为使用频率高,也会产生派生词。

由此可见,功能因素扮演的角色比结构因素更为重要。必要时,语言会借助构词衍生手段突破外来词由于适应新的语言系统不充分而产生的结构上的限制。

5. 外来词的类型

基于本书前面对于"借词"的定义,可以把外来词分为以下类型:
(1) 借词;
(2) 异国情调词;
(3) 外语夹杂词。

正如前面所言,这些类型之间,主要是借词和异国情调词,以及借词和外语夹杂词之间,存在着结构和功能上的差异。

5.1 借词和国际术语

借词在结构上并不是单一的,这里我们可以把借词分为三种类型:

(1) 结构上与外语原型词一致的词。也就是说,这些词只是用借用语言的音、形手段进行了改写,而没有进行任何结构上的"添加"。例如:глиссер(来自英语 glisser),комбайн(来自英语 combinr),лейка(来自德语 Leika),силос(来自西班牙语 silos),юниор(来自法语 junior),等等。这些词中有一些是用俄语拼读它们在源语言中的发音而形成的(例如 комбайн),还有一些是用俄语字母改写它们在源语言中的书写形式而形成的(例如 глиссер,силос,юниор)。

借自德语、西班牙语和其他一些语言的词,由于在发音和拼写方面差别不大,通常最接近于原型词的书写形式(例如 лейка,силос)。

(2) 使用了借用语言的形态手段的词。例如 авиет-к(а),танкет-к(а)(法语 aviette, tankette),бутс-ы,джинс-ы(英语 boots, jeans),пик-ирова-ть(法语 piquer,德语词 pikieren),пилот-ирова-ть(法语 piloter,德语 pilotieren),рентабельн-ый(德语 rentabel),тоталь-н-ый(法语 total,德语 total),等等。

(3) 进行了部分形态替代的词(通常被替代的是词缀部分或复合词的第二部分)。例如 шорт-ы(英语 short-s),теле-видение(英语 tele-vision)。

借词的第二和第三种类型很相近。在许多情况下,都会使用借用语言的语法手段来构成外来词,并同时用借用语言的词缀来替换外来词的原词缀。例如:

революция（法语 révolution），репетиция（法语 répetition），механический（法语 mécanique），патетический（法语 pathétique），等等。

我们还需要专门讨论一下来自希腊语和拉丁语的外来词和术语（例如 телефон, телеграф, магнитофон, кинематограф 等等），它们有一些不同于普通外来词的特点。

借助希腊语和拉丁语的词干和构词成分来生成科技术语在当代是很普遍的，在大多数语言中和国际交流活动中都有所体现。

通过这种手段构成的词和术语的特点在于：与大多数其他外来词不同，它们"没有祖国"，即没有借入的源头。现在，在每门语言的词汇中都有大量这样的术语词，它们代表了词汇国际化的趋势。在语言学著作中，这种趋势被认为是语言和民族当代关系的重要特点之一[①]。

来自希腊语和拉丁语的术语词具有国际性的特点，它们与其产生和存在的现实语言环境无关。正如肖尔指出的那样："旧的科技术语通常保留了其民族源语言的特点（例如，过去的航海术语中来自英语和荷兰语的词数量占优势），而新的称名却往往从已经死亡的希腊语或拉丁语中进行借用（例如 автомобиль, аэростат, телефон, телеграф），这些词因而失去了民族色彩"（Шор 1926：108；还请参见：Ayers 1965）。

甚至当国际术语涉及某项发明或发现的时候（即谁"想出来"的这个术语？谁创造的这一称名？当然，历史学家比语言学家对此更感兴趣），词的结构本身也不具有某一种民族语言的特点（例如，即使是德国的发明，也不具有德语的特点），因为这个词是由"其他"的语言材料——希腊语和拉丁语词素——构成的，它在从一种语言到另一种语言传播时只是发生了音、形的改写而已。

有时，可以透过这些改写判断某一术语的来源，而不用去探寻其指代事物的来源[例如，телетайп（电传打字机）这个词在发音上具有英语的特点：来自希腊语的词缀-type 在英语中读作⟨taip⟩]。但是，在大多数情况下对来自希腊语和拉丁语的国际术语进行语言学分析会一无所得，只能从其指代的事物的历史中去探求这一术语最初的来源（例如 аэроплан, телеграф, детектор 等）。

总之，借词是一个复杂的，并且是结构上非单一的集合。但是，进入这个集合的词汇有着某些共同的特点，通过这些特点能够把借词与异国情调词和外语夹杂词区分开来。

[①] 例如，请参见（Акуленко 1962）。事实上，现代语言的发展有两个彼此相反的趋势：一方面，国际词汇——首先是科技术语——的数量一直在增长；另一方面，每一种语言有保持其独特性的趋势，社会（或者社会的部分成员和群体）限制词汇借用和外来词使用的主观愿望也在增强。

5.2 外语夹杂词和异国情调词

外语夹杂词和异国情调词这两类词汇是"纯粹"的外语词,它们在使用它们的语言中并未进行形态的分解。异国情调词只是发生了"形"的变化,而外语夹杂词则往往连外形都没有改变。例如:

Этот Genosse конечно, не совсем Genosse, а только сочувствующий (Л. Рейснер. *Гамбург на баррикадах*. М., 1924. С. 20);

... Христианско-социальная партия чрезвычайно дорожит голосами своих крестьянских выборщиков и подминает под себя христианские профсоюзы. В связи с этим и внутри *христлих-социале* имеются отдельные группировки, которые нередко приходят в столкновение (*Правда*. 1930. 11 июня).

借词和异国情调词、外语夹杂词的主要区别在于它们与使用它们的语言系统的关系方面。

借词是语言事实。前面我们已经介绍了它们与借用语言的词汇—语法系统的联系。此外,还必须指出的是,在语言发展的不同阶段,词汇系统中借词的构成和数量都有所不同,通常它们中的大多数都被收录到了词典中。借词有确定的词汇意义,并且与固有词的意义并不完全相同。借词在语篇中的使用是必要的,这是由语言的交际功能所决定的。一个词与借用的语言系统的联系越紧密,其语义独立性越强,它在篇章中被其他词替代的可能性就越小。

而异国情调词和外语夹杂词的情况则与此不同。它们本身是非封闭的词群。它们的使用是与话题相关的。异国情调词的使用是为了描述其他民族或国家的礼仪、日常生活、用品、风俗、服饰等。外语夹杂词的使用是为了显示说话人对外语的了解,或给言语增加某些修辞或体裁特点。

外语夹杂词多是具有国际性特点的词和词组,它们可以使用在任何一种文化背景的语言中。例如来自拉丁语的表达方式:dixi, ergo, horribile dictu, alter ego, postfactum, terra incognita, ad hoc, pro et contra 等等①,还有一些词和短语是来自法语、德语、英语等现代语言,例如:happy end(英语),c'est la xie(法语),о́кей, гуд бай, бонжур, пардон, мерси 等等。

这些语言单位在本质上是语际词和熟语,它们中的一些(例如来自拉丁语的词和短语)用在书面的科技、报刊语体中,还有一些(例如 о́кей, мерси 等)用在无拘束的和戏谑的交际场合。

此外,在言语中夹杂的还可能是一些并非固定使用的,不具有国际性特点的词

---

① 对于这些词语的详细论述请参见:(Данилов 1938;Леонтьев 1966)。

汇单位。它们在篇章中的使用是出于篇章的文艺—修辞目的,有时甚至是作家个人的使用[①]。例如,在一段英文语篇中夹杂了来自法语的词语 bon vivant, résolution 等,在翻译为俄语的时候,这些法语词依然保留了下来:

... За одну ночь из вполне заурядного биржевого маклера и несостоятельного bon vivant он превратился в энергичного, хотя не вполне квалифицированного агента-оценщика;

... Нынешние финансовые затруднения заставили меня изменить принятое résolution (Дж. Сэлинджер. *Голубой период де Домье-Смита*).

再例如,下面小说片断中的法语词 ressentiment(爱记仇)具有专门的艺术风格特点:

Никто так и не узнал, — думал он, — какой ценой мне все досталось, никто, разве что Альфред, но Альфред выразил это глупым словом ressentiment... Не бойся, сказал Хемке, — все будет в порядке, ты... — Он запнулся, ибо то, что Альфред называл ressentiment и эмоции, сдавило ему горло... — Ressentiment и эмоции, нет, дорогой мой Альфред, этим словами не выразить того, что меня раздирает (Г. Бёль. *Город привычных лиц*. М., 1964).

言语中夹杂外来词往往是为了体现某种特定的风格,表达某种言语特点。如果把它们用译文来替换,则会在相当大的程度失去这一效果。例如:

В Англии нельзя ходить по частным речкам, по частной траве, по частным лесам. Все это имеет надпить: Private (*Прайвит*) — частная собственность. Private! Нельзя: вы ходить по какой-то сплошной запретной зоне... Private! Частное шоссе... Private! (Вс. Вишневский. *В Европе*).

再例如,有些外语夹杂词用来专门描写作品中人物的言语特点:

Я эту 《Ольгу》 читал на эстраде. Утром звонок: — *Экскюзе*, бога ради! Я полурусская... с именем Ольга (А. Вознесенский. *Олененок*).

---

① 纳依豪斯的《论钢琴演奏艺术》(*Об искусстве фортепьянной игры*. М., 1961)一书的风格是个明显的例子。他本人对此有这样的评述:"一些人认为,我使用了过多的外语词和短语,大概他们是对的。我这样做是为了更加准确地、没有任何遗失地表达思想。或许我不该在行文中使用这样随意的'口语'语体,但我从小就通晓几种语言,我习惯了用一种语言本身来表达这种语言中的思想。因此,我也就不特意限制自己在头脑中想到它们的时候,就把它们直接写出来。"(第 8 页)

与借词不同的是,异国情调词和外语夹杂词没有失去,或者(除了外形之外)几乎没有失去其在源语言中的任何特点。它们并不像借词那样已经进入了借用语的语言系统,它们只是在另外一种语言中使用,但并未与这一语言的词汇和语法构造发生稳定的联系。

但是,这并不意味着在借词与异国情调词、外语夹杂词之间,以及在异国情调词和外语夹杂词之间没有任何中间过渡类型。相反,我们可以列举出一些中间词汇类型,这说明我们前面研究的那些外来词类型之间并没有清晰明确的、稳定的和一成不变的界限。

首先,它们的界限是会随着历史发生改变的。例如,随着在言语中的频繁使用,外语夹杂词可能会变为完整意义上的借词,按照借用语言的音形特点进行改造,并形成独立的语义。例如:

    Вот, наконец, добрались до Central-Otel'a... с опаской подхожу к конторке *Portier*[①](*Речь*. 1916. 8 янв.);

    ... Последним в этом серии был дом на Ленинградском шоссе... В первом этаже был запроектирован центральный вестибюль, в нем должны были помещаться: *портье*, коммутатор, сберегательная касса, галантерейный киоск (А. Буров. *Об архитектуре*. М., 1960).

    К тому же теперь слух уже перестал удивляться и жадно реагировать на пышно-красочные пейзажи и музыкальную *nature morte* (Б. В. Асафьев. *Книга о Стравинском*. Л., 1929);

    Художник представил ряд своих ранних *натюрмортов*[②] (*Советская культура*. 1957. 3 июня);

    Красоте в жизни полагается лишь одна минута надежды на счастье, пока шляпа с большими полями и *pincenez* [请对比现代语言中使用的形式 *пенсне*] ученого склоняются над так и не названным грибом (И. Ф. Анненский. *Книга отражений*. II. СПб., 1909);

    ... Благодаря отсутствию *Speck*a [请对比现代语言中使用的形式 *шпик*] (类似英语的 *backona* [请对比 *бекон*]) нечем кормить людей... (*Речь*. 1916. 4 февр.);

    ... К вящему удовольствию германской печати, пользующейся всяким *lapsus*'ом враждебных газет... (*Речь*. 1916. 10 янв.).

---

① портье一词首次被收入词典在是波杜恩·德·库尔德内编纂的《俄语外来词词典》(*Словарь иностранных слов*)中,首次被收入详解词典是在乌沙科夫词典中。

② натюрморт(静物写生)首次被词典收录是在乌沙科夫编纂的两卷本《详解词典》(*Толковый словарь*)中。

再例如一个有趣的例子：在拉赫马尼诺夫的信中反映了 менеджер(经理)这个词最初在俄语中使用时的情况。它当时是外语夹杂词,需要附加译文注解：

  Есть у меня *menager*, по-русски [разрядка моя. —*Л. К.*] *импресарио*, с которым работаю в Америке вот уже 19 лет (*Письмо В. Р. Вильшау.* 7 июня 1937).

至于异国情调词,随着它称名的外国事物(或者风俗、习惯等)的引入,也可能会变为借词。例如 пальто, сюртук, халат; футбол, бокс, регби, гандбол, хоккей; фокстрот, танго 等等。

这些词在主题和语义方面例如一幅绚烂的图画①。在不同的词身上"异国情调"以不同的程度体现。例如 праймериз([美国]总统预选), стриптиз (脱衣舞), герлс(女孩), комикс(带插图小书,连环图画)这些词在现代不同体裁的俄语言语(例如报刊)中使用频率很高。对于俄罗斯人来说,它们已经不具有任何异国情调。而另外一些词这方面的特点却比较明显,例如 крузейро(克鲁塞罗[巴西的货币单位])、бальса(南美的一种树)、смог([伦敦和其他英国大型工业城市特有的]烟雾混合物)、бантустан(非洲人的保护区[强制居民迁出的地方])、бутлегер(走私者,美国20—30年代的禁酒令的违反者),它们和利比亚的 круменов、尼日利亚的 джерма 一样,说的完全是地球上其他地方的事物,都具有深厚的异域色彩。

在一些譬如游记、科幻文学、外国民间文学的翻译等语篇中,有大量的异国情调词。例如,以下是关于南美热带雨林的一个科幻中篇小说的片断：

  К берегу возвращаются перегруженные челноки. Добротные челноки, выдолбленные из цельных стволов *араукарии* [порода дерева]. В них грузы влажно блестящих сокровищ: лазоревые *пиау*, серо-зеленые *пикуды*, огромные жирные *трирао*, толстенькие *пинтадо*, острозубые *пираро* и голубоватые *туканаре* [названия рыб, водящихся в Амазонке]... В *сельве*... я видел тропинки, истоптанные *морсего*, намазанные кураре колышки, поставленные кулуэни, слышал посвист авети [индейские племена] (М. Емцев, Е. Парнов. *Последнее путешествие полковника Фоссетта.* М., 1965).

俄语中还有一类特有的(虽然其本身并不完全是同一类)异国情调词,这就是来自前苏联各民族的异国情调词。显然,这些词的使用取决于主题和言语情景。例如：аксакал([中亚]德高望重的人), арык([中亚的]灌溉渠,蓄水池), пиала

---

 ① 关于异国情调词语义群可参考一篇有趣的论文：(Супрун 1958)。

(碗，杯)，мазар(麻札[即"圣地"、"圣徒墓"，主要指伊斯兰教显贵的陵墓])，минарет(清真寺塔，伊斯兰教堂的高塔)，бесбармак(一种哈萨克和吉尔吉斯的食品)等等(Миртов 1941)。严格地说，这些词并不属于俄语的词汇系统，它们是在某些特定场合下出现的(例如，出现在居住在其他民族共和国的俄罗斯人的言语中，出现在描写其他民族的日常生活、习俗的文艺作品中，等等)。请看以下例子：

  Молодежь сбрасывает старые *сакуи* и наряжается в городские костюмы и пальто (*Вечерняя Москва*. 1957. 7 дек., статья 《В таймырской тундре》);

  Легко быть первым в чидаобе [чидаоба —— грузинская борьба]: подножка и клади на обе! (*Советский спорт*. 1957, 12 янв.);

  Однако это не мешает ему [чабану] производить обмен баранов на водку, резать на *бесбармак* (*Известия*. 1962. 22 февр.)

  Каждый задумался над тем, как во время своей службы в Туве он сможет помочь бывшим кочевникам-*аратам* (*Комсомольская правда*. 1959. 15 марта).

在许多情况下，异国情调词的"异己性"并不妨碍它们作为一种迂喻手段，或作为固有词的临时同义词来使用。在所指事物和现象的本质、自然属性或功能与异国相似的情况下，往往可以进行这样的使用。例如：

  У нашего микрофона выступала *мэр* города Смоленска-председатель исполкома Дора Васильевна Богачева (радио, 27. X. 1963);

  Мой *босс* [то есть начальник, руководитель] сегодня что-то не в духе (запись живой речи);

  В заволжских *прериях* (*Правда*. 1928. 27 ноября, заголовок);

  Социалистический *парламент* Российской Федерации (заголовок статьи о сессии Верховного Совета РСФСР. —Труд. 1938. 15 июля)[①].

由此可见，由于各种语义和言语功能方面的原因，借词和异国情调词之间的界限几乎是完全可以抹平的(最少变得不那么清晰了)。

6. 判断词汇借用来源的标准

在研究 20 世纪出现在俄语标准语中的外来新词的时候，我们主要关注借词。

[①] 这类词中的大多数在半个世纪之前还被看做是表示其他国家和政治制度下的生活的"异己分子"，而现在它们已经完全被俄语吸收了。它们被收录在各种词典中，并且经常用于表示俄罗斯的现实生活——2003 年注。

借词是在俄语中使用的来自其他语言的词汇单位,它们在言语中的使用不仅与语言外因素有关,而且与语言本身的内部趋势和规律性有关。

对异国情调词和外语夹杂词的研究相对较少,而这些研究对于分析俄语不同发展阶段的词汇借用过程,以及借词的性质而言是必不可少的。

鉴于此,在区分借用词时必须首先明确每一个词的借用来源和它的外语原型。应当确立一些标准,或者证据,它们能够以或多或少的可信度表明:这个词是从某一语言中借用的,而不是从别的语言中借用的①。

首先,语音和形态是判断依据。这些结构特征是证明一个词属于某一语言系统的重要标志。例如,我们可以肯定地说,кемпинг(汽车宿营地)一词来自英语,因为它具有英语的语音和重音特点(词尾是音组-ing,并且重音在第一音节)。

балдахин(座舱盖,覆盖物;[车、床上的]帐,篷)一词显然是来自德语,而不是来自法语,因为它的语音接近德语中的 Baldachin,而不是法语中的 baldaquin。同样的道理,балкон(阳台)一词借自德语(Balkon)或法语(balcon),而不是借自意大利语(balcone)(Гальди 1958:64)。

除此之外,还应当考虑这一原型词在语言系统中的地位,以及它与其他语义和构词上相近的词的相互关系。例如,стенд(陈列架)一词多半是借自英语的。首先,它的语音面貌与英语词 stand 的发音([stend])相近。而且,这个词在英语中属于固有词(其义项很多,有名词义项,也有动词义项,还有一系列派生词和亲属词)。如果认为这个词借自法语,或者是通过法语间接借入的,则论据不充分。因为在法语中这个词的地位较为孤立,其发音[stand]与俄语的差异也较大。由此我们可以证明,法语中 stand 也是外来借词。

其次,当我们谈论词源的时候,一些语言外的事实论据也很重要。关于事物的历史方面的信息能够证明关于这一事物名称的语言学方面的信息(但是,反过来却不成立:关于事物名称的语言学方面的信息不足以证明关于事物的历史方面的信息)。例如,телевидение(电视)这个词应当被认为是借自英语的(只是把英语词的后半部-vision 替换成了俄语成分-видение),而不是俄语自身构词的产物。同时,它也不是从法语等外语借入的,因为电视和电视节目最初是在英国和美国诞生的②。

детектив(侦探小说)一词虽然在外形和发音—重音方面都与法语词 détective 相近,但仍应该被看做是来自英语的外来词(它是从法语借入英语的,并发生了重音的改变:[ditéktiv])。因为这个词最初是随着描写"美国的生活方式",英美的风

---

① 这里主要是指那些与多个语言都有关系的借词。如果某个借词的原型只属于某一种语言,不会出现这样的问题。

② 1925 年,詹金森在美国,贝尔德在英国首次进行了电视转播。在苏联,首次播放电视是在 1931 年 4 月 29 日。请参见:《苏联大百科全书》(Большая советская энциклопедия. 2-е изд. Т. 42)以及《大英百科全书》(The Encyclopaedia Britannica. London & New York. 14th ed. Vol. 42)。

俗、制度，以及随着引进英美的侦探文学体裁而出现在俄语中的[试比较：英语 detective novel(侦探小说)和法语 roman policier(侦探小说)]。

第三，在考察某个词的语言学信息和历史信息的时候，我们还应当看到，有时从某个主题词群中借入的不止一个词，而是好几个词。因此，必须和同语义场或术语场中的其他借词一起来综合研究词汇的借用问题。这样的研究对于解决与词源相关的一系列问题都具有现实意义。例如，如果从语言学和历史学的角度暂时无法判定某个词是借自语言 A，还是借自语言 B。而同一个主题词群中的其他所有词都可以断定是借自语言 A，那么，我们就有理由做出推论，这个外来词也是借自语言 A[①]。

6.1 借用还是构词？[②]

如今，各国语言的词汇国际化已经达到了比较高的程度。许多词，以及词根和词缀都是国际通用的，其来源或者是希腊语和拉丁语(例如 анти-、-ация、-видео、космо-、метр、супер-等等)，或者是其他某些现代语言(当然，来自英语的居多，例如тайм-、шоу-、-инг、-мен、-гейт 等等)。

不仅词汇有国际化的发展趋势，借助词素构成新词的方法也有国际化的发展趋势。例如：很常用的英语名词后缀-or/er 和俄语名词后缀-(т)ор/-(т)ер，德语中的动词后缀-ieren,-isieren，俄语中的动词后缀-ировать,-изировать，英语和法语中的形容词后缀-able，俄语中的形容词后缀-абельн(ый)，等等。

因此，在研究俄语词汇的时候，经常需要鉴别某个词是借词还是固有词的派生。

例如 кандидатура(候选人资格)一词，它是 кандидат 加上后缀-ур(а)构成的？还是借自法语(追根溯源还是来自拉丁语)的 condidature？再例如：дестабилизация(不稳定)一词是在 стабилизация 前面加上了表示反义的前缀 де-呢？还是整个从英语词 destabilisation 或法语词 déstabilisation 借入的呢？атомарный(原子的)一词是来自德语的 atomar(加上了俄语后缀-н⟨ый⟩)呢？还是在俄语词根 атом-上加后缀 арн(ый)派生的呢？визировать 是俄语名词 виза 借助后缀-ировать 派生出来的动词呢？还是经过俄化的德语词 visieren 或法语词 viser 呢？

诸如此类的问题还有许多。

对于以上这些非此即彼的问题实际上并没有一致的答案，因为认为它们是外

---

① 请参考阿维洛娃对分析词汇借用现象时应考虑的因素的论述(Авилова 1967)(另请参见：Cienkowsky 1964)。

② 本部分最初以《构词还是借用？》(*Словообразование или заимствование*？)为题发表于论文集《语言的面貌(泽姆斯卡娅从事科研活动 45 周年纪念文集)》[*Лики языка* (*К 45-летию научной деятельности Е. А. Земской*). М.,《Наследие》, 1998]。

来借词的证据和认为它们是固有派生词的证据同样充分。对于这个问题,加克写道:"区分'我们的'和'别人的'在今天来看是非常困难的,因为拉丁语和希腊语的词根和词素已经成为欧洲所有语言中术语的构词基础。从外形上并不总是能够判断某个术语是从外语中借用的,还是在本国借助希腊—拉丁语的构词单位派生出来的。要想找到确切的答案,必须考察其指称的事物本身的历史。"(Гак 1977:53—54)不仅严格意义上的术语如此,范围更广的外来词同样也是如此。

6.1.1 我们首先研究一下最简单的情况。

语言中存在着一些所谓的作者自造词或自造术语。它们是著名的学者、发明家、文学家等人首先使用的。虽然这些术语大部分来自希腊语或拉丁语的词素,但它们是从其创造者开始使用之后,开始在某一种语言中流传开来的,于是这种语言就成了这个术语的直接源语言。

例如,医学术语 гомеопатия(顺势疗法)就是一个作者自造词,它是19世纪初的一个德国医生——即哈尼曼——首先使用的。他也正是顺势疗法的奠基人。因此,这个借词的最近源语言是德语(即德语词 Homöopathie)。但是,其最初的词源应该是希腊语的 homoios(同类的)和 pathos(病)[例如,在《现代俄语外来词词典》(Современный словарь иностранных слов. М., 1992)中对于这个词的词源,只标注了是来源于希腊语]。为了区分顺势疗法和其他治疗方法,哈尼曼又为其他所有治疗方法创造了一个术语:аллопатия(对抗疗法)[即德语词 Allopathie,它同样是来源于希腊语的 allos(其他的)和 pathos(病)]。

现在我们经常使用的术语 экология(生态)是德国生物学家海克尔最早使用的,即德语词 Ökologie,而这个词又是基于希腊语的 oikos(家)和 logos(学说)创造的。德语词 Ökologie 只是俄语中 экология 这个词的直接来源。

术语 аммиак(氨气)是1801年俄国化学家扎哈罗夫创造的,用以代替此前的术语 аммониак,而后者大约是从法语中借入的[即法语 ammoniaque(含氯化氨的酒精),而这个法语词又来自希腊语的 hals ammoniakos,即利比亚阿莫尼乌姆绿洲中获得的氯化铵的名称]。

当然,如果没有类似的百科知识方面的信息,我们只能根据这些术语的结构判断它们是由来自希腊语或拉丁语的词素构成的,而无法得知它们是从某种现代语言中借入的,而这种现代语言才是它们的直接源语言。

6.1.2 除了"作者自创词"之外,还有一些术语,它们是与产生相应概念的国家密切相关的。虽然在它们身上可以清晰地看到希腊语和拉丁语词素,但这些术语应当被看做是从产生其概念的国家的语言中借入的,而不是俄语中固有的基于希腊—拉丁语构词元素派生的词语。

例如,形容词 радиоактивный(放射性的)应当被看做是来自法语的借词(试比较:法语词 radioactif)。因为放射性这一现象是由法语使用者皮埃尔·居里发现的，用以称名这一现象的术语最初也是在法语中使用的，此后才被引入到其他语言中。

术语 рентгенология（X 光学），рентгенография（X 射线摄影术），рентгеноскопия（X 光检查）直接来自德语的原型词 Röntgenologie, Röntgenographie, Röntgenoskopie，因为它们表示的这种诊断方法是由德国科学家和医生发明和应用的。如果把这些词看作是由词根 рентген-借助后缀-логия,-графия,-скопия 在俄语中构成的（正如《现代俄语外来词词典》中标注的那样），就无法体现它们产生的历史现实了。

类似的例子还有很多。

由此可见，如果有百科知识方面的信息证明某个由外语词缀构成的词是来自其他当代语言的话，那么这个词应当被看做是借词。如果没有这方面的信息或者这方面信息的可信度不足，那么就只能从语言学的角度来考察其来源了。

6.1.3 语言学方面的考察既包括词的整体词素结构或部分词素，也包括词的语义特点。

例如，如果某个词的结构并不是这门语言中词汇的典型结构，那么人们就有理由怀疑这个词不是该语言中的固有词，而是外来词。

我们可以比较一下形容词 атомный 和 атомарный。前者是由外来词 атом 借助后缀-н-构成的；后者包含了外来后缀-арн-。进而通过比较 атомарный 和法语词 atomaire，以及德语词 atomar，我们就会得出结论：атомарный 与 атомный 不同，它是一个借词，而不是在俄语中的构词结果。这种推论的根据何在？根据在于：一个重要论据是-арн(ый)这一组合只见于借词中，例如 авторитарный（比较：法语词 autoritaire）、солидарный（比较：法语词 solidaire）、стационарный（比较：法语词 stationnaire），等等。在历史上，形容词 одинарный（单的，不成双的）的产生与ординарный（来自法语 ordinaire）的谬传有关：由于与形容词 одни 产生了错误的心理联想，从而产生了这个词。虽然有这样一个个别现象，但远不足以证明-арн(ый)这个组合已经成为俄语的固有构词词素，能够在俄语的土壤上构成新词。

同样，形容词 молекулярный（分子的）也应当被看做是借用自法语的词（即法语 moléculaire），而不是名词 молекула 构成的派生词。因为-ярн(ый)这个组合不应看做是构词后缀[在扎莉兹尼娅克的词典（Зализняк 1977）中，所有包含这一组合的形容词（例如 популярный，регулярный 都被看做是借词]。

类似 астматический（气喘病的）的这一类形容词的名词形式（即 астм-а）不带-ат-。这样的词还有：догма——догматический，парадигма——парадигматический，синтагма——синтагматический，травма——травматический，магма——магматический，проблема——проблематический，система——систематический，плазма——плазматический，等等。这类词也应当被认为是借词。它们是与相应的同根名词一起借入俄语的。

如果认为它们是在俄语中在 астм-，догм- 等词干的基础上生成的派生词，那么就很难确定 -ат 这一字母组合的地位，在后缀 -ическ(ий) 前面加 -ат 并不是俄语名词派生的形容词的典型特征。在这种情况下，俄语中典型的构词方法是类似 проблем-н-ый，систем-н-ый，плазм-енн-ый 的构词方法，或者在词干后面加 -т，例如：демократ-ическ-ий，телепат-ическ-ий，等等。

俄语中还存在着结构相近、意义也有关联的词，例如：агрокультура（农业技术改良措施）和 агрикультура（〈旧词〉耕作）。对这两个词的来源显然应该做不同的解释：前者是在俄语中构成的，是分析形容词 агро- 与 культура（取"繁育、种植某种植物"的义项）合成的（类似的合成词还有 агрокомлекс，агромероприятия，等等）；而后者是通过法语 [试比较：法语词 agriculture（耕种、种植）] 借入的拉丁语词（agriculture 耕种、农业]）。能够证明 агрикультура 是借词而不是俄语中的构词产物的论据还有：字母组合 агри- 在发音上与法语和拉丁语中的类似组合相近，而与俄语中的分析形容词 агро- 却有所不同。

词的语义特点也有助于澄清其产生的历史。例如，前面我们提到过的 кандидатура 一词可以清晰地切分出词干 кандидат- 和后缀 -ýр(а)。但是，词素的可切分性或并不总是能够证明一个词产生于某一语言中。（关于此点请参见：Лопатин 1972；Крысин 1975）。在 кандидатура 身上我们就可以看到这一点：这个名词中切分出来的后缀 -ýр(а) 具有"人"的意义。但是，但是，借助 -ýр(а) 还可以构成其他许多词，例如 адвокатура，аппаратура，рецептура，редактура，докторантура，等等，而这些词中的 -ýр(а) 却都没有"人"的意义。

最后我们想指出的是，在许多情况下，我们难以判断某个词究竟是在俄语中的构词产物，还是作为一个整体从外语借入的，只能给出不太确切的判断。也就是说，我们只能基于语言内和语言外的信息，还说明某个词"多半"是借用词（或者相反——是俄语中的构词产物）。有的时候，这两种解释都可以成立。例如，动词 визировать（签证）能够被解释为是借词，是在德语词 visieren 或法语词 viser 的基础上添加俄语构词后缀构成的，同时也能够被解释为是在俄语中名词 виза 借助加后缀 -ировать（此后缀来源于外来词素）的方法构成的。名词 дестабилизация（不稳定）一方面可以认为是名词 стабилизация 借助加前缀 де- 的方法构成的[或者认为是动词 дестабилизировать(ся) 派生的动名词]；另一方面，也可以认为是从法语中借入的（试比较：法语词 déstabilisation）。

这种在确定一个词的来源的时候的出现的模棱两可或多种可能性并不是语言学分析的缺陷，恰恰相反，它体现了语言单位的客观属性，在解释这些属性的时候完全允许体现出所谓的"非一致性解决原则"（对于这一点，请参见：Мельчук 1971）。

20 世纪俄语的外来词汇借用

1. 19 世纪末至 20 世纪词汇借用情况综述

如果把 19 世纪末至 20 世纪俄语中的词汇借用情况与 18 世纪以及此前的情况进行一下对比,就会发现许多不同点。首先是在词语的借用途径、借用来源(准确地说,是体裁—修辞中介语)以及借用的阶段划分方面有所不同。

在俄语中,直到 18 世纪末,外来词都以口头(从 18 世纪到 19 世纪初书面借用开始占优势)借用为主,也有通过私人信函和文学作品的借用。而在当前,外来词几乎全都是通过书面语借入的,并且主要借用到报刊或书面语体中。

早在维兹生活的年代,他就指出:报刊是外来词借用的主要来源(Weise 1881:236)。

缪勒在其著作(Møller 1993)中详细论述了借用的途径和通过哪些言语领域词语能够由一种语言进入另一种语言。他认为,口头借用可以发生在边境地区或使用双语的人群中。他这样写道:

"无线电广播和有声电影的传播为借用提供了新的可能。

在我们当代,大部分借词是从外语源语言的书面语中引进的,并且主要的书面语借用源是外语报刊……

每一个记者,当他在某个外国报纸上发现一个新的概念表达方式或者旧概念的新名称时,他都会在适当的时候把这个词强加给整个国家。

今天,通过外国文学作品或者书信借入的外语借词在通过书面语言借入的外语借词中只占不到 10%。而科技文献则是今天最重要的借用来源"(Møller 1993:10-12)。

借词的借用途径和所在言语领域会对其在借用语言中的吸收产生不同的影响。

以书面语方式借入的外来词如果成为通用词比口头借入的外来词更为复杂。书面借用来源可能是:(1) 专业术语;(2) 报刊;(3) 公文言语[①];(4) 外国文学作品的译文。必须要去除这些外来词的修辞或体裁上的标记性,才能使它们进入通用领域。但是,通过书面语借用能够使被借用的词汇有着更大的稳定性,同时,借用

[①] 公文言语往往是各种仿造词的来源,这些仿造词中一大部分是句法和成语仿造词,一小部分是词汇仿造词(对于这一问题请参见:Lundquist 1917)。

语对借词的语音和形态吸收模式也有更大的稳定性①。相比词汇的口头借用,在书面语借用中,借用过程的系统性更强。苏联时代借入俄语中的外来词充分说明了这一点(对此我们后面还将论述)。

　　与借用途径相关的问题不应当与外来词在借用语中的音、形改造问题相混淆。以口头途径借用时,借用单位要与其外语原型的发音形式一致,而在以书面途径借用时,外来词既可能是进行音译(транскрипция),也有可能是进行转写(транслитерация)②。

　　在现代俄语中,音译外来词占优势,它们能够相对更为准确地借助俄语保留外来词原型的语音外壳(尤其从那些拼写与发音不完全一致的语言——例如法语和英语——借入外来词时)。但是,仍然有相当大量的外来词是以转写方式或者音译与转写混合方式(也就是说:词的一部分音译,一部分转写)借入的。混合方式借入的外来词包括某些国际词和一些较早借入俄语的外来词和词素。例如:法语借词(automobile [otomobiĺ])"汽车"、autogyre [otožir]"旋翼机",英语借词 aqualung [ǽkwəlʌŋ]"水中呼吸器"等,以及从英语借入的词中按字母改写的英语词素-tor、super-等(在俄语中改写为-тор, супер-。它们在英语中的发音与俄语不同,试比较:[tə]、[sjuːpə])。

　　如果说到借词的类型,在俄语中,从19世纪末至20世纪吸收的借词包括:(1)结构上与原型词相同的借词;(2)经过俄语的形态手段改造的借词。第一类词数量居多。并且,词汇借用的发展趋势是不改造原词的结构面貌。在这一时期,对外来词通过形态替代(即用俄语词素代替外语词素)的手段进行吸收(俄化)并不是外来词借入的典型方式。

　　正如一些研究者指出的那样(例如,参见:Ефремов 1959:43),现代语言更倾向于借用名词,然后在借入的名词的基础上根据需要在本族语内部构成形容词和动词。在俄语中,与其他词类的借词不同的是,名词借词可以没有俄语的形态标志,即后缀和词尾,或者可以最低限度地使用形态标志(例如构成阴性名词和只用复数的名词)。在俄语中还有一系列不变格的名词,它们从外语中借入,但是其结构并未"适应"俄语的语法系统,属于"结构上保持原汁原味"的一类外来词。

　　多数研究者都认为,(构词和语义)仿造是词汇借用的变体之一。在20世纪的

---

　　① 正如法斯梅尔所说的那样:"在同一个历史时代,借用过程中语音适应的规律应当是相同的"(Фасмер 1909, ч. Ⅲ:Ⅴ)。这一论述体现了我们前面多次提及的关于词汇借用的一个思想,即:词汇借用与借用语的语言系统在发展过程中的现状密切相关。

　　② 我们把"转写"理解为:对外来词在外形上用借用语的对应形式进行转换,而不再使用借用语中没有的符号或字母(但苏佩兰斯卡娅对"转写"这一术语有不同的解释(Суперанская 1962:36—37)。而"音译"则是:把外来词的语音形式转换为借入语的相应形式。我们认为,对这两个术语做这样的区分对于本文而言就已经足够了,对其我们不再进一步详细论述。

俄语中,仿造现象并不是很多①。而在 18 世纪至 19 世纪初仿造词的数量则很多,正如索罗金指出的那样,与 18 世纪下半叶相比,19 世纪初"在外来术语的影响下,俄语中的仿造构词和词义改变的情况明显减少了"(Сорокин 1965:167)。

2. 19 世纪末至 20 世纪前十五年俄语言语中的外来词汇

众所周知,19 世纪末到 20 世纪初俄语中进入了大量的新外来词,主要是社会政治和社会经济术语。这在很大程度上是与俄罗斯的资本主义发展和革命运动相关的:从西方传入了各种政治和社会经济理论和学说,它们经过俄罗斯知识分子和工人阶级的引介进入俄国,与它们相关的一系列外来术语也随之进入俄语。

这些新外来词中的一大部分都保留了使用中的社会限制和修辞限制。例如,它们用于马克思主义者中间,用于某些社会团体和流派中间。但是在 20 世纪初,尤其是经过 1905 年资产阶级民主革命之后,许多外来的社会政治和经济术语开始进入大众通用语——主要是通过报纸和演讲等言语体裁。

谢里舍夫写道:"在 1905—1906 年间,许多外来借词开始广泛使用。例如,在谈论农业问题是使用 аграрный, аграрник;在谈论政治问题时使用 баррикады, бастовать, забастовка, бойкот, бойкотирование, демонстрация, директивы... дискуссия, интернационал, компания, курия, мандат, манифестация, марксизм, марсельеза, митинг, партия, петиция, провокатор, прокламация, пролетариат, пропаганда, социализм, социалист, социал-демократ, социал-революционер, фракция, экспроприация,等等。"(Селищев 1928:28)

19 世纪末,尤其是 19 世纪最后 15 年,俄罗斯编纂了许多外来词词典,其中对新借词(主要是社会政治术语)进行了注解②。

---

① 我们可以举一些俄语中出现较晚(20 世纪 10 年代)的仿造的例子。例如:небоскреб(英语 skyscraper), скоросшиватель(德语 Schnellhefter), пылесос(德语 Staubsauger), жизнеутверждающий(德语 lebensbejahend),等等(Флекенштейн 1963)。正因为此,温贝考恩认为,俄语在仿造方面并不是太积极,更倾向于借用(Unbegaun 1932:42)。关于仿造本书将在下文做更为详细的论述。

② 例如:《外来词词典》(Павленков Ф. Ф. *Словарь иностранных слов*. СПб., 1900)、《外来词大词典》[Попов М. *Полный словарь иностранных слов* (с добавлением общественных и научных терминов, вошедших в последнее время). 3-е изд. М., 1907]、《外来词大词典》(Бурдон И. Ф., Михельсон А. Д. *Полный словарь иностранных слов*. 11-е изд. М., 1907)、《外来词大词典》(Смирнов В. *Полный словарь иностранных слов*. М., 1908)、《常用外来词最全详解词典》(Алексеев С. Н. *Самый полный общедоступный словотолкователь иностранных слов*. 10-е изд. М., 1909)、《外来词典》(*Словарь иностранных слов* / Сост. под ред. А. Н. Чудинова. 3-е изд., перераб. и доп. 1910)、《新外来词大词典》(Ефремов Е. *Новый полный словарь иностранных слов* / Под ред. проф. И. А. Бодуэна де Куртене. М., 1911)、《外来词词典》(Виллиам Г. Я. *Словарь иностранных слов*. Пг., 1915)等等。

应当指出的是,这些外来词词典中许多对外来词的语言学注释并不准确(例如:借词的借入时间、外语原型词、准确释义等方面)。因为这些作者编纂词典往往并不是出于严格的词典学目的,只是向俄国人介绍出现频率较高的和大众言语体裁(例如报纸)中的外来词的意义和用法①。

这些词典中收录的外来词也各不相同(虽然许多词典都称为"大词典"),收录哪些词,如何释义,都取决于词典编纂者编词典的目的。

但是,尽管此时期的外来词词典有这样那样的不足,它们还是发挥了积极的作用,在某种意义上成为社会政治术语词的稳定因素,确定了俄语政治词表中最稳定的核心部分。而俄语政治词表的基础正是借入的外来术语。

到20世纪10年代中期,外来词汇积极进入俄语的进程明显减缓了。1914—1918年的战争又使这一进程进一步得以减缓②。

"1914—1922年这段时间,词汇借用的情况与1905年那个时代明显不同",卡尔采夫斯基写道,"政治词表已经基本形成了……新的借词不多,它们中的一大部分是涉及与战争相关的政治问题的"(Карцевский 1923:39)。

20世纪10年代末到20年代前半期,此前进入俄语的许多外来词在各种标准语和非标准语言语体裁中发生了俄化。十月革命和广大人民群众发起的政治和社会运动在其中扮演了重要的角色。它们一方面促进了俄语标准语的民主化,另一方面促进了广大工人和农民阶级熟悉标准语、掌握标准语(首先是标准语的词汇)。

众所周知,在十月革命后的最初几年里俄语中不但出现(可以说是涌入)了大量新的名称、缩写词等等,而且许多词汇发生了深刻的、质的改变。

促使语言系统改变的外部因素发挥了重要作用,即当时进行了全民"社会大清扫"(这是波利万诺夫创造的术语),摧毁了旧的阶级集团,开始出现了新的阶级集团。对于语言来说,其意义在于:标准语使用者的构成发生了改变,标准语的界限不再明确,其实质和使用范围也发生了相应的改变。在20世纪20年代对此已经有过许多描述。

波利万诺夫写道:"革命不可避免地使俄语标准语的基础使用人群发生了改变。换句话说,标准语的使用人群(即用标准语说和写的人)既在质的方面进行了重组,又在量的方面扩大了。在革命后的年代中,一些社会阶层的词汇进入了标准语,而此前这些词汇只是本阶层或行业的用语(而且,还有一些原来的地域方言词

---

① 通常认为,这一时期的外来词词典中质量最好的是叶弗列莫夫编纂,博杜恩·德·库尔德内审校的《外来词词典》(*Словарь иностранных слов*)。

② 正如巴拉尼科夫所说的那样,这一时期一些德语词被排斥使用。例如,要求使用 лекарский помощник 代替 фельдшер,使用 спальное место 代替 плацкарт(当时这个词是阳性,而不是现在的плацкарта),等等。"但是,不管怎么努力推广'面包加肉'的叫法,бутерброд 这个词仍然没有撼动……总而言之,任何一个民族的爱国主义斗争总是会导致与敌人的语言(主要是词汇)的斗争。"(Баранников 1919:74)

也进入了标准语)。"(Поливанов 1927：226)

波利万诺夫认为,20年代俄语标准语的基础使用人群包括"革命积极分子(包括此前移居国外,革命后回国的人)、工人阶级中的文化上层人、红色知识分子群体,包括相当一部分接受新时代标准的旧知识分子"(Поливанов 1928：177—178)。

外部因素(即所谓"社会大清扫",标准语的使用人群扩大,标准语的"标准"产生了不确定性)促使语言发生了内部变化,出现了修辞干扰现象,各语体相互渗透。而此前各语体之间有清晰的界限,在修辞手段的选择上有严格的限制。正如苏霍京指出的那样,20世纪10年代末到20年代上半期,随着语言民主化的发展,在各种言语体裁之间可以明显看到相互交叉现象。哪怕在一小段篇章中都可以看到修辞的对立使用(Сухотин 1939)。有可能,在这一时期,在小段篇章中使用各种不同的修辞手段显得比过去更富有表现力。因为旧的标准动摇了,而新的标准还没有确立。

由于出现了修辞干扰,词群或者单个词(以及作为各语体标志的其他语言单位)可能会丧失或改变其过去的修辞特点,扩大或缩小言语使用范围,失去其附着的语体意义,等等。

正如前面所说的,在20世纪10年代中期到20年代初人民群众对旧外来词进行了俄化,使它们更为适应标准语的要求。正如谢里舍夫指出的那样,(1905年后)进入俄语中的那些外来政治术语现在的使用明显更积极了。这些词的数量、掌握这些词的群众的人数以及这些词的使用范围都扩大了。

以前,这些外来词大部分都有社会和修辞限制,其使用范围限于各种报刊和外交体裁。而在革命后的年代它们开始在更为广阔的修辞领域使用,其中相当一部分都进入了工人或农民的口语。

其他社会词汇群(例如,军事、法律等等术语词汇)也具有类似的变化。例如:

В соседнем зале по иску об *алименте* (содержании для ребенка) ловелас с угрожающим начесом на лоб... доказывал... (*30 дней*. 1925. №2);

Алименты. Уже не только юристы, а и рядовой гражданин и грамотная крестьянка употребляют в наши дни это словечко (*Известия*. 1926. 6 янв.);

... В январе разбирался ряд политических процессов:... 10 января 1880 года, т. е. 40 лет тому назад, покушение на *экспроприация*, так выражаются теперь, а тогда звали просто《на кражу》, из Херсонского казначейства (*Красная газета*. Пг., 1920. 15 янв.).

Видно, многие не《поняли》ее [Колонтай]. Как это: демократия-да империалистическую войну? Матросы ведь тогда (речь идет о лете 1917 г.) еще не знали《иностранных слов》. Это потом научились (П. Е. Дыбенко.

Мятежники. М., 1923).

再例如,在科洛索夫的短篇小说中,一些具有夸张色彩和个人风格的外来词被用于工人共青团员的言语中:

——Ну-с, Петя, а теперь опишу я тебе, как у нас хоронили нашего всего мира *авангарда* тов. Ленина, и что у нас было, и какая была моя роль... (Жизнь начинается. М.; Л., 1928);

Вскоре по всему кораблю пошла такая *нация*: матросы говорят меж собой, что командир ищет креп и кричит:——Кто осмелился лезть ко мне в каюту и снимать креп с моего единственного отца? (Там же);

——Ну и Пашка! ——вздохнул Гриша 《Балаган》. ——*Гегемон*... ——сказал Петя——крепкий любитель тезисов и иностранных слов и из всего русского обожавший только рубашку и 《разговором》, да еще девочек, которые покрасившее (там же).

俄语言语使用者掌握了更多的外来词汇。对此卡尔采夫斯基写道:"……已经在某个社会领域被驯化的外来词正在进入更广泛的社会领域。同时,其社会性质也正在丧失或正在发生改变。此外,在某些社会事件的影响下,这些词还具有了某种情感色彩。"(Карцевский 1923:14)卡尔采夫斯基只指出了外来词的一个变化方面:社会使用领域扩大,并且这一过程伴随着修辞色彩的改变和言语语体的迁移。

对于原来使用中具有社会和职业限制的外来词汇在革命后的扩张,巴拉尼科夫(Баранников 1919)、谢里舍夫(Селищев 1928)、马佐恩(Mazon 1920)、肖尔(Шор 1929)、梅罗姆斯基(Меромский 1930)等学者都有所论述(另请参见:Шпильрейн и др. 1928)。在他们的著作中给出了最常用的外来词表。例如:"下列词的使用日益广泛: демонстрация, манифестация, революция, революционер, контрреволюционер, агитация, митинг, мандат, резолюция, депутат, делегат, республика, автономия, федерация, аннексия, контрибуция, коалиция, сепаратный, конференция, империализм, милитаризм, национализм, интернационализм, коммуна, капитализм, социализм, комитет, эксплуатация, демократия, буржуазия, пролетариат, буржуй, пролетарий, милиция, комиссар, организация, дезертир, бойкот, саботаж, ордер, купон, талон, категория, 等等。"(Баранников 1919:77)

"1917年革命前借入的一些外来词在革命之后也得到广泛使用,例如: аграрный, активный, бойкот, анархизм, анархист, буржуазия, бюрократия, демократия, демонстрация, директивы, дискуссия, интернационал, кампания,

кворум, коллектив, комитет (партийный), конференция, кооперация, кооператор, курия, лозунг, мандат, манифестация, марксизм, марсельеза, митинг, муниципализация, национализация, оратор, организация, пароль, партия, провокатор, прокламация, пролетариат, пролетарий, пропаганда и агитация, район, революция, саботаж(此词在革命前很少使用，而在 1918 年开始积极使用), социализм, социалист-революционер, террор, фракция, центр и периферия[①] (партийные), штрейкбрехер(借自德国工人行话), экспроприация, эмигрант, 等等."
(Карцевский 1923：22-23)

谢里舍夫列举出了下列 20 年代上半期最常用的外来词：

авуалированный	лимитрофы
ажиотаж	люмпен
альянс	модус
гегемон	монолитность, -ный
генеральный	ориентироваться
дауэсизация	пакт
деклассированный	рационализация
дискредитация	ревизия
диспропорция	рентабельность
картель	ревю
коммюнике	солдафонство
конста(н)тировать	солидаризация
лаборизация	стабилизация
лимит, лимитный	стандартизация
стационарка	флуктуация
стимулировать	фордизация
филиал	функционер
финиш	шеф...

(Селищев 1928：30-35)

在斯帕斯基编纂的词典中(Спасский 1924)，收录了下列常用的外来词：акция, арбитраж, блокада, бюро, вотировать, декрет, депо, деталь, дефект,

---

[①] 此后这一词语在言语中的使用更为广泛，并且在与 провинция 搭配时其语义和修辞评价色彩进一步产生了分化，在派生的形容词短语 периферийный 和 провинциальный 中可以清楚地看到这一点。例如：

Мы [горьковцы] создаем автомобили, телефоны, станки для всей страны. А наша культура еще во многом даже не периферийная, а провинциальная (*Правда*. 1935. 4 июня).

дефицит, де-факто, де-юре, инструктор, кондиции, лидер, ликвидация, прецедент, реабилитация, реализация, рецидив, спец, фактура, чек, 等。

有趣的是，以上列举的几种外来词表很不相同，这可以间接证明当时外来词使用的范围很广，其数量也很多。

另外，许多外来术语的使用也超出了专门语体的限制，使用范围不再限于某些社会和职业人群。这最终使外来术语在言语中的整体使用频率得到了提升。

但是，应该指出的是，在不同的言语体裁中，外来词使用频率提升的情况并不相同。例如，在一些报刊体裁文章中外来术语的使用频率增加不多。革命前《言论报》(Речь 1913) 上的社论体裁文章中社会政治外来词占 8.85%，革命后《真理报》(Правда 1923) 上的社论体裁文章中社会政治外来词占 11.31%①。当然，这一变化是在一个较小的时间段(1913—1923)内实现的。而在其他一些原来几乎不使用外来词的言语体裁中（例如，工人、农民的一些口语中），革命后外来词的使用频率也得到了迅速的提高。

光靠比较同一时期同一体裁的文章中外来词的数量，还不足以对外来词群的整体构成做出详细的描写。要知道，区分不同时期外来词的使用频率并不是最重要的事情，最重要的是要了解各种体裁中都常使用哪些外来词。例如，革命后 комиссар, партия, гегемон, диктатура 等词特别流行，而表示旧的国家行政机构的词的使用则急剧减少。某些具体的言语体裁中外来社会政治词汇的整体使用频率可能没有变化，或者提升不明显。

由此可见，研究外来词汇的使用频率和（在历史比较层面）分析其构成是彼此独立的课题，需采取不同的方法和手段来解决这些问题。

革命后的最初十年里俄语中出现了哪些新外来词呢？

在这一时期，俄语中出现了一些外来科技语，政治、文化、体育方面的词汇，还有一小部分日常生活词汇。其中最常用的外来词有：блюминг（该词 20 年代中期开始在俄语中出现，来自英语 blooming），концерн（来自德语 Konzern），оккупант（来自德语 Okkupant），такси（来自法语 taxi），фашист 和 фашизм（来自意大利语 fascista 和 fascismo），конферансье（来自法语 conférencier），фокстрот（Фокс-тротт）（来自英语 foxtrot），шезлонг（来自法语 chaise longue），свитер（来自英语 sweater），等等②。

---

① 从直观上看，在《言论报》和《真理报》上，外来社会政治术语的使用频率变化并不明显。但是，数学统计显示，这一差别确实是存在的，并且也是不容忽视的。对此问题的论述请参见 (Крысин 1965)。

② 为了确定这些外来词的借入时间，我们对比了 1900—1917 年的外来词词典，以及列夫伯格(1923)和维斯布里特(1926)的外来词词典。我们还参考了 20 年代的报纸资料和各种出版物。

在许多情况下,确定词语借入的来源是很困难的,尤其是对于那些国际性词语而言。20 年代俄语中出现了 кино,радио,фильма,авто 等词。大概,其中首先出现的是 кино 和 радио 这两个词,它们都是从德语(即 Kino 和 Radio)借用到其他语言的。фильма① 这个词,以及后来出现的 фильм,来自英语。表示"汽车"的 авто 来自法语(auto),并且与其原型词一样具有截短形式。但是这些词可能还有着其他中介语言。词语借入过程中的一些形式改变可以间接证明这一点(例如 Kino 到 кинó 的重音变化,再例如英语词 film 和俄语词 фильма 的形态特点)。还有一种可能:有的词可能是在俄语中独立构词的结果,只不过这一构词模式与某个外语词恰好相同(例如,法语词 auto 和俄语词 авто 的发音并不相同,难以武断地说后者一定是前者的借用)。

这一时期,新的词汇借用现象是偶然的,并且是为数不多的。这应当如何理解呢?随着革命后俄罗斯社会发生的大规模社会变革,随着旧的生活方式的摧毁和改造,俄语中也产生了对新的词汇手段的强烈需求,需要用以表示新的概念和关系,替换与旧制度相联系的旧名称,同时又能够表达新的情感色彩。这种需求是现实的,但是对这一需求的满足主要不是通过借用外来词,而是通过使用俄语内部的词汇和构词资源来实现的。主要有两个实现方式,一是按照各种构词模式构造新词;二是旧词语发生转义。

在这一时期,各种构词方法积极行动了起来,其中最常用的构词方法就是构成复合缩写词。或许,正是这种大规模的构词运动和缩写词的广泛运用在相当大的程度上减轻了俄语必须借入外来词的"压力"(什梅廖夫在一次研讨会上表达过这一思想)。

但是,外来词汇借用并没有完全停止,它只是变得很弱。这一时期在激烈变化的俄语中只能勉强感受到词汇借用的"脉搏"。因此,这一时候借入俄语的外来词数量很少,并且在新词这一整体中只处于边缘的地位。

有意思的是,一些在这一时期进入俄语的外来词往往被认为是俄语旧有词语的构词衍生物。例如,коллектив 这个词表示"共同的利益、共同的行动联合起来的人群",列夫伯格词典(M.,1923)首次收录了这个词,而在更早的(革命前的)词典中就已经有了 коллективный,коллективизм,коллетивист 这些词②。коллектив 一词是 20 世纪 10 年代末从德语借入俄语的。而在几十年前也是从德语中借入了 коллективный(德语形容词和名词外形相同:kollektiv 和 Kollektiv)。借助词典和

---

① 这个词中的词尾-а 是在俄语中同化的结果,还有可能是受了同义词 лента 的影响。在 20 年代,лента 经常与 фильма 这个新外来词一起使用。

② 请参见:斯托扬编写,博杜恩·德·库尔德内审校的《外来词词典》(*Словарь иностранных слов.* 3-е изд.,1916)。

对这些词最初使用年代的考察我们可以判定①，коллективный 和 коллектив 是各自独立借入的。可是，从 20 世纪 20 年代起(一直到现在)对这两个词就存在着一种误解，即认为它们之间是构词派生关系(即 коллектив → коллективный)。

对词典和篇章的历时分析显示，类似的现象还有很多。

有相同的词根，并且从现在的角度看形成了一个构词链的词(例如前面提到的 коллектив—коллективный—коллективизм)在历史上可能并没有派生关系，因为它们可能是在不同时期借入的词，或者是在不同的时期独立构成的词。也就是说，他们在历史上并没有"生产词——派生词"的关系。例如 автомобиль 是在 19 世纪末出现在俄语中的，而 авто 的首次使用是在 20 世纪初(这两个词都是借自法语)。компостер(来自德语 Komposter)在 1912 年首次被收入科学院词典，而компостировать(来自德语 kompostieren)直到 1935 年才被乌沙科夫词典收录。再例如：конструкция-конструктивный-конструировать 在革命前就被许多详解词典(例如斯托扬编纂的词典)和外来词词典(例如博杜恩·德·库尔德内审校的词典)收录，而 конструктор 一词是 20 年代俄语中制造的(并非外来词)。патетический(来自法语 pathétique)一词 1806 年就收入了亚诺夫斯基的《新详解词典》(*Новый словотолкователь*)，而 патетика 首次使用是在 20 世纪，首次被收录于乌沙科夫词典中。репортер 被收入了达里词典(1866 年版)，而 репортаж 首次使用是在 20 世纪 20 年代，首次收录于格拉纳特兄弟编纂的百科词典中(*Энциклопедический словарь братьев Гранат*, 7-е изд., 1932, т. 36, 1)，并且该词典对于其来源的注解(即来自英语词 reporter)不准确，实际上该词是来自法词词 reportage。再例如，специфический 出现在亚诺夫斯基《新详解词典》中，而 специфика 首次被收录是在乌沙科夫词典(1940 年版)中。诸如此类的例子还很多②。

---

① 这种纯"历史"的研究方法往往可以作为对语言系统某些要素的共时研究的补充。例如，在分析类似 пилот-пилотировать 这样的"动词—名词"组合的时候，以下事实可以说明，пилотировать 不是 пилот 派生的：按俄语的构词法，不可能在表示人的名词后面加-ировать 构成动词。我们如果查阅一下词典，或者考察一下这两个词的源语言(法语)也会发现：这两个词是分别独立借入的[пилот 来自法语词 pilote(引航员，飞行员)，пилотировать 来自法语词 piloter(驾驶，操纵[飞行器])。但是，пилотировать 多半不是直接来自法语，而是通过德语作为中介语借入的(即德语词 pilotieren)。

② 在对比这类词时不应该只参照词典，更为重要的是寻找它们最初在言语中使用的例证。因为不排除有这种可能性：某词早已被使用，而出于其种原因长时间没有被收录到词典中，例如 премьера 一词首次被收录是在 1933 年的《外来词词典》，但是该词早在 19 世纪末就见诸报纸、戏剧评论文章等。планер 一词首次被收录是在格拉纳特兄弟的百科词典中(第 7 版，1932 年)。而在下面这段 1922 年的文章就已经有了这个词：

... На Рейнских состязаниях безмоторных аэропланов (или *планеров*) были достигнуты следующие результаты (Гудок. 1922. 21 янв.)

再如，функционировать 首次被收录是在博杜恩·德·库尔德内的《外来词词典》(*Словарь иностранных слов* 1911)中，而在《科学院大词典》(*Большой академический словарь*)中援引的萨尔蒂科夫·谢德林和克留切夫斯基作品中的例句里就已经有这个词了。

在对20世纪10年代末到20年代中期的俄语词汇研究中,研究者们不仅关注外来词的使用频率、新外来词的构成和性质,还对这一时期外来词的词汇和语法变体特别感兴趣。

俄语标准语传统标准[所谓"标准",是指"某一社会和文化背景下的言语现实体系。标准来自已有的言语现实,它的目的并不是规定'什么可能说',而是对当前社会中人们在说什么进行总结"(Косериу 1963:175)]的变化说明了语言单位的变化性、不稳定性及其语义的模糊性。传统标准的动摇、新词汇的扩充和语言系统内部的变革往往就是发生在这样有着重大社会政治事件,社会结构发生重大改变的年代。此外,外来词词汇—语义的变异也说明了其意义尚未完全稳定,外来词和与它语义相近的一系列固有词以及较早借入的外来词的语义界限尚未完全划定。随着词在语言系统中被吸收,随着其语义的独立,这个词在言语使用中变异的可能性将越来越小,这个词与其他词的区别将越来越明显,与其他词的联系也将趋于稳定。

能够发生变异的外来词既包括早先在标准语中被吸收,但使用受限的外来词,也包括新借入的外来词。

应当分两种情况研究外来词的变体。一种情况是:语言中同时存在完全同义的词汇单位或词汇—句法单位。它们是语义复制关系,也就是说,是语义完全一致的单位①;另一种情况可以称为部分同义(即并非所有语义区分性特征都一致,只有一部分一致)。例如,第一种情况:кинематограф(синематограф)、синема、кино② 存在着完全同义关系;第二种情况:(1)аэроплан、аппарат、самолет;(2)летун、авиатор、пилот、летчик;(3)автомобиль、мотор、авто,这几组词都存在着部分同义关系。

上述第二种情况是外来词在言语中相互影响并发生变异的结果。如果在词汇选择的时候抱"无所谓"的态度,就会导致篇章中同时出现多个同义单位的现象。

通过研究发现,20世纪20年代,俄语外来词汇可以有下列变体现象:

2.1 词汇变体

2.1.1 旧外来词与新外来词同义(并且往往是同根词,同时新外来词还是旧外来词的截短形式)。例如:

---

① 例如:"革命引入了一部分新外来词,也使一部分旧外来词复活并流行起来,而且一些外来词的意义也发生了显著的变化……还有一个特点就是一些词汇出现了复制品(例如用 брутальный 来代替 грубый,用 дискуссия 来代替 обсуждение,用 ультра 来代替 крайне)……"(Шор 1926:111)

② "革命后电影发展很快,借自法语的词 синематограф 被借自德语的词 кинематограф(更接近古希腊语的形式)排挤了出去。同样是从德语中,又借入了 кино 和 кинемат。"(Карцевский 1923:27)

кинематограф—кино：

 ... В *кинематографах* продемонстрирована картина наркомздрава《Дети—цветы нашей жизни》(*Правда*. 1921. 4 янв.)；

 ... У нас много *кинематографов*... Раз в неделю каждое кино должно устраивать бесплатный сеанс... (*Правда*. 1921. 11 янв.)；

 Кинематограф вошел в《плоть и кровь》жизни всего культурного человечества... Всякое выдающееся событие должно быть запечатлено на кинематографической фильме, и эта погоня за сенсацией—характерна для кино (*Красная панорама*. 1923. No 3)；

 В кино—отвратительная лента《Папиросница из Моссельпрома》(М. Шагинян. *Дневники*, запись 1924 г.)；

 Вообще этот месяц был не из приятных. Вечером Маня Шмарова, и с ней в *кинематографе* на плохой ленте《Манящие огня》... (Там же, запись 1925 г.)[①].

радиотелеграф—радио. 在 20 年代的一些词典中，радиотелеграф 和 радио 并不是完全同义关系。例如："Радио——〈来自拉丁语〉指通过无线电报发出的电文。Радиотелеграф——无线电报"(Вайсблит 1926)。但是，许多那个年代的文本中的例子却显示，радио 也可以用做 радиотелеграф 的完全同义词。例如：

 Это распоряжение было приведено в исполнение. Затем *по радио* был послан ультиматум румынскому правительству (*Декреты Советской власти*. 1917—1918. Т. 1)；

 Было по радио получено распоряжение задержаться в море... Эсминцы, *получив радио*, стали в указанном месте на якорь (Вс. Вишневский. *Между смертями*. Л. , 1925)；

 ... День труда, тумана, очередей, приемных... телефонных звонков, звонков у подъездов, плача *радио*-день машины города... (Б. Пильняк. *Повесть непогашенной луны*).

радио—радиотелеграф 的变体关系也可以显示在构词方面，例如：

---

 ① кино 首次被收录是在列夫伯格编纂的词典(1923 年)中。随后在维斯布里特的词典(1926 年)中也收录了此词，该词典还标注这个词来自法语。现在我们认为，这个词应该是来自德语(即德语词 Kino)的。法语词 ciné 和俄语借词 кино 的发音有明显的差异，维斯布里特词典中的注解多半是错误的。

Радист поворачивает ручку... (*Известия*. 1922. 9 июня);

Для приема этого материала достаточно иметь трех *радиотелеграфистов* (*Известия*. 1922. 2 нояб.);

... В ясную погоду *радиотелеграфист* слышит странные потрескивания в телефон, мешающие приему... (С. Вавилов. *Глаз и Солнце*. М., 1927);

Встречаются радиоволны в эфире, Сшибаются ветры и, злобствуя, воют. И только под утор-равно в четыре—Заключается временное перемирие. *Радисты* готовятся к новому бою (*Комсомольская правда*. 1929. 9 марта);

... От красной границы спектра можно непрерывно идти до практической бесконечности длинных *радиотелеграфных* волн; Для *радиолучей* с очень малой (относительно частотой *v* квант ничтожно мал... (С. Вавилов. *Глаз и Солнце*. М., 1927).

таксомотор—такси:

... Ждут, бешено ворча моторами, остановленные в своем беге своры *такси*; Его [Парижа] главные улицы превратились в сплошные бурные потоки *таксомоторов* (*30 дней*. 1925. № 9);

Подарки. Возможность ужинать в ресторанах, ездить на такси, ходить в театр (Е. Лундберг. *Записки писателя*. Т. II)[①].

对于截短词（例如 кино, радио, авто, метро）的出现,马丁内这样写道:"如果某个语言单位出现的频率增加了,它的形式就面临简化。形式简化了,使用频率高了,这都是好事。"为了进一步解释这种现象,马丁内举了一个例子,法语表示"地铁"的词最初由四个词素组成,后来简化为 métro,这种简化就是使用频率增加造成的(Мартине 1963：544-545)。

词语形式的截短现象今天存在于包括俄语在内的许多语言中。кино, радио, авто, метро 是从外语中借入的截短词,我们还可以举一些俄语中发生的截短外来词的现象。例如:

---

① 维斯布里特词典中首次收录了 такси 一词,作为 таксомотор 的简略形式。它是在 20 世纪 10 年代到 20 年代之间从法语借入俄语的。下文中谈及了莫斯科首次出现出租汽车的情况,但却没有一个确定的名称(即单个词)来称呼它:

Вчера в Москве появился первый извозчик на автомобиле. Какой-то шофер привесил к своему небольшому 《ольдсмобилю》 плакат:《извозчик, такса по соглашению》. Он разъезжал по улицам, останавливаясь на углах, и, по-видимому, не мог жаловаться на отсутствие седоков (*Голос Москвы*. 1907. 22 сент.).

гидро—来自更常用的 гидроплан(水上飞机):

  Было бы удобно лететь на *гидро* (Вс. Вишневский. *Между смертями*. Л., 1925);

  ... Авиация не знала случая таких полетов на *гидро* над землей (Б. Пильняк. *Россия в полете*. М., 1926);

текстиль(来自并代替 текстильщик):

  ... Библиограф революционного движения *текстилей*. (М. Шагинян. *Дневники*, запись 1925 г.);

  Газета《Госло *текстилей*》... деловито указывает... (*Правда*. 1928. 1 апр.);

профессионал (来自 профессиональный①, 代替 профессионалист 使用):

  Сегодня мы отдает Красной площади урну с прахом одного из лучших организаторов и *профессионалов* нашего славного подполья (*Правда*. 1925. 5 апр.);

  ... В настоящий момент революция требует активной работы не только от активных *работников-профессионалистов*, а и от всей рабочей массы (М. И. Калинин. *Сб.《За эти годы》*. Т. 3) и т. п.

2.1.2 俄语固有词和外来词同义,有的时候甚至是完全同义(语义复制关系)。通常,当语言受外部因素(主要是社会变化)的影响,发生某些显著变化的时期,言语中会出现许多新词,它们与旧有的语言单位同时存在并且进行竞争。在某个时期,往往会有两个词语"通用"的情况。这是一种暂时出现的"冗余"现象。随着时间的发展(苏联时代俄语标准语的发展史可以证明这一点),同义词中或者将会有一个被排挤出使用领域[一种情况是完全被语言系统所抛弃;另一种情况是成

---

 ① 在现代俄语中,用这种截短形容词来构成名词的构词方法(即"压缩"由两部分构成的词组,词组的前一部分是外来形容词)已很不常用。例如,универсал(多面手,通用工具),нейтрал(保持中立的人,中立派),национал(民族国家[州]人)等词就是这样得来的。再例如,临时构成的词 тривиал(平凡),来自 тривиальный(平凡的):То, что говоришь, это же такой тривиал, это всем давно известно! (来自 1964 年 3 月的生活录音)。此外,还有 интеллектуал(脑力劳动者,知识分子)、эмоционал(情绪化的人,好激动的人);Критики делятся на *интеллектуалов* и *эмоционалов*... Вот как бы написал о творчестве Корнея Ивановича *критик-эмоционал*... (З. Паперный. *Вступительное слово на творческом вечере К. И. Чуковского в МГУ*. 19. III. 1964),等等。

为一种辅助手段,扮演带有修饰标记的同义变体的角色,例如 голкипер("守门员",相当于 вратарь), аэроплан("飞机",相当于 самолет), авиатор("飞行员",相当于 летчик)等〕,或者发生语义和修辞分化。

20 年代初的俄语言语中有大量俄语固有词和外来词同义的例子。例如:

... Следовало бы напрячь все экономические силы страны, чтобы усилить *вывоз*, который для Австрии выражается главным образом в дровах, магнезите и железной руде (*Правда*. 1921. 21 янв.);

... Безработица... особенно остро дает себя чувствовать в отраслях промышленности, работающих для *вывоза*... Это увеличение *экспорта* вызвало увеличение цен... Оказать всяческое содействие *экспортной* промышленности (*Правда*. 1921. 28 янв.);

Благодаря этому наш *экспорт* составляет... (*Вечерняя Москва*. 1924. 17 нояб.).

(到 20 年代中期,术语 экспорт 及其派生词开始占据"统治"地位。例如,在舒米亚茨基的《关于出口》(*Про экспорт*. 30 дней. 1925. № 9)一文中,一次都没有使用 вывоз。)

Французские *авиаторы*, пролетевшие на *аэроплане* «Кодрон», посетили ряд достопримечательностей Москвы. *Летчики* поражены прекрасным состоянием города (*Вечерняя Москва*. 1924. 19 нояб.);

Самолет их Парижа сегодня прилетает в Москву (*Вечерняя Москва*. 1924. 14 нояб.); Назначенный на 8 сентября авиадень на Всесоюзной выставке по существу явится днем наибольшего напряжения в деле реализации жетона на постройку *аэроплане* имени Ильича. Наряду с постройкой *самолета*... (*Правда*. 1923. 2 нояб.).

Работы дали сильный толчок кооперированию населения вокруг мелиоративных сооружений. Так, например, в Самарской губернии мелиоративные *товарищества* с 198 возросли до 326... Взятый курс на максимальную децентрализацию, на полное доверие к низовым крестьянским организациям (сельсоветам, кресткомам и *кооперативам*) полностью себя оправдал (*Правда*. 1925. 3 апр.).

在这一时期,当外来词与俄语词共用的时候,俄词词常用做外来词的(或准确或近似的)译文和注解。在那些面向大众读者的文章中(例如报纸上的文章、公开谈话的记录、政治性文章等等)经常可以见到这种情况。例如：

《... многие из политических терминов и выражений, —говорил А. В. Луначарский (см. *Журналист*. 1925, № 1), —должны быть усвоены массами, и тут, конечно... вся пресса должна уметь приучить к этому публику, давая каждый раз объяснения. Нельзя не употреблять многих слов, которые нужны, нельзя не употреблять слов *коммунизм*, *марксизм*. Нужно не отрекаться от них... а надо такие слова объяснить читателю》.

再如：

Справедливым или демократическим миром... Правительство считает немедленный мир без *аннексий* (т. е. без захвата чужих земель)... (*Декрет о мире*. 1917);

Вложенная в землю стоимость удобрения и *мелиорации* (*коренные улучшения*)... (*Декрет о земле*. 1917);

В предстоящую *навигацию* (*судоходство*) по Волге и Каме речной флот может быть использован... (*Беднота*. 1920. 7 марта);

Не находится ли эта практическая *концессия* (*уступка*) Мануильского в вопиющем противоречии с его теоретической непримиримостью? (*Известия*. 1922. 4 нояб.);

Профилактическое, т. е. *предупреждающее*, влияние тех же средств еще более разительно (*Комсомольская правда*. 1926. 29 янв.).

再如加里宁的谈话和文章中的例子[①]：

Короленко в 《Слепом музыканте》ясно показал, как *проблематично*, *непрочно* это отдельное человеческое счастье.. Разве это не является действительным укреплением *народовластия*, *демократии*? Я хотел на собрании вызвать по этому поводу *спор*, *дискуссию* [Ср.: Третьим новым методом производственной пропаганды является *диспут* (*спор*)... (*Правда*. 1921. 15 янв.)].

---

① 参见：Калинин М. И. *За эти годы*: Сб. статей, речей и выступлений. М.; Л., 1929.

2.2 语法变体

2.2.1 外来名词的性范畴不稳定。例如 фильма 和 фильм[①]，再例如，авто，кино，радио 在阳性和中性之间摇摆，等等。性范畴的不稳定主要体现在一些新外来词上。而 авто，кино，радио 这些词的性同时受到两方面因素的影响：一方面，这些词以-о 结尾，在形式上被归入中性；另一方面，这些词是截短形式，受到其完整形式——即阳性名词 автомобиль，кинематограф，радиотелеграф——的影响。例如：

Проволочный радио для всех (*Комсомольская правда*. 1926. 12 февр.).

有趣的是，当时 радио 有复数，并且不变化，例如：Последние радио（1924 年《莫斯科晚报》的一个刊登最新国外新闻的栏目名称）。这说明这个词不但存在着语法不稳定性，其语义容量也与现在有所不同。

За последние два-три года *кино приобрел* в Западной Европе необыкновенно мощное значение (*Вестник искусств*. 1922. № 3-4);

... *Ярко-желтый авто разбит*... когда *авто было сломано* (Е. Лундберг. *Записки писателя*. Т 2);

Внизу—《*красный*》 *авто* с серпом и молотом... (30 дней. 1925. № 6)—ср.: Неожиданно *немецкий гидро* (согласование по аналогии с *гидроплан*) налетел (Вс. Вишневский. *Между смертями*).

性的不稳定性还体现在某些以前借入的的词语中，此前其语法特征在所有词典中都是一致的，而在此阶段则发生了变异[②]。

2.2.2 词的单数和复数没有语义区分性。例如：аппарат—аппараты，кадр—кадры。

这是只发生在个别词上的现象，但是相当有趣。在 20 世纪 10 年代末到 20 年代初这段时间，аппарат(-ы) 和 кадр(-ы) 经常被用于以下这些词组中：

[①] 例如：
В связи с кинематографией стало известно английское слово *фильм* (говорят также *фильма*) и *зафильмовать*, т. е. снять при помощи кинематографа... (Карцевский 1923：27)

[②] 例如：
На Кубрике, на палубе матросы моются из *шланг* морской водой (Б. Пильняк. *Английские рассказы*);
Что уж тут говорить о воздухе для пневматики, который вырывается из неисправного трубопровода и рваных *шланг* (*Правда*. 1928. 5 апр.).
一般来讲，以-а 结尾的阴性名词的复数二格形式才为零词尾（即 шланга—шланг，但是 шланг 是阳性的，其复数二格应该为 шлангов）。

государственный аппарат, советские аппараты, кадр хозяйственников, новые партийные кадры, 等等。在这一时期的文章中，这两个词既可以用作单数，也可以用作复数，并没有显著的语义区分。而后来则发生了变化，аппарат 表示"机关人员的总合"时只用单数，кадр 表示"干部"时只用复数①。例如：

... Нужно ясно понимать, что мы теперь должны предъявлять и особо повышенные требования ко всем нашим *аппаратам*, к нашему *кадру* (*Правда*. 1923. 23 сент.);

Работа ревизионная должна быть частью *аппарата* ЦК (*Стенографический отчет об XI съезде РКП(б)*. Киев, 1922);

Мы замечаем весьма много фактов и явлений, когда на практике линия советских *аппаратов* совсем иная, нежели та линия, которую дает наша партия (там же);

Необходимость же иметь *кадр* «своих» ученых... подчеркивает правильность взятой линии; мы должны иметь в высшей школе достаточно большие *кадры* пролетарского и крестьянского студенчества (*Правда*. 1923. 30 сент.);

... Необходимо отметь особо продуктивную работу, проявленную основным *кадром* технического персонала (*Правда*. 1925. 3 апр.);

В Петрограде *кадр* революционного трибунала состоит из людей, работавших все время в военной обстановке (*Красная газета*. Пг., 1920. 15 янв.).

2.2.3 外来词的形式变体。即指外来词的语音形式和其表义成分（例如词缀）发生的变化。例如：

Как не надо *дискуссировать* (заголовок в «Правде», 22 янв. 1921);

Телеграммы печатаются, читаются, *дискутируются*... (*Правда*. 1921. 28 янв.);

... Правительство С.-А. С. Ш. с громадным интересом относится к следствию по делу арестованных *фабрикаторов* фальшивок... (*Комсомольская правда*. 1929. 8 марта);

... В отношении *фабрикантов* фальшивок Орлова и Сумарокова не будет начато уголовное дело (*Комсомольская правда*. 1929. 15 марта);

---

① 参见：乌沙科夫《详解词典》(*Толковый словарь*. под редакцией Д. Н. Ушакова. Т. 1. М., 1935)。

...Одни едут к морю и будут там сидеть неподвижно на *Лонг-шэзе* на пляже, жуя апельсины, тысячи людей рядом, *Лонг-шэз* в *Лонг-шэз*, в молчании любуясь морем... (Б. Пильняк. *Английские рассказы*)①.

新借用的外来词存在语音变体的例子还有 фашизм(法西斯主义)和其同根词。这个词是在 20 年代初出现在俄罗斯的报纸上的。众所周知,法西斯主义作为一个政治潮流首先出现在 10 年代末的意大利,然后向其他资本主义国家扩散。意大利语词 fascismo(来自 fascio"一束棍棒,法西斯组织的象征符号")最初进入俄语的形式是 фачизм。例如:

Являются ли *фачисты* политической партией? Такой вопрос задает в Аванти от 27 января Джино Бальдези и отвечает на него отрицательно. *Фачизм*- это покорная буржуазии толпа вооруженных хулиганов... (*Правда*. 1921. 25 февр.)

此后,此词才固定为更"正确"的形式 фашизм(因为意大利语中 i 和 e 之前的音组 sc 应对应于俄语中的 ш)。

综上所述,我们可以对 20 年代俄语标准语中的外来词汇做出如下总结:

在这一时期,大量革命前(主要是 19 世纪末到 20 世纪 10 年代)借入俄语的,并且此前在社会或职业领域存在着使用限制的外来词语被广大语言使用所吸收。但新借入的外来词数量不多。

20 年代俄语言语中外来词的使用呈现两个特点:(1) 言语中外来词的使用频率增加;(2) 外来词存在变体。

词汇变体是俄语固有词与外来词之间,以及旧外来词与新外来词之间在功能和语义上的相互影响的结果。

之所以出现形式—语法变体,一是与新外来词汇在俄语土壤中的适应有关;二是与先前借入的在社会和职业方面有使用限制的外来词在言语中的使用范围扩大有关②。

---

① лонгшез(躺椅)这种拼写形式在此后的年代才有所使用。例如:
—Не дерзи, мальчик,-спокойно проговорил Арнольд, садясь рядом с лонгшезом отца (А. Карцев. *Магистраль* // Новый мир. 1934. № 8).
而再后来,这个词被 шезлонг(躺椅)排挤出去了,шезлонг 保留了法语原型词的结构(chaise longue)。

② 这里我们没有涉及 20 年代言语中的社会(民族)词源学问题。因为这一问题主要与语言子系统(如俗语、方言、职业隐语)的词典编纂有关。这方面的一些有趣资料可参见(Шпильрейн и др. 1928)。

3. 20世纪20年代后半期至30年代的外来词汇借用情况

大约在 20 年代后半期,俄语标准语的规范逐渐趋于稳定,其中也包括词汇的规范①。像革命后的第一个十年期间那样外来词产生变体的情况已经很少了。这是因为:同义的俄语固有词和外来词发生了语义和修辞上的分化,同一个词在形式方面进行了统一,等等。

当然,应当指出的是,这一过程进行得相当缓慢,并且也可能会发生反复。比如 фильм(电影)一词,在 20 年代末基本上已经完全被用作阳性名词了。但是,在 30 年代初还偶尔可以用作阴性名词。比如:

Сегодня и ежедневно художественно-исторический *фильм* 《Обреченные》 (*Правда*. 1930. 7 мая, объявление);

Скоро фильмсбыт Союзкино выпускает новый художественный говорящий *фильм* 《Дела и люди》 (*Советское искусство*. 1932. 21 авг.);

На вооружения-*фильм* (заголовок статьи, в тексте которой встречаются фразы):...Произведено свыше 60 *фильмы*, *фильма* консультировалась одним консультантом, сценарий этой *фильмы* написан... и т. п. (*Советское искусство*. 1932. 21 февр.).

在"旧借词—新借词"、"俄语词—外来词"的同义词链中往往发生一个词被另一个词排挤的现象,或者在同义词链内部进行语义界限划定。比如,到 30 年代初,радиотелеграф, таксомотор 已经不使用了(被 радио 和 такси 排挤了)。相对于 кино 一词,кинематограф 的意义变窄,只用于表示"电影艺术"。有些词的分化体现在篇章中的搭配关系方面。比如,在普多夫金的《电影中的演员》(*Актер в фильме*. Л., 1934)一书中,我们可以看到如下 кинематограф 和 кино 使用的例子:

Споры о взаимоотношении *кинематографа* и театра, о необходимости всестороннего освоения *кинематографом* театральной культуры, о проблеме актера в театре и *кино* -большей частью разрешались неправильно потому, что в основу этих споров не ставилось единственно правильное понимание возникновения *кинематографа* как момента развития театра (《безразличное》 употребление обоих слов). Этот последний пример не относится непосредственно

---

① "在 30 年代,新的苏联知识分子阶层已经形成,词汇标准实现了稳定"(参见:*Русский язык и советское общество*: Проспект. Алма-Ата, 1961. С. 13)。

к актерской работе, но он показывает всю важность и значительность трактовки звука и изображения не в их примитивной натуралистической связи, а в более глубокой, я бы сказал, реалистической связи, которая помогает творческому *работнику кинематографа* раскрывать любое явление не только в прямом его показе, но и в глубочайшей его обобщенности. Утверждение необходимости дробления игры актера на монтажные куски началось с узкотехнической режиссерской трактовки приемов, которые *режиссер* кино использовал для создания картины вообще. В *немом кино* мы могли удалять все постороннее, требовавшееся актеру только для помощи в его игре... В *звуковом кино* дело обстоит как будто труднее.

在 аэроплан——самолет 这一同义词偶中，самолет 的使用更广，而 аэроплан 则较少使用，在 20 年代后半期它只作为 самолет 的偶然使用的同义词，存在于词汇系统的边缘[①]。

应当指出的是，同义词偶中一个词使用积极（比如 самолет），另一个词逐渐被排挤出标准语和专业术语之外（比如 аэроплан），这一行为有时并不完全是自然选择的结果，也有人为因素。术语的使用者（比如飞行员和飞机制造者）总是力图厘清术语的界限，而当时的专家也做出了以下的论述：

"飞机（самолет）是一个属概念，而 аэроплан, планер, геликоптер 等则是 самолет 的具体种类。这种表述与现在 аэроплан 可以指所有飞机的现实并不矛盾。相反，现在应当在标准语和日常生活中到处推广 самолет 这个术语，而 аэроплан 只应用于需要指出飞机的某种技术型号的场合。其他的解决方案（也就是说把 самолет 和 аэроплан 看做是完全的同义词）是不合适的，因为：(1) 如果这样的话我们就必须为飞机的种概念再去创造新的术语；(2) самолет 一词不包含 аэроплан 伴随的其他任何色彩，而这个词又能同时表示 планер, геликоптер 以及其他飞机"[②]。

到 20 年代中期，экспорт 和 импорт 作为术语词，把旧有俄语词 вывоз 和 ввоз 排挤了出去。因为 вывоз 和 ввоз 具有多义性，难以作为语义"简单"的术语出现。

---

① 在 аэроплан 这个词的基础上还产生了其他带有构词元素-план 的词，比如 биплан（双翼机）、моноплан（单翼机）等。后来在飞机制造业上单翼机占了绝对主导地位，这一区分不再有必要性，于是这些名称就都成了历史。有趣的是，аэроплан 这个词现在还在老一代人的言语中保留了下来。比如：
Молодец! Вы, кажется, и на *аэроплане* летали?.. Мне тоже хочется на *аэроплане* пролететь (запись беседы с ткачихой 62 лет; 1961 г.; материалы фонотеки Института русского языка АН СССР, ед. хранения № 101).

② 见魏格林《论航空术语》(*O воздушной терминологии* // *Вестник воздушного флота*. 1935. No 2. C. 27). 而卡尔采夫斯基在 20 年代还曾经写道："……самолет 不会代替 аэроплан（就像 самокат 没有代替 велосипед 一样）"(Карцевский 1923: 26).

在 20 年代末至 30 年代初的俄语言语中，кадры 和 аппарат 的单、复数形式没有语义区别的现象已经没有了。前者用于复数（如 хозяйственные，партийные кадры），后者用于单数（如 советский，государственный аппарат）。

在其他此前存在某些变体的外来词身上，也发生了语义、词汇和形式的稳定化。

在 20—30 年代，俄语在消除外来词语义变体、词义划定界限和实现稳定化的同时，又有新的外来词借入。

这一时期俄语中现了一些新的科技术语，它们从专业和职业领域渗透到了通用领域。

在此前一个时期，俄语标准语中吸收的外来词主要是社会政治、经济和哲学词汇，而此时期则主要是科学技术和生产领域的外来术语[①]。

而这是与整个国家社会的改变分不开的：随着国有经济改造和工业化的完成，出现了新的科学和工业门类，有了新的科学发明和发现。所有这些都体现在新词上，因为需要新词去称名新的客体和新的关系。

在此时期，发生俄化的还有一些与新生事物无关的外来词，但是它们与意义和用法相近的固有词或早先的外来词进行了语义和修辞界限划分。

3.1 表示新事物和新现象的外来词

这些表示新事物和新现象的外来词多是具体名词，比如各种机器、设备、装置的名称，以及新的生产方法和改良方法的名称。

这些外来词语的数量相对并不多，但是如果我们把 20—60 年代看作一个整体的话，这一时期（20 年代末至 30 年代）的外来词借用在这整个时间段内占有显著的地位，因为这一时期中俄语中加入了许多科技、体育和日常生活术语，它们随后在语言中固定了下来，其中许多都成为了通用词。比如 глиссер，детектор，зуммер，комбайн，конвертер，контейнер，лейка（фотоаппарат），нейтрон，пандус，пикап，планетарий，протектор，рентген，репродуктор，ротатор，ротор，рубероид，слединг，слябинг，стенд，танкер，танкетка，телевидение，телевизор，телевизия，телетайп，траулер，триер，троллейбус，тюбинг；пьексы，регби，слалом，спиннинг；джаз，скетч；джемпер，маникюр，пижама，пуловер，等等。

这里词中许多（尤其是科技术语）今天看来似乎是国际词。但是，由于它们在借用源头和有俄语中出现的时间是明确的，所以把它们看做是从其他现代语言中借用的外来词更为合理，不应把它们看做是"没有祖国"的国际词。

[①] "从 30 年代开始，与反映与现实和文化发展相关的科学术语的使用远远超出了专业领域。而这些词的主体是外来借词、应用各种构词法的新造词（包括缩略语），以及个别转喻引申的词语和方言词语"（参见：Русский язык и советское общество：Проспект. Алма-Ата，1961. С. 7）。

相对于那些不表示新事物、新现象的词而言,本节我们分析的外来词不需要举许多的例子来说明它在俄语中的用法。因为它们的语义比较具体,往往是表示某种"实物"的,它们的术语稳定性也较强。但是研究者们有时也会举一些有趣的例子,来说明这些新词最初是如何出现在俄语中的。

这一时期的外来词中有一些存在的时间很短,这主要是语言外原因导致的,比如某项技术发明过时了,用以描述它的词语也就很快不再使用了,等等。表示美国机器类型的 фордзон(福特牌拖拉机)①, катерпиллер(一种履带拖拉机), повер(一种铺路机)等就是这样的例子:

Прошло 10 дней после 《крайнего срока》, а пятая часть 《*фордзонов*》 все еще стоит на 《кладбище》 МТС (*Известия*. 1931. 5 апр.);

Этой весной на полях 《Гиганта》 работают гусеничные тракторы фирмы 《Cater-Pilar》... Какие же части и детали изготовляли для 《большого *катерпиллера*》?(*Комсомольская правда*. 1931. 4 апр.);

...Свежей воды подлить в радиатор. Вместе овса — в бак горючего. И машина, работе рада, знай себе гусеницы накручивает... Тут не только нашему брату. Тоже и им нелегко достается... 《*Катерпиллер*》 — по-нашему *катер*, *интер* значит 《Интернационал》②(М. Зенкевич. *Машинная страна // Новый мир*. 1931. № 6);

В публике, с интересом наблюдающей американский способ мощения, постоянное движение, сочувственные возгласы, одобрительные реплики.

— Слышь, товарищ, как зовется машина?

— *Повер*, говорят. Американская.

— Так-с. *Повар*, так *повар*. Ловко жарит, — цельная кухня, можно выразиться... Оно, конечно пора.

— Что пора?

— Да этого, *повара*. Разве тут руками управишься? Сто лет камень вбивали, а теперь дергай его, как зубы с роту, в пятилетку-то... Ни в жизнь бы не управиться без машины...(*Правда*. 1930. 21 мая).

---

① фордзон 一词可见于 1933 年的《外来词词典》。《乌沙科夫词典》也对其进行了注解(第 4 卷, 1940 年)。但是在 30 年代末它就已经不再使用了。

② 《Интернационал》是一种拖拉机的牌子。比如:

...Мимо Новосреднего [села] проходили шесть 《интернационалов》, запахивая новосредненские делянки (С. Третьяков. *Бабий бунт*).

表示新事物和新现象的外来词中的一大部分在结构上与其外语中的原型词没有区别(也就是说,这些词语没有进行形态替代和语法格式化,以适应借用语言的语法系统)。

我们在研究借词的时候应该力求探寻它们在详解词典和外来词词典中首次收录的情况。这样的研究方法是非常必要的,因为在许多情况下,词语的第一次词典收录是它在言语中开始使用的信号。但是,对词典也应当抱谨慎的态度,因为有的时候词典的反应会大大落后于新词的使用时间。

此外,在证明某个词进入了标准语的时候,我们不应当以专业词典、手册和百科词典作为其来源的依据。正如索罗金所言:"仅仅在专业工具书中出现,不足以证明某个外来词在语言中的借用和生根。因为许多这样的词与其说是借词,不如说是外语词"(Сорокин 1965:62)。

为了准确地了解外来词借用并在标准语中生根的时间,可以参考各种资料,其中包括:词典、言语使用的语料(有时在这些语料本身中就包含了某个新词何时开始使用这一方面的信息)、关于外来词表示的现象或事物出现的年代的记载,对于该词与同一个词汇语义场中的其他词的关系的研究、论述,等等。当然,针对每一个词都收集这样完整的信息是很困难的①。有的时候我们可能只拥有部分信息。因此,对于某个具体的外来词借入俄语的时间,可能存在分歧。下面我们来分析几个外来词。

автожи́р(автоги́р)(旋翼机——一种机翼旋转并能垂直降落的飞机,在现代俄语中вертолет②):这个词是从法语中借用的[法语词 autogyre 或者 autogire,而法语词又是来自希腊语的 αὐττός, αὐτό(自己)和 γύρος(转)]。它最早的收录词典是 1933 年的《外来词词典》和 1935 年的《乌沙科夫词典》(第 1 卷),但没有标注为新词。有趣的是,在 1950 年的《科学院大词典》(Большой академический словарь)(第 1 卷)中该词却被标注为新词。下面是一个 30 年代初的例句:

В САСШ построен самый большой в мире *автожир* (*Знание—сила*. 1933. № 3-4).

现在,这个词已经不再使用了。

автостра́да(公路干线):这个词是从意大利语中借用的[意大利语 autostrada,

---

① 鉴于此,柯尔什写道:"……在词汇借用的研究方面,任何一个专家都是知识浅薄的人,他不可能精通所有的语言,也不可能了解整个文化史,虽然在某些方面他可能知识渊博,可能偶尔能够在他不熟悉的科学领域应用自己的知识……"(Корш 1907)。

② вертолет(直升机)这个词并不是一下子就在俄语中确定下来的(大概是在 40 年代后半期才确定下来)。30 年代专家们还曾经反对过这个词作为术语使用(见魏格林所著的《论航空术语》等文献)。

构成方式为 auto-mòbile(汽车)＋ strada(道路)]，它在 30 年代进入俄语，用于指称苏联随着汽车制造业和公路运输的发展而建造的新型道路。比如：

  Мы поехали по Чуйскому тракту, который был уже (в 1936 г.) разработан в прекрасную *автостраду* (В. А. Обручев. *Мои путешествия по Сибири*. М.; Л., 1948).

автострада 第一次出现是在 СУ(第 4 卷)中。

  глиссер(滑行艇，水上快艇)：这个词大约是来自英语(英语词 glisser)，但是还存在一种借自法语[法语词 glisseur，字面意思是"滑行的"，来自 glisser(滑行)]的形式 глиссёр。最早的收录词典是 1933 年的《外来词词典》(收录了 глисер 和 гидроглисер 两种形式)，随后在《乌沙科夫词典》(第 1 卷)也是以两种形式被收录。比如以下反映这个词最初使用情况的例句：

  ЦАГИ создал и внедрил в производство легкий тип торпедных катеров, состоящих на снабжении нашего военного морского флота, -так называемые *глиссеры*... (*Наука и жизнь*. 1934. № 1).

  де́мпинг(倾销，抛售)：这个词是从英语借用的[dumping，来自动词 dump(抛)]。字母组合 ng 所发的鼻音⟨ŋ⟩在俄语中对应字母组合 нг(由于弱化，读为 нк)。下面我们还将见到一些类似的带有-инг 结构的词。

демпинг 最早收录于奥夫相尼科夫的《标准言语》(*Литературная речь*. 1933)。比如下面的例子：

  Борьба за рынки сырья, сбыта, *демпинг*, высокие, подчас непереходимые таможенные барьеры-все это приняло более острую форму (В. В. Куйбышев. *Статьи и речи*. Т. 5. М., 1937);

  Шплит повторил известную клевету врагов Советского Союза о «красном *демпинге*» и сказал, что Советский Союз строит свое хозяйство для того, чтобы при помощи красного демпинга уничтожить цивилизованный мир (*Труд*. 1931. 3 сент.).

  дете́ктор(传感器，检波器)：这个词是从英语借用的(英语词 detector，来自拉丁语 detector "开启工具")。最早收录在 1928 年的《外来词词典》，此后在 1933 年的《外来词词典》和《乌沙科夫词典》(第 1 卷)中也进行了收录，注释为无线电(радио)领域的词汇。后来(30 年代，尤其是 40 年代末—50 年代初)该词的使用范围扩大,在 40 年代末该词出现了"晶体接收机,矿石收音机"的意思(即 детекторный приемник),这一义项主要用在口语中,它是借词进入之后的语义发展,是在俄语中独立造词的结果。再比如,表示"侦探电影、小说"的 детектив,表示"晶体管收音机"的 транзистор,都是同样的道理。

джаз 和 джаз-бáнд(爵士乐队):这个词是从英语借用的(英语词 jazz 和 jazz band)。最早收录在 1933 年的《外来词词典》,随后收录在《乌沙科夫词典》(第 1 卷)。最初这两个词都是作为异国情调词出现在俄语中的,因为我们没有"爵士乐"这种事物。最后 джаз 得以在俄语中生根,并产生了 джазовый,джазист,джазировать 等派生形式。比如:

  Крохотный, на батарейках приемничек тихо, хрипловато *джазировал* (*Юность*. 1963. № 11).

而 джаз-банд 使用开始减少,今天已经退出了使用领域。只有偶尔有的作者故意为了表现"异国情调"而使用它,比如,勒热夫斯卡娅的中篇小说《从家到前线》(*От дома до фронта*)中有这样的例子:

  Так вот всегда: приходит Петька Гречко со своей《*джаз-бандой*》, мы поем, что-то выделываем ногами, читаем стихи (*Новый мир*. 1965. № 11).

джéмпер(套头羊毛衫):这个词是从英语借用的(英语词 *jumper*)。最早收录在 1933 年的《外来词词典》,随后收录在《乌沙科夫词典》(第 1 卷)。它最初的使用形式除了 джемпер,还有 джемпр。比如:

  За 20 дней августа артель дала стране 22 тыс. ткани, 1500 *джемперов* (*Известия*. 1932. 13 сент.);

  Она вошла в комнату, переоделась в будничное платье: серенькая юбчонка, голубой *джемпер*, мягкие туфли (Ф. Гладков. *Энергия*, ч. Ⅳ);

  Оранжевый *джемпр*, еж на вершине, Красный ботинок, обшитый шиной (И. Сельвинский. *Пушторг*, Ⅲ);

  Не в чулках джерси, подпирая *джемпр*, ты гуляй в шерсти кангуров и зебр... (С. Кирсанов. *На щот шубы*).

кафетéрий(自助餐厅,自助餐馆)①:这个词是从英语借用的[英语词 cafeteria,

---

① 在当代,кафетерий 在一般用法(即非职业用法)中常常用来指一些小快餐店,店内并不一定都提供自助餐。

而这个词又是来自西班牙语的 cafetero(咖啡馆老板)①﹞,自助餐馆作为一种来自美国的新事物,在各国很快流行起来。这个俄语外来词的最初形式是阴性: кафетерия,这与其原型词比较相近。后来才演变为阳性的 кафетерий。这个词最初也是表示表示国外事物的异国情调词,后来逐渐俄化,成为外语借词。比如以下这些例句:

> Там [в Америке] почти все здания включают ресторан или кафе, которые устроены или принципе обычно ресторанном, с подачей пищи на стол, или на принципе *кафетерии* (американское новшество, столовая с самообслуживанием, где все кушанья и питье выставлены на тарелочках и в стаканах, и каждый берет себе сам, что ему нужно) (*Труд*. 1929. 23 марта);
>
> По всем авеню расположены коробки так называемых *кафетерий*, механических столовых... (Б. Пильняк. *О'кей*. М., 1933);
>
> От капиталистической *кафетерии* навряд ли можно что-либо заимствовать для социалистического города (*Революция и культура*. 1930. № 13);
>
> В распоряжение главнарпита прибыла группа американских рабочих и специалистов. Они привезли... оборудование для *кафетерия* (кафе с механической подачей кушаний) (*Правда*. 1932. 5 дек.);
>
> В первом квартале (1936 года) в Ленинграде откроется первый *кафетерий* по типу западноевропейских (*Ленинградская правда*. 1936. 1 янв.).

ковбóй(牛仔,[美国西部的]骑马牧人):这个词来自英语 cowboy,其内部形式为 cow(牛)＋ boy(男孩,小伙子)。比如:

> ... На перевале видели ковбоев. Оказывается, это очень прозаично: *ковбой*-коровий бой, коровий мальчик—пастух. Пастух, который охраняется коров верхом на лошади, в старину ловивший одичавшую скотину со своих мустангов при помощи лассо и подстреливавший соседей-индейцев, а теперь оставивший себе от старины широчайшие панталоны, зонтикообразную шляпу да двустволку для зайцев (Б. Пильняк. *О'кей*. М., 1933).

此词最早收录在 1933 年的《外来词词典》中,对于俄语来说,这个词是异国情调词。但是以它为词根派生了 ковбойка(方格翻领衬衫),这个词却是地道的俄

---

① 从西班牙语到英语的语义发展情况不明。在《科学院大词典》中标注 кафетерий 的词源是西班牙语词 cafeterria。但 cafeterria 并不是西班牙语固有词,它多半也是来自美国英语。

语词。

коктéйль（鸡尾酒）：来自英语 cocktail。最早收录在 1933 年的《外来词词典》中。这个词最初也具有鲜明的"异国情调"。比如：

> Американские молодые люди часов в пять брались за *коктейли*, за обедом уничтожали все столовое вино (В. Маяковский. *Америка*);
>
> Американцы любят пить смеси из различных крепких напитков-*коктейли* (И. Эренбург. *В Америке*).

现在，коктейль 在俄语中作为外来借词使用，而且还具有了转义用法。比如：

> 《Женщина-змея》—*коктейль* из истерии, ужасов и раздеваний (*Комсомольская правда*. 1963. 24 февр.).

комбáйн（康拜因）——能够同时完成几种机器的工作的复杂机器，比如 сельскохозяйственный комбайн（农业联合收割机）、угольный комбайн（联合采煤机）：这个词多半是从英语借入的（英语词 combine）。最早收录这个词的详解词典是《乌沙科夫词典》（*Русско-армянского языка*. Т. 1. 1933），但是此前它已经出现在《俄语—亚美尼亚语词典》（第 1 卷，1933 年）[①]，同时也出现在 1933 年的《外来词词典》中（只以"农业联合收割机"的词义）。在 20 年代末到 30 年代初的俄语言语中，它也只用于"农业联合收割机"的意思（"联合采煤机"的意思只属于非常专业的技术领域）。这个词迅速在俄语中生了根，成为众所周知的词，甚至出现了转义用法[②]。比如：

> Начав с культфургона, мы кончим *культкомбайном*, т. е. формой всесторонней культработы на колесах (*Правда*. 1930. 17 мая).

后来 комбайн 这个词的意义变得更为宽泛，可以指各种多功能的技术设备，比如 радиокомбайн，кухонный комбайн 等等。[（Орзова 1966）一书中对 комбайн 一词的历史有更为详细的论述]。

комбинезóн（飞行服、工作服等上衣和裤子连为一体的服装）：这个词借自法语〔法语词 combinaison（结合，联合，上下一体服装）〕。它最早被收录于《乌沙科夫词典》（第 1 卷）中。

[①] 这部词典使人感兴趣之处在于：其中收录的俄语词没有受到《乌沙科夫词典》的影响，而不像别的双语词典那样是在《乌沙科夫词典》的基础上确定词表的。

[②] 本书对于外来科技术语的转义使用不进行系统的研究。感兴趣的读者可以参考（Капанадзе 1966）。

конве́йер(传送带)：这个词借自英语[英语词 conveyer，来自动词 convey(传送，输送)]最早收录于 1933 年的《外来词词典》，随后见于《乌沙科夫词典》(第 1 卷)中。

苏联最早的传送带出现于 20 年代末①。而 конвейер 这个词不但迅速进入了专业使用领域，而且进入了通用标准言语中，它还产生了派生词 конвейерщик，конвейерный，конвейеризация。并且，这个词还能用做转义，表示"不间断的流动和运动"。比如：

У *конвейера* за работой во время воскресника на ф-ке 《Парижская коммуна》 (подпись под фотографией) (*Комсомольская правда*. 1929. 10 окт.)；

Обожжен газом *конвейнерщик* Гладицын (*Правда*. 1930. 20 марта)；

Действительно, из *конвейера* американских дорог никуда не вырвешься! (Б. Пильняк. *O'кей*).

конве́ртер(1. 转炉；2. 变流器)：这个词是从英语借用的[英语词 converter，来自拉丁语 convertere(改变，旋转)]，最早收录于 1933 年的《外来词词典》(以 конвертер 的形式收录)和《乌沙科夫词典》(第 1 卷)(以 конвертор② 的形式收录。显然，是受俄语常用后缀-тор 的影响)。但是，这个词在俄语中最初使用时的形式是конвертер。比如：

И сразу; вырастет жара и, гордо подняв горловину, *конвертер* будет пожирать неудержимую лавину (П. Панченко. *Конвертер* // Комсомольская правда. 1929. 16 марта).

конте́йнер(集装箱)：这个词借自英语[英语词 container，来自动词 contain (装)]。最早收录于《乌沙科夫词典》(第 1 卷)。下面是一个这个词最初在俄语一般标准言语中使用的例子：

В Америке и Европе широко распространены перевозки грузов в так называемых *контейнерах*. *Контейнер*—стандартный металлический или деревянный ящик. Товары, предназначенные ко перевозке, погружаются в этот

---

① 比如一个有趣的例子：1924 年 10 月 31 日的《莫斯科晚报》登载：В Америке изобретена печь *Конвеер*, т. е. непрерывно движущаяся дорожка. (美国发明了一种炉子，称为 *Конвеер*，即一种能够不间断运动的路)。这句显得语无伦次的话有可能是对英语原文的曲解，但同时也说明，直到 20 年代中期 конвейер 这个词尚不为俄语使用者了解和使用。

② 在《科学院大词典》(第 2 卷)中，给出了两种形式：конвертер 和 конвертор。

ящик непосредственно в пунктах производства этих товаров... Конструкция советского *контейнер* уже разработана. Это однотонный контейнер системы инженера Оружейникова... (*Комсомольская правда*. 1932. 20 янв.).

лéйка(莱卡相机)：这个词借自德语，其原型是缩略语 Leika［来自 Leitzkamera，而此词又是来自莱茨(Leitz)公司的名称］。最早收录于《乌沙科夫词典》(第 2 卷,1938 年)。这个词的最后一个字母实际上是原型词 Leika 最后一个字母的转写，但在俄语的土壤中被当做了阴性名词的词尾。比如以下例子：

Мы пошли в фотомагазин и купили *лейку*（В. Каверин. *Два капитана*）；

В школу и на квартиру приходили молодые люди——корреспонденты и фотографы с *лейками*（Ф. Гладков. *Мать*）；

В то время на берегу стоял Ритсланд с *лейкой* в руках и жадно фотографировал эту забавную картинку（В. С. Молоков. *Три полета*. Л., 1939).

маникю́р(修指甲)：这个词借自法语［法语词 manicure,来自拉丁语 manus(手)和 curare(关怀,关心)］。最早收录于 1933 年的《外来词词典》，随后以 маникур 的形式见于《乌沙科夫词典》(第 2 卷,1938 年)。

метро́(地铁)：它是在同义词 метрополитен 之后，同样借自法语的一个词(法语词 métro，是 métropolitain 的缩写形式)。莫斯科 1932—1934 年建设了首条地铁，这个词很快得到广泛使用。其最初不仅以中性形式，有时还以阳性形式使用(可能是受 метрополитен 的影响)。比如：

Лозунг:《Построим *лучший* в мире *метро*》，взывавший к сознанию каждого рабочего,——это было то, что организовало изготовление бетона-костей и мяса тоннеля（*Рассказы строителей метро*. М., 1935）；

К этому празднику мы должны добиться таких успехов, которые позволят нам на своих плакатах написать:《Метро будет построен в срок》（*Как мы строили метро*. М., 1935).

在现代俄语中，метрополитен 是一个书面词，是大众通用词 метро 的"正式"形式(关于这两个词在法语中的关系请参见：Rey-Debove 1964)。

метрополитен 和 метро 最早收录于 1933 年的《外来词词典》，此后见于《乌沙科夫词典》(т. 2, 1938)。

在 метрополитен 和 метро 借入俄语之前，俄语中在谈及伦敦和柏林等地的地铁的时候用的是德语术语 Untergrund (bahn)或者是在其构词方式的影响下在俄

语中造的词 подземная 和 подземка(试比较：它们和相应德语词的词素结构相同)。比如：

...Вся подпочва Лондона изрезана туннелями, по которым мчатся поезда электрической подземной дороги. Немало работников занято на этих *подземных-«ундергрундах»* (*Труд*. 1924. 19 авг.).

在 20 年代末，подземка 一词还在使用，用来指正在设计的莫斯科地铁。比如：

...Какая-нибудь вековая сосна на берегу Волги и не подозревает, что на ней, горемычной, будет напечатан роман, который через десяток лет будет читать шустрая москвичка, сидя в вагоне *подземки* (*Вокруг света*. 1927. № 5).

нейтро́н(中子)：中子是 1932 年英国物理学家查德威克发现的，这一名称来自拉丁语 neutrum，字面意思是"非此非彼"。俄语中的 нейтрон 是从英语借入的(英语词 neutron)。该词最早收录于《乌沙科夫词典》(т. 2，1938)，标注为"新词"。

педикю́р(修脚)：该词是从法语借用的[法语词 pédicure，来自拉丁语 pes, pedis(脚)和 curare(关心、关怀)]最早收录于 1933 年的《外来词词典》，此后见于《乌沙科夫词典》(т. 3，1939)。

перман́ент(烫发)：该词是从法语借用的(法语词 permanent，基本义项为"经常的，不间断的"，附加义项为"烫发"，用做阴性名词)。在俄语中，这个词(像绝大多数借自法语的以辅音结尾的名词一样)根据俄语名词形式特点，归入阳性名词，按照阳性名词的规则进行变格。

有趣的是，在《乌沙科夫词典》(т. 3，1939)中，这个词被同时标注为不变化形容词和名词。而现在，这个词只做名词使用了(БАС. т. 10)。

пика́п(轻型卡车)：该词是从英语借用的(英语词 pick-up，来自动词词组 pick up(捡起，拿起)，重音转到了第二音节上。至于是不是某个中介语影响了其重音变化，尚不能确定(法语中的 pick-up 也是从英语中借入的，但是其意思是"拾音器，电唱头")。пикап 一词最早收录于 1937 年的《外来词词典》。在 1933 年的《外来词词典》中也有 пикап 一词，但是其释义为"联合收割机上的附件，其功能是拾起割下的庄稼并将其送入脱粒装置"，这只是一个专业术语词，并没有进入通用标准语的领域。

пинг-по́нг(乒乓球运动)：该词是从英语中借用的(英语词 ping-pong)，最早收录于 1933 年的《外来词词典》，而在俄语中的使用大约是在 20 年代末就开始了，乒乓球这项运动也正是在这个时候开始进入苏联并广为流行的。比如：

... *пинг-понг* является настоящим поветрием, эпидемией, своего рода помешательством, охватившим всю ту неорганизованную, межклассовую прослойку населения, которую мы привыкли называть мелкобуржуазной, мещанской средой (*Труд*. 1928. 21 февр.).

пуло́вер(无领绒线衫)：该词是从英语中借用的[英语词 pullover,来自词组 pull over(从上面拉)],最早收录于《乌沙科夫词典》(т. 3)。

在非标准语中,有时这个词也以"错误"形式 полувер 使用(对此请参见：Б. Тимофеев. *Правильно ли мы говорим*? Л. , 1962)。

ре́гби(橄榄球运动)：该词是从英语中借用的(英语词 rugby,来自诞生这项运动的城市的名称),最早收录于 1937 年的《外来词词典》。

这个词最初具有"异国情调",因为我们没有这项运动。从 50 年代起,苏联的橄榄球运动开始发展起来,регби 这个词也作为借词得以广泛使用。

си́лос(1. 青贮饲料；2. 大量存放青贮饲料的仓房)：该词是从西班牙语中借入的[西班牙语词 silo(菜窖,地下室,存青贮饲料的筒仓,青贮饲料)]。但是,俄语在借入这个词的时候是以其复数形式 silos 为原型借入的。当然,在俄语中已经感受不到这一点了(比如,这个词也借入到了其他语言中：德语 silo,英语 silo ['sailou]。它们在这些语言中的词义与俄语相同)。силос 最早收录于 1933 年的《外来词词典》。

скетч(滑稽短剧)：该词是从英语中借用的[英语词 sketch(草稿,速写,滑稽短剧)],最早收录于 1933 年的《外来词词典》。

сла́лом(回转滑雪)：该词是从挪威语中借用的[挪威语词 slalom,来自 sla(斜面)和 lom(痕迹,线索)]。虽然这个词最早收录在 1933 年的《外来词词典》,但在 30 年代它很少使用(与这项运动开展不普及有关[①])。到了 40 年代末—50 年代初,这个词开始积极使用,不再是使用范围狭窄的体育专业词汇,并且还产生了 слаломист(回转滑雪运动员)、слаломный(回转滑雪的)这些使用积极的通用词语。比如：

> Само название *слалом*, обозначающее по-норвежски 《извилистый след》, говорит о характере этих соревнований. Лыжник должен быстро съехать с горы, пройдя через все фигуры и не свалив флажков (*Вечерняя Москва*. 1935. 5 янв.);

---

① 最初回转滑雪的运动规则是 20 世纪 20 年代由英国拉巴姆滑雪俱乐部的一名教练确定的,这项运动在奥地利、法国、意大利开始流行,随后扩大到其他欧洲国家,以及美洲大陆和日本。……1934 年苏联在斯维尔德洛夫斯克举办了首次回转滑雪锦标赛……(*Энциклопедический словарь по физической культуре и спорту*. М. , 1961-1963. Т. 3)。

На стр. 117 предлагается статья 《Совершенствование мастерства преодоления *слаломных* трасс》... (*Правда*. 1935. 7 мая).

сля́бинг(板坯初轧机,板坯机)：该词是与сляб(板坯,扁坯,扁钢锭,扁钢坯)一起从英语中借用的[英语词 slabing,来自 slab(板)],这两个词都属于专业词汇。

这种情况并不多见：在借用语言(俄语)中可以通过对比的方法对外来词进行形态切分。并且,外语词中的生产词和派生词同时借入俄语,成为各自独立的词,其意义有关联,其结构上包含共同的语音成分和附加的语音成分(此词中附加的语音成分是来自英语-ing 的-инг。再比如：блюминг, тюбинг, крекинг,等等)。

сля́бинг 一词最早收录于1937年的《外来词词典》。сляб 一词的使用范围更窄,因此在语言词典中没有收录(收录于《苏联大百科全书》,第2版)。

спи́ннинг([捕鱼的]绞竿)：该词是从英语中借用的[英语词 spining,来自动词 spin(旋转,转动)],最早收录于1933年的《外来词词典》。

стенд(1.[陈列展品、图表、报纸的]台架；2.[组装和试验机器、仪器的专门]台架；3.飞碟靶场)：该词是从英语中借用的(英语词 stand)。最早以стенд(стэнд)和станд 的形式收录于《乌沙科夫词典》(第4卷,1940年),标注了前两个义项。比如：

Он [рабочий] получил ожог, находясь на испытательном *стенде* при выпуске турбины (*Правда*. 1930. 11 июня);

Слесарь Тимофеев вышел из тени и повел на испытательный *стенд* собираемые турбины (*30 дней*. 1931. № 1).

стенд 的第三个(表示运动的)义项大约是后来才借入俄语的。

та́ндéм(纵列地,一个接一个地)(英语词 tandem)：这个词作为范围狭窄的专业词语有两个义项：(1)串列联接；(2)串联蒸汽机。第三个义项"双座自行车"也有一些专业色彩,使用不太广泛。这个词最早收录于1928年的《外来词词典》。此后随着双座自行车争先赛这一运动的普及,这个词开始使用得广泛起来,失去了狭窄的专业术语的色彩,并且开始出现扩展性转义用法。当然,也是在体育领域的转义[即：(1)赛跑中一前一后的两个运动员或比赛成绩紧挨的两个运动员；(2)两人合作,相互协力——译注]。比如：

Отборочный комитет объявил, что в тех весовых категориях, где американцы не имеют шансов попасть в зачетную олимпийскую шестерку, участники выставлены не будет. Взамен выступят *тандемы* в двух других категориях (очевидно, в полутяжелой и тяжелой) (*Советский спорт*. 1964. 25

авг.).

та́кер(油轮)：该词是从英语中借入的〈英语词 tanker，来自动词 tank（倒入桶［罐］中，储存在桶［罐］中）[①]。tank 还可以做名词，表示"桶，罐，大槽"〉。最早收录于 1933 年的《外来词词典》。

телеви́зор(电视机)：该词是从英语中借用的(英语词 televisor)。最早收录于 1937 年的《外来词词典》。比如：

Аппараты Белена носят название 《*телестереографов*》, чтобы указать, что в принципе прибора лежит использование рельефа изображения (*Вестник знания*. 1925. № 1).

телета́йп(电传打字机)：该词是从英语中借用的(英语词 teletype)。最早收录于《乌沙科夫词典》(т. 4，1940)。

тонфи́льм：在《乌沙科夫词典》中，标注该词的意思是"有声音的电影"。此词借自德语(德语词 Tonfilm)。比如：

В иных павильонах за заборами здравствует ледяная тишина, ибо там снимаются *тонфильмы*, когда записывается звук тиканья карманных часов (Б. Пильняк. *О'кэй*. Американский роман. М., 1933);

Вспоминается случай с Чаплином, долго и упорно противившимся введению *звукового фильма* в Америке (*Советское искусство*. 1932. 27 февр.);

Обычно музыка в наших *звуковых картинах* трактуется только как аккомпанемент, идущий в неизбежном монотонном параллелизме с изображением (В. Пудовкин. *Актер в фильме*. Л., 1934).

тра́улер(拖网渔船)：该词是从英语中借用的［英语词 trawler，来自动词 trawl（拖网,拖网捕鱼）。需要注意的是,俄语动词 тралить 也是在外语借词 трал（拖网）的基础上构成的］。此词最早收录于 1933 年的《外来词词典》。

три́ер(选种机)：该词借自法语(法语词 trieur)，但大概是以德语为中介借入的(德语词 Trieur)，在德语中，该词的重音移到了第一个音节。此词最早收录于 1933 年的《外来词词典》。下面是该词早期在报纸上使用的一个例子：

[①] 英语后缀-er 可以加在动词词干后面，表示发生行为的人或物（参见：Смирницкий А. И. *Лексикология английского языка*. М.，1956. С. 107)。顺便指出的是，在《科学院大词典》(т. 15)中对 танкер 的如下词源注释中有错误：танкер 来自英语 tanker，后者又来自 tank"桶，罐"。

Дорогу советскому *триеру*! Воронежский завод 《*Триер*》 существует немногим более года... (*Правда*. 1930. 1 марта).

тролле́йбус(无轨电车)：该词是从英语中借用的[英语词 trolleybus，由 trolley（电车触轮）和 bus(公车汽车)组成]①。此词最早收录于 1937 年的《外来词词典》，其同根借词 троллей，троллейкара 和在俄语中生产的词 троллейвоз 只用于狭窄的专业领域。

тю́бинг([钢铁铸的或钢筋混凝土的]筒板，弧形拼板，[大直径的]铸铁短管)：该词是从英语中借用的[英语词 tubing，来自动词 tube(形成筒状)。tube 还来自名词"筒"]。此词最早收录于 1933 年的《外来词词典》。随着 30 年代初莫斯科修建地铁，这个词也开始出现在非专业言语中。比如：

Мы приступали к укладке в тоннель чугунной оболочки-тюбингов. Пассажир метро не видит теперь этих *тюбингов*, они спрятаны под штукатуркой, как ребра спрятаны у человека под кожей (*Как мы строили метро*. М., 1935).

эскимо́(巧克力冰激凌)：该词是从法语中借用的(法语词 esquimau：1. 爱斯基摩人；2. 爱斯基摩人的；3. 冰激凌的一种——巧克力冰激凌)。此词最早收录于《乌沙科夫词典》(т. 4)。

表示新事物或新现象的外来词在被借用的时候可能会发生词素结构的改变。比如，在外来词上"添加"俄语的词法成分，而这些词法成分能够使词语符合某种构词模式，归入某一语法类，或进入某个语法聚合体。

20 年代后半期到 30 年代，俄语中借用了许多此类经过改造的词。

авие́тка(小飞机，轻型飞机)：该词是从法语中借用的(法语词 aviette)，同时加上了俄语中表示事物的后缀-к(а)(再比如后面的例子 танкетка)。此词最早收录于 1933 年的《外来词词典》，随后收录于《乌沙科夫词典》(т. 1)，都标注为"新词"。现在，由于其表示的事物的消失，这个词已经不使用了。

бу́тсы(足球鞋)：该词是从英语中借用的[英语词 boots，此词是 boot(鞋，靴)的

---

① 1933 年 11 月 5 日在莫斯科苏联首批无轨电车开始投入运营(见 1948 年 11 月 3 日的《莫斯科晚报》)。下面是 30 年初对无轨电车的描述，当时还没有 троллейбус 这个词：

... В Англии широкое распространение получили электрические омнибусы-*электробусы*. Электрические двигатели эти машин, снабженных роликом, укрепленным на крыше кузова, питаются от двухпроводной сети. Не будучи связаны с рельсовыми путями, такие *электробусы* в противоположность трамваю обладают благодаря длинному стержню, на котором укреплены токоприемные ролики, большой маневроспособностью... (30 *дней*. 1931. № 5—6)

复数形式]。-s 是英语复数词尾,而在俄语中变为-ы(俄语阳性和阴性名词的最常见词尾)。

此词最早以 бутсы 和 буцы 的形式被收录于 1933 年的《外来词词典》,随后收录于《乌沙科夫词典》(т. 1)。

此词在 20 年代到 30 年代开始用于非专业(体育)的言语中。在下面这些例子中,буцы 一词表示"粗糙的,笨重的皮鞋":

> Я молод. Когда сниму *буцы*, рваную куртку, промысловую войлочную шляпу и надену утконосые ботинки и всю прочую амуницию ···—получается европейский человек первого сорта! (*Правда*. 1927 13 авг.);

> —Может быть, я помешал? —спросил человек в *буцах*. —У нас летучка, —грубо заметил глава [учреждения]. —Тогда я могу уйти. —Хорошо. Идите (*Человек в буцах: фельетон* // Советское искусство. 1932. 21 февр.).

现在,在规范的书面语中,只使用 бутсы 这一种形式,буцы 在书面语中已经不使用了。

спидóметр(里程表,速度计):该词是从英语中借用的[英语词 speedometer,来自 speed"速度",而这个词又具有希腊语的词源(μετρέω)和-meter(这是英语中的一个构词词素,比如 taximeter 等等)]。英语原型词的第二部分-meter 在俄语中转换为俄语中已有的词素-метр,再比如 амперметр, вольтметр 等也进行了这样的转换。该词最早收录于 1933 年的《外来词词典》。

танкéтка(小坦克):该词是从法语中借用的(法语词 tankette),在俄语中加上了后缀-к 和词尾-а。这个词是一个典型的在俄语中构成阴性的法语借词的例子[再比如 авиетка, таблетка, сарделька, 等等。对此的详细论述请参见(Громова 1956)]。该词最早收录于《乌沙科夫词典》(т. 4, 1940)。

телевúзия, телевúдение(电视):在 20 年代末到 30 年代初,俄语中出现了телевизия 一词。它是借词(来自英语词 television),但同时按照俄语的方式进行了改造(把原型词中的音组-ion 变为-ия。这一模式是俄语改造外来词的常用模式,再比如 революция—résolution, петиция—petition,等等)。比如:

> Как человек стал великаном? Книги о том, как наука и техника удлинили наше зрение (телескоп, *телевизия*), слух (телефон, радио)… (М. Горький. *Литературу—детям!* // Известия. 1933. 11 июня).

телевизия 和 телевидение 这两个词都是最早收录于 1933 年的《外来词词典》和《乌沙科夫词典》(т. 4, 1940)。-визия 和-видение 都是-vision 在俄语中的替代,但是对于俄语使用者来说,后者更"易懂"①。在 30 年代初,телевидение 就开始排挤最初的形式 телевизия 了。在此后的年代里,телевидение 在言语中获得了积极、广泛的使用。比如:

Закончилась всесоюзная конференция по *телевидению* (*Правда*. 1931. 26 дек.);

Принимают передачи советского *телевидения* не только в Англии, но и в других странах (*Известия*. 1933. 24 февр.);

Кого вы обслуживается? -Звуковую кинематографию... радиофильм, *телевидение*... —Как—и *телевидение*? (*Советское искусство*. 1932. 15 июня).

令人感兴趣的是,телевидение 和 телевизия 这两个词出现的时间要比电视为人们所知(至少是为专家所知)的时间晚得多。电视最初被称为 дальновидение,电视机最初被称为 дальнозор。显然,这两个词是英语名称的仿造词。比如:

Так картинно описывает начало своего посещения лаборатории *дальновидения* проф. Ф. Дженкинса американский корреспондент... (*Вестник знания*. 1925. № 5);

Развитие радио вызвало усовершенствованную передачу изображений на расстоянии. Так как наибольшее распространение это изобретение получило в Англии и Соединенных Штатах, то международным словом стало название этого изобретения, данное на английском языке—*телевижен*. По-русски это слово неправильно переводят так: телевидение. Правильнее было бы перевести *дальновидение*, а аппарат—*дальнозор*. Постепенно эти слова проникают в техническую и общую литературу (30 *дней*. 1931. № 2).

毫无疑问,这些仿造词都失败了,正如希什科夫和达里的仿造词 мокроступы, тихогромы, двоица, ловкосилие 那样。在近现代,词汇国际化——特别是科技术语国际化——的趋势非常明显,这一趋势促使国际术语 телевидение 和 телевизор 在俄语中生根,而基于俄语固有构词单位的人为造词都没能站得住脚。

3.2 不表示新事物、新现象的外来词

这类词中大部分都是抽象词语,但是还是有相当比例的具体词语。

---

① 此后,外语中的-vision 对应俄语中的-видение 形成了一种固定的构词模式,比如后来出现的外来词 Intervision—интервидение, Eurovision—Евровидение,以及俄语中的构词产品 космовидение(卫星传播电视,宇宙电视广播)。"这个词暂时还没有出现在任何一本词典中,但是它在语言学方面不存在争议,可以按字面直接理解,不需要翻译"(*Советское космовидение*. № 2, киножурнал)。

这些词在语义上都表示什么呢？

与表示新事物、新现象的外来词不同的是，此时借用语言中已经有了相应的表达手段。而借用的词语或者取代固有词组，或者与固有词（或者此前借入的外来词）成为同义词，语义逐渐分化或者获得新的语义色彩。

比如，джем（果酱）一词进入俄语的时候，俄国早就有果酱了，但以前对果酱的称呼是"варенье из протертых фруктов, ягод"，并没有专门的一个词来表示果酱，直到出现了英语借词 джем 为止（来自英语词 jam）。

сейф（保险箱）最早收录于 1933 年的《外来词词典》，它替代了以前的描写性词组 несгораемый шкаф[英语词 safe（保险箱）是形容词 safe（安全的）换位构词①的结果]；снайпер（狙击手，特等射手）最早收录于 1937 年的《外来词词典》，它替代了以前的词组 меткий стрелок；等等。

正如我们在前面指出的那样，一部分外来词在被借用之后重新进行了语义划定，确定了与固有同义词的界限。比如，外来词 приоритет［来自德语 Priorität（首位，第一名），最早收录于 1928 年的《外来词词典》］与固有词 первенство 进行了界限划分，приоритет 不仅表示"第一"，而且表示"优先权"和"主要的东西，优先考虑的事物"（这几个义项来自《科学院大词典》）。再比如，путч（叛乱，骚动）（来自德语 Putsch，最早收录于 1933 年的《外来词词典》）与 переворот 的区别在于，它并不是一般的政变，"而是阴谋家进行政变的冒险企图"，在 1932—1933 年德国发生了此类事件之后，这个词开始在俄语中广泛使用。

сервис（服务，来自英语 service）30 年代开始在俄语中使用（最早收录于 1933 年的《外来词词典》），它并不是俄语词 обслуживание 的完全复制。在《乌沙科夫词典》（第 4 卷）中，сервис 被注释为："为居民提供日常生活服务和提供各种便利的机构和措施的总和"。最初这个词带有"异国情调"，主要用于描写国外生活，后来才成为外语借词。比如：

  Сервис по-польски (заголовок). В Польше магазины доставляют покупателю проданные вещи на дом, безжалостно эксплуатируя нищих стариков (*Вокруг света*. 1938. № 9);

  ...Вы берете трубку телефона, стоящего слева от двери, просите《сервис》и говорит, что в《сервидоре》(так называется такая дверь) висит ваше платье. Ночью филенку из коридора бесшумно открывают специальным ключом, платье уносят, а утром оно висит на месте вычищенное... Я так подробно остановился

---

① 关于英语中的换位构词法请参见斯米尔尼茨基的《英语词汇学》(Лексикология английского языка. М., 1956)。

на *американском сервисе* потому, что в данном случае меня больше интересует то, что американцы делают хорошо, а не то, что они делают плохо (А. К. Буров. *Об архитектуре*. М., 1960, книга написана в 1943—1944 гг.).

«С любовью к людям»—вот девиз советского сервиса. Советский сервис-это не только обслуживание, но прежде всего акт человеколюбия. Не только школа красоты, удобства в быту, но и школа воспитания высоких человеческих чувств (*Известия*. 1962. 3 марта);

...Они урвали время от своего отдыха, чтобы подумать сообща о том, как сделать московский сервис еще лучше (*Жилищно-коммунальное хозяйство*. 1963. № 11).

不表示新事物的外来词在结构方面也有相对一致的特点。大多数这样的词都在结构上与外语原型词一致。被添加俄语语法手段进行改造的主要是形容词和动词。

3.3 结构上与外语原型词一致的外来词

除了上面介绍过的那些词（如：джем, сейф, снайпер, приоритет, путч, сервис），我们还可以举出以下例子：

агре́ссор(侵略者)：此词大约是从德语借用的[德语词 Aggressor, 来自拉丁语 aggredior(进攻)[①]]，最早收录于 1933 年的《外来词词典》，随后见于《乌沙科夫词典》(т. 1). 比如：

Вслед за этим Советский Союз заключил с рядом стран конвенции об определении *агрессора* (нападающей стороны) (В. В. Куйбышев. *Доклад «От VI к VII съезду Советов»*, 7.1.1935 // В. В. Куйбышев. *Статьи и речи*. М., 1937);

И, как всегда, когда применяется провокация, *агрессор* старается действовать внезапно, не теряя времени (*Правда*. 1937. 1 июня).

би́знес(商业)：借自英语（英语语 business）。最早收录于奥夫相尼科夫所著的《标准言语》(1933年)。比如：

Бизнес—слово, заимствованное из лексикона американских коммерческих дельцов; означает вообще в широком смысле «дело, дающее доход». В современный литературный советский обиход вошло как символ голого

---

① 有趣的是，агрессия 和 агрессивный 的借入时间更早（在革命前的外来词词典中已经有所收录）。

практицизма, часто деляческого,《американского》подхода к делу.

这个词最初是作为"异国情调"词使用的。比如：

...Потом англичанин идет на свой *бизнэс*（дело), каждый англичанин-《*бизнэс-мэн*》... (Б. Пильняк. *Английские рассказы*. М.；Л., 1924);

Человек из России был уже немолод; английские туманы, *бизнэс* и стриты, где все дома, как один, — крепко отложились на нем... (там же);

Все *бизнес* — дело, — все, что растит доллар. Получил проценты — *бизнес*, обокрал, не поймали — тоже (*В. Маяковский. Нью-Йорк*)①.

在那些年代，俄语中 бизнес 这个词具有贬义的色彩②，甚至当这个词不用来指国外的商业的时候，同时具有贬义性。比如：

Общественность предъявляет счет и нашей промышленности, предприятиям, выпускающим культтовары. Даже мелкие неполадки здесь немедленно используются жуликами. Вот хотя бы названные выше 《фабриканты》 грампластинок. Вопреки распространенному мнению они делают *бизнес* не на выпуске рок-н-роллов... По своим взглядом они приближаются к духу частнокапиталистического предпринимательства-все эти спекулянты, мошенники и безусые *бизнесмены* у гостиниц (весьма примечательно лексическое окружение, в котором находятся здесь слова *бизнес* и *бизнесмен*) (*Литературная газета*. 1960. 27 сент.).

---

① бизнес 一词直到 40 年代还属于新词 (最少是在日常言语中属于新词)。比如，在下面这段卫国战争后期发生在德国的对话中，英语外来词 бизнес 还需要借助德语词 гешефт 进行翻译：

— Оказывается, товарищ гвардии майор, те заводы разбомбили не немцы, а паньг-американцы, — заговорил, наконец, Хома о том, что грызло его всю дорогу. — Налетели как будто в последний час и трахнули! Как по-вашему, это у них *бизнес* или не *бизнес*?

Воронцов удивленно посмотрел на Хому.

— Где вы это слово поймали?

— Оно давно при мене, спокойно соврал подолянин.

— За плечами его не носить... Только до сих пор не понимаю, что оно значит. *Гешефт*?

— Что-то вроде этого, — ответил Воронцов...

(А. Гончар. *Знаменосцы*, кн. Ⅲ).

② 但偶尔也有故意把 бизнес 当作中性词使用的例子。比如：

В издании Госиздата вышла книга под названием 《Бизнес》, что в переводе с английского значит 《дело》 (*Комсомольская правда*. 1929. 2 марта).

бизнесмен 这个词是和 бизнес 一起进入俄语的(它最早也收录在奥夫相尼科夫的《标准言语》中,标注词义为"美国的生意人")。它是俄语固有词 делец 的同义词。但是,与后者不同的是,бизнесмен 是"美国的",具有"异国情调"的性质。它们的使用范围也有所不同(бизнесмен 主要用于报刊,而 делец 主要用于口语)。此外,相比 делец 而言,бизнесмен 具有明显的贬义色彩①。

бум(喧闹、[政治、商业、工业等方面的]虚假繁荣、景气):这个词是从英语借用的[英语词 boom(喧嚷、叫嚣)]。最早收录于 1933 年的《外来词词典》。这个词在俄语中最早使用于 30 年代初。比如:

> Не так давно в Италии с огромным рекламным *бумом* прошла пьеса 《Майское поле》, написанная самим Бенито Муссолини (*Советское искусство*. 1932. 27 авг.);

> По сравнению с апрелем и маем положение значительно ухудшилось. Наблюдавшийся в апреле и мае, по выражению одного экономического журнала, *бумчик* был вторым по счету… (*Правда*. 1934. 22 окт.).

гара́нт(保证人):这个词来自法语,有可能是通过德语中介语借入的(保留了法语词 garant 中不发音的末尾字母 t)。最早收录于 1933 年的《外来词词典》。这是一个政治词语,主要用在外交文本和报纸上。比如:

> …Пацифистские комбинации скрывают за собой стремления отдельных империалистических государство… упрочить свое положение при помощи дополнительной системы политических соглашений, которые обеспечили бы им роль *гарантов* всеобщего мира (*Правда*. 1930. Июнь).

дема́рш(目的是使敌方退让的[外交上的]行动、措施):这个词来自法语[法语词 démarche(行动、措施)],可能是通过德语借入的。最早收录于 1933 年的《外来词词典》。

детекти́в(侦探、密探):这个词最早收录于 1928 年的《外来词词典》,它大概是随着翻译的国外侦探小说和侦探电影进入俄语的。比如:

---

① 但是,我们也不否认,在那个年代 бизнесмен 一词也可以用做中性词。但是,这样的用法背离了一般的规范,是修辞上的故意所为,对于规范言语来说显得不太寻常。比如:

За круглым столом-*бизнесмены* (заголовок);《Есть возможность для расширения советско-канадской торговли…》К этим выводам пришли участники конференции круглого стола-влиятельные представители деловых кругов Канады и видные советские экономисты, эксперты по внешней торговле и научным исследованиям (*Известия*. 1964. № 114).

До сих пор мы еще не изучили, что же делает рабочий подросток в свободное время, чем заполнены вечера, что привлекает его на пьяные домашние вечеринки, на *детективные картины*, на бульвар и в пивную (*Комсомольская правда*. 1926. 6 февр.).

在 20 年代末到 30 年代初，детектив 一词主要用于描写国外生活中的事物（主要是英语和美国的事物）。后来出现了表示"侦探作品"的 детектив，它可以代替以前的词组 детективный роман, детективный фильм 等①。比如：

Повесть о революции незаметно превращается в традиционный *детектив* с примесью идиллического детского романа (*Правда*. 1934. 15 авг.).

пацифи́зм（和平主义）：此词是与其同根词 пацифист 一起从法语借用的（法语词 pacifisme, pacifiste）。пацифизм 最早收录于 1928 年的《外来词词典》。这两个词最初（大约是在 20 年代末到 30 年代初）都用在政治性出版物上，并且正如苏联对和平主义的态度一样，这两个词都带有贬义色彩。比如：

Подготовка войны под флагом *пацифизма* (*Правда*. 1930. 8 июня);

Но наша эпоха не была бы эпохою *пацифизма*, если бы одновременно не столкнулись и две «*пацифистские*» системы. Англия и Америка вступают в спор не только по вопросу о том, как вести войны, но и о том, как организовать «мир» (*Правда*. 1928. 6 сент.);

Вне ленинского понимания войны легко скатиться в *пацифизм*, в ремаркизм, или игру в «солдатики» (Советское искусство. 1932. 21 февр.);

Снова показались *пацифисты* и троцкисты, требуя «мир во что бы то ни стало» (И. Эренбург. *Десять дней, которые не изменили мира* // Известия. 1939. 28 марта).

пилота́ж（飞机驾驶术）：此词是从法语借用的（法语词 pilotage），最早收录于 1933 年的《外来词词典》。比如：

В эту цену входили трехмесячное обучение *пилотажу*, пилотская лицензия и страховка жизни (*Известия*. 1933. 9 февр.).

---

① 我们更倾向于把表示"侦探作品"的 детектив 看做是独立构词的结果，是表示"侦探、密探"的 детектив 的同音词，而不是后者的一个义项。因为在所有的欧洲语言中，детектив 一词都没有"侦探作品"的意思（对此的详细论述请参见：*Вопросы культуры речи*. Вып. 6. М., 1965）。

这个词的生产词 пилот 在 19 世纪借入了俄语,意思是"引航员"。到 20 世纪 10—20 年代 пилот 才开始作为"飞行员"意思使用。20 世纪末又出现了一个新义项:"运动汽车驾驶员"。动词 пилотировать 的意思也发生了类似的改变。19 世纪的时间它的意思是"(引航员)引导舰船"。如此一来,表示飞行的术语形成了一个彼此存在亲属关系的术语族,它们是在不同的时代借入俄语的,并且其意思也发生过改变。

призёр(竞赛得奖人,锦标赛获得者):此词是从法语借用的(法语词 priseur),最早收录于《乌沙科夫词典》(т. 3, 1939)。它主要用于体育体裁的言语中(比如,典型的词组:призер чемпионата Европы, третий призер первенства страны 等等)。

рейд(1.[向敌人后方]袭击,奔袭;2. 突然检查):这个词的第一个义项来自英语(英语词 raid),第二个义项是在俄语中派生出来的。该词最早收录于 1933 年的《外来词词典》。有趣的是,在 18 世纪的俄语中已经有了一个来自荷兰语的借词 рейд,表示"(船舶的)停泊场"。来自英语的 рейд 是这个 рейд 的同音借词。

рекордсмéн(创造纪录的运动员):此词是从英语借入的(英语词 recordsman)[①]。最早收录于 1933 年的《外来词词典》[②]。俄语中还有一个稍早一些的借词 чемпион(冠军)。其区别在于,рекордсмен 不仅是胜利者,而且是创造了该项运动最好成绩的运动员(比如,举重比赛中有推举、挺举、抓举记录)。рекордсмен 有可能不是冠军,чемпион 也有可能不是纪录创造者。

чемпион 和 рекордсмен 在语义上的这种区分使后者借入后能够在俄语中生根[③]。

репортáж(报导):此词是从法语借用的(法语词 reportage[④])。最早收录于 1933 年的《外来词词典》,在俄语中最早使用于 20 年代末。

[①] 英语以-man 结尾的词语在借入俄语后通常都会发生重音的改变:重音由首音节移到末音节。比如:sportsman—спортсмен, recordsman—рекордсмен, businessman—бизнесмен, 等等。但是 лайнсмен(巡边员、边线裁判)的重音却与外语原型词(英语 linesman)一致(对此请参见论文:《*Теоретические основы разномастности и неподвижности русского ударения*》/ Русский язык в национальной школе. 1965. No 6)。虽然 лайнсмен 并不属于已经稳定进入俄语词汇系统的外来词,但它在一系列以-мен 结尾的外来词中还是多少显得有些另类。

[②] 该词在以前也偶尔有所使用,特别是在专业领域。比如:

С появлением лучших типов истребителей этих аппараты давали, конечно, *рекордсменам* (*Сведения и данные, сообщенные военными летчиками*... Вып. 2. Пг., 1917).

该词开始广泛使用的时间大约是在 20 年代末—30 年代初。

[③] 众所周知,契诃夫曾表示过反对使用 чемпион 一词。他写道:"我能够容忍使用 коллежский асессор 和 капитан второго ранга,但是 флирт 和 чемпион 却令我感到厌恶。"(*Письмо к М. Горькому.* 3.1.1899 // А. П. чехов. Полн. собр. соч. Т. 18. С. 221)

[④] 在格拉纳特兄弟百科词典中,把 репортаж 的词源标注为英语 report,这一标注是错误的。

ро́ллер(儿童自行车)：此词是从英语借用的(英语词 roller)。最早收录于《乌沙科夫词典》(第 3 卷,1939 年)。这个词在现代俄语中已经不用了(现在它只存在于词典中)，原因大概是因为它是先前已有的самокат 的完全同义词①。

спринт(短跑), спринтер(短跑运动员)：这两个词都是从英语借用的(英语词 sprint, sprinter)。最早收录于 1933 年的《外来词词典》和《乌沙科夫词典》(т. 4, 1940)。比如：

  Десять *спринтеров* пробегут внутри колонны, финишируя у большого макета значка ГТО (*Труд*. 1938. 24 авг.).

спурт([在赛跑和自行车比赛中]猛地一冲)：此词是从英语借入的(英语词 spurt)，最早收录于 1933 年的《外来词词典》，随后见于《乌沙科夫词典》(т. 4)。

应当指出的是，包括 спринт, спринтер, спурт 在内的许多 30 年代借入俄语的体育术语当时主要用于狭窄的专业领域，很少超出体育专业领域见诸大众报刊等出版物。只是后来，到了 50 年代中期，才开始出现显著的体育术语"扩张"现象，这些词汇开始积极用于各种言语体裁中，比如新闻报导、概述、报刊文章等等。并且不但用于直义，还出现了转义。比如：

  《Динамо》 отлично сыграло в Киеве, и можно рассчитывать, что на этом *спурт* чемпиона не закончится (*Вечерняя Москва*. 1960. 10 окт.);

  Отлично *спуртует* на последних 200 метрах бельгийский спортсмен Хелеман (*Правда*. 1962. 4 мая);

  Кальмаров, скорость движения которых достигает 70 км/час, можно поставить в первые ряды 《*спринтеров* моря》 (*Наука и жизнь*. 1963. № 11).

тури́зм(1. [以锻炼为目的的]旅行运动；2. [出于休息和教育目的的]旅行)：此词是从法语借入的[法语词 tourisme, 来自 tour(行走, 散步)]②，最早收录于 1933 年的《外来词词典》。以下是该词较早使用中的一个例子：

  Товарищам, желающим заниматься *туризмом*, нужно организоваться в группы (*Труд*. 1928. 14 февр.).

---

 ① 至于 самокат 和 велосипед, 最初也是完全同义关系的关系。后来外来词 велосипед 站稳了脚跟，而固有词 самокат 的意义发生了改变，并且使用范围变窄。

 ② 它的同根词 турист(来自法语 touriste)是 19 世纪中叶借入俄语的，收录在《达里词典》(第 3 版)中。当时 туризм 一词也偶尔可见于使用(Сорокин 1965：137)，但是它作为一个词汇单位得以广泛使用是 20 世纪的事情。

3.4 借助俄语语法手段构成的外来词

动 词

阿维洛娃曾经列举了 20 世纪俄语中出现的基于外来词干构成的动词的详细清单(Авилова 1967)。但是,这个清单中的许多动词并没有充分的证据可以证明属于借词。下面,我们举几个 20 年代—30 年代进入俄语的动词的例子:

армировать([混凝土]加钢筋):此词是从德语借用的(德语词 armieren,意思是:1. 武装;2. 供应设备;3. [混凝土]加钢筋),最早收录于 1933 年的《外来词词典》。

дезориентировать(引入迷途,混淆视听):试比较:德语 desorientieren,法语 désorienter。该词最早收录于《乌沙科夫词典》(第 1 卷)。

дискриминировать(歧视,不平等对待):该词来自德语 diskriminieren 或法语 discriminer,最早收录于《乌沙科夫词典》(第 1 卷)。

реконструировать(改造,改建):该词来自德语 rekonstruieren,最早收录于 1933 年的《外来词词典》。

стерилизовать[①](1. 消毒,灭菌;2. 使绝育,作人工绝育手术):此词大概是借自德语(德语词 sterilisieren),最早收录于 1933 年的《外来词词典》。

фальсифицировать(伪造,搀假):该词来自德语 falsifizieren,最早收录于 1933 年的《外来词词典》。

在大多数的情况下,要想确认某个动词到底是外来借词,还是在俄语中的构词结果,是很困难的,难以取得一致的意见。比如,动词 балластировать(压载,加载,铺碴)可能是来自德语 ballastieren,或法语 ballaster,同时也有可能是名词 балласт(压舱物,底货,道碴)在俄语中的构词结果(类似的动词还有 вакцинировать,брикетировать, гудронировать, декольтировать, нормировать, протоколировать,цементировать 等,它们都是阿维洛娃在专著中提及的)。动词 рационализировать 在 20 年代末—30 年代初开始使用,可能是来自德语 rationalisieren,但也有可能是俄语中此前已有的词语 рациональный, рационализм 的派生词。рациональный,рационализм 在许多革命前的词典(比如博杜恩·德·库尔德内审校的《外来词词典》)中就已经有了。同样,动词 машинизировать(最早收录于 1933 年的《外来词词典》),有可能是相应名词的造词结果,也有可能来自德语 maschinisieren。还有许多

---

① 我们这里顺便指出,把这个词归入借词是需要谨慎的。它有一个同根的外来名词 стерилизация,但 стерилизовать 并不是俄语中的构词产物,其他语言中也存在着这两个词的对应,并且,其生产词干难以"纯净地"分离出来(请对比:бетонировать, асфальтировать, инвентаризировать 等动词的生产词干都可以分离出来)。因此,我们认为 стерилизовать 属于借词。

类似的例子。

总之，现代俄语中外来名词借助后缀-ировать,-изировать,-изовать 生产动词的构词行为非常活跃。而另一方面，这些后缀也有可能是从德语或法语中借入动词时作为俄化手段添加上的。由此一来，针对许多具体的动词，很难说究竟是外来词借用，还是在俄语土壤中的构词（本书前面对此问题已有所论述）。

形 容 词

превентиʹвный（预防性的，先发制人的）：此词大约是从法语（法语词 préventif）借用的，经过了德语作为中介语（德语词 preventiv）。它是按照俄语借用带有后缀 -tiv,-tif 的（德语和法语）形容词的模式构成的（比如，来自德语 kollektiv 和法语 collectif 的形容词 коллективный，来自德语 aktiv 和法语 actif 的形容词 активный，等等）。该词最早收录于 1933 年的《外来词词典》，是一个专业术语，主要用在外交和医学体裁的言语中，此后（50 年代末到 60 年代），开始应用于非专业领域的文本中。比如：

К *превентивным* мероприятиям по существу следует отнести и первичную обработку ран（Н. Н. Бурденко. *Собр. соч.* Т. 7）;

再如：

По малейшему подозрению африканец может быть арестован без суда и следствия, так сказать, в *превентивном* порядке. А это превентивное заключение может длиться до 90 дней! (*Неделя*. 1963. № 38).

рентаʹбельный（赢利的，获利的）：此词借自德语[德语词 rentabel（赢利的，获利的）]，最早收录于 1933 年的《外来词词典》[1]。其最初在俄语中的使用大约是在 20 年代末—30 年代初。比如，以下是来自报纸中的一个例子：

Сделать районную промышленность рентабельной... Предприятия этого комбината *нерентабельны*, *рентабельность* зависит от людей и постановки работы... (*Известия*. 1933. 9 февр.);

再如：

Детский театр *нерентабелен*... (там же. 1933. 18 марта).

---

[1] 1928 年的《外来词词典》没有收录这个词，但是收录了这个形容词构成的名词 рентабельность。

тотáльный(全面的，总体的，总的)：此词借自法语[法语词 total(总的，完整的)]，可能是经过了德语作为中介语。这个词在 30 年代初的德国非常流行，由于当时法西斯德国进行全面战争准备。俄语中是 30 年代中期开始使用 тотальный 一词的，最初用于报道与德国相关的事件。比如：

Определенные военные круги Германии мечтают о «нормальной» подготовке большой *тотальной* войны (*Известия*. 1936. 29 июня).

транспортáбельный(便于运输的，可以运送的)：此词借自法语(法语词 transportable, 与俄语词同义)，最早收录于 1933 年的《外来词词典》。

以上列举的这些词都是 20 年代后半期至 30 年代借入俄语的，并且已经实现了俄化。除此之外，这一时期还出现了许多词，它们或者具有某种语体性质①，或者具有个人性和临时性的特点(其中一些临时新词后来成为积极使用的词语)，或者是表示此时期国外的事物、现象的(即异国情调词)。

比如，аншлаг(报纸标题)、продюсер(制片人)，эрзац(替代品)等词在 30 年代都属于临时、偶然使用的新词，但在后来都完全被俄语同化，进入了俄语词汇系统。比如：

... *Продюсер*②, будучи прямым представителем хозяев, повседневно следит за ходом съемок (*Известия*. 1936. 12 июля);

Темные дома с высокими красными крышами. В магазинных витринах подделки, *эрзацы*③, хлам (А. Толстой. *Черное золото* // Новый мир. 1931. № 5).

在以后的年代(尤其是在战争年代)，эрзац 不仅可以用作粘着词素(比如 *эрзац*-молоко，*эрзац*-товары，*эрзац*-валенки，等等)，更常用做独立词汇单位(名词)。

---

① 社会或个别社会群体对某种事物、现象的短期关注可能会导致表示这一事物、现象的专业术语发生语体的变化。比如一个有趣的例子："按照州中央委员会的计划，内部食堂应当逐渐向市内所有工人开放。最初只开放了两个食堂，它们很相似，并且都有一个奇怪的外号：гарманже。你可不要认为这是骂人的词，它们完全不是。гарманже 是指专门用来冷藏食物的房间。但是在铁路职工食堂这个房间又小、又脏，又完全不中用，以至于 гарманже 成了骂人词。现在，在谢尔布霍夫斯克，这个词成了"肮脏，不尊重自己的劳动，对人冷漠"的同义词。"(莫斯科晚报，1930 年，第 253 期)[注：гарманже 来自法语 garde-manger"食品仓库"]。

② 来自英语 producer"制片人"(producer 又来自动词 produce"生产")。продюсер 一词最早收录于 1954 年的《外来词词典》。

③ 来自德语 Ersatz(代替者，借用品)。

аншлаг 一词是 19 世纪末借入俄语的。其借入时的意义为"(剧院、影院等)票已售完的布告"①。在 20 年代末至 30 年代初的俄语言语中它也还以"错误"的意义——即"(报纸上的)大字总标题"——出现。比如:

Помню, как в день выхода специального номера, посвященного итогам первого года пятилетки, группа работников редакции долго мучилась над *аншлагом* на первую страницу (*Комсомольская правда*. 1931. 14 апр.).

有一种猜测,认为 аншлаг 一词的这个义项是受德语和其他一些欧洲语言的影响而产生的,但这一点在有关的(双语和详解)词典上并没有得以证实②。

对于外交、政治、金融等方面的术语词在报刊上的扩张,进入一般使用领域这一事实,还可见于下面这些例子:

Вашингтонское правительство нарочито *брюскировало*③ (как говорят на благородном дипломатическом языке④) британское правительство (*Правда*. 1928. 2 сент.; ср. там же:... Дипломатические и политические круги Вашингтона сознательно 《смущали》 лондонское правительство);

Пресловутые трудности т. н. *трансфера*⑤, т. е. перевода крупных сумм из государств-должников в страны-кредиторы, как-то внезапно оказались меньшими и даже просто 《надуманными》... (там же. 1928. 18 сент.);

Утром заведующий экспортным отделом Союзнефти тов. Лотц сообщил министру Олафу:

— 500 тонн авиабензина, имеющие быть погруженными на теплоход, поступят в самое ближайшее время, но сейчас погружены быть не могут.

... Капитан спокойно спросил:

— *Домредж*? (сноска: *Домредж*—уплата валютой за простой иностранных

---

① 来自德语 Anschlag(海报,布告)(义项之一)。

② 有可能,"标题"的义项是在报业工作者、印刷工作者等人的职业圈子内形成的,是一种隐喻用法。аншлаг 指的并不是所有的标题,而是大字的总标题,出现在报纸的显著位置,能够使人联想起公告、海报。аншлаг 的这一职业用法后来扩展到了标准言语(但是详解词典和其他标准语词典并没有承认它)。

③ 德语 bruskieren(粗暴、无礼地对待)。

④ 再比如:

Осложняется вопрос об установлении окончательной цифры германской военной контрибуции, т. е. на современном лживом языке-репарации (*Правда*. 1928. 16 сент.).

⑤ 德语 Transfer(转换为外国货币单位)。

зафрактованных пароходов)①(*Комсомольская правда*. 1931. 10 апр.);

Ареал книг (заголовок); В нашей стране ширится *ареал*—область распространения—земледелия, машин... Но всего быстрее раздвигается ареал книги (*Известия*. 1936. 27 дек.).

这一时代使用的一些术语具有明显的临时性,它们或者是用于体现说话人(更准确地说,是作者)对双语的熟练掌握,或者是受了外语原型词的影响。比如:

Основная проблема, которая интересует Шмидта, это—в какой мере можно, не нарушая «мирного» развития народного хозяйства страны [Германии], уже накануне войны достичь идеального *эффектива*② обеспечения внезапного уничтожающего удара... Перестройка с потенциала на *эффектив*, по расчетам Шмидта, должна занять не меньше месяца (*Известия*. 1936. 29 июля).

20年代后半期—30年代出现在俄语语篇中的异国情调词在意义和用法上与资本主义国家的事件,以及其政治制度和日常生活等事物相关。以下列举的这个例子说明:异国情调词不但与地域(即某些国家或民族的特点)相"捆绑",而且与时代相"捆绑"。在某一特定的时代使用的词语,完全有可能在以后的时代从言语中消失得无影无踪,让位于反映这一国家的新时代特点的异国情调词。比如:

Полиция закрыла ряд пивных (*локалей*), где собираются гитлеровские штурмовики (*Правда*. 1935. 6 июня);

Генинг не знает, что он в засаде. Он... направляется в Голеншкипер. Там в маленьком *локале* он делает доклад для рабочих и крестьян-бедняков (*Комсомольская правда*. 1932. 12 мая);

В берлине прошлой ночью произведена полицейская облава в коммунистических *локалах*. В одном клубе арестовано 24 человека (*Вечерняя Москва*. 1932. 8 авг.)③;

В Италии, где искусство просто поставлено на службу фашистской политике, где всевозможные Чекки и Унтаретти создают поэмы, воспевающие

---

① 大概是对英语词 demurrage(因船舶、火车等的滞留而付的赔偿金)的有偏差的借用。再比如: Каждый человек в этом кабинете хорошо знал, что за простой пароходов платят *демураж* (по-книжному--демеридж) (К. Федин. *Похищение Европы*).

② 德语 effektiv(有效的,有积极作用的)(词典上没有标这个词在德语中可以作名词使用)。

③ 德语 Lokal(1. 房间;2. 咖啡馆,小饭店,小酒馆)。

дуче и *манганелло*① (резиновую дубинку)... (*Советское искусство*. 1932. 21 февр.);

Старые самурайские представления пьес на те же маньчжурско-шанхайские темы, систематическая эстрадная агитация *бенчи*②, этих японских киноконферансье... —все это говорит о гибком аппарате военной пропаганды в Японии (Там же. 1932. 27 авг.).

使人感兴趣的是,конгресс([美国等国的]国会,[多指国际性的]代表大会)一词现在看来已经完全在俄语中生根了,属于众所周知的词语,而在 30 年代它还是一个异国情调词,在上下文中需要进行特别的解释。比如:

Рузвельт предлагает *конгрессу* (парламенту) утвердить на срок до апреля 1936 г. небольшой штат НРА только для составления доклада... (*Правда*. 1935. 6 июня);

20 年代末—30 年代 просперити(繁荣)一词特别常用(它甚至被词典收录,比如 1933 年的《外来词词典》),出现在许多关于美国的文章和书刊中。比如:

Наши представления об Америке нередко создаются поверхностей литературной вульгаризаторов, рисующих Америку как страну непрерывного процветания (prosperity) (*Комсомольская правда*. 1929. 8. окт.);

... Усиливающийся в результате краха просперити напор Америки на Европу... заставляет европейских политиков метаться в поисках выхода (*Правда*. 1930. 8 июня);

Несмотря на *просперити* (процветание—противоположность кризиса),—в самые лучшие годы последнего просперити в Америке было от трех до трех с половиною миллионов безработных... (Б. Пильняк. *О'кэй*);

Больше всего успехов техника капитализма имеет в военном деле. Только в этой единственной области... царит прогресс, только в этой области существует так называемое *просперити*—благоденствие③ (В. В. Куйбышев. *Статьи и речи*. М., 1937).

---

① 意大利语 manganello(棍子)。
② 日语 бэнси(1. 演讲人;2. [无声]电影讲解员)。
③ 请注意 просперити 的一致关系:这个词是中性的,可能是受其俄语同义词(благоденствие, процветание)的影响。

总之，20年代后半期至30年代，随着俄语标准语规范的稳定，特别是词汇的稳定，俄语中外来词在使用中出现的各种词汇和语法变体逐渐失去了现实意义，而被淘汰。

在这一时期，俄语中吸收的新外来词以科技术语为主。新外来词可以分为两类：表示新事物的词和不表示新事物的词。在新外来词被吸收时，大多是保持外来词原本的结构，不进行任何结构上的改变。

在这一时期的篇章中，经常可以见到一些后来被淘汰的外来词。它们中的一些是随着其指称的现实（比如机器、发明等等）的消失而消失的，另一些是作者个人使用或临时使用的词语（主要是政治和社会经济领域的词语）。

在30年代，还往往可以见到一些在以后的年代才开始积极使用的外来词（比如一些政治和军事术语）。但是，它们在30年代只是偶尔使用，不能据此认为它们在30年代就已经被俄语吸收了。这些词在最初使用时往往是外语夹杂词。只有这些词与俄语中的其他词语建立了稳定的联系，其使用范围扩大之后，才可以认为它们已经被俄语吸收。

4. 20世纪40年代至50年代初外来词汇的借用及其使用特点

在这一时期，伟大卫国战争年代不仅应当在历史层面，而且应当在语言层面（对此后面还将论述）进行专门的研究。所以，似乎应当把40年代至50年代初作为两个不同的时间段来进行考察，而不是作为一个整体。

但是，正如对现有语料的研究显示，战争年代和战后年代有着共同的特点。这就是整个社会对所有国外事物，包括外来词汇持否定态度。这种非语言因素的影响很明显，正是因为这个原因，整个40年代至50年代外来词汇借入俄语的过程（与前一时期相比）明显减慢了。

当然，上述这一趋势在战争年代和战后年代俄语言语中的体现并不完全相同。在战争年代，经常可以见到作为异国情调词和外语夹杂词使用的德语外来词，它们带有强烈的贬斥和否定修辞色彩。在战后年代，不仅标准语和技术术语中不愿意借用外来词，而且一些已经稳定并积极使用的外来词也往往会被俄语中的等价物所代替（有时甚至为达到这一目的而创造新词）。

4.1 卫国战争时期俄语言语中的外来词汇

从战争一开始，苏联的报纸、无线电广播、政论和文艺作品就开始大量使用德语外来词，这些词用来指称敌人的军事装备、德国军队的组织结构、法西斯德国的政治体制特点等。这些词中的绝大多数都是异国情调词或外语夹杂词，它们通常都带有否定的情感—修辞色彩。它们中的绝大多数后来并没有进入俄语词典中，而是成为那个时代特有的、与伟大卫国战争相联系的历史词。

战争年代在苏联政论和文艺作品里使用的这些外来词中只有极少的一部分后来在俄语中固定了下来。

比如 ac①（王牌飞行员）一词（最早收录于1941年的《外来词词典》），此词最初只用来指德国的飞行员，这一时期也开始用来指苏联的飞行员，并且开始具有的昂扬—庄重的色彩。比如：

Сбитый мною немец оказался *асом* из группы Рихтгофена——он имел три железных креста (*Красная звезда*. 1943. 2. июня);

Он [Алексей] увидел, как Поздняков пошел в прямую атаку на немецкого *асса*② (К. Симонов. *Русское сердце* // В эти года. М., 1951);

Советский *ас*—это летчик-истребитель, достигший в своем боевом мастерстве высокого уровня. Аса можно сразу определить по количеству лично сбитых самолетов и по характеру и методам ведения боя... Когда летчика-истребителя называют *асом*, это значит, что он достиг зрелости, завоевал почетное право быть в авангарде воздушных бойцов (*Красная звезда*. 1943. 1 июля; передовица 《Выращивать кадры советских асов!》).

近年来，ac一词的意义有所扩张，不仅用来指"王牌飞行员"，而且指所有"本行业的行家、大师"。比如以下例子：

Главный персонаж романа лейтенант Боумен постепенно распознает в герое части, в своем командире летчике-*асе* Баззе Мэрроу солдата ландскнехта, солдата убийцу, воюющего из любви к войне (*Иностранная литература*. 1963. № 10);

В подразделении капитана Воронова офицером наведения служит старший лейтенант Эдуард Фельдблюм. Это молодой культурный офицер. Его называют

---

① ac一词来自法语，通过德语中介语进入俄语。在法语中，ac一词是多义的，其中一个意思是指扑克牌游戏中的A。"20世纪初这个词开始出现了形象转义，用来指称能引起与扑克牌中的A类似联想的事物。在第一次世界大战中，as一词用来指英勇的士兵(soldat de valeur)，此后被用来指更广义上的'重要的、有价值的人'(homme de valeur)。随着空军和航空运动的发展，as一词在法国飞行员行话中用来指在飞行技术方面高人一筹的人。as正是以这一义项进入了德语。当时由于希特勒指挥部对空战中的优秀飞行员的高度重视，在德语中这个词大为流行。"（见：Кожин 1961：196-197）

远在进入俄语标准言之前，俄语中ac一词在狭窄的职业范围内就开始使用了。比如，下面的文字片断是俄国飞行军对第一次世纪大战中的法国空军的介绍：

Пока летчик не собьет пяти аппаратов, на него не обращают внимания, но после сбитого пятого аппарата летчик называется *асом*... (*Сведения и данные, сообщенные военными летчиками*... Вып. 2. Пг., 1917).

② 关于这个词在书写方面不一致的问题请参考（Гухман 1955）。

《*асом наведения*》(*Известия.* 1960. № 167);

Решается судьба первого места среди лыжебежцев и двоеборцев, которые стартовали первыми. Знатоки старательно подсчитывали очки в прыжках и в беге. Но вот все оставили свои блокноты — стартовали *асы* (*Советская Россия.* 1957. 30 янв.).

下面例子中 ас 这个词还很有意思地被讽刺性使用:

После двух-трех поездок на областные соревнования в обществе районных спортивных *асов* юнец начинает заражаться 《звездной болезнью》. Его уже не устраивает компания сверстников, его тянет к 《корифеям》(Комсомольская правда. 1962. 9 окт.).

再如:

А план для таких *асов* [речь идет о таксистах-《калымщиках》. — Л. К.] любой по плечу. Представляете, если у него одна поездка дает сорок рублей. А дневной план двадцать. Так половину этой суммы можно положить на план, а половину — себе в карман... Я понимаю, что меня, наверно, будут ругать отдельные лица. Они мне будут говорить, что я 《продал》интересы 《асов》. Но не сомневаюсь, что большинство таксистов меня поддержит [П. Лукьянов. *В защиту таксиста* (письмо в редакцию). Известия. 1963. 15 *окт.*].

以上最后一个例子中 ас 被用来指"滑头,通过不正当手段挣钱的能手",有明显的贬义的情感色彩。

还有一些技术术语是在战争初期开始使用的,主要是在职业言语中使用,而在战后其使用范围得以扩大。

比如,战争年代里俄语中出现了 *бульдозер*(推土机)一词[英语词 *bulldozer*,来自动词 *bulldoze*, *bulldoze*(打碎大块,清除,弄平)]。但是 *бульдозер* 最初的词义与现在的词义并不相同,它指的不是推土机本身,都是推土机上的一个附件,即它前面的铲刀。比如:

Позли огромные тракторы с мощными бульдозерами — стальными острыми плугами (В. Ажаев. *Далеко от Москвы.* кн. Ⅲ, гл. 6).

大约在 40 年代初,出现了术语 грейдер(平路机,筑路机),它是与其指称的对象一起从外国借入的[英语词 grader,来自动词 grade(弄平)]。

以上这几个在俄语中生根的外来词并没有体现战争年代的言语特点。但正如我们前面所说的,这一时期俄语中使用了一些德语外来词,表示敌人各方方面面的情况(主要是表示军事装备、法西斯军队的官衔,等等)。

(1) 最常用的外来词是表示名称的。如军事装备的名称:мессершмитт(梅塞史密特飞机),юнкерс(容克式飞机),фоккер(福克飞机)和фокке-вульф(福克—沃尔夫飞机);Фердинанд(费迪南德[二战时德国使用的 88 毫米自行火炮]);фаустпатрон(长柄[反坦克]火箭弹)等①;人的名称:фюрер(元首),группен-фюрер(集团元首),оберштурмфюрер(中尉),зондерфюрер, гауптман, гебитскомиссар, гаулейтер([纳粹德国派出的]地方党部头目兼地方长官)②等;组织机构的名称:гестапо(盖世太保),абвер(阿伯韦尔[希特勒德国的侦察和反侦察机构]),гитлерюгёнд, вервольф(狼人)等。比如:

> Прошлый раз наводчик разводчик развернулся как будто неплохо. Дал по *мессершмитту* выстрел, трасса прошла близко, но мимо (Вс. Вишневский. *На 《Охотнике》*);

> Каждый молча невольно подсказывал, что опасно затягивать схватку до вражеского берега, где можно нарваться на зенитный огонь и на *мессеров-охотников* (там же);

> В воздухе, как выражаются летчики, была *моссеризация*—я насчитал около десяти немецких самолетов... (*Красная звезда*. 1943. 1 июня);

> Июльское небо голубеет. В море идут тральщики. Над заливом жестокая карусель истребителей: балтийские 《лаги》 и 《яки》 схватились с *фоккер-вульфами, фиатами и мессерами* (Вс. Вишневский. *Рабочие Кронштадта*);

---

① 这些词中的大部分都来源于专有名词。比如坦克、飞机等装备的名称往往来自其设计公司、生产商,或者发明者的姓名,等等。

战争年代在俄语中使用的还有一些表示装备的英语外来词,它们在来源上与德语外来词类似。这些英语外来词用来称呼美、英赠予或租借给苏联的军事装备,比如 виллис, додж, студебеккер, 等等。请看下例:

А то вдруг на *виллисе* майор какой-то в танкистском шлеме (*В. Некрасов. В окопах Сталинграда*); Здоровенный *додж* преградил нам дорогу (Там же); *Форды*, газики, зисы, крытые громадные *студебеккеры*... (там же); ...Генерал вышел из машины приказать связисту ехать впереди, прокладывать путь его *виллису* (*Л. Леонов. Взятие Великошумска*).

② 在战后的出版物上,这些术语词有的被作为隐喻手段转义使用。比如:

Американские *гаулейтеры* (заголовок статьи А. Суркова в 《Литературной газете》 от 12 марта 1949); Недаром в этой стране [в Гондурасе] управляющий американскими банановыми плантациями, некий Земаррей, мановением руки смещает чиновников и диктует свою волю правительству. Сей *гаулейтер* Уолл-стрита нагло заявил во всеуслышание, что 《здесь много проще купить депутата, чем вьючного мула》 (*Правда*. 1950. 29 марта).

Он уже не тот зеленый юнец, который первого июля сбил свой первый *Юнкерс* и так разволновался, что прямо из самолета его повели в санчасть (К. Симонов. *Русское сердце*);

...Веселый потный Антоненко, сняв старый рыжий шлем, рассказывает, как он из облачка прихватил первого *Юнкерса*[①], когда тот шел на Гельсингфорс (Вс. Вишневский. *На《Охотнике》*);

Капо—вспомогательная полиция, навербованная из заключенных немцев-уголовников. *Капо* соревновались в усердии с эсэсовцами (Б. Горбатов. *Лагерь на Майданеке* // Правда. 1944. 12 авг.);

Гестапо—олицетворение всех ужасов германского фашистского режима... (*Известия*. 1941. 11 июля);

В научно-исследовательские институты были назначены 《для руководства》 так называемые *зондерфюреры*, невежественные люди из ефрейторов-инвалидов (*Правда*. 1943. 27 авг.).

фюрер(元首)一词(该词不仅用来指希特勒，而且还用来指纳粹党的地方组织头目。它还经常构成复合名词，如 группенфюрер, штурмфюрер 等)一开始就具有否定的色彩。比如：

Вся компания провожающих и сам 《герой》 расположились за столом, уставленном бутылками, закусками и... портретом *фюрера* и других *атаманов* фашистской партии головорезов (*Известия*. 1941. 2 июля)[②].

(试比较：上文中与 фюрер 一起使用的 атаман(长官，头目)一词从内战时起带有否定色彩。)

随着德国占领军进入苏联，也出现了一些表示新事物的外来称名词。语言学家们比较感兴趣的是 полицай(伪警察)一词。德语中的 Polizei 并不是个体意义

---

① 有趣的是，西蒙诺夫和维什涅夫斯基两位作者把 юнкерс 一词用作直接补语时采取的词形不同。
② 在下面这些 30 年代的例子中，德语中的 Führer 一词在俄语中并没有被借用，而是被翻译为 вождь (领袖)。

Отряд молитвенно склонил головы и, подняв правую руку кверху, ладонью вперед, выслушал полевой молебен за здравие 《великого *вождя*》 Адольфа Гитлера (Г. Киш. *Карьера Адольфа Гитлера* // Комсомольская правда. 1932. 12 мая); У Геббельса—своя группа, и, хотя на собраниях он восхваляет *вождя*, он не прочь сам занять место Гитлер (Там же).

（如表示个体意义应使用 Polizist①），而进入俄语之后，它在人民群众的言语中发生了改变，获得了强烈否定（蔑视）的情感意义，用于表示"德国在占领区设立的警察局工作人员，警察"②。

与以上我们讨论的词汇类别相近的还有一些专有名词，它们用做对德国人，对法西斯士兵的轻蔑的称呼，如 фриц，ганс，гретхен 等等③。比如：

——До Вязьмы дольше, сказал шофер. —Хотя и близко, а идет [письмо] кругом, через Москву... Вязьма-то Смоленской области, а Смоленск у *фрицев*.

Синцов чуть не переспросил: 《Что?》 Слово 《фрицы》 он слышал в первый раз. Когда они остались в окружении, этого слова еще не было в армейском быту.

——Фашистов теперь так зовем—《фрицы》, заметив скользнувшее на лице Синцова недоумение, с охотой объяснил шофер. —Не слыхали там, в окружении?

——Не слыхали,—вместо Синцова отозвался Золотарев.

——Значит, совсем оторвались от мира,—рассмеялся шофер (К. Симонов. *Живые и мертвые*. М., 1961);

——Второй день наш автобат фрицов возит. —*Фрицов*?.. Это что же такое? —Да что... немцев пленных (Полевой Б. *Глубокий тыл*. М., 1959);

Боец, колхозник из Заволжья, говорит: 《Я теперь это дело раскусил-как *фрицов* бить》 (И. Эренбург. *Весна в январе* // Красная звезда. 1942. 2 авг.);

А девушки и женщины? Какой должна быть фашистская *Гретхен*? На

---

① 比如：

Они могут искать меня, эти *полицисты*, сколько угодно, я у себя дома, на родине [слова немецкого рабочего-коммуниста] (*Комсомольская правда*. 1932. 1 мая).

② "占领区的警察通常由当地人担任，这些人多是德国占领军招募的犯罪分子和反革命分子，他们以血腥手段维持所谓'新秩序'。苏联人民对他们充满仇恨，不屑于用 полицейский 来称呼这些祖国的背叛者，而是用他们服务的部门 полицай（警察局）来表示这些人。外来词 полицай 的这种用法在俄语中被固定下来，并赋予了评价色彩。根据民族词源学，带有后缀-ай 的词往往具有强烈的否定和表卑色彩。"(Кожин 1961: 196)

③ 试比较：挪威语的 квислинг (吉斯林[挪威法西斯党的创建人和党魁])是一个叛徒的名字，它具有否定的色彩并且被用来作为(主要是欧洲各国)投靠德国法西斯的人的代名词。请看以下诸例：

Квислинги знают, что синяками им не отделаться. И чем крепче бьет Красная Армия под Харьковом и Брянском немецко-фашистских разбойников, чем короче становятся сроки Гитлера-тем тревожнее настроение *квислингов* (Правда. 1943. 23 авг.); *Квислинг* проявил самодеятельность: скромно постучался в ворота тюрьмы и просил посадить его. Сидит Гаха, словацкий *квислинг*. Начался суд над датскими *квислингами*. Бежал в Испанию Дегрель, главный бельгийский *квислинг* (*Правда*. 1945. 25 мая).

полочках фашисткой 《науки》 и им отведена соответствующая роль (*Известия*. 1941. 16 авг.);

Пока Геббельс с прыткостью блохи умыкал различных *гретхен*, мы могли только брезгливо морщиться (*Красная звезда*. 1942. 6 марта).

这些人名被用做法西斯分子的蔑称,是因为它们是典型的、最常用的德国人名字①。比如:

Название 《кафешантан》 было явно чересчур благородным для указанного мне заведения, но это обстоятельство меня смутило куда меньше, чем английский часовой у дверей. Он был еще молод и строго посмотрел на меня, когда я подошел к нему. Он указал мне на дощечку с надписью 《Немцам вход запрещен》, но я сказал ему, что здесь работает моя сестра, что я только что вернулся на любимую родину, а ключ от дома у нее. Он спросил меня, как зовут мою сестру, и я решил, что вернее всего назвать самое немецкое из всех немецких женских имен, и я сказал:—*Гретхен* (Г. Бёль. *Город привычных лиц*: Пер. с нем. М., 1964).

(2) 与希特勒军队和法西斯德国相关的德语词可分为两类:一类是表示德国侵略者的行为、行为和日常生活的词汇;另一类是表示其言语特点的词汇。属于第一类的词有 блицкрич, эрзац, тотальный(以及其生产词 тотальник, тотальщик)、фольксдейч 等等;属于第二类的词有 фатерланд, капут 以及其他一些较少或偶然使用的词语(参见后面的例子)。

блицкрич(闪电战)一词战前就已经在苏联的报刊上有所出现。但是其积极使用,尤其是前一部分 блиц- 能够积极参与构词,是战争最初几年才开始的。在当时,俄语言语中既使用 блицкрич 一词,也使用其翻译形式(молниеносная война),这两种形式有的时候是单独使用,更多情况下是同时出现。比如:

Красная Армия научилась громить врага. Ставка фашистов на *блицкрич*, на *молниеносную войну* оказалась битой (*Известия*. 1941. 3 авг.);

Гитлер и его приспешники еще до начала войны с нами кричали о *блицкриче*, о *молниеносной войне*, но из расчеты и планы с треском провалились... (*Вечерняя Москва*. 1941. 13 дек.);

---

① фрицы 一词几乎从战争一开始就被广泛做"法西斯歹徒"的代名词。"为什么正是 фрицы, герман, ганс, макс 这些人名和 шульц 这一姓氏被用做德国人的绰号呢? 或许,是因为它们是德国人中最常见的姓名吗? ……"(П. Черных. *Русский язык в дни войны* // Сибирские огни. 1946. № 4)

Правители Румынии и Венгрии, убедившись в окончательном провале *молниеносного похода* против СССР, также решили напомнить Гитлеру, что 《своя рубашка ближе к телу》(*Красная звезда*. 1942. 13 янв.).

这个词在苏联人的嘴里有嘲笑、讽刺的色彩。借助这个词的第一部分 блиц-①构成了许多戏谑的词语, 比如 блицдрап, блиц-удирала, блиц-фриц, 等等。比如下面例句:

... эта *блицстратегия* потому пользовалась такой всеобщей благосклонностью в среде крупнейших германских капиталистов, что она принесла и еще приносит им действительно *блицприбыли* (Известия. 1941. 31 авг.).

эрзац(代用品)一词[来自德语 Ersatz(代替、补偿, 代用品)]在 30 年代的言语中偶有使用, 但都具有个人用词或临时用词的性质②。在战争年代这个词开始广泛使用, 它既能构成复合词(比如 эрзац-молоко, эрзац-валенки 等等)③, 也能单独使用。比如:

Гитлер ежедневно теряет десятки тысяч солдат и офицеров. Истощаются его ударные силы. *Эрзац-части* положения не спасут... (Вс. Вишневский. *Дневники*. Т. 4);

Меня не тянет на... просмотры спектаклей, я знаю, что это 《военные *эрзацы*》(там же);

В стране эрзаца—заменителей, как называют сами немцы Третью империю, где все естественные продукты заменены *эрзацами*, где вместо масла— *эрзацмасло*, вместо муки—*эрзацмука*, вместо кожи—*эрзацкожа*, фашистские

---

① 在战时, блиц 一词在英语中甚至开始作为独立的词使用。比如:
"这十个月来, 我们在伦敦到处听到'闪电战'(即 blitz——译注)这个词, 即德语中 блицкрич(闪电战)的缩写形式。它已经进入了英国人的语言, 代表无休止的空袭"(*Известия*. 1941. 10 июля, статья 《Опыт Лондона》—интервью с английским журналистом А. Вертом).

② 请参见本书前面举过的阿·托尔斯泰的《黑金》(*Черное золото*)一书中的例子。

③ 在战时的出版物中还有其他一些来自德国的词素构成复合词的例子, 比如 обре-бандит, обер-грабитель 等等。请看例句:
Так пишет *обер-венеролог* Германии (И. Эренбург. *Фриц-блудодей* // Красная звезда. 1942. 28 февр.).

мракобесы додумались и до *эрзацмужей* ① (*Известия*. 1941. 16 авг.);

Некоторые наиболее неудачные немецкие эрзацы (заместители): *эрзац валенок*, *эрзац колбасы*, *эрзац культуры* [речи Геббельса], *эрзац главнокомандующего* [Гитлер] (*Красная звезда*. 1942. 15 февр.; подпись под серией карикатур).

上述例子中 эрзац 一词的语法关系令人很感兴趣。它有时是复合词的一部分;有时是独立的词,并带有二格的非一致定语,正如 эрзац 的俄语同义词 заменитель(试比较 заменитель чего, эрзац чего)。

形容词 тотальный(全面的)是在 30 年代借入俄语的。但是在战时的报刊和政论作品中它获得了特有的修辞色彩,并且与"全面战争"、"全面动员"这些概念的联系特别密切。比如:

По Людендорфу—Гитлеру ведение *тотальной*, т. е. всеобъемлющей войны означает применение... всех средств и способов (*Известия*. 1941. 31 авг.);

Объединенные народы добьются того, чтобы разбойничий германский империализм никогда больше на нашей планете не смог справлять свои кровавые оргии 《*тотальной войны*》 (*Красная звезда*. 1942. 3 янв.);

Уже летел дракон войны *тотальной*, Париж и Прага плакали навзрыд (П. Антокольский. *Германия*);

Мечты фашистов о скором и победоносном конце войны исчезли прахом. Гитлеровцы подняли шумиху о *тотальной* мобилизации (Н. Тихонов. *Два военных мая*).

再请看这个词的名词性用法和它借助后缀-ник 和-щик 的构词情况:

На передовой сидели у них *тотальные* (т. е. попавшие на войну по тотальной мобилизации), теперь сменены отборными частями (А. Н. Толстой. *Мать и дочь*);

Он [немец] окончил Ленинградский университет... в 1922 году репатриировался. Мобилизован как *тотальник*—санитаром (Вс. Вишневский. *Дневники*. Т. 4. С. 767);

---

① 这里的 эрзацмуж(闪电丈夫)指的是法西斯德国政府为了防止雅利安人和非雅利安人混血,为了保持雅利安人血统的纯正性,而在生育方面采取的一个政策(即建立一些社会站点,在站点里招募血统纯正的德国妇女和姑娘充当生育机器)。

В ряды германской армии широкой волной влились *тотальщики*—солдаты, призванные в порядке тотальной мобилизации (*Правда*. 1943. 2 авг.).

除了战争年代经常在苏联报纸和文艺、政治作品中使用的表示法西斯德国的意图、制度、日常生活等方面的词汇,我们还应当注意一些在某一语义(准确地说,是主题)词群内临时使用的德语词汇,以及那些带有德国侵略者言语标记的词汇。下面举的这些例子中暗含了作者对德语词汇的态度,这些词在使用时都带有特有的否定修辞色彩。比如 капут(完蛋)这个词,几乎成了所有德军俘虏的标志性言语。再比如 фатерланд 一词:

Даже уличенные в самом постыдном, самом убогом невежестве, франтоватые офицеры гитлеровской армии.. все еще лопотали что-то о своей 《военной культуре》, о том, что у них в *фатерланде*, мол, и дороги лучше, и порядки другие (*Красная звезда*. 1942. 13 февр.);

再比如其他词的一些例子:

Немцы обожают слово *Kolossal*①—все у них 《колоссальное》—и танки, и женщины, и шутки. Трубка? Два метра длины. Пивная кружка? Три литра вместимости. Статуя Германии? На мизинце этой 《Германии》 уместится шестипудовый Геринг (И. Эренбург. *С новым годом!* // Красная звезда. 1942. 1 янв.);

Это были *линксхенден*—леворучки и членовредители, совершившие то, что немцы называют специальным названием 《выстрел на родину》②(*Правда*. 1943. 13 авг.);

Здесь, на юге, под Сталинградом, немцы называют их *Русс-фанер*. Сначала, придумав это название, немцы относились к *Русс-фанер* иронически. В

---

① 准确的写法是 kollssal,以小写开头,因为这里是德语形容词。
② 这里大概是德语短语 Schuß nach der Heimat 的翻译形式。再比如:

В последнее время среди немецких солдат широко распространилось родившееся на этой войне выражение, которое в буквальном переводе на русский язык значит 《выстрел на родину》... Выстрел на родину-это значит тяжелое ранение, после которого немецкий солдат едет в Германию с надеждой больше никогда не вернуться на Восточный фронт (К. Симонов. *Русская душа* // В эти годы: Сб. М., 1951).

在战时的政治作品中有不少这样的德语词和短语的翻译和仿造词[比如 черная смерть 是对德语短语 der schwarz Tod(鼠疫,黑死病)的字面翻译,这是德国人对苏联强击机的称呼;军事术语: котел—Kessel, мешок—Sack, клещи—Zange, взять в клещи—in die Zange nehmen, 等等]。这些现象需要另外进行专门的细致研究,本书不再赘述。

самом деле, что это за деревянная авиация с полотняными плоскостями... К началу весны ночные бомбардировочные полки *Русс-фанер* стали обрушивать каждую ночь на головы немцев стони тонн бомб, и самое слово *Русс-фанер*, оставшись тем же самым, сразу переменилось в своем значении: раньше немцы произносили его с иронией, теперь с ненавистью (К. Симонов. *Русс-фанер* // В эти годы: Сб. М., 1951);

С первых же дней своей вступления в Харьков немцы раскрыли свои карты и цинично дали понять, что русские и украинцы—это люди сторого сорта, *остменшен* [нем. Ost 'восток', Menschen 'люди'], которым уготована роль сельскохозяйственных рабов Германии... В знаменитом Харьковском институте экспериментальной эндокринологии [немцы] стали выпускать дрянной кальцекс в бутылочках с надписью на этикетках: 《Только для *остменшен*》(*Правда*. 1943. 27 авг.).

需要特别研究的还有一种现象：在语篇中特意使用俄语中有完全同义词的德语外来词。通常在这种情况下，外来词被赋予了表卑的修辞意义，借助这些词可以强调说话人对所描述事物、现象的特定情感态度（轻蔑、讽刺等等）。比如：

Видны две фигурки, бегающие вдоль лежащей цепи. Фигурки машут руками, неистовствуют. Ясно—это офицеры. И вот солдаты снова пошли вперед. Строчат песочинские пулеметы, и снова залегли немцы. *Инфантерии* (нем. Infanterie 'пехота') не хочет идти вперед (*Красная звезда*. 1942. 5 февр.);

В избе у Семена Михеича поселился врач... *Арцт* кричал охрипшим голосом на приходивших к нему и каждую минуту вызывал денщика для разных поручений... (В. Гроссман. *Старик* // Красная звезда. 1942. 8 февр.);

Утром вся в слезах пришла соседка Галя Якименко. Шепотом, оглядываясь на дверь, за которой сидел страшный *арцт*, она стала рассказывать о своих постояльцах... А однажды вечером прибежал денщик арцта и стал поспешно укладывать вещи (там же).

4.2 20世纪40年代后半期至50年代初外来词使用的特点

战后，尤其是40年代末至50年代初，苏联社会对俄语的词汇系统，对接受或（主要是）不接受某些外来词产生了非常积极的影响。

这一时期借入的新外来词非常少。当时的社会趋势是限制外来术语的使用，不但要将其排斥出通用领域，而且要将其排斥出专业领域。这一趋势显然是与40

年代末至 50 年代初在思想和意识形态领域开展的"反世界主义"、"反洋化"运动相联系的①。在这一背景下，反对外来词使用不仅是"直接关系到语言纯洁性的斗争"，而且是"反对在西方面前卑躬屈膝"。比如下面这则评论：

"现在，与在西方面前可耻的卑躬屈膝的风气做斗争的全民运动已经在我国展开。清理我们科技语言中的异类成分应当成为我们必须全面解决的任务。"（А. Добрянский. *Сорняки низкопоклонства* ∥ Литературная газета. 1948. 24 нояб.）

再请见《文学报》(Литературная газета. 1948. 15 октяб.；1948. 25 мая)上刊登的对篇文章的评论：

"科技书籍的作家盲目和有害地使用外国的、异类的称名，实际上就是有意或者无意地在西方面前卑躬屈膝，奴颜媚骨。"

在大多数情况下，发表类似评论的作者都缺少语言学方面的专业知识，甚至是一无所知②。但是，这场斗争的效果还是相当明显。在许多技术领域，传统上使用的外来术语被俄语固有词，甚至是描写性的词组所代替。比如，在工科高等院校的一本教材的前言中这样写道：

В соответствии с принятой Дориздатом терминологией в данном учебном пособии вместо старых названий дорожно-строительных машин использованы следующие: тракторный отвал (бульдозер), элеваторный плут (грейдер-элеватор), струг и автоструг (грейдер и ватогрейдер), тракторная лопата (скрепер), экскаватор канатно-ковшевой (драглайн), экскаватор с створчатым

---

① 这一时期，作家、学者、社会活动家以及其他人士在报纸和杂志上发表了大量文章，与科学、艺术、文学界的"反爱国主义"、"世界主义"思想做斗争（请参见 1948—1950 年的报纸《文化与生活》、《文学报》、《真理报》、《消息报》，杂志《明星》、《新世界》，以及其他社会出版物，比如论文集《关于苏联的爱国主义》，莫斯科，1950 年）。

② 再比如：

俄语标准语词汇丰富，灵活生动。完全可以不借助外来词，使用俄语描述最复杂的科学、技术、文学、艺术问题（А·伊万诺夫，"艾兴戈里茨教授歪曲了俄语"，载《文化与生活》，1948 年 5 月 30 日）。

我们经常听到一种论调，就是引入外国名称有助于促进国际间的理解，仿佛这样就能建立起科技领域的"世界语"。首先，令我们不解的是：只有主语，没有谓语，怎么才能创建出国际性的语言？……（А·多布良斯基，"卑躬屈膝的莠草"，载《文学报》，1948 年 11 月 24 日）

使用展开描写的方法要远比使用对读者来说没有任何概念的外来术语好（同上）。

早在几年以前，外来词 лозунг 就被更好的俄语词 призыв 代替了（Н·拉吉诺夫，"评一部不成功的词典"，载《文化与生活》，1950 年 6 月 11 日）。

（самосхватным）ковшем（грейшер）①。

这一例子使人感兴趣的是：它说明了当时并非要排斥所有外来术语，排斥的主要是那些不久前才出现的，外来特征过于"明显"的外来词（而类似 трактор，экскаватор 这些词并未受触动）。而且，有一些外来词已经在俄语中"生产"出了派生词（比如 скреперист，грейдерные работы，бульдозерист，等等），要全部替代它们相当困难。当时用以替代外来术语的新术语（主要是描写性的术语）大多数都没能在俄语中站住脚。现在广泛使用的还是那些旧的外来名称（如 грейдер，бульдозер 等）。

类似的情况不仅发生在科技术语身上。体育，甚至烹饪术语也是如此②。许多来自英语的足球术语已经在专业领域和大众领域广泛使用③，但还是被俄语词所代替。比如用（первая，вторая）половина игры 替代 тайм，用 угловой удар 替代 корнер，用 вратарь 替代 голкипер，用 полузащитник 替代 хавбек，用 вне игры 替代 офсайд④，等等。甚至 репортаж 一词也一度从足球比赛的报道中消失了，代以 рассказ，比如：

> Начинаем *рассказ* о встрече по футболу（не：《о футбольном матче》!）между такими-то командами.

但是这一替代行为显然没有成功。不久，репортаж 就又恢复了"公民权"。有相当一部分足球术语的新替代词在专业和大众使用领域固定了下来，它们替代了旧的外来足球术语，但后者在老一辈人的口语中还在使用。另外，这些被替代的足球术语有时还能用做新的大众足球术语的具有"高雅"修辞色彩的同义词。比如 голкипер（守门员）一词：

---

① 参见：Пиковский Я. М. и др. *Эксплуатация дорожностроительных машин*. М.：Дориздат，1950. С. 2.

② 比如，卡尔波夫斯卡娅的小品文《带配菜的煎肉排》(*Эскалоп с гарниром*) 使用了许多来自法语的烹饪术语（比如 лангет，эскалоп，консоме，антрекот 等）：

...Зачем же язык ломать по-иностранному? Они там, на Западе, небось позабыли, что такое жирное мясо. Варя, как будет лошадь по-французски? — Шваль. — Да ну? Вот ловко! Значит, они там шваль а-ля Маршалл кушают. А вы тут зачем-то нашу честную баранину мусакой обзываете. Нехорошо!.. Главное, изготовляют-то все из хороших русских продуктов, а назвaня иноземные. Ну, я понимаю, когда дворяне раньше не знали русского языка, для них эти названия были вроде сродни. Но дворян уже тридцать лет нет. — Действительно: *эскалоп*, *лангет*, *антрекот*. Непонятно, неаппетитно, обидно! (*Крокодил*. 1949. № 11).

③ 关于英语在国际体育术语中的作用，请参见 (Огг 1935)。

④ 那个时代的翻译作品中保留了一些来自英语的体育术语，因为这此词在国际交流中常用。比如：

И нападения, пожалуй, несколько выделялся первый *инсайд* Терентьев（норвежские газеты о матче《Спартак》—《Сагене》；*Правда*. 1950. 5 окт.）.

Яшин берет и этот мяч. Ничего не скажешь-блестящее мастерство демонстрирует сегодня наш прославленный *голкипер* (телекомментатор, 10 сент. 1963).

铲除外来词,并用俄语固有词语来代替这些词,是不是就意味着俄语的新外来词将越来越少呢？在某种程度上是这样的。在这一阶段,俄语中出现的新外来词很少。并且,那些此时进入俄语并能够保留下来的外来词中,很多是具有"贬义"的语义修辞色彩的,它们能够存活的原因之一就是它们的修辞标记性。比如以下这些词：

глоба́льный① (全面的,全球的)：这个词是从法语借用的 (法语词 global [全面的,全球的]),大约是通过了德语中介语。在德语中,这个词被用于专业的"军事"意义,如 глобальная война,再比如：

Задание, которое получил Скорцени... гласило: как можно быстрее создать *тотально* и *глобально* действующую секретную службу. *Тотально*-значило взрывы, поджоги, похищения людей, убийства, отравления, все без исключения виды диверсий. *Глобально*-значило организовать подрывную деятельность, охватывающую весь земной шар.. (Ю. Мадер. *По следам человека со шрамами*: Пер. с нем. М., 1964).

这个词最初 (40 年代末至 50 年代初) 在俄语中使用时主要用于 глобальная война 这一搭配。后来,其搭配范围扩大。比如：

Глобальные ракеты; оборудование для глобальных телепередач (*Советский спорт*. 1963. 12 ноября);

... Будущая «звезда» отправляется в мировое турне, из которого привезет домой *глобальный* опыт... (*Неделя*. 1964. № 33)② и т. п.

在 (乌沙科夫和科学院) 详解词典中没有收录 глобальный 这个形容词。在 1954 年的《外来词词典》中它被收录了,释义为"全面的,总的"。

дикта́т (强迫,强制 [接受政治、经济等方面的条件])：这个词是从德语借用的 [德语词 Diktat (命令,要求)]。它最早收录于 1949 年的《外来词词典》,广泛用于

---

① 这个词在俄语政论体裁言语中广泛使用之前,就作为术语用于金融一经济文献中了,但是它并没有广泛使用 (参见《苏联大百科全书》第 1 版,第 17 卷,1930 年,"глобальный подоходный налог"词条)。

② 或许,以上诸例中 глобальный 搭配范围的扩大是受外语的影响所致的 [英语和法语中的 global (世界的,全球的) 的使用范围要比俄语宽]。

40 年代末至 50 年代初的政论文章。比如：

Во имя войны заправилы Вашингтона и Лондона... срывали и срывают мирное международное сотрудничество, подменив его политикой *диктатов*...（Н. С. Тихонов. *Защита мира*. М., 1949）；

... Ошибки Версальского *диктата* должны быть исправлены（*Фальсификаторы истории*: Сб. М., 1952）；

Батавское соглашение несет на себе явные следы англо-американского *диктата*...（*Известия*. 1949. 3 июня）；

Книга 《Иностранное участие в западногерманских предприятиях》 рассказывает о некоторых излюбленных приемах империалистического *диктата*（*Известия*. 1952. 28 авг.）.

这一时期借入俄语的语义和修辞方面中性的外来词主要是一些国际性的技术和体育术语。比如：

адáптер（拾音器，拾波器）：这个词来自英语［英语词 adapter，源自拉丁语 adaptāre（安上，装上）］，它最早收录于 1954 年的《外来词词典》。

кросс（越野赛）：这个词来自英语［英语动词 cross（穿越）］，它最早收录于 1949 年的《外来词词典》。而此前，在 1933 年的《外来词词典》和《乌沙科夫词典》（т. 1, 1935）上收录了较少使用的 кросс-коунтри（кро-кантри）［来自英语 cross-country（起伏不平的地形）］。

плесиглáс（普列［有机］玻璃）：这个词来自德语［德语词 Plexiglas[①]，源自拉丁语 plexus（交织）和德语 Glas（玻璃）］，它最早收录于 1949 年的《外来词词典》。

радáр（雷达）：这个词来自英语［英语词 radar，是词组 radio detecting and ranging（无线电探测和搜索）的缩写形式］，它最早收录于 1949 年的《外来词词典》和 1952 年的《奥热果夫词典》。下面的例子是这个术语最初在非专业语篇中使用的情况：

Задача предупреждения налетов бомбардировщиков привела к новому орудию техники—*радару*. Радар позволяет следить за движением любых предметов в воздухе, на воде и на земле（А. Иоффе. *Пути развития современной физики* // Известия. 1946. 3 апр.）.

[①] 英语中的 plexiglass 是来自德语的（参见：Leipzig, 1958，该文中指出这个词的前一部分来自拉丁语，但没有谈到整个词与英语的关系）。

ро́бот(机器人)：这个词来自捷克语 robot，最早收录于 1949 年的《外来词词典》。使人感兴趣的是，40 年代末至 50 年代初这个词最早开始使用的时候，词义中含有对其表示的西方事物的否定态度。因此，这个词听起来不太像中性术语。比如：

> Они [злодеи] совершают свои грабежи при помощи металлических *роботов*, управляемых приборами новейшей конструкции (*Литературная газета*. 1948. 22 сент.);

> Некоторые любители *роботов* идут, так сказать, на компромиссы и милуют человечество. Но условием этого помилования является превращение в *роботов* самих людей (В. Голант. *Литературные форрестолы* // Звезда. 1950. № 3)①.

са́льто(翻筋斗)：这个词来自意大利语[意大利语词 salto(跳)]，最早收录于 1952 年的《奥热果夫词典》。此前的词典上曾收录过复合词 сальто-мартале[来自意大利语 salto-mortale(垂死时的一跳)]。

табло́(显示板，信号盘)：1949 年的《外来词词典》标注了义项"铁路上用灯显示道路占用情况的信号盘"；1960 年的《奥热果夫词典》标注了义项"(体育场等处反映比赛结果的)专门的信息指示盘"；1964 年的《科学院大词典》(第 15 卷)标注了义项"反映受控客体运行情况的灯光和电子信号显示盘"。可见，在不同的词典对这个词的释义有所不同。这个词来自法语(法语词 tableau，字面意思是"图画，图像"②)。табло 最初是以使用范围狭窄的专业义项借入俄语的，即 1949 年《外来词词典》上标注的义项。《奥热果夫词典》上标注的 табло 已经不是狭窄的专业术语，开始进入了通用领域。而《科学院大词典》上既标注了这个词的专业义项，也标注

---

① 从这些例子中可以看到，robot 一开始的使用范围就很广。随后，这个词又以能隐喻用法使用，指没有自己的思想，机械地完成工作的人。比如：

Если же писатель заставит героев действовать не по возникшей внутренней логике, если он силой вернет их в рамки плана, то герои начнут мертветь, превращаясь в ходячие схемы, в *роботов* (К. Паустовский. *Золотая роза*).

② 比如：

Иду дальше-опять *tableau*: стоят часовые в женских прозрачных дождевых плащах. И смех, и грех... Ну что с этим героями делать? (Вс. Вишневский. *Дневники*, запись 1945 г.).

了其通用义项,但是没有指出其各自的使用范围①。

虽然这一阶段外来词借用的趋势较弱,新借用的外来词数量不多,但是 40 年代后半期到 50 年代初的俄语言语中还是出现了一些不为本国人所熟悉的外来词,主要是所谓的"美国词"和"英国词",它们使用在诸如游记、关于艺术和文学的文章等言语体裁。

这些词的语义和修辞特点是由说话人或作者(或者更宽泛地说——苏联社会)对它们所表示的事物和现象的态度所决定的。因此,这些外来词中都带有独特的情感色彩,通常都是带有"否定"的情感色彩。这些词涉及到当代英美的事物、美国式的生活方式,以及当代资本主义世界及其"魅力"。

这些词中最常使用的包括 гангстер(暴徒,强盗)以及它在俄语中的派生词,конгрессмен(国会议员)②,комикс(连环漫画,带插图的小书)等等。比如:

Рыцари грабежа и наживы, *гангстеры*, прожженные дельцы-вот герои буржуазного общества (И. Рябов. *Годы и люди*. М., 1949);

Американские *гангстеры* любят прикрывать низкие дела высокими словами (И. Эренбург. *Закон природы* // За мир: Сб. М., 1952);

Многочисленные малолетние *гангстеры*, подрастающие в Америке, чужды какой бы то ни было человеческой морали (Н. Васильев. *Америка с черного хода*. М., 1951)

Американский экран заполнен до отказа низкопробными 《боевиками》, пропагандирующими низменные чувства. Мистика, садизм, *гангстеризм* стали основным содержанием американских фильмов. Их героями делают гангстеров, бандитов③, сыщиков, проституток и окружают их ореолом увлекательной романтики (*Культура и жизнь*. 1949. 21 окт.);

Что это такое—*гангстерский* фильм, сфабрикованный в Голливуде? (*Известия*. 1952. 2 июля);

Ограбить весь мира, уничтожить его население-такой *гангстерской*

---

① 应当指出的是,табло 一词在狭窄专业领域早就开始使用了。比如:

Инж. Леонтьевым изобретены *табло*, на которых участковому диспетчеру и распорядительному центру наглядно видно состояние работ отдельного цеха, целого завода или участка железнодорожного транспорта (*Техника*. 1933. 9 янв.).

但是,只是在"体育领域"使用之后这个词才发生了去专业化,扩展了使用范围,并且进入了大众言语。

② гангстер 和 конгрессмен(分别来自英语 gangster 和 congressman)最早收录在 1949 年的《外来词词典》,但是它们的使用要早于此[比如爱伦堡所著的抨击性作品的名称《Гангстеры》(暴徒)(М.,1941)]。

③ 使人感兴趣的是,这里 гангстеры 和 бандиты 在一起使用。这说明说话人认为这两个词是有区别的,并没有把它们看做是完全同义词,而它们的区别就在于修辞色彩和使用范围方面。

фантастической широтой не отличался еще ни одни из известных в мире истребителей народов (Н. Тихонов. *Советский народ в борьбе за мир*, *против поджигателей новой войны* // Известия. 1950. 17 окт.);

Казалось бы, беснующиеся *конгрессмены*, американские генералы, дипломаты и журналисты могут успокоиться. Но нет, они продолжают ту же скверную игру (*Правда*. 1950. 26 февр.);

Может быть, американским *конгрессменам* хотелось бы видеть Советский Союз раздавленным военной машиной фашистской Германии? (*Красная звезда*. 1951. 21 февр.);

На каждой улице, на каждому углу, у каждого газетчика, в каждом киоске... ребенку ежедневно навязываются эти кровавые книжки, которые по какой-то зловещей игре языка носят в Америке название *комикс*[①] (К. Чуковский. *Растление детских душ* // Литературная газета. 1948. 22 сент.).

在俄语中,комикс 这个词最初不变格。但此后它有了词形变化,并且常用于复数形式,如 комиксы, комиксов, комиксами 等等(英语中的复数词尾-s 在俄语中写做-с,并且往往不把整个词看做是复数形式,而是把-с 当作词干的一部分,比如 кекс-кексы, клипс-клипсы, 再比如 джинсы,等等)。请看下面例子:

... литературная форма *всех комикс* очень ловко приноровлена к детскому возрасту... Конкуренция с комикс немыслима; Теперь уже невозможно представить себе американского ребенка *без комикс* (К. Чуковский. *Растление детских душ*);

Американские издательства выбрасывают на книжный рынок серии десятицентовых «комических» книжек *комикс* тиражом до 700 миллионов в год. Эти книжонки содержат различные истории, которые излагаются в виде аляповатых и пошлых картинок.. издатели *комикс* по-прежнему процветают (*Культура и жизнь*. 1949. 21 окт.);

В последнее время в английской палате общин был поставлен вопрос о запрещении ввода и распространения детских иллюстрированных изданий, так называемых *комиксов* (*Известия*. 1952. 3 сент.);

В США с начала 30-х годов, на которые падает начало расцвета *комиксов*, был зарегистрирован рост преступности на почве сексуального садизма (там же).

[①] комикс 来自英语 comics(连环漫画,带插图的小书),这个英语名词来自形容词 comic(可笑的,幽默的)。

在俄语中,40 年代后半期到 50 年代初美国词和英国词开始使用,此后的使用变得更为频繁,涉及的主题越来越宽泛,涉及的文学和言语体裁越来越多,使用更为自由,有的时候甚至以转义和隐喻义使用(本书此后对此还将进一步论述)。比如 супермен(超人),бестселлер(畅销书,畅销唱片),офис(办公室)等词的使用:

> В тысячах американских газет можно увидеть картинки, прославляющие разбойные похождение *супермена*. Но ведь супермен, то есть сверхчеловек, был идеалом эсэсовцев (И. Эренбург. *За мир*! // Правда. 1950. 26 февр.);

> Что же тогда представляют так называемее *бест-селлеры* (ходкие книги)[①]? Американские *бест-селлеры* приносят много денег; но в большинстве случаев доход от книги определяется ее высокой ценой, а не массовостью тиража[②] (*Литературная газеты*. 1948. 24 нояб.);

> Войдите в служебный кабинет американца, в его *офис*. Стол, на столе ноги в ботиках; где-то сзади в кресле покоится все остальное, полагающееся человеку (*Крокодил*. 1949. № 7);

> Драматург написал пьесу. У нас он несет ее в театр, читает ее художественному руководителю, коллективу актеров; она нравится или не нравится; ее ставят или не ставят. Драматург написал пьесу. Нью-йоркский драматург. Он несет пьесу *продюсеру*. Иногда этот *продюсер*—человек, имеющий отношение к искусству,—известный режиссер или актер, располагающий некоторым капиталом, которым он может рискнуть, вложив его в постановку пьесы. Но это редко. Типичный *продюсер*—это человек, имеющий к искусству главным образом, так сказать, финансовое влечение (К. Симонов. *Власть денег* // В эти года: Сб. М., 1951).

---

① 英语 best seller,意为"畅销书"和"畅销书作者"。
② 这个词在 60 年代的言语中使用积极,不仅用做本义,还用做转义。这证明它在俄语言语中"驯化"得较好。比如以下例子:

Позвольте спросить вас: будет ли вы читать 《Мемуары Джека Руби》, этот *бест-селлер*, который создается сейчас в тюрьме города Далласа? (*Литературная газета*. 1963. 26 дек.); Это все равно, что усиленно хлопотать о качестве бумаги, заниматься подбором шрифтов... финансировать рекордные *бестселлеровские* тиражи и только самой малостью не поинтересоваться-как и о чем написана книга, стоит ли ее читать... (Вл. Саппак. *Телевидение и мы*. М., 1963).

有趣的是,英语中在 best-seller 一词基础上构成的 superseller(即俄语词 суперселлер)一词也已经成为了典型的美国词,在许多其他语言中得以使用。比如:

Список последних *суперселлеров* заполняют такие книги, как 《Совет и согласие》(о сенате США);《Приз》(об избрании лауреатов Нобелевской премии);《Предел безопасности》...(*За рубежом*. 1964. № 44).

在上述体裁的篇章中还有其他一些使用较少的外来词，它们在使用的时候往往伴随着解释或者字面翻译。比如：

　　... Есть правило, по которому в приемном зале парламента, так называемом *лобби*①, где избирателям предоставляется возможность встречаться со своими депутатами, не может находиться одновременно больше ста человек... (К. Симонов. *Лондон*, 14 *марта* (1950 г.) // В эти годы: Сб. М., 1951);

　　... Благодетельница спокойно проезжает по улицам и скверам Лондона мимо бесконечных фанерных ящиков. В этих ящиках по сей день ютятся тысячи *скваттеров*②——людей, лишившихся крова во время немецких воздушных налетов (*Крокодил*. 1948. № 4);

　　Жизнь безработных в стране, претендующей на мировое господство, известна... Им приходится жить в сверхтрущобах——*скид-роу* (ночлежные ряды) (И. Константиновский. *Американцы в Европе* // Звезда. 1950. № 11);

　　Более бедные направляются в *флоп-хауз*③, где они спят несколько часов сидя, облокотившись руками на веревку. Когда время истекает, веревку спускают, и люди падают (И. Эренбург. *Своей дорогой* // Культура и жизнь. 1948. 31 дек.);

　　... На последней странице появляется добродетельный *коп*④ (полицейский) со своей резиновой дубинкой... (*Литературная газета*. 1938. 22 сент.);

　　Коммунисты на фабриках и заводах. И десятки тысяч агентов и шпиков из ФБР пишут доносы и сами же их проверяют, окутывают шпионско-предательской сетью десятки тысяч честных тружеников, заносят их в 《черные списки》. *Блэклистед*⑤——вот 《истинно-американское》 понятие, несущее в себе угрозу лишения работы самым честным людям Америки (*Звезда*. 1950. № 11).

在战后的最初几年里，为了报道德国，尤其是德国的英、美占领区发生的事情，在报刊上往往会使用反映那个年代的德国生活现实的词，这种使用是出于某些社会方面的原因，以和俄语中的同义词相区分。比如：

---

① 来自英语 lobby(大厅，休息室，[国会、剧场大厅两侧的]侧厅，走廊)。
② 来自英语 squatter, 直义为"蹲着的人"，转义为"擅自占住者"。
③ 来自英语(美国俚语)flophouse(廉价的低级住所或旅馆)。
④ 来自英语(口语)cop(警官，巡警)。
⑤ 来自英语 black(黑的)、list(清单，表格)。блэклистэд 的直义为"被列入黑名单的"。

Американцев в Германии прозвали гешефт *раухманами* 《торговцами дымом》① . Табачный дым стал отличным способом их легкого заработка (*Крокодил*. 1948. № 13);

Запах жаренного кофе и клубы сигаретного дыма висят над Бизонией. Как мухи на мед, летят на эти запахи большие и малые *шиберы*—спекулянты②(там же);

Очень часто в ответ на наши вопросы мы слышали, что у немцев одна проблема: чем бы набить желудок. *Лебенсмиттель*, т. е. продовольствие③,— самое модное слово в Германии (*Известия*. 1946. 12 апр.);

В Германии очень популярно выражение: *Шварцмаркт*—черный рынок. Это—толкучка. Там идет обмен и обман (*Известия*. 1946. 17 мая).

与借词不同的是,这些词的使用范围宽泛得多,它们受言语体裁的限制更少(或者完全不受限制)。这些词是在当时的特定环境下临时使用的。使用它们,是为了显示客体的性质、情调或个体特点。如果使用相应的俄语译名就体现不出来这些效果,因为这样就失去了"舶来品"的形式特点。

综上所述,首先,40年代到50年代初这一时期有着共同的特点,即对所有外来事物,包括对外来词持否定态度。因此,这一阶段外来词借用的进程明显变缓了,外来借词的使用频率和种类方面都存在限制〔能够较多使用的只有那些在语义方面或修辞方面(更经常是语义—修辞方面)带有否定标志的外来词和某些具有国际性的术语〕。

第二,在这一时期内部,卫国战争年代又可划分为相对独立的一个阶段。在这一阶段,外来词借入变缓的同时,德语词和词组却得以积极使用,它们成为有情感色彩的言语单位,或者作为战争中希特勒军队的人员、武器、装备等的称名词。这些词语在俄语的积极词汇层面并没有保留下来,而是成为文艺作品中与伟大卫国战争相联系的历史词。

第三,40年代末到50年代初有一些外来词(主要是来自英语的外来词)作为语义和情感方面有标记的言语单位得以使用,但它们的使用基本上只限于报刊政论语体。这些词汇单位同样也不是俄语中的借词,因为这些词与使用它们的语言系统的联系很小,不足以认为它们已经成为了借词(参见前面我们对借词和异国情调词的关系的论述)。

---

① 来自德语 Geschäft(实业、交易);rauchen(吸烟)。

② 来自德语 Schieber,直义为"闸门,插销",转义为"投机商人,投机分子"。试比较俄语小偷黑话中的 шибер 一词。

③ 来自德语 Lebensmittel(粮食,食品储备)。

5. 20世纪50年代后半期至60年代初
——外来词汇借用的活跃时期

在50年代前半期,苏联国家和社会发生了众所周知的变化(指的是斯大林去世,赫鲁晓夫上台和"和平共处、和平过渡、和平竞赛"路线的提出——译注),这些变化在苏联国内国外都产生了广泛的反响。特别是,苏联与许多资本主义国家的关系发生了改变,苏联与民主阵营国家的经济和文化联系更加紧密了。

50年代中期,苏联同其他国家签署了一系列经贸、文化条约,互换专家协议,旅游协议,等等。一方面,这扩大了苏联在国际舞台上的影响;另一方面,这也削弱和动摇了苏联此前一个时期抵御国外各种形式的经济、工业贸易和文化影响的"警戒线"。

但是,在语言上,在词汇中这种影响并不是一下子就能显示出来的(虽然有一种为大家普遍认同的观点,即词汇能够直接、迅速地反应社会结构的所有变化)。有人认为,从50年代中期起俄语中的外来词就发生了快速增长,俄语中的词汇借用发生了飞跃性的发展。这一观点我们不能赞同(事实也证明确实并非如此)。

苏联与国外联系的增强是以复杂的、间接的形式反映在俄语词汇中的。如果我们认真研究一下苏联50年代中期(1954—1956年)的报纸,就会发现,我们几乎找不到这一时期出现的外来新词。但与此同时,我们不可忽视的是,社会对外来词汇的态度发生了改变。这种变化并不是直接的、公开宣告性的(比如,在40年代末到50年代初,报刊上曾公开宣告要排斥外来词和外来术语)。但是使用外来词、外来术语,以及此前开展斗争反对使用的其它类似表达方式,已经不再具有明显的限制和禁止。当然,我们并不是说此时外来词汇已经能够任意地随处使用了,只是说外来词汇在其必须使用的场合(比如,报纸上的关于科学、工业技术题材的文章,科普体裁的文章,等等)的使用更加自由了。请看下列例子:

> После сушки плитки направляются в горновой цех-на обжит. Здесь они укладываются в своеобразные контейнеры (*капселя*) и загружаются в горн (*Вечерняя Москва*. 1954. 10 февр.);
>
> Большой школой для всего коллектива было освоение нового артикула-легкой летней костюмной ткани-*лаймдота* (*Труд*. 1954. 26 авг.);
>
> На *деррик-кране*... отлично работает Аня Львова, донская казачка, комсомолка (А. Югов. *Год свершений* // Известия. 1955. 27 июля);
>
> Для того, чтобы яростное здесь течение не сносило этот камень, -вперемежку с ним будут валить в воду бетонные пирамиды в 600 пудов каждая: *тетрайдеры*, как называют их здесь (там же);

Кроме того, предприятия Министерства тяжелого машиностроения должны наладить серийный выпуск мощных *пакетир-прессов* и обеспечить ими металлургические заводы (*Известия.* 1955. 2 апр.);

Она [пьезоэлектрическая пластинка] является основным элементом *адаптеров*, или звукоснимателей, воспринимающих звуковую микрозапись... (*Правда.* 1956. 19 апр.);

Давно следовало бы организовать доставку в Березники известкового камня... и кокса в *думпкарах*-саморазгружающихся вагонах (*Правда.* 1956. 3 окт.)

50年代末,标准语中的外来专业术语开始得到积极使用。与此同时,标准语中也加入了一些新的外语借词。它们不但进入了俄语的专业领域(主要是科技语),而且进入了其它各种体裁的言语中,比如报纸、公开演讲、评论文章和文学作品的译文,等等。

50年代后半期至60年代初,俄语中借用的外来词的主题和语义范围都扩大了。在战前的20年代末至30年代,俄语标准语中吸收的主要是技术术语,而吸收其他类别的外来词语都带有或多或少的偶然性。而在这一阶段,俄语中借用的外来词汇反映了社会生活的方方面面,有科学和技术术语,也有政治、经济、社会、文化、日常生活等方面的词汇。

当然,这一时期稳定地进入俄语词汇系统的外来词的数量并不是很多。通过分析50年代末至60年代初出现在俄语言语中的外来词语料,我们看到,这些外来词汇中的相当一部分并未完全没有在俄语语言系统中被吸收。某个外来词究竟以多大的稳定程度进入了语言系统?它是否已经真正成为借词,还是只是偶然使用的语言成分?要想回答这些问题,需要考察它在一个或长或短的时间段内的使用情况,同时还需要考察它在各种体裁的言语中的使用情况(这里不包含在狭窄专业领域使用的术语)。不但表示新事物的外来词如此,不表示新事物的外来词同样如此。研究者应当清楚,外来词语的吸收过程总是伴随着它与俄语固有同义手段(或早先借入的外来词)的不断碰撞和协调。而碰撞和协调的结果就是:两者发生语义或修辞分化;其中一个受到专业、职业、语体等方面的限制;形成同义词偶,其中一个是常用词,另一个是一种辅助的修辞手段,等等。造成这些变化的有语言内部的原因,也有语言外部的原因。比如,如果我们研究新外来术语的吸收,我们就会发现,它在借用语言中的"稳定性"不仅取决于其自身语义的确定性和独立性,而且取决于它与同一术语场内的其他术语的关系,取决于这一术语场中已有哪些术语,取决于在多大程度上有必要引进新的术语来指代新事物或代替旧有术语。许多外来术语正是因为各种原因而最终被淘汰了。

如果语言中借用的不是专业术语,而是使用更为宽泛的通用词语(并且它们不表示新事物,与语言中的已有词语之间存在着具有某种程度的语义"交叉"),那么,对语言使用者而言,重要的是:不仅要确定外来新词中包含的(相对于同义固有词而言)语义共性基础上的新的语义和修辞色彩,而且要考虑词汇借用的现实性程度,即把此前用一个词表示的事物区分为不同称名的社会需求,以及强化某些语义色彩并将其用外来新词固定下来的必要性。

5.1 表示新事物和新概念的外来词汇

我们前面介绍过,20年代末至30年代俄语中表示新事物的外来词主要是术语词,它们中有一些一开始就在言语中得以广泛使用,而另一些却一直是非常专业的词语[前者如 комбайн、контейнер、лейка、планетарий、телевидение、телевизор、троллейбус 等;后者如 конвертер(转换器,换流器)、протектор(保护层,保护装置)、следин(摘棉铃机)、слябинг(板坯初轧机)、телетайп(电传打字机)等]。而在50年代后半期至60年代初这一时期进入俄语的不仅有表示专业领域的事物、现象的外来词,而且有许多表示日常生活中的事物、现象的外来词,比如 мотороллер、транзистор、кемпинг、нейлон 等。俄语中借用(至少是在俄语言语中使用)的外来词还有的是表示体育、文化等方面事物的,比如 акваланг(水中呼吸器)、биатлон(现代两项滑雪运动)、джинсы(牛仔裤)、шорты(短裤)、картинг(卡丁车运动)、ралли(拉力赛)、рокк-н-ролл(摇滚乐,摇滚舞)、фибергласс(玻璃纤维,玻璃丝)、хула-хуп(呼拉圈)等。这些词中的绝大多数都是国际词汇,它们在许多语言中都被借用和使用。它们中除了个别的词,多数都保留了外语原型词的结构。(在我们考察的词中)只有三个词借助俄语的复数名词标志-ы 构成:джинсы、шорты 和 клипсы (夹式耳环)。

акваланг(潜水呼吸器):这个词是从英语借用的[英语词 aqualung,来自拉丁语 aqua(水)和英语 lung(肺)],它最早收录于尚斯基编纂的《词源词典》(Этимологический словарь. М., 1963年)中。其派生词 аквалангист 是指使用潜水呼吸器的"潜水运动员,蛙人"。在俄语中,акваланг 一词大约出现在50年代末。请看下列 акваланг 及其派生词在言语中使用的例子:

Аквалангисты подо льдом (Вечерняя Москва. 1960. 24 июля);

Я спускался в Бродвей, как идут под водой с аквалангом (А. Вознесенский. 40 отступлений от поэмы «Треугольная группа». М., 1962);

Аквалангисты—наши лучшие помощники—такой отзыв дали нам ученые... И это действительно так. Спортсмены-подводники в компактном, удобном снаряжении изучают повадки рыб, проводят ботанические и зоологический исследования... (Неделя. 1963. № 43).

бо́йлер(锅炉)：这个词来自英语〈英语词 boiler(煮器[锅、壶的统称]，锅炉)，来自动词 boil(煮)〉，主要是在专业言语中使用。比如：

В начале этого года руководители Управления электротехникой промышленности Мосгорсовнархоза обещали начать выпуск *бойлеров*. Эти нагревательные приборы с удовольствием установят тысячи москвичей в тех квартирах, куда не проведена еще горячая вода (*Вечерняя Москва*. 1964. 3. июля).

бойлер 一词最早收录于 1964 年的《外来词词典》。

人们可能会有疑问，俄语中借用这个外来词究竟有多大的必要性，它用以指称一类专门的烧水的器具，它与 кипятильник，нагреватель，《титан》这些俄语固有词的同义性语义联系非常明显。可能，正是因为这个原因 бойлер 一直只在专业领域使用①。

джи́нсы(牛仔裤)：这个词来自英语，而它实际上也不是英语固有词。"英语的 jean 一词是中世纪从意大利语中借入的，原本指热那亚(中世纪时的名称为 Janua)出产的一种布料(该城以出产这种布料著名)。后来在美国，这个词开始被用做复数 jeans，用以指'牛仔裤'"(Жданов 1963：22)。在俄语中，джинсы 一词从 50 年代末开始流行。但与此同时，由于它的被吸收度不够，所以在形式上具有不稳定性，除了添加了俄语词尾的 джинсы 这种形式外，还可以见到不变化的形式 джинс。后者虽然更接近英语原型词，但是对于俄语语法而言却显得"困难"和另类。请看以下这些例子：

... Теперь сестра присылала ему [Виталию] рисунки причесок, яркие рубашки и техасские штаны с заклепками и молниями. Рубашки Виталий запихивал в черные немецкие чемоданы, а джинсы носил. К *джинсам* полагались борода и проволочный ежик на голове (Вл. Орлов. *Соленый арбуз* // Юность. 1963. № 9)；

Я глядел на него [Дино]—все в нем меня отталкивало. Кожаная куртка, узкие синие *джинсы*, теперь их носят только фашисты и малые ребята... (В. Пратолини. *Постоянство разума*：Пер. с итал. // Иностранная литература. 1964. № 6)；

До сих пор на весь мир рекламировался 《американский образ жизни》：

---

① 现在，бойлер 一词仍被用做技术术语，并且产生了派生词 бойлерный(其阴性形式 бойлерная 还可用做名词，指"锅炉房")——2003 年注。

жевательная резинка，небоскребы，комиксы，автомобили，кока-кола，конгресс，штаны *джинс*，голливудские кинобоевики（*Правда*. 1963. 15 нояб.）。

与 джинсы 意义类似的，也是大致在这一时期借入的还有 шорты（短裤）。它也是来自英语［英语词 shorts（短裤），来自形容词 short（短的）］。如果说 джинсы 一词中俄语词尾-ы 似乎是从英语的复数格式-s"复制"来的话，那么在 шорты 一词中我们可以看到，英语中的-s 被删除了，而是以-ы 嫁接在英语原型词的词干上①。шорты 一词最早收录于 1960 年的《奥热果夫词典》。

шорты 这个外来词曾引起俄语使用者的抗议，认为它是不合适的外来借词，给俄语言语造成了混乱。比如下面的评论中提到了这种争议：

"……шорты 是指'运动短裤'。但是为什么我们不用俄语自身的表达方式来表示'运动短裤'呢？这样不是更明白吗？出版物上印刷出来的词总是更容易让人记住，因此作家（我们指的是文艺作品的翻译人员）在使用类似的外国词语的时候，有意或者无意地把它们引入了我们的日常生活，使它们在人的意识中固定了下来。"（В. Г. Костомаров. *Словесные сорняки* // Литература и жизнь. 1959. 16 дек.）。

从 60 年代起，шорты 一词在俄语言语中（不仅仅是在翻译作品中）开始积极使用，它所表示的事物也得以广泛流行。比如：

Из туристского лагеря спустились женщины в брюках или хуже того—в *шортах*…（Э. Триоле. *Розы в кредит*，гл. V，пер. Т. В. Ивановой）；

Всю эту компанию возглавлял бритый наголо, загорелый академик—кстати, тоже в *шортах*… он сделал неопределенный и несколько грустный жест в сторону *шортовой* компании, возглавляемой им（Е. Евтушенко. *Куриный бог* // Молодая гвардия. 1963. No 1）；

На ней были *шорты* с изображением подмигивающей физиономии, тесная курточка-безрукавка… и огромный прозрачный шафр…（А. и Б. Стругацкие. *Хищные вещи века*. М.，1965）。

кéмпинг（汽车旅游者宿营地）：这个词是从英语借用的［英语词 camping，来自

---

① 有趣的是，法国借用了英语中的 short 而不是 shorts 表示"短裤"（F. de Grand Combe. *De l'anglomanie en français* // Le français moderne. 1954. No 4），虽然在英语中 short 并不表示"短裤"的意思。

动词 camp(露营,扎营)],它在俄语中出现于 50 年代和 60 年代之间①。比如以下例子：

  ... сооружается *кемпинг* (лагерь для автотуристов) (*Московский комсомолец*. 1960. 10 янв.);

  К началу летнего сезона здесь... откроется *кемпинг*—автотуристский лагерь (*Вечерняя Москва*. 1960. 1 марта);

  В Советском Союзе успешно развивается *кэмпинговый* туризм. Прошлым летом вблизи основных автомагистралей и в курортных районах Черноморского побережья уже действовало около 30 *кэмпингов*—благоустроенных, комфортабельных палаточный лагерей. Каждый *кэмпинг* рассчитан на прием 150—200 туристов и 50—60 автомобилей (*Известия*. 1960. № 151).

有趣的是，这个词在进入俄语的时候表现出语义不稳定性。当然，这只是短期的，总体上并未对这个词在言语中的使用产生影响。比如，下面是一段外语文章的译文（其中 кемпинг 的意思并不是"汽车旅游者宿营地"——译注）：

  —Вот уже 50 лет,—рассказывает Вильям де Рехт,—я увлекаюсь *кемпингом*—путешествием без гостиницы—и считаю, что это самый прекрасный отдых (*Вечерняя Москва*. 1960. 24 июня).

  кли́псы(夹式耳环)：这个词来自英语[英语词 clip(夹子,回形针,耳环)，复数为 clips]，它在俄语中出现在 50 年代中期，最早收录于 1960 年的《奥热果夫词典》。
  ла́зер(激光,激光器)②和 ма́зер(微波激射,微波激射器)这两个技术术语在非专业言语中使用也很广泛,因为它们所表示的事物和仪器在我们的生活中具有现实性。这两个术语都是从英语借用的[英语词 laser 是词组 light amplification by stimulated emission of radiation(受激辐射式光频放大器)的缩写形式；英语词 maser 是词组 microwave amplification by stimulated emission of radiation(受激辐射式微波放大器)的缩写形式]。
  60 年代中期，这两个术语开始在俄语标准语中使用，通常是用在报纸或杂志上的科普文章中。大概是由于激光器的应用更为普遍一些，所以 лазер 一词比 мазер 的使用频率更高，范围更广。比如以下例子：

---

① 1954 年 3 月 31 日《劳动报》(*Труд*)上的一篇名为《在汽车道路上》(*На автомобильный трассах*)的文章中恰好谈到了汽车旅游者宿营的问题，但在这篇文章中还没有使用 кемпинг 一词。
② 这两个词都是最早收录于 1964 年的《外来词词典》，该词典中还指出了 лазер 另外一种形式：ласер。

Квантовые приборы [радиоспектроскопы с использованием молекулярных пучков], по предложению профессора Ч. Таунса, получили название *мазеров*... Но всеобщее признание квантовая электроника получила лишь после создания квантовых генераторов оптического диапазона—лазеров. Работы в этом направлении начались в 1957—1968 годах, а первый лазер был создан в 1960 году (*Наука и жизнь*. 1965. № 3);

Это чудо [передача изображения с помощью световых волн] стало возможным потому, что экспериментаторы использовали свет оптического квантового генератора, или, как его еще называют, *лазера*... Специалисты в области связи приняли самое деятельное участие в 《*лазерной лихорадке*》, охватившей научные организации мира (*Известия*. 1966. 23 янв).

мотéль(汽车旅馆)：这个词是英语词组 motorists' hotel 的缩略形式。汽车旅馆最早出现在美国，мотель 这个词也是和它表示的事物一起从美国引进的[请参见米勒的《英俄词典》(*Англо-русский словарь*. 1962)，该词典中 motel 一词标注为"美国英语"]。这个词在俄语中开始使用的年代与кемпинг 大致相同。比如下列例子：

Пройдет немного времени,—говорит М. Посохин,—и вся местность преобразится. На мысе возникнут гостиницы-пансионаты, *мотель*-гостиница для автомобилистов... (*Вечерняя Москва*. 1959. 17 окт.);

Вдоль шоссе появятся уютные здания—*мотели*, глее водители смогут отдохнуть, а тем временем специалисты осмотрят машину, заправят ее и, если нужно, окажут необходимую 《помощь》(*Известия*. 1960. 17 авг.);

Показалось ровное полотно кольцевой автострады, а рядом светлое здание. —Вот и *мотель*, воскликнул шофер (*Вечерняя Москва*. 1962. 31 мая);

Мы останавливались на ночь то в больших гостиницах, то в *мотелях*, то в комнатах, которые жители городишек сдавали приезжим (И. Эренбург. *В Южных штатах* // Юность. 1963. № 2).

кемпинг 和 мотель 都是最早收录于 1964 年的《外来词词典》。

моторо́ллер(小轮摩托车)：这个词来自德语[德语词 Motorroller，这是一个合成词，是由两个独立成分——Motor 和 Roller(小轮摩托车，自行车)①——组成的]，在借入俄语的时候复合名词结合部的 rr 被简化为一个俄语字母 p。这样一

---

① 在德语中 Roller 也可以表示"小轮摩托车"(мотороллер)的意思。

来,较之德语原型词,虽然在内部的语义排列上保持不变,但词的内部形式结构发生了一些变化[试比较 мото-роллер, мото-када, мото-бот, мото-цикл, мото-воз, мотто-спорт 和 Motor-roller, Motor-boot, Motor-rad(摩托车), Motor-sport,等等]。

在俄语中,мотороллер 一词出现于 50 年代中期,最早收录在 1960 年的《奥热果夫词典》。下面是一些其早期使用的例子:

> Что за странная машина изображена на помещенном здесь снимке? Ее можно увидеть на улицах города и на подмосковные шоссе. Это *мотороллер*, иначе говоря мотоцикл, отличающийся от обычного компактностью, небольшим диаметром колес и низким расположением всего оборудования (*Вечерняя Москва*. 1956. 11 июня)[①].

нейлóн(尼龙,尼龙制品):这个词借自英语[英语词 nylon 是一个人造词,它是分别由 New York(纽约)和 London(伦敦)的几个词首字母组合成的]。这一名称是一家英国公司从 350 个参赛的命名方案中挑选出来的,因为 nylon 这个词简单易记,和其它同类名词在发音上也有共同的特征[比如 cotton(棉)、rayon(人造丝)],并且在当时也不会引起与其它材料混淆的联想[②]。在俄语中,нейлон 一词最早收录于 1960 年的《奥热果夫词典》。此后,又借入了一系列与这个词有相似结构(即都带-лон)的新外来词,比如 перлон(贝伦,聚酰胺纤维)[③], ксилон(木纤维)[④], поролон(聚氨脂纤维)[⑤]等等。

транзи́стор(晶体管,晶体管收音机):这个词借自英语[英语词 transistor,是 transfer(转移,迁移)和 resister(反抗者)这两个词联合的结果]。

晶体管主要用于无线电技术和电子技术中。50 年代末到 60 年代初晶体管收音机(транзисторные радиоприемники)广为流行,于是在口语中可以用 транзистор 指"晶体管收音机"。这一义项应当被看做是语义合并的结果,即词组 транзисторные

---

① 在 60 年代的体育术语中还出现了 лыжероллеры 一词,这个合成词的第一部分是俄语词干,第二部分是德语借入成分。лыжероллеры 指的是一种用于在夏天训练滑雪运动员的专业器具,即滑轮滑雪板(见《科学与生活》,1966 年第 1 期)。

② 见:Труевцева Т. И. *Расширение словарного состава английского языка в связи с развитием текстильного производства*:Автореф... канд. филолог. наук. Л.,1953. С. 11.

③ 见 1964 年的《外来词词典》,该词典标注了这个词的外语原型词:德语中的 Perlon。

④ 这个词最初的词源是希腊语的 ζύλον(树)。

⑤ 这个词的前一部分(поро-)源自希腊语中的 πόροζ([皮肤、表面的]孔,通道)。在现代俄语言语中,поролон 也可以被认为是俄语自身的造词结果(即在 пора, пористый 基础上的造词)。但是,如果再深入探究的话,пора 来自德语的 Pore,而后者又是来自拉丁语(porum),而这个拉丁语词最初又是来自希腊语(参见:Фасмер 1964—1973. Т. 3; 328)。

радиоприемники 合并为 транзистор（类似的例子还有：детектив-детективное произведение，*детектор*-детекторный приемник，кипер[①]——кибернетическое устройство, 等等）。транзистор 的第二个义项（即"晶体管收音机"）广泛用于现代标准言语的各种体裁中。

транзистор 一词最早见于《苏联大百科全书》(*Большая советская энциклопедия*. 1956)。最早被词典收录在是 1964 年的《外来词词典》中。下面的例子介绍了晶体管收音机开始流行的情况（起初是在专业圈子里，后来得以广泛流行）：

> Немногим более пятнадцати лет тому назад в лабораториях радиоспециалистов появились первые образцы *транзисторов*—полупроводниковых приборов для усиления и генерирования электрических сигналов. Первые *транзисторы* открывали перед создателями радиоэлектронной аппаратуры весьма ограниченные возможности. К тому же процесс серийного изготовления *транзисторов* представлялся весьма сложным. Но для многих было ясно, что пройдет время, будут взяты трудные технологические барьеры, и *транзисторы*, проявив свои замечательные 《таланты》, выиграют соревнование с электронной лампой. Так оно в действительности и произошло. Но, конечно, не сразу... Процесс 《*транзисторизации*》—широкого применения *транзисторов* в радиоэлектронной аппаратуре,—начавшийся с батарейных радиовещательных приемников, сейчас развивается лавинообразно. Уже созданы *транзисторные* телевизоры, магнитофоны, электронные медицинские приборы, вычислительные машины... (*Наука и жизнь*. 1965. № 7).

除了以上列举的这些在俄语言语中经常使用的外语新词，50 年代后半期到 60 年代初这一时期在各种言语体裁中还有其他一些（表示新事物的）词语有所使用。它们中有的属于异国情调词，有的则由于它们在言语中只是偶然使用或者其使用受一系列外部原因影响而难以准确归类，难以确定它们到底是借词，异国情调词，还是外语夹杂词。

在当时，异国情调词的语义范围发生了扩张，而且异国情调词的来源语言也更多样化。在报刊新闻，文学创作，政论作品等各种类型的文章中都广泛出现了与世

[①] 比如下列例子：
Все эти, в также многие другие сведения Кек нанес на магнитофонную ленту, засунул ленту в *кибер* и нажал кнопку. *Кибер* заурчал и принялся бодро прокручивать программу (*Наука и жизнь*. 1964. № 2);
Он висел у меня над головой среди заплесневелых проводов, этот давно устаревший *кибер*, предназначенный для работ на астероидах, жалкий и нелепый, весь в лохмотьях от карбонной коррозии и в кляксах черной подземной грязи (А. и Б. Стругацкие. *Хищные вещи века*. М., 1965.)

界上各个国家和地区的事物相关的报道。这必然会导致带有这些国家的民族、政治、文化特点的异国情调词得以使用。尤其是在 60 年代,在报刊政论文章中异国情调词得以快速扩张。比如以下诸例:

Нельзя быть в Уругвае и не посетить основное промышленное предприятие *фригорифико*①—мясохладобойню (*Литературная газета*. 1963. 21. нояб.);

Сафра—самая страдная пора на Кубе. Это уборка сахарного тростника и переработка его на *сентралях*-сахарных заводах... В этому году на сахарные плантация в помощь мачетеро-рубщикам сахарного тростника-выйдут 500 советских сахароуборочных комбайнов (*Известия*. 1964. 17 нояб.);

Африканцы практически лишены возможности пользоваться медицинской помощью. Лечение стоит невероятно дорого. К тому же врачу очень трудно попасть на прием. Ведь в так называемых *бантустанах* (резервациях для африканцев) одни врач приходится на 20-40 тысяч человек (*Литературная газета*. 1964. 10 июля);

Бесплодные, лишенные воды земли *бантустанов*, выделенные для десяти миллионов коренного населения, составляют всего около 13 процентов площади страны [ЮАР] (*Комсомольская правда*. 1964. 22 сент.);

... Газета сокрушается не о том, что иностранные рабочие получают меньше швейцарцев, живут в *бидонвилях*②, лишены элементарных гражданских прав... (*Литературная газет*. 1964. 29 авг.);

В Турции каждый, кто служит у иностранца, называется *кавасом* (*Неделя*. 1964. № 44);

Традиционное путешествие королевской лодки *литунги* (верховного правителя) Замбези... (*За рубежом*. 1964. № 45);

Эта красочная церемония, называемая *куомбока*, передается из поколения в поколение (там же);

... Англичане захватят командные позиции, с которых можно контролировать на одной стороне бассейн Джамбы, а на другой—относительно населенную долину *вади* (то есть пересыхающей реки) Таим... (там же);

---

① 西班牙语 frigorifico(制冷的,冷却的)。在拉丁美洲这个词被用来指肉联厂。参见:《西俄词典》(*Испанско-русский словарь* / Под ред. Ф. П. Кельин. М., 1953)。

② 法语 bidonville[(市郊贫民居住的)板或铁皮等做的窝棚]。参见:《法俄词典》(*Французско-русский словарь* / Сост. К. А. Ганшиная. М., 1962)。

Канадское правительство... Давало иммигрантам за десять долларов *хоумстэд*①—участок земли площадью в 64 гектара (*Литературная газета*. 1964. 12 нояб.);

Мы искренне обрадовались, когда разыскали маленькую продовольственную лавку под громкой вывеской *супермаркет* (примечание редакции: обычно большой продовольственный магазин самообслуживания [в США]) (*За рубежом*. 1964. № 23) и т. п.

有时异国情调词不仅用于称名功能,还可以转义或隐喻性使用。词语隐喻性使用的能力取决于其内部形式和意义特点(有些异国情调词在这方面较为"贫乏",因此无法作为隐喻手段使用,比如一些民族名称等等),还取决于异国情调词使用的频繁程度,以及语言使用者对它的熟知程度。

下面是 смог(烟雾)和 супермен(超人)这两个词的直义和转义使用的例子:

Но есть и еще одна причина считать традицию каминов [в лондонских домах] несчастьем. Определяется она гибридным словом *смог*, родившимся от двух разных слов: *смоук* 'дым' и *фог* 'туман'... По Лондону часто ползают туманы, но бывают дни, когда сплошной *фог* заполняет все улицы и площади столицы, и вот если это зима, то в плотную массу *фога* входит *смоук*-дым сотен тысяч семейных каминов (С. Образцов. *Две поездки в Лондон* // Новый мир. 1955. № 6);

Непредвзятым взглядом на жизнь, наблюдательностью, иронией привлек фильм Франко Росси «*Смог*»... Он [автор] говорит о нависшем над Америкой смоге—сыром ядовитом тумане, о *духовном смоге бизнеса*, отравляющем все: и жизнь, и любовь, и надежды (Л. Писаревский. *Венеция. 1962* // Искусство кино. 1963. № 1);

Не менее колоритна фигура президента ЮАР Чарльза Сварта. До войны он жил в США: подвизался в качестве репортера в Нью-Йорке, был киноактером в Голливуда (играл *суперменов*)②... (*Новый мир*. 1964. № 9);

Работа, выполняемая сейчас в «Корнелл эйрнотикл лаборатори» в городе Буффало, штат Нью-Йорк, в случае успешного завершения дает возможность превращать простого смертного в сверхчеловека... Бригада *суперменов*,

---

① 英语 homestead(家园,田产)。
② 英语 superman(1.超人;2.某些低俗文学和连环画的人物)[见《英俄词典》(*Англо-русский словарь* / Под ред. В. К. Мюллера. 9-е изд. М., 1962]。

оснащенных усилителями, может оказать помощь в любом труднодоступном месте, где невозможно использование машин (*За рубежом*. 1964. № 25)①;

...Это такая секта наших простых советских *суперменов*. Вроде трясунов. Адвентисты выходного дня... (Л. Лиходеев. *Адвентисты выходного дня*: *Фельетон* // Комсомольская правда. 1964. 13 дек.).

一个异国情调词在上下文中是否需要伴以俄语解释,取决于它的新鲜程度,以及俄语使用者对它的熟知程度。显然,它的使用越少,在使用时就越需要伴以详细的解释。反言之,一个异国情调词如果经常使用,就不再需要俄语解释了,它的"异国情调性"就不明显了。在合适的条件下,它能够获得某些与借词相似的特点。

下面我们举一些例子。

异国情调词中有一类,是美国词。一些美国词带有否定的语义和情感—修辞色彩;还有一些美国词是对事实或现象的称名,对其评价态度并不直接表现在词语本身和狭义的上下文中,而是取决于言语环境,取决于说话人的意图,等等(比如40年代末至50年代初使用的一些美国词)。

би́тник([战后英美等国的]垮掉派分子)一词是50年代后半期出现在俄语言语中的。美国的垮掉派分子是一些与社会主流对立的年轻人,他们的玩世不恭体现在服饰、行为举止、生活方式等方面。英语中的 beatnik 一词是由动词 beat(基本词义是"打",在美国俚语中 beat 还指"游手好闲的人")加后缀-nik 构成的。这个后缀是从俄语借入的,表示"人"(比如俄语中的 спутник)②。

би́тник 一词在60年代主要用来指美国的垮掉派分子。这个词有修辞标记性,但是其修辞标记性不是来自这个词本身的语义和修辞特点,而是来自说话人对垮掉派分子的态度。因此,其情感—修辞色彩可能有程度不同的体现。比如:

Мы—*битники*. Среди хулы
Мы—как звереныши, волчата,
Скандалы, точно кандалы,
За нами с лязгом волочатся
　　　　(А. Вознесенский. *Монолог битника*);

И подобно, тому, как Ницше создал своего 《сверхчеловека》, Мейлер

---

① 这里指的是一些美国工程师的发明:借助配备了特种液压系统的潜水服或密闭飞行服可以使人的肌肉力量增加数倍。这里的 супермен 一词并不带有贬义的情感色彩。

② "beatnik 这个词是40年代末杰克·凯鲁亚克最早使用的"(Л. Митрохин. *Американские миражи*. М., 1965. С. 327). 再请参见布拉吉娜娅对这个词的论述(*Вопросы культуры речи*. Вып. 5. М., 1964)。

создает в своем хипстере① не коего мифического 《*свехрбитника*》—американского экзистенциалиста (В. Неделин. *В сумерках психоанализа* // Иностранная литература. 1963. № 10).

在下例中,文学作品中的人物对这个词做了有趣的解释:

　　—Вишь какой! —удивленно-грозно апеллирует отец к собравшимся. —Ты ему слово, он тебе десять!
　　—Наш совхозный *битник*,—степенно замечает толстый, с набрякшим лицом заведующий почтой.
　　—Ну да! От слова *бить*! —горячится отец. —Нужно бы, да некому! (О. Гончар. *Тронка*: Пер. с укр. М., 1964);

再如下例:

　　Но вот словечко еще совсем с пылу, горячее:
　　—Тоже мне *битник*! До первой бани... (Г. Литинский. *Время и стиль* // Неделя. 1966. 22 окт.)②

与битник 类似, стриптиз, рокк-н-ролл, хула-хуп, твист 等美国词后来都成了国际词。有趣的是,这些词在英语中也并没有很长的使用历史。它们向其它语言

---

① хипстер(纪律松懈、放荡不羁的人,嬉皮士)是 битник 在美国英语中的同义词。хипстер 用来指那些走着特有的蹒跚步伐,扭着屁股(英语中的 hip 指"屁股"),模仿摇滚乐手的人。可以说,битник 是这一潮流的"理论家",而 хипстер 则是这一潮流中的赶时髦的"实践者"(参见: Л. Митрохин. *Американские миражи*)。试比较: хипстер 的缩略形式 хиппи(嬉皮士)

② 表示西方青年的生活特点的还有其它一些词,比如 мод (来自 модерн),рокер,тедди-бой,кросс-бой,等等。请看以下例子:

В этом побоище участвовали более трех тысяч юношей, членов двух враждующих кланов: *модерны и рокеры...* Эта драка явилась поводом к тому, чтобы о проблеме *рокеров* и *модов* заговорили в печати, хотя она существует уже несколько лет (*Советская культура*. 1964. 18 июля);

...Эти материалы поражают рассказом о той страшной обстановке взаимной ненависти, полного презрения к духовной чистоте и человеческим чувствам, которая характерна для английских *модов* и *рокеров*, французских черноблузников (ср.: Французы называют их *блузон нуар*...—Курьер ЮНЕСКО. 1964. № 5), шведских *раггаров*, итальянских гага (*Советская культура*. 1964. 18 июля);

Здесь можно увидеть американизированных юношей и девушек, именуемых *кросс-бойз* (парни на перекрестках) (*Комсомольская правда*. 1964. 11 нояб.);

— Чем вы занимаетесь? -спрашивала я *тинейджеров* [англ. *teenager* 'подросток']—молодых людей возраста 15—20 лет—в вечерний час на одной из главных улиц Ковентри (*Литературная газета*. 1965. 12. янв.).

的扩张是因为它们表示的事物和现象在世界范围内的快速流行。这些词总是不断更新,不断有新的名称加入。这些词中的一些随着其指称的事物的过时也很快变得过时,成为对过去事物称名的旧词。这显示出它具有"不稳定性"、"时尚性"[比如,буги-вуги① 和 бутлег(г)ер 是指美国实行"禁酒法令"期间走私和贩卖酒类的人]。与借词相比,这些词就好比是蜉蝣,它们在言语中的出现取决于许多语言外的因素和偶然的因素。

但是,这些词中也有一些最初作为异国情调词出现,但后来在俄语中被吸收、生根,甚至能产生派生词。стриптиз(脱衣舞)就是这样的一个例子,比如:

  В ревю
    Танцовщица раздевается, дуря.
  Реву? Или режут мне глаза прожектора?
  Шарф срывает, шаль срывает, мишуру,
  Как сдирают с апельсина кожуру.
  А в глазах тоска такая, как у птиц.
  Этот танец называется стриптиз
    (А. Вознесенский. *Стриптиз*);

  Самым распространенным ночным аттракционом американских городов стал *стриптиз*. 《Боди-шоу》(《Представление тел》)—название одного из подобных заведений в Голливуде (*За рубежом*. 1964. № 23);

  В Лондоне, сообщает 《Ньюс оф уорлд》, существует тщательно продуманная организация, принимающая заказы на частные *стриптиз-шоу* (Неделя. 1963. № 50);

  На Кристин для нас свет клином не сошелся, — сказал одни из владельцев *стриптизного* клуба в Сохо (там же)②.

рокк-н-ролл(摇滚乐,摇滚舞)一词还有不同的写法:рок-н-ролл, рок-энд-рол 等等③,以及缩写形式 рок(к)。比如:

---

① 比如:
Дези была артистка. Она сама иногда ходила сюда потанцевать и знала этих ребят.
— В ваши годы, — сказала ей одна из девочек, — в ваши годы танцевали *буги-вуги* и *рок*, а мы танцуем *стомп*, у нас свои танцы (Д. Гранин. *Месяц вверх ногами* // Знамя. 1966. № 1).

② 英语中的 strip-tease 是由两个词构成的:动词 strip(剥去,脱衣)和动词 tease(撩拨,挑逗)。

③ 见叶西科娃对此的论述(*Вопросы культуры речи*. Вып. 5. M., 1964)。在英语中,这个词也有完整形式和简写形式,即:rock-and-roll 和 rock'n'roll[构成这个词的两个动词分别是 rock(摇摆)和 roll(旋转)]。

Он вырастал, имея много денег... Каждый вечер в ресторане или на вечеринке с *рокк-н-роллом* (С. Сорозов. *У дамочки Салли нашелся друг* // Известия. 1960. 27 дек.);

[Айтана]: *Рок-эн-ролл* после боя быков! (Ж. Сориа. *Вторая неделя*: Пер. с франц. К. Симонова // Театр. 1964. № 10);

Кончили *рокк* и начали медленный танец. В этот субботний вечер зал был переполнен (В. Пратолини. *Постоянство разума*: Пер. с итал. // Иностранная литература. 1964. № 6).

在 рокк-н-ролл 之后出现的还有 твист（扭摆舞）、ватусси（瓦图西舞）以及其他一些 60 年代美国和西方流行舞的名称。比如：

А человек, где-то услышавший о *хула-хуп* [любопытна несклюняемость в данном случае этого слова, тогда как в дальнейшем стали употребительны формы о *хула-хупе*, для *хула-хупа* и т. п. —преимущественно в устной речи], заявляет себя страстным его любителем, хоть в глаза не видел обруча, с которым его танцуют (*Комсомольская правда*. 1959. 14 марта);

... Американцы захвачены новой лихорадкой, новым коллективным психозом, новым танцем под названием *твист* [примечание редакции: *Twist* (англ.) 'извиваться, изворачиваться, искривление, вывих']... Первооткрыватели твиста приглашены участвовать в съемках фильма 《Настоящие твистреры》 (Л. Визнитцер. *Танец атомного психоза* // За рубежом. 1961. № 48)[①];

Последним криком танцевальной моды в Америке стал танец *ватусси*-особый вариант твиста. В этом танце уже вообще не сходят с места. Лишь нижняя часть тела и грудь делают недвусмысленные ритмические движения под электрогитарные звуки и вопли танцующих (*За рубежом*. 1964. № 23).

---

① 试比较：动词 твистовать 表示"跳扭摆舞"或者"像扭摆舞一样行走"。比如：

　　За сорок! Градусники лопаются.
　　Твистует пьяно ртуть в пыли,
　　Как будто крошечные глобусы,
　　С которых страны опалзли
　　　　(Евг. Евтушенко. *Жара в Риме* // Юность. 1996. № 1).

除此之外，在俄语言语中（主要是在报刊政论语体中）还出现了一些其它反映当代西方世界的时髦现象的词，它们作为称名手段用于"否定—批判"的语境中，或者用于中性语境中。比如：

Скэпп—это фотография（или единственный в своем роде фоторепортаж）о событии, за которым с необычайной страстностью охотится так называемая большая иллюстрированная пресса: любовные похождения кинозвезд; снимки молоденьких принцесс, купающихся на частных пляжах в полуобнаженном виде; интимные подробности жизни известных деятелей артистического мира[①]（*Неделя*. 1963. № 18）；

Новая проблема волнует ныне《свободный мир》. Буржуазные газеты заполнены статьями, фельетонами, фотографиями, посвященными одному и тому же《актуальному вопросу》: имеет ли право на существование *топлесс*? К сведению непосвященных *топлесс*（буквальный перевод《без верха》）—это женский купальник... без верхней части. Подобное《величайшее открытие века》выбросил так давно на рынок некий американский модельер, обуреваемый жаждой приумножить свои доходы（*Литературная газета*. 1964. 4 июля）；

По подсчетам американского иллюстрированного журнала《Лук》, ежегодный капиталооборот *гэмблинга* в США исчисляется гигантской суммой в 15 миллиардов долларов. *Гэмблинг*—это игра в рулетку и покер, в кости и бридж, это—пари и ставки на скачках, мотогонках, футболе, бейсболе, баскетболе, это другие азартные игры и пари[②]（*Известия*. 1964. 2 окт.）；

Киднэпинг, или похищение людей с целью получения выкупа, давно стал весьма доходным бизнесом в США[③]（*Вечерняя Москва*. 1965. 29 июля）；

Драматург Артур Лорентс воплотил этот замысел в форме *мьюзикл*（так называют американцы этот широко распространенный в США жанр; органическое сочетание драмы с пением и хореографией）（*Искусство кино*. 1964. № 10）；

[①] скэпп 这一形式不是完全准确，因为它来自英语 scoop [skuːp]，在行业隐语中表示"报纸上登出的独家新闻"。

[②] 来自英语 gamble，表示"1. 赌博; 2. 冒险的事"。

[③] 来自英语 kidnap，表示"1. 诱拐小孩; 2. 用武力或欺骗的方法绑架(某人)"。

Предметное, популярное или, как его называют, *поп-искусство*① проникло на сцены западных театров. Там оно породило новый жанр, так называемый *хэппенинг*②—спектакль, сценой которого является действительность, а зрители—в то же самое время и действующие лица (*За рубежом*. 1964. № 51).

хэппенинг 还可以以俄化程度更高的书写形式出现。比如:

Со скрипучих чердаков, покинутых складов и пригородных свалок *хепенинги*—эти《квази》-театральные представления-окончательно перебрались в концертные залы, расположенные на аристократической 57-й стрит. Появившиеся в порядке эксперимента в 1950-е гг., эти《действа》ныне окончательно утвердились как явление в культурной жизни США (*Советская культура*. 1964. 17 дек.).

在20世纪60年代的俄语言语中,还有很多类似词汇使用的例子。但是这并不能充分表明这些词已经进入了俄语词汇的行列,因为在这个阶段,这些词汇还不属于俄语词汇系统中的单位,它们只是基于其特有的来源,必要时在俄语言语中用于称名和描写那些有"资本主义世界"特征的事物和现象。

但是,这些词在俄语言语中大量和频繁的使用说明了这些外来词汇单位正在加快进入俄语言语的进程,正在扩展其使用范围,并最终导致了这些词中的一部分在俄语中生根,成为借词。

5.2 不表示新事物、新概念的外来词汇

在研究表示新事物和概念的外来词的时候,我们指出,引进这些词的必要程度,它们的被吸收程度,以及它们在各种言语体裁中使用的频繁程度等事实在许多情况下取决于语言外因素,特别是,取决于该事物或者概念进入社会物质生活和精神生活的情况,以及进入俄语使用者的日常生活的情况。

而本节研究的词语的主要特点是,它们的意义中没有先前不为俄语使用者所

---

① 英语 pop 是形容词 popular(流行的)的缩写形式。在现代英语中 pop 既用作 popular 的完全同义词,还可以用于专门的意思,表示流行音乐、流行歌曲、流行艺术等。在俄语中则体现为复合词 поп-искусство、поп-артисты 等。比如:

Pop singer Adam Faith due to fly to South Africa... (*Daily Worker*. 1964. 23 дек.);

В главе, посвященной живописи, он [Ю. Жуков] ведет огонь по теоретикам и практикам *поп-арта*, считающим, что они, сменив абстракционистов, подняли живопись на новую высоту. Между тем, полотна поп-артистов, в особенности американских, находятся вне всяких пределов искусства (*Литературная газета*. 1965. 20 апр.).

② 英语 happening(事件),来自动词 happen(发生)。

知的概念。换句话说,这些词语在进入俄语之前,它们所表示的概念在俄语中已经有相应的俄语词或词组来表示了。

前面我们说过,语言中有消除完全同义手段的趋势。比如,这种趋势可以表现为:同义词偶内部在语义、修辞和使用习惯方面划定界限。甚至在完全同义的术语称名词身上,我们也可以看到这种趋势（比如 правописание——орфография, лингвистика——языкознание, стачка——забастовка,等等）,它们在使用范围和使用频繁程度等方面总是会有着或多或少的区别。

作为固有词的"竞争者"进入俄语言语的外来词最初还不具有自身专门的、经严格限定的意义。因此,此时它们往往会被当作不必要的,与固有词语完全同义的词汇单位。但是逐渐地（有时甚至是相当迅速地）,外来词和固有词之间发生了分化,这种分化既体现在言语使用分布方面,也体现在其表达的情感色彩方面。

如此一来,就会出现语义上相近,但义素并不完全相同,交际功能并不完全相同的词偶。相对于相应的外来词,旧有称名并不完全准确,只是近似地表达思想内容（比如下列词语之间的关系：хобби——страсть, увлечение; шоу——зрелище, представление, спектакль; модерн——новый, современный, модный,等等）,或者两个词体现的说话人对言语事物的态度不同（比如：сексапильность——миловидность）。请看下面例子：

  Климаш пожал плечами.
  ——[О Вере] Мила. *Сексапильна*. Опять же художница（В. Богуславская. ... *И завтра* // Знамя. 1965. № 11）.

通过对 50 年代末至 60 年代初俄语中新出现的外来词的相关语料的研究,我们试图揭示,外来词是如何与俄语固有词进行协调的。当然,大多数与固有词完全同义的外来词的命运是在以后才确定的,也就是说,是在它们与借用语言（俄语）中的其他词的关系最终确立之后才确定的。在这一时期,只是说它们在使用中有这样或者那样的趋势。一些词语有在俄语中生根,成为借词的趋势；另一些词语将会无法承受俄语相应的固有表达方式的"竞争",而只成为一种旧时的言语现象。

在这一时期,苏联报纸上出现了 апартеид 一词,表示"种族隔离"。这个词在某种程度上只是早先的外来借词 сегрегация 和 дискриминация 的"重复"①。但是,它

---

  ① 比如下列例句：
  Недавно стало известно, что студенты института в г. Хэддонфилд, которые отказались примириться с *сегрегацией*（отделением негров от белых）негритянских студентов... были принуждены провести две ночи на пароходе, потому что управляющие отелей Вашингтона настаивали на *сегрегации*（Известия. 1949. 3 апр.）;
  Расовая *дискриминация* в Южной Африке вызывает негодование прогрессивной общественности Англии, выражающееся в многочисленных демонстрациях против *апартеида*（Правда. 1964. 25 дек.）.

最终在俄语中生了根,专门用来指称南非政府对有色人种,尤其是黑人居民的政策,因为对这一政策此前还没有专门的名称来表示。

在俄语中,这个词的音译形式并不"正确"(原因不明):英语词 apartheid 读作 ['pa:theid],重音在第二个音节上,heid 是一个独立的音节;而俄语词 апартеид 重音通常在最后一个音节上,并且没有了辅音[h]。有时在言语中我们可以见到,有的作者试图修正这个词的形式,让它更接近外语原型词。下面是这个词在使用中的一些例子:

Апартеид—раковая опухоль. Совет Безопасности продолжает обсуждать вопрос о политике *апартеида*, проводимой правительством Южно-Африканской республики (*Известия*. 1963. 7 авг.);

Апартеид—это целая расистская теория, сводящаяся к проповеди раздельного существования рас в одной стране (*Неделя*. 1963. № 38);

В этой сцене—вся отвратительная, человеконенавистническая суть *апартеида*. Слово это с малознакомого нам языка—африкаанс (официальный язык ЮАР) можно перевести как 《разобщение》,《разделение》(В. Сиденко. *В джунглях апартеида* // Новый мир. 1964. № 9);

而"修正者"试图将它写作新的形式,比如:

Лично я думал о Лондонском комитете борьбы против *апартхейда* (Ж. П. Сартр. *Почему я отказался от премии*: Пер. с франц. // За рубежом. 1964. № 45).

шоу 一词是 60 年代末出现在俄语言语中的。俄语中与英语词 show 的基本意义相近的词有 представление, спектакль, зрелище, показ。显然,在这种强大的竞争局面下,шоу 最初是被作为"美国词"使用的,是一种专门的词汇手段,包含有贬义的情感色彩。比如以下例子:

Еще за несколько дней до начала этого телевизионного *шоу* министр юстиции Роберт Кеннеди поспешил объявить показания Валачи сенсационными (*Правда*. 1963. 1 окт.);

《Фламинго》[казино] завлекает 《титанами *шоу-бизнеса*》, которые увеселяют с рассвета до рассвета... (С. Кондрашов. *Грязное золото в Неваде* // Неделя. 1964. № 6);

Битлы с их рок-н-роллом в британском издании возведены на престол 《титанов》 коммерческой музыки. Что-то около пятидесяти миллионов американцев-рекордная цифра-смотрели телевизионное *шоу* Эдда Селливана с их участием (*Известия*. 1964. 4 марта);

Армстронг в одном из своих *шоу* [подпись под фотографией] (*Театр*. 1965. № 10).

апартеид 和 шоу 尽管在使用领域和词汇—语义独立性方面都有所不同,但它们是两个较为典型的与俄语固有词语义相近的外来词成功借入的例子。

还有一种情况:在俄语中难以找到与外来词同义的单个词,但是几个词一起,或者通过词组或其它描写方式可以充分揭示外来词的语义内容。比如:кроссмен 对应 участник кросса;круиз 对应 морское путешествие;хобби 对应 страсть,увлечение,《конек》;шлягер 对应 модная эстрадная песенка;等等。

кроссме́н(参加越野赛的人,来自英语 crossman)最早收录于《科学院大词典》(第5卷)。在这个词借入之前,俄语言语中使用 участник кросса 表示相应意思。但是 кроссмен 的词义更宽泛,不仅指参加越野赛跑的人,还指参加其它类似比赛的人,比如自行车越野赛(велокросс),摩托车越野赛(мотокросс)等等。请看以下例子:

Кроссмены восьми стран приняли участие в забеге... Первые пять километров лидировал советский *легкоатлет* Фаиз Хузин (Вечерняя Москва. 1962. 9 апр.);

В воскресенье в Лозанне начнутся всемирные соревнования *мотоциклистов*. Впервые в них примут участие советские *кроссмены* (Вечерняя Москва. 1962. 5 апр.).

круи́з(水路旅游,海上旅游)大概是借自英语的[1],它的形式说明它是以书面"转写"方式的借用,因为英语原型词 cruise 的发音是[kru:z]。круиз 一词最早收录于1964年的《外来词词典》,它在俄语中最早使用于50年代后半期,最初带有一定的专业色彩。比如:

Состоялись переговоры об организации *круизов*-туристских путешествий на кораблях (*Советская Россия*. 1957. 8 дек., беседа с зам. председателя правления 《Интуриста》);

Мы попросили нашего корреспондента взять интервью у вернувшегося из зарубежного *круиза* поэта (*Литературная газета*. 1964. 1 янв.);

---

[1] 试比较:法语中的 voyage sur mer(海上旅游)。

Маршрут *круиза* мира таков... (*Вечерняя Москва*. 1965. 30 авг.);

试比较：在苏联报刊上还有与此结构类似的 форум мира, поезд дружбы, визит дружбы 等。

60 年代在报刊政论体裁中开始广为使用 секс(性)一词。它的外语原型词并不是表示"性别"意义的名词 sex(试比较：英语 sex, 法语 sexe, 它们都来自拉丁语的 sexus), 而是形容词 sexual(在名词词组中用作限定语)的截短形式，其词义相当宽泛，表示"与性关系、色情相关的事物"。在俄语言语中，секс 正是以这种广义形式出现的。比如：

... Кинопромышленность, испытывающая финансовые затруднения, демонстрирует фильма, начиненные низкопробным *сексом*, в надежде сманить любопытных подростков от телевизоров (*Кино, театр, музыка, живопись в США*. М., 1964);

Заголовки книг подобраны так, чтобы они впивались в сознание американца: это различные варианты на тему *секса*, насилий (Л. Митрохин. *Американские миражи*. М., 1962);

Неужели они [американцы] считают свою духовную жизнь такой пресной, что ее нужно приправлять специями, вроде секса или садизма, при помощи книг с яркими корешками? (Дж. Стейнбек. *Путешествие с Чарли в поисках Америки*: Пер. с анг. // Звезда. 1963. № 5);

Подобного рода чуть ли не маниакальный интерес к *сексу* проявляется в Японии не только в кино, но и в других областях искусства, особенно в литературе (*Советская культура*. 1967. 14 янв.).

уик-энд(周末)一词在俄语中出现于 60 年代初。它最初是被作为异类语言成分——即外语夹杂词——使用的。因此，在这个词通常是用来描写国外生活的。它最早用于表示英国人的日常生活，在词形上还保留了英语的书写形式。比如：

Я видел отдых и радость в Англии. Воскресенье. С утра холод, туман. Потом дождь. Сотни тысяч лондонцев едут на *week-end* (примеч. ред.: время отдыха в конце недели) за город к морю... (Вс. Вишневский. *В Европе* (1936) // Вишневский. Вс. Сочинения. Т. 5);

再请看这个词稍晚后使用的例子：

—Туда приезжает Батиста?

—Батиста? —спросил я, в глубине души удивленный этим вопросом.

—Думаю, что он время от времени будет наезжать... но ненадолго, на *уикэнд*, на день или на два... (А. Моравиа. *Презрение*: Пер. с итал. // Иностранная литература. 1963. №10);

И без того был самый напряженный за весь сезон *уикэнд* ('нерабочая часть субботнего дня и воскресенье'. —*Примеч. ред.*),—сказал он [владелец мотеля] (*Наука и жизнь*. 1964. № 2);

В отделе «Тираль», где «господствующая тысяча» Парагвая проводит свой *уик-энд*, общительный Монголе останавливается под своим настоящим именем (*За рубежом*. 1964. № 46);

Снова позади спортивная неделя и ее кульминация—*уик-энд*. Этот конец недели был насыщен спортивными событиями... (*Советский спорт*. 1964. 22 дек.);

Сегодняшним днем завершилась первая неделя олимпийских баталий. Не было в этой неделе ни единого дня отдыха и для спортсменов, и для зрителей... Где же провели они свой олимпийский *уикэнд*? (*Комсомольская правда*. 1964. 17 сент.).

在60年代，уик-энд 的"不工作的星期六和星期天"，"周末的休息日"的词义还没有完全清晰地形成。

хо́бби[来自英语 bobby(业余爱好)]最初是作为异国情调词使用的。比如：

В работе у людей угрюмо-равнодушная сосредоточенность. Мир, смысл, красота жизни—всегда вне работы. Смысл, красота—в отдыхе, в *хобби* (примеч. ред.: любимое занятие)—забавах, причудах, глубоко личном, семейном (Вс. Вишневский. *В Европе*).

后来，这个词开始不仅用于描写外国生活，而且用于描写苏联人的生活。比如：

Совмещение профессии и *хобби* (заголовок заметки в «Советской России» от 23. X. 1964, где рассказывается о международном воре, который является в то же время и ярым болельщиком, присутствовавшим на всех Олимпиадах, начиная с 1948 г.);

Физик-теоретик, член-корреспондент Академии наук СССР Илья Михайлович Лифшиц рассказал о своем *хобби*—внеслужебном увлечении. Он продемонстрировал необыкновенную коллекцию марок (*Литературная газета*. 1964. 1 февр.).

хобби 一词是不变格的中性名词。

在 60 年代，хобби 常常用在报刊上，并且往往还带有新词的某些特有标记，比如后面带有括号，进行补充说明和解释，等等。有时甚至会出现由这个词临时构成新词的情况。比如：

У тысяч других есть свои, «одиночные» излюбленные занятия, страсти, хобби, как говорят англичане (*Известия*. 1964. 2 апр.);

«Вторая профессия»—это именно не профессия, это пристрастие человека, которому отдается свободное время. Можно его назвать очень распространившимся в последнее время английским словом *хобби*. Или русским, литературным: «увлечение». Или менее литературным, но более метким: «конек» (Е. Полякова. *Вторая профессия* // Театр. 1965. № 5);

Дипломной его работой и был спектакль «Именем революции». Германа спрашивают: что это у него—модное сейчас *хобби*? Он относится к некоторым *хоббистам* со сложным чувством... У Германа *Хобби*—с большой буквы, смыкающееся с призванием и очень нужное людям (*Комсомольская правда*. 1965. 7 июля).

шля́гер (或 шла́гер)① 是从德国借入的，但德语词 Schlager 的词义更宽泛，表示"一个时期最热门的东西，时髦的歌曲、书，流行的商品"。在俄语中，这个词只用来指"流行小调"②。

在俄语中，这个词虽然早就见于一些（音乐方面的）专业文献，但它的经常和广泛使用是从 50 年代中期开始的。有趣的是，这个词在使用的初期并不具有贬义的修辞色彩，但在 60 年代的俄语言语中，它却具有了"不赞"的情感意义，表示出说话人对所称名事物的否定态度。比如：

Эта новая практика вызывает к жизни появление так называемых *шлагеров*, т. е. наиболее удачных мелодий, которые становятся «боевиками» оперетты (М. Янковский. *Оперетта*. Л., 1937);

---

① 这个词在俄语中形式的不稳定性（有 шлягер 和 шлагер 两种形式）的原因在于：第一种形式来源于其德语发音（带软化的 l），第二种形式来源于其德语书写（Schlager）。

② 20 世纪末，шлягер 一词被新词 хит [来自英语 hit（一个时期最热门的作品）] 排挤出了使用领域。——2003 年注。

第一编　词汇学・词典学・语义学

В звуковом кино этот *шлагер* обращается в песенку, подчас единственную, но повторяемую многократно и используемую в качестве концовки фильма (там же);

В фильм 《Рим в 11 часов》 она [песня] попала как случайная уличная мелодийка, а до этого была известна как *шлягер* (боевик) из голливудского порнографического фильма 《Джильда》... (*Советская культура*. 1955. 3 марта);

Я вспоминаю, как мне проходилось слышать песню Блантера 《Летят перелетные птицы》 в исполнении разных певцов. У одних получался надрывный *шлягерок*, а у других—благородная по идее, мужественная пьеса (*Известия*. 1963. № 136);

Модные песенки с недолгой жизнью—*шлягеры*—потоками заливают западногерманский музыкальный рынок (*За рубежом*. 1962. № 25);

Не люблю *шлягеров*-пустенькие въедливые мотивчики (*Известия*. 1964. 5 февр.).

这个词在各种言语体裁中的使用相当自由,它还可以生产出派生词,比如形容词 шлягерный:

... Слова этой песни и морально чисты, и профессионально сделаны, а музыка—что ж, музыка *шлягерна*. И это не оскорбление (*Советская культура*. 1966. 19 нояб.).

术语 эскалáция(升级、加剧)是随着报道美国在越南的军事行动出现在苏联报刊上的。它直接来自英美报刊,并且是在俄语土壤中依照已有的外来名词转换模式(即:-ion =-ия)生成的。进行过类似转换的还有 reaction, version, radiation 等词。

эскалация 一词在语义上与 интенсификация, усиление 相近。它的使用范围较为狭窄,有时在使用中带有明显的外来语境的影响痕迹,能与其搭配的词语也数量有限。比如:

This is a further step in the extension and *escalation of aggression*... (*Daily Worker*. 1965. 10 июня);

The letter expresses concern about the American escalation of the war... (*Daily Worker*. 1965. 14 июня);

... the North Vietnamise statement also accused the U. S. of having used the bombing pause to prepare for an *escalation of the war*... (*Daily Worker*. 1966. 2 февр.)①;

Вашингтон еще раз доверился показаниям своего министра-арифмометра... который показывает всегда одно и то же-необходимость наращивания военной мощи США в Южном Вьетнаме, ускорения 《*эскалации*》 *агрессии* против Севера (*Комсомольская правда*. 1965. 29 июля);

Велась широкая пропагандистская кампания, направленная на то, чтобы подготовить американцев к 《 неизбежности 》 дальнейшей *эскалации войны* (*Литературная газета*. 1966. 29 янв.);

Новый этап в *эскалации агрессии*... (там же);

Это пресловутая *эскалация войны* во Вьетнаме (радио, 24. 1. 1966).

эскалация 一词在60年代初开始进入现代报刊言语中。这个词在使用过程中曾经出现扩张的趋势,比如,1965年2月20日《消息报》有一篇文章标题为《向纽伦堡的升级》(*Эскалация к Нюрнбергу*),同一报纸上1966年2月4日有一篇文章标题为《愤怒的升级》(*Эскалация гнева*)。还有人把这个词与早先借用的技术术语эскалатор(自动升降梯)联系了起来。比如:

Газета 《 Нью-Йорк таймс 》 писала вчера: 《 В Вашингтоне почти не сомневаются, что президент Джонсон вскоре отдаст распоряжение о возобновлении налетов на Северный Вьетнам》;

Эскалатор войны снова запускается в ход (*А. Дружинин. По ступенькам эскалатора войны // Литературная газета*. 1966. 29 янв.).

стюардесса(飞机上的女服务员,空姐)一词也值得专门进行研究,它出现于50

---

① 在英语中,escalation 一词来自新动词 escalate"加强,提升,增加"。在1960年的双语词典中,这个动词还没有收录,但当时在政治类报刊上这个词已经很常用了。比如:

... The U. S. Government was quickening the pace of its military build-up in Vietnam and in all likelihood will *escalate* the war of aggression in Vietnam to a Korea-type, localized war (*Daily Worker*. 1965. 2 июня);

... It was clear that a calculated step in *escalating* the war had been taken (*Daily Worker*. 1965. 10 июня).

关于 эскалация 一词的由来,以及它在英语和俄语中的使用请参见科斯塔马罗夫的论述(见 *Вопросы культуры речи*. Вып. 8. М., 1967)。

年代中期，与бортпроводница（飞机上的女服务员）同时出现①，并逐渐排挤了后者。стюардесса 来自英语（英语词 stewardess）。或许，正是这个词在一定程度上促使俄语中出现了外来后缀-есс(а)。1960 年的科学院《俄语语法》将这些后缀归为非能产性后缀②。带有这个后缀的词还有 адвокатесса，гидесса，пилотесса 等。请看下面例子：

Справа за роялем миссис Лунд, в прошлом одна из самых многообещающих лондонских *адвокатесс*, а ныне личные секретарь миллиардера (*Комсомольская правда*. 1964. 29 марта);

И вот последний день. C'est tout, как сказала наша *гидесса*, провожая нас на парижский аэродром 《Бруже》... (И Нович. *Жизнь на стороне революции* // Знамя. 1963. № 11);

Я вместе со второй своей *пилотессой* поднялась на большую высоту (радио, 15 авг. 1965).

从 60 年代起，在俄语言语中开始使用的还有 буклет[英语 booklet（小册子，小本的书）]、чипсы[英语 chips（炸薯条，煎土豆片），来自 chip（碎屑，片）]、аутсайдер（英语 outsider，直义为"外人"），等等。

аутсайдер 一词作为体育术语的意思是"垫底的运动员或运动队"。比如以下例子：

Играть с *аутсайдерами* становится все тяжелее и тяжелее. Острая нехватка очков приводит к тому, что команды, находящиеся в опасной зоне, руководствуются принципом: отступать больше некуда (*Советский спорт*. 1963. 13 сент.);

Московские динамовцы встретились вчера с *аутсайдером* нынешнего чемпионата страны по футболу—кишиневской 《Молдовой》(радио, последние известия. 1963. 13 сент.);

Совершенно очевидно, что интересы массового бокса требуют от федерации самого пристального внимания к *аутсайдерам* турнира (*Советский спорт*. 1963. 27 сент.).

---

① 比如：

［Евдокимов.］Я еще никогда не видел тебя в форме. (Усмехнулся.) *Стюардесса*!

［Наташа.］Не люблю этого слова. Я *бортпроводница*, понятно?.. (Э. Радзинский. 104 *страницы про любовь*. ч. 2)。

② 参见: *Грамматика русского языка*. М., АН СССР. 1960. Т. 1. С. 234.

有趣的是，在 аутсайдер 开始作为体育术语广泛使用之前，它已经在经济和其它方面的文献中作为一个使用范围狭窄的专业术语得以使用了，其词义为"未加入垄断组织的小企业"。比如：

> Отсюда—пересмотр закона против трестов с тем, чтобы повернуть его острие против *аутсайдеров*—средних и малых капиталистов (*Известия*. 1933. 16 мая).

再比如这个词以转义使用的例子：

> Лисицы—известные *аутсайдеры* в собачьем роду (они не живут стаями), но и то зимой, когда голодно, собираются, бывает, вместе и атакуют сообща косуль (И. Акимушкин. *И у крокодила есть друзья*. М., 1964).

在这一时期，俄语中还借入了一系列其它体育术语，如 биатлон, картинг, прессинг, ралли, стоплер, юниор 等等。

биатло́н(现代两项滑雪运动[一面滑雪一面射击])：来自拉丁语 bi-(两)[bis(两次)]和希腊语 âθλος(比赛)。术语 биатлон 是50年代后半期随着这一体育运动成为国际比赛和奥运会比赛项目而进入进行俄语的。比如：

> В местечке Курмайер (Италия) вчера были проведены соревнования на первенство мира по *биатлону* (лыжная гонка на 20 км с четырехкратной стрельбой) (*Комсомольская правда*. 1959. 24 февр.);
>
> Олимпийский чемпион по *биатлону* Ивар Лестандер по профессии плотник (*Комсомольская правда*. 1960. 23 февр.).

这个词最早收录于1964年的《外来词词典》。

ка́ртинг(微型赛车，微型赛车运动)：来自英语 cart(手推车，轻型车)。在俄语中，картинг 一词既表示"微型赛车"，又表示"微型赛车运动"，这并不符合一般俄语词汇语义结构的规律(比如，俄语名词可以同时表示行为及其结果，人和相关事物，等等)，这说明这个词在俄语词汇系统(这里指体育术语词汇系统)中的吸收程度不够。比如，下面的语篇片断中 картинг 分别以两种意义出现：

> В гонках на *картингах* мощностью до 175 кубических сантиметров интересной тактической борьбы никто из зрителей так и не увидел... В Лужниках проходила матчевая встреча шести городов по *картингу* (*Комсомольская правда*. 1962. 16 окт.).

картинг 一词只用于专业领域，它最早收录于《外来词简明词典》(*Краткий словарь иностранных слов*. Сост. С. М. Локшин. М., 1966)。

ра́лли([汽车或摩托车]拉力赛)：此词来自英语[英语词 rally(1. [名词]集会、大会;2. [动词]聚集力量,重整旗鼓)。这个词在英语中的词义演变情况我们不甚明了。有可能是由于在比赛中两辆车轮流上场,一辆车在休息后"重整旗鼓",因此产生了"拉力赛"的意思。

在俄语中,ралли 一词出现于50年代后半期,它最早收录于1964年的《外来词词典》。以下是一些这个词早期使用的例子：

Что такое *ралли*? Это многодневные автомобильные гонки. Машину ведут попеременно два шофера: пока один сидит за рулем, другой отдыхает (*Советская Россия*. 1957. 31 мая);

Слово *ралли* появилось у нас всего три года назад. Сущность этих соревнований, на первый взгляд, проста: рассчитать среднюю скорость и строго ее придерживаться (*Советская Россия*. 1960. 7 июня);

Они [машины 《Волга》] предназначаются для больших международных соревнований - *ралли* 《За мир и дружбу》, которые состоятся в сентябре этого года (*Вечерняя Москва*. 1962. 12 мая).

ралли 在形式上像复数,其俄语同义词(соревнования, гонки, состязания)也有意或无意地采用复数形式,但这个词在俄语中却是不变格中性名词(类似我们前面研究过的 хобби)。比如：

Авторалли 《За мир и дружбу》, являющиеся крупнейшими соревнованиями в Европе, *проводятся* в третий раз (*Вечерняя Москва*. 1962. 12 июня).

在上面几个例子中,ралли 有时与 автосоревнования(汽车比赛)、автомобильные гонки(赛车)这些词语同时使用。但是显而易见,任何一个俄语原有词语都无法涵盖 ралли 的所有语义内容。因此,ралли 作为一个国际词在俄语体育术语中牢牢地站住了脚跟。

пре́ссинг(紧逼盯人)一词也是从英语借入的[英语词 pressing,来自动词 press(挤压)]。它表示对选手个人严加严防,主要用于篮球比赛中。比如：

Попав с первой же минуты в путы жесткого *прессинга*, итальянцы даже не смогли пробиться к кольцу американской команды... (*Комсомольская правда*. 1960. 3 сент.);

Очень хорошо, что команды начинают сезон во всеоружии. Очень хорошо, что в арсенал тактических средств наших лучших коллективов входит новое оружие – *прессинг* (*Советский спорт*. 1963. 1 отк.);

Как вы видели, вначале наши игроки *прессинговали*, т. е. применяли очень жесткую персональную опеку французских игроков... (*Телевидение*. 25. IX. 1963).

дри́блинг 是一个足球术语,表示"运球,带球",来自英语[英语词 dribbling,来自动词 dribble(运球)]。在俄语中 дри́блинг 这一术语大约是从 50 年代末开始使用的。

Что отличает советских футболистов? Это—мало *дриблинга* и стремление передать мять в одно касание (*Вечерняя Москва*. 1960. 20 марта, беседа с тренером итальянской команды);

Их [нападающих] действия—это почти всегда фейерверк самых разнообразных приемов в сочетании с хитростью и быстротой. Тут и обводка, и обманные движения, и *дриблинг*, и спурт... (М. Пархомов. *Игра начинается с центра*... // *Юность*. 1962. № 3).

сто́ппер 来自英语(英语词 stoper,来自动词 stop(阻止)),它在苏联报纸上出现于 50 年代末,表示"(足球)后卫"。比如:

Прежде всего следует разобраться в претендентах на роль *стопперов*, то есть двух центральных защитников, занимающих на поле важные стратегические позиции прямо в центре перед своими воротами (А. Старостин. *Защитника* // *Наука и жизнь*. 1965. № 7).

显然,стоппер 这一外来术语(就其本质而言是国际术语。比如,在意大利的体育术语中也使用这个词)与俄语中的 защитник(后卫)是同义的。当时还有一个来自英语的 бек(英语词 back)也表示"后卫",但在 40 年代末至 50 代初它和其它一系列来自英语的足球术语一起不再使用了。后来,стоппер 这个词也没有得到广泛使用,但在 60 年代的时候它却很流行,已经不仅仅是一个体育行业术语,甚至能够在言语中不加任何注解地使用。比如:

Победа 《Индепендьенте》 в чемпионате Аргентины расценивается как признак упадка футбола, победы 《брони над снарядом》, 《силы над техникой》. Недаром капитан 《Инденпендьенте》 и сборной *стоппер* Наверро считается в Аргентине костоломом № 1 (*Советский спорт*. 1964. 16 авг.);

Это один из лучших *стопперов* команды（телекомментатор，12 мая 1963）。

俄语中 финт（[运动]假动作）一词的历史也很有趣，它来自意大利语 finta（伪装，虚构出来的东西），作为体育术语进入了俄语。但有可能是经过了德语作为中介语。因为在德语中，Finte 不仅指"狡猾手段，诡计，花招"，还指"[体育比赛中的]假动作"①。

这个词分两次借入了俄语。在 18 世纪和 19 世纪的文学作品中，финт（狡猾手段，诡计，花招）和它的派生词 финтить（使狡计，欺骗）已经有所使用。此时它具有口语的特点。比如：

Прошу однако ж не слишком закладывать назад руки и, как говорится, *финтить* перед вашими хоромами（Н. В. Гоголь. *Вечера на хуторе близ Диканьки*，ч. 1）；

—Ну, скажи мне на милость, к лицу ли эдакие *финты финтить*（Вс. Крестовский. *Петербургские трущобы*. ч. Ⅳ）；

Этот оборот разговора Теркин начал принимать за *финты*, за желание отделаться от более обстоятельного обсуждения цены（П. Д. Боборыкин. *Василий Теркин*，гл. 27）②。

现代体育术语中的 финт（假动作）和其派生词 финтить（使用假动作）应当被看做是后来（即第二次）从外语中借入的，而不是此前的 финт 和其派生词 финтить 在俄语中的语义发展③。

有趣的是，这个新的、作为体育术语的借词不仅能够被用作直义，还能被用作转义和隐喻义。比如：

Под обманными движениями—*финтами*—следует понимать такие действия игрока с мячом, которые вызывают ответную реакцию противника в

---

① （Leipzig 1958）中指出，德语词 Finte 来自拉丁语和意大利语。финт 一词大约是 18 世纪中叶进入俄语的（比如，1771 年博洛托夫曾使用过这个词），但是首次将其收入词典的是亚诺夫斯基（Яновский 1806）。

② 试比较：финтить 在 20 世纪中期的口语中使用的例子：
— Ну, чего ты смотришь на меня египетскими глазами? У тебя, наверно, нечестные мысли обо мне? Э, *не финти*, Глебушка（Л. Леонов. *Дорога на океан*. М., 1954）；
О-о, говорят, *финтит* наша Паранька（В. Овечкин. *Прасковья Максимовна // Избранное*. М., 1955）。

③ 如果我们同意后一种假设（即体育术语 финт 是口语词 финт 在俄语中的语义发展）的话，就不得不找到出证据解释这个体育术语的国际性：这个术语是不是从俄语借入了其它语言呢？回答显然是否定的。是不是在每一种语言中表示"狡猾手段，诡计，花招"的词都能发展出"假动作"的意思呢？回答也是否定的。所以，看来这种假设是不能成立的。

сторону должного движения и тем самым создают игроку с мячом возможность беспрепятственно продвигаться в нужном для него направлении (Б. Т. Апухтин. *Техника футбола*. М., 1956);

Яшин начеку. Иванов *финтит*, окруженный тремя защитниками, улучает момент и отдает мяч Гусарову... (*Советский спорт*. 1963. 12 нояб.);

Вдруг Диди делает ложное движение корпусом. Нетто поддался на *финт*, отступив в сторону (*Комсомольская правда*. 1958. 17 июня);

Поддался на этот *финт* и мой итальянский знакомый, как поддавались до него миллионы. Они слепо верили в лозунг 《Жизнь вне политики》, верили и умирали (*Известия*. 1963. 11 сент.)①.

юниóр(青少年运动员)一词大概是来自法语(在法语中除了表示广义的"年轻的"之外,还表示"青少年运动员")②。它是以法语原型词的字母转写形式,而不是以译音形式借入俄语的(它的法语原型词的词首字母组合为 ju,在借入时转写为俄语中的 ю。而其它类似的来自法语的借词则把 ju 按发音写为 жю,比如:жюри—juri;жюльен—julienne,等等)。

在俄语言语中,юниор 一词是从 60 年代初开始出现的。在其出现之后,相应的俄语固有表达方式也同时见于使用。比如:

Вчера в Софии провела товарищеский матч со сборной *юношеской командой* Болгарии сборная *команда юниоров* Советского Союза (*Вечерняя Москва*. 1962. 16 апр., заметка 《Юноши берут реванш》);

Два дня назад в Москву прибыла сборная *юношеская команда* Советского Союза... Наставники команды... не очень довольны тренировками в Ужгороде. Прежде всего тренеры и *юные футболисты* в большой обиде на погоду. В Ужгороде *юниоры* провели три контрольных матча—с местной командой 《Верховина》, с ее молодежным составом и футболистами львовского СКА. Во всех случаях 18-летние парни покидали поле победителями (*Вечерняя Москва*. 1962. 5 апр., заметка 《У юниоров—экзамен》).

---

① 有趣的是,在符拉索夫的文章(此例就是这篇文章的片断)中,作者还使用了一种"冗余"的表达手段:обманный финт。这也说明了作者并不认为 финт 与此前的口语词 финт(狡猾手段,诡计,花招)具有直接的、词义"继承"方面的联系。

② 还有一种意见,认为这个词来自英语。我们认为,这一观点缺乏足够的证据。英语中的 junior 并没有"青少年运动员"的义项(而法语中的 junior 则有这个义项)。此外,俄语中 юниор 一词的重音也更倾向于法语原型词,而不是英语。

юниорка 一词表示 16 岁至 18 岁的青少年女运动员（其比赛规则不同于成年人比赛），比如下例：

У *юниорок* тогда впереди была Наташа Кучинская（телекомментатор，22 нояб. 1965).

除了以上这些言语中较常使用的体育词汇之外，在体育报刊上有时还可遇到一些随机使用的外来体育术语，比如在报道大型国际比赛、奥运会等赛事的时候。此时报刊上不仅有一些外来体育术语，还有一些其转义与体育相关的词语（比如下面的一些例子）。这些词出现之后，随即就在言语中消失了。但是，这些偶然出现的词语的记录对于研究外来词汇以后（随着时代）的发展具有重要的意义。因为一些随机词后来经过一段时间的沉寂之后可能会再次出现在言语中，甚至能够固定下来，成为经常使用的词汇单位。

请看以下例子：

Кнут Юханнесен сказал：
——Антсон——один из самых блестящих миттельштрекеров[①]，которых мне довелось видеть (*Ленинское знамя*. 1964. 8 февр.)；

Скоростной спуск на санях некоторые специалисты сравнивают и с прыжками парашютистов, и с полетами планеристов. Это вполне уместное сравнение. Авиационные виды спорта занимают в подготовке саночников, или *санечкаров*[②], как их тут [на Олимпиаде в Инсбруке] называют, особое место (*Советский спорт*. 1964. 6 февр.).

скальпер（票贩子，"黄牛"）一词的使用也很有趣，它最早在俄语言语中的出现是与描写第 18 届东京奥运会的准备情况相关的。比如：

За последнее время в международном спортивном словаре утвердилось (к сожалению) американское жаргонное словечко *скальпер*. Так принято называть спекулянтов билетами в театры, на стадионы и т. д. По сообщениям печати, японские *скальперы* не теряют времени зря и намерены, как говорится, содрать

---

① 德语词 Mittelstrecke 指"中距离（赛跑、游泳、滑冰）"，Mittelstreckler 和 Mittelstreckaufer 指"中距离赛跑运动员"。俄语中有 средневик 一词，但它不仅指"中距离赛跑运动员"，还指"中量级运动员"，比如中量级的举重、摔跤、拳击选手。

② 这个词的构成很有趣。它的第一部分来自斯拉夫语（试比较：俄语 сани，波兰语 sanie，捷克语 sané)，它的第二部分是国际词素[试比较：英语 car（小汽车），法语 car（小汽车），俄语外来借词 автокар，электрокар]。санечкар 与外语中的复合名词 autocar, elektrocar 等具有相同的构成模式。

три шкуры с желающих попасть на самые интересные олимпийские состязания (*Советский спорт*. 1963. 12 нояб.).

但是，早在1956年，在第16届墨尔本奥运会的时候苏联的体育杂志已经使用了 охотники за скальпами（剥取敌人头皮作为战利品的猎手）这一描写方式来表示票贩子了。比如：

  Мельбурн по-прежнему захвачен величайшими мировыми состязаниями, по-прежнему《охотники за скальпами》（так метко окрестили здесь спекулянтов билетами）греют руки на живом интересе к спорту（*Комсомольская правда*. 1956. 29 нояб.）.

此例中对"票贩子"的解释（即记者为什么用"剥取敌人头皮作为战利品的猎手"作为票贩子的绰号）并不为俄语读者所了解。但是对于熟悉美国俚语的美国人和英语人而言，"票贩子"（scalper）一词的由来却是完全清楚、有理据的。这个词实际上并不是来自表示"（作为战利品取下的敌人的）带皮头发"的 scalp（скальп）。也就是说，俄语记者把 scalper 译为 охотники за скальпами 是不准确的。scalper 实际上是来自动词 scalp 的另一个义项，即行话中的"倒卖，小投机"，它是这个动词的隐喻引申义项（试比较：俄语中的 обдирать 直义是"剥皮"，而 обдирала 是指"敲竹杠索要高价者"）。

通过对外来体育新词的研究我们看到，许多外来术语初看起来是新借词，但实际上早就开始使用了，只不过其最初的使用只限于某一体育项目内部，只是在后来才演变为广泛使用的体育术语。比如，стипль-чез，фаворит 最初是赛马运动的术语，后来才开始用于其它各种体育运动①。стипль-чез 指的是"3000米障碍赛"，фаворит 在赛马运动中指"最有希望赢的马"，现在被广泛用来指"最有希望获胜的球队、运动员等"。

50年代后半期至60年代初俄语言语中使用的许多外来词汇都有这样的特点。

这一时期外来词借用和使用的过程有哪些特点呢？

首先，这一时期外来词借用比较活跃，俄语中进入了许多新的外来词（但其中一大部分都没有在俄语中生根、确定下来），言语中外来词的使用更为灵活和广泛；其次，言语中外来新词的语义和主题范围更广泛，篇章中使用的异国情调词和随机

---

① 再比如，现在体育运动中广泛使用的 старт（起点）和 финиш（终点）最初也是作为赛马运动的术语借用到俄语的，比如："финиш 指里程标前的最后100沙绳"（А. Куприн. *Молох*）。只是后来（大约在20年代）它们才开始用于其它体育项目，甚至在标准语中出现了转义用法（比如报纸上的标题《Посевная берет старт》，《Финиш ударной стройки》，等等）。

外来词更为频繁和多样;第三,外来词汇对语言各子系统的影响并不均衡,其中一些外来词(比如技术和体育术语)相对于其它外来词的影响更大;第四,在这一时期,并不像以后那样倾向于用借用语言的手段改造外来词,绝大多数的新外来借词在结构上与其外语原型词相同。

6. 20世纪末社会生活语境下的外来词①

20世纪末俄语言语中外来词的使用非常活跃,这是当时最为显著和具有社会意义的语言现象之一。应当注意的是,这一时期整个外来词的使用都很活跃,不仅仅体现在出现了许多外来新词。因为除了外来新词的出现之外,我们还可以看到,各个专业领域(比如经济、金融、商业等)的外来术语的使用范围也进行了明显的扩张。

本章我们将研究以下问题:(1) 有利于外来词汇单位(包括新外来词和以前只在专业领域使用的旧外来词)使用的条件;(2) 外来词在接受语言中生存下来或者(经过一段活跃期)退出使用领域的原因;(3) 外来词汇在现代书面语(首先是报刊政论语体)和口语中使用的特点。

外来词的传统研究方向之一是探讨外来词的借用来源和词源,而我们不准备在这方面做过多研究。因为:首先,我们研究的主要是新外来词,其词源学方面的问题并不是主要困难;其次,绝大多数新外来词都是来自英语,虽然也有个别外来词存在借自其它语言的可能性,但这种问题很少出现。

6.1 外来词积极使用的条件

通常认为,外来词借用的主要条件是接受语言和源语言之间存在语言接触,并因此存在双语使用者(Weinreich 1963;Sulan 1963;Сорокин 1965;Крысин 1968;等等)。

但是,"双语"这个前提和条件不能仅仅认为是地域上的两个相邻(或混居)民族接触的结果,尤其是对于现代的外来词借用而言。在现代条件下,词汇从一个语言进入另一个语言的主要途径是书面语(即通过各种类型的篇章)。各种言语活动(比如阅读、翻译和评论外国报刊、文献,参加各种国际会议,在国际联合科研项目研究时的交流,等等)都为外来词汇和术语的借用创造了有利的条件。

但这只是事情的一个方面。事情的另一个方面在于:借用外来词的社会应当接受外来词在交际中的使用。如果不具备这个条件,只能说外来词有借用的潜势,

---

① 此部分最早发表于《20世纪末(1985—1995年)的俄语》[*Русский язык конца XX столетия* (1985—1995). Отв. Ред. Е. А. Земская. М.,1996]。

借用的外来词完全有可能在一段时间（有时是相当长的一段时间）之后依然只限于狭窄圈子里的人（比如外交人员、学者、翻译工作者）使用。更何况，出于某些社会、政治、意识形态等方面的原因，整个社会，或者社会中最有影响力的阶层可能会对外来词的借用持强烈的否定态度，并且有意识地、明确地排斥外来词在言语交际中的使用。比如，40 年代末就是这种情况，当时发动了"反对在西方面前卑躬屈膝"的运动，不仅新的外来词不被接受，许多在俄语中已经生根的外来词也被排挤出了使用领域。在这一时期，使用外来词会引起与异端意识形态，不爱国，甚至敌人相关的联想（请参见本书前面章节对此进行的论述）。

从 60 年代开始，社会对外来词的态度转向容忍。而在 80 年代末到 90 年代初则出现了针对外来词的更加有利的政治、经济和文化条件，俄罗斯社会积极地接受新外来词，并促使已有的只用于专业领域的外来词汇更为广泛地使用。

俄罗斯意识到自己的国家是整个文明世界的一部分；与西方世界一体化、联合的趋势占据了上风，改变了过去苏联社会对抗西方的、资本主义的生活方式的做法；社会价值观发生了改变，不再强调阶级和政党的意识，而强化了全人类的意识。在经济、国家政治结构领域，在文化、体育、贸易和时尚等领域将自己定位为西方国家。以上都是 80 年代后半期到 90 年代俄罗斯社会发生的变化和产生的趋势。毫无疑问，这些变化和趋势成为促进外来词积极使用的重要推动力。

最直观的例子是政权机构名称的改变：Верховный Совет（最高苏维埃）稳定地（而不仅仅是记者的迂喻法）变为了 парламент（议会），Совет Министров（部长会议）变成了 кабинет министров（部长内阁），政府总理是 премьер-министр（或者简称министр），副总理是 вице-премьер。在地方上出现了 мэры（市长），префекты（行政长官），супрефекты（副行政长官），以前的 совет（苏维埃）让位给了 администрация（行政当局、行政机关），行政机关里有 пресс-секретарь（新闻秘书）和 пресс-атташе（新闻专员），他们经常参加 пресс-конференция（记者招待会），分发 пресс-релизы（通讯稿，新闻稿），进行 эксклюзивные интервью（专访），等等[斯克利亚列夫斯卡娅将此现象称为"外国语言环境中的称名在俄语土壤中的移植"（Скляревкая 1991：258）]。

苏联的解体，尤其是与西方世界交流上的各种障碍的清除，促进了俄罗斯的对外公务、科学、贸易、文化方面的交流，出国旅游活动繁荣，尤其是所谓"购物游"（шоп-туры）。俄罗斯专家在国外长期工作成为非常普遍的事情。在俄罗斯也出现了许多与国外的合资企业。这些都意味着俄语使用者与外语使用者的接触更为频繁。这为外来词汇进入俄语创造了有利的条件，也为俄语使用者熟悉、了解国际词汇创造了有利的条件。许多后来的国际词都是基于英语的、最初为某一社会群体何用的"社会方言"，它们的最初使用群体是计算机行业从业人员、生意人、运动员、时尚界的专业人士、音乐人、政治家、记者、电影和戏剧界人士等（以上列举的顺序是依据他们对俄语中外语借词的贡献多少而确定的)①。某一领域的国际交流与合作越多,该领域就会有更多的的词汇和术语成为外来借词。

计算机行业人员在其专业领域使用的术语几乎是清一色来自英语,比如：компьютер(电脑)、дисплей(显示器)、файл(文件)、интерфейс(界面)、бит(位,比特)、байт(字节)、плоттер(图形显示器)、дигитайзер(数字转换器)、винчестер(硬盘)、принтер(打印机)等等。这些术语中许多已经超出了专业使用领域,能够在非专业语篇中使用。

在体育领域,传统上来自英语的外来术语比例就比较高,这一时期又出现了大量新的体育项目名称。当然,绝大多数也是来自英语,比如：виндсёрфинг(帆板运动)、скейтборд(滑板运动)、фристайл(自由式滑雪)、бобслей([山坡冰道]滑橇速滑)、ски-стрим(高山速降雪橇)、армрестлинг(掰手腕)等等。旧有的英语词称名系统中也有新的成员加入,比如：足球和冰球比赛的加时称为овертайм,平局之后的重赛称为плэй-офф,甚至传统上的боец一词也被файтер(搏击手)代替了,因为这个词是与一个新的体育项目——кикбоксинг(散打,搏击)——的其他术语一起进入俄语的。比如：

> Само собой, наши *файтеры* (так называют иначе *кикбоксеров*) постарались не ударить лицом в грязь перед именитым заокеанским гостем... Мэтр сказал, что не ожидал увидеть настолько хорошо подготовленных российских *файтеров* (*Сегодня*. 1993. 21 дек.).

在上述条件的影响下,大量的金融和商业术语——比如бартер(易货)、брокер(经纪人)、ваучер(私有化证券)、дилер(经销商)、дистрибьютор(推销商,经销人)、инвестор(投资人)、клиринг(非现金结算)、лизинг(租赁)、маркетинг(销售学)、монетаризм(货币主义)、фьючерсные кредиты(期货贷款)等等——也借入俄语,进入使用领域。俄罗斯致力于建立西方的经济和金融体系,金融家和生意人倾向于使用这方面的国际术语。并且,由于这些术语指称的事物具有社会现实性,许多术语突破了专业领域领域,广泛见于报刊、广播和电视。

---

① 在不同的时代,不同专业领域的言语使用群体在外来新词借用中扮演的角色不同。比如,在18世纪,外交人员对外来词借用的贡献最大,"这一时期的外交语言充斥了大量外来借词,其它言语领域无法与其相比"(Биржакова等1972:296);18世纪末至19世纪初,学者、作家和记者的作用上升,他们引入了较多的外来新词;19世纪末至20世纪初,扮演外来新词借用主力角色的是政治和社会活动家、政治团体成员、职业革命者等社会群体(这些群体的成员往往还是把西方哲学和经济著作翻译为俄语的人)。

在20世纪,报刊成为外来新词借入的主要领域,到了20世纪中叶,这一领域中又加入了无线电广播和电视。相应的,这一领域的从业者,即国际新闻记者、广播电视评论员和采访记者、同声译员等人成了外来新词的主要引介者,他们的言语活动推动了外来词进入日常使用领域。

在其他领域中,外来词汇和术语也得到了积极的借用,比如以下这些词和术语:имидж(形象,声誉)、консенсус([双方]同意,[达成]协议)、саммит(峰会)、электорат(选民)、спонсор(赞助商)、андеграунд(地下组织,地下文化)、римейк(著名电影的再版,翻拍)、триллер(惊险电影,恐怖电影)、видео、шоу 及其派生词 видеоклип(视频短片)、видеотехника(视频技术)、видеокассета(录相带)、видеоман(拍客)、шоу-бизнес(商业演出)、шоумен(演出组织者)、ток-шоу(脱口秀)等等。再比如:топ-модель[超模,топ 来自英语 top(最高的,顶级的)]、бутик[时装店,来自法语 boutique(店铺,不大的商店)]、хит[流行音乐排行榜,来自英语 hit(成功,风行一时的作品)],试比较此前的外来借词 шлягер(流行小调)、гран-при(大奖,头奖)、дискотека(迪斯科舞厅)、диск-жокей(音乐节目主持人)、кантри 和 контримьюзик(此二词都为"乡村音乐"之义,英语 country(乡村)),还有流行舞蹈的名称 брейк(霹雳舞)、степ(踢踏舞)、ламбада(伦巴舞)、липси(利普西舞[德国的一种双人舞])、等等(这些词使用中的一些具体例子将在下文给出)。

6.2 再论外来词借用的原因

上一节我们介绍了新外来词汇(至少对标准语而言的新外来词汇)借用的条件,本节我们继续探讨促使外来词积极进入使用环节并在借用语言中生根的原因(或因素)。

外来词借用的一般原因已经为大家所熟知,主要有以下几点:

(1)(新事物、新现象等)称名的需要,比如以下这些词:кино、радио、такси、магнитофон、транзистор、компьютер、等等;

(2)区分相近,但是并不完全相同的概念的需要,试比较以下成对的词:уют-комфорт、страх-паника、обслуживание-сервис、сообщение-информация、等等;

(3)出于某种目的,使某一领域的概念称名更加专业化的需要。试比较以下成对的词:предупредительный-превентивный、вывоз-экспорт、преобразователь-трансформатор、等等。委婉或掩饰性的替代,比如在解剖学、生理学和医学等专业领域中[比如用 педикулез(虱病)代替 вшивость,用 канцер(恶性肿瘤)代替 рак,用 гениталии(生殖器)代替 половые органы,用 анус(肛门)代替 задний проход,等等](对此前面已有较详细的论述);

(4)用一个不可分的、整体概念来指称一个不可分的事物的倾向。也就是说,如果某一个事物是一个整体(或者,最少在语言使用者的心目中是一个整体),那么说话人更倾向于用一个词,而不是词组或其它描写性的称名方式去指称它,比如俄语中的外来词 снайпер(俄语自身的表达方式是 меткий стрелок)、стайер(俄语自身的表达方式是 бегун на длинные дистанции)、спринтер(俄语自身的表达方式是 бегун на короткие дистанции),сейф(俄语自身的表达方式是 несгораемый шкаф)、сервант(俄语自身的表达方式是 шкаф для посуды)等等;

(5)在借用语言中存在着已经形成的关于某一主题范围或职业领域的术语系统,而这样的术语系统有可能在术语来源上具有或多或少的一致性。如果这样的系统存在,那么这一主题范围或职业领域的新的外来借词也会倾向于从同一个语源借用。比如计算机技术方面的术语就是一个明显的例子:这一领域充满了(来自英语的)新外来词,甚至一些外来词从交际需求角度来看并不具有必要性[比如用术语 юзер(英语 user(用户))来代替已有的 пользователь,但是它用于程序员的职业语言中);

(6)外来词借用中的社会—心理因素。外来词会被所有或部分说话人群体认为"更有档次"(相对于固有词而言)、"更科学"、"听起来更好听"等等。总体来看,外来词不但在语言方面具有某种标记性(比如,以字母 a 开头、名词不变格等都能够显示出外来词的特点),而且在说话人的意识中也具有标记性:首先,外来词大多具有书面性,用于书面语体,具有书面修辞色彩;其次,外来词形式上的"不透明"(即无法从结构上了解其意思)对许多说话人来说似乎能够产生"加密"、"卖弄玄虚"的感觉;与此同时(第三),外来词的这种不易懂性能够显示学问的高深,正因为此,包含外来词的言语常常显得更具社会品味①。

影响外来词借用和在言语交际中积极使用的另一个因素(实际上也属于社会—心理因素)是其指称的事物在交际中的现实性。在一个社会的不同发展阶段这种现实性可能有所不同。比如,马克思主义术语体系中的 материализм(唯物主义)、коммунизм(共产主义)、революция(革命)、диктатура(专政)等术语在连续几十年的时间里成为社会关注的中心(最少是官方关注的中心),而现在则失去了其现实性。而另一方面,不久前还使人在意识形态方面有所怀疑甚至仇恨的一些术语——诸如 плюрализм(多元化)②、приватизация(私有化)、антикоммунизм(反共产主义)等等——开始具有了交际现实性,开始作为中性词汇使用,甚至可以用于褒义的语境中。

以上列举的这些原因(在不同程度上)影响了 80 年代末到 90 年代初俄语标准

---

① 这里需要顺便指出的是,语言使用者对外来词的态度具有两面性:许多人会对别人言语中使用外来词感到不屑和气恼,而与此同时,却认为自己的言语中使用的外来词是合适的和必要的,没有明显的"洋货"感觉。

② 在 1964 年版的《外来词词典》(*Словарь иностранных слов*)中,плюрализм 被注释为"一种虚假的思想学说,即认为多种独立的精神实体构成了世界的基础"。在 1992 年的《现代外来词词典》(*Современный словарь иностранных слов*)中,这个词标注了三个义项:(1)与 1964 年版《外来词词典》中的注释相同,只是没有了评价性语义成分(即删去了"一种虚假的思想学说"的说法);(2)构建法制社会的基本原则之一,即强调社会的经济、政治和文化生活主体应具有多样性;(3)意见、观点、所有权等所具有的多样性。

语中新外来词汇的吸收①。

我们可以通过一系列例子对这些原因加以说明：

(1) 新事物和新概念称名的需要：比如 автобáн（德语 Autobahn）表示"高速公路干线"，这个词至今为止还主要用于指国外的高速公路干线，因为在俄罗斯这样的干线还没有，或者很少；

блéйзер（英语 blazer）表示"运动夹克"。再比如一些比如时髦的服装类型的名称：леггинсы［英语 leggings，来自 leggy（长腿的），来自 leg（腿）］表示"女式紧腿裤"，слаксы（英语 slacks）表示"休闲裤"，бюстье（法语 bustier）表示"无带胸罩"，等等。

гáмбургер［英语 hamburger（汉堡包），这一名称来自最早制做这一食品的德国城市汉堡。汉堡的厨师把这一食品的制作配方引进到了美国，于是美国人开始用这座城市的名称来称呼这种食品］表示"松软的、通常是热的、切成两半的小面包，中间夹着煎肉、洋葱或其它蔬菜（即汉堡包）"［试比较以前借入的外来词：бутерброд（夹奶油、干酪、腊肠、火腿、鱼肉、鱼子等的面包片）和 сандвич（三明治）］；

грант［英语 grant（赠予，资助）；grants（奖学金）］表示"科研项目津贴，项目经费"（试比较以前借入的外来词：пенсия，стипендия，субсидия，субвенция）；

дáйджест（英语 digest）表示"文摘"（试比较表示此类意思的其它外来词：абстракт，аннотация，конспект，реферат，резюме，тезисы）；

дартс（英语 dart）表示"〈运动〉掷飞镖"；

дианéтика［英语 dianetics，来自希腊语 διαέων（〈我〉克服，战胜）表示美国学者罗恩·哈伯德开创的一门精神健康科学——"排除有害印象精神治疗法"］；

зóмби（来自刚果语）表示"还魂尸，木讷呆板的人"；

скéйтборд［英语 skate-board，来自动词 skate（滑）名词 board（板）］表示"滑板运动"；

скоч，скотч［英语 scotch（切开）］表示"透明胶带"［试比较：лейкопластырь（橡皮膏）］；

транссексуáл［拉丁语 trāns（变）＋ sexualis（性别）］表示"变性人"；

телефáкс，缩写形式为 факс［英语 telephax，来自 tele(phone)＋fax(imile)］表示"传真，传真机"（试比较：телефон，телеграф）；

хóспис［英语 hospice（栖身之地，收容所，济贫院）］表示"临终关怀医院（此处提供条件，能够使病人在死前尽量减少痛苦）"；

---

① 施维采尔曾指出，报刊对新外来词的流行发挥了重要作用，他认为这种作用对许多国家的社会和语言的影响都是全方位的。他比较了美国和苏联的报刊上外来词的使用，并写道："……在外来借词的性质、词源和功能有存在不同……在英美报刊中，绝大多数外来借词都是与外国的现实相联系的，其使用往往伴随着外国的情境；而苏联报刊中大部分外来借词是表示新事物和新概念的，它们主要用以填补指称方面的空白。"（Швейцер 1993：64）

эвтана́зия(希腊语*ευφαναsίa*,来自 *eu*(好)＋ *φαnαтoς*(死))表示"安乐死";

需要注意的是,上述例子中的许多外来词(比如 автобан(高速公路),блейзер(运动茄克,运动上衣),гамбургер, грант,等等)的借用除了可以解释为新事物和新概念称名的需要外,还可以解释为受其他因素的影响。比如,可以解释为区分概念的需要,或概念专业化的需要。这是因为:我们前面列举的那些促使外来词借用的原因和因素通常是综合作用、相互影响的。但是,其中一个原因和因素是发挥主导作用的,这也给外来词(从借用原因方面进行的)分类提供了依据。

(2)概念区分或概念专业化的需要。在各个专业术语领域(但也不仅仅是专业术语领域),出于这一原因的外来词借用非常常见。比如以下这些例子:

визажи́ст[来自法语 visage(脸)]表示"美容师"〈试比较以前借入的外来词:дизайнер(设计师)和гример([演员]化妆师),前者表示的行为并不针对人,后者表示的行为只针对人的外形装饰方面,与 визажист 的词义并不完全相同〉;

гран-при́[来自法语 grand prix(头等奖)]表示"头奖,大奖",这一词汇借用的必要性在于:相对于其他表示奖励的词而言,它指出了奖励的等级,即最高级别的奖励;

и́мидж(来自英语 image"形象")表示"形象、声誉"(比如 имидж актера, политика, телевизионного ведущего, 等等),这个词相对于 образ, облик 而言更为专业;

инсталля́ция[英语 installation,法语 installation(设备,装置)]用于指称拼接造型艺术作品(从这个意义上讲,它本应归入第一类外来词——指称新事物的外来词),但是它在语言中出现的主要原因还在于与同类概念进行区分的需要:一方面与平面艺术作品(比如油画、铜版画、版画等等)相区分,另一方面与其它立体艺术作品(比如雕塑)相区别。因为 инсталляция 指的是利用日常生活中的材料、汽车零件、仪器等制作的艺术品。инсталляция 和动词 инсталлировать 还用在计算机技术方面,用以指"编写(程序)"(比如 инсталлировать программу; инсталляция программы завешена; 等等);

ки́ллер[英语 killer,来自动词 kill(杀)]表示"杀手",但是它在俄语中并不是убийца 的完全同义词,在俄语中 киллер 是指"受雇佣的职业杀手"。比如:

  Прессу захлестнула волна публикаций о *заказных убийствах и киллерах*(*Российская газета*. 1942. 2 марта);

пле́йер[英语 player,来自动词 play(播放)]乍一看也是俄语词 проигрыватель 的完全同义词。但是它们实际上指的是不同的东西: проигрыватель 是指播放录制在磁带上的音乐或话语的放音设备,即电唱机,而 плейер 是指带有耳机的小型录音机[在青年俚语中还有一个更形象的称名:дебильник(随身听)]或录音机(比如术

语 видеоплейер);

ремéйк,还可以读写为римейк[英语 remake(重做)]指"翻拍的老电影",比如:

《Палач из Касабланки》— ремейк знаменитой《Касабланки》Майкла Картиса...(*Сегодня*. 1993. 21 дек.);

Василий Шукшин был бы приятно удивлен, что его фабула так понравилась героям《Пути Карлито》... Конечно, это не римейк《Калины красной》, и Карлито далеко не шукшнинский герой, но и здесь схожие мотивы (*Вечерний клуб*. 1994. № 41-42);

俄语中的相应表达方式переделка(改造,改编)用于这一场合似乎不够准确。

полтергéйст[来自德语 Poltergeist(喧闹的神灵)]表示"家神"。在俄语中早就存在固有词домовой(指"家神",类似中国的"灶神"——译注),但是它们并不是完全同义词:полтергейст 指的不是所有家神,而是那些喧闹的、碰撞打翻东西的和使东西移动位置的家神。

80年代中期出现了спонсор(赞助商)一词,它与其他一系列外来名词的来源相同,意义相似(但是不相同),比如:меценат-импресарио-антрепренер-продюсер。спонсор 最初指那些对演员、音乐家、画家的创作活动给予资金支持的个人或组织,后来赞助活动的客体逐渐广泛化(比如:спонсор соревнований, телевизионной программы, конференции, издания книг 等等),但是"给予资金支持"的义素一直保留下来。而在前面列举的一系列与其意义相近的词中"给予经济支持"这一义素并不明显。比如,меценат 在词典中的释义为"学术和文艺方面的富有的庇护人";импресарио 是指"音乐会、演出的主办者或组织者";антрепренер 是指"私营剧院业主"[①];продюсер 是指"(影片)制片人"[②](试比较:продюсер 包含的义素"进行组织和资金上的监督"和 спонсор 包含的义素"给予资金支持")。

最近这一同义词链中又加入了 промоутер(英语 promoter,直义是指"促进某事物的人")一词,表示"经纪人"[③]。

由此可见,这一同义词链中的词之间存在着很明显的语义区分。

(3) 确定不可分的客体[④]和它的单成素或单词素名称之间的确定联系的倾向,

---

① 释义来自《俄语详解词典》(*Толковый словарь русского языка*. С. И. Ожегов и Н. Ю. Шведова. М., 1992)。

② 释义来自《现代俄语外来词词典》(*Современный словарь иностранных слов*. М., 1992)。

③ 见《现代概念和术语简明词典》(*Краткий словарь современных понятий и терминов* / Сост. Н. Т. Бунимович и др. М., 1993)。

④ 对"不可分的客体"既可以采取直义理解(比如,客体在物质上是不可分的),也可以采取更加广义的理解:可以理解为时间上的整体性、概念上的整体性、认识上的整体性,等等。

也就说,用单个词来代替词组的倾向。

这种情况就好比是填补某些词汇空白,此前所指已经存在,但没有单个词形式的能指(只是有描写形式的能指)。

比如,йети 这个词代替了词组 снежный человек(雪人,即传说中的野人)。体育术语 овертайм[在英语中由两个词组成 over(超出)time(时间,比赛限时)]代替了词组 добавочное время,表示"比赛中为了决出获胜者进行的加时"[овертайм 看起来是对另其他两个 тайм 构成的词语的补充,即:первый тайм(上半时)—второй тайм(下半时)—овертайм(加时赛)]。

саммит 一词指"峰会",即各国政府最高层之间的会议;таблоид(英语 tabloid)表示"文简图茂的小报";体育术语 армрестлинг[来自英语 arm(手臂)和 wrestling(搏斗)]表示"掰手腕",在俄语中以前被称为 борьба на руках。现在 армрестлинг 是"掰手腕"这一体育项目的名称,而在这一英语外来词借入之前,俄语中对此只有描写性的指称手段。

给俄语词法造成困难的 ноу-хау(英语 know-how,直义为"知道如何……")一词表示"新的、先进的生产工艺(новые, передовые технологии производства)",хайджекер(英语 hijacker)表示"劫机犯(угонщика самолета)",электорат 表示"(支持某一候选人的或某一选区的)选民的总和(совокупность избирателей)"①,等等。

(4) 语言中已有的某些术语系统在术语来源方面具有一致性。这方面的典型例子就是我们前面提到过的计算机技术领域的术语。这方面的术语基本上都是来自英语,因此来自英语的新术语补充进来就容易得多。再比如体育术语(我们前面已经举过一些例子),以及一些下层的非标准语中的词汇——吸毒者、罪犯、嬉皮士、市井音乐人等使用的词汇,其中主要是英语词和来自英语的仿造词(对此请参见以下词典:Грачев, Гуров 1989;Елистратов 1994;Рожанский 1992;Файн, Лурье 1991)。

总体来看,今天,相对于其他语言中的词汇而言,英语词汇(主要是美国英语词汇)对俄语的影响具有明显的优势。

(5) 社会—心理原因。

① 外来词相比俄语固有词或早先借入并已俄化的外来词的"更有档次"。正如我们感觉到的那样,这一因素对许多外来词语的积极使用产生了决定性的影响,比如用 презентация 替代 представление(虽然这里还可能有语义方面的其他原因)。презентация 指"(电影、书等的)隆重的推介会";эксклюзивный(替代 исключительный)表示"限制严格的",它在一些语境下比它的同义词

---

① 我们注意到,这个词的出现是与社会变革相联系的:俄罗斯的选举制度与前苏联不同,比如,需要从几个彼此竞争的候选人中选举一个,有不同的选区,等等。这在以前的选举体系中都是没有的。

исключительный 更为合适，比如 эксклюзивное интервью。而 ?исключительно интервью 能否成立则存在疑问。这种情况影响了外来词的生命力，使它能够生存下来；консалтинг（咨询）在一些语境下（比如 Фирма осуществляет консалтинг）比 консультирование 更贴切，虽然后者更常用，早就已经被吸收，并且实际上与 консалтинг 是在同一外来词根的基础上构成的；诸如此类。

外来词相对于固有词而言的"更有档次"往往会导致一个现象，就是"等级提升"：外来词在源语言中可能只是指称一般客体的词，而在借用语言中指称的客体在某种程度上更重要、更有档次。

比如法语词 boutique 表示"店铺，小商店"，而在借入俄语之后，它的意思是"时装店"；再比如，英语中有 shop（商店）一词，而借入俄语之后的 шоп 并不是指任何商店，而是专门出售高档商品的商店（比如，任何人也不会用 шоп 去表示普通的食品店）；俄语中的слаксы 并不只是"长裤"的意思（像它在英语中的原型词一样），而是指"流行的休闲裤"；英语中的 hospice 只是指"栖身处，收容所，济贫院"，而俄语中的相应借词 хоспис 则是指"昂贵的，收治无希望病人，并最大限度地在死前为其提供舒适条件的医院（临终关怀医院）"。

② 外来词表示的概念在交际中的现实性。显然，如果某个概念涉及到许多人的至关重要的利益，那么表示这个概念的词就会使用得非常积极。这一规律适用于所有词，对于外来词尤为突出，因为外来词称名还具有"更有社会档次"这个特点。

表示交际中的重要概念的外来词会成为社会关注的中心。在某一确定时期内（通常是在相当短的时期内）它们在言语中的使用频率非常高，并且很容易构成派生词。更重要的是，这些词会被有意识的运用，并且与制造舞台效果、双关使用、词的结构改造等现象相关。

这里我们可以举出 приватизация（私有化），демократы（民主人士），ваучер（私有化证券）等一系列例子。在 90 年代初这些词特别流行，它们用在各种言体体裁中（虽然 приватизация 和 ваучер 不久前还只是专门的商业术语），它们产生了一系列派生词，比如 ваучерный（私有化证券的），ваучеризация（私有化证券的发放和销售），приватизировать（使私有化），приватизированный（被私有化的），приватизатор（实施私有化的官员），деприватизация（非私有化）等等。它们还可以被有意识地以歪曲形式使用以贬低所指称事物的社会价值，或者仅仅是出于讽刺或戏谑。比如：

дерьмократы, демокрады, дубинки-демократизаторы; прихватизация, прихватизаторы; полная ваучеризация всей страны (по прежнему образцу: полная индустриализация, полная коллективизация всей страны), Ваучера на хуторе близ Диканьки; Такая порода собак: ваучер; у тебя—пинчер, а у меня—ваучер[最后两个例子来自1992年9月22日的电视节目《主题》(Тема)].

由于交际的现实需求,除了приватизация, демократы和ваучер之外,还有许多词(它们在语义上各不相同)都能反映时代的特征,比如:реформы[改革(名词)], реформировать[改革(动词)], референдум(全民公决), монетаризм(货币主义), суверенитет(主权), конверсия(转换), экология(生态,生态学), криминогенный(导致犯罪的), наркомания(麻醉剂瘾), наркобизнес(毒品交易), мафия(黑手党), рэкет(诈骗), рэкетиры(诈骗者)等等。

但是,随着时代的变化,一些概念会失去社会现实性,表示这些概念的词也就不再积极使用。比如名声不佳的консенсус[〈外交〉(双方)同意,(达成)协议]一词在80年代初就从报纸上和政治家的言语中消失了,这个曾经广泛使用的词失去了其现实术语规定性[关于这个词及以其他一些曾经"时髦"过的词的语义变异,请参见(Скляревская 1991:259)]。

6.3 20世纪80至90年代俄语言语中外来词使用的特点

在报刊和政治言语中的外来词使用呈现出两个彼此矛盾的发展趋势:一方面,一些此前只为专业人士了解的新外来词或术语开始能够不经过任何"翻译"、注释或补充说明而在俄语中使用,就像那些已经为广大读者(听众)熟知和掌握的词一样;另一方面,这些词语,甚至一些早就在俄语中使用的外来词,可能会成为作者(说话人)注释或评论的对象。

具有第一种趋势的外来词包括许多商业和金融方面的术语,比如бартер(易货), брокер(经纪人), инвестиция(投资), клиринг(非现金结算,划汇结算), дилер(经纪人,经销商), дистрибьютер(经销商,经销公司)①, монетаризм等等,还有政治、外交、医学等方面的术语,比如импичмент(弹劾), уотергейт["水门"(事件)], ирангейт["伊朗门"(事件)], лобби(院外集团), инаугурация[(总统)就职,(国家元首)就职典礼、加冕], денонсация(声明废除,声明废止) спичрайтер[(高层人士的)演讲稿撰写人], акупунктура(针刺疗法), дианетика(排除有害印象精神治疗法), апитерапия(蜂毒疗法), фобии[恐怖(症)], хилеры[(菲律宾等地的)巫医], экстракорпоральное оплодотворение(人工受精)等等。

大概,历史上外来词汇对一般言语交际的影响范围从来没有像这个时期这样广泛。许多外来词汇表示的现象不久前还被认为是属于异类,属于资本主义世界,

---

① 这个词在进入俄语后的最初阶段在书写和发音方面有着不同的变体,即:дистрибутор—дистрибьютор—дистрибьютер。其他类似例子还有:сканнер—сканер;леггинсы—леггенсы—легинсы—легенсы;киднеппинг—киднэппинг—киднепинг等等(详见:Тимофеева 1992)。

而现在它们已经成为我国的东西,成了我们身边的现象。比如 казино(赌场),крупье(庄家),кабаре(有歌舞表演的餐馆),мафия(黑手党),мафиози(黑手党徒),проституция(卖淫),проститутка(妓女),наркомания(麻醉剂瘾),порнография(淫秽作品,淫秽制品),порнобизнес(色情生意)[再加上一些在俄语土壤中生成的词,如 порнуха(淫秽作品),порнушник(骗子),порнятина(淫秽书籍,淫秽音像制品)等等]。再比如,гастарбайтер(外籍劳工)一词不久前听起来还非常陌生,现在已经进入了俄语言语中,其表示的概念也成了俄罗斯的现实。请看下例:

> ... Граждане пока предлагаемыми им суммами довольны: 300 тыс. российских рублей—это, как ни крути, несколько миллионов карбованцев. Как говорят жители Украины, за эти деньги шахтеры неделями из-под земли не вылезают. «Гастарбайтеры» с Украины, как из уже «любовно» прозвали в Москве, предпочитают российские рубли менять на доллары и отвозить из на родину... Российские работодатели (как те, что оформили свои отношения с гражданами Украины официально, так и те, кто этого не сделал) пока гастарбайтерами довольны. Одни из руководителей подразделения Московской железной дороги так и сказал: «Буду брать на работу только хохлов. Они не пьют, на работу ходят как часы, морду от работы не воротят》(*Сегодня*. 1994. 29 марта).

对外来词汇单位的容忍态度还表现在另外一个方面。在 90 年代,外来词和短语开始成为报纸标题和常设专栏的名称,有时甚至直接使用外语原型形式,比如以下这些莫斯科报纸上的标题和专栏名称(来自《今日报》、《莫斯科共青团报》、《独立报》、《莫斯科新闻》、《莫斯科晚报》、《夜晚俱乐部》等等):Бомонд(上流社会),Hoy-xay(专有技术),Брифинг(新闻发布会),Эпицентр(震中),Форс-мажор(不可抗力),Шоу(演出),Презентации(推介会),Тинейджер(青少年),Хит-парад(流行排行榜),Криминал(犯罪事件),Резонанс(共振),Триллер(惊险、恐怖作品),Монитор(监视器),Эксклюзив(独家新闻),Хепенинг(即兴表演),Киднеппинг(绑票),Видеодайжест(视频文摘),Видеовью(电视采访,仿造自 интервью),Extra![号外!(用以报道轰动一时的犯罪事件)],Underground(用以报道潜流艺术)。再比如俄罗斯中央和莫斯科地方的电视节目名称:Бомонд(上流社会),Пресс-экспресс(新闻快递),Пресс-клуб(新闻俱乐部),Ретро-шлягер(不朽金曲),Бизнес-кард(商业名片),Экспресс-камера(快递相机),Экспо-курьер(世博信使),Fasion News(时尚新闻)等等。

外来词的第二种趋势是指作者对外来词的使用进行各种注释,这在一定程度上可以看做是影响了言语的连贯性:说话人停下来关注其言语形式和表达方法,这对于多数"正常"的言语活动而言是不寻常的(当然,这里不包括语言研究者的言语,在他们的言语中破坏言语的连贯性是出于职业原因——因为他们研究的就是言语的表达形式)。

在外来词汇单位进入言语交际的过程中,对外来词和术语进行俄语翻译和解释是很常见的。比如:

Каждый в Латвии сегодня знает значение слова 《*апатрид*》. Это человек, не имеющий гражданства (*Российская газета*. 1994. 3 марта);

《Рыбацкие новости》 сообщают, что в моду входит *целибат*, то есть половое воздержание мужчин (*Подмосковные известия*. 1994. 17 марта);

В переводе с языка 《бухгалтерского》 *акцепт* означает подтверждение предприятия-потребителя о получении им заказанной продукции. Акцептовано-значит принято, принято-значит оплачено (*Советская Россия*. 1988. 21 февр.);

Что такое *иератизм*? На этот вопрос многим ответить затруднительно. А *иератизм*-это... знакопоток. Так раскрывает значение этого слова художник Михаил Шварцман, который назвал свою выставку, открывшуюся в Третьяковской галерее на Крымском валу,《Иературы》(там же);

Профессиональный *киллер*. По-русски—убийца (*Семь дней*. 1993. № 30);

Это слово стало обиходным для народов десятков стран мира. Дословно 《*зомби*》 означает 《живой мертвец》. Понятие это пришло с острова Гаити, где существовал да, пожалуй, и поныне существует целый культ 《зомби》 (*Советская Россия*. 1988. 17 февр.);

Теперь что касается боевиков, или, как их называют [в Армении],-*фидаинов* (защитников народа)... (*Аргументы и факты*. 1990. № 31).

有时也借助说话人已经感觉不到异己色彩的外来词来进行这样的翻译。比如:

Спонсоры, или, по-русски говоря, *меценаты*, видят свою задачу в том, чтобы... (телекомментатор, 16 марта, 1993).

作者(说话人)所做的注解还往往针对外来词的使用频率、外来词的来源、外来词在俄语中的地位,等等。比如:

В последние годы, во времена величайших парадоксов и *катаклизмов*-одно из любимых ныне обиходных словечек—порой уже черное выглядит белым, безнравственное и наоборот (В. Астафьев. *С карабином против прогресса* // Известия. 1991. 1 мая);

Но он［писатель В. П. Некрасов］должен был сказать о бое капитана Абросимова и об этой, как теперь выражаются, *альтернативе* (В. Кардин. *Явление капитана Абрасимова* // Независимая газета. 1991. 2 февр.);

Одно из самых модных словечек нашего времени-《*ретро*》(*Российская газета*. 1994. 2 февр.);

Профессора Стивена Хэнка, апостола 《разгосударствления》, бывшего экономическим советником у генерала Пиночета, а затем у президента Рейгана, принято считать и автором термина 《приватизация》. Но сам эксперт по части изживания государственного сектора в экономике полагает, что *приватизация*— слово французское... (*Куранты*. 1991. № 86);

... Термин 《приватизация》, появившийся, как утверждают, в 1972 году на страницах французского еженедельника 《Нувель обсерватор》, никогда не был в таком ходу, как сейчас (там же).

外来词（包括专业术语）已经广泛使用并成功进入俄语的证据之一是其在特殊语境下的转义和隐喻性使用。外来词的这类使用首先是在报刊语言中，比如以下词组：телевизионный марафон（马拉松式的电视节目），реанимация российской экономики（俄罗斯经济的复苏），ангажированная пресса（特约报刊），политический бомонд（上流政治），стагнация души［心灵萧条（空虚）］，рейтинг вранья（谎言排行榜）［最初 рейтинг 一词只适用于指人，如 рейтинг шахматиста（国际象棋棋手排行榜），рейтинг политика（政治家排行榜）］，пакет программ①（程序组）［后来 пакет 一词的使用更加广泛，比如 пакеты предложений（一系列建议），пакеты дипломатических инициатив（一系列外交倡议）］等等。

以上列举的这些例子使人产生一种印象，即现代俄语言语中的外来词已经过剩。初看起来确定是这样。正因为此，国内的俄语使用者才会强烈反对使用对他们来说是陌生的词和术语，抗议这种"洋货强权"（我们顺便要指出的是，反对外来词的呼声在各个时代都存在，从彼得一世时期一直到今天）。

但实际上，我们还应当考虑到外来词在俄语中按功能语体和言语体裁的分配情况。外来词最多的是报刊语篇中，尤其是在涉及经济、政治、体育、艺术、时尚的报刊语篇中（而在关于日常生活的语篇中，新外来词的数量相当少）。在政治言语

---

① 这是英语短语 package programs 的仿造。在最新版(1991年)的《20世纪布鲁尔短语和寓言词典》(*Brewer's Dictionary of 20th-Century Phrase and Fable*)中作者认为，这个短语是英语中的新短语。

中——比如广播电视访谈、议会发言中——外来新词的使用要多于伴有补充说明（比如 так называемый монетаризм, как теперь принято выражаться, презентация, 等等）的书面语篇。因为相比报刊文章的作者，说话人面对的是广大听众，他们感觉与受众的关系更加紧密和直接。

我们在日常言语中并没有感觉到外来词明显地大量涌现，这容易理解：外来词大多数都是书面词语，它们主要用在书面言语体裁中①。

对于作为语言研究对象的外来词汇，历来就存在着各不相同的评价。这些评价既有针对外来词借用过程的，也有针对具体的外来词的。对于人们外来词，尤其是新外来词的态度值得从社会语言学的角度进行分析和研究。需要考虑到说话人的年龄、受教育程度、从事的职业等影响因素。我们通过观察发现，这些影响因素与对外来词的评价之间存在以下相关性：(1) 对外来词的容忍度随着年龄的增长而降低。也就是说，语言使用者的年龄越大，他对外来词持宽容态度的可能性就越小（反过来说，他对外来新词采取否定评价的可能性就越大）；(2) 一个人的受教育程度越高，他就越容易适应新外来词；(3) 总体上来看，从事社会人文职业的人比工作与语言、文化不打交道的人更能容忍外来词，但是这里也有可能存在更为复杂的对外来词的态度：有的专业人员有可能根本就没有觉察到其本专业中的一些术语是外来术语，但与此同时却反对在其他活动和交际领域使用外来术语。

7. 新外来分析形容词和元音连读现象②

在现代俄语中，外来词汇单位中有一种类型是所谓"分析形容词（аналитические прилагательные）"（这一术语来自班诺夫），比如类似 аудио-, видео-, кардио-, моно-, радио-, теле-, этно- 等语言单位。

在班诺夫的《俄语语音学》（Русская фонетика）一书中，列举了俄语词中所有可能出现的"元音＋元音"组合。(Панов 1967: 62—65)。而相邻元音组合的发音——包括充分发音和某种程度的弱化发音——取决于重音的不同，重音可能在第一个元音上（如 áист），也可能在第二个元音上（如 наи́вный），或者两个相邻元音都不带重音（如 наибо́лее）。

众所周知，两个或多个元音的组合称为元音连续（зияние），或元音连读（хиатус），它出现在一个词素内部，或者词素的结合部（Васильева и др. 1995: 39,

---

① 仿造词的情况属于例外。仿造词用在日常言语中，人们往往体会不到它们的"外语来源"：因为它们的外形并不像外来词，它们的意义的内部无理据性有时甚至使语言学家都会感到苦恼。本书将在后面对仿造词做更详细的论述。

② 此部分最早发表于《语言的生命（帕诺夫诞辰 80 周年纪念文集）》[Жизнь языка (к 80-летию М. В. Панова). М., 2001]。

140)。总体上来看,对于俄语的语音结构来说,这种现象并不典型。在俄语中,元音连读更常出现在词素的结合部,比如:поочерёдно, заоблачный, приосаниться, переустройство, переименовать, наигрывать, поэтому, простаивать 等。一些曾经带有连读元音的词后来发生了简化,原本的形式成为了历史词,比如:наитие, наотмашь, наутёк, неурядица 等。

"……这种组合(即"元音＋元音"组合——作者注)的形成并不像辅音组合那样有规律。比如 радио 读作[ра́д'ил], [ра́д'иъ°], [ра́д'иъ], [ра́д'ил],在书面语体中读作[ра́д'ио]。период 等词也有类似的发音变体。"(Панов 1967：65)

此段引文中班诺夫所举的两个例子都是外来词,这并不是偶然的。总体上来看,俄语固有词中包含元音连读的词汇单位不多,而在外来词中这种语音现象却相当普遍,这也正是有人认为俄语中存在一个语音子系统——外来词语音子系统——的证据之一。比如,"这些词①的发音原则上需要有不同于其它词的描写规则"(Гловинская 1971：54;另请参见:Гловинская 1971, 1976)。

外来词中最常见的情况是一次元音连读,即两个元音的组合。但是也可以见到包含三个、四个、甚至五个(!)连续元音的外来词(此处所说的外来词包括借词和在俄语中借助外来词素构成的词)。下面我们分别看一下这几种元音连读情况。

(1) 一次元音连读

这种情况可以发生在外来词素的内部,也可以(并更经常)发生在外来词素与其他外来词素或俄语固有词素的结合部。这种元音连读现象常见于分析形容词②和以连续两个元音结尾的词中。

下面我们举一些带有一次元音连读的词的例子。这些词来自词典(Крысин 1998)(其他类型的元音连读的例子也都来自这本词典)。当然,以下列举的这个词表不可能穷举所有元音连读现象,我们只是用此证明:元音连读现象在外来词中分布很广,提出"存在一个外来词语音子系统"的观点并不是空穴来风。这个词表中的词很多,通过它们,我们可以了解外来词中的两个或多个元音组合的基本情况:

аблаут, авиа-(以及带有这个词的组合:авиадесант, авиапредприятие 等等), авиатор, авиация, авуары, агиография, адажио, ажиотаж, аквариум, аккордеон,

---

① 格洛温斯卡娅认为,除了外来词之外,在语音方面构成单独类别的还有地名、拟声词和缩写词。

② 关于诸如 кино、радио 这样的词汇单位的语法地位和性质问题在语言学中有不同的看法。有人倾向于认为它们是词(而不是词的一部分),属于分析形容词。这样一来,киноустановка, радиопередача 就是词组(而不是复合词)。比如,请参见帕诺夫的一系列著作(Панов 1956, 1971; *Русский язык и советское общество*, 3：111)。最早提出 киноустановка, радиопередача 这类组合"不是复合词,而是词组"的是列福尔马茨基(Реформатский 1955：226)。

аксессуары, актуальный, анабиоз, ангио-(以及带有这个词的组合：ангиоспазм, ангионевроз 等等), аорист, аорта, аортальный, апартеид, ареопаг, архео-(以及带有这个词的组合), археолог, археологический(在讽刺性言语中可以取消元音连读, 读作：ар[х'иᵊ]логи́ческий), археологический, ассоциация, ассоциировать, аудио-(以及带有这个词的组合：аудиокассета, аудиотехника 等等), бактриан, бальнеология, библио-(以及带有这个词的组合：библиография, библиотека, 后者的标准发音读作：биб[л'ил]те́ка, 在俗语中可以紧缩元音(стяжение гласных), 取消元音连读, 读作：биб[л'л]те́ка), био-(以及带有这个词的组合：биография, биология, бионика), боа, вакуум 和 вакуум-(比如 вакуум-насос 等等), вариант(一些老一代知识分子对此词不采取元音连读, 读作：ва[р'ja]нт), вариация, видео 和 видео-(比如 видеоклип, видеосигнал 等等), визуальный, витуальный, вуайеризм, гаолян, гаубица, гаучо, гелио-(及其派生), гениальный, гео-(及其派生), гомеопатия, гривуазный, гуашь, гяур, диалог, диаспора, диета(在正音词典中只有一种发音, 即 e 发 э 的音：[д'иэ]та, 而在卡列恩丘克和卡萨特金娜编写的词典中则允许两种发音：带 й 的发音[д'иjэ]та 和不带 й 的发音[д'иэ]та), диод, доминион, дредноут, друиды, дуоденальный, есаул, жовиальный, жуир, зоо-(及其派生), зоология(在讽刺性言语中可以紧缩元音, 读作[зл]ло́гия), зуав, игуана, идеал, идеология, идиома, идиот, иезуит, икосаэдр, импресарио, инаугурация(这个词中的字母组合[ау]只有广播电视的播音员才采取清晰发音, 在不太正式的言语中通常采取元音紧缩的读法：и[нл]гура́ция), ингредиент[允许两种读音：元音连读形式的ингре[д'иэ]нт 和第二个元音发生 j 化的[д'иjэ]нт(Каленчу, Касаткина 1997：181)], индуизм, инициалы, интернационал①, интуитивный, интуиция, ионизация(这个词中的词根 ион 按照正音规范不应采取元音连读, [о]前的 и 应变为 й, 即读作：[jон]), ионический, ипекакуана, иудей, иудаизм, ихтио-(及其派生), ишиас, кааба, каатинга, кабриолет, казеин, казуистика, какао(关于词尾连续元音的发音特点将在下文介绍), камбио, канкроид, каноэ, каолин, кардио-(及其派生), кариес, каудильо, каустик, каучук, клоака, клоун, коала, коагуляция, коалиция, коитус, компаунд, кондуит, конгруэнтный, коэффициент, крааль, креозот, креол, креолизация, крио-(及其派生, 如 криотерапия 等), круиз, куафёр, кугуар,

---

① 卡萨特金娜曾提醒我注意：20世纪上半叶的知识分子可能在这个词发音时不采用元音连读——元音 о 发生 j 化, 并把 ц 软化, 即读作：интерна[ц'л]нал. революционер 一词同样也可能取消元音连读, 读作：револю[ц'о́]нный(比如：у А. Блока：《Революцьонный держите шаг, Неугомонный не дремлет враг》).

кулуары, лабиализация, лабиальный, ламаизм, лампион, лауреат, левиафан, легион, легионер, легуа, лигроин, линеаризация, линеарный, линолеум, лобио, локаут, люизит, люэс, мадемуазель, макао, макиавеллизм, маниока, мануальный, мареограф, марионетка, марихуана, маседуан, материализация, материализм, материалист①, матримониальный, матуар, маузер, махаон, маэстро, медиальный, медиана, медиатор, медиация, медиевистика, медиум, мелиорация, мельхиор, мемориал, менструация, менструировать, меридиан, меридиональный, метео（及其派生），метеор, метеорит, миелит, мио-（及其派生：миоглобин, миография 等），миома, миссионер, муар, муэдзин, мюид, мюон, наиб, наивный, нактоуз, неандерталец, нео-（及其派生），неон, нокаут, нокдаун, ноу-хау, нуклеарный, нуклеин, нюанс, оазис, одиозный, оидиум, океан, океанавт, океанический, океанолог, океанология, олеография, оогамия, оолиты, оомицеты, ооцит, ориентация, ориентир, ориентировать(ся)（后三个词中可以把 е 读作 j 化的[э]，即：[р'иjэ]……，这与正音之间有矛盾），оркестрион, остео-（及其派生：остеотомия, остеохондроз 等），отиатрия, официант, официозный, павиан, палео-（及其派生：палеоботаника, палеомагнетизм 等），паллиатив, панкреатит, пансион, пансионат, пантеизм, патриарх, патриархальный, патриархат, пауза, паупер, пауперизация, паушальный, педиатр, педиатрия, пелагиаль, пеон, период, периодизация（在讽刺性言语中可以紧缩元音[ио]为[и]：пе[р'и]диза́ция），пиала, пианино, пиано, пианиссимо②, пиастры, пиелит, пиетет, пион, писсуар, пиурия, плагиат, пелеоназм, подиум, поляроид, потенциальный, поэзия, поэма, поэт, поэтический, преамбула, приоритет, проект, проектировать, проекция, промоутер, протеины, псориаз, пуанты, радиальный, радиант, радиатор, радиация, радио, радио-（及其派

---

① 在一些词（主要是外来词）中，元音连读〈иа〉和〈ио〉，可能会被消除，〈и〉完全隐失。比如，специальный 可读作：спе[ца́]льный；милиционер 在口语可读作：мили[ца]не́р（规范的读法应当为：мили[цы'а]не́р）（参见：Каленчук, Касаткина 1997：395, 244）。这里还可以加上 официальный 这个词，在口语中也可以读作没有〈и〉的 офи[ца́]льный。此外，如果连续元音前有软化的响声辅音（指俄语辅音 р, л, м, н——译注），则第二个元音也可能会发化 j 化，比如：мате[р'jа́]л, мате[р'jа́]льный，以及口语中的读法：ми[л']jо́н, ми[л']jа́]рд。在一些词中，这样的发音已经体现在拼写中了，比如：бильярд, брильянт（试比较另一种拼写形式：биллиард 和 бриллиант）。

② 列福尔马茨基认为这几个词也可以不采用元音连读，读作：[п'jан']ино, [п'jа́н]о, [п'jан']и́ссимо。但更常见的读法还是采用元音连读（即第二个元音不进行 j 化），读作：[п'иан']ино, [п'иа́н]о, [п'иан']и́ссимо（这样更符合现代的拼写规范），虽然老一代知识分子中对类似结构不采用元音连读的人不在少数。再比如，老一代知识分子还可能采用这样的读音：ва[р'jа́]нт, спа[р'jе́]ль, мате[р'jа]ли́ст, 等等。

生）, радиус, рангоут, раунд, раут, рацион, рациональный（在讽刺性言语中可以紧缩元音, 读作[рьцлná] льный）, реагент, реактивный, реакционер, реакция, реализм, реальный, реанимация, революционный, регион, рекамбио, реквием, рекреация, реостат, репатриант, репатриация, репертуар, реэвакуация, риелтор, ритуал, розеола, руины, сауна, силуэт, синтоизм, сольфеджио（也可以为 сольфеджо）, соус, социальный（及其同音词）, социо-（及其派生：социолингвистика, социодинамика 等）, социум, спаниель, спартакиада, стадиальный, стадион, статуарный, статуэтка, стационар, стерео-（及其派生）, стипендиат, страус, стюард, стюардесса, сюита, таблоид, табуировать, тапиока, татуировка, тахеометр, театр, театральный（在讽刺性言语中可以紧缩元音, 读作[т´átр], [т´лтрá]льный）, теизм, теин, тенденциозный, теодолит, теория, теоретический, триада, триангуляция, триатлон, трио, триумф, триумфальный, троакар, тротуар, трюизм, туалет, уанстеп, узуальный, уик-энд, униаты, унионизм, Уотергейт, факториал, фараон, фауна, фаэтон, фейхоа, фиакр, фиалка, фиаско, фидеизм, фиеста, физиономия, физиотерапия[①], флюиды, флюорография, фолиант, фрау, фреон, фтизиатр, фтизиатрия, фуэте, хамелеон, хаос, хаотический, хариус, хиазм, хиатус, хилиазм, химио-（及其派生, 如 химиотерапия 等）, хореограф, хореография, христианин, христианство, целлулоид, циан, цианиды, цианистый, цианоз, циклоида, чау-чау, чемпион, чемпионат, шиизм, шииты, шоу, шоу-（如 шоу-бизнес, шоу-группа 等）, шоумен, шпангоут, эвакуация, эвакуировать, эвентуальный, эволюционизм, эволюционный, эвфуизм, эгоизм, эгоист, эксгаустер, эксгибиционизм, экспансионизм, эксплуатация, эксплуатировать, экспроприация, экспроприировать, энеолит, энтеробиоз, энуклеация, эозин, эолит, эоцен, эпидемиолог, эпидемиология, эпиорнис, эссеист, эстуарий, этиология, этуаль, юань, юниор, ягуар.

(2) 两次元音连读

两次元音连读通常出现在外来词素的结合部, 比如: аудиоаппаратура, адиоэффект, биоэнергетика, видеоаншлаг, видеооптика, идеоадаптация, радиоэлектроника, радиоэхо, радиоактивный（此词有两种发音, 可以是两次元音连

[①] 虽然физио-在构成新词时的能产性并不强, 但是它也完全可以被看做是一个分析形容词。比如下列发生在门诊挂号处的言语：—Я не пойму: вам надо в *физио* или просто в терапию？; Ему уже ни *физио*, ни мануальная терапия не помогает; Там не только *физио*-, но и даже *термо*- и *криотерапия* есть.

读,也可以是一次元音连读,即 ра[д́илл]кти́вный 和 ра[д́ил]кти́вный),маоизм,маоист① 等等;两次元音连读也可以出现在词素内部,比如:пауэрлифтинг②[读带次重音的[а]。再比如英国乌托邦主义者欧文的学说名称 оуэнизм(欧文主义)、专有名词 Иоанн, Иоакинф,以及 Иоанн 的派生词 иоанниты(约翰骑士团)]。如果一次元音连读⟨ио⟩处于词首,并且⟨ио⟩中的第二个元音 о 带重音或次重音(побочное ударение),元音连读有可能会被消除。比如:о 带重音时,ион 读作[jóн];о 带次重音时的例子:ионосфера, ионотерапия 读作[jóнл]сфера, [jóнл]терапий(я)。而 Иоанн, Иоакинф, иоанниты 这几个两次元音连读的词与此不同,它们的两次元音连读都要保留。其中的⟨о⟩或者保留完整的发音,或者被后面的元音⟨а⟩同化,即⟨иа⟩读作⟨ла⟩。

(3) 三次元音连读

在两个外来词素的结合部可以三次元音连读的情况。其中一个词素是以双元音结尾的,另一个词素是以双元音开头的。这种元音连读只有这一种情况。比如:биоионизация, кардиоионотерапия, остеоаутотрансплантация, неоиудаизм。这种词组具有非能产性,因为以双元音开头的词很少。

(4) 四次元音连读

这种情况更具异国情调,它只具有理论上的可能性,实际中未必会出现这种词③。比如,可以造出这样的词:неоиоанниты 和 неооуэнизм。这样的词中有五个连续的元音,它们在发音时大概都不能缺少(这些词中的 нео-带有重音)。

必须指出的是,在现代俄语中,分析形容词的数量有明显的增长趋势。而这些分析形容词中主要是外来词。它们在语音结构上各有不同的特点。值得一提的是,其中一些分析形容词还是以辅音结尾的,比如 бизнес-(бизнес-класс, бизнес-план 等等), мед-(медперсонал, медвытрезвитель 等等), опер-(оперуполномоченный,

---

① 在词根和后缀的结合部出现的两次元音连读大约只出现在以双元音结尾的专有名词中。目前只发现两个这样的词[这里顺便指出的是,它们没有收录在扎莉兹尼娅克的《语法词典》(*Грамматический словарь*)中,但这无疑是重要的发现。应当指出的是,在 маоизм 和 маоист 中,可以在发音时保留元音连读,即[мао́изм], [мао́ист],同时也可以把元音组合[ао]紧缩为[а̄],即[ма̄о́изм], [ма̄о́ист]。而 радиоаппаратура 一类词却与此不同:радио 一词上有独立的重音,并且[о]和[а]之前形成了词素障碍,阻止它们紧缩为无重音的长元音[а̄](关于影响中言语中出现长元音的因素可参考:Пеньковский 1973)。

② 在类似的外来词中有两个重音,这种情况是在源语言中(并非在俄语中)两个词合成后的结果,再比如其他一些例子:а́рмре́стлинг, бо́диби́лдинг, ви́ндсёрфинг, ма́унтба́йк, са́ундтре́к, уо́терге́йт。这些词都是不久前借用的并且俄化程度较低的外来词。

③ 但是,如果突破词和词组的界限看,在现代俄语言语语篇中在几个词的结合部是完全有可能出现四次元音连读的。比如:В прокате—видео и аудиоаппаратура; Дайте мне не видео, а аудиокассету; В отличие от видео, у аудиоаппаратуры срок гарантии короче; Слушала, слушала радио, а уотергейт что такое, так и не поняла, 等等。

оперчасть 等等），спец-（спецталон，спецполиклиника 等等），секс-（секс-бомба，секс-услуги 等等），эрзац（эрзац-кожа，эрзац-товары 等等）,等等。但是鉴于我们这里研究的是元音连读问题,因此我们只关注那些以一个或两个元音结尾的分析形容词。它们与元音开关的词根一起构成包含元音连读的组合。这些分析形容词数量相当多（下面我们只列举出那些以一个元音结尾的分析形容词,以两个元音结尾的分析形容词我们已经在前面介绍一次元音连读的时候列举过了）：

авто-，аэро-，газо-，гало-，гальван-，гамма-，гастро-，гемато-，гемо-，гетеро-，гипро-，гидро-，гисто-，гомо-，графо-，дактило-，дельта-，дермато-，динамо-，евро-，изо-（在构成诸如 изоамплитуда, изоэнзимы 等组合时），иммуно-，инфра-，ионо-，иридо-，карбо-，кино-，комби-，космо-，крипто-，ксеро-，ксило-，лакто-，лейко-，лито-，макро-，макси-，мега-，мегало-，мезо-，мини-，моно-，мото-，нарко-，невро-，нейро-，нитро-，окси-，онко-，органо-，орнито-，орто-，ото-，петро-，пиро-，плазмо-，пневмо-，порно-，прото-，псевдо-，психо-，рентгено-，ретро-，сапро-，сейсмо-，селено-，склеро-，спектро-，термо-，техно-，фито-，фоно-，фото-，хемо-，хромо-，хроно-，цито-，экзо-，эко-，экто-，электро-，эндо-，энтеро-，энто-，эхо-。目前,这一词表中的词还在继续增加。

因为现代俄语中分析形容词与其他词的结合非常积极,所以这加大了新组合中包含元音连读的可能性。如果分析形容词是以一个元音结尾的,而与它结合的另一个词是以一个元音（或两个元音）开头的,这样就会构成包含一次元音连读（或两次元音连读）的新词组,比如：автоинспекция，киноустановка，телеанонс，электроизоляция，аэроионотерапия,等等。借助以双元音结尾的分析形容词（比如 авиа-）,可以构成包含两次或三次元音连读的词组,比如：авиаотряд，аудиоанализ，радиоинженер，биоионизация，биоаэрация，социоаутсайдер,等等。这种构造中的分析形容词带有重音,比如：а́удиоана́лиз，би́оаэра́ция 等等。分析形容词带有重音有助于保留发音时的元音连读。在这方面,以上列举的这些词组[列福尔马茨基将其称为"伪复合词"（见 Реформатский 1967：292)]就像是句子中分开写的连续的词——其中一个词以元音结尾,另一个词以元音开头（或者以元音开头的词前面有前置词和连接词：у，а，и 等）。比如：спросили у Ивана；повезло и Олегу；мои и аудитора Петрова документы；Дай мне алоэ，а у Алёши попроси градусник,等等。

我们可从包含连续元音的外来词的发音方面发现一些趋势。总体上来看,当元音连读出现在词素的结合部的时候,外来词中的发音要比固有词清晰。这里的原因实际上并不在于要在发音上区分"外来词——固有词",而在于：相对于固有词而言,外来词使用频率更低。词的使用频率低本身就会给词的发音造成某些影响（参见：Гловинская 1967）。特别是,低频词的非重读元音弱化程度更低。比如,请对比非重读元音〈o〉在下面对比词中的发音：боа-поахать，рококо-проколоть；再请对比非重读的⟨э⟩在下面对比词中的发音：реквием—зданием：[ре́кв′иэм]，[зада́н′иьм]，等等。在诸如 аортальный，троакар 等词中，元音组合⟨оа⟩中的每一个元音都保留了自己固有的发音性质：[аорта́л′ный]，[троака́р]。

在词尾上的紧随重读或非重读元音之后的非重读元音通常也保留自己的发音性质，不进行弱化（或者弱化不明显），比如：[кака́о]或[кака́оъ]，[мака́о]或[мака́оъ]，[ло́био]或[ло́б′иоъ]，[тр′и́о]等等。⟨列福尔马茨基指出，在外来词中，处于重音后位的元音即使处于词素结合部（不带重音）也完全保留其元音本身的发音性质，他举的例子是："[кака́о]，[м′ика́до]，甚至[иънэрго]ресурсы"(Реформатский 1966：101)⟩。

本文描写的各种元音连读现象表明："音位筛（фонологическое сито）"[音位筛是特鲁别茨柯依(Н. С. Трубецкой)创造的术语，列福尔马茨基也使用过这一术语（参见：Реформатский 1966：98—99)]能够筛出语言系统中所有的"外来货"。俄语中存在相当巨大的语音空位，这些空位允许出现一些非固有的语音现象。虽然元音连读对于俄语词素的语音结构而言是非典型的（即使在词素接合部也不常见），而在外来词汇的语音子系统这却是一种分布很普遍的常见现象。

7.1 外来词在详解词典中的体现：外来词的词典学信息类型①

在俄语词典学传统中，外来词词典是一种备查文献体裁，其功能是给俄语读者解释出现在科技和文艺篇章译文中的外来词。最早（18 世纪）它们只是书的附录或小规模词表，后来（19 世纪末至 20 世纪初）开始出现注解疑难外来词的单行本词典，这些词典的编纂定位于对外来词表示的事物或概念进行百科全书式的描写，提供词语的语言学方面的信息，规范词语的拼写形式（有时一个词可能有几种拼写形式），以及解释词源。

令人不解的是，虽然 20 世纪最近几十年理论词典学有了很大的发展（尤其是，词的语言学阐释原则得到研究和应用），但是外来词词典依然是旧的释义法的"遗产"，它们本质上依然是对相关概念的百科阐释，这些词典释文的功能是解释或介绍不为读者熟悉的事物。

比如最有名的《外来词词典》，先后经过了二十多次再版。它毫无疑问是一本有用的工具书。此外，还有《现代外来词词典》(М. 1992)也很重要。这些词典基本上都是百科全书式的。其中包括关于外来词表示的概念、现象、事物方面的信息，但是几乎完全没有外来词的语言学方面的信息，比如其语法特性、发音特点、构词派生、修辞属性等等。

而且，那种认为外来词词典只具有实践意义的观点大概随着词典学的发展已经过时了。现在，这种词典编纂方法是不合理的。原因不仅仅在于选词的标准不

---

① 本部分最早发表于《今日俄语学》(Русистика сегодня)杂志，1995 年，第 2 期。

明确(同一种语言使用者中,一些人可能不了解和熟悉的某些词,而另一些人可能很好地了解和熟悉它们,反之亦然),最主要的原因是:同20世纪初相比,使用外来词词典的人群构成发生了变化,他们的"社会身份"改变了,文化和受教育水平提高了。现代外来词词典应当首先定位于有文化的,掌握了标准语的读者。这类词典向读者传达的应当不仅仅是关于某个词表示的事物的信息,而且应当是完整的语言学、历史文化和百科性质的知识。

因此,过去那种只解释不为人熟悉的外来词汇单位的外来词词典应当进行改变,它应当同时具有详解词典、词源词典、百科全书和规范指南的性质,反映一个社会的文化(包括语言)水平。

本文的目的就是展示这种外来词词典编纂法的优势——它能最大限度地提供关于词的信息,首先是语言学方面的信息。因为语言使用者在外来词使用时遇到的难点往往不仅是某个词表示的概念不清,而是"这个词属于哪个科学、技术和生产领域?它应当如何发音?它具有哪些语法特点?(比如 авокадо, альсекко, гель, колибри, шампунь, шимпанзе 等词属于哪个性的语法范畴? каперсы, пьексы, шлицы 等词是否有单数形式? ажитато, вибрато, кантабиле 等词属于哪个词类?)",等等。

由此我们产生一个思想,就是必须使描写外来词的词典释文接近普通详解词典的词典释文。当然,同时还应保留词源方面的信息(并且,尽量注明该外来词借入俄语的途径),必要时,还要提供关于该外来词所表示的事物的最低限度的百科知识方面的信息。

按照这种外来词词典编纂原则,一个外来词的词典释文应当包括几个部分,每个部分能够提供该外来词的语言学和百科知识方面的不同类型的信息[①]。我们认为,应当分为11个部分:(1)标题:词的原形;(2)词的发音信息;(3)语法特点;(4)词源;(5)词(术语)的主要使用领域、修辞特点;(6)释义;(7)使用举例;(8)构词派生;(9)该词构成的固定短语,包括术语短语;(10)关于该词所表示的事物的百科(历史文化、科学、技术等)知识;(11)与该词在意思上相近的同类的词(这里并非指同义词)。

(1)、(3)、(4)、(6)是必须有的,它们在所有的外来词词条中都要存在;其它部分是可选的,只有存在相关信息时才可能出现。

以上列举的这些部分中包含的信息有些在现代详解词典中也同样包含,比如(1)、(3)、(5)、(6)、(7)部分。虽然我们所说的这几个部分中包含的信息有自己的某些特点(因为它们涉及的是外来词),但总体上来看,对于这些部分我们不需要专

---

① 在词典释文中分区的方法是梅里丘克和茹科夫斯基在《俄语详解组配词典》(Толково-комбинаторный словарь русского языка)中最先使用的(Мельчук, Жоковский 1984)。

门进行详细的解释。因此,下面我们对于这几个部分只做简略的介绍(把重点放在外来词词典独有的部分上):

(1) 标题。该区给出词的原形,标注重音(如果该词允许两种重音形式则标注两个重音符号,比如:БАЗИ́ЛИ́КА, РА́КУ́РС)。标题区还可以给出词的形式(语音、拼写或语法)变体,比如:БАНИА́Н-БАНЬЯ́Н, БРИЛЛИА́Н-БРИЛЬЯ́НТ, БАТУ́Т-БАТУ́Д; АБА́К,-а, *м.* и АБА́КА,-и, *ж.*

(2) 词的发音信息。该区涉及词的所有或个别词形的发音:① 如果词(或词形)的发音与某个音或音组的标准发音规则不同的话,需指出它们的正确发音。比如:АБСЕНТЕИ́ЗМ [тэ], ДЕНДРА́РИЙ [дэ](在俄语固有词和其他某些外来词中,[э]前的[т]和[д]应该软化);② 指出词的几种(不具有语义或修辞区别的)发音变体,比如:ЭНЕ́РГИЯ [не́] 或 [нэ́];③ 指出在修辞或社会使用方面受限的发音变体,比如:АВАНПО́СТ,-а (口语:аванпоста́); КО́МПАС (海员中使用:компа́с); ④ 发音禁忌。比如:ПУЛО́ВЕР (不读作:полуве́р), ШИНЕ́ЛЬ (不读作:[нэ́])。

(3) 词的语法信息。其中包括:① 对于名词,要给出其基本形式(单数二格和复数一格的词尾);对于形容词,要给出各性的词尾;对于性质形容词,还要给出阳性和阴性短尾形式的词尾;对于动词,要给出其第一和第三人称形式单数形式(词干辅音+词尾);② 给出词的语法特点。

对于名词,还要标注是否变格,是否只使用或优先使用单数或复数。与现有详解词典不同的是,这类词典还要标注该词是否是动物名词(《*одуш.*》),也就是说,其单、复数二格和四格是否相同(阳性动物名词二、四格完全相同;阴性动物名词复数二、四格相同,单数二、四格不同)①。"动物性"特征的描写不仅针对变格名词,而且针对不变格名词,因为与第四不变格名词具有一致关系的形容词也面临形式选择问题(即四格同一格,还是四格同二格)。比如:

РЕ́ФЕРИ, *нескл.*, *м.*, *одуш.* (Для судейства пригласила еще *одного рефери*; ср.: Надо добавить ровно *один* [не: * *одного*] кюри);

ЛЕ́ДИ, *нескл.*, *ж.*, *одуш.* (Пригласили *двух молодых* [не: две молодые] леди; ср.: *Снимите эти жалюзи*).

有极个别的词,名词四格既可以按动物名词变化,也可以按非动词名词变化。此时需要标注两个特征:"动物性"和"非动词性"(《*одуш.*》 и 《*неодуш.*》)。比如бактерия(可以说 изучать бактерии, 或 изучать бактерий)、персонаж(可以说 Лев Толстой любил все свои персонажи, 或 Лев Толстой любил всех своих персонажей),

---

① 关于句法特征的概念,以及动物名词的句法特征,请参见(Апресян 1988)。梅里丘克和别尔佐夫合著的关于英语表层句法的著作中最早提到了这一概念对于语言学描写的必要性。

等等①。

除此之外,这种成对的双重标注还出现在需要选择"植物还是动物"的情况下。比如,生物学术语 автохтон 指"本地种,固有种(本地固有的动植物)"。比如:

Он изучал *автохтонов* (指动物).—Он изучал *автохтоны* (指植物).

专有名词需给出"以大写字母开头(*с прописной буквы*)"的标注(如果词条标题是全部字母大写时,必须给出这样的标注)。这一标注可以针对所有词形,也可以只针对个别义项,因为专用名词的其他义项有可能是普通名词。比如:

ДИА́НА,-ы, *ж.*, *одуш.*, *с прописной буквы*;
ГЕРКУЛЕ́С,-а, *м.* 1. *одуш.*, *с прописной буквы*. Герой древнеримской мифологии…; в двух других значениях ('человек, обладающий громадной физической силой' и 'сорт овсяной крупы') это существительное является нарицательным и пишется со строчной буквы (ср.: *Мне не сладить с таким геркулесом; По утрам он ел кашу из геркулеса*).

专有名词不用专门指出无复数形式。而对于普通名词,比如 аскетизм,应标注:"无复数"(《*мн. нет*》),虽然它们肯定没有复数,因为它们都是特指的。之所以不用专门标注"无复数",是因为:首先,人或物的专名已经做了"以大写字母开头"的标注;第二,专有名词虽然指称的是独一无二的事物,但是原则上仍然是可以构成复数形式的,比如:В этом текстиле речь идет о дух Геркулесах-о мифологическом герое и о современном греке по имени Геркулес.

对于 хаки, эпонж 等不变化的形容词要标注"不变化"(《*неизм.*》)。

动词需标注体(未完成体和完成体)和支配关系(用受支配的代词来表示)。比如:АККОМПАНИ́РОВАТЬ,-рую,-рует, *носов.*, *кому—чему*; АННУЛИ́РОВАТЬ,-рую,-рует, *несов. и сов.*, *что*.

(4) 词汇。该区需指出外来词借用的源语言,以及在该语言中的原型词,对于间接借入俄语的词,还要尽可能指出其"中间过渡"语言(中介词),以及该语言中的相应词语。比如:

ГЛЮКО́ЗА… (фр. *glucose* < *glycose* < греч. *glykye* 'сладкий');
СИРО́П… (фр. *sirop* патока < ит. *siroppo* < араб. *šarāb* 'напиток').

---

① 叶西科夫在《俄语简明疑难词典》(*Краткий словарь трудностей русского языка*. М., 1994)中,对两可的"动物性"(《одуш.》)的"非动物性"(《неодуш.》)性征进行了标注。

在一些情况下，为了解释某个词的历史需要有篇幅稍长的文字说明，通常是说明那些来自专名的词，与古代的神话、传说有关系的词，或者是那些与原型词的差别较大的词。比如：

АЛЬФО́НС...（по имени героя комедии А. Дюма-сына 《Господин Альфонс》）；

ПИТО́Н...（＜ греч. *Python* Пифон-мифической змей, убитый Аполлоном）；

АМАЗО́НКА...［исп. *amazone*, ит. *amazzone* ＜ греч. amazōn (amazōnes) ＜ а... без... ＋ *mazos* 'грудь'；по древним сказаниям, для удобства стрельбы из лука амазонкам еще в детстве выжигали правую грудь］.

（5）优先使用的领域、修辞特点。此区中对外来词的标注分为两类内容：1）词（术语）的优先使用领域，比如：*мат.*，*мед.*，*хим.*，*биол.* 等；2）修辞标注，又分为：① 指出该词使用的语体和标准语变体；② 指出说话人对这个词表示的事实、事物、行为、属性的评价态度，比如：*ирон.*，*неодобр.*，*шутл.* 等；③ 指出该词在现代言语中使用的积极程度，比如：*устар.*，*ист.*（＝историзм），*редк.*

（6）释义。总体来看，外来词词典的释义部分与普通详解词典是一样的。多义外来词在词典编纂时会产生词条中的义项排序问题，对这一问题的解决可参照以下原则：首先描写直义，然后描写转义［比如：АС——① 王牌飞行员；② 尖子运动员；③ 大师，(在某方面造诣很高的)能手］；当直义和转义很难区分或不可能区分的时候，更普通、更常用的义项要放在前面；而更为专业，使用限于某一领域，或更不常见的义项要放在后面。比如：

КАНА́Л... 1. искусственное русло, наполненное водой；2. узкое длинное полое пространство внутри чего-либо в виде трубы, трубки；3. *спец.* всякое устройство для передачи информации.

对于陈旧义项的注解要放在现代积极使用的义项之后。如果某个词的最初义项已经完全陈旧或已成为历史词，而积极使用的只是这个词的转义的话，在释义区只给出转义义项，已经不使用的，或者对于该词的现代用法而言确定已经不再具有现实性的义项可以放在该词的历史文化信息区（下面将介绍）。比如，对 ГРАЦИЯ 一词的释义为：①（姿态）优美，优雅，婀娜多姿；② 紧身褡（一种妇女紧身衣）。而这个词最初包含的神话方面的信息——象征美丽、优雅、快乐的三位女神——应当在历史文化注释中给出（试比较：《现代外来词词典》中的标注——把此义项作为 грация 的第一个义项）。

专业术语的描写具有一定困难。一方面,外来词词典中必须指出相关概念的所有特征;另一方面,外来词词典又不应考虑到所有读者的需求(在这一点上与各科学和技术领域的百科词典不同)。因此,外来词词典中应当合理地放弃一些对专业和百科知识的过于详细的描写①,同时又不能漏过术语中最重要的语义成分②。

前面对使用领域的标注在某种程度上也预示着专业术语的释义类型,对专业术语的解释与通用词不同,也与已经超出专业范围使用的术语词(比如 апогей,орбита,вакуум 等)不同,这里专业和百科性质的信息是必要的,因为没有这些信息非专业人士就无法理解相应术语。比如,在描写化学术语的时候,不仅应当给出术语本身的解释,而且(比如说),解释该化合物是如何生成的,用于何处,如何使用,等等。比如:

АСАФÉТИДА... *хим.*, *мед.* Смолистое вещество с резким чесночным запахом, добываемое из корней среднеазиатского растения——ферулы асафетиды; примен. в медицине.

不管是对于外来通用词,还是外语术语词,对其释义都有明确的要求,即:描写形式一致、逻辑上无矛盾性,对语义特征进行显性描写。比如,在能形成一个词族(指意义方面)的一类词,或彼此相关的一系列术语的释文中应包含共同的语义成分,它们出现在所有这一词族或术语链中的词的释文中。除共有语义成分外,还要有特有语义成分,以体现该词和其它词之间的区别。

比如,对于 баскетбол(篮球),волейбол(排球),гандбол(手球),пушбол(笼球),регби(橄榄球),футбол(足球)这一系列词的解释中,应当包含共有的成分"球类团队运动",它们是这类词共有的语义成分(义素),正是这一语义成分把它们与其他非团队运动[如 пинг-понг(乒乓球)],不使用球的运动[如 бадминтон(羽毛球)],以及既非团队,又不使用球的运动[如 шахматы(象棋)]区分开来。还有一个语义成分是这几个词共有的,就是这些词表示的比赛都有两个彼此对抗的运动队参加(试比较:биатлон(现代两项滑雪)和 кросс(越野赛)中可能有多支运动队参加)。除了

---

① 在《外来词词典》中,一些物理、化学、数学术语的注释中包含的信息过于专业,只有经过这一领域的专业训练才能看懂。比如,СПИН 的释义为:

собственный механический момент количества движения элеметарной частицы (электрона, протона, нейтрона) или атомного ядра, всегда присущий данному виду частиц, определяющий их свойства и обусловленный их квантовой природой; частицы и целочисленным значением спина (0, 1, 2, ...) в спец. единицах h=6.626·10^{-34} Дж·с. называются *бозонами*, с получелым спином (1/2, 3/2, ...)-*фермионами*.

② 根据词典学的基本原则,在通用词典中应标注广大语言使用者对某个专业术语形成的朴素概念,而这一原则于外来词词典而言却难以接受,因为给出术语的最常用的,符合现代科学的释义,是这类词典的任务之一(正是在这一点上外来词词典不同于一般的详解词典)。

共同的语义成分之外,以上每一个词还都各自有揭示其自身语义特点的特有语义成分。比如:

  БАСКЕТБО́Л... Спортивная командная игра в мяч: ведя мяч ударами о пол и перебрасывая мяч друг другу, игроки каждой из двух противоборствующих команд стремятся забросить мяч руками в 《корзину》— металлическое кольцо с сеткой, прикрепленное на определенной высоте к щиту;

  ВОЛЕЙБО́Л... Спортивная командная игра в мяч: ударяя по мячу руками, игроки каждой из двух противоборствующих команд стремятся перебросить его через сетку с тем, чтобы он упал на площадке соперника и коснулся пола.

  再比如,各种表示头部偏离正常形状的术语——акрокефалия(塔状头), брахикефалия(短头), долихокефалия(长头), макрокефалия(超大头), микрокефалия(超小头), скафокефалия(舟状头)等——有共同的语义成分"颅骨的非正常形状"。除此之外,这些术语中的每一个还有各自特有的语义成分:

  АКРОКЕФА́ЛИЯ... Аномальная форма черепа в виде башни;

  БРАХИКЕФА́ЛИЯ... Аномальная форма черепа, при которой отношение ширины головы к ее длине в процентах больше 80; короткоголовость;

  ДОЛИХОКЕФА́ЛИЯ... Аномальная форма черепа, при которой отношение ширины головы к ее длине в процентах меньше 75; длинноголовость.

  (7) 外来词汇使用举例。并不是所有的词条都需要有示例,通常只在以下情况下举例:① 多义词(义项之间的区别可以通过例子明显看出);② 与其他词语存在成语性搭配的词(比如: АМБРЕ́: *От этого мяса такое а.*! ВИЗИ́Т: *нанести в.*);③ 需要用例子来显示某个词的语法特点时(比如 АГУТИ́... *м.*, *одуш*... *Поймали маленького а.*);④ 词语表示某种装置、物质、现象等,需揭示其本质、结构、属性、功能或变体,也就是说,需给出百科性质的信息,而这些信息用例子的形式给出可能比较方便(比如 ДИСПЕ́РСИЯ... *Д. света. Звуковая д. Увеличение, уменьшение дисперсии*; РЕЛА́... *Электрическое р. Тепловое р. Р. времени*; КОНВЕ́РТЕР... *Горловина конвертера. Кислородный к.*)。

  (8) 构词派生区。该区的目的是展示外来词的构词能产性(众所周知,这是外来词在借用语言生根的重要指标之一),需给出"一次"派生词,即那些直接构成的派生词。比如,在 СИСТЕМА 的词条中,应当给出形容词 системный,但是名词 системность, системник 则无须给出(因为它们是由该形容词进一步派生的)。

(9) 该语的固定短语,同时也包含该术语性搭配。此区的标注方法与一般详解词典相同:出现在词条的末尾(如果词是多义性的话,出现在每一个义项的末尾);固定短语本身也需要有注解,并指出其优先使用范围和修辞标记。比如:

АБСОЛЮ́ТНЫЙ... ◆**Абсолютная величина**（*мат.*）—число, взятое без учета знаков ＋ или—; например, абсолютная величина чисел 10 и -10 равна 10. **Абсолютная высота**（*геод.*）—высота точки на земной поверхности над уровнем моря; то же, что *альтитуда*;

ТАБА́К... ◆**Дело—табак!**（*прост.*）—очень плохо, скверное положение. **(Пропасть) ни за понюшку табаку**（*разг.*）—совершенно напрасно, ни за что.

我们认为,对于一些专业领域的外来词,不应该像某些按百科释义原则编纂的现代外来词词典那样标注其搭配。比如在《现代外来词词典》(莫斯科,1992 年)中, МОЛЕКУЛЯ́РНЫЙ(分子的)一词的词条中描写了 молекулярная физика, молекулярная биология, молекулярная генетика, молекулярный генератор, молекулярные пучки 这些概念。对这些概念进行解释是百科全书或相关领域的百科词典的任务,外来词词典中不应涉及这些问题。

(10) 针对相关现象、事物、概念等的百科知识。它们可以出现在词语的释文中,也可以单独构成一个区。第一种情况主要针对以下这些信息:被称名客体(机器、装置、仪器等)的功能、使用特点、使用范围、与类似客体的区别,等等。比如:

А́РНИКА... *бот.* Род многолетних травянистых растений сем. сложноцветных; примен. в медицине;

АЦЕТИЛЕ́Н... *хим.* Органическое соединение—ненасыщенный углеводород алифатического ряда: бесцветный газ, получаемый действием воды на карбид кальция, а также крекингом и пиролизом метана; примен. для сварки металлов, получения синтетических полимеров и др.

第二种情况是针对该现象的由来、发展历史、文化意义等方面的信息。相比第一类信息,这些信息更容易单独分列出来,它们并不是对词本身的解释(并且,也不属于词本身的词义内容),因此,对于这些信息,可以在独立的区中进行描写。比如:

АВСТРАЛОПИТЕ́К... *антр.* Ископаемая человекообразная обезьяна, близкая к предковой форме человека. │ А. жил в конце третичного-начале четвертичного периода; череп австралопитека впервые найден в Юж., Центр. и Вост. Африке;

ПАРТЕ́Р... (фр. parterre ＜ par по ＋ terre земля, пол). 1. Места в зрительном зале, расположенные рядами параллельно сцене, экрану, эстраде. | Во французском театре 16-17 вв. партером называлось пространство перед сценой, предназначенное для зрителей низших социальных слоев; здесь можно было стоять или сидеть на полу (отсюда название).

在一些情况下,百科性质的知识对于解释词的由来（正如上面所举的партер一词的例子）和影响其意义形成的因素知识而言是必需的。比如：

БИКИ́НИ... (англ. bikini-по назв. атолла Бикини в Тихом океане, Где в 1946 и 1954 гг. производили испытания атомного и водородного оружия). Женский купальник, состоящий из узкого бюстгальтера и маленьких плавок. | Название возникло на основе сравнения этого впечатления, которое производит женщина в таком купальнике, со взрывом атомной бомбы;

КАРНАВАЛ... (фр. carnival ＜ ит. carnevale ＜ carne мясо ＋ vale прощай)... | Назв. возникло в Италии в конце 13 в., когда карнавалы стали сопровождать масленицу (после которой начинался пост, с его запретом на мясную пищу; отсюда название).

(11) 同类词区[①]。该区包含与该外来词（术语）相关的同主题词群或术语链中的其他外来词。这些词汇单位也需要借助共同的和特有的语义成分进行解释。在本词典中,上述同类词区中的每个词都有自己的词条,词条中也包含相应的同类词区。比如：баскетбол, волейбол, гандбол, пушбол, регби, футбол 构成一个狭义主题词群[②],它们有共同的语义成分（上文对此已经有所论述）,在各自的词条中都有

[①] 有必要在普通的,按字母顺序编排的词典中引入这类信息,借助它可以按意思（即按表义成分）查找词,在词典学中,人们早就意识到了这一点。在许多当代出版的词典中,都把按字母顺序编排和按义类编排结合了起来（比如,法国的大罗伯尔和小罗伯尔词典,德国的杜登词典,英国的韦伯斯特词典,等等）。在俄罗斯的词典编纂中,20世纪70年代初,阿普列相在编纂《俄语详解组配词典》（Толково-комбинаторный словарь русского языка）时,首次提出应当有意识地在详解词典的词条中不仅给出该词的同义词、反义词、换位词,而且给出其同类词；再请参见阿普列相在《英俄同义词词典》（Англо-русский словарь синонимов. М., 1979)中的理论性介绍文章。这一词典中贯彻了他的这一思想,即必须在详解词典（包括同义词词典）的词条中给出同类词。在阿普列相主编的《俄语同义词新释义词典》（Новый объяснительный словарь синонимов русского языка. М., 1997, 2000. Вып. 1 и 2)的词条中也设立了同类词区。

[②] 狭义主题词群（узкая тематическая группа）是指释义中有共同语义成分的一类词。但是,在词典编纂实践中,由于释义语言的不完善,很难确定到底需给出那些同类词。此外,对于那些面向大众读者的词典,释文应当尽可能简单易懂,因此在同类词中也只给出那些直观感觉上与被标注词意义相近的词,尽管实际上它们可能完全没有共同的语义成分。比如,веранда（游廊）和балкон（阳台）就可以被看做是语义相近的词。

对同类的其他词的相互援引。

在外来术语的词条中给出同类词的最典型情况是列举出该现象的同类术语。比如,生物学术语 анафаза, метафаза, профаза, телофаза 表示细胞非直接分裂(即有丝分裂)的不同时期。在术语 митоз(有丝分裂,核分裂)的词条中应在百科知识区说明这四个时期,而在这四个术语的词条中,需单独列出同类词区,以列举其它三个同类词。比如:

МЕТАФА́ЗА... ‖ Ср. анафаза, профаза, телофаза.

同类词相互之间既可以是同义词的关系,也可以属于同一个语义场,构成同一个狭义主题词群、术语链,它们的意义和用法都有所不同。对于外来词而言,列出同类词尤为重要,因为说话人往往对外来词(术语)的意思和在言语中的使用条件没有清晰的了解[①]。

7.2 20 世纪末俄语中的词语仿造

传统上,在研究外来词对俄语的影响时,相比借词,人们对仿造词语和仿造过程的关注较少。这种情况最少可以做两方面的解释:首先,语言中(不仅是在现代语言中,还包括在以前的语言中,比如 19 世纪的语言)的仿造词相比借词要少得多;其次,对仿造词语更难解释,因为一个词或词组的产生究竟是外来词影响的结果,还是俄语按自身的发展规律的生产结果,往往难以进行明确的判断。

比如,现在在俄语学中被广泛讨论的惯用语 крутой["酷"的(形容词)], круто["酷"(谓语副词),比如 крутой парень, это круто!]通常被认为是英语 cool 或 touch 的仿造词(请参见:Крысин 1996:161; Ермакова, Земская, Розина 1999:87)。但是我们为什么不把表示"酷"的 крутой, круто 看做是其语义自然发展的结果呢?比如,在 крутые меры, крутой характер 在这类词组中,крутой 就已经产生了这样的义项。这一义项在 1997 年的奥热果夫和施维多娃《俄语详解词典》(Толковый словарь русского языка)中被标注为:"冷峻的、严厉的"。在这部词典中,还进一步给出了一个义项(顺便说一下,这一释义并不完全准确):"果断的、快速的、给人留下深刻印象的"。再比如,зеленый свет(绿灯,放行,允许)这一词组在类似 дать зеленый свет каким-либо начинаниям, новшествам 这样的上下文中的意思与英语短语 green light 的意思完全相同。但这也完全有可能是俄语"内部"词语转义的结果,即词组 зеленый свет 从直义"(交通信号)绿灯"转义为"允许"的意思。

许多研究者都提到过确定和鉴别仿造词语方面的困难(比如:Арапова 2000;

[①] 1998 年出版了我编纂的《外来词详解词典》(Толковый словарь иноязычных слов)。该词典中对外来词的语言学和百科知识信息进行了描写(2003 年该词典出了第五版)。——2003 年注

Данн 1998；Зализняк 2001；Пфандль 2002)。普范德里赞同达恩的观点,即：区分英语词、国际词和俄语固有词往往是困难的,他写道:"毫无疑问,对于词源问题的并没有清晰的标准。要想把国际词和英语词区分开来并不总是件易事。有的时候需要借助语境和语言外事实。比如,如果有争议的表达方式是处于英语环境的记者使用的,或者是来自英语的消息来源(比如,路透社的报道),那么这个表达方式多半是从英语借入的,而不是俄语本身的产物"(Пфандль 2002：421)。

但是,我们认为,在许多情况下,仿造词语是能够被鉴别的,鉴别的证据可以是纯语言学方面的,也可以是语言外的。应当说,对仿造的语言单位的进行识别和研究是完全可行的。

我们这么说的理由何在呢？

首先,仿造词语中一定有某些不符合该语言性质和本质的特点。这些特点既可以体现在词和词组的形式方面,也可以体现在它们的内容方面。比如,对于19世纪末至20世纪初的俄语构词法而言,在形容词前面加前缀сверх-是完全正常的(比如сверхъестественный，сверхскоростной 等),但是这一词缀加在名词前面却是非典型现象,正如仿造词сверхчеловек(超人)那样(它仿自德语übermaensch)。再比如,词组синий чулок(女学究)是英语 bluestocking 的仿造词语,因为在俄语中形容词синий 的直义和转义都与这个词组的意思没有关系。

其次,为了判断仿造词可以借助语言外事实：如果某个词或词组指称的现象来自国外,那么,其称名词多半也是外来的：或者是连"材料"都是外来的词汇单位(即借词或借用熟语),或者是仿造词语。比如,词组 сезонный билет 多半是仿造词语,因为"季票"这一事物是从西欧国家传入的,其形式也符合英语短语 season ticket 的构造(俄语中 месячный билет 或 проездной билет 与此概念类似)。再比如,词组 магазин самообслуживания 中的 самообслуживание 一词应被看做是英语词 self-service 的仿造,因为自助商店(无人售货商店)这一事物是外来的,可能是直接来自美国,或者是来自西欧国家(西欧国家的自助商店也是来自美国)。

如果把俄语当前的发展时期与以前各时期进行比较,我们就可以发现,俄语仿造词的类型也有所不同。在19世纪到20世纪初,主要是构词仿造,比如：сверх-человкe（德语 über-maensch），себе-стоимость（德语 Selbst-kosten），скор-о-сшиватель（德语 Schnell-hefter），работ-о-датель（德语 Arbeits-geber），неб-о-скреб（英语 sky-scraper），等等（对此请参见：Флекенштейн 1963；Грановская 1981：226-),主要的仿造对象是德语。这一时期的语义仿造词相对较少,比如 гвоздь(指"最精彩的东西,主要的东西,中心"义项,比如 гвоздь выставки，гвоздь театрального сезона 等等。它是在法语 clou 的影响下产生的),платформа(指"行动纲领,立场"义项,是在德语 Plathform 的同一义项的影响下产生的),等等（Грановская 1981：294—295)。

在今天的俄语中,语义和搭配仿造占主导地位,主要的仿造对象是英语(尤其是美国英语)。仿造词语主要出现在外交、政治、体育、时尚等领域,它们正在积极流行开来,并在大众媒体中得到广泛的应用。

下面我们举一些最近二、三十年才出现的仿造词语的例子。

语义仿造词语:

—— высокий 的"好的、精选的"义项(试比较:法语 hout)。这一义项最初只出现在 высокая мода(法语 haute couture)这一搭配中,后来也出现在 высокий 与其它词的搭配中,比如 высокие технология(试比较:英语 high technology),甚至 высокая стоматология(这个词组可见于广告语篇中);

—— теневой 的"不合法的"和"政权幕后的"义项,比如:теневая экономика,теневой бизнес,теневой кабинет(министров)(来自英语 shadow economy, shadow business, shadow cabinet);

—— формат 的"性质、外观、形式"义项(比如 Встреча прошла в обновленном формате;Новый формат передачи телевизионных новостей),这个义项是在英语 format 的同一义项影响下产生的[在传统俄语词典中 формат 只被解释为"(出版物、本、纸的)开,开本",见:《俄语详解词词典》,奥热果夫和什维多娃编];

—— конференция 的"体育联盟,体育联合会"义项(比如 Хоккейная команда из западной конференции),这个义项是在英语 conference 的影响下产生的,在美国英语中 conference 具有这一义项(此外还有其它义项)①。此外,体育术语 легионер(来自其他国家的足球、冰球等运动队的选手(外援))的产生可能也是受到了外语的影响。легионер 大概是受 leage(лига"联盟")的影响产生的"不合法"的词义派生(因为 лига 与 легионер 的词源、语义和词根都不相同)。但是"外援"这一意义产生在了俄语词 легионер 身上,却没有产生在英语词 legionary(легионер 的原型词)身上。

—— ястреб 的"〈政治〉鹰派"义项是在英语 hawk 的同一义项影响下产生的。俄语词 ястреб 的直义("鹰")并没有能够派生此转义的伴随意义[试比较,同一个主题词群中的 стервятник(兀鹰,掠夺者)有否定的伴随意义]。

—— монстр 传统上有贬义评价义项"古怪的人,畸形人"(这个义项来自法语),而现在这个词获得一个褒义评价义项"非常显著的,出色的事物"(比如 монстры кинобизнеса)。这个义项已经被收录到词典中(参见:Крысин 1998)。монстр 的这一义项显然是受了英语的影响。英语词 monster 除了"怪物"的意思,还有"巨大的东西"的意思,比如 monster ship"巨轮"、monster cabbage"巨大的白菜"等等(《新大英俄词典》第2卷,470页),在俚语中还有"畅销货"的意思(《英俄美

---

① 此处和以下对英语原型词的解释都来自《新大英俄词典》(*Новый большой англо-русский словарь*)和《英俄美国俚语词典》(*Англо-русский словарь американского сленга*)。

国俚语词典》,301 页);

—— продвинутый 的"比以前水平更高的,更完善的"义项(比如 продвинутый этап работы, продвинутый курс обучения),是英语词 advanced 的仿造;

—— 动词 шокировать 大概也是受英语的影响产生了词义引申。这个词是 19 世纪从法语借入的。传统上的词义为"使感到难堪,冒犯"(见《俄语详解词典》,1997 年版,奥热果夫和什维多娃编),现在这个词往往用作动词 поражать, потрясать 的同义词,表示"使惊讶,使震惊"(试比较英语动词 shock 的相应义项,英语中的这一义项大约也是来自法语);

—— зеленые 的"美元"的义项(英语俚语中的 green 也有这一意思)。然而,这一义项有可能是俄语形容词 зеленый 独立发生的隐喻转义,因为美元是绿色的。试比较:俄语俗语 капуста 表示"钱",首先是指"美元",也是基于(绿色)这一特征的隐喻。

搭配仿造词语:

—— горячая линия("热线",是英语 hot line 的仿造);

—— горячая точка["热点(指发生军事行动的地区)",是英语 hot spot 的仿造];

—— утечка мозгов("人才流失",是英语 brain grain 的仿造);

—— промывание мозгов("洗脑",是英语 brainwashing 的仿造);

—— промывание деньги①("洗钱",是英语 launder money 的仿造);

—— шоковая терапия("休克疗法",是英语 shock therapy 的仿造);

—— 还有更早一些出现的 холодная война("冷战",是英语 cold war 的仿造),денежный мешок("钱袋,财富",是英语 moneybag 的仿造),делать деньги("挣钱",是英语 make money 的仿造),заниматься любовью②("做爱",是英语 make love 的仿造),等等(请参见(Феоклистова 1999),此文中给出了 20 世纪近几十年出现的,来自英语的熟语性仿造词语的清单和分类)。

普范德里也注意到,现代俄罗斯的大众媒体,尤其是电视节目和广告中充斥了各种各样的"制式"表达方式,它们往往都是英语的相应表达方式的字面翻译。比如:Оставайтесь с нами!(英语 Stay with us!),критические дни("经期",英语 critical days),Почувствуйте разницу!(英语 feel/taste the difference!),Ощутите

---

① 关于美国英语中"洗钱"这一表达方式的来源,有一种说法是:在美国最初有人是通过开洗衣店的方法使非法得来的钱合法化的。

② 俄语使用者对这个词组的情感评价态度值得注意,比如:"……外国电视连续剧的配音者硬塞给我们听起来陌生的仿自英语的'我们去做爱吧(пойдем займемся любовью)',这对俄语来说是完全不能接受的。'爱(любовь)'可以感受,可以体验,但不能'做(заниматься)'"(А. Минкин. Звёзды дяди Вани / Московский комсомолец. 2002. 22 марта)。

утренний запах!，等等(Пфандль 2002：422，425)。俄语口语中也不能幸免直译的英语短语的影响，比如广为流行的表达方式 Без проблем！Это ваша проблема，Это не моя проблема，等等(Пфандль 2002：423—425)。

  一些词群能够非常积极地形成仿造固定词组。表示颜色的形容词就是这样的词群之一。

  几乎所有的表示颜色的形容词都有转义。其中一部分转义是受了外来词的影响。比如，词组 черный рынок(黑市)是德语 Schwarzmarkt 的仿造，再比如：черный список(黑名单)，черный шар(选举时表示反对的黑球)①，черный юмор(黑色幽默)分别来自英语 black list，black ball，black humour(此处顺便指出的是，черный юмор 也可以是受法语 humour noir 的影响)。现在在报刊上早已司空见惯的词组 черное золото(指石油)多半也是记者创造的来自英语 black gold 的仿造词语。固定词组 белая книга(白皮书)和 красная книга(红皮书)是英语短语 white book 和 red book 的仿造(白皮书和红皮书这种事物也是来自英美)。词组 желтая пресса(黄色刊物)是英语 yellow press 的仿造，词组 серый кардинал(幕后操纵者)是英语 grey eminence 的仿造，还有相对更专业，但是使用较少的词组 серый импорт(灰色进口，半合法的进口)，它来自英语 grey import。

  英语形容词 blue 以转义用法构成词组非常积极，因此俄语中出现了 голубая кровь(贵族血统)，синий чулок(女学究)(它们来自英语 blue blood 和 bluestocking)。但是，英语中一些词组中的 blue 在俄语中却变成了 белый[比如，英语中的 blue bear 对应俄语中的 белый медведь(白熊)，英语中的 blue ticket 对应俄语中的 белый билет(免服兵役证)，英语中的 blue devils 对应俄语中的 белая горячка(酒狂病)]。

  作为结论我们需要指出的是：20 世纪最近几十年来，外来词对俄语的影响比从前更加广泛和深远。对于这些影响需要进行深入、详细的研究。既需要考察相对容易发现的词汇借用现象，也需要考察各种语言对俄语的隐性影响，这些隐性影响不仅体现在词汇方面，而且体现在形态、构词、句法、话语韵律、交际组织等诸多方面。

---

① 当俄罗斯开始民主选举以后，只用选票做选举工具，从来没有用球做过选举工具。

第二编 修辞学·言语礼节

词汇"错误"的类型*

1. 现代俄语言语中,词和词组层面最常见的偏离规则现象分为以下类型:

(1) 由于词的词形相似而混淆它们的语义[例如:привязь-перевязь,有人用 рука на привязи 代替 рука на перевязи(吊在吊带上的手)];

(2) 由于词的语义相近而混淆它们的形式(例如:последний-крайний,在排队的情景下可能会混淆);

(3) 由于词的语义相近而混淆它们的句法构造(例如:указывать на что, говорить о чем,→ указывать о чем);

(4) 由于语义相似而混淆不同词汇单位的修辞色彩(例如:жена——супруга);

(5) 由于形式和意思相近而混淆不同的词(例如:стать-встать:стать на вахту-встать на вахту, река стала——река встала);

(6) 句法相同或意思相近的结构的感染错合(контаминация)(例如:играть роль, иметь значение → играть значение);

(7) 由于支配词的形式和意义相近而混淆不同的句法结构(例如:обоснованный чем, основанный на чем → обоснованный на чем)。

其他由于形式、意义、搭配、修辞特征方面造成的混淆在理论上也有可能(例如混淆在形式上搭配上相似,但语义差别很大的词,混淆形式和语义上相似,但修辞上对立的词),但在言语实践中很少遇到。

从语言学的角度看,言语"错误"不能仅仅看做是干扰,不应当仅仅用"歪曲"、"无视"、"荒谬"、"语病"等说法来给其定性。现在,人们已经形成共识:为纯洁的言语礼节进行的斗争必须建立在对所有偏离标准语规范现象的认真、客观分析的基础之上。

这样的分析能够得出什么结论呢?其中一些科学论点是:违反规则现象应当被看做是语言系统演变中的不可避免的结果;有一些错误可以看做是临时的,是一时之"恶",它们只涉及语言的边缘领域,并不会影响其基本功能——交际功能;还有一些错误应当被"恢复名誉",它们只是纯语主义者的不公正的指责和非难;还有

---

* 本部分最早发表于杂志《民族学校里的俄语》(*Русский язык в национальной школе*. 1971, № 5)。

一些错误实际是对语言手段的有目的的使用,在其特定语境下是合理和合适的;还有一些明显的、确定无疑的超出了规范标准语界限的错误是不能被允许的;等等。

在分析言语中的"错误",查找其产生原因的时候,研究者首先应该注意其语言本质,然后才能做出正确的评判。

2. 本文中我们将讨论那些语言学家们已经多次专注并在关于言语规范的著作中多次论述的事实,这些事实往往已经经过了"标准持有人的宣判"。但是,我们认为,这些事实的语言本质尚未最终得以揭示。我们还将特别关注"错误"的一类特征,即大家所说的不对称(асимметрия)现象。

对于不对称现象的解释是这样的:如果语言单位 A 在特征上与语言单位 B 相似,那么在言语中使用这些语言单位的时候可能会将它们混淆:或者用 A 来代替 B,或者用 B 来代替 A。但同时把 A 用作 B,把 B 用作 A 的现象不会出现。如果我们将用箭头"→"表示"代替",用竖线"|"表示现象的不相容。这样,就会得出这样的示意图:A→B | B→A,而 A↔B 这种情况通常不会出现①。

如果用语言单位 A 来代替 B,那么 A 应当拥有(哪怕只是在某一情景下拥有)B 的特征并获得其意义。这有可能在以下几种情况下出现:(1) A 比 B 的语义范围宽,或者说,A 包含 B[例如:бежать-мчаться(指人或动物时)];(2) A 的语义和 B 的语义交叉,也就是说,A 和 B 的语义结构中的部分语义特征相同,部分语义特征相异[例如:закон-постановление,并不是所有法律(закон)都有命令、决议(постановление)的性质;同时,也并不是所有的命令、决议都有法律的效力];(3) A = B(例如:лингвистика-языкознание)。下面,我们只研究包含和交叉这两种情况。

都会有"A 包含 B"和"A 与 B 交叉"这两种图式在语言的各个方面都有所体现(对此我们将在下文介绍)。A 和 B 在言语中的共同使用和历史上相互之间的关系往往会导致它们中一个代替另一个使用。

3. A 和 B 的关系可能会从"A 与 B 交叉"演变为"A 包含 B"。语法上的一个例子是 сотрудник-сотрудница,кондуктор-кондукторша 之类的相关词:在 19 世纪,сотрудник 和 кондуктор 指男人,сотрудница 和 кондукторша 指(相同身份的)女人,而在现代俄语中,сотрудник 和 кондуктор 已经不表示性别特征了,它们即使可以指男人,也可以指女人。例如:

> Он сотрудник редакции—Она сотрудник редакции;Кондуктор Иванов не вышел на работу—Кондуктор Иванов не вышла на работу.

---

① 这里"通常"这个词是不可缺的。实际上,有可能存在个别的词汇单位,它们在意义和搭配方面的混淆是"双向"的。例如:одолжить 和 занять(既可以遇到 * Он одолжил у меня денег,也可以遇到 * Я занял ему денег,正确结构应当是 одолжить что кому 和 занять что у кого)。但是这种情况很少,它们应当被看做是一般"不对称规则"的例外。

但是,"男人"的意义在 сотрудница 和 кондукторша 的形态结构中无法表达[因为它们有后缀-иц(а),-ш(а)],所以这两个词只能指"女人"。结果就是"A 包含 B"。在这里,形式上不表达性别特征的成分,称为非标记性成分;形式上表达性别特征的成分,称为标记性成分(对此请详见:《俄语与苏联社会》第 2 册§128 及以后,第 3 册§9 及以后内容)①。

数词 оба—обе 与上述例子不同,它们不形成表缺对立。它们有共同的语义:"两者都",但语法搭配不同:оба 和阳性、中性名词连用(例如 оба сына, оба окна), обе 和阴性名词连用。但是只有在说话人使用第一格(以及非动物名词的第四格)的时候才会严格遵守这一区分。例如,不能构成 * оба ноги, * обе стола 这样的组合。而在其他格上却可以看到背离规范的错误情况,即阳性数词错误地与阴性名词搭配,例如: * с обоих сторон, * обоими руками。也就是说,这两个词语本来"平等"使用,即均等对立,而现在出现了变为表缺对立的趋势,即"A 包含 B"。这里的右项 B 是标记性的(表达"阴性"的意义),左项 A 是非标记的,因为它已经不表达性的意义了。

而相反的情况,即把阴性数词 обе 作为阳性数词来使用(例如: * с обеих флангов, * обеими глазами),几乎完全看不到(也就是说,人们很少犯这种错误)。

如果考虑到,均等对立变为表缺对立的趋势是现代俄语的显著特点之一,我们就可以得出结论:规范的言语事实影响了(并且,看来还要长期影响)上述错误的出现。数词 оба—обе 只有在使用第一格和部分第四格的情况下才有更明显的区分。

这些例子揭示了语言的发展的道路之一——"交叉"关系(即 A 与 B 的意义交叉)变为"包孕"关系(即 A 的意义包含 B),这使 B 有可能会被排挤到语言的边缘,导致其具有某种修辞限制②。与其同时,功能相关单位 A 和 B 开始表现出新的使用趋势:A→B(即用 A 代替 B);并且它们之间确立了非对称关系:A 可能代替 B 使用,而 B 不可能代替 A。

---

① 标记性的概念是从音位学借用到语言学的其他领域的。在音位学中,"表缺对立(привативная оппозиция)对立的成分中包含显性特征的,称为'有标记'的成分,不包含显性特征的称为'无标记'的成分"(Трубецкой 1960:83)。另请见均等对立的概念:"均等(等值)对立是指两个成分在逻辑上平等的一类对立"。("表缺对立"是布拉格学派音位学确立的一种对立,区别于"渐变对立"和"均等对立",表示在一对对立成分中某特征在一个成分里存在,称为有标记,而在另一个成分里缺失,称为无标记,如俄语中颚化辅音与非颚化辅音的对立——译注)

② 现在,我们在许多表示人的名词中都可以见到这种情况,例如: контролер, кондуктор, диктор,等等。在大多数语体中,它们都既可以表示男人,也可以表示女人,而相应的带有后缀-ш(а)的专门表示女人的词则只用在标准语的低级语体或俗语中。

4. 相互对立的词汇单位的关系类型有：A＝B（即所谓完全同义词）；A 与 B 交叉（即准同义词，也就是说，词汇单位的主要义素相同，一个或几个义素不同）；A 宽于 B，即相对 B 来说，A 的意义更宽泛（例如，同一个主题词群中的种属关系词：рыба——щука, карась, окунь...；дерево——осина, сосна, пальма...；водоем——пруд, река, озеро...；передвигаться——идти, бежать, ползти...；грязный——испачканный, вымазанный, засаленный...，等等）。

词语之间规范的（即符合规范的）功能关系和异常的（即破坏规范的）使用之间有什么区别呢？

下面我们将分析语词之间的两类关系："A 与 B 交叉"和"A 包含 B"（或者表述为"A 宽于 B"）。

5. 语言单位 A 的意义与语言单位 B 交叉。这种关系可能会变为"A 包含 B"，也就是说，A 的语义容量变得比 B 的语义容量更大，并且 A 能够用以代替 B。

从语言系统的角度看这是一种完全合乎规律的现象（我们前面已经举例说明过）。语言规范的作用是保持语言的稳定性和完整性。因此，语言规范可能无法接受（最少无法一下子接受）这种新现象，可能会禁止相对立的两个词中意义范围扩大的一个代替另一个使用。

但是，正如我们在数词 оба——обе 的例子中看到的那样，这种偏离规则的情况是有发展前景的，有可能会成为语言事实。因为它符合均等对立变为表缺对立的趋势。

下面，我们举几个例子。这些例子中，彼此关联的词中的一个词的意义从规范的角度来看"毫无根据地"扩张，从而导致了"错误"［以下例子都来自（Правильность... 1965）］。

подтек——потек. 这两个词的释义为：подтек——"液体流过后的（堆积状）结果，洇痕"；потек——"液体流过后的（痕迹状）结果，流痕"。例如：

　　На земле возле дома——подтеки извести, которою белили стены；Под глазом——багровый подтек；На стенах видны потеки масляной краски.

在口语中，前一个词（подтек）不但保留了其本义，而且可用来代替后一个词（потек）。例如：подтеки на стенах，等等。在这种情况下，подтек 应当被解释为："液体流过后的（堆积状或痕迹状）结果"（也就是说，发生了从"A 与 B 交叉"到"A 包含 B"的变化）。потек 一词在功能上较弱，它完全有可能会在与形近词 подтек 的竞争中被排挤出使用领域。

целый——полный. 在词组 целый стакан，целый зал народу 和 полный стакан，полный зал народу 中，这两个形容词有以下释义：полный 表示"充满某个空间的"；целый 表示"占领了所有或几乎所有空间，而且说话人认为填充物多"。

полный 的词义中强调的是容器的性状(即肯定容器已经容纳到时最大限度);而 целый 的语义中强调的是进入容器的物质或客体的数量,并且说话人表达了自己的态度:他认为这些物质或客体(如水、谷物、人等)多。这样一来,形容词 целый 与 полный 的区别就在于情态性方面[①]。целый 的词义中包含的情态意义是其词义中的语义成分之一,这使得它比 полный 的意义更丰富(因此,意义范围也就更狭窄)。在俗语中经常遇到以下类型的错误: * Полный месяц мы работали баз выходных; * Полный день ждали начальника. 错误原因在于:这里用无情态标记的 полный 代替了有情态标记的 целый。

ремонт—починка. 这两个词有共同的语义内容,即"修理某物,使其重新可用"。它们的区别在于语义搭配能力,但是这一区别并不是很严格,往往具有"优先性"的性质。ремонт 优先与那些工业或技术方面的客体搭配,还用在固定短语 капитальный ремонт, ставить на ремонт, быть (находиться) в ремонте, выйти из ремонта(职业言语)中;починка 优先与日常物品搭配(例如:починка рубашек, кастрюль, 等等)。在20世纪后半期的俄语中,ремонт 一词的扩张性很强,它也开始积极地与表示日常物品的词搭配,正在排挤其同义词 починка,例如:ремонт обуви, мелкий ремонт одежды, 等等[②]。"A与B交叉"的关系演变为了"A宽于B"(当然,这两个词之间的差别不在语义内容方面,而是语义搭配能力方面),即:A→B。

6. 语言单位B的意义包含在语言单位A的意义中。在这种情况下,A可以用来代替B。并且,这种用法不会遇到语言规范的严格禁止。

例如,形容词 объемный 和 объемистый 就是这样:объемный 的意思为"立体的,三维的";объемистый 的意思为"体积大的"。在言语中,经常可以见到用 объемный 代替 объемистый 的情况,尤其是当不仅需要指物体的体积,还需要描述其性质时。例如:

  Объемная статья о творчестве Цветаевой; Нашим дням посвящен объемный по размеру и по замыслу роман... (из газет)

объемный 的这一用法体现在了《科学院大词典》的标注中:(1)立体的,三维

[①] 传统上,情态词(модальное слово)是一个专门的词类。借助情态词,说话人给出"对所表达的思想或其表达方式的评价"(Виноградов 1947:725);而情态性范畴(категория модальности)本身是一个语法范畴。分析词的语义时应当考虑到时其情态性,首先提出这一理论观点并在实践中(即在释义时)予以贯彻的是维日彼茨卡(见:Bierzbicka 1969)。

[②] 实际上,能与 ремонт 搭配的表示日常物品的词中多是表示属概念的(例如 обувь, одежда, головные уборы, 等等),而表示具体物品的词(例如 ботинки, брюки, шапки, 等等)不多。

的;(2) 体积大的①。

закурить—прикурить. 动词 прикурить 的意思包含在 закурить 之中,也就是说,прикурить 是 закурить 的个别情况。它们的释义为：закурить——"点着烟并开始吸烟"；прикурить——"借别人的已经点着的烟对火"。在现代言语中,可以见到 прикурить 的错误用法：

—Он зажег спичку и прикурил（正确用法为 закурил）。

сказать—подсказать. 人们在口语中经常说,但实际上并不完全符合标准语规范的一句话是类似这样的问题：

—Вы не подскажете, где улица Дурова (Разина, Герцена...)?

在标准语中,大多数"带前缀—不带前缀"的成对动词之间都存在着这样的典型语义关系：无前缀动词比有前缀动词的语义更宽泛(即"A 宽于 B")。因此,无前缀动词可以用做有前缀相关词的属概念词,例如,менять деньги-разменять деньги, мести пол-подмести пол,等等。对此请详见(Апресян 1967: 77, 87)。上例却恰恰相反,有前缀动词(подсказать)代替了无前缀动词(сказать)使用,即：B→A.

在 последний—крайний 这一对词中,形容词 крайний 的意义比 последний 窄。крайний 指处于一排同类物体(或人)的最左边或最右边的一个。例如：крайняя изба(指一排房子中最边上的一个), крайнее кресло(指一排圈椅中最边上的一个), крайний солдат(指一排战士中最边上的一个),等等。这些词组中也可以使用 последний,例如：

Остановились у последней избы; Последнее кресло в восьмом ряду было свободно; Проверяющий шел вдоль шеренги и задержался возле последнего солдата.

虽然 последний 所指的人或物并不一定处于一排中,它们有可能是一纵列,一组,当然也有可能是一排。

如此一来,последний 是这两个词中的无标记性词(其语义中并没有"排"的特征,而 крайний 有这样的特征)。последний 代替 крайний 使用符合语言发展的一般趋势,并不会导致错误。而反过来,用有标记的 крайний 代替 последний(即 B→A)

---

① 与 объемный 在语义方面相近的还有其他一些表示参数的词,例如 высота, температура 等。这些词不仅可以指某一方面的度量,而且可以指超出标准的度量范围,例如：Высота этой трубы 19 метров-Ну и высота!（= большая высота）; Температура воды 23 градуса-У него температура（= повышенная температура）。

则违背了这一趋势,对标准语来说是非典型的,这也正体现了不对称现象。

7. 下面我们分析一些词汇—修辞"错误"。通常在两个修辞上相对立的词汇单位中,带有修辞色彩的一个有标记性的,中性词是无标记性的。例如 жена 和 супруга 就构成这样的一对词(它们在意义上相同)。其中无标记性的语言单位原则上可以代替有标记性的语言单位使用(当然,说话人应当遵守修辞规范,在庄重的言语中使用更高语体色彩的 супруга),例如: Его превосходительство генерал NN с женой, 这只是没有遵守一般的言语礼节,并没有破坏语言规范。而如果"庸俗地"把 супруга 滥用于中性语境中(包括用来指说话人自己的妻子),则是破坏了标准语的规范关系——A|B(此处 A 是无标记的对立成分),把两个成分都看做是无标记性的。这样一来,就没有了对立的基础(即对立被破坏了)。

在 рассказать—поведать 这一对语义同义词中,前面一个动词在修辞上是中性的;后一个动词带有修辞标记,在词典上被标注为"旧词",主要用于书面—诗体言语中。在现代报刊政论文章中,поведать 一词有时也被不带任何修辞标记地使用,成为动词 рассказать 的完全同义词。例如:

> Сегодня я смогу поведать лишь о частностях своей работы; Поведать радиослушателям об этом событии мы попросили главного инженера... (из радиопередач).

在这种情况下,这两个词语之间的对立关系被破坏了,因为其中一个在标准语中本应是带有修辞标记的①。

8. 我们总结以上对两类主要词汇"错误"的分析,可以得出如下结论:

(1) 如果两个词处于均等对立,那么在言语中它们之间的关系可能会发生改变:其中一个词的意义范围扩大,开始能够代替另一个词使用。即均等对立变成了表缺对立(它们之间有"非标记性—标记性"的关系)。

这一演变的结果从言语规范的角度有可能会被认为是错误。但是,这与现代俄语标准语的发展趋势——均等对立发展为表缺对立——并不矛盾。因此,在有利的条件(这里的条件不仅是指语言条件,而且指社会—心理条件、道德伦理条件等)下,这类违背规范现象有可能会成为语言事实[例如 соратник(战友)一词,在其"军事"义项方面与 сотрудник, сослуживец 处于均等对立,但在现代俄语标准语中它也可以以"志同道合的人,斗争中的同志"之义使用,它变成了非标记性词,因为它的语义中"战斗、战争中的同志"的语义特征失去了]。

---

① 正如阿普列相在其著作中所说的那样(例如,请参见:Апресян 1974):两个词汇单位的修辞对照往往会导致其语义差异(例如,他举 лоб—чело, глаза—очи 为例:下贱的或长满小脓疱的额头不能称为 чело,也不是所有眼睛都可称 очи,只能是又大又漂亮眼睛才能叫 очи,等等)。

(2) 如果两个彼此对立的词中一个是非标记性的,一个是标记性的,那么允许前者代替后者使用,即:A→B。在言语中偶尔也可以见到相反的情况(B→A),这种情况具有破坏性,因为此时完全"扭转"了语言中处于表缺对立的具有标记性和非标记性的词汇单位的正常的相关性。

社会语言学方面的言语"错误"研究*

  对于言语中的错误，通常是从当前标准语规范的角度进行研究。

  除了从规范的角度看待言语中的错误和偏差之外，还可以补充以社会语言学角度的分析。因为是否破坏了标准语的规范应当在某一特定的社会环境下来判定。

  下面我们将分析一系列语言事实。它们有助于揭示标准语的发展机制和前景。众所周知，许多现在为标准语规范所允许的语言事实，在过去曾经被看做是离经叛道，甚至是"错误"。例如，一位署名为"Н. Г."的著名作家在《现代俄语口语、书信和书面语中的错误》(*Неправильности в современном разговорном, письменном и книжном русском языке.* СПб., 1890. С. 18)中写道："现在，人们经常用 поезда 来代替 поезды，但这是完全错误的。并且，这一错误不知道是出于什么理由。"

  再例如，据楚科夫斯基说，著名律师、院士阿纳托利·费奥多罗维奇·科尼对有人用副词 обязательно 代替 непременно 感到很气愤。"'想象一下'，他手抓着胸说，我今天去了斯帕斯卡娅地铁站，在那里听到人说：'Он обязательно набьет тебе морду!'你能喜欢这种说法吗？一个人告诉另一个人，某人将会客气地揍他!" (Чуковский 1982: 14)。楚科夫斯基自己也承认，他讨厌听到别人使用来自戏剧台词的形容词 волнительный (和副词 волнительно)(同上：21—22)。

  早在20世纪初的时候，热衷于纯正俄语的人就批评过动词 выглядеть (例如 Вы сегодня прекрасно выглядите!)。他们认为这个词是德语词 asussehen 的"非法"的构词性仿造词(例如，参见：Огиенко 1915)。勃洛克写道："我们不赞成在索洛古布这样的修辞家所写的剧本中，哪怕是剧本里的情景说明中，出现'выглядит хорошо'这样的表达方式。"(转引自：Грановская 1996：13)

  类似的例子还有很多。

  在标准语发展的某一时期曾被确定为"错误"的一些语言事实最初可能只在某些社会或职业领域使用，过了一段时间之后，才开始在其他语言使用人群中流行。这是现代俄语的发展过程中的常见情况。

  例如，表示各种物理量度的词(вес, мощность, напряжение 等)的秃尾复数第二格形式(如 сто грамм，двести двадцать семь ватт，семьдесят пять вольт)代替了按传统规范来说是"正确"的以 -ов 结尾的形式。它们首先出现在技术领域，具有科

---

  * 此部分最早发表于《现代俄罗斯的文化—言语环境》(*Культурно-речевая ситуация в современной России*. Отв. ред. Н. А. Купина. Екатеринбург. 2000)。

技语体的特点,但是起初并不为标准语所允许。例如,格洛文在《如何正确地说》(*Как говорить правильно*)一书中禁止使用(сто) грамм 这种形式(Головин 1966:61)。罗森塔尔认为,граммов 和 грамм 这两种形式说明了规范的动摇(Розенталь 1965:103)。戈尔巴切维奇在 1971 年的书中写道:"грамм 一词的零词尾形式的复数第二格已经完全争得了生存权",他还举出了许多例子,以证明这一点(Горбачевич 1971:186)。现代的《俄语正音词典》(*Орфоэпический словарь русского языка*)引入了"计算形式(счетная форма)"的概念[最早把计算形式作为一种特殊的格进行研究的是(Бидер и др. 1978:38)],度量单位的名称正符合这种计算形式,它们都是词干以硬辅音结尾的阳性名词。在指出这些度量单位的数量的时候不加词尾是合乎规范的(即 5 вольт, 10 ампер, 100 ватт 等)。但同时也可以使用带有词尾-ов 的形式。在不表示数量的情况下,只有带有-ов 的形式是正确的。"在表示度量单位时,不能使用 вольтов, амперов, ваттов……"(《俄语正音词典》,1989:670—671)。

形动词 несгораемый(不可燃的,耐火的)的构成看起来是"不合法的",是违反规则的,因为它是由不及物动词 сгорать 构成的。这个词最早出现在消防职业领域,后来开始向其他使用人群扩散,现在它已经站稳了脚跟,再去号召禁用它并且用形动词 несгорающий 来代替它显然已经不合时宜了。

还有一些词语,在其结构中并没有某一社会领域的标志性特点,而只有通过专门的语言学研究才能揭示它们的由来和地位,例如 животрепещущий(活生生的,充满活力的;非常迫切的,当前大众最关心的),двурушник(两面派), промокашка(吸墨纸)这三个词的历史。虽然称这类语言事实为"错误"稍为勉强,但在过去这几个词曾被认为是背离标准语传统的新词。

众所周知。животрепещущий 一词最初属于鱼贩子的职业用语,例如 животрепещущая рыба(活蹦乱跳的鱼)。但是在 19 世纪 30 至 40 年代的报刊和评论文章中,这个词的意义开始扩大。例如:животрепещущая новость дня, животрепещущий опыт(Сорокин 1965:497)。在贫民的语言中,двурушник 用来指"用双手索要施舍的人"。维诺格拉多夫指出,最早在文学作品中使用 двурушник 和 двурушничать 的是克列斯托夫斯基的《彼得堡贫民窟》(*Петербургские трущобы*),是描写贫民生活的,维诺格拉多夫从这部作品中引用了大量含有这个名词和动词的例证,揭示了其最初的用法(Виноградов 1994:130)。

промокашка 一词来自校园隐语,在多洛普切夫词典中它被标注为是错误的形式,正确的形式应当是词组 промокательная бумага(Долопчев 1909)。

当然,并非所有的在某一社会领域内使用的词语都能够扩大其使用范围,进入日常言语交际领域。例如,大量的违反现代俄语重音规范的词的形式仍然只限于某一特定的使用人群。戈尔巴切维奇曾列举过一些带有职业特点的重音,例如:

álкоголь, агонúя（用于医生的言语），астрóном, атóмный（用于物理工作者的言语），等等（Горбачевич 1978：59）。

重音是能够识别社会和职业言语特点的典型现象之一。例如一个明显的例子：在警察、检察官、侦查员的言语中有这样的重音现象：осýжденный дело 和 возбýжденное дело。有趣的是，以前著名的律师谢尔盖伊奇（笔名为波罗霍夫希科夫）指出，动词 возбýдил 这种重音形式在 19 世纪末律师的言语中是很普遍的现象（Сергеич 1960：38）。

类似 срокá, срокóв 这种重音形式也是用于这一职业领域。例如：

> Незаконно увеличиваются *срокá* пребывания подследственных в СИЗО; Постановление предусматривает сокращение *срокóв* предварительного заключения. (телевидение, 11 июня 1999, выступление заместителя министра юстиции России);

这一词形也见于犯人的言语中，例如维兹伯尔所做的模仿犯人歌曲中有这样的句子：

> Идут на север *срокá* огромные, Кого ни встретишь——у всех Указ…

再例如 обыскóв 这一词形：

> Прокуратура дала санкцию на проведение *обыскóв* в помещениях обеих фирм（телевидение, май 1999, в милицейского начальника）。

以带重音的-á(-я) 为词尾的阳性名词复数第一格形式广泛使用于各种职业人群中。通常，带有重音的复数词尾体系能够导致该职业领域的更多词或术语采取这种重音形式。例如，律师们可能会说 срокáх（期限）和 обыскáх（搜查），急救站的工作人员们也会说，他们在一个夜晚接到好几个 вызовóв（呼叫电话），军事部门可能会说给好几个 взводóв（排）配备了人员。厨师们可能说煮 супá（汤）和烤 тортá（蛋糕），建筑工人们可能说加固 такелажные тросá（绳索），淘金者们可能说不满意 приискáх（矿）上克扣工资，等等[对于-á(-я) 形式复数词尾的发展历史的简要介绍，使用这种形式的社会调查数据，研究这一语言现象的文献清单，请参见：《俄语》（*Русский язык* 1974：179—187）]。

职业限制还体现在词或词形的其他一些重音特点方面。例如，以下这些词根上带有重音的词形常于加工金属的钳工和车工的言语中：свéрлишь, свéрлит, свéрлят, рассвéрлишь, рассвéрлит, рассвéрлят 等等。在纺织厂工作的有 мóтальщицы（卷线工）（规范的重音形式为 мотáльщицы——译注），而卷线工自己和其他纺织生产行业的人正是这样称呼这一职业的。在机修工厂有 стро́гальные станки(刨床)和 стро́гальщики(刨工)。在这一职业领域,这种重音形式是唯一正确的(如果在这里说 строга́льные станки 和 строга́льные станки 会被认为是"外人")。

除了重音现象之外,社会标记性还能够体现在用词和句法方面。具有某一社会或职业领域性质的词汇和句法现象与标准语规范的关系各不相同:一部分现象与标准语规范(即标准语允许的形式)完全对立;另一部分现象则带有或多或少的弹性(即在一定程度上是可接受的)进入标准语使用者的日常言语交际。

语言"错误"还往往来源于官场和军界。也就是说,一些错误首先产生于官场和军界,随后才开始更为广泛地在言语中流行。例如,"согласно+名词二格"(例如 согласно заявления)结构在各种现代俄语疑难和错误词典中都注明带有典型的公文语体特点,但在军事领域,却是唯一正确的形式,例如:согласно приказа, согласно указания вышестоящего начальника,等等。还有,以-о 结尾的地名的不变格现象也是来源于军人的职业语言。例如: под Нахабино, из Быково, до Переделкино,等等,现在这种用法广为接受,几乎成为了语言规范(至少,大众媒体在报道1999年3月至6月发生在南斯拉夫事件时,使用的是 ситуация в Косово, последние известия из Косово, К Косово приковано внимание всех людей мира,等等)。

动词 задействовать(开始使用,动用)也是从军事语言进入通用领域的(它最初是指使新的部队投入军事行动,例如: задействовать все резервы, задействовать дивизию,等等),现在这个词在政论文件中和官员们的言语中使用非常积极。

官场上的语言中也产生了一些不同于标准语传统用词规范的结构,例如,表示"讨论"的 проговорить(Необходимо *проговорить* этот вопрос на совещании),用作一般通用动词 обсудить 的同义词的 обговорить(例如: *обговорим* это позднее),表示"给……布置任务"的 озадачить(例如:Главное-*озадачить* подчиненных, чтобы не болтались без дела),подвижка(例如:Произошли *подвижки* по Югославии-из выступления В. С. Черномырдина),наработки(例如:По этой проблеме у нас уже есть некоторые *наработки*),конкретика(例如:Документ важный, но надо наполнить его *конкретикой*, применить к реальным ситуациям в разных префектурах Москвы——来自1999年7月的电视节目中莫斯科市长助理的讲话),等等。

上述列举的例子并不是都直接违反了标准语规范,但是它们都处在(或许,只是暂时处在)"规范场"之外,具有某一特定社会群体的言语所具有的性质。

进入标准语交际的许多隐语词语的情况与此不同。虽然它们的来源也是相当明确的,例如来源于犯罪或半犯罪人群,地下交易者,等等。但是,类似 крутой (парень), разборка, наехать (на кого-что), тусовка, баксы, беспредел 等词的使用并不是只限于这些社会人群。相反,这些词在标准语的各种口语变体和大众媒体语言中使用非常广泛。它们已经成为所谓的"通用隐语",是现代标准语使用者的通用词汇的一部分[关于通用隐语,以及其功能和语言学地位,请参见(Ермакова, Земская, Розина 1999);通用隐语的概念还用来描写其他一些国际语言的现状,例如美国英语、法语等,对此请参见:Швейцер 1983;Хорошева 1988]。

俄罗斯当代社会和语言环境使得大量类似以上列举的隐语词语不但被标准语使用者所容忍,而且在言语交际中得以广泛使用。毫无疑问,它们的进入违背了标准语的传统,但是应该说,并没有破坏语言规范,甚至也没有破坏修辞规范。因为标准隐语词语通常是带有修辞标记性的,标准语的使用者只有在特定的情景下才会使用它们(通常是在"自己人"圈子里进行无拘束的交谈时)。

在结尾,我们还需要强调:对现代俄语言语中出现的错误从社会语言学视角进行循序渐进的和完整的描写是一个独立的研究课题(有可能的话,需要总结出一个专门的言语错误表,在表中对每一种言语错误的"社会身份"进行标注)。

俄语口语中的夸张*

1. 导 言

1.1 本文的研究目的在于：在现代俄语口语语料的基础上揭示作为无拘束、无准备口语交际的显著特点的夸张(гипербола)现象的本质。

1.2 在(俄语和其他语言)的口语的研究文献中，对夸张现象尚未从总体上进行过研究，虽然在一些文献中提到过口语的特点是提升了感染力和表现力，并因此出现了某些加强或夸大的话语意思。

例如，捷夫金列举了各种表示加强程度的言语手段[词内手段有：词缀、类词缀元素和词根；词外手段有：各种扩展性句法要素，即定语、状语、独立短语、从句、句法熟语，等等(Девкин 1973：203)]。他认为："夸张这种特点就是把一时的表现描写为绝对的性质。例如 слепой(瞎子)只是没看到某事物的人，并一定是真的盲人；дурак(傻瓜)只是做了蠢事的人，从智力能力方面来看不定是傻子"(同上：207)。

泽姆斯卡娅在其著作(Земская 1979)中举了以下夸张和加强表达的例子：

Аппаратуры там навалом! Мне безумно хочется на воздух! Надоело мне это, сил нету; Я тебе этих яблок привезу вагон; Я эти помои пить не буду (о холодном и жидком чае); Ни пылинки! Вот это пылесос!

在拉普捷娃的著作中有以下夸张表达的例子(但是，拉普捷娃没有提出如何鉴定夸张现象，只是结合词在话语中的句法位置对这一现象进行了研究)：

Уникальный был салат; Мы там массу наделали ляпов и др (Лаптева 1976：224, 239).

名词复数形式也是一种专门用于加强的语言手段，它们"在某些语境下实际上指的并不是多个事物，而是一个事物"。例如：

... Какие-то экспедиции с Буддами (Вс. Иванов);

---

* 本部分最早发表于论文集《结构语言学问题(1984 年)》(Проблемы структурной лингвистики. 1984. М.：Наука, 1988)。

—Вы тут обедали, а нас *по милициям* водили (А. С. Макаренко) (РЯиСО, кн. 3：156).

泽姆斯卡娅把这种复数形式称为"表情复数"(множественное экспрессивное)。例如：

Вы будете по выставкам ходить, а я занимайся；Это у вас *собаки* лают？ -об одной собаке, и под.，《с ярко выраженным генерализующим, обобщающим значением》—и 《множественное привычное》：У сына экзамены；*Ключи* не забудь,—независимо от того, один или несколько объектов имеется в виду [РРР-1983：136-137].

在(Арбатский 1972)中也研究了实际上并不表示多个事物的复数形式的用法。例如：

телеса, *мяса́* (применительно к одному человеку), гонять (распивать) *чаи*；У меня *гости*—дочка приехала；не устраивай *истерик*, не рассказывай *сказки*, не лезь со своими *советами*；какие тут угощения (*тосты, разговоры*)！Разные там *этруски* (*акселераторы, сепараторы*)；ездить *по Парижам* и т. п.

然而，应当指出的是，并不是所有实际上表示单一事物的复数形式的使用都属于夸张。这种现实和语言指称手段之间的差别有可能是因为复数形式带有不确定的意义。例如：

В вагоне у нас новые *пассажиры*-молодая женщина с чемоданом；—У тебя новая ручка？—Да. Мне *подарили*. Володя подарил (Красильникова 1983：11).

还有一些并且专门针对口语描写的著作中研究过用于表示加强和夸大意思的语言手段。例如维诺格拉多夫提出过"来自五格形式的加强副词"：ходуном ходить, бегом бежать, есть поедом，等等，以及 давным-давно, полным-полно，等等，"连用同一个名词的不同句法形式而构成的成语性副词"：(1) нос к носу, лицо к лицу, носом к носу, лицом к лицу；(2) рука об руку, бок о бок, рука с рукой, голова с головой；(3) нога в ногу, душа в душу；капелька в капельку；试比较：точь-в точь, слово в слово...；"表示不确定一大量事物的名词"：бездна, гибель, уйма, масса, пропасть, тьма(Виноградов 1972：291, 253)。

在 1980 年科学院《俄语语法》中，也列举了一系列表达程度和数量的结构(例如：ни звука, скупать что-н. пудами, Народу—черно！целую вечность, видимо—

невидимо，без конца，через край，хоть пруд пруди，等等），但是并没有专门提出夸张法的思想，对口语中的类似短语也没有进行专门的研究[例如，对于短语 целую вечность，1980 年科学院《俄语语法》中它与词组 каждую минуту，целую ночь 等一起进行了研究，它与这些词组一起被定义为"指一段时间，或一个度量单位"，而该语法中并未指出 ждать целую вечность 这样的表达方式相对于 жить неделю，ждать месяц（пять дней）这些表达方式的专门特点（Грамматика-80，2：44）]。

1980 年科学院《俄语语法》中还专门列出了以下一些结构类型：

S（一格）за S'（五格）（其中 S 和 S' 是同一个词）：И вот пошла комиссия за комиссией，проверка за проверкой；

S（二格）+быть+A（量）：Народу—черно！或 S（二格）+быть+S（数）：*Народу пропасть*！

S（二格）+类似 без конца, сверх головы, по горло, через край 等等的成语性"前置词加名词"组合：Работы-сверх головы（через край, по горло）。

该语法中指出，表示某事物的数量或度量的表达方式更常放在语句的话题（рема）中，较少放在主题（тема）中，例如：

Чаек было полным—полно（видимо—невидимо）, Птиц—множество.（Грамматика-80，2：241，330，335）。

在分析类似 масса цветов（гостей）这种结构时，1980 年《俄语语法》的作者指出："在无拘束的口语中和俗语中经常见到用整个句子来代替数量词的情况，这样的句子通常是单成素的、非扩展性的，并且常常（但并不一定）是成语性的"。例如：

Разрушений—не сосчитать；Вас таких хоть пруд пруди；Специалистов—раз, два и обчелся；Народу—яблоку негде упасть；Работы—только поворачивайся；Денег—куры не клюют；Земляники там—горстями греби；Фруктов—завались；Штабов—нет числа（Булгаков）и т. п.（Грамматика-80，2：333）。

在俗语中，可以使用感叹词来代替数量词，例如：Работы—во！Дел—ой-ой-ой（там же）。我们需要指出的是，这种语句往往伴随着相应的身势语，如果没有身势语的话它们是不完整的。

2. 夸张及其在口语中出现的原因

2.1 夸张是一种富有表现力的修辞手段，说话人使用夸张的目的是：首先，吸引受话人对该情景或其性质的注意；其次，在受话人头脑中形成对该情景或其性质的夸大的印象。

夸张只在语句中使用。而且,该语句应当是与情景相符的,这一语句本身往往并不是夸张的。例如句子:Хлеба в доме——ни крошки!(家里一个面包渣都没有了!)有可能是完全与现实情况相符合的,也就是说,语句描写的是真实情况。但是这个语句并不只是说"家里没有面包",而是说"一个面包渣都没有了"。此时说话人想给受话人形成一个"某事物绝对、完全不存在"的加强的概念(虽然,家里有可能还是能打扫出一些面包渣的)。

在使用夸张语句的时候,说话人的立场以及他对所报道事实的评价具有特别重要的意义。在口语中,对某事物以及各种性质、行为、距离等的夸大的评价是最常见的现象之一。

"语句与情景相符合"和"说话人有对情景的评价",是生成夸张语句的两个决定性要素。正如我们下面将要看到的,如果现实情景与语句意思不符合,或者说话人对所报道的事实并没有夸大的评价,就不能够使用语言手段来造成夸张的效果。

2.2 文艺夸张是口语夸张的近亲[①]。口语夸张和文艺夸张都是通过比较和建立某一确定形象来达到的。但是,在口语中,夸张的语句通常是建立在使用语言中已有的夸张手段或者模式的基础上的,而文艺语篇的作者则总是力求使用独一无二的夸张手法。例如:

  Сто раз повторять тебе надо! —В сто сорок солнц закат пылал... (В. Маяковский);

  Петя храпит, как трактор. —Во сне дворник сделался тяжелым, как комод (И. Ильф, Е. Петров. *Двенадцать стульев*).

但是,这种原则上的区别并不排除以下情况:从一方面看,有时文艺语篇中也可以使用日常的夸张表达方式,例如:

  Мело, мело *по всей земле*, *Во все пределы*... (Б. Пастернак).

从另一个方面看,口语交际中的说话人也可以使用非标准形式的夸张,有意识或者无意识地达到某种"文艺效果"。现在已经成为固定模式的许多夸张的比较短语在其产生时就是说话人刻意创新的结果(例如:глухой, как пень; жарко, как в бане; 等等)。

2.3 必须区分夸张和加强。所谓加强,只是说话人富有感情地评价所报道的

[①] 众所周知,在诗学中除了夸张的概念之外,还是极言其小(литота)。在本文中,我们把这一现象也看做是一种夸张,即"反面夸张",被夸张的是夸大了其规模小的事物(比如 мужичок с ноготок 等)。

事实,而夸张则是说话人给予该事实某种"数量尺度";或者是把它与其他事实比较,以突出此事实的形象特征;或者指出事物的某种明显夸大的,超出现实行为框架的,与事实不符的特征。例如,Такой ветер был, просто ужас! ——这是情感加强;Такой ветер был, просто с ног валил! ——这是夸张(因为实际上风并没有刮倒人);До того он стал худой, прямо страсть! ——加强;До того он стал худой, прямо скелет! ——夸张;У них клубника невероятно крупная. ——加强;У них клубника-с кулак. ——夸张。

2.4 夸张的原因在于说话人的心理方面。这里我们只说一下那些最普通和明显的原因。

在许多情况下,说话人把事物的某种特征 P 描写到最大程度对他是有利的。他往往为了强调自己或其他人的特征而使用这样的语句:Я в этом ни аза не смыслю(意为"我对此一窍不通")。例如,说话人为了摆脱做某事而这样说,强调自己完全不懂);Да он до трех сосчитать не может!(意为"他连三都数不到"。例如,说话人用这种方式表达对工会出纳员的怀疑和鄙视);У него не волосы, а проволока; ножницы не берут(意为"他这不是头发,简单就是铁丝。剪子都剪不断");等等。

说话人试图在受话人心目中形成对说话人的弱点或优点(显然,这既取决说话人的性格,也取决于语境)的夸张的印象,以及形成对受话人、第三方或事物性质的夸张的印象。这是人说话时的一种本性。说话人,尤其是对话中的说话人总是借助各种手段加强和"渲染"自己的言语:例如使用带有情感的词和短语、隐喻、打比方、做手势等等。夸张只是这些手段之一。

一些言语行为,例如宣誓、应允、谴责、恫吓、请求、保证等等,往往伴随着夸张。这很容易理解,因为说话人力图使受话人相信他的保证或应允等,使说话人对其真诚不产生任何怀疑。例如:

  до смерти не забуду; чтоб мне провалиться на этом месте! я мигом сбегаю; в лепешку расшибусь, а достану и т. п.

由此可见,夸张能够最大限度地提高言语行为的语用之力,同时它还符合真诚条件,而真诚条件是所有言语行为的基础。例如:Чтоб мне провалиться на этом месте!(要不就让我马上死)这样的表达方式用于保证言语行为;Я никогда тебе этого не забуду 用于恫吓的言语行为。从另一方面看,夸张性语句破坏了所谓"真实性公设",而真实性公设通常是言语活动成功的必要条件[请参考:"要努力,使你的语句是真实的"(Грайс 1985:222)]。但是,这种破坏并没有给交际造成障碍,而是让受话人进行额外的"解码":说话人需要透过字面上看明显是错误的语句寻找掩藏在后面的真实意思,理解说话人对行为、状态或性质所做的主观评价①。

3. 夸张的条件

3.1 夸张的主要条件是说话人有夸张的意图:如果说话人想应允某件事,促使某人去做某事,或在某方面说服某人,等等,那么,为了成功地实施这一言语行为,他可能会使用夸张化的手段。例如: Ну напиши ему, очень тебя прошу, век тебе буду благодарна(请求);Чтоб мне лопнуть, если я вру!(保证);Да я тебе этих камешков тонну привезу(允诺);等等。

3.2 对某些特征(或事物)P 进行夸张的另一个条件是 P 存在。如果在情景中没有 P,而说话人却使用含有夸张手段的话语,那么这样的话语是假话,而不是夸张话语。夸张的起点不能是零,需要有一定的初始量。

例如下面三个语句: ① Марина вечно опаздывает(玛丽娜永远都会迟到); ② Петя храпит, как трактор(别佳打鼾就像开拖拉机); ③ Там очередина—тыща человек!(那队排的,足有一千人!)。只有在下列情况下它们才是夸张语句: ① 玛丽娜真的是总迟到;② 别佳的鼾声确实较响(尽管可能远远比不上拖拉机); ③ 确实在排队。当然,不同的人对队的长度有不同的评价(说话人认为它相当长)。

3.3 从另一方面看,语句中有可能使用了夸张的语言手段,但是描写的只是最极端的现实情况。在这种情况下,这种语句不能认为是夸张语句。例如句子: Коля никогда не бы на Памире,这里的副词 никогда 只是准确地说出了柯利亚的特征之一,即他生来一次都没有去过帕米尔(而与以下情景相对照: часто бывал, каждое лето бывает, два раза был 等等)。而以下这样的同样结构的句子却是夸张句: Мы никогда не забудем этой поезди 或 Она никогда не приходит вовремя。 再例如:

Я ничего не слышал об этой истории(非夸张语句).—Он ничего не читает (夸张语句);

Вот уже три месяца, как она тяжело болеет и поэтому никуда не выходит (非夸张语句).—Мы с мужем давно уже никуда не ходим(夸张语句);

需要注意的是,受话人往往不认为这类语句是夸张语句。因为交际双方在使用 ничего(не читает),никуда(не выходит)等词的时候已经存在共识:说话人所指

---

① 对于言语行为的("最大")成功条件请详见塞尔和格赖斯的著作,以及(Падучева 1982)。

的只是现实的一部分,并非全部的现实,例如:не читает ничего интересного[(他)没读什么有意思的东西];не ходим в места культурного отдыха-театр, кино и т. п. [(我们)不是去什么文化休闲场所(例如剧院、电影院等等)]。

4. 夸张的表达手段

4.1 在列出夸张手段的清单之前,我们必须指出:一般来说,夸张语句主要用来评价人或人的行动,或者外部世界发生的涉及人的利益的事情。具体而言,包括语话人、受话人和第三方的性质和现状、人类活动的各种特点(量、强度、持续时间等等)、空间位置、自然现象(例如:雨、雪、风、火、酷热、严寒)等等,它们都对人的生理或心理状态产生某种影响。总之,人的世界是夸张的基本客体。

此外,夸张之所以被使用,正是因为在说话人的语言意识中存在着关于性质、状态和行为的某种标准;只有说话人认为现实与这一标准差异明显,他才会倾向于使用夸张手段。

在用夸张手段表达的思想中,最典型的有:

—— 充足:завались, залейся, выше головы, через край, навалом, уйма, пропасть, бездна, куча, вагон, гора, сплошь, один, одни (одни идиоты);

—— 缺少:совсем пусто, шаром покати, ни крошки, ни души, ни капли;

—— 长久:сто лет (не виделись), целую вечность (прождал), (будем стоять) до скончания века;

—— 距离或体积的大小:школа—за тыщу километров; клубника—с кулак; голова-с котел;

—— 事件的重复性:сто раз тебе говорил; вечно ты опаздываешь; она постоянно болеет;

—— 感觉(例如:疲劳、喜悦、惊奇、痛苦,等等):руки отваливаются (от усталости), прямо прыгал (от радости), рот разинул (от удивления), почернела (от горя);

—— 不好的健康状态:кожа да кости; как скелет; за стены держится; (его) ветром качает;

—— 严重醉态:не мог сказать ? мама?; приполз домой на бровях.

……

正如我们看到的那样,在俄语中为了表示以上这些思想往往使用现成的夸张表达手段。这些手段主要是熟语性的短语或者在特定结构中的词(例如 вагон, куча, гора, вечно,等等)。

除此之外，还可以通过词或短语的意思转移，在语境中制造夸张效果。这种转移有：从表示一次行为转为表示多次或者经常行为；从表示具体事物转为表示一类事物，等等。

不管是现成的，还是在语境下临时生成的夸张手段都有很多种类。本文中我们只是试图列出其中一些主要手段，并给予简要的说明。在以后我们还将对那些更有趣的(同时也是在语言学上研究较少的)夸张手段专门进行更为深入的研究。

4.2 形态手段

形态手段传统上分为：

(1) 物质名词的复数形式：чаи，молоки，等等。例如：Некогда чаи（молоки）распивать. 这里只是一般的情景，并不是指各种品种的茶和牛奶。说话人在这里之所以用复数在于夸张地表达这一思想：他非常缺少时间去从事主要行为之外的其他行为。

(2) 可数名词的复数形式，但是用于只有一个指称客体的情景下，例如：Ты что это клумбы топчешь? Я тут со статьями своими вожусь, а она там（собака）с голодухи воет[事实上只有一个花坛（клумба）和一篇文章（статья）]；再例如，阿尔巴茨基文章中所举的例子：шататься по магазинам（по выставкам），ездит по Парижам（по заграницам）（Арбатский 1972）；等等。

(3) пол- 和名词的组合，例如：У нас пол-отдела гриппует；Я этим ножом твоим полпальца себе отхватил；Вчера за босоножками полдня простояла(实际上要低于字面意思表示的程度)，等等。

4.3 词汇手段

夸张的意义本身往往通过表示事物的程度、数量或其他各种"尺度"的词来表示。此外，情态词、量词等词汇也来表示夸张。

4.3.1 量词：все，каждый，любой，всякий，никто，ничто，совсем，совершенно 等。例如：

> Все говорят, что он женился; Ребенок оборался, а всем на это наплевать! Все мне советы дают, прямо замучили совсем①; Каждому известно, что в магазине эту книгу не достать; И почему это всякий считает своим долгом давать мне замечания!

---

① 显然，说话人使用 все 一词可以表示不同的集合，比如：可以表示全人类（Все хотят мира），可以指某国所有的成年人（Сегодня все идут голосовать），可以指朋友或者家庭成员（А у нас уже все встали!），等等。量词 все 只有在以下情况下才是夸张用法：行为、性质只涉及到某集合中的一部分成员，而说话人不顾事物的客观真相，用它来概括和描写该集合中的所有成员。

这些语句可以用于类似这样的情景：某个人（例如，一个家庭成员，或机关里的一个工作人员，等等）给说话人提出批评或建议，而说话人用这样的形式对此表示否定和反感。

再例如（女大学生走进教室）：А чей-то? Никого нет. 事实上教室里坐着几个人，但说话人认为教室里的人应当比这多很多。Картошка совсем сырая, суп совершенно несоленый（事实上土豆可能只是煮得不够熟，汤只是盐放得不够多，而此处说话人为了加强斥责的语气而使用了表示夸张的词 совсем, совершенно）。

4.3.2 副词性的加强—情态语义词：просто, прямо, просто-таки, прямо-таки, форменным образом, 等等。例如：

Ты меня этим сообщением просто зарезал①! Ну и загорел! Прямо негритос какой-то; Она прямо-таки в душу ко мне лезла со своим сочуствием; Соседи форменным образом выживают его из квартиры ［多半并非是"正式地，正经地"（《форменным》），而是非法地或恶劣地］；После пожара он буквально голый остался; Да это и стоит-то буквально копейки（指旅游的价格，实际上可能有几万卢布）。

这类语气词的使用特点之一是：词组包含这些语气词时的意思与不包含这些语气词时恰恰相反。例如：просто зарезал——"简直要了命"，实际上并没有要了命，只是仿佛要了命②；прямо негритос——"像尼格利陀人（指东南亚几个身材矮小的尼格罗种族的人）"，实际上并不是尼格利陀人；буквально копейки стоит——说话人认为太便宜了，但并非只值几个戈比③。

这类词有以下句法特点：

（1）它们不能用于追问，因为从句子实义切分的角度来看，追问是对语句述题（рема）的发问，而 просто, прямо, буквально 这类加强—情态语义词不能处于述题中，因此不能用于追问，例如：—Ты меня просто убил (зарезал)! ＊ —Просто?; —Я остался буквально без копейки! ＊ —Буквально?; —Ты прямо денди в этом костюме! ＊ —Прямо?④；

---

① 请注意：语气词 просто（还有前面列举的其他许多语气词）是多义的。它除了可以表示加强意义之外，还可表示"只，只有"，比如 просто Р 相当于"只有 Р，没有别的"（Он просто дурак; —Ты что здесь делаешь? —Ничего. Просто сижу.）。

② 关于这个动词的直义和转义，以及它们之间的伴随关联性，请参见（Крысин 1976a）。

③ 博古斯拉夫斯基最早注意到语气词 буквально 在一些类似词组中的"相反转义"，(Шмелева 1986) 也讨论过这个词的意义和用法。

④ 试比较：作为行为方式副词的 буквально 可以用于这种结构：Этот текст надо толковать буквально. -Буквально?

(2) 这类词前不能加表示否定的 не①，例如：

* Я остался не буквально без копейки；* Ты не прямо денди в этом костюме!

(3) 这类词不能再与其他表示性质或行为程度的句法上独立的副词或强调语气词连用，例如：

* Экскурсия стоит очень буквально копейки；* Ты меня даже просто убил!

但是，буквально 和 просто 用于其他义项时（即非用作加强—情态语义词时），可以出现这种搭配，例如：

Вы слишком（очень）буквально толкуете это правило；Даже просто стоять и смотреть на происходящее было невыносимо.

这些词之所以不能与否定词和表示加强意义的词连用，是因为否定词和加强意义词的意思与搭配词的词汇意义中的断言（肯定）部分相关。而类似 буквально 这种加强—情态语义词的词汇意义中并不含有断言部分。

4.3.3 时间和空间副词（主要是代词性的）：всегда, никогда, везде, никуда, нигде, вечно, 以及 постоянно, беспрерывно, непрерывно, беспрестанно, 等等。例如：Он никогда не смотрит телевизор——用于描写某种习惯：他不喜欢看电视[试比较同样带有 никогда 的下面句子：Он никогда не был во Франции（此句前面已经讨论过）]；—Ты не знаешь, почему Маши нет? —А она всегда опаздывает——用于描写玛莎的某种特点和行为习惯。

在类似语句中，副词并不含有说话人对言语客体的行为和性质的评价，但是在使用副词 вечно 的时候却有这样的评价意义。例如，Маша вечно опаздывает 的意义大致为"玛莎具有经常迟到的特点，并且说话人对此持否定态度"。

вечно 的这种意义可以总结为以下模式：вечно X P = "存在 P；P 是 X 的行为或性质；说话人认为 P 过于经常，并因 P 而指责 X"。在语句中，вечно 总是带有逻辑重音的。如果不遵守这一条件，那么带有 вечно 的句子只能是引文[维日彼茨卡表述过这一思想，见（Вежбицка 1982）]。例如：

---

① 初看起来，似乎在疑问句中也不能出现这些语气词，但实际上并非如此。虽然这类词的典型语境是肯定句和感叹句，但是它们也完全可以用于疑问结构中。比如：

Ты, говорят, просто убил ее этим известием? Неужели не надоело вам буквально сутками сидеть перед этим ящиком（= телевизором）；Правда, она прямо леди в этом наряде?

—Вечно ты со своими советами лезешь! —Я вечно лезу?!

但是，只由 вечно 一个词构成追问是不允许的：

—Вечно ты пичкаете мальчика конфетами! * —Вечно?

试比较：以下句子完全正确：

—Она всегда (никогда не) опаздывает. —всегда (Никогда)?

вечно 不能用于否定（这与我们前面所说的加强—情态语义词不能用于否定的原因是相同的），例如：* Не вечно она опаздывает. 但在不定式句中可以说：Не вечно же тебе в девках (в младших научных сотрудниках) сидеть; Не вечно же ему подчиняться! 此时 вечно 是另外的义项，即直义"永远，永久"(всегда)。

正如我们看到的那样，вечно 在口语中的意义（"经常，老是，总是"）与其直义（"永远、永久"，例如：Хранить вечно）不同；这一口语中的转义义项已经在详解词典中有所标注。

还有其他某些时间状语在口语中也发生了这种意义变化（即添加了评价意义），例如：постоянно, беспрерывно, непрерывно, беспрестанно, 此外，还有短语 все время [以及俗语—行语中的 всю дорогу (经常，总是，一直)]。在一些词典中，副词的这种意义变体并没有标注出来。请看下面例子：

Она постоянно болеет = 'она болеет, и говорящий считает, что это имеет место очень часть';

Петя непрерывно острит = 'Петя острит, и говорящий считает, что это происходит очень часть, и осуждает Петю за это';

Вы беспрерывно отвлекаете меня от дела своими просьбами! = 'Кто-то обращается к говорящему с просьбами; говорящий считает, что это происходит очень часто, и отрицательно оценивает это'.

4.3.4 形容词：целый, весь, сплошной, один

целый: целый Т Р ="有在时间段 Т 内实施的行为 Р；说话人告诉受话人，他认为 Р 所用的时间太多"。例如：Целый день простояла в очереди（实际上排队的时间并没有一昼夜，但是说话人想给受话人造成一种印象：排队的时间很长）。在以下句子中，这个形容词并不是夸张性使用，虽然情景中包含了说话人的评价：

Выпил целый стакан водки; На столе—целая кипа бумаг; У нас целый отдел этой проблемой занимается.

весь: весь X P = "有针对 X 的行为 P; 说话人试图说服受话人, 行为 P 涵盖了整个 X, 并且对 P 持否定态度"。例如:

  Вы мне весь костюм испачкали! Ребятишки все тротуары мелом исписали!

对行为 P 的否定评价也能在一定程度上体现在动词的词义中 (例如: исписать, испачкать 等)。但是脱离开 весь X 这一上下文中的词组, 动词词义中的这一意思有可能并不体现出来。例如: Я исписал две тетради. 而包含这个词组的语句中不但包含说话人对行为 P 的否定评价, 而且通过夸张性的 весь X 加强了这一评价意义。

因此, 我们应当注意到, 形容词 весь 是否作为夸张手段使用取决于言语行为的性质: 通常在批评、指责、愤怒、抱怨 (如 Всю ночь не спала!) 等言语行为中 весь 作为夸张手段使用; 而在"确认"语句中 (即在那些纯粹是以传达信息为目的的语句中), весь 很少作为夸张手段使用 (请参考心理语言学家对夸张与言语情感压力的关系所进行的研究, 见: Леонтьев, Носенко 1973)。

сплошной: сплошной X = "说话人报道, 存在 X; 并且他想说服受话人: 在其描写的 X 情景中没有例外"。例如:

  У них там сплошные идиоты, не с кем слова сказать! На улице так скользко—сплошной лёд! Не экзамен, а сплошное удовольствие (истязание); Эту его книгу читать невозможно: сплошные сноски и примечания!

如果被 сплошной 修饰的名词是表示人的, 那么这个名词就获得了评价意义 (或者其词义中本来就有评价意义, 例如 идиоты, подонки 等)。请看下列例子:

  У них в группе—сплошные мастера спорта; В зале—сплошные академики и лауреаты.

在 сплошной 修饰并列联系的成分的时候, 两个并列名词应当表示同一"级别"的人, 例如: мастера и перворазрядники; академики и лауреаты; 等等。以下形式不能出现:

  * В зале—сплошные академики и студенты.

одни: один X = "存在 X, X 是人或情景 Y 的性质; 说话人想说服受话人: X 具有 Y 在最大程度的性质"。例如:

У нее в голове—один мальчики; Бедный, он так похудел, один нос остался; Не сено, а одна труха; У меня что-то в последнее время на работе—один неприятности.

один一词的这个意思(即"仅仅,只有")本身并不是夸张。例如：В классе одни мальчики; Он стоял за портьерой, и был виден один его нос. 只有在说话人想表明该情景下除了 X 之外再也没有别的什么事物或性质时(而实际上除了 X 之外还有别的事物或性质),它才是夸张用法。

4.4 熟语手段

4.4.1 最常见的夸张手段是类似以下这些固定表达方式：не покладая рук, падать от усталости, на ходу спит(指委靡不振的人), весь в мыле, руки отваливаются(由于累), ходят на головах, в упор не вижу, лезть на стену(指疼痛), глаза на лоб полезли, корову через 《чть》 пишет(指文化水平低的人), до трех сосчитать не может, это и ему понятно,等等。它们都有谚语性,并且人们早就感觉不到它们身上的夸张意义了,因为它们都属于转义或隐喻性的用法。

这类短语的数量还可以继续增加,例如通过隐喻和夸张—转义的方法,使原本的专业表达方式使用于夸张性转义：

Мы все были *в глубоком обмороке* от этого их проекта; Я просто *в шоке* от твоего рассказа!（短语 в глубоком обмороке 和 в шоке 都是医学术语)。

4.4.2 带连接词 как 的比较短语

说话人心目中对于外部世界的许多客体和性质都有一些模式化的概念,它们仿佛是某些特征的"刻度"。例如,说到胆小时：труслив, как заяц;说到笨拙时：неуклюжий, как медведь;说到肮脏时：грязный, как свинья;等等。这些表达方式是模式化的,可作为现成的模板来使用。而许多这样的模板中都有夸张意义。例如,动词性的：храпит, как трактор; пыхтит, как паровоз; ржет, как лошадь; ползет, как черепаха(指火车、公共汽车等); работает, как вол, 等等;形容词性的：худой, как скелет; тонкий, как листа; толстый, как бочка; высокий, как каланча; здоровый, как бык; голодный, как собака (как волк), 等等;副词性的：темно, как ночью; светло, как днем; жарко, как в бане, 等等。

这些比较短语中有一些听起来没有什么理据,例如：глухой, как пень; глуп, как пробка,但是它们中包含着"性质的最大最大程度"的意思,因此这些短语也是出于夸张目的被使用的。

4.4.3 结构为 V+OT+S (二格)的熟语性表达方式,它们表示说话人体现在生理状态上的情感反应。例如：остолбенел от ужаса; валялись от хохота;

покатился со смеху；等等。它们还往往加上短语 чуть не，例如：чуть не умерли со (от) страха；чуть не задохнулся от возмущения；чуть не лопнул от злости；等等。

4.5　句法手段
A. 通过名词结构表达夸张

4.5.1　数量词组：Num＋S（二格），例如：сто раз，три часа；或 S（数量名词）＋S（二格），例如：тыща человек，миллион бумаг，куча денег。

这类短语中的数词(包括表示数量的名词)并不 总具有夸张意义，能够带有夸张意义的是那些表示"整"数的词和表示大量事物的词：десять，сто，сотня，тысяча，миллион；куча，гора，прорва，等等。

4.5.2　与上述数量词组意义近似的还有一些表示容器或度量的词构成的词组，它们也具有数量意义。当然，这些词组中的中心词只是转义表示"大量"：вагон，мешок，тонна，пуд 等等。请看下面例子：

Да я тебе этих солдатиков мешок принесу! Он одних джинсов вагон привез-пар двадцать, не меньше! Мы этих бананов вчера целый пуд съели!

4.5.3　上述（即 4.5.2.点中的）结构还可以体现为五格形式，例如：

К нему фрукты вагонами везут; Совсем свихнулась: лекарства глушит флаконами! Я ему бумагу тоннами таскаю; Он ей розы охапками дарил.

4.5.4　带四格和三格名词的比较结构：У них клубника—с кулак；Орехи—по кулаку（例如：А вот тут стояло дерево-азовские орехи по кулаку на нем росли. -Б. Можаев）。

在这类结构中，被比拟的事物往往是众所周知的，是日常生活中度量的"模板"，例如 кулак，голова，блюдце（У нее глаза—с блюдце）等等。有时这类结构中也加入了个"陪衬物"，这就是词形 величиной（例如：величиной с голову，величиной по кулаку），但是加入 величиной 之后，这类短语的口语性减弱了。

4.5.5　ДО＋S（二格）结构，表示：（1）物体的尺寸：коса до пят；нос до подбородка；борода до пояса；（2）物体或物体完全耗尽，此时 S 是物质或物体的"量度"名称：до капли（выпили），всё до крошки（съел），всё до крупинки（собрали），等等。

4.5.6　ПО＋S（三格）结构，S 是物质或物体的"量度"名称。例如：собирали по капле（по крошке，по крохам，по зернышку，по крупице）。这类结构往往与加强语气的词 буквально，просто，прямо 连用。例如：

Мы эту технику буквально по винтику собирали отовсюду, кто что даст;

Наш фонд накапливался страшно медленно, прямо по зернышку, по капельке!

4.5.7 НИ＋S（三格）结构，例如：ни крошки, ни капли, ни души, ни шагу, ни пылинки, ни звука, ни деревца, ни кустика; ни черта, ни фига, ни шиша.

在 1980 年科学院《俄语语法》中指出，这类结构中的名词表示"能够通过看或听感知到的唯一事物"(*Грамматика-80．2；341*)。但是，我们感觉，这里还应该有另外一个限制：说话人感知到的唯一事物是其言语所涉及客体的最小单位。例如：Хлеба—ни крошки! Денег—ни копейки; Вина—ни капли。并且，这一结构不仅强调客体完全不存在，而且包含说话人对事物的相关状态的总体判断，例如：ни пылинки＝'абсолютная чистота'（绝对干净）；ни облачка＝'абсолютно чистое, солнечное небо'（绝对晴朗，阳光明媚）；ни шагу назад＝'полная невозможность отступать'（绝对不能后退）；等等。

固定短语 ни черта（фига, шиша）除了表示完全缺少某事物之外，还能被用于表达夸张的意思，即说话人把少量的某事物夸张表达为完全没有某事物。这种夸张表达通常用在某事物的量低于说话人的心理预期的情况下。例如这样的语句：NN ни черта не смыслит в Y，它可用来指某人对其自己的工作一点也不了解（例如：Начальник цеха ни черта не смыслит в своем деле），显然这是夸张的说法。说话人的预设为：某人对此（例如对自己的岗位、职业，等等）应当有所了解。

4.5.8 S（一格）＋ЗА＋S（五格）结构(S 和 S 为同一词语)，例如：комиссия за комиссией, гости за гостями, командировка за командировкой。请看例句：А вот пошла комиссией за комиссией, проверка за проверкой, всех измотали, издергали, просто житья нет. 这个句子可用于以下现实情景：先后来了两三个委员会，而说话人对这一事实持不赞成的态度，他想给受话人造成"委员会数量很多，检查很频繁"的印象①。

B. 通过动词结构表达夸张

4.5.9 S(二格)—V（命令式、单数）结构：

  Фруктов—завались! Вина—залейся! Грибов—косой коси! Земляники—горстями греби!

这种结构中可以加入 только，例如：

  Работы—только поворачивайся! Дел—только успевай вертеться!

---

① 下面 4.5.9 和 4.5.10 中的语言结构尽管是口语形式，但它们在 1980 年科学院《俄语语法》中有专门介绍，我们把它们也归入了夸张表达手段。

4.5.10 S(二格) ＋ НЕ＋V(不定式、未完成体)／V(第二人称、完成体、现在时、单数)结构：

  Людей—не сосчитать （не сосчитаешь）；Подарков—не унести （не унесешь）；народу—не протолкнуться （не протолкнешься）！

这种结构的一种变体是用 S(一格)代替 S(二格)。这种情况下名词表示属性、状态。例如：

  Ну и духотища—не продохнуть （не продохнешь）；А просторы （в Сибири）—глазам не окинуть （не окинешь）.

还可以用整个句子来代替 S。例如：

  Захламили комнату—не войти （не войдешь）！

  在这些情景中,指的是难以完成动词表示的某种行为(例如："难以统计","难以拿走","难以挤过去"……),但是这一行为并非完全不可能实现。因此,这种情景中的"не ＋ 动词"是一种夸张手段。

4.6 夸张的语调强调

  语句中具有夸张功能的词或结构通常都需要专门强调,带有逻辑重音,例如：Ве́чно ты опаздываешь！Она никому́ не верит！Вина—зале́йся.

4.7 夸张和身势语

  说话人常常使用身势语作为加强夸张的手段,例如：Работы-во！可伴有如下身势语：说话人用手掌指向喉咙的位置(＝ по горло)或置于头上(＝ выше головы)；У него голова, как котел. 或伴有如下身势语：说话人用手夸张地表示出头的大小。

  夸张身势语可以代替词汇手段。在语句中在相应位置只用身势语的代替性成分表示。例如：Выходят двое-вот такое роста(说话人用手举过自己的头,指出个头), с такими вот плечищами (说话人把手放在两边,显示宽度)；Она на меня вот таким (说话人把两个手掌弯曲成半圆形,放在眼睛的位置) глазищами таращится, ничего понять не может.

  有时甚至可以连代替性成分都不使用,说话人直接使用夸张性的身势语陈述或回答问题(常用于表示物体尺寸时)。例如下面对话：А—Ну и крупная попадалась (指鱼)? Б—(把两手放在尽可能大的宽度,显然是夸张地表示捕获的鱼的尺寸)。

  5. 显然,对于以上我们列举的这些语言材料,还需要进一步深入细致的研究,尤其是对言语中夸张的产生条件的角度进行研究。但是,即便是通过对各种用于夸张目的的语言手段进行的粗略分析,我们也可以看到:在无拘束的口头交际情景中夸张语句非常常见。夸张法和其他表情强调手段一起,形成了口语区分于其他标准语体裁的重要特点。

现代俄语言语中的委婉语*

1. 导　言

　　研究者在探讨"委婉语"这一课题的时候，需要研究的不仅有委婉语表达方式，还有产生委婉语的社会—文化和语言背景。因此，为了展示一个完整的图景，有时不得不重提那些通常已经走出语言学家视野的事物及其词汇。委婉语会给标准语使用者和遵守特定文化规范的普通人，也会给语言研究者自己，造成心理上的某些不快甚至抵触。但是，作为一个客观、公正的研究者，应当研究语言中发生的一切，当然也有义务研究这种有些"令人厌恶"的语言现象。

　　我们做这样的开场白是为了使读者预先知道，本文将论述哪些词汇现象；而且，如果这些词汇使您感到某种不快，我们请您谅解。

　　现代俄语言语中明显出现了两种截然相反的发展趋势：言语粗俗化和委婉化。这里我们对第一种趋势只做简要论述，因为对第一种趋势的分析不是本文的主要研究任务。

　　在词汇层面，粗俗化主要表现在粗俗俚语、隐语词汇和短语的使用扩大，例如：сука, сволочь, падло, гад, подонок, подлец, 等等，再例如：отмазаться, вешать лапшу на уши. 请看下面例子：

> Президент *отмазался* от неприятного вопроса; Довольно *вешать нам лапшу на уши*? ——来自俄罗斯最高苏维埃议员的发言(1989年)

　　并且，不仅是在日常口语中，在书面语、政治言语、广播电视评论言语(例如著名电视节目主持人涅夫佐罗夫的言语)的各种体裁中，这些词和短语的使用都有扩大的趋势。80年代末至90年代初开展了"词汇自由运动"，大批以往使用受限的词汇不仅出现在文艺和半文艺语篇中(例如阿廖什科夫斯基、叶罗费耶夫、利莫诺夫等人的作品)，而且出现在各种日常交际和政论言语体裁中，其中许多包括受众很广的媒体。在现代电影、电视节目、报刊文章中骂人的词(詈语)并不少见。正如考斯特—托马所说的那样，"以前不能印刷的词被印刷出来了"(Кёстер-Тома 1993: 26)。

　　有数据显示，不同性别的说话人在使用类似词汇方面的差别缩小了。粗俗的

---

　　* 本部分最早发表于《俄语学》(*Русистика*. № 1/2. Берлин, 1994)。

词和短语，包括詈语，既为男人所使用，也为女人所使用（这里指用它们的表情功能，而非称名功能）。与此同时，社会限制也不明显了。据我们观察，这些词和短语不仅用于工人中（在工人中间的言语交际中，这些表达方式中有些早就习以为常），而且，用于（例如）演员、作家、记者的言语中。当然，这些词在受众类型方面还是存在限制的。粗俗词汇在同性别和同年龄段的人中间使用更为自由（例如说，年龄相仿的妇女在彼此交际的时候更常使用詈语，而在有许多不同年龄的人在一起时，或者女人同男人交流时，则较少使用这样的词）。现在，詈语使用的年龄"门槛"正在降低，甚至10—12岁的学生在同性别或不同性别的同龄人中间也会相当熟练地吐出骂人的话。

许多词和词组在标准语中地位正在发生改变。例如，以前，表示某些生理功能的词的使用受很大限制［例如动词 какать（拉屎），пи́сать（撒尿）——它们只用于儿童言语或成年人与孩子交流时］，现在它们可以出现在面向广大受众的书面语篇中［例如，《莫斯科共青团报》（1992年）上发表过一篇文章的标题为：Откакались...］。以前，在非专业言语中，与"性"有关的一切都借助委婉语，用含混形式表达［例如：связь，близкие，интимные отношения，жить с кем-либо（或者更直接一点的 спать с кем-либо），等等］，而现在不仅在日常言语中，而且在大众媒体上也出现了 трахать，трахаться（而许多说俄语的年轻人和中年人认为这两个词是对非标准语中更粗俗的词的委婉代替），кончить，давать① 这样的词。例如，在电影《超出最后界线》（*За последней чертой*. 1991）中，妓女的台词中使用了 давать：

——Хочешь, я тебе прямо здесь дам бесплатно?

在《莫斯科共青团报》上的一篇文章中，这个词被更有深意地使用：

У наших девушек отсутствует культура давания.

一些医学术语的标准地位也发生了改变。与性相关的一系列术语以前只用于非常专业的文章或狭窄职业范围内（例如：коитус, оргазм, клитор, пенис, эрекция, 等等），现在它们在许多非专业言语中（例如在报刊文章、广播电视和日常生活言语中）使用非常自由。

在现代俄语言语的各种体裁中，除了词汇特点之外，语调属性的变化也能够证明言语交际中的粗俗化趋势。例如，在一些社会职业群体和年龄群体中（例如在经商人员、日常服务业者、酒店服务员、护士、司机中间，以及在年轻工人、技校学生、

---

① 这个词源于委婉语。由于其表示的是科恩所说的"原则上无法口头说"（Кон 1998：108）的行为和关系，因此，它是作为一种委婉替代手段出现的。但是在标准语的交际中许多语言使用者都对其意思不甚明了。

高年级中学生中间),一些从传统观点来看是粗鲁的语调,现在不但在"自己人"圈子中,而且在与"外人"交际时,都成普通对话中的正常现象。总之,——如果我们不使用严格的语言学术语,而使用一般评价性词语来说的话——如今,人们的言语交际行为中侵略性特别强。从邻里之间的日常对话和公共交通工具上的对骂,一直到广场上的集会和议会中的辩论,我们听到的言语中都充斥着说话人在讨论与自己意见不一的事物时的生硬评价(体现在相关评价词的选择上),极端否定的情感,激昂的、有时甚至是仇恨的语调,等等。

现在,针对受话人的行为和人身使用各种贬义评价手段的骂人话不同寻常地与日俱增。这些骂人话中使用的有标准语范围之内的富有表现力的词和短语,也有粗俗俚语词汇和专门的詈语词汇(Жельвис 1992)。

所有这些现代俄语口语(也包括部分书面语)的特点都是语言外现实的负面影响的结果。而语言中的这种变化又是与文化和道德的坍塌密切相关的。

但是,言语委婉化的性质、目的和结果在某种程度上与此恰恰相反。正如前面所言,委婉化同样也是现代言语的发展趋势。

下面,我们就从委婉语的概念开始研究 20 世纪末俄语言语中委婉化的过程和特点。

2."委婉语"的定义

众所周知,委婉语这一概念在语言学中出现的历史相当久远。有许多著作专门研究过委婉语这一课题,或者在研究其他语言现象的时候涉及到了这一课题。例如:Пауль 1960:122-123;Шор 1926:70-71;Ларин 1961;Видлак 1967;Crnek 1928;Benveniste 1946;Bruneau 1952;Havers 1946;Paratesi 1964;Leinfellner 1971;Zemtsov 1985。显然,这里我们也无法从整体上研究委婉语问题[①],我们只是探讨一下委婉语在现代俄语中的使用情况。

在定义委婉语这一概念时,不同的学者有不同的观点。

例如,对于"委婉语",比较流行的理解是"在某些特定条件下代替语话人不愿意说的,不礼貌的,或过于严厉的说法的词或短语"(Шмелев 1979),以及"用以代替同义的,但说话人认为有失体面的、粗鲁的或不合时宜的词或短语的情感色彩为中

[①] 比如,我们没有涉及到的还有作为文学隐喻现象的委婉语。在(Гинзбург 1991:208-210)中讨论了这一问题:"(19世纪)20年代俄语自由主义者的用词很有研究价值。他们用俗语、诙谐语,甚至是下流话来进行掩饰,这样就出现了一些上流委婉语。比如 глупо влюблен(来自普希金的作品)。意思实际上是'痛苦地、无希望地爱上'。该谐语是基于用词中的'错位'产生的,它们通过迂回的手段来达到目的。词语和事物之间的关系并不是严格的一对一关系,它们中间总是存在着空间。而摇摆不定的意义就在产生于这个空间"。

性的词或短语①"(Арапова 1990)还有一些狭义的理解,把"委婉语"仅看做是"用以代替禁忌词(табуизированные слова)的词或短语"(Варбот 1979)。

作为对已有委婉语定义的补充,我们想说的是,委婉语区别于普通词汇之处在于:它对所指称的事物、现象的社会评价特别敏感。委婉语在语言和言语中的地位在历史上的多变也正是源于此。在一代人中,公认是成功的委婉语称名,到了下一代人那里可能就会受到怀疑,被认为是难懂的蠢话,需要用新的委婉语来代替。

因此,拉林这样写道:"委婉语的寿命不长。委婉语存在的现实条件是存在相应的'粗俗的'、'难懂的'等价词语。一旦这些被认为不便使用的表达方式不再使用,委婉语也就丧失了其'高尚'属性,或者变为'直接'称名,或者被新词所代替。"(Ларин 1961:120)

我们可以举法语中的 garce 和 fille 的历史为例子:在古代,garce 只是 gar(小伙子,年青人)对应的阴性名词(即"姑娘")(Le petit Robert:768),此后它成了"妓女"的委婉语。但很快,这个词也开始被认为是粗俗的,于是它的委婉语功能被 fille 代替了。而后者在现代法语中也已经不再被看做是委婉语了,属于詈语的行列[见《新法汉俄词典》(Новый французско-русский словарь. С. 459)]。

斯拉夫语中这一概念的历史也大致相同。例如俄语 курва(以及乌克兰语 белор,保加利亚语 курва,捷克语 kurva,波兰语 kurwa),最初指"母鸡",后来成为表示放荡女人的粗俗词语(例如 блядь)的委婉语(Фасмер 1967, 2:423)。试比较:法语词 cocote 本义指"鸡",后来指"行为轻浮的女人"。

потаскуха,шлюха 等词最初也是来源于委婉语,但在现代俄语中它们都属于粗俗词汇。属于委婉语还有:женщина легкого поведения, падшая женщина, публичная женщина 这类表示女人的描写性的词语,讽刺性的表达方式 жрицы любви(这个短语的委婉程度相当有限),不久前刚(从意大利)借入的、只限于半隐语范围使用的词语 путана,以及戏谑性的词组 ночные бабочки。

英语中所谓的"四字母下流词(粗话)"(four-letter words)的历史也很有代表性,它们在历史上曾经是委婉语,而现在它们是粗俗词汇,是相应事物和行为的直接能指,或者詈语。

委婉语是事物、性质和行为的能指,它相对于其他言语手段而言更间接、迂回,更温和、软化。首先,委婉语的使用不同于间接肯定法(литота)。间接肯定法是一种富有表现力的手段,它或者是双重否定(例如 небесспорный, не без умысла, неглупый),或者是用否定来表示肯定(例如 Не думаю, что вы правы. 试比较:Думаю, что вы не правы);其次,委婉语也不同于缩小修辞格(мейозис)。缩小修辞

---

① 巴乌利认为,委婉语的产生原因是"羞耻感",羞耻感使得说话人避免用"事物的本来名称"来指称事物,转而使用"间接符号"(Пауль 1960:123)。

格也是一种富于表现力的手段,即有意在言语中降低事物、行为和过程的性质强度[例如:用 Он вполне прилично плавает 描写一个很好的游泳者;用 Ее трудно назвать красавицей 描写一个相貌丑陋的姑娘(见 Скребнев 1979)]。

委婉化和称名是紧密交织在一起的[称名(номинация)是言语活动的三个基本过程之一,另两个是述谓(предикация)和评价(оценка)]。一些客体出于道德、文化、心理或其其他原因不能称名或难以称名,此时就需要有委婉语表达方式。而这一委婉称名又需要不断更新,以掩饰或者弱化那些在文明社会中被认为是不合适的、有失体面的称名。

总之,委婉语有许多不同于普通称名手段和言语修辞手段的特点。

我们认为,言语委婉化体现在以下这些情况下:(1)说话人认为,在该社会领域和语境下直接指称事物会被受话人认为粗俗、刺耳、无礼。显然,说话人做出这样的判断需要针对某些特定的事物,在特定的社会领域和特定人际关系条件下。如果不具备这些条件,就没有必要使用委婉语。因此,委婉语并非出现在所有言语中,而只是出现在与特定的话题和特定的活动领域相关的言语中(下面我们还要谈到这个问题);(2)说话人选择委婉化符号时,不仅是为了避免那些感觉上粗俗的词语,还可能是为了遮盖、掩饰现象的实质。例如较典型的例子是:人们会用 новообразование 这类比较模糊的医学术语来代替吓人的 опухоль(肿瘤),或者用外来的(正因此不太为人所知)术语 педикулез(虱病)代替 вшивость,等等。此外,在言语中使用一些语义具有模糊性的词(例如 известный, определенный, надлежащий, специальный)也是出于这一目的;(3)委婉语的使用取决于上下文和言语环境。社会对言语环境的监控以及个人对自身言语的控制越严格,出现委婉语的可能性就越大。相反,在监控较弱的言语环境中,或者在自由度较高的言语环境中(例如家庭内部、朋友之间的交流,等等),委婉语就会被更为"直接"的符号或"反委婉语"(дисфемизм)代替①(关于言语交际中的社会监控,请参见:Крысин 1989:139);(4)委婉语的社会依赖性还体现在:在一个社会领域中被认为是委婉语的词,在别的社会领域有可能有完全不同的评价(对此下面我们还将介绍)。

3. 委婉语的主题和领域

说话人从"体面/有失体现"、"粗俗/礼貌"的角度对事物做出的评价往往是针对特定的主题和活动领域(或人们之类的关系)的。传统上这些主题和领域主

---

① 使用"反委婉语"是指"用更粗俗、更轻蔑"的表达方式来代替情感和修辞方面中性的词语。比如用 загреметь 代替 упасть,用 рассопливиться 代替 заплакать,用 сыграть в ящик 代替 умереть,用 осточертеть 代替 надоесть(Арапова 1990)。

要有：

—— 某些生理过程和状态。例如：освободи нос! 代替 высморкайся!；освободить кишечник；недомогание（指月经）；Она ждет ребенка（代替 Она беременна）；等等；

—— 和"躯体下部"有关的某些身体部位。此时在日常言语中使用间接的委婉语表达方式会被大多人认为是体面的。例如下列表示男性阴茎的俗语和隐语：конец，палка，инструмент，аппарат，прибор，колбаса，балда，вафля，банан，等等，下列表示女性阴道的俗语和隐语：дырка，скважина，лоханка，лохмушка，мочалка，копилка，等等（参见：Балдаев 等 1992：314）。而医生在指称这些器官的时候，会使用拉丁语。

—— 两性关系。例如：находиться в близких，интимных отношениях，в интимной связи，физическая близость；再例如以下动词的俗语性用法：встречаться，дружиться，гулять（с кем-либо）；У нас с ним ничего не было 指的是"我们没有发生过性关系"，等等。

—— 疾病和死亡。例如：недомогать，плохо себя чувствовать 代替 болеть，хворать；Она совсем плохая——指的是"她的病没有希望了"；ушел от нас，его не стало 代替 умереть；кончина 代替 смерть；летальный исход（作为医学委婉语，代替"太直接"的 смерть）。一些"羞于启齿"的病的名称也获得了间接的、委婉的表达方式，例如：дурная болезнь（指性病）；французский насморк（指梅毒）；等等。

死亡和葬礼如果是说话时当前发生的事件（或距说话时时间不久），那么这一主题几乎无一例外地借助委婉语表达。例如：скончаться 和〈旧，俗〉кончиться，усопший，X-а не стало，нет больше с нами；предать земле（而不是说 закопать）。葬礼的组织机构在正式语言中会把自己的行为表述为模糊、委婉的表达方式 ритуальные услуги。再例如医生言语中的 потерять больного（指让无希望的病人死去），дети уходят（指"死亡"）。

委婉语的这些领域都属于私人领域：它们涉及到私人生活或说话人、受话人和第三方的本人。

此外，委婉化现象还可见于人和社会的其他许多活动领域。必须强调的是，在现代语境下，越来越多的委婉语涉及到社会主题，涉及到人类活动领域，涉及到人与人之间、人与社会以及政权之间的关系。

4. 人类社会活动领域中的委婉语

本节我们将探讨以下关于委婉语的问题：(1) 委婉化的目的；(2) 经常使用委婉语的社会生活领域；(3) 委婉化的语言手段与方法；(4) 说话人在创造和使用委

婉语时的社会差别。

4.1 言语委婉化的目的

传统上,委婉语被认为是一种代替说话人认为粗俗的或者有失体面的词或短语的温和手段。这种观点是否正确呢?我们认为,如果把委婉语只理解为一种温和手段或避免粗俗的方法,这对于个人领域中的委婉语是恰当的。但是如果我们触及到社会领域中的形形色色的委婉语,就会发现这个定义[即粗俗和不体面词语的更能被人(既包括说话人,也包括受话人)接受的代替手段]是有所不足的。

4.1.1 在社会和人际交往中,说话人使用委婉语的主要目的是试图避免交际冲突和交际失误,避免给说话对象留下交际不悦的感觉①。

这类委婉语用相比直接称名更礼貌的形式来指称事物。例如,用作各种术语的词:слабослышащий(代替 глухой),незрячий(代替 слепой);再例如,以下这类语句:Она *недослышит*, Он *прихрамывает*(指严重瘸的人);Да что-то я *приболеет*-температура под сорок,等等。

许多说话人认为,有文牍色彩的заслуженный отдых (покой)(例如,用于词组уйти(проводить)на заслуженный отдых (покой))听起来比пенсия更礼貌,尤其是谈话涉及的相关人在场时(通常,пенсия有可能会引起受话人的关于社会保障不力方面的联想)。

此类委婉语中还有的更倾向是个人委婉语。例如:

Присядьте, прошу вас, *присядьте*—вот те, на балконе, гости!(председательствующий на съезде народных депутатов, апрель 1992 г.)

大概,说话人认为,这里如果使用词形 сядьте,显得不够礼貌。再例如:

—Это платье вас... э-э... взрослит(说话人避免使用 старит 一词);

—Ты стал какой-то...-Взрослый-так сейчас говорят, чтобы не сказать: старый. —(Смех) Да-да(来自90年代的口语录音).

4.1.2 委婉化的另一个更为专业(指在社会意义上更为专业)的目的是掩饰、遮盖事物的本质。

出于这一目的使用的委婉语手段非常多样,对于俄语的语言现实来讲也非常典型。原因在于:我们的社会体系中充满了为意识形态服务的谎言,当局害怕种种恶劣的、反人道的行为曝光,许多社会现实需要用伪装的名称来掩饰。例如:集

---

① 这符合格赖斯的礼貌原则(Грайс 1985:223)。借助委婉语避免交际不悦是这一原则的一种体现形式。

中营和监狱的生活、国防企业的工作、共产党和国家机关高层的活动，ЧК(全俄肃清反革命和消除怠工特别委员会，契卡)、ОГПУ(国家政治保安总局)、НКВД(内务人民委员部)、МГБ(国家安全部)、КГБ(国家安全委员会，克格勃)、ФСБ(联邦安全局)这一系列机关的工作［这些机关获得了一个委婉的称名：компетентные органы(主管机关)］。

例如，在行政—事务隐语中集中营和监狱称为 учреждение①：

  В это время в *учреждение* поступило много новых людей（телевидение，27 авг. 1991，интервью с работником МВД）；

词组 отдельно стоящее помещение 表示集中营里的禁闭室［参见：拉兹贡的中篇小说《未考虑好的事》(*Непродуманное*)］；надзиратель(监视人)一词最近已经被听起来更不易懂的，并且不那么令人厌恶的 контролер 代替了；现在人们说 информатор 代替 агент(间谍，奸细)，说 доброжелатель 代替有贬义的 стукач(告密人)。例如过去斯大林的卫士鲁宾(Рыбин)的言语：

  Агент неудобно говорить，ну，*доброжелатель* можно сказать，*доброжелатель*.（телевидение，12 сент. 1991）；

再例如：

  В *обслуживание*（так на гэбистском жаргоне звали оперуполномоченные свою работу）дали огромную территорию（*Комсомольская правда*. 1991. 29 июня）.

还有许多带有前缀 спец- 的"伪装"性的名称很有代表性，例如：спецконтингент(指被拘捕或流放的人)，спецотдел(以及军队中的 особый отдел 和地方的 первый отдел，它们都是负责书刊搜查和检查的部门)；спецраспределение，спецсектор，спецзадание，спецполиклиника，спецхран(这是图书馆的书刊特藏部的简称，这里的书必须经特别批准才能借阅)，等等(对此，请参见本书后面介绍 особый 和 специальный 的专门章节)。

спецакция 和更简洁的 акция 在隐语中可以表示"枪毙，执行死刑"。词组 высшая мер(来自 из высшей меры наказания)是对死刑宣判的一种委婉表达，而现

---

① 大概，учреждение 的这种自足用法是"编号为……的机构"截短的结果。比如，在各种行政和法律文件中 учреждение 的使用通常会采取以下形式：учреждение № К/975-д.

在它却成了正式的法律术语(在俗语和隐语中只使用 вышка 和 вышак)①。

以下语境中的动词 нейтрализовать 和 обезвредить 也属于委婉语：Надо было нейтрализовать охрану（相当于"杀死，消灭"），После того, как часовой был обезврежен...（相当于"打死"或"制服"），физическое устранение（用以代替 убийство）。例如以下例子：

> В «Вечерней Москве» появилась провокационная статья о якобы готовящемся *физическом устранении* президента (телевидение, 20 апр. 1993).

在军事语言中,早就存在一些表达方式,使用它们为了掩盖话语的原本意图,不被敌人发现。例如用 хозяйство 表示"部队",用 огурцы 表示"炮弹",等等。在描写军工企业的活动的时候也是如此。例如,用 ящик 表示"工厂,研究所"[Работаю в ящике; Их распределили по ящикам（指军校毕业生的分配）],这一表达方式来源于"某某号信箱"(почтовый ящик номер такой-то)这一词组。объект 可以用来指"军事目标"或者"国防企业"。例如：

> ... Выбрали место, где и появился «совершенно секретный» ядерный центр. Во всех документах он теперь именовался *«Объектом»*. И только в наше время мы знаем его «научное» название—Арзамас—16 (*Российская газета*. 1994. 26 февр.);

再例如,萨哈罗夫②的《回忆录》(*Воспоминания*)中有许多 объект 一词表示此义的例子。изделие 可以指"炸弹,导弹或其他类似的用于军事目的的产品"。在萨哈罗夫的书中有这样的例子：

> Приехав на полигон для ядерных испытаний, мы узнали о неожиданно возникшей очень сложной ситуации. Испытание было намечено в наземном варианте. *Изделие* в момент взрыва должно было находиться на специальной башне, построенной в центре испытательного поля (А. Д. Сахаров. *Воспоминания*);

---

① 在20年代,短语 высшая мера 还有另外一种说法：Вера Михайловна(这类似以前的一种情况：советская власть 这一词组在"危险"环境中被加密为听起来不会产生危险的"人名+父称"音近词组 Софья Власьевна)。更晚一些又出现了 Галина Борисовна 这一词组,用以替代 ГБ(государственная безопасность)。比如：... Вольнодумство под опекой Галины Борисовны... (Сегодня. 1994. 12 мая).

② 萨哈罗夫(1921—1989),原子物理学家,曾主导苏联第一枚氢弹的研发,被称为"苏联氢弹之父",同时也是人权活动家,1975年获得诺贝尔和平奖。——译注。

再例如 продукт 一词的使用：

  Продуктом называли начинку для атомных бомб（телевидение，18 нояб. 1991）.

  掩饰词语属于委婉语，不久前俄语中还在使用许多类似的表示苏联党和各级政府领导人和行为和性质和词语。党的政权内部的上层生活应当对不应该了解情况的人封锁。因此，在报道这一领域的事件的时候就会使用一些相当含混的表达方式，例如：для служебного пользования（指"秘密文件"）; рассмотрен организационный вопрос（这意味着：苏联党和政府的某个领导人被开除出领导层了，或者被降职了），были сделан оргвыводы（这意味着：要针对某个干部或职工采取镇压措施了），вести себя нескромно（指党内的贪污、腐败分子，等等）。再例如，半戏谑性的词语 жизнелюб，它被用来指某些酒鬼官员或好色官员。一些这样的用词今天还可以见到。例如：

  Была отмечена *нескромность* главы администрации，который использовал свое служебное положение в корыстных целях [то есть брал взятки, торговал государственным имуществом и т. п.]（радио，15 марта 1993）；

  Руководители Белоруссии не приняли необходимых мер для борьбы с коррупцией и сами проявили *личную* нескромность（телевидение，26 янв. 1994）.

  掩饰性的词和短语除了与政治高压、军工企业、党内和政权体系内的关系相联系之外，在其他领域也使用很广。这类词语还有可能在以下情况下使用：说话人认为直接指称某事物、行为、性质会产生不良的社会效果，会引起受众的负面反应、斥责，等等。

  例如，词组 либерализация цен，освобождение цен，упорядочение цен，свободные цены 广泛用于现代报刊，以及经济界人士和政论官员的言语中。根据 освобождение，либерализация，свободный，упорядочение 这几个词的语义，它们与 цена 搭配时直义可以指价格的任何变化——可以是涨价，也可以是降价，还可以是价格保持稳定。但是实际上它们都是指价格上涨。之所以不直接说涨价，而使用这些词组，是为了掩饰大多数人都不满的价格上涨现象。例如以下例子：

  Последствия реформы обнаруживаются в виде инициируемой сверху гиперинфляции и беспрецедентного взвинчивания цен на продовольственные и промышленные товары первой необходимости, почему-то нежно названного здесь благозвучным именем 《*либерализация*》（*Московский комсомолец*. 1992. 2

февр., интервью с экономистом Л. И. Пияшевой);

Под благозвучным названием упорядочения цен повышены цены на ряд товаров повседневного спроса (радио, 16 окт. 1991);

Указ, который кокетливо называется 《О *регулировании* цен на некоторые виды энергопродуктов》, на самом деле значительно повышается цены на все нефтепродукты и бо́льшую часть других видов топлива (телевидение, 20 сент. 1992).

当局也试图减轻经济改革对居民生活的冲击。在80年代末,商店在出售糖、肥皂和其他匮乏的需凭证供应的生活必需品[在贸易术语中这类商品也有一个委婉的名称：товары повышенного спроса(需求量加大的货物)]时,贴出来的告示上写着虚伪的 Приглашение(邀请)一词。政府自己也把提高价格、增加税收等行为表示为一个意义上相应模糊的,实质上是委婉语的词组 непопулярные меры(不受欢迎的措施)。

当局掩盖事实真相的企图还体现在下面这些名称中：воины-интернационалисты(用来指1979—1990年在阿富汗的苏联士兵), дружеская помощь (братскому афганскому народу), ограниченный контингент войск (на территории Афганистана)(试比较：在BBC、"美国之音"和"自由"广播电台中使用的是更为直接的称名：агрессия, оккупация, оккупанты)。1994年12月俄罗斯军队开进车臣之后,官方在报道车臣事件的时候也用了一些掩饰性的表达方式。例如：

Первоначальные ежедневные попытки властей 《успокаивать》 общество с помощью обмана сменились пристрастием к эвфемизмам. Говорят, мы там не стреляем по чеченцам—мы 《даем адекватный ответ》. Говорят, это не войне-это 《военная операция по разоружению》 (*Известия*. 1994. 12 дек.).

由于苏联解体,原先的"兄弟民族"之间的仇恨加剧,在高加索、中亚、波罗的海沿岸、摩尔多瓦等地发生了不少次流血事件。在报道这些事件的时候,也使用了一些"掩饰性的"、腔调弱化的委婉语：

сохраняется напряженность：

В Нагорном Карабахе *сохраняется напряженность*... имеются убитые и раненые (радио, 1991);

пострадать：

В боях *пострадало* свыше сорока человек, из них восемь убиты (телевидение, 1991);

пойти на крайние меры:

В этой обстановке нежелательно было бы *пойти на крайние меры* и ввести туда войска (телевидение, 1991);

непредсказуемые последствия:

Этот шаг азербайджанского правительства может иметь *непредсказуемые последствия*: обозреватели сходятся во мнении, что военных действий в Нагорном Карабахе избежать не удастся (радио, 1990).

近年来,在一些公开的言论(例如记者、评论员、议员、政治活动家的言论)中涉及到了不同民族和种群之间的紧张关系。说话人害怕不恰当的词或不灵活的表达方式会加剧这种紧张关系,不想激化民族间的纷争,因此使用了一些委婉语。这里,原本应有的表述可能会被看做过于直接和粗鲁,被认为有可能引起受话人的不满情绪。

例如,不久前,在表示高加索、中亚和其他一些地区的人的时候,报刊、广播和电视上开始避免使用单个词(例如:армянин, узбек),而使用描写性的短语:лица армянской национальности, лицо узбекской национальности,甚至 лица кавказской национальности(虽然并没有所谓的"高加索族")。例如以下官方通告:

Судебная палата по информационным спорам при Президенте РФ рекомендовала признать некорректным и неэтичным употребление в газетах терминов типа 《лица кавказской национальности》(*Вечерняя Москва*. 1994. июля).

在一些情况下,使用这些描写性短语是企图掩饰原本的事物,因为说话人认为直接称呼这些事物不是十分合适,有可能会引起不好的联想,让人对作者的动机和目的产生疑问。例如,文学界中的词组 русскоязычные писатели(俄语作家)有时实际上是指"用俄语写作的犹太作家"。1992年夏天,在奥斯坦基诺电视中心大楼前参加集会的人们最初还举着这样的标语:"打倒非俄罗斯电视台!(Долой нерусское телевидение!)",后来他们干脆把标语换成了更直接的"犹太电视台——回以色列去!(Еврейское телевидение-Израилю!)"、"打倒电视里的犹太复国主义

(Долой сионизм в эфире!)"，等等。

  4.1.3 说话人使用委婉语的第三个目的是试图用这种方式告诉受话人,只有他(受话人)才明白这件事。毫无疑问,这种密码化的交际方法的使用是有局限的,如果这种委婉语不是用于私人通信,而是公之于众,为每一个读者和听众所了解,很快它就不再是委婉语了。

  从这一角度看,个人张贴、悬挂在公共汽车站、地铁站、围墙或柱子上的告示都具有这种特点。例如:

    Меняю трехкомнатную квартиру на четырехкомнатную *по солидной договоренности*.

这里通过 солидная договоренность 掩盖了"以好价钱补差价"的承诺。再例如,下面一个例子更为典型:

    Меняю однокомнатную квартиру на двухкомнатную *по очень хорошей договоренности*.

以及:

    Меняю Луганск на Москву *за очень хорошую договоренность*.

这些例子中使用委婉语代替了句子中本来应该有的谓项: платить, платить за что-нибудь。

  在换房和租房、购房领域,还有许多其他委婉语。例如,每一个经受过这方面的繁难体验的人都明白 перспективная семья 是什么意思。它是指父母处于生育年龄的家庭,或者简而言之,就是指那些可能生孩子的家庭。而 перспективная квартира 的意思与字面意思几乎相反,并且还有些恶意和不人道,它是指年迈的人居住的住宅,显然,很快人死后这个住宅就将腾出来(从这个意义上讲,实际上不是 перспективная,而是 неперспективная)。

  还有一类告示或广告与掩盖事实有关,这就是涉及男女关系的告示或广告。例如以下例子:

    Молодая женщина *окажет услуги* состоятельному мужчине; Стройная, умная, молодая женщина *ищет личного спонсора*; Хочу *наказывать непослушную даму*; Юноша 20 лет *ищет наставницу* (объявление в газете «Частная жизнь», 1992).

  以上斜体标出的词和词组是明显的委婉语。它们在这里并不是以词典中的意义在使用,而是以其转义在使用。当然,这些委婉语并不能很好地完成其掩饰功能,因为它们的"隐秘"意义能够很容易被人读懂(例如,人们都明白,上文中年轻女人提供的是什么"服务",为什么要寻找"个人赞助人","女辅导员"能教 20 岁的小伙子什么,是什么导致要教训"不听话的娘们儿")。短语 интимные услуги(私密服务)作为委婉语广泛用于妓女的职业活动。例如:

  Сотрудниками отдела по борьбе с притоносодержанием и вовлечением в проституцию несовершеннолетних были задержаны 16 человек, подозреваемых в оказании *интимных услуг* за вознаграждение (*Сегодня*. 1993. 21 дек.).

再例如,комплексы 一词在下面广告中的专门意思:

  На высокооплачиваемую работу требуются *девушки без комплексов*.

(这里指的是招收未来的妓女)。再例如,意思更为具体的 привычки(准确地说是词组 вредные привычки)在下面招工告示中的用法:

  Предприятию требуются водители и экспедиторы. *Лиц с вредными привычками* и старше 35 лет просим не обращаться.

(这里,лицо с вредными привычками 指的是好喝酒的人)。

4.2　言语委婉化使用的社会生活领域

  4.2.1　外交领域是经常使用委婉语手段的传统领域。显然,这是外交官和政治家们面临的那些交际任务决定的。这些任务的解决要求不能一切都表达得很直白,必要时要使用间接的称名、拐弯抹角的话、暗示、言犹未尽的言辞、掩饰的词语。也就是说,为了达到这些目的,需要使用委婉语。

  现在,在报刊和广播电视中经常遇到诸如以下这些词和短语:крайние меры, непредсказуемые последствия, конфронтация(用于指战争,甚至可以是局部战争), определенные круги, соответствующие инстанции, миротворческие акции, принцип взаимности,等等。例如:

  Правило《 око за око 》, на языке дипломатии именуемое *принципом взаимности*... (телевидение, 12 мая 1993).

这些表达都是来自外交交际场合的。

  4.2.2　当局的镇压行为:例如,用 задержать 代替 арестовать。请看以下对莫斯科内务总局局长的采访:

—Скажите, кого-нибудь *арестовали* из участников этой акции?

—Мы *задержали* несколько человек, им будет предъявлено обвинение в умышленном нарушении общественного порядка и злостном хулиганстве. (телевидение, 1 мая 1993);

再例如,用 высшая мера 代替 смертная казнь。词组 применить санкции 的意思也相当不明确：它可以用来指追究刑事责任,剥夺自由,国家对某地域进行经济和军事封锁,等等。例如：

Блокада—а все литовцы употребляют именно это слово, отвергая предложенные правительством СССР эвфемизмы, — не ожесточила и не озлобила жителей республики. Скорее, они говорят о 《 *санкциях* 》 с недоумением и обидой... (*Демократическая Россия*. 1990. № 3);

Санкции, применяемые ООН в отношении Ирака, оказываются малоэффективными. (телевидение, июль 1992).

还有不久前还在使用的表示对人的党内和行政处罚的词语：предупредить, поставить на вид, указать。它们可用作同义词,例如：Бюро предупредило Иванова (поставило на вид, указало)。此外,还有 поправить 等词。例如,下面这句话现在几乎已经成为日常玩笑语：Если я не прав, старшие товарищи меня поправят.

4.2.3 国家的军事秘密,包括武器、装备生产,军事和其他机关的人员编成、工作范围,等等。例如前面我们已经举过的 объект, продукт, изделие, ящик 等例子。再例如以下例子：разработка *необычных* видов оружия(指的是细菌武器), *нетрадиционные* формы ведения войны(指的是在保全敌人军事装备的情况下消灭其有生力量)。

4.2.4 军队、侦察机关、警察、刑事调查部门以及其他权力机关的活动。这些行为都不能是"显性"的。这些领域中使用了一些意义相关宽泛的词和短语,但实际上它们指的是具体的行为和现象。例如：задание, операция (идти на задание, провести операцию по задержанию преступника), объект(指被监视的人)。请看下例：

Он уточнил, где находится 《 *объект* 》, то есть Солженицын... В этот момент я увидел 《 *объекта* 》 с приятелем, выходивших из дверей магазина (*Совершенно секретно*. 1992. № 4);

再例如 акция, специальная акция 的例子：

На встрече с резидентом КГБ Вадиа Хаддад изложил перспективную программу диверсионно-террористической деятельности НФОП... Основной целью *специальных акций* НФОП является повышение эффективности борьбы Палестинского движения сопротивления против Израиля, сионизма и американского империализма, осуществление *акций* против американского и израильского персонала... (из постановления Политбюро ЦК КПСС; Московские новости. 1992. 14 февр.).

再例如：учреждение *закрытого типа*，职业隐语中的 иметь，получить допуск（并不指出有权限干什么，试比较：допуск к секретной документации, допуск к секретной работе），невыездной（指因从事机密工作不允许离境的人，后来还指政治上不可靠的人）。

4.2.5 流通和服务领域：товары повышенного спроса, дефицитные товары, дефицит（дефицит выбросили）①，前半部为 спец- 的合成词（对此前面已经举过例子）。还有日常口语和俗语中的短语 организовать, устроить что-нибудь（表示帮助买到某种货物），例如：Устрой мне холодильник за полторы цены; А кухонный гарнитур организовать можешь?

4.2.6 民族和社会群体之间的关系，以及它们的地位：некоренное население 可以用于指居住在波罗的海沿岸国家或其他前苏联加盟共和国领土上的俄罗斯族人；этническая чистка 指在某个地区消灭不属于统治民族的人。这个词组最初被用来指南斯拉夫发生的事件，即塞尔维亚人屠杀穆斯林，克罗地亚人屠杀塞尔维亚人，后来这个词组也用于指前苏联地区的当前局势，例如：

В Горном Бадахшане хорошо помнят, что, взяв под контроль Душанбе, некоторые солдаты правительственных войск занялись *этническими чистками*, при этом в первую очередь уничтожались памирцы (*Независимая газета*. 1993. 5 июля).

此外，还有 гастролеры из кавказского региона（指的是莫斯科和圣彼得堡的由高加索各民族的人构成的演出团体）；группы *повышенного риска*（"高危人群"，指的是吸毒者、同性恋、妓女，他们感染艾滋病的几率比其他人要高很多）。

在行政机关的语言中，不说 бродяги（流浪者），而代替以更温和的掩饰性短语 лица без определенного места жительства，而这个短语在俗语中又被缩写为不变格

---

① 现在，俄罗斯商品匮乏的情况已经有所改善。虽然物价较高，但所有东西都可以买得到。因此，这些表达方式也就失去了其现实性。

的 бомж。再例如,用 дом ночного пребывания 代替 ночлежка([为无家可归的穷人开的]小店,小客栈)。请看下面例子:

> В Москве скоро откроется *дом ночного пребывания* или, проще говоря, *ночлежка* (телевидение, 14 дек. 1993).

4.2.7 一些职业的名称。用委婉语称名的目的是提高这一职业的声誉,或者避免直接称名给人造成的负面联想。例如:оператор машинного доения, оператор на бойне, оператор очистных работ["环卫工人",试比较:以前的称名 ассенизатор(清洁工)不具有委婉语的功能], контролер(用以代替 надзиратель), исполнитель[指执行死刑的人,用以代替 палач(刽子手)], 等等。这类委婉语中,外来词占有重要的地位,例如:

> Профессия Олега гораздо более романтичная и жизненная: он инструктор по случке собак. Олег, правда, обижается, когда его называют «вязальщиком» [от профессионального значения глагола вязать — 'случать (животных)'], но ничего не имеет против *киносексопатолога* (Московский комсомолец. 1992. 8 февр.).

下一节我们还将详细论述这个问题。

4.3 委婉化的语言方法和手段

4.3.1 语义模糊的限定词语: некоторый, известный, определенный, соответствующий, надлежащий, 等等。例如:

> Я имею к этому *некоторые* отношение.

当说话人与此事直接相关时,他可以带点幽默地说这样的话(例如,他是项目的负责人,而对方正在问说话人参加没参加这一项目的研究,等等)。

> Не советуясь с нами. он [президент] правительство, которые своими действиями привело страну к *известным результатам* [= плохим, негативным] (радио, 8 апр. 1992, выступление депутата Верховного совета);
>
> Стало совершенно явным, что — воспользуемся введенной в оборот Михаилом Горбачевым терминологией — «*определенные деструктивные силы*» делают все возможное, чтобы... (Российская газета. 1991. 29 авг.);
>
> Как выразился заместитель начальника оперативного управления департамента Владимир Зайцев: «*Определенный контакт* между нашим

подразделением и охраной "Чары" [банка] был, но все живы и здоровы. Просто освободили проход, но освободили так, что надолго им запомнится》 (*Известия*. 1994. 29 марта);

Чемпион мира не *лучшим образом* распорядился своими фигурами в цейтноте [то есть плохо] (телевидение. 28 февр. 1992);

В《Мерседесах》едут не всегда люди с лицом интеллигента, часто—со... *своеобразными* лицами (телевидение, 6 авг. 1994).

4.3.2 表示具体事物和概念的意思概括的称名：акция, изделие, объект, продукт, учреждение(对于以上词语我们前面已经举过例子), материал(表示"控告、检举材料",例如：На вас поступил *материал*), сигнал(表示"来自上级的不利信息",例如：В свое время мы не прислушались к *сигналам* с мест),等等。意思概括性更强的代词也能够用于表示具体的事物或行为。例如：

[Диалог матери и 16-летней дочери]
—У тебя что-нибудь было с Толей?
—Ну, что ты, мам,-ничего не было (запись устной речи);

Друга Сюзанны зовут Джино. Сюзанна показывает Илоне, какое у Джино 《*это*》, и Илона говорит:《Надо же, кто знает, вошло бы в меня такое!》 (*Частная жизнь*. 1991. № 1);

类似 одно место, это дело 的代词短语还能根据具体的场景和交际目标,用于表示各种不同的事物。例如：

—Мне надо *в одно* место сходить (= уборную);
—Чем только они думают? Уж во всяком случае не головой, а... *одним местом* (записи устной речи);

Отстрелила《*одно место*》(заголовок заметки, в которой рассказано, как в схватке с хулиганами, ворвавшимися в зоомагазин, его заведующая,《устав от бульварного мата пришельцев, достала ружье и отстрелила одному из нахалов ... гениталии》). (*Российская газета*. 1994. 1 февр.);

—Он же [муж] у меня парализованный.
—От *этого дела*?
—А от чего ж еще? Конечно, от этого (= от пристрастия к спиртному; запись живой речи, Москва, авг. 1994).

4.3.3 比固有词更能掩饰事物本质的外来词或术语：либерализация (цен),

канцер(代替 рак)，педикулез(代替 вшивость)，селадон(意为"向女性献殷勤的人"，代替听起来有侮辱性的 бабник"好色之徒")，копулятивное общение[代替 совокупление，例如以下这句来自报纸广告的话：Любителям пикантных ощущений предлагаю копулятивное общение。копулятивный 一词大概是来自英语 copulation (性交，交配)，而后者又是来自拉丁语 copulatio(结合，联系)]，деструктивный(表示 "破坏的，破坏性的"，例如 деструктивные силы)，конфронтация(表示"对抗"，有时甚至是"使用武器的对抗")①。

4.3.4 缩略语，尤其是涉及政治镇压、国家和军事秘密方面的缩略语：ВМ = высшая мера（наказания），ДСП = для служебного пользования，СС = совершенно секретно（这个缩略语用于文件上的印章，在职业隐语中，这样的印章还可以说成是"два Семена"），зэк[意为"犯人"，来自 заключенный каналоармеец(挖运河的犯人大军)，这个缩略语是在建设白海—波罗的海运河期间出现的]②，ПКТ = помещение камерного типа[实际上就是 камера(囚室)]，等等。

4.3.5 一些表示行为不完整或行为性质较弱的词。这些词不是以其普通意义使用，而是作为语气弱化的委婉语在使用。例如：Он *недослышит*(指聋哑人)，Он *прихрамывает*(指瘸子)。приостановить 可以用于停止机构的活动、党员的资格等等，不仅可以指行为、活动的临时停止，还可以指完全停止。

4.3.6 一些带有前缀 под-的动词：подъехать，подойти，подвезти，等等。这些词会使部分说话人(主要是俗语的使用者)觉得对受话人更礼貌，更温和，因此它们属于委婉语，可以代替更直接的 приехать，прийти，привезти，довезти 使用(而正如大家所知道的那样，在标准语中带有前缀 под-，при-和 до-的动词是不同义的)。例如：

—Можно к вам *подъехать*, чтобы обсудить это прямо сегодня? Я часам к шести *подойду*. Вы у себя будете? До метро *подвезите*, пожалуйста (записи устной речи).

再例如 подсказать 这类委婉语的使用：

---

① 关于外来词的地位问题，请参见《保卫俄语》(*В защиту русского языка*. Берлин. 1928)一书中 С·沃恩孔斯基和 А·沃恩孔斯基所写的《苏联语言》(*Советский язык*)一文。他们指出，外来词可以用来掩饰可怕的概念，比如 экспроприация(抢劫)，иллюминация(纵火)，ликвидация(射杀)，террор(恐怖)，等等。总体上来看，外来词比固有词更常用作委婉语，"因为外来词更不会使人感到难堪，并且听起来更高雅"(Видлак 1967：275)。

② 对于 зэк 一词，还有一种说法，认为它是来自 заключенный(犯人)的简写签名，即：з/к(发音为《зэка》)，请参见：(А. Солженицын. *Архипелаг* ГУЛАГ. ч. 3, гл. 19)。

——Не *подскажете*, как пройти к Военторгу?

4.4 创造和使用委婉语的说话人的社会差异

与语言中大多数词汇不同的是,委婉语对交际文化的改变和社会的道德评价变化特别敏感。在社会发展的一个时期被认为是委婉语的词语,在下一个时期可能就不再是委婉语了,可能对大多数语言使用者来说反而是对事物的过于直白的称呼(请参见我们前面对此问题的论述)。例如一个典型例子:"在革命后的最初年代里,术语 дефективный(不健全的,有残疾的,有缺陷的,亏损的)及其派生词很常用。这是一个科学委婉语,它涵盖和掩饰了许多词汇,例如 ненормальный, неполноценный, невменяемый,'недоделанный',слабоумный, псих, дурной,有时甚至还包括 идиот 和 сумасшедший,等等。而这些词中有一些曾经是委婉语,但后来听起来变成了直白而生硬的词语……"(Боровой 1963:450)。此外,我们发现,即使是一些最新的表示"精神不正常"的词语也会很快失去委婉语的属性,变成对语言使用者来说的直白词语(并因此具有了对称呼人的侮辱性质),例如: шизик[精神分裂症患者,神经病(指人)],(Он) с приветом[有怪癖的,古怪的(指人)],(У него) крыша поехала(言谈举止古怪,失常,发疯),等等。

除了时代因素之外,还有社会因素:在不同的社会领域,对什么是"体面",什么是"不体面"有不同的判断。相应的,对什么能够直白地、不拐弯抹角地说,什么必须去掩饰,用委婉语去说,也有不同的看法。

一方面,标准语使用者所处的社会领域的差异相当大;另一方面,地域方言、城市俚语、社会隐语以及语言的其他非标准语子系统使用者之间的差异也相当明显①。

地域方言和俗语的田野研究者早就指出:这些子系统的使用者更倾向于直接称呼与人体器官、生理现象、两性关系相关的事物或行为。他们使用的粗俗词汇既有表情功能,也有称名功能。但是,不能因此认为,在这些社会领域就没有对言语委婉语的需求。

相反,在方言和俗语中词汇手段的"微系统"相当发达,需要用委婉语来表示禁忌的事物和现象。例如:动词 озорничать, озоровать, шалить, баловать, баловаться 就是用来表示受负面评价的行为的。请看下面例子:

Продавцы озорничают: хочу——открою в два, хочу——в три, а хочу и вовсе не приду; А на заводе-то *озоруют*: молоко водой разбавляют; На дорогах да в

---

① 比如,拉林把委婉语分为以下类别:(1)标准语中的通用委婉语;(2)阶层和行业委婉语;(3)家庭—生活委婉语(Ларин 1961:122)。

лесах тогда кого только не было: и белые, и красные, и зеленые, и все *шалили*, нашего брата обирали (записи устной речи);

—Они, старики, просты; для них это птичий грех-со снохой *баловаться* (М. Горький. *Дело Артамоновых*);

—Мальчику с девочкой дружиться-это хорошее дело! Только *баловать* не надо... И простейшими словами объясняла нам, что значит 《баловать》(М. Горький. *В людях*);

Белые казаки, мстя Андрею за уход в красные, люто *баловались* с его женой (М. Шолохов. *Поднятая целина*).

根据言语情景条件（即交谈者的类型，交际的基调、目的，言语行为性质等因素），不管是方言使用者，还是俗语使用者，在使用委婉的语言手段的时候，都有可能体现出所谓的"矫枉过正"，即对其他社会领域（例如标准语使用者中间）并不认为是"不体面"或粗俗的词和短语也使用委婉语代替。例如，据我们观察，一些现代俄语俗语的使用者可能会把 бабье лето（秋老虎）替换为 женское лето；他们可能会避免使用 сортир（茅房，茅厕），因为这个词在语音和意思上都容易与相应的不规范的动词（即 писать, какать——译注）产生联想；他们可能会避免使用 яйца（如果用来指鸡蛋时会使用 яички，他们错误地认为这样更体面，虽然这个词当作为解剖学上的术语时正是使用这种指小形式①）；诸如此类。

委婉语作为社会隐语的功能多种多样。其中的主要功能是遮盖、掩饰被称名概念的实质②。委婉语有时与语言游戏、诙谐和双关有关。例如：академия, дача, курорт 用来指集中营、监狱；браслеты 用来指"手铐"；быть больным 是指"被捕了"；облегчить, обмыть, помыть 指"偷窃"；поиметь, оприходовать, поджениться, поставить пистон 等等用来指"发生性行为"（盗贼黑话）；бемоль 指肚子（一般是指女人的肚子）；забемолеть 是指"怀孕了"；жмурик 是"死人"；камертон 指"喝酒用的器皿"；синкопа 指"瘸子"（音乐人的隐语，这个词本义是"切分音"）；гонец 指"毒贩"；колики 指"用注射器注射的毒品"；машина, самосвал 指"注射器"；трава, травка 指"毒品"；черняга 指"不浓的吗啡"（吸毒者的隐语）；等等（Грачев, Гуров 1989; Балдаев и др. 1992）.

当代青年俚语中的许多词语都具有委婉语的性质。例如：

---

① 顺便说一下，这里的情况（比一般的评价偏移现象）稍有些复杂。对于没什么文化的人来说，яйца 首先是个粗俗词，其次才用来指鸡蛋这种产品。而指小形式 яички 并不是粗俗词，它是对鸡蛋的更体面的称呼。除了 яички 之外，还有一些指小形式的词也是俗语中对相应事物的更礼貌的称呼（比如：колбаска, огурчики，等等）。

② 比如，列福尔马茨基认为："委婉语行话能起隐语的作用。"（Реформатский 1967：101）

Если девушка странная или выпившая, то о ней могут сказать 《*отъехавшая*》(*Аргументы и факты*. 1992. № 10).

再例如：синеглазка，мелодия 指的是"警车"；в откате, в пожаре 指的是"处于严重醉态"；синусоида 指"醉酒，不清醒的状态"；тундра, тайга 指"愚蠢的，天资低劣的人"；очко 指"肛门"；резина 指"避孕套"；залететь 指"感染性病"或"意外怀孕"(Стернин 1992；Файн, Лурье 1991)。

4.5 篇章中委婉语的标记性

在书面篇章中，委婉语往往借助引号显示(或者借助排版时的其他手段，例如字母以斜体显示，字母稀疏排开，等等)。同时，不管是在书面篇章，还是在口语中，委婉语还都可以伴有下列词语引导的解释和说明：мягко говоря, фигурально выражаясь, по более осторожному выражению, 等等。有时甚至直接在上下文中指出这里使用的是委婉语。

前面我们已经对此举过很多例子。作为补充，我们还可以举出如下现代报刊、广播电视、文艺作品和回忆录中的例子：

Именно тогда редактор впервые меня серьезно《*поправил*》. Потом стычки стали носить регулярный характер (*Московский комсомолец*. 1991. 15 окт.);

Женщинам, предполагающим провести《активный》отдых, неплохо бы заранее поставить внутриматочную спираль (там же. 1993. 9 июля);

Под благозвучным названием *упорядочения* цен повышены цены на ряд товаров повседневного спроса (радио, 16.10.91);

Это самое страшное оружие-биологическое. Еще его скромно называют—*необычное* (телевидение, 17.2.93);

На одном из запорожских предприятий в этом году начнут выпускать *электровибратор* для женщин. За этим туманным названием скрывается необычное для отечественной промышленности изделие—искусственный половой член (*Московские ведомости*. 1992. № 10—12);

Что касается его намерений заняться《творческой работой》, то под этим эвфемизмом подразумевается, вероятно, частный бизнес... (*Сегодня*. 1993. 18 сент.);

Местные [японские] уложения категорически запрещают публичную демонстрацию, как бы поизящнее выразиться, волосяного покрова, укрывающего заветные част тела (там же. 1993. 25 нояб.);

Предполагаемый онкологический диагноз скрывается особенно тщательно. Даже латинское чересчур известное 《канцер》 заменяется каким-нибудь дежурным эвфемизмом (И. Грекова. *Перелом*);

Термин 《миротворческие операции》 все чаще становится смягченным синонимом слова 《война》 (радио 《Свобода》, 3 марта 1993);

Популярно разъясняю им [работникам Главлита], что это о совсем другом, что мы умалчиваем ошибки прошлого и т. п. Невинно: 《Какие ошибки?》《Да хотя бы 37-й год》. И ехидно: 《И коллективизация》? 《Может быть, и коллективизация. Автор [Твардовский] пишет вообще о том, что не нужно замалчивать, потому что это и бесполезно, люди с памятью. Да и вредно》. Но тут их ничем не стронешь: 《Не подписываем [номер журнала в печать]》. 《Снимаете, значит?》—《Не подписываем》. —《Что за эвфемизм, не подписываем это и значит—снимаем》 (А. Кондратович. *Последний год // Новый году*. 1990. № 2);

Давайте перестанем темнить: или открыто называйте всех теперешних выжиг, жаждущих крови, проверяющих, до каких пор может простираться терпение людей, или так же честно, без эвфемизмов—《определенные силы》, 《система》, 《аппарат》, 《антиперестроечные элементы》—ратуйте за пришествие нового пахана, который всем определит роли, чтобы уж мы чувствовали себя не фраерами, а ворами в законе (*Литературная газета*. 1990. 31 окт.).

宗教—说教语体及其在俄语标准语功能修辞聚合体中的地位*

为了描写现代俄语标准语的修辞差异,许多语言者都提出了划分功能语体的方法。例如,维诺格拉多夫从语言的基本功能——交际功能、告知功能、影响功能——出发,划分出以下功能语体:日常交际语体(此语体突出交际功能)、日常事务语体、正式公文语体、科学语体(此三类语体突出告知功能)、政论语体、文学艺术语体(此两类语体突出影响功能)(Виноградов 1963:6—7)。科仁娜编写的教材中划分出以下功能语体:科学语体、公文事务语体、政论语体、文学语体、日常口语体(Кожина 1977, 第4章)。克雷洛娃则划分出以下功能语体:科学语体、公文事务语体、报刊政论语体、口语交际语体(Крылова 1979)。

有的学者把俄语标语语看做是由两个相对独立的功能变体——书面语和口语——的结合(Панов 1962; Земская 1968; PPP-1973),而书面语体和口语都有自己的修辞体裁变体(书面语中有三个基本的功能变体:科学语体、公文事物语体、政论语体。参见:Бельчиков 1979)。这类学者并没有(像大家通常所做的那样)把文学语体作为一个独立的功能语体,因为他们认为文学篇章中包含各种可能的语言手段,而这些语言手段可能属于语言中的不同语体。

我们并不想去深究功能语体的类型和语言学实质(对此请参见:Винокур 1980; Шмелев 1977),但我们注意到,现在的功能语体类型中没有专门列出为宗教领域服务的功能变体。

阿夫罗林也指出过语体和语言使用领域的相关性,并且还(在语言各使用领域中)专门提到了"宗教信仰领域"(Аврорин 1975)。但是,他在这里指的是所有人类语言,并没有专门针对现代俄语。此外,他也没有具体论述如何对宗教信仰领域的语体进行描写。穆拉特为百科全书中的"功能语体"词条撰写了详细的释义,其中写道:"对于许多现代标准语而言,可以分为日常标准语、报刊—政治标准语、生产—技术标准语、公文—事务标准语和科学标准语",这一词条中只是非常粗略地提到:对所有民族来说,"信仰领域"都具有现实社会意义(但对涉及这一领域的功能修辞变体,作者并未进行专门论述)(Мурат 1990)。

为什么在现有的修辞研究中没有对这一功能变体进行过描写呢?我们认为,主要是外部原因造成的。

---

* 本部分最早发表于论文集《诗学·修辞·语言与文化:维诺古尔纪念文集》(*Поэтика. Стилистика. Язык и культура: Памяти Т. Г. Винокур / Отв. ред. Н. Н. Розанова. М., Наука,* 1996)。

众所周知,在苏联时代教会受到迫害,牧师和传教士的活动或者被当局直接禁止,或者受到压制,处于社会生活和社会意识的边缘。最近几十年情况发生了明显改变。教会获得了国家的支持,并因此活动日益积极。现在,牧师的言语不仅可以在教堂听到,而且还可以在广播、电视中听到。宗教界的代表在议会、群众集会、各种仪式上发言。他们为学院、医院、文化宫、纪念碑的启用进行祈福。在一些高校中,上帝的言辞已经走进了课堂。各种宗教文献大量印刷并在居民中广为传播。所有这些言语活动都需要合理地选择词汇和句法手段。因此,有必要开辟一个专门的宗教—说教语体(религиозно-проповеднический стиль)①(这是一个暂时约定的名称)。

这一语体与政论语体相似,因为它们都有很明显的宣传因素。宗教—说教语体宣扬上帝的言辞。牧师总是试图影响听众的意识,使他们确信存在无可辩驳的宗教真理,这些宗教真理能够指导人的日常生活。但是,与政论语体不同的是,在宗教—说教语体中不仅使用有表情色彩的词和成语,而且广泛使用属于崇高语体、甚至有时是古旧词(正因此具有崇高色彩)的各种表达方式,例如崇高语体词:благодарение, благодать, благодеяние, боговдохновенный, богобоязненный, дарованный, ибо, дабы, призреть, пришествие, святой, тщета, уповать, явиться(表示出现、来到),等等。古旧词:отче, сыне, Божие(用以代替Божье), диакон, изыди, пред(用以代替перед), древо,等等。广泛使用第二人称代词ты(如果是指上帝,用大写的Ты)、вы、和动词命令式形式,以表示说话人与听众的直接交流。

在句法方面,宗教—说教语体也有自己的特点。例如,形容词定语往往后置:слово Божие, род человеческий, Царь Небесный,等等。再例如:同类型结构的经常排比使用,增加语句的感染力。请看例子:

  Самые большие знамения, самые удивительные чудеса никогда не могли поколебать сердце, которое ожесточилось, которое замкнулось в себе, которое отказалось от веры, не желало верить (из проповеди).

宗教—说教语体的体裁多样:其中有劝诫、祈祷、寓言、忏悔、布道等等。礼拜篇章(如颂歌、祷告、圣诗等等)和宗教文学在体裁上各不同相同,丰富多彩。基督教中最重要的经典《圣经》(即便是其最新的译本)在修辞方面无疑是有许多独有的特点,《圣经》里面综合了宗教—说教语体的各种言语体裁。例如:

---

 ① 这个语体的口语表达形式有独有的音调特点。比如,比如重读音节前和重读音节后的元音(相比一般的口语语体而言)更少弱化;区分非重读音节中的{o}和{a}、{э}和{и};在祈祷、布道等场合,在Бог和带благо-的词中发拖长的[γ]音;等等。

劝诫：

Смотрите, не творите милостыни вашей пред людей с тем, чтобы они видели вас: иначе не будет вам награды от Отца вашего Небесного. Итак, когда творишь милостыню, не труби перед собой, как делают лицемеры в синагогах и на улицах, чтобы прославляли их люди. Истинно говорю вам: они уже получают награду свою. У тебя же, когда творишь милостыню, пусть левая рука твоя не знает, что делает правая, чтобы милостыня твоя была втайне; и Отец твой, видящий тайное, воздаст тебе явно. (*Евангелие от Матфея* 6: 1-4)

祈祷：

〈...〉 Отче наш, сущий на небесах! Да святится имя Твое; да придет Царствие Твое; да будет воля Твоя и на земле, как не небе; Хлеб наш насущный дай нам на сей день; И прости нам долги наши, как и мы прощаем должникам нашим; И не введи нас во искушение, но избавь вас от лукавого; ибо Твое есть Царство и сила и слава во веки. Аминь. (*Евангелие от Матфея* 6: 9—13)

布道：

Мы гости в этом мире. Мы гости на короткое, на очень короткое время, пришедшие из тайны и уходящие в тайну. Но Господь открывает нам, что эта короткая жизнь имеет для нас огромное значение, потому что она есть школа вечности. Здесь наша душа, наша личность, наша совесть—все, что есть в нас божественного, все это здесь растет и воспитывается.

И как страшно человеку, который промотал свое время, потратил его на пустяки, на вещи ничтожные и жалкие. Он оборачивается, и оказывается, жизнь уже прошла в мелочных заботах, в пустой, бесплодной болтовне, в какие-то ложных делах, о которых даже, может быть, не стоило бы думать,—время проходит.

Есть слова: убить время. Правильные слова, хоть и страшные. Потому что время—это наша жизнь. И если мы убиваем, напрасно тратим время, мы убиваем свою собственную жизнь. Проверяйте себя, думайте об этом. Старайтесь, чтобы ничто не проходило напрасно, в праздности, в бесполезности, в бездарности. (Из проповеди протоиерея Александра Меня)

总之，我们认为，宗教—说教语体应当在现代俄语标准语的功能修辞聚合体中占有一席之地，并且应该在修辞学研究中得到相应的描写。

第三编　社会语言学

导　言

这一部分的主要内容来自我的《现代俄语的社会语言学研究》(*Социолингвистические аспекты изучения современного языка*. M., 1989)一书。此外，还收录了其他一些从社会语言学视角研究俄语及俄语使用者言语行为的作品。

语言的内部规律影响了语言的应用和发展，社会因素则在不同程度上影响着上述两个过程，而准确区分语言内部规律(即纯语言规律)和社会因素的基本理论前提就是语言研究中的社会语言学方法。

众所周知，语言内部规律决定着语言变化和语言系统成分间关系的本质，而社会因素则是在不同程度上影响着语言演变性质的条件，它决定着语言社会分化的性质，以及说话人使用语言的特点。

本书的这一部分试图探讨与现代俄语[①]的社会语言学研究相关的一些基本问题，这些问题是各不相同的。例如：语言的社会及功能分化，以及与此相伴的语言变体(如标准语、地域和社会方言、俗语、行业隐语)之间的相互作用与相互影响；由社会因素决定的俄语及其变体的语言手段变异；语言获得的社会方面；语言事实的社会评价，以及与此相关的不同社会阶层对此的认知评价差异；"民族语—俄语"双语现象的社会学及社会语言学方面；甚至还包括俄语作为非母语的教学等许多其他问题。

上述这些性质不同的问题可以归结为两大类：(1) 研究社会因素如何影响语言手段的使用，即，语言如何在社会中发挥其功能；(2) 研究社会因素如何影响语言的结构，即，语言手段的组成，其内部构造及相互关系。

当然，本书不可能讨论所有的与现代俄语应用相关的社会语言学问题。当今俄语的"社会语境"是如此之广阔和多样，以至于想在一部著作中呈现其全部的细节是不可能的事。因此，我们只能选择个别最重要的问题加以研究，即，俄语存在和使用的社会制约性问题，具体包括：(1) 现代俄语的社会及功能分化；(2) 社会制约下的语言变体之间的相互作用与相互影响；(3) 语言获得的社会方面；(4) 语言符号结构中的社会成分，以及词汇搭配中的社会限制。在本部分的开头简要回

---

① 本书中所说的"现代俄语"是指 20 世纪下半叶至 21 世纪初期间的俄语。

顾了现代语言学中关于语言社会制约性问题的研究。

本部分研究的任务如下：

（1）以过去和现代的研究为依据，从理论上探讨语言的社会制约性问题；

（2）对现代俄语社会分化的结果——俄语基本的变体（标准语、地域及社会方言、俗语、职业和集团惯用语）进行社会语言学的描写；

（3）描写现代俄语中正在发生的社会制约的基本过程；

（4）从社会语言学视角考察语言获得现象；

（5）解释及分析语言符号结构中的个别社会成分，以及语言符号在语篇中使用的条件。

本部分的目标在于，给出现代俄语存在及使用的社会语境的描写，这可能有助于明确区分现代社会语境和俄语在其发展过程的先前阶段中所处的社会语境以及其他现代语言所处的社会语境。

这一部分所使用的材料来自作者对现代俄语所有功能及社会变体层面的观察，甚至还包括其他研究现代俄语的著作中所使用的数据资料。

现代语言学中的语言社会制约性问题

1. 导　言

　　语言的社会制约性问题是语言学中研究探讨的最多的问题之一,古代学者早就注意到了语言和人类社会之间的密切关系、语言的社会性质、语言使用的社会群体特征。那种认为语言反映了社会生活变化的观点并非现代科学所独有,我们可以在相当久远的语言学著作中(未必从波尼尼语法开始)看到这样的思想。

　　这类问题,例如:语言发展的速度取决于社会变化的速度,语言的社会分层与社会分层相一致,社会决定了语言使用和语言交际过程的多样性,等等,都不止一次地成为语言学研究的对象,结果是明确了社会对语言的相关制约性,而这一点已经或多或少地被现代语言学所公认。上述观点已经成为现代社会语言学的公理,是不需证明的研究的基本出发点。

　　实际上,现在没有任何人会当真地挑战下述观点,它们已经为大多数人所接受:语言只可能在人类社会中存在;语言满足的不是个别人的需要,而是生活在与其相似的人群中的社会人的需要;语言和社会的关系主要是后者影响前者(表现为"社会→语言"),而语言的性质决定了"世界的图景"(表现为"语言→社会";萨丕尔—沃尔夫假说)的观点如果不是完全有问题,至少也是缺乏足够多的可靠证据来支撑的;语言变化的速度赶不上社会变化的速度(这对语言和它所服务的社会来说都是好事:假如语言发展得太快的话,同一个语言共同体中不同代的人就不可能听懂彼此的话语了)[①];社会对语言的影响很少是破坏性质的,相反,社会常常对语言的发展和个别特征在语言结构中的固化产生"催化"作用[②],等等。

　　但是,尽管现代语言学中已经讨论过"语言和社会"的普遍问题,讨论过社会对语言制约性的一些表现,尽管这些讨论已经使人们达成了一些无可争辩的真理性

---

　　① 众所周知,作为保持和传承民族文化手段的文学语言(这一术语也可以表示"标准语"——译注)是特别保守的。彼什科夫斯基说过:"假如文学语言的方言(这里应该指社会方言——译注)改变得很快,以至于每一代人都可能使用自己这一代的文学语言,超过两代人后就不可能有文学本身存在了,因为任何一代人的文学都是在前辈文学的基础上产生的。假如契诃夫读不懂普希金,那么自然地,也就不可能有契诃夫。过于细薄的土壤给文学的幼芽提供的养分过于微弱。"(Пешковский 1959:55)

　　② 关于这一点参见(Панов 1962¹, 1963; РЯиСО, кн. 1 35-37)

认识,但是语言学家们对此类问题的兴趣却有增无减①,这又该如何解释呢?

首先,在不断改变的社会语言生活条件下,那些与语言和社会的相互关系有关的规律本身在变化:那些在两三百年以前所特有的现象,今天已经显得不重要了,取而代之的是另外一些关系形式。

比如说,大多数工业社会都不具备"硬性的"把语言区分为大小不一的封闭、自足的变体的语言分化现象。这些变体是统一的民族语言因社会和文化因素影响而产生的变体,且始终在发生相互的影响,也正因为如此,一种变体所有的个别现象可能会"溢出"到另一种或另一些变体中去(例如:方言成分被标准语借用;行业隐语成分被俚俗语采用;专业术语的语义发生转变且使用领域扩大,被用于标准语的不同体裁,等等。现代俄语中这类情况详见本书下文)。

这种由不同于以往的社会分层所决定的现代语言社会分化现象的变化性和不确定性,被很多研究者发现过。例如,赫兹勒就曾说过:"语言分层的类型和数量取决于社会层级系统的稳定性。当社会层级稳定时,属于不同层级、阶层、群体的说话人所使用的语言形式有很大的区别。这些区别是稳定的,特定的形式不会从一个层面'溢出'到另一个层面。另一方面,在发达的社会中,人们很容易接受到中等甚至高等教育,社会的'垂直'流动性很强,大众传媒发达,语言中的社会差别就变得越来越不显著了。"(Hertzler 1965:367)

其次,现代社会语言学乃至当今的一系列语言学领域中都有一种越来越深入地接近语言现象本质、尽可能详细地描述其语言学和社会本质的趋势②。前文提到过的公理性质的论断只能作为初始的公设,这些论断所描述的活动的机制需要依据当代的真实材料进行具体的研究。

第三,在一次又一次面对"永恒的"主题——语言的社会制约性时,学者们一直在发现这一特性的新方面,发现社会因素在语言中的渗透远比此前所公认的程度要深、要多样。例如,研究者们最近注意到,当某些类型的预设(пресуппозиция,又译"前提"——译注)所具有的社会性使一个语言单位(词或句子)使用得当,那么这些预设所确定的条件就应当被遵守。换言之,关于语言单位意义和其使用条件的信息能确定一个句子是否是可用的(Fillmore 1969)。

兹维金采夫认为,预设"是语言能力(лингвистическая компетенция)和交际能力(коммуникативная компетенция)间的'中间环节',它构成了同等地理解人的语言行为的社会制约性的前提……涉及'预设'的一系列术语使人们有可能严谨、详尽

---

① 要确信这一点,可以看看数量众多的讨论这类问题的国内外出版物,这些问题都属于一个已经形成了的、并拥有了自己的语言学科面貌的领域——社会语言学。

② 比如说语义学,其中的一个明显趋势就是对语言单位的意义进行"微观"语义分析,划分出意义的不同成分,确定这些成分的等级关系(比较:菲尔默提出的词汇意义的预设概念,维日比茨卡娅提出的情态框架,等等)。

地描述语言和社会因素间的相互关系及相互联系"(Звегинцев 1976：319)。

"预设"信息不仅对理解言语交际的机制十分重要,对正确理解和恰当地使用一些语言单位也很重要。比如,戈登和莱考夫(Gordon, Lakoff 1975)指出,在理解和使用 велеть(吩咐)和 приказывать(命令)一类的动词时,对于这类行为交际参与者的社会地位有不同的"假定"存在(准确地说,是关于这类动词所表示的行为主体的权力假定)。这一假定可以解释为词汇意义预设部分中的一种特殊的(即社会的)成分,拥有该成分的是一些相当大的、表示人际关系不对称状态的词群,如 велеть(吩咐), приказывать(命令), командовать(指挥), ссылать(放逐)这一类,还有关系相反的 подчиняться(听命于), апеллировать(上诉), ослушаться(不服从), прошение(呈交)等等(参见 Крысин 1983)。

另一个在语言的社会制约性研究方面的新发现,是对语言符号使用的语用学研究。从莫里斯(Morris 1947)开始的许多对语言单位使用条件的研究往往属于语用学的范畴,它们同时也具有鲜明的社会性质。例如,关于交际者之间的关系(正式——中性——友好)、关于说话人和听话人的社会地位和他们在特定言语行为中承担的社会角色、关于交际进行的氛围等内容,在(Земская 1968, 1979; РРР-1973; Крысин 1973, 1976; Тарасов 1969; Bock 1968; Labov 1970; Ervin-Tripp 1973)等许多著作中都有所讨论,关于语用学的文献综述可以参考《言语行为》(Языковая деятельность. 1984)一书。

现代关于语言的社会制约性的研究,绝不能看做是"对过去的重复"(施维采尔很公正地指出了这一点,参见：Швейцер 1983：5),而是研究这一问题的一种无比细致、甚至可以说更精密的方法论,是具体的社会语言学研究的方法与技术,其研究结果构成了许多关于社会和语言关系及依存性的理论原则的坚实基础。对社会和语言依存性的深入分析又使得人们对语言社会制约性问题的关注重点与以往有所不同。

我们来分析一下现代关于语言的社会制约性研究的两个基本方向(读者将会看到,其中的每一个方向都在向更加局部的方向"蔓延")。这两个方向是：(1)与社会分层相关的语言的社会分化；(2)语言发展和使用的社会条件。

2. 语言的社会分化

语言和社会间的联系中最明显的一种表现形式就是——语言中反映了社会的结构,或者说语言有社会分化现象。日尔蒙斯基认为,研究语言的社会分化是两个摆在社会语言学面前的主要任务之一(第二个任务与第一个有机地联系在一起,即研究语言发展的社会制约性)(Жирмунский 1969：14)。近来有一种观点认为,这两个任务对社会语言学研究对象的限定程度是不同的(Звегинцев 1982)。

研究语言的社会分化问题在世界语言学中具有悠久的传统,最早在博杜恩·德·库尔德内(Бодуэн де Куртенэ 1963)的著作中就已经开始讨论语言的"横向"(地域的)和"纵向"(纯社会的)分化①。还有很多著名的学者关注过这一问题,例如法国语言学中社会学派的代表人物梅耶、巴利、房德里耶斯、薛施蔼,甚至还有马泰休斯、加弗拉涅克(捷克斯洛伐克)、萨丕尔(美国)、弗斯(英国)等人。对此问题做出过重大贡献的苏联学者有波利万诺夫、谢利谢夫、肖尔、雅库宾斯基、拉林、日里蒙斯基、卡林斯基、别杰尔松、维诺格拉多夫、维诺古尔、巴赫金等(对20世纪20至30年代苏联语言社会学研究的回顾请看:Орлов 1969;Баранникова 1970;Гухман 1972。专门谈到波利万诺夫和维诺格拉多夫的社会语言学研究的著作请参见:Крысин 1980,1981)。

现阶段对这一问题的探讨具有如下特点:

2.1 不再像过去那样把语言分化和社会分层进行简单的对应。根据原来的观点,社会划分为若干阶层这一现象直接导致了"语言"和阶级方言的形成[这种观点特别鲜明地表现在伊万诺夫和雅库宾斯基所写的著名的《语言札记》(Иванов и Якубинский. Очерки по языку. 1932)一书中,在雅库宾斯基30年代发表在《文学研究》(Литературная учеба)杂志上的《无产阶级的语言》(Язык пролетариата)、《农民的语言》(Язык крестьянства)等文章中也有所体现]。

目前,大多数语言学家都赞同这样一个观点:社会结构和语言的社会结构间关系的本质与特点是非常复杂的。语言的社会分化中可能不只能表现带有不同阶层的社会的现状,还能表现在不同发展阶段具有不同结构和变化特点的以往的社会状态(比较一下前文所提到过的一种现象,即语言发展的速度落后于社会发展速度)。

"特定社会集体的语言的社会分化,"日里蒙斯基就此写道,"不可能通过统计的手段、在共时的层面、在不考虑语言(补充一下,还有社会——作者注)发展社会进程的条件下解释清楚。特定时代的语言始终是一个运动中的系统,其不同成分的能产程度不同,发展速度也不相同。机械地比较循序而进的历时层面是不可能再现语言运动的进程的。从语言社会分化的角度描写语言时,我们应该考虑它的过去和将来,也就是说,要考虑其社会发展的所有的潜在可能。"(Жирмунский 1969:14)②

---

① 令人感到好奇的是,美国社会语言学家赫兹勒采用了同样的理解,沿用了同样的隐喻性术语,即语言"横向的"、"纵向的"分化(Hertzler 1965:308)。赫兹勒的书是在博杜恩·德·库尔德内著作出版50年之后才出版的,但在他的书中并没有提及库尔德内的名字。

② 但我们认为,虽说研究语言社会分化的进程如果不考虑历史的前景的确是不可思议的,但是某一民族语言内部由社会所决定的不同变体之间的相互关系,是可以在纯共时层面、在不考虑历时定位的情况下进行研究的,比如,在研究语言内部结构的时候。

应该说,不把语言分化和社会分层进行简单对应的做法有时、甚至直到今天也难以真正落实,在描写具体的社会—语言关系时常常会有用庸俗社会学方法阐释这类关系的做法。

根据前文所述的观点,由英国现代心理学家和教育家伯恩斯坦提出的、且在西欧和美国广为流传的"语言缺陷"理论是明显落后于时代的,这一理论把所谓的有限代码与社会较低阶层、把复杂代码与中等和高等阶层"直接地"对应起来。而拉波夫根据实验材料有力地说明,在复杂代码的使用中最重要的因素不仅仅是说话人的社会差异、他们文化水平和教育程度的差别等等,还应有交际进行的条件。在研究了现代美国社会底层的黑人少年群体后,拉波夫指出,在自然交际条件下,主要是在群体内部的交际中,黑人少年的言语是非常灵活和多样的。而另一方面,来自家境殷实、文化较高的家庭的少年并不总是能使用多种不同的言语手段,例如,在家庭环境中,在和父母亲谈话时,他们总是使用同一些词汇和有限的句法结构(Labov 1972:201—240)[1]。

令人遗憾的是,对语言的社会分化问题进行简单化理解的现象在苏联语言学文献中也可以看到。例如,阿赫玛诺娃的文章中有这样一段表述:"众所周知,从社会'底层'开始的语言创新在资本主义社会中一直受到谴责。在学校教育中,这类创新始终如一地'被纠正',扩大中的'自下而上'的变化遭遇了顽强的抵抗。这种抵抗首先来自于教师和研究机构,正是他们在不同程度上、以不同的方式对语言变化的方向发挥着有意识的影响。相反,来自统治阶级言语中的创新就能容易地传播,并能在相对较短的时间里成为规范,成为语言权威变体的一部分,成为鼓励全民模仿和学习的范例。"(Ахманова 1968:12)

实际上,这里说的是标准语因借用有社会限制的非标准语手段而不断丰富的问题。但是这一问题被有意地(对此还没有足够根据说明)赋予了特殊的意识形态、甚至是政治色彩,而没有考虑到与非标准语成分渗入标准语过程相伴的很多因素(例如,创新成分的情感—修辞特点、语义特点,它们在标准语使用者的不同社会群体中的使用活跃度、使用几率,与传统标准语手段竞争的能力,等等)。除此之外,还完全忽视了上述问题的文化方面,那些作者认为是"来自统治阶级言语中的创新"实际上是受过教育、有文化的社会阶层的语言成分,如人们所知道的那样,正是这些人构成了标准语使用者群体的绝大多数。

归根结底,标准语吸收"带有社会标记的"创新成分的复杂过程,在上面引用的著作中被过于简单地概括了,其难以令人信服的阐述也不符合很多现代语言的历

---

[1] 批评伯恩斯坦理论的著作很多,除拉波夫的以外,我们还可以提供一些:(Hager, Haberland, Paris 1973;Швейцер 1976;Швейцер, Никольский 1978)。在(Trudgill 1978:51—56)中对伯恩斯坦理论的讨论是很有意思的。

史事实。

在大多数现代社会语言学研究中,探讨语言的社会分化问题时都会注意到一些因纯社会、职业、文化、教育等说话人"后天"特性而决定的语言特征。

近来,人们对语言因说话人性别而导致的分化现象很感兴趣,其中最基本的论题之一就是,性别差异不仅仅是那些所谓的原始语言的特点,在应用于现代文明社会的语言中也有所表现。

赫兹勒公正地指出,"性别间的接触是如此之经常和强烈,以至于巨大的语言差异都不可能持久"。他还一直认为,在我们的社会中(首先指现代美国社会——作者注)男人和女人一直拥有着各自在言语上的特性,它们给达成准确的交际造成了为人们所熟知的困难(Hertzler 1965:320—321)。看来,在这个论断中,性别差异在现代语言中的作用在一定程度上被夸大了。实际上,正如对两性间言语差异的具体研究所显示的那样,这些差异涉及一些相当外围的语言内容,而且未必能给交际带来困难。例如莱科夫发现,两性在颜色词(男性掌握的明显比女性少)、礼貌和评价手段、英语的一些句法结构类型方面有着令人感到十分有趣的差别(Lakoff 1973,1975),在(Smith 1979)中也有一些有意思的数据。由听话人性别导致的言语差异则在(Brauer et al. 1978)中有所论及。但是,对揭示语言中性别差异的执着追求往往使人得出过于简单片面的结论①。看来,这里和社会语言学研究的任一其他方向中一样,过分的纯社会学方法是不适用的。

2.2 放弃对语言社会分化问题的简单化解释、承认社会和语言关系的复杂性的同时,还要看到现代语言学探讨这一问题的另一个特征,正如社会语言学家所指出的那样,在揭示语言和社会间系统的联系这一大方向中,那种声称语言结构和社会结构具有完全同质性的研究方法具有机械论和先验论的性质(批评同质性理论的观点参见:Ярцева 1968:41;Швейцер 1976:27)。

关于语言和社会结构同质性的观点因其夸张而不正确。而之所以会有这样的看法出现,在一定程度上是由于缺乏近期(60年代中期以前)具体的社会语言学研究,因为只有在这样的研究中,对社会—语言关系的思辨性阐释才占了上风。随着大量的以语言和社会材料为依据的研究成果的出现(最早的这类研究请看:Labov 1966 和 РЯиСО),同质性理论的不可靠性变得越来越明显了。

正如这类研究所表明的那样,社会因素以某种复杂的方式变形后存在于语言中,因此使得语言的社会结构和社会中人们的言语行为具备了一些由语言的社会

---

① 在一部讨论与性别差异有关的语音变体的著作中有这样一个论断:"女性发音中的紧缩元音化更多地出现在男性会用惩罚性手段限制女性婚前性行为的社会中。相反地,宽元音化、低元音化、自由元音化就属于那些女性婚前性行为比较自由、女性在生产和社会政治活动中拥有和男性一样的平等权利的社会。"(Lomax 1973:165)

性质所决定的特点,但又难以在社会结构中发现这些特点的直接相似成分。例如,那些由说话人的社会特点和说话条件所决定的语言手段的变化类型就很难从社会结构中找到直接的解释(拉波夫关于社会的和语境—修辞变体的讨论请看:Лабов 1975:150-151)

"在社会和经济的特点与语言特点之间没有简单的、显而易见的对应,"现代德国语言学家比尔维什写道,"换句话说,不同社会群体经济上的基本差别在该社会所使用的语言的结构中没有直接的体现。"(Bierwisch 1976:420)

甚至在社会因素作为言语行为的行列式(多次交替的线性形式——译注)出现的情况下,社会因素和言语行为之间,至少是和由其决定的语言异质性之间没有相互—单值的对应关系。例如,角色关系结构在很大程度上制约着说话人如何选择语言的功能语体,但是社会角色的分化并不直接对应于语言的功能语体差别。此外,言语修辞面貌的变化机制也不对应于言语交际结构的角色变化机制,社会对角色行为的控制减弱了,并不会导致语言规范约束力的降低(详见:Крысин 1976a:51—52)。

2.3 现代语言学在探讨语言的社会分化问题时,具有比以往更宽广的视野。人们开始在(可能由社会原因和语言内原因导致的)语言变异现象所处的大环境中研究这一问题,其中包括那些同质的语言构成,如已经被普遍接受的标准语。

有一些研究者探讨了业已形成了的变异理论,该理论描写了语言及其应用中不同类型的变异现象,其丰富的成果使语言描写从此必须考虑语言单位的变异情况(Trudgill 1978:11-12)。我们来对比一下比尔维什的观点,他认为,描写纯语言的语言学理论应用语言多样性理论加以完善,后者依赖于一种公设,即,人的现实语言行为不仅由他的语言能力(根据乔姆斯基的理解)决定,还取决于他对语言符号所具有的社会伴随意义(социально обусловленные коннотации)的知识(Bierwisch 1976:410;从比尔维什的论述可以看出,伴随意义是指语言符号在言语中使用的不同条件)。除此之外,由于不同的人在不同的社会条件下学习语言,结果,按照比尔维什的观点,他们获得了"不同的语法"。要描写这些差异就要借助于所谓的延伸规则(расширительные правила, extension rules),既考虑语言单位本身,也要考虑它们的社会伴随意义(Bierwisch 1976:442)。

与上述方面直接相关的语言社会分化研究中,可以愈加坚决地放弃那种绝对按照社会范畴划分语言变体的、过于"硬性"的做法,而代之以功能—修辞法,语言的功能—修辞变异正是语言社会分化的方式之一(Labov 1966,1970;Винокур 1974;Семенюк 1974;Швейцер 1983)。例如,谢苗纽克写道:"按照对语言社会分化现象的狭义理解,属于社会制约的语言单位仅包括一些隐语(黑话),近来人们放弃了这种观点,这样就可以把功能—修辞限制解释为语言现实中产生变异的方式之一。"(Семенюк 1974:15)

一些研究者把地位、威望、社会角色等社会范畴看做是影响语言修辞变异的因素。例如,克劳斯在研究修辞构成因素时,把上述社会范畴作为由他提出的分类的基础,这些因素包括:(1)与语言传递及其功能相关的;(2)与说话人判断其对听者关系相关的;(3)与评价说话人个性相关的(Kraus 1971)。对说话人的关注是决定言语变异的基本因素之一,根据社会及情境特征区分说话人不同类型的做法是现代修辞学研究的一大特征(Dolezel 1969;Долиние 1978;Labov 1966等)。

谈到语言社会分化研究中相对较新颖的"社会—修辞"方面时,应该提一下,用社会学知识作为解释语言修辞差异的前提,这是由老一辈苏联语言学家开创的研究传统,主要是维诺格拉多夫,对语言(主要是词汇和句法层面)进行社会—修辞分析是他的语言学研究的显著特点。

在研究17至19世纪的俄语标准语时,维诺格拉多夫坚持对俄语不同的变体采用具体—历史性质的描写方法,对于俗语(просторечие)、百姓语言(простонародный язык)、官吏语言(чиновничный язык)、士兵隐语(солдатский жаргон)等,维氏都根据它们分别所属的俄语发展阶段用不同的方式加以说明。例如,谈到18世纪末至19世纪初的俗语和百姓语言的差别时,维诺格拉多夫写道:"……俗语的概念涵盖了广大的'未法国化的'贵族、僧侣、各级知识分子、甚至小市民们那亲昵—日常的语体中不规范的、多样的领域。俗语自命为开启俄罗斯风俗的民族化表达手段,既有别于学者、书面语和'斯拉夫'语言,也不同于那些借自欧洲(特别是法国)的言语形式……俗语是各种'民间语言'纷杂的拼盘,也就是说,它包括那些没有狭窄的领域意义的词语,和城市方言中广泛使用的词汇和成语……包括广泛使用的行业隐语……还有来自资产阶级、贵族、市民及农民的口头语言的灵活的表达手段。"(Виноградов 1935:387;另参见:Виноградов 1938:211)

百姓语言与俗语不同,这是一种"农民、贵族、城市手工业者、市民、小官吏、未受过教育的小贵族的日常语言(与地区方言无关),它与俗语有交集,使用后者的形式,同时完善着后者……总之,俗语和百姓语言之间的界限是灵活而曲折的……在'低等的'、离标准语领域最远的形式方面,贵族的俗语和百姓的语言汇合在一起了"(Виноградов 1935:392)。

在研究俄语标准语及其历史时,维诺格拉多夫研究标准语修辞变体的真正目的是探寻它们背后的"社会内幕",而研究标准语和俗语、方言、隐语的相互关系,是为了了解这些语言变体的使用者群体间的相互关系。

要理解维诺格拉多夫对语言的社会划分,了解他多次提到的关于语言手段的社会—情感色彩的论述十分重要①。传统上语言被当成是某种铁板一块的事物,维氏在指出语言表达的异质性(社会方言、行业隐语、农民土语)、指出其在不同时代因不同原因而产生的异常复杂多样的分裂现象时,他呼吁人们关注那些从民族语言的非标准变体进入标准言语的词汇的社会及修辞色彩。他从这一角度对语言的独到阐释,是对俄语事实进行社会语言学分析的杰出的典范。

维诺格拉多夫认为,从19世纪30年代起,贵族标准语中开始渗入职业词语,他对每一个所提到的词语及表达都准确地"验明正身":来自军队的,来自"官僚—小吏"的,来自扑克游戏的,来自猎人、木匠、石匠、裁缝、商人的语言的,等等(Виноградов 1938:128)。维氏在努力用尽可能直观的方式呈现社会因素对语言词汇变化、特点及使用的影响的"多层级"性质,呈现俄语标准语系统中历史及社会现象相伴存在的情况。

在研究书面语和口语形式的相互渗透时,维诺格拉多夫发现了教堂—书面语传统令人惊叹的生命力,揭示了带来这种生命力的社会—日常及政治原因。原来,还在19世纪初时,这种修辞传统在宗教人士、官僚阶层、保守派贵族中就获得了支持;相反,来自"欧洲人"的新思潮在这种氛围中则引起了反对(Виноградов 1938:191—195)。

在每一个语言事实背后,维诺格拉多夫都看到了说话人的社会面貌,他对俄语词汇和短语的修辞分类同时也是对其社会特征的分类。因此可以说,维氏站在了"社会语言学"的源头,社会语言学作为一门学科,只是近期才开始得到系统的发展。

如果把现代"社会语言学"的研究和维诺格拉多夫的著作加以比较就会发现,前者可以说完全是后者的延续,只是在细节分析、在语言更细小的"板块"上试图发现社会性的区别而已。

标准语的完整性和规范是由专门的社会机构保护与推广的,但即使在这样的民族语言变体中,仍然可以发现由社会因素决定的语言变异现象。尽管有一些标准语言理论的权威人士声称,标准语规范是"统一的且唯一的",那种认为标准语内部存在规范的多样性、规范是动态的观点是经不起推敲的(Филин 1981:312),但事实却是,标准语言,其中包括俄语,不是绝对同质的语言构成。另一些研究者的做法则是正确的,他们把标准语区分为理论结构和现实,即在某种具体的民族环境

---

① 与众不同的是,维诺格拉多夫把词语的社会色彩与言语的功能变体结合起来考察,在这一点上,他事先预言了一些现代社会语言学关于言语和情境及交际者社会角色关系的观点。例如,他曾这样谈论对话的变异:"在社会认知中有一些模式化了的、代表日常生活典型情境的对话。如常言所说的,'官方谈话'、'公务交谈'、'亲密对话'、'家庭讨论'等等;甚至与不同的社会交往形式有关,诸如'法庭审判'、'讨论'、'辩论'等等,我们头脑中已经汇集了一套与这些言语行为方式相伴的固定的联想。正如词语有不同的社会—情感色彩一样,对话的社会—情感类别也是如此。"(Виноградов 1965:161)

中使用的现实交际系统。根据第二类学者的观点,"统一的标准语与其说是一种现实,不如说是一种趋势或者理想的构造"(Степанов 1969：308；另参见：Щур 1977：282)①。实际上,"在民族标准语的共时层面也可能有功能的分化,即存在着：(1)标准语的地区变体或者次标准；(2)标准语的社会分层"(Ярцева 1977：12)。

在这一点上,俄语标准语也不例外。整个俄语系统都具有变异性,这种性质不仅取决于功能—交际因素,还取决于社会因素,即说话者年龄、职业、受教育程度等特征的差别。上述社会特征主要影响某些语言单位的使用频率,即,在一些社会群体的言语实践中,某些语言单位有着比其他群体更高的使用频率(详见：Крысин 1973；РЯДМО)。

带有社会标记的还有语言使用者的评价：被一些社会群体视为中性的语言事实,可能会遭到别的社会群体的反对,第三类群体则可能坚持把它当作唯一可能的表达方式(这方面的典型例子请见：РЯиСО，т. 3：49-55，83-84)。某些语言单位可能被当作是说话人归属于特定社会群体的标志,例如：[шы^а]гú,[жы^а]рá,[шы^а]лúть 等发音可以让人准确地认出老一辈的世袭莫斯科人,使用[чт]о конé[чн]о 是列宁格勒(即今天的圣彼得堡——译注)人说话的特点(世代居住于该城市的人也是如此),在 жюри, брошюра 一类外来词中发半软化辅音[ж],[ш]的特点属于老一辈从事人文科学的知识分子(因为他们知道这些词的外语发音),等等(详见：РЯиСО，т. 4)。

总的看来,在探讨语言社会分化时还有一种研究各种过渡结构的趋向,诸如半方言、过渡方言、过渡行业隐语,它们在很多现代语言中都与社会中的跨界过渡有关,如社会阶层的靠拢、城市化以及由此引发的城市居民的不同方言、不同语言群体的联合、社会移动性加大等等。

3. 语言发展及使用的社会条件

与语言社会分化问题密切相关的是每一种语言得以存在和发展的社会条件问题,这种密切的关系是完全可以理解的,因为语言的社会分化在一定的共时层面上是语言发展的结果,而社会因素在其中发挥着非常重要的影响。相反,语言发展的性质、它的使用特点能够在一定程度上由其社会结构所决定。

3.1 波利万诺夫的社会语言学思想

在讨论语言发展与使用的社会制约问题时,不可能不谈叶甫根尼·德米特里

---

① 对统一民族语言内部变体的非同质性认识,19世纪的语言学家就已经认识到了(那时,语言变体的隔离性、"不渗透性"毫无疑问地比今天要强)。例如,著名的德国方言学家根岑写道："不存在完全纯洁的标准语,完全纯洁的方言也是如此。"(转引自：Жирмунский 1956：575)

耶维奇·波利万诺夫就此所做的奠基性质的工作①。

虽说在 20—30 年代有很多苏联语言学家对语言演变问题感兴趣,但是波利万诺夫在这类问题的探讨中却占有特殊地位,因为他的研究不仅仅是从"内部"进行的,不仅深入到了语言系统极深的层面,还在社会学的层面进行了探讨。我们来简短回顾一下那些由波利万诺夫提出的、与语言社会学相关的一些基本观点。

3.1.1 波利万诺夫在一系列著作中不止一次地指出,以往的语言学者对语言变化的社会原因没有给予足够的关注。最好的做法也不过是宣言式的、只停留在口头上的关注,而在具体的语言学研究中语言进程的"社会方面"几乎无人关心(Поливанов 1968:52)。事实上,关于语言的科学不仅应是自然—历史的,还应该是社会的科学。

波利万诺夫的社会语言学中,最重要的部分是语言演变理论,更准确地说,应该是对语言变化的社会原因的阐释。波利万诺夫认为,研究十月革命后俄语的变化过程是苏联语言学最紧迫的任务之一。他强调说,为了理解这些进程并对其未来发展做出预测,就必须要有"语言演变的普遍学说(否则我们就连一步也不可能从语言生活的现在向未来迈进),换言之,我们需要语言历史学",波利万诺夫就是这样说明"语言演变机制"的(Поливанов 1932:25)。

在为创立社会语言学和语言演变的普遍学说而奋斗时,波利万诺夫同时提醒人们不要盲目夸大社会因素的作用,不要试图用经济和政治力量的影响来解决语言中所有的问题(那正是马尔主义者的做法)。语言中起作用的还有"超越时间和空间的"语言内部规律,社会因素只是预先决定了"语言发展的最终方向"(Поливанов 1928:175)。"……承认语言对社会生活和演变的依赖性(也就是说,语言首先依赖于经济的发展),"波利万诺夫在另一篇文章中写道,"完全不忽视和否认'语言演变理论'的自然历史意义。"(Поливанов 1928:40)

3.1.2 波利万诺夫在社会视角下进行的语言研究有什么特点呢? 他对语言现象进行了仔细的、前所未有的分析,说明了这样一个规律,即:在语言的发展和使用中,语言内部因素、纯外部因素、社会因素之间的互动是很复杂的。在一系列著作中,波利万诺夫对这种互动的性质和每一组因素的角色都进行了详尽的分析。他得出的结论是,社会因素不可能改变语言进程的性质,"但是能够决定:(1) 究竟

---

① 有时,特别是西方的研究者们会对下列现象表现出困惑:在 19 世纪 60—80 年代的苏联社会语言学著作中,人们习惯于依靠 1920—1930 年代学者们的成果,也就是 50 多年以前的研究。应该说,尽管(与 20 世纪前 30 年的社会语言学研究相比)我们今天的社会语言学在理论和成果方面已经卓有成效,但是那些苏联语言学者,如波利万诺夫、雅库宾斯基、日里蒙斯基、维诺格拉多夫等,他们的许多思想还没有过时,没有失去意义。更有甚者,当代西欧和美国学者提出的一些观点,实际上是在 20 年代的苏联语言学中不止一次地讨论过的,例如很多关于语言政策和语言规划的观点(Жирмунский 1969)。

是否会发生这种或那种的语言演变;(2)语言发展起始点的变化"(Поливанов 1968:211)。

波利万诺夫把语言的发展和蒸汽机车发动机的活塞运动相比较。某种社会变化不可能使活塞不同时运动;在垂直于轨道的方向上,某种经济或社会性质的因素亦不可能改变语音或其他进程,也就是说,"例如,要取消 ц 或 ч(来自弱化了的 к),代之以任一别的音,如 ф,х,з,或类似的例子"(同上:226)。

社会因素对语言的影响方式不是直接的。按照波氏的观点,它们作用的途径是这样的:"政治—经济变化改变语言或方言使用者的构成(或谓之曰社会基础),由此带来了语言或方言演变启动点的改变。"(同上:86)上述变化的典型例子来自十月革命之后的俄罗斯文学语言(即俄语标准语——译注)(或者,按照波利万诺夫所称的标准俄语)。十月革命后,标准语使用者的构成发生了极大的改变,这一变化决定了语言演变的新目标是:建立一种对新社会所有阶层统一的语言,"因为阶层间纵横交错的语言交往需要确立一种统一的共同语(即语言系统),以之代替不同的语言系统,后者中的任何一个都不能完全满足新社会的需要"(同上:87)。

在上述过程中,社会中的某一群体的语言将"朝着确立(对所有群体而言)统一的言语系统这一语言演变目标'奏响第一个音符'"(Поливанов 1928:212)。波氏这一思想的杰出之处就在于,他预见了许多年以后的社会群体理论领域的研究。在现代社会学和社会语言学研究中,说话人的社会群体定位,众所周知,与社会威望(социальный престиж)这一概念联系在一起:在某一社会全体成员眼中越有威望的群体,其语言也就越可能成为被模仿的对象。这种拥有社会声望的语言变体通常都属于社会中最有文化的群体。

波利万诺夫所说的统一语言的形成在语言系统的不同方面有不同程度的表现,这是由于,语言结构的不同层面——词汇、语音、形态、句法——对社会因素的敏感度是不同的。对社会变化反应最大的莫过于词汇和成语,社会生活中的变化在这些领域中以新词和新词组、旧词获得新义、词汇借用等形式体现。"词汇(包括成语)是语言现象中唯一能直接表现(特定时代的特定集体的)文化本身的领域。这就是为什么这里比其他任何领域(甚至在同一代人的语言中)都更快地反映社会-经济突变的结果。"(Поливанов 1968:208)

作为社会变化直接影响语言发展的最直观的示例,波利万诺夫考察了复合缩写词,在十月革命后的俄语中出现了这类词的很多不同类型。尽管在以往时代的语言中也有个别缩写词存在,但正是在十月革命以后,它们才在大众教育中得到普及,并被当作一个特殊的词汇—构词类别来看待。

在论证社会因素直接影响词汇和成语这一论题时,波利万诺夫主要关注了词汇体系的数量变化和其中的词汇更替(主要是一些词语消失,另一些新的词语出现)。随着变化的累积,量变进而导致了俄语词汇—语义系统的质变:分属不同词类和词群的词语间的意义(聚合和句法)关系发生了变化,词语的修辞意味和情感色彩改变,出现了新的通用词与术语词之间的作用方式,等等(详细请参考:РЯиСО,кн.1)。

波利万诺夫所考察的时代距离十月革命还不太远,自然地,在那样一个不长的时间片段中考察俄语的质变是不可能的。因此,波氏并没有谈到俄语的质变现象和俄语的未来发展趋势。

至于语言结构其他层面的变化,即语音和形态中的变化,波利万诺夫提出了两个观点:第一,这两个层面比起词汇来在小得多的程度上受到社会因素的影响;第二,说话人个人"语言"中语音特点的数量累积只是很慢地引起共同语音系统的质变。要说明十月革命后俄语语音—形态的特点,还需要时间。波利万诺夫就此写道:"只有在2—3代以后我们才将获得(语音、形态和其他方面)大大改变了的俄语,它将反映出那些因俄语使用者在革命年代的大众运动而带来的变化……目前,我们可以观察到一系列个人的创新(其中的一个,正如波氏所指出,在бога一词的发音中以爆破音[г]代替擦音[γ]——本书作者注),还没有成为集体的共同选择……但已经成为权势公民的语言标记。"(Поливанов 1968:190)

由社会因素决定的语言创新的累积不仅在语言结构的不同层面是不均衡的,在不同的语言环境中也是如此:一些说话人的群体(例如知识分子)是保守的,总是遵循着旧的规范,在另一些群体的言语中则能发现不同种类语言特征的混合——包括标准语的、方言的、行业用语的。这就要求我们必须研究"社会—群体方言"。波利万诺夫不仅明确指出了这种研究的必要性,而且亲自展示了一些饶有趣味的研究实例,描写了一些社会—语言变体的典型特征。例如,他在(Поливанов 1968)一书中的两篇文章《论社会—群体方言和标准俄语的语音特征》(*О фонетических признаках социально-групповых диалектов и, в частности, русского стандартного языка*)及《知识分子语言的语音》(*Фонетика интеллигентского языка*)。

波氏在许多著作中所阐述的关于语言演变的社会语言学观点并不是无懈可击的,其中的一个错误就是"时代精神"的影响(这种观点就是,例如,认为标准语是有阶级性的:它是被社会的统治阶级所掌握的,参见:Иванов 1957)。另一些错误在于,过分夸大了社会根本变革时期的社会因素在语言发展中的影响。波利万诺夫认为,在资产阶级革命时期语言生活的速度加快(Поливанов 1968:214)。后来对俄语及其他语言的研究表明,语言演化的速度在很多方面都取决于标准语的发展水平:标准语越发达,其中所发生的变化的速度就越慢。在这一点上,波利万诺夫与众不同的观点更显公正,他认为,标准语的发展就是,它的变化越来越少了。

波氏关于语言演变的理论对社会语言学①的建立影响深远,以至于直到今天,任何一项涉及语言演变问题的严肃的社会语言学研究,都不可能不引用他的观点和著作。

3.2 关于语言发展和使用的一些现代社会语言学观点

现代社会语言学的特点之一就在于,人们对语言在不同现实领域内的变化和使用的机制有着相当多样的观点。由于本书的任务并不在于概述不同的社会语言学观点,我们仅限于比较使我们感兴趣的两个现代社会语言学派(苏联社会语言学和美国社会语言学)的观点,同时为方便起见,以两个学派中最重要的代表人物为例。

3.2.1 大多数苏联社会语言学家对语言演变机制的理解、关于语言发展的观点,在四卷本的著作《俄语与苏维埃社会》(*Русский язык и советское общество*)(该书理论部分的基本作者是班诺夫)得到了循序渐进的、充分的展示。

根据此书的观点,处于历史变化中的语言系统要服从方言学的基本规律,即,统一与矛盾斗争规律。在语言中,上述规律有着性质不同的具体表现——即人们所说的二律背反。最重要的二律背反包括:说话人和听话人、系统与规范、代码与篇章、规律性和表情性。在语言发展的每一个阶段,二律背反的解决有时利于矛盾对立的这一方,有时又偏向于另一方,结果就会导致新矛盾的产生。要想彻底解决二律背反的矛盾是不可能的(要么就意味着,语言要停留在自己的发展中)。

说话人和听话人的矛盾解决起来一会儿偏向于前者,一会儿又偏向于后者:要么是"简化的"语言手段获得发展,这是一个有利于说话人的过程;要么在别的社会条件下,分解形式和结构占了上风(这符合听话人的利益需求)。例如,十月革命以后的俄语中曾有过强烈的简化称名将其紧缩于一个缩略词的趋势[这一过程在纯粹的日常言语形式中也有所体现,请对比一下 20 年代文学作品中对此的反映,例如奥格涅夫的《科斯佳·利亚伯采夫的日记》(*Дневник Кости Рябцева*)、别雷耶和潘捷列耶夫的《陀思妥耶夫斯基学校共和国》(*Республика ШКИД*)等]②。现代俄语中与缩略词一起广泛使用的还有分解称名,如 инженер по технике безопасности, заместитель директора по кадрам, шагающий экскаватор, патрульная машина 等等,它们没有按音节或首字母构成缩略词。

系统和规范间的二律背反要么在有利于系统的方向上解决,按照约定俗成的

---

① 谈到波利万诺夫的社会语言学观点时,我们一点也不想贬低像雅库宾斯基、拉林这些学者的著作的价值,他们处于苏联社会语言学的源头。但不论是谁,老一辈的语言学家中还不曾有人能像波利万诺夫一样赋予语言的社会方面如此大的意义。

② 请比较:《—Ну, довам,—сказал я на прощанье. —Это как же понимать? —Доволен вами, это вместо "спасибо". Спасибо—это ведь спасти бог и, значит,—религиозное》(Н. Огнев. *Дневник Кости Рябцева*).

习惯接受那些与语言可能性相符、但不符合语言规范的表达形式；要么朝利于规范的一面倾斜，规范会"过滤掉"那些被语言系统所允许的不规范形式，将其驱逐出标准语的范围。例如，现代俗语中的双体动词正在经历一个被称为未完成体化（имперфективация）的过程，从 использовать，атаковать，мобилизовать，организовать 等动词中派生出 использовывать，атаковывать，мобилизовывать，организовывать 等形式。一些形式（如：атаковывать，организовывать）正在进入标准使用领域，但总体上现代俄语规范正在积极地对抗这类创新（关于这类动词构词的标准评价，参见：Обнорский 1935）。将来有可能的是，在语言发展的后续阶段双体动词的未完成体形式（它们的构成本身与俄语形态系统并不矛盾，还证明了语言中存在的形式与内容一对一的趋势）能广泛使用，并成为规范的语言形式（Мучник 1963；РЯиСО，кн. 3，§ 68）。

现代俄语的形态变化中有一个-á(-я)词尾扩张的特点，这种屈折变化越来越多地应用于阳性名词的主格复数——这就是朝着有利于系统的方向解决系统和规范间矛盾的例证。但是在俄语的不同领域，这一过程的实现有程度上的差别：在行业言语中-á(-я)形式是自然的、固有的（请比较：军人语言中的 взводá，海员语言中的 пеленгá，厨师和糖果点心师语言中的 супá 和 тортá）；它们还经常出现在俗语中，甚至可以用 очерéд 代替 очереди[也就是说，-á(-я)词尾扩张到了阴性名词中]。在标准语中的情况是：首先，规范仔细地过滤着这些形式，放过一些，淘汰另一些；其次，有相当一部分已经进入标准语的形式则获得了"разг.（口语）"、"проф.（行业语）"、"прост.（俗语）"等各种限制标记，以这种方式偏向于带有-á(-я)词尾的传统形式，同时保持了文本的修辞中立性质。

班诺夫认为，代码和文本的二律背反意味着语言符号体系（音位、词素、词）和由它们所构成的文本之间的对立。符号体系的规模越小，文本的长度就越大，否则相反。在语言的发展中有两个相互矛盾的趋势在发生作用：即代码（语言符号体系）的简化和文本的简化。这一矛盾的解决要么朝着代码方向发展，要么偏向于文本。

现代俄语中语言符号简化的著名例子是，шурин（内弟，内兄）деверь（夫兄，夫弟），золовка（大姑子，小姑子）等词汇被逐渐排挤出言语体系，而代之以描写性称名 брат жены（妻子的兄弟），брат мужа（丈夫的兄弟），сестра мужа（丈夫的姐妹）[现在这种排挤开始出现在其他一些非直系亲属关系的词语上：不说 тесть 了，更多使用 отец жены（妻子的父亲）；отец мужа（丈夫的父亲）代替了 свекор。但是应该指出，теща（岳母、丈母娘、妻子的母亲）一词在俄语文化—言语传统中有着复杂多样的联想关系，目前还没有受到被排挤的威胁]。

代码扩大的例子：借用外语词汇表示俄语中只能用描写性称名方式来表示的概念。例如，блюминг——вид прокатного стана（一种轧钢机），свитер——вязаная фуфайка, надеваемая через голову(套头针织毛衣),круиз——морское путешествие(航海旅行),等等(Крысин 1968:26—30)。在类似情况下本来是可以不用借词的,这样就不会扩大词汇代码的数量,但是这样一来,就不得不因为使用了描写性称名而增加文本的长度。有代表性的是,20年代的俄语中描写性的、"说明性的"称名占了上风,在标准语民主化、要使广大原来不了解语言规范的群众掌握标准语的条件下,这种现象是完全可以理解和谅解的(如果用引入外来借词的方式扩大词汇系统,普通百姓要掌握标准语规范就有一定的困难了)。20世纪下半叶的俄语沿着借用表示相同含义的外语词汇的道路前进,这一过程在专业术语领域表现得尤其突出[①]。

代码和文本的二律背反与它所出现的语言变体、言语环境也不无关系。通常,在妨害社会利益的封闭的说话人集体中,它的解决会偏向于代码,例如,在行业和社会隐语(黑话)中那些详细化、分支化的聚合类词汇体系,和在专业术语、人造语言中能指与所指间一一对应关系的确立。相反,在非封闭、"流动的"社会集体中,说话人的语言习惯始终受到其他掌握相同语言变体的群体言语特点的影响,代码在简化,然而文本却有加长的趋势。这是很自然的,因为在构成此类流动性集体的人的言语中,只保留那些群体所有成员共同拥有的符号。借助于这个符号(词、词缀等)体系,能够传达任何内容的信息,同时,表达特定意义的不同符号的组合(它们在代码中没有"单符号的"对应物)就导致了文本长度的增加。

规律性和表情性的二律背反与语言的信息功能及表情功能有关。信息功能最连续一贯地通过单类型、标准化、有规律地构成的语言手段来实现(信息传递在没有"噪声"的情况下是有效的,而所谓"噪声"可能指语言单位的多义性、隐喻性,还有语言结构的非标准性等等)。语言的表情功能则相反,它的表达依赖于语言单位的情感色彩、它们的成语性,即,那些被标准"禁止"的特点。

"在语言的每一个层面都存在着一些遵守某个共同规则的单位,还有受其他较弱规则影响的一些单位。有一种倾向始终在发挥着作用,即,把系统中较弱的部分和遵守共同规则的较强部分相比较的倾向。这一趋势是受语言的纯信息功能影响而产生的。如果语言中有粘着和融合单位,那么就不可避免地产生把它们逐渐综合成为完全的粘着单位、或者完全的融合单位的趋向。

但是,这种集中的倾向却遇到了另一个对立的趋势,即,语言中始终要为表达情感的目的而保留一些语言单位的特殊成分、'格格不入的内容'。每一个语言单位都有纯信息和(不同程度上的)表情功能,因此,这一二律背反就决定了每一个语

---

① 但在1940年代末的情况就不同了:已经借用了的术语被积极地、有意识地代换成俄语的描写性称名,例如,бульдозер(推土机,推土器)——тракторный отвал,корнер(角球)——угловой удар 等等。关于这方面的情况参见本书第一部分。

言单位的生命。"(РЯиСО，кн. 1：27—28)

规律性和表情性这两种趋势矛盾斗争的例子在于：一方面,在语言变体中创造了与严格标准化的定义相对应的专业术语系统,在同一主题的术语词群内部,术语间的关系是"透明的"[①]；另一方面,通用词汇隐喻化,其目的在于创造类似于官方术语的具有表情功能的行业—黑话表达。

可以很容易地发现,这种二律背反是不妨害社会利益的：在一些语言发展和使用的条件下、在一些说话人集体中,规律性趋势较容易获得胜利；而在其他社会条件下、在其他社会群体中,表情性则容易占上风。在发达的标准语言中,特别是在它们的书面语中,明显地表现出规律性趋势,这促成了标准语规范的稳定性；而在群体(行业及社会)惯用语中,表情性就很突出。

二律背反是语言发展最普遍的规律。当然,它们并不会取代那些构成每种语言演变个别语境的具体的社会因素的影响,但也不是独立于社会因素的某种独立存在[②],二者有着密切的互动关系,特定社会条件赋予每一个二律背反的"印记"就构成了语言历史不同阶段的发展与使用的特点。

与依靠自己的活动控制语言系统的二律背反不同,社会因素对语言有着不同的影响,它们的语言学价值是不同的：其中的一些是总体性质的,对语言结构的所有层面都发挥影响；其他的则是局部性质的,它们只在特定程度上影响个别的语言层面。"什么是语言发展外部的、纯社会因素？语言使用者群体的改变、教育的普及、人口的跨地域迁移、影响语言个别领域的新国家的建立、科技的发展等等——这些都直接或间接地改变语言的生存条件。这类影响语言发展的社会因素的数量是巨大的。"(РЯиСО，кн. 2：34—35)

语言使用者结构的改变是总体性质的社会因素的一个例子,它导致语音、词汇—语义系统、句法以及较小程度上的形态[③]变化。例如,俄语标准语使用者结构的改变影响了俄语的发音(朝字母发音方向发展)、词汇—语义系统(从方言和俗语中借词引发了词汇系统内部组合与聚合关系的变化)、句法(标准语中嵌入了至今仍散布于俗语和方言的结构；此外,在行业言语规则的影响下,一系列新的结构在标准语中的发展和普及加快了)、形态[例如,原本属于俗语和行业用语的主格名词复数-á(-я)形式,在标准语中的使用频率增加了,这也就意味着,新进入标准语使用者行列的人们所用的语言结构的使用增加了](详情请参见：РЯиСО)。

[①] 自然地,每一个具体的学科术语群都实现了这样的原则。但毫无疑问的是,这些原则对于任何创造术语的活动来说,都是基础。

[②] 维诺格拉多夫院士写道："不应认为,来自于语言社会本质、来自其社会功能和来自其结构的语言发展规律是相互间没有关联的不同的东西,实际上,它们相互制约,不可分离。"(Виноградов 1952：33)

[③] 普遍认为,形态系统在外来的影响面前是最稳定的。因此,哪怕是影响了语言结构所有其他层面的社会因素,在形态领域的反映也是最低限度的。

局部性社会因素的例子是语言获得传统的改变。过去,人们学习语言依靠的是口口相传,这是系统内部的交流。在十月革命后的新社会中,通过书本掌握标准语的方式开始普及,甚至逐渐成为主要的方式。这一改变主要影响了发音规范:传统的发音方式仍在使用,但同时开始普及一些新的、更贴近于正字法的发音模式,例如,коричневый, сливочное（масло）, гречневая（каша）一类词中的[шн]发音被[чн]发音所取代;在 скучно, скучный, булочная, прачечная 等词中,今天仍然能够看到旧的发音方式。

在上述我们不止一次地谈到过的关于语言的发展及使用的社会语言学观念中,一个基本的依据就是纯语言规律(一系列二律背反)和社会因素之间的密切互动,社会因素被看做是促成(或者相反,阻碍)特定的语言内部规律显现的条件。

3.2.2 现代美国社会语言学中,关于语言发展的最普遍的理论是拉波夫的理论。拉波夫不赞成乔姆斯基生成语法研究中的"纯语言学"方法,从根本上批评乔姆斯基及其追随者忽视语言现实的观点,他在仔细分析了现代美国人活的、现实言语的基础上,提出了语言发展的理论。尽管拉氏基本上只研究了语音的变化,但是他对这些现象的阐释却有着更广泛的意义,对语言演变的整体认识不无益处。

拉波夫理论的出发点在于,如果不考虑使用语言的集体,就不可能正确地理解语言结构的变化。要观察语音系统的变化,就必须研究使用该语言的群体在或长或短的时间里的言语,比较这些言语在不同时间截面上的发音特点。在研究用上述方法获取的材料时,拉波夫遇到了三个必须解决的问题:(1)过渡问题:一个语言发展阶段是通过什么方式被另一个取代的?(2)语境问题:需要找到一个"包含了语言变化的不间断的社会及语言行为的框架样板";(3)评价问题:说话人如何评价那些被研究者发现的语言事实?（Лабов 1975:201—202）

为解决这些问题,拉波夫以一个不大的讲美国英语的群体的语言为例,他把一些体现了语言变化机制的阶段划分如下:

(1)在语言集体的特定亚群体中开始变化,某种语言形式被所有亚群体成员掌握;

(2)该亚群体说话人的后代把上述变化当作是老一辈言语的特征;

(3)由于某种原因这一亚群体被其他亚群体接受,上述语言变化扩散至其他亚群体;

(4)随后,上述语言创新的传播边界与语言集体的边界相吻合;

(5)在这一语言变化的影响下,该语言集体所用语言的语音体系发生了变化;

(6)结构重整带来新的、与第一个变化相关的变化。

但是,语言演变的进程并未就此停止,那一内部出现了语言变化的亚群体的社会地位如何,这是一个非常重要的因素。如果这个亚群体没有统治地位,那么语言变化就会受到特权阶层的谴责,这种谴责进而会开启修正变化的过程,且"向着拥有社会最高地位的群体所支持的范例,也就是权威范例,靠拢"(Лабов 1975:225)。这一过程导致了修辞上的区分:权威范例在全部的、正式的语体中使用,而只被部分说话人赞许的语言创新在随意的言语中使用。如果语言创新出现在最高社会等级的群体中,那么它就会变成语言集体全体成员所效仿的范例。

谈及这一语言变化的模式时,拉波夫强调,"内部(结构)因素和社会语言学因素在语言变化的过程中有着系统的相互作用"(同上:228)。拉氏的这一思想与上面提到过的"语言二律背反"理论是一致的。但是,拉波夫提出的语言变化模式未必能够适用于所有的、包罗万象的语言变化:音位系统(或者语言结构其他层面)的创新还可以经过其他阶段发生,成为说话人集体的财富。但是当然,拉波夫在这里是毫无争议地正确的,语言变化发生在社会语境中,"不可能在一开始就进行语言系统内部的结构相关性分析,然后就寻找外部因素的影响"(同上)。

如果说语言在不同的说话人群体中使用,而在同一语言社会中同时存在着不同的"价值规范",拉波夫对社会流动性影响美国英语使用者言语所做的研究就是非常有意思的(参见:Labov 1966a)。拉氏研究的结果表明,"从下向上"运动的人口"通常会接受社会地位更高的群体所建议的语言规范";而那些"社会地位稳定"的说话人倾向于保持自己特有的语言规范,"更准确地说,是要达到自有规范和外部规范的某种平衡,使之在消除了明显的修辞起伏的言语实践中得以体现"。最终,那些语言"自上而下"(即,向着较低社会阶层)变化的说话人,并不接受大部分其他人口所掌握了的规范化模式(同上:202)。

拉波夫根据上述观察得出结论,在现代城市条件下"语言的层级构造与其说反映了社会存在体系,不如说是社会价值系统的体现"(同上)。换言之,由社会差别导致的语言差别,并不是说话人经济和社会地位差别的直接体现,而是每一个群体的价值判断的差别。

3.2.3 对苏联和美国学者关于语言发展和使用的观点的比较,哪怕还只是上述不够完整的比较,揭示出了它们之间的一些相同点和不同点。

二者基本的相同点在于:两个社会语言学派都认为,语言和社会间的关系具有复杂的性质,社会过程和语言结构之间不存在直接的类比和严格的对应关系,全社会中和个别社会群体中发生的变化对语言变化的影响是个多层级的过程。

与此同时,苏联社会语言学以唯物主义方法论为基础解释语言现象,更多地关注语言和社会中的宏观过程;而许多美国社会语言学的代表人物(包括拉波夫)更倾向于分析较小的人群中所表现出的社会和语言生活的微观过程。

现代俄语的社会及功能分化

1. 俄语变体的语言和社会本质的历史变异性及边界

在进入本章标题所表达的主题之前,首先必须要对我们所使用的"变体"(подсистема)①这个术语略加说明。

这个术语应理解为那种拥有自己的使用者的语言变体,这一特点使之与语体区分开来,语体的差异存在于同一群使用者的言语中。例如,像标准语和俗语这样的语言变体,它们的说话人是不同的;而俄语标准语的修辞语体,如官方—正式语体、新闻报刊语体等,是由相同的说话人所使用的。

但应该说明的是,并不是所有的语言变体都能按照上述原则做同样的区分。行业隐语既有划分语言变体所依据的那种特征:它们拥有自己的语言使用者,同时还有语体所特有的特征:行业隐语的使用者是双言人,也就是说,他们同时还掌握着某种交际手段,通常是标准语。

在现代条件下,不同语言变体之间的严格界限被越来越多地打破,语言中那种功能存在的"二位一体"现象,正如行业隐语这样的例子,这是一种相当普遍的现象②。

在大多数涉及俄语社会及功能划分问题的著作中,都区分了以下次级变体(或者按照有时所说的,存在形式):标准语、地区方言、城市俗语、社会(集团)隐语。这种划分不仅可见于专门的语言学和社会语言学研究著作,还见于为高等学校俄语课程编写的所有教科书中。

尽管上述划分从整体上忠实地反映了俄语社会和功能分化的面貌,但这种划分缺乏历史主义和历史的前景:很显然,像"标准语"、"地区方言"、"俗语"、"社会(集团)隐语"这些概念的内涵是不同的,我们未必指的是19世纪中叶的俄语或现代俄语。同时,在一系列讨论现代俄语的社会分化问题的著作中,在探讨社会(集团)隐语时引用了乡村货郎、制帽匠、弹毛工人等人语言中的材料;在分析标准语和地区方言的相互关系时,考察了语言变体是如何严格区分的(这时把每一语言变体

---

① 本书中的几个术语 подсистема языка,разновидность языка 都译为"变体",两者并用时将后者译为"分体"。——译注

② 对此应当指出,韩礼德提出的区分语言社会和修辞变异的标准,看来似乎过于直接了:韩礼德认为,因语言使用者的差别所构成的分体是方言,而由于语言使用方式的不同造成的不同变体是语体(Halliday 1970:141;Halliday 1978:183)。

具有同质性看做是研究的出发点);在描写城市俗语时主要采用了回溯性的视点来研究城市居民中没有受过教育的人群所使用的交际手段。

显然,在现代条件下上述变体改变了自己的语言和社会性质。大约在19世纪末到20世纪初的这段时间里,原先被当作是统一构造体的俄语标准语现在被清楚地划分成两个独立的分体——书面语和口语。地区方言经受了来自标准语的强烈影响,后者试图动摇地区方言的基础,并使之与标准语统一起来。结果是,几乎没有纯净形式的语言存在,混合了方言、标准语和俗语特点的过渡性变体分布越来越广。在社会(集团)隐语中,那些小团体的"语言",比如乡村货郎的"语言",虽然没有存在的(哪怕是"残余的")社会基础,但不同形式的行业俗语仍然得到了发展,这些形式在使用方面与集团隐语有着本质的差别。最后,俗语的社会地位及其语言本质在最近50年有了很大的改变,以至于在俄语学中有时甚至会怀疑城市俗语是否真的存在(详情参见本书下文)。

在考察下文所述的现代俄语的社会分化现象时[1],我们将从两个方面对将要研究的语言变体做出描述:(1)社会基础(谁,哪些说俄语的阶层及群体是特定语言变体的使用者);(2)交际手段及其使用方式的差别。所有与语言分化特点、语言变体使用相关的其他问题,还有现代俄语研究中数量众多的文献,在本书中均不再讨论。

2. 标 准 语

要确定的标准语概念,既可以民族语言的这一变体的语言学特征为基础,也可以通过框定使用者人群特征、使之从讲俄语的说话人所构成的整体结构中突出出来。前者是语言学方法,后者则具有社会学性质。

从语言学角度揭示标准语本质方面,班诺夫的定义堪称典型。他说:"……如果特定民族语言的共时变体之中,有一种变体(和其他变体体相比)克服了语言单位非功能的多样性问题,那么这种变体和其他的相比就是标准语。"(Панов 1966:56)

这一定义中蕴涵了标准语的几个重要特征,包括它循序渐进的标准化(不光有统一标准存在、还有对规范有意识的推广)、全体说该语言的人都有义务遵守其规范、合理地应用它进行交际(这源于对其功能的界定),等等。该定义有着很强的区分效果,它把标准语和民族语言的其他社会及功能变体清楚地区别开来了。

---

[1] 其他一些现代语言也在经历语言功能及社会分化的改变。例如,什维采尔在研究美国英语的存在形式体系时发现,这些形式之间的边界受到了越来越多的侵蚀(Швейцер 1983:53)。另请看(Миронов 1981;Нещименко 1985;Серебренников 1970)等等。

从社会语言学的角度看,确定语言变体(包括标准语)的纯语言学方法是不完备的,因为它不能够回答:究竟谁,哪些社会层次是特定语言变体的使用者。从这个意义上看,从纯语言学方面给出的定义是不具备操作性的。因此,为了完成从社会语言学角度研究现代俄语的任务,就提出了另一种"外部的"定义"标准语"概念的标准,即,它的使用者特征(Крысин 1968a:14;Земская 1968:37)。

根据这一标准,现代俄语标准语是这样一种俄罗斯民族语言的次级变体,其使用者具有以下三个特征:(1)以俄语为母语;(2)他们出生并且/或者长期(一生或大部分时间)居住在城市;(3)在用俄语教授全部课程的教育机构中受过高等或中等教育。

传统上认为,标准语是民众中受过教育、有文化的人所使用的语言,上述定义与这一观点相符。但是,对于那些习惯于与规范、法典编纂等抽象概念打交道的语言学家来说,前面提到的特征可能显得过于非语言学化,甚至还使标准语概念变得粗俗、"大众化",使其过于宽泛。因此,有必要对上述定义进行更加详细的讨论,说明:(1)提出每一区分特征的必要性;(2)其充分性;(3)指出因这种区分而导致的与我们所说的标准语本质相关的语言学后果。

(1)首先,观察表明:不以俄语为母语的人,甚至当说话人很熟练地掌握了俄语时,其言语中有因母语或多或少的影响而产生的言语特点(请参见:Махароблидзе 1963;Тулина 1966;Методы 1976;Взаимодействие 1969 等)。这就使研究者不可能把这类人和以俄语为母语的人同等对待。

其次,很显然的是,城市促使不同方言相互接触、相互影响、相互融合。广播、电视、报刊和受过教育的城市人口的语言,在城市中的影响力要比在乡村中大得多。此外,在乡村中,标准语面临的对立是一种有组织的方言系统(即使在现代条件下,它对标准言语来说也有很大的撼动作用);而在城市里,标准语面对的是个别的过渡方言(интердиалект),其创造者处于一种不稳定的、变化的相互关系之中。后者导致了方言言语特征差异的消失或隔绝(请比较"家庭语言")①,或者在标准语的压力下被彻底淘汰。因此,那些出生在乡村、但懂事的年纪里都生活在城市的人应该和地道的城市居民一起包括在"城市居民"这一概念中,同时,也应被包括在"标准语使用者"这一概念中。

第三,"高等或中等教育"这一标准是必须的,因为在学校和高等院校的学习岁月能够促使人们更加完整、完备地掌握标准语规范,从言语中消除那些与规范相悖

---

① 方言言语的隔绝发生在方言条件下,特别是在其年轻的使用者身上。在学校教育、广播、电视的影响下,方言的言语特点中混入了标准语特征。但后者并不具有长期性,而只是情境性的成分:在学校里,在和权威人士的谈话中,在城市旅行中,青少年努力使用的正是这种对他们来说是新鲜的语言手段,但是和"自己的"手段混杂在一起。尤其是在家庭中,他们会从已经掌握了的标准语转向使用方言。

的方言特点或俗语习惯。

(2) 如果用上述三个特征来区分标准语使用群体的做法还有可能引起怀疑的话,那么就需要更加细致的论证。原因如下:

直观上就可以清楚地看到,用上述方法划分的标准语使用者群体内,人们对标准语规范的掌握程度有很大的差别。事实上,大学教授和受过中等教育的工人、整天和文字打交道的记者和作家、和文字使用关系不大的工程师和地质工作者、语文教师和出租车司机、土生土长的莫斯科人和生于偏远乡村、从童年开始住在莫斯科的人,所有这些人和其他一些社会、行业和地区群体的人,都被我们看做是一个"标准语使用者"整体。显然,他们对标准语的掌握情况是不同的,其言语和理想标准语的接近程度也很不一样。他们处于距离"规范核心"远近不同的层面上:一个人的言语修养越深,他在工作上和文字打交道的频率越高,他的言语就越接近这一核心,对标准语规范的掌握就越完善,否则就会在言语活动中越发远离规范核心。

可以理解,我们根据上述特征所纳入的标准语使用者还远远不是全部。除了我们所提出的三个特征之外,究竟是什么使众多社会、职业、文化方面不同的群体联合在一起?他们所有的人都在自己的言语实践中遵循标准语的(而不是方言或俗语的)传统,以标准规范为方向①。当然,这种"追随"在性质上和言语中表现出的结果上都是不同的。当然,也可能只把受过高等教育的、文化较高的人群的言语看做是标准言语,例如,一些英国语言学家就是这样做的(Земская 1968:36)。但是这样一来,"船舷之外"还会有很多社会群体,他们的语言既不是地区方言,也不是俗语,不是行业或社会隐语,那是……什么呢?是一种介于标准语和上述俄语变体之间的过渡结构?为了回答这个问题,不论是肯定地还是否定地,都必须进行社会学的研究。

现在,我们拥有一些数据可以证明,根据上述三个特征确定的群体的语言就是俄语标准语。这里谈到的是 60 年代初根据班诺夫的倡议开始,在 70 年代初完成的对俄语使用者的大规模调查。调查的结果反映在四卷本的专著《俄语与苏维埃社会》(*Русский язык и советское общество*)、一系列文集和《大规模调查数据中的俄语》(*Русский язык по данным массового обследования*)一书中。

由于在专门文献中曾经缺少(至今仍然缺少)"标准语"、"标准语使用者"等对社会语言学分析十分有益的定义,大规模调查的研究者们假定,标准语使用者应该具备至少三个(上面提到过的)特征。这种假设完全得到了证实:被调查者的言语习惯总体上是规范的、符合现代标准语惯例的。

---

① 过去,以规范为标准并不是标准语使用者在其言语实践中的唯一趋势。例如,在 18—19 世纪之交,也就是俄语标准语形成时期,文化和语言上的权威群体,像卡拉姆辛(1766—1826,俄国作家、历史学家——译注)那样的人,拥有的是"对惯例而非稳定的标准在原则上的追随"(Успенский 1985:30)。

但是，此处也揭示了一个当代俄语标准语的重要特征：与其他语言不同，例如中世纪作为欧洲一些国家标准语使用的拉丁语，还有世界语之类的人造语言，它们一开始就是标准的，没有分化成功能或社会的变体，俄语标准语则是异质的（看来，很多现代标准语都具有这一特征，近来的很多研究都证明了这一点[①]）。

乍一看，这个结论似乎和关于标准语地位的主要的公理相矛盾，该公理说明，标准语规范对于所有的使用者来说是统一的、必须共同遵守的，它的典范性是其基本的特征之一。但在现实中，这里却没有任何矛盾。相反，上述公理和异质性特征不仅完美地共存，而且还相互支持、相互补充。

事实上，从纯粹的语言、交际和社会观点出发所探讨的标准语的异质性特征能转变成它最具特点的一些现象，如：表达同一意义使用不同的表达手段（迂说系统以此为基础，无它就没有真正意义上的自然语言的掌握），语言系统潜力实现中的多样性表现，标准语手段具有修辞和情境的等级差别，个别语言单位用作社会象征手段（请比较告别手段的社会差异，既有无标记的 до свидания，也有口语中的пока，和黑话、隐语中的 хоп 和 чао），等等。

"在已经研究过的语言集体中存在着变体和异质结构，当然，这是完全确认了的事实，"拉波夫写道，"可以怀疑的只有一样，是否存在其他种类的语言集体。"他接着又写道："……异质性，这不仅是基本语言事实活动最平常，也是最自然的结果……缺乏修辞区分和交际的多级系统，这是对语言机体自然生命的破坏。"（Лабов 1975：114，115）

具有统一性和共同遵守性质的标准语规范不仅不禁止，而且要求具备不同的、变异的言语手段。从这一观点出发，变异性作为异质性特征更普遍的一种表现，是标准语中一种自然、规范的现象。

叶德利奇卡写道："允许历史上有特定的变体存在，这是完全不需要怀疑的，这和承认规范的动态性质、承认标准语中正在进行的演化过程有关。规范中纳入历史性变体应看做是消除规范的稳定性和动态性之间的矛盾的一种手段，是表现规范内部动态的一种手段。规范的发展正是通过变体来实现的，通常，变体是一种性质向另一种性质的过渡形式……"（Едличка 1967：553）

（3）标准语的变异性不仅表现在其功能的多价性，不仅表现在其对迂说、对修辞变体等的良好适应性上，还表现在其地区和社会变异性方面：以一套共同、统一的标准语（语音、词汇、语法）手段和使用规则为前提，这些语言手段因其使用者群体的不同而获得了不同的使用频率。

关于这一点，已经有相当多的论著（РЯДМО；СЛИ；Крысин 1973，1980）给予

[①] 研究现代标准语言的功能及社会分化的著作中，可以参见《功能层次》(*Функциональная стратификация*. 1985)。

了足够多的论证,因此我们不再过多地讨论俄语标准语的这一特点。在此只强调一点,标准语的地区变体和社会变体是使用者群体的地域和和社会分布不均匀所造成的结果。这也是我们前面提到过的揭示标准语性质的社会语言学研究方法导致的后果之一。

另一个后果是发现了在我们根据上述特征区分出的说话人所使用的语言手段中,和传统的标准语手段一起,还存在着一些处于标准边缘的语言手段,以及一些非标准的言语形式(方言的或者俗语的)。这部分手段所占比例不大,但是对从原则上评价它们与"规范"、"标准语"概念的兼容性、它们在标准语使用者的言语中的地位非常重要。

举几个例子说明:

在维诺格拉多夫院士的言语中有一个语音—形态上的特点,在不拘的氛围中,他会说 па́л[к'и]ми, ве́т[к'и]ми(代替 па́л[къ]ми, ве́т[къ]ми),这样就让人发现了他言语中南方方言影响的痕迹(维诺格拉多夫出生在梁赞省)。但在所有其他方面,他都是堪称典范的标准语(包括其正音法)说话人。

楚科夫斯基出生于彼得堡(即今天的圣彼得堡——译注),但童年到 20 岁都居住在敖德萨。他的言语中,主要是发音中,一生都保留了南部俄罗斯方言(和乌克兰语)的影响特征。例如,他把 станция, порция 中的软化辅音发成[ц'],说[ш'ч']е́дрый,而不是[ш']е́дрый,说 ко[ш'ч']у́нственняй,而不是 ко[ш']у́нственный①。他是不是标准语说话人呢?这是毫无争议的。

那么,下面这些人,例如:把非重读元音 o 仍然读作[o]的索洛乌欣,常常(在中性的口语甚至正式发言中)使用西伯利亚方言词汇的阿斯塔菲耶夫,只把[r]发成擦音的诗人日古林,记者别斯科夫和其他一些出生在南方、后来成为作家、学者、社会活动家的人,他们算不算是标准语的使用者呢?这是毫无疑问的。因为他们的言语的所有其他方面都是标准的。

那么结果怎么样呢?我们讨论的是标准语严格的规范性,但同时也承认,在标准语说话人的言语中有偏离规范的现象存在。

这里,时间本身就能够说明现代俄语标准语和十月革命前的标准语在地位上的改变。

十月革命前,说俄语标准语的是有产阶级中受过教育的人,基本上是资产阶级—贵族知识分子(Поливанов 1968:213)。标准语说话人的圈子不大,显然,在这种条件下更容易保持规范的统一性。革命以后发生了标准语说话人构成的民主化过程,波利万诺夫指出,标准语持有者的结构沿着两个方向扩大——社会的("红色知

---

① 现代正音法规范只在以下情形中容忍上述发音,即,当[ш'ч']位于词素接合处时,而不是在上面所举例子中的词根内部(参见:Аванесов 1984;*Орфоэпический словарь русского языка* 1989)

识分子",即工人和农民阶级中有文化的上层人物)、民族的(我国数量众多的民族掌握了俄语标准语)(同上：213—214)。

人口中了解和熟悉了标准语的新阶层同时也给标准言语带来了自己的言语习惯,它们来源于方言、俗语、行业隐语。自然地,这也就撼动了传统的标准语规范。尽管近30年代时出现了巩固规范的趋势,但标准语使用者成分的变化还是在语言中留下了痕迹：已经典范化了的标准语手段的构成发生了改变,获得标准语的传统有所改变(过去主要是在家庭中由老一辈向年轻一代传授,在新的条件下则主要通过书本、教育,详情参见：РЯиСО, т. 1；Крысин 1967)。

标准语不再是有产阶级的特权,它开始服务于新的社会阶层,后者在社会、地理分布、职业、教育和文化水平等方面和过去的标准语使用者有所不同。尽管知识分子仍然是基本的标准语使用者,但标准语同时也被工人阶级中有文化的阶层、还有相当数量正在学习的年轻人所使用[①]。

换句话说,现代俄语标准语使用者的构成,在数量和质量上都不同于20世纪初的标准语说话人。自然地,使用者群体构成中的非均质性的表现是不同社会和地区的群体对标准语的不同使用。更有甚者,使用标准语的人们的言语实践超越着规范的限制：他们的言语中可能出现规范没有预见到的、禁止的成分,但后者恰恰反映了现代俗语或者某种活的言语变体的发展趋势。

作为上述成分的一个例子,我们来看看[γ]。

由于来自南方俄语区的说话人加入到标准语使用者群体中,这一语音成分在现代俄语的发音中变得异常普及。该如何看待这种现象呢？规范的观点在此是毋庸置疑的：[γ]及其清化的变体[x](снe[x], пиро[x])处于标准发言的界限之外。结果是,如果把[γ]发成擦音当作是一种标志,那么就必须把言语中包含了这个音的说话人排除出标准语使用者群体之外,发音规范的纯洁性用这种方式体现了它不可侵犯的权威性。但是我们发现,规范的纯洁更像是一种理想,一种理论化的构想。现实的言语实践与这种理想并不相符,而且常常远远地背离它(正如房德里耶斯所说的那样,正确的语言是一种理想,可以向往它,但不可能实现它)。社会语言学研究的任务恰恰在于研究语言实践和民众真实的语言生活。

因此,与针对[γ]的擦音化现象那种严格的规范性观点一起,还可能有另一种

---

① 标准语使用者构成和规范本身的民主化在许多现代标准语中都有发生,它使一些研究者相信,标准语正在停止成为标准的(也可理解成文学的——译注),转而成为"共同的"语言(参见：Bajerowa 1972)。但是这种观点未必可信,因为：首先,即使在民主化最深入、强烈的过程中,始终保留的不仅有标准语的规范,还有社会有意识维护标准语规范性的立场和对标准规范循序渐进的典范化；其次,什么是"共同的"语言,它的社会特征和语言学特征是怎样的,对此并不清楚；第三,在这个"共同的"语言中,我们必然会发现一些能够证明其社会和功能非均质性的差别。这样一来,用"共同语"来替换"标准语"这一术语,不论从内涵还是方法论上看,都是不合适的。

看待问题的方式(这是对社会语言学而言的,而且更有成效):全面研究标准言语(更确切地说,是标准语使用者的言语),包括其多样性、不同的社会和地区表现,在此过程中,当然不会忽视"参照点",并以相应方式对照标准语传统及规范鉴别言语事实。

有些现代研究者正是这样做的①。他们还发现了(除[γ]以外的)其他一些成分,同样证明了俄语标准语地区变异现象的存在。例如,多年来一直在研究俄语语音系统变异的列宁格勒的研究者们得出结论说,"一些地区性质的发音特征分布很广,而且十分稳定。比如说,北方地区居民的言语特征首先表现在重读元音和非重读元音的特点上(非重读元音 o 也重读作[o]②——作者注);俄罗斯南部城市居民的发音中有一些固定的辅音特点":以[γ]代替[г],位于词尾的[в]仍然保持浊化发音,塞擦音的弱化(如 привы[ш']но, дево[ш']ка)等等(Вербицкая и др. 1984:79—80)。

事实上,这里没有从总体上区分标准语使用者,谈的是城市居民的言语。但是根据我们的观察和其他研究者的数据,在雅罗斯拉夫、科斯特洛姆、沃洛戈特等城市的知识分子的言语中,也保留了相当鲜明的非重读元音 o 重读作[o]的特点;在卡鲁什、沃洛涅什、唐波夫等城市的知识分子的发音中,可以发现俄语南部方言的影响痕迹——就是列宁格勒的研究者们所描写的那些③。

如此一来,在对"标准语"这一概念进行社会语言学性质的阐释、借助于广大标准语使用者应具备的三个社会特征对其进行描述时,我们首先要明确,这一俄语的变体有着原则上的多样性和非均质性。

非均质性的表现既是社会的,也是语言的;它至少有三种基本表现形式:(1)使用者的非同一性——基本的非均质性;(2)由说话人的社会特征(年龄、社

---

① 例如,巴利科娃发现,[γ]和[x](作为[γ]的对应成分)在标准语使用者的发音中,主要出现在俄罗斯南部的居民身上(Парикова 1966:129—130)。此外,对于相当一部分标准语使用者而言,使用[γ]发音是一种"完全正常的特点,不会损害规范的权威性"(Земская и др. 1981:24)。

② 按照方言学家的观点,已经掌握了标准语的说话人言语中,非重读元音 o 之所以仍然保留[o]的发音,是因为"除了所发语音的生理方面的差别之外,非重读元音 o 仍读作重读元音[o]在很大程度上还有重读音节和非重读音节之间呼气力度的分配这一特殊问题,只有当重读音节的力度没有明显的差异时,才能在重读和非重读音节之间产生一种特别紧密的联系,而这一点是不为说话人所察觉的……"(Орлова, Строганова 1961:411)。

③ 对现代标准言语的观察证明了它所具备的一些地域特点,这类观察还可见于(Чукарина 1969; Ерофеева 1979; Григорьева 1980; Игнаткина 1982; Жильцова 1986)。还可比较:"……很多现代苏联知识分子的言语有时是非常精妙的,可以发现它具有'一些(常常是语音的)母语方言的特点(例如 еканье,把无重音的 o 读作[a],把 г 读成擦音……)'。"(Коготкова 1970:105—106)作者指的是来自方言环境的人,但这里还应该算上很多生于城市、但一直与方言使用者比邻而居的人,请比较一下那些规模不大、被方言包围的老城,如位于莫斯科以北的乌格里奇、乌斯玖克,还有莫斯科难禾和东南面的图拉、卡卢加、叶列茨,等等。

会归属、职业、教育水平、地区特点等等)所决定的语言手段的变异性——社会的，或分层的(Лабов 1975)非均质性；(3) 由交际和修辞因素所决定的语言手段的变异性——功能的非均质性(在另一套术语中可称为情境变异，参见：Швейцер 1976：78-79)。

关于第一和第二种形式，我们已经做了足够多的阐述。此外，在我们之前探讨这类问题的著述还有一些(РЯДМО；Крысин 1970，1973)。非均质性的第三种形式——功能的非均质性，在一系列用社会语言学方法研究功能修辞学(Винокур 1974；Долинин 1978；Швейцер 1976；Функциональная стратификация 1985)和口语(Земская 1968，1979；РРР-1973)的著作中进行了广泛的讨论。我们的研究目标是把标准语作为由社会因素制约的俄语变体之一进行鉴别，我们在本书中只会提到与此直接相关的内容。

本书作者并不打算展示，哪怕在很小的程度上，关于标准语的功能分化的所有不同观点(仅指出一点，关于这个问题的文献数量非常庞大，文献综述请参考：Туманян 1985：170—213)，只涉及现代俄语标准语的基本功能分体。

对标准语做功能—修辞方面的进一步分析是"阶梯式"开展的。第一步，最明显不过，把标准语一分为二地区别为书信语言(книжно-письменный язык)和口头语言[①](разговорный язык)。什梅廖夫声称，这种把标准语区分成两个功能分体的做法是"最普遍的和最无可争议的"，他就此写道："……在标准语发展的所有阶段，甚至是在克服书面语言中的各类异常现象时，在识字和掌握某种特别的书面语言的光环不再绚丽夺目时，说话人在总体上也从未丧失对'该怎么说'和'该怎么写'进行区分的那种感觉。"(Шмелев 1977：20)

书面语是文化的成果和财富，它是文化信息基本的承载者和传递者，非直接的、远距离的交际正是通过应用书面语言手段来实现的。科学著作、文学作品、事务函件、立法、报刊出版，甚至包括以口头语言为形式、但需要严格典范化的标准语使用领域，如广播、电视等，离开了书面语都是无法想象的。

现代标准书面语(книжно-литературный язык)是一种强大的交际手段。和另一个分体——标准口语(разговорный литературный язык)不同(同时也和方言、俗语一类的俄语变体不同)，书面语是半功能化的：它适用于最不同的交际领域，用于不同的目的和表达最多样的内容。书面形式作为书面语最基本的实现形式还决定了它的一个重要的特点：文字"延长了每一个文本的生命(口头传统会逐渐改变文本)，因此它加强了标准语联系世代的能力"(Панов 1972：14)。

在关于俄语的研究中，标准语的口语变体很早就和书面语区分开了。但是直

[①] 这里所说的"书信语言"通常说"书面语"，"口头语言"通常说"口语"，作者在本书的其他部分中也采用了常用的术语。——译注

到 20 世纪下半叶,它才被作为标准语总体系内一个独立和自足的系统得到阐释,标准语使用者在非正式关系的人之间未经事先准备的直接交际中使用的口语语言单位体系和它们相互组合的规则才得到系统的研究(PPP-1973:9;PPP-тексты 1978:4)。

我们就此补充一点:标准口语与书面语不同,它不是典范化的对象。口语中,毫无疑问地,有特定的规范在发挥作用(因此能够轻易地区别,例如,标准语使用者的口头言语和方言或俗语使用者的口头言语),但是这些规范是历史形成的,它们没有得到有意识的调整,也没有以某种规则和建议的形式固定下来。如此一来,规范性/非规范性仍然是一个非常现实的区分标准书面语和口语的特征。

尽管口语作为一个独立体系的存在和地位还没有被广泛接受(一些研究者把口语作为标准语的功能分体来研究,抑或是仅仅不承认它具有自足性,对此请参见拉普捷娃、西罗季妮娜等人的著作),为数众多的对现代俄语标准口语的描写提供了异常丰富的语料,证明了口语和书面语相比的独特性(例如:PPP-1973;Лаптева 1076;PPP-тексты 1978;Земская и др. 1981;PPP-1983 等等)。

从社会语言学的观点出发应该强调的是,标准口语和标准书面语的说话人是同样的(也就是说,说话人群体是完全相同的),尽管他们之间有对不同变体掌握程度的差别。说话人的言语修养越高,他的个人方言(идиолект)中两种分体的交融就越自然,日常言语活动中在分体之间的转换就越顺畅[1]。此时,掌握了书面语,一方面也就掌握了口语,另一方面还是有差别的:第一种分体,应该说,是处于社会关照之下的,其使用是有意识地遵循规范的;而口语的使用却是在社会和规范监督之外的[2]。

分析标准语的第二个步骤,是把每种分体,即口语和书面语,划分成若干个功能语体(функциональный стиль)。根据维诺格拉多夫的界定,功能语体是"由社会意识到并受功能制约的、内部相互联系的使用风格与言语交际手段的不同选择和组合的集合,在同一民族的言语实践中,它与其他同类的、服务于其他目的、完成其他功能的表达方式之间具有相关性"(Виноградов 1955:73)。简言之,由不同的交际领域所制约的标准语变体,就是功能语体。

传统上把现代俄语书面标准语划分为这样几个功能语体:科技语体、公文—事务语体、政论语体。此外,有时还会区分生产—技术语体。

---

[1] 掌握两种标准语分体,即口语和书面语,并能够恰当地应用它们,这是十分正常和自然的现象,也只有这样的人才能够称得上是标准语的说话人。相反,如果只掌握一种变体而不了解另一种,是不正常的现象。并且,没有掌握口语的话,就显得尤为刺目。请看房德里耶斯所说的话:"一个人如果像书写的那样说话,会给人一种不正常的印象。"(Vendryés 1923:326)

[2] 请比较:"……对于标准语规范的认识主要是和它的书面形式有关,而口语的特征……通常被说话人随意地无视了。"(Шмелев 1977:7)

但是，这种分析所得出的结果中至少有一个，即科技语体，并不能强烈地反映现代科学条件下的科学语言特点。语体，与其说是特定语言手段本身，不如说是它们的使用方式和使用风格。现代科学的语言，其独特之处不仅表现在对标准语手段的使用特点上，还表现在这些手段的构成方面：不同知识和技术领域中的专门术语构成了一个庞大的系统，每一领域的术语数量从几万个到几百万个不等（例如，现代化学的术语）。此外，科学语言和其他标准语言的不同之处还在于，它积极地使用现有词汇和术语的构成模式，句法结构体系也有所不同，最后，在篇章中组织这些手段的方式也有不同（正是这些特点构成了独特的科学语体）。

由于科学语体和其他标准语语体有如此多的不同，近一时期开始谈论不同知识和技术领域的次语言（подъязык）：电学次语言、数学次语言、核物理次语言、医学（或者它的一些分支）次语言，等等。

正如标准书面语一样，专业的次语言是一些严格典范化了的系统（其典范化程度甚至高于标准语，因为不同领域的术语的创造是完全置于专家的监控之下的，而不是自发的）。

除了专业的次语言之外，科学技术领域中还使用行业隐语进行交际。这些行业隐语和专业次语言相关，正如标准口语和书面语相关一样：行业隐语特别应用于口头交际中，应用于相同职业的人们讨论专业主题时的不拘交谈中；在正式场合中的专业次语言的应用，既可能有书面交际方式，也可能采用口头交际方式，例如科学报告、学术讨论会等。

口语不能划分出像书面语一样多的功能语体，这是完全可以理解的：书面语是被有意识地培养和推行的，社会和其中的不同群体、研究机构关注的正是书面语的功能适应性（无此就不可能有科学、生产、大众传媒等社会生活领域的有效发展）；而口语的发展是自发的，没有受到来自社会的推动。但是，口语中还是可以发现由下列因素导致的一些差别，即：（1）口语的使用领域；（2）言语的交际目的；（3）说话人与听话人的社会特征，他们之间的心理关系，等等。

这样一来，就可以区分出家庭谈话、同事间的对话、与儿童的谈话、成人交际、讨论或指责言语行为、请求或告诫言语行为，等等。

功能语体可划分为言语体裁（речевой жанр）。言语体裁是言语作品（篇章或话语）的集合，它一方面具有一些区别于其他体裁的特点，另一方面又具备同属于一个功能语体的某组体裁所共有的特征①。

---

① "一系列篇章可能属于同一个言语体裁，也就是说，它们可能被修辞手段使用的同一原则所整合。"（Панов 1962а：97）正是在此处区分了言语体裁，研究它们对揭示苏维埃时期俄语发展中的内外（即社会）规律特别重要。

在科学语体的范围内区分了这样一些言语体裁,如:文章、专著、教材、评论、综述、书刊简介、科技文章注解、讲座、专题报告,等等。公文事务语体的言语体裁包括法律、政府命令、元首命令、决议、外交照会、公报、不同的法律文件(审讯记录、起诉书、鉴定证书、上诉状等);声明、消息、说明书、工作报告、通知等公文事务语体的言语体裁使用得非常广泛。政论语体中的言语体裁有报纸社论、通讯报导、特写、采访、国际综述、谈话、体育评论、会议讲话等等。

口语的功能—修辞分体中,言语体裁不像书面语的那样构成明确的相互对立。"与言语体裁间界限严明的典范语言不同,口语中的这类界限是模糊的,一种体裁自然地溢出到另一种体裁中。口语的自发性完全可以解释这种现象的存在。"(PPP-тексты 1978:12)除此之外,口语的体裁—修辞多样性特点还没有得到充分的研究。这方面现有的研究成果表明,口语的言语体裁包括:根据说话人的数量以及他们参与交际的特点可以区分出(单人)讲述、(二人)对话和多人对话(同上:13);根据交际目的、情境特点、和交际参与者的社会角色可以区分出日常话题的家庭桌边谈话、职业话题的同事间对话、成人对孩童的训斥、人与动物的交谈(例如人和狗的谈话,它被称为单向谈话,但是却具有所有的口语特征)、对骂等等。

一些模式化的交际情境被特别区分了出来,例如:顾客和售货员、乘客和乘务员、理发师和顾客之间的谈话,等等,它们都包含了大量的套语结构[参见"模式"一章(PPP-тексты 1978)]。

作为总结我们强调,不论标准语在功能—修辞方面有多么多样,和现代俄语的其他变体相比,标准语的不同之处在于它所具备的一系列语言特点,在此有必要列举一下:

(1) 语言手段不断地产生功能分化,并因此具备了一种持续的(在标准语发展的每个阶段都有)对变体进行功能区分的趋势;

(2) 规范的交际适宜性(这一特点是标准语内部区分了功能语体和言语体裁后自然而然产生的特点);

(3) 标准规范不仅仅是传统的结果,同时也是刻意的典范化的结果,因此导致:

(4) 规范具有稳定性和众所周知的保守性、慢变性——规范应该落后于活的言语的发展(请看彼什科夫斯基著名的箴言:"规范就是曾经有过的,部分地也是现在所有的,但绝不可能是将来会有的东西。")。

在社会和交际方面,标准语最重要的特征之一就是其所拥有的很高的社会威望。标准语是文化修养的要素,是那种让所有的说话人都向往的语言变体,不论他们掌握的是标准语还是别的什么变体。["向往(ориентация)"一词在这里表示的不仅仅是希望掌握标准语的愿望,还有把它看做是和其他地区方言、俗语、社会和行业隐语相比拥有最高社会地位的观念。]

3. 地域方言

在这一部分,我们当然不打算对探讨现代俄语方言现状与发展的方言学研究进行概述。就像在上一节那样,我们只关心两个问题:特定语言变体(更准确地说,是一些变体,因为这里要谈的不只是一个地区变体,而是多种不同类型的变体和作为俄罗斯民族语言存在形式的方言)的使用者结构,以及它在现阶段的语言特点。

地区方言,或言地方方言,其名称本身更多地说明了语言的地理区分,而不是社会区分。但是地区限制还只是这一语言变体的基本特征之一,它同时还是语言的社会分体,因为掌握地方方言的人群具有相当明确的社会关系,在现代条件下,地区方言的使用者是老一代的农民[①]。

关于现代方言的使用者群体的问题值得进行更加详细的讨论,它和另一个问题紧密相连,即:现代方言(говор)的特点,它内部正在发生的、正在改变其面貌的过程是怎样的。

现代俄语方言的研究者们一致承认,纯净的方言多多少少地在老一辈的农村居民中得以保存,主要是妇女中,他们与现代的工业经济社会没有联系。农村人口的其他层面和群体都或多或少地受到了其他语言变体的影响,这首先就来自于标准语,还有俗语和行业隐语。

阿瓦涅索夫根据 30 至 40 年代所进行的研究发现了现代方言的非均质性,划分出两个基本的方言类型:"那些没有或在最小程度上受到民族共同语明显影响的人所使用的语言";"农村居民中的先进分子——青年人、共青团员、积极分子、地方知识分子"的语言,"它或多或少地接近民族共同语的规范";还有一些过渡型语言,"其边界是不稳定的,难以确定"(Аванесов 1949:27)。另请参考《俄语方言学》(Русская диалектология. 1964:23)一书,其中区分了"方言的基本类型"(其使用者是老一辈的农民,主要是妇女)、"农村先进分子的语言"(使用者是青年、集体农庄的积极分子、地方知识分子)、过渡形式。还可参考(Каринский 1936),在作者所研究的瓦尼洛娃村方言中,可以区分"古老的方言"和"先进的、接近现代标准语的方言"(同上:34)。

在一系列后来出现的著作中(例如:Баранникова 1967;Коготков 1970;Орлов 1969a;Соколова 1971 等)加林斯基和阿瓦涅索夫的观察得到了很多新数据的支

[①] 请看:"……现代地区方言在社会方面是有所限制的——它们主要为农民所使用。"(*Русская диалектология* 1964:20)日里蒙斯基强调说:"传统上对地区方言和社会方言的区分是一种虚构,因为任何一种地区方言从语言事实本身来看,都应该是社会方言。"(Жирмунский 1969:23)

持,它们使对"纯洁"方言的使用者群体的理解更加宽泛,同时也更加使人认识到了方言言语混合形式的多样性特点①。

标准语和其他语言变体的影响在年轻人和中年人的言语中表现得尤为明显,因为他们通过接受在学校和专业培训机构(职业技术学校、中等技术学校、农机手或驾驶员培训班等)的教育学会了讲标准语,也可能在和城里来的专家打交道的过程中学习标准语。

方言使用者群体之所以是小众的(而且还在不断缩小),这和它的功能有关。人们常说,方言的使用领域是口头交际。但是对于方言变体的现状而言,这种说法还不足以说明问题。纯净度不一的方言的功能一直在缩小,现在,它最典型的使用领域就是家庭和同乡人之间非官方的、不拘的交际情境。上述交际的口头形式,例如:集体农庄集会上的发言、讨论生产问题、与旁人(如外来者)的言语交流等等,都使用了含有异类成分的混合型言语。这里的异类成分是指标准语的词汇和句法结构、城市俗语(即所谓的"半方言")(Баранникова 1967;Коготкова 1970;Орлов 1969a)。

这就是说,现代乡村居民的言语,首先,有社会分层,其次,有情境制约。换言之,它也具备那种传统上被认为是标准语特征的特点。现代方言的社会与情境非均质性,是其在标准语强大影响之下所发生的变化的结果,同时也是乡村社会—经济巨大变革的结果,这种变革引发了经济、风俗、社会结构的改变(农艺师、畜牧师、医生、教师、俱乐部员工均成为标准语的传播者),使交际关系变得更加复杂了。

奥尔洛夫认为,现代城市方言社会分化的基础"在于说话人的受教育程度、年龄、职业(技能),而主要的因素是他对社会生产的态度及参与特点,还有他参加集体劳动、社会—政治生活和文化生活的积极性"(Орлов 1968:159)。

由于混合,"方言变体的不同成分以不同的方式和程度在乡村居民的言语中得以使用,同一个集体、同一个村庄、甚至同一家庭的不同成员,都在以不同的方式说话"(Орлов 1969а Т. 1:86)。奥尔洛夫把现代方言划分成三种类型:Д型(方言型),它"保留了所有地区方言的基本成分";Л型(标准语型),它接近标准语;С型(混合型),"其中最大程度地体现了方言成分和标准语成分的结合"(Орлов 1968:156-158)。说С型话的人是乡村居民中人数最多的一个群体;Д型和Л型的使用者是"地方居民中的有限群体"。Д型的说话人是"老一辈农民,他们识字程度有限,也不积极参加社会活动";С型的说话人"是生产活动的基本参与者,他们受过中等教育,积极地参与乡村的劳动和社会生活";Л型的说话人"是地方知识分子和

---

① 在很多现代社会中都有限制地区方言交际功能的过程,因为标准语对所有公民阶层的统一和整合作用使得方言在交际中的地位不断降低。但是,这里还必须考虑到年龄的差别,老一代人通常比年轻人更多地使用方言(Виноградов 1976:99)。

农村文化中的先进分子"(Орлов 1969a：T. 1：13)。关于现代方言的社会分层，索科洛娃在研究乌拉尔方言时也有所涉及(Соколова 1971)。

此外还有一些观点认为，在广播电视、报刊言语以其多种体裁形式持续影响农村居民的过程中，他们因此得以认识到了语言的功能—修辞变体，认识到特定的言语形式是如何对应于特定的交际情境的。尽管这种认识不会转变为积极的习惯(方言说话人不可能在与标准语变体的功能—修辞规范相对应的日常实际活动中创造自己的言语)，但是这种现象仍然对乡村居民在不同交际情境中的言语行为产生了明显的影响。

奥尔洛夫就此写道："……方言中的语言表达手段(词汇和词形、成语性结构、句子结构、发音和重音的变体)有明显的区别，一些语言手段始终或主要使用于某类情境，用以完成一些(交际)任务，而在其他条件下则不使用。"(Орлов 1969a. T. 1：196)这就是把方言划分成功能—修辞变体的基本依据①。

方言学家们在现代乡村居民所使用的大量言语表达手段中发现了政论语体的成分，它们出现在集体农庄的集会和会议、公文—事务言语中；在词语使用方面，发现了社会—政治和生产—技术的术语(Баранникова 1967；Оссовецкий 1968；Орлов 1969a)。

当然，有这样"成分"的方言已经变成了一个混合体，和纯方言有所不同。在现代俄语方言地图上，这种混合已经成为非常显著的特点。上述现象说明，标准语在其影响方言的过程中，不仅在消除着方言的差异，而且还给方言表达手段系统带来了深刻的影响，并将其按照情境—功能区分成层次，赋予方言手段以"它们曾经缺乏的"修辞色彩。可以说，和现代地域方言社会和功能角色范围缩小的过程相伴的，是对方言的质的改造。改变的不仅仅是方言系统本身、其典型的模式等(Баранникова 1967：75)，还有作为这一系统基础的原则和规律。因此，方言就像标准语一样，越来越多地表现出向消除语言单位间非功能差异、区分它们的社会、功能—修辞或情境特征的方向发展。这一特点正是方言发展的现代阶段所拥有的特点。过去，方言的特点恰恰在于缺乏上述差别，而保有众多功能上不加区分的同义成分，在词汇、构词、句法方面都是如此②。

---

① 尽管奥尔洛夫认为，这些变体原则上和标准语变体是一样的。他在伏尔加方言和顿河方言中区分出日常口语体、职业—技术语体、官方—公务语体、政论语体和民间诗歌语体(Орлов 1969a. T. 1：197)。他更令人赞赏的研究在于，研究了上述语体的成分，发现了方言的修辞划分与标准语修辞分化现象之间的相似现象(这一结论是作者在详细分析了方言材料之后得出的)，认为二者并不完全等值。不论现代方言在标准语的影响下发生了怎样的变化，它们之间还是有根本的不同：标准语规范，其中包括修辞规范，始终受到扶持和推广，受到社会的"监护"；而方言的规范是自发性的，没有任何规范编制活动为它开展。

② 如此看来，班诺夫所说的应是方言系统的历史状态，那时，标准语和方言的对立表现在是否具有消除语言单位非功能差异的倾向方面(Панов 1966：56)。

因此,地方方言的社会—功能地位和方言的现代结构之间就有了一种矛盾对立:一方面,掌握方言的人越来越少,它们作为交际手段的作用越来越小;另一方面,它们在结构和功能上变得越来越复杂。促使方言转变成半方言的种种变化不仅包括方言言语和标准语、俗语成分的混合,还有系统成分的这类混合型(包括功能补充型)构成,这些新的构造在"纯方言"中是不存在的。

　　从社会语言学的角度看,还有一个对于方言说话人来说非常重要的特点,即他们所具有的语言意识上的特征:对于大多数方言使用者来说,尽管方言是交际唯一且自然的手段,但他们认为标准语是更具权威性的交际系统,自己所说的方言在社会和功能方面是有缺陷的。请比较:"……在方言使用者的自我意识中,他们把自己所说的话和'城市言语'相比较看成是'第二等的':'我们说的话不出色',等等。"(Булатова и др. 1975:37)"我们的观察显示,现在的乡村居民把标准语的用法当成自己的榜样。因此,在他的语言意识中总是把自己所说的、地方的表达方法和标准语在相同情况下的用法加以比较……"在有来自城市的观察者在一旁的情况下,"一个乡村谈话者总是在纠正另一个人的话,以此来表示,应该怎样'有文化地'、正确地讲话"(Коготкова 1970:115)。把自己的言语和标准语进行比较,这种行为是和"有意识地追求掌握标准语规范"联系在一起的(Орлова, Строганова 1961:411)。

　　在讨论现代俄语不同变体间相互影响的下一章中,我们将详细讨论上述对标准语有意识的追求会带来怎样的现实结果。在这里,强调一下方言使用者(特别是青年人)不同于以往的语言意识是非常重要的——他们疏远自己的方言,而向往标准语。

　　这样一来,现代地方方言在方言系统本身、其社会基础、应用、使用者的语言意识方面就具备了一系列特点:

　　(1)"纯"方言的使用者群体具有社会和年龄的限制特征;
　　(2)方言的使用范围限制在家庭和日常生活情境中;
　　(3)不同方言间的相互作用和相互影响导致了半方言的出现,因此也改变了方言系统成分间的关系;
　　(4)方言表达手段具有社会、情境—修辞的变异;
　　(5)方言使用者对方言具有消极评价,而对标准语评价较高。

4. 俗　语

　　俗语(просторечие)是俄语中最特别的一个变体。如果说地域方言和标准语在其他民族语言中都有可以直接类比的现象,那么俗语在其他语言中是没有可比物的。不论是法语中的变体 langue populaire,还是英语语言学文献中所说的 nonstandard 或 illiterate speech，[不要把这些概念说成是俚语（сленг）]，它们都和俄语中的俗语不同，不论是在社会基础方面，还是在结构及功能特点上。

法语中的 langue populaire 和俄语中的俗语仅仅有一些近似之处：尽管这一言语变体处于黑话（арго）和标准法语亲昵语体之间（Степанов 1965：224），但它和俄语俗语相比，在更大程度上具有黑话的性质（langue populaire 中的黑话例子请看：Guiraud 1965）。在近期出版的一些关于现代法语上述变体的著作中，对 langue populaire 的探讨不仅从语言学方面进行，还从使用该变体的人的交际行为特性入手——有关文献综述请看（Eloy 1985）。此外主要的问题是，langue populaire 不仅是法语的社会变体，同时也是修辞变体：标准语使用者在不拘的交际情境中使用 langue populaire 的成分。而在俄语标准言语中，俗语的语言单位只有在表达讽刺、玩笑、刻意的修辞对立时才会使用①。

在英语中，包括美式英语中，可以与俄语俗语相提并论的变体，看来应该是通用俚语（общий сленг）（与专业俚语不同，关于它们的差别请看：Швейцер 1983），但后者没有自己的使用者，而只是一种英语的功能—修辞分体（请比较：它广泛地用于新闻媒体中，这对俄语俗语来说是几乎不可能的现象）。

德语中的情况还要复杂一些，(介于标准语和方言之间的)过渡形式 Umgangssprache 及 Halbmundart 具有一整套语言、功能和社会方面的特点，使人们不可能把它们和俄语中的俗语同等看待（Ломашнев 1983）。对比一下米罗诺夫的观点，他认为，"俗语"这一术语尽管有时也会用于苏联（与德语有关）的日耳曼语文学中，但它不可能是术语"半方言"（полудиалект）或"日常—口语"（обиходно-разговорный язык）的同义词（Миронов 1981：82）。

即使在同属斯拉夫语言的亲属语言中，俄语中的俗语也没有准确的对应体。

例如，obécna čeština 是现代捷克语的一个功能—修辞分体，它与俄语中的俗语最为接近，但与后者有（至少）一个差别：它可能被文化修养非常高的人（在日常情境中）使用②，而对现代俄语标准语使用者来说，俗语毫无疑问的是"禁用的"（它被人们看做是文化修养不高的表现）。

与俄语俗语相比，波兰的城市方言更多地依赖于农村方言；此外，它们的使用者也广得多③。看来，要在保加利亚语、塞尔维亚语和其他斯拉夫语言中寻找俄

---

① 借此机会表达对（格列诺布里大学的）罗别尔教授的感谢，他回答了我就 langue populaire 与其他法语变体关系提出的问题。

② 在现代捷克语中，obécna čeština 是不拘的日常交际的语言（Нещименко 1985：81），其功能接近于俄语的口语。但是，俄语口语是标准语的分体之一，而 obécna čeština 属于捷克语更为广泛的使用者。

③ 正如研究者所指出的那样，尽管现代波兰城市人口的日常言语同时受到标准语和乡村方言的影响，具有过渡的性质，但由于乡村居民向城市的大规模涌入，农民方言的影响此时是非常明显的（Виноградов 1976）。

俗语的相似对应体,可能性更小①。

"俗语的问题至今仍然研究得很不够。"什梅廖夫在《城市俗语》(*Городское просторечие*)这本文集的前言中指出了"俗语"这一术语的不准确性和多义性:"……一方面,俗语指粗俗的情感表达手段的总和;另一方面,指那些未能充分掌握标准语规范的说话人的修辞中性、不带地方色彩的言语特点。问题的复杂性还在于,在俄语研究的历史上有使用该术语的独特传统,俗语被理解成活的自然语言现象,它与带有明显的教堂斯拉夫语成分的书面—文学语言、与标准化了的古俄语和旧俄语书面公文语言相对立。有鉴于此,对现代俄语中俗语现象的地位、位置的准确定义就显得颇为必要和急迫。"(*Городское просторечие* 1984:3)

在上面所引用的文集中,俗语被理解成"不规范的、由城市居民所讲的有社会限制的非标准语言语"(同上:5)。

看来,这个定义并不追求严密性,也没有描绘俗语使用者人群的轮廓(应当指出,讲非标准语的人还有可能是使用社会隐语的人)。此外,夺人眼球的还有上述定义的"分化性":俗语是在和标准语的对比中得到描写的,与标准语的对立中,俗语所独有的结构和功能特点在定义中却没有被提到②。

此时,关于现代俗语使用者的问题未必是俗语研究中最复杂的一个问题。对这一现代俄语变体的诸多特点的揭示,既可以从将其与其他变体的比较入手,其中包括与标准语的比较,也可以不加比较地"从内部"开始(顺便提一下,上面提到过的文集中有一些文章就是这样做的)。

传统上,俗语作为民族语言中受社会条件制约的一种变体③被理解为"语言使用者中的特定群体的言语"、是未掌握标准语规范的"普通人"的言语(Баранникова 1977:60);"……城市俗语的使用者——是生于城市或长期居住于城市、但完全没有或未完全掌握标准语规范的人"(Земская и др. 1981:23)。

---

① 保加利亚标准语,特别是塞尔维亚标准语(和其他斯拉夫语言相比)更接近于它们的方言基础;甚至于那些在保加利亚、塞尔维亚、克罗地亚流传了很久的城市共通语,从性质上看也是方言的(Толстой 1985:19)。这使得这些语言的共通语与俄语俗语区别开来了。

② 在(Земская 1983)中,俄语俗语被赋予如下几个特征:(1)与标准语规范不符;(2)在受教育不足的人的言语中广泛使用;(3)属于城市居民的言语(同样的定义还可见于:Земская, Китайгородская 1984:66)。如果无视在第三个特征(俗语"属于城市居民的言语")构成中的修辞上的不恰当性,上述特点甚至不足以把俗语从俄语中区分出来。第一个特征同时还可以属于地方方言和集团隐语;此外,它也是显而易见、不言自明的(显然,标准语规范的作用范围只在标准语范围内)。第二个特征不甚明了——什么是受教育不足?指初小毕业?中学未毕业?那些没有上完中学,但通过自学方式获得了最起码的文化修养的人是否属于此类?第三个特征是很重要的,但它需要细化:是在哪些城市居民的言语中呢?因此,这里必须对俗语使用者的教育水平和社会属性加以明确。

③ "俗语"这一术语的所有其他意义和用法在此处和下文中均不讨论。

俗语尤其常用于口头形式,这样一来,自然的,它在文学作品和(俗语使用者)私人的信件中可能得到反映①。俗语使用最典型的地方是:家庭(家庭成员间和亲属间的交往)、排队、在公社院子里的"小坐"、法庭(调查取证、庭审)、医生的诊室(患者叙述病情)和其他一些场合。总的看来,俗语的使用领域是很窄的,且完全何以和地方方言的使用领域相比照②。

研究者们在揭示作为俗语最重要区别性特征的超方言性和非地域稳固性时,也指出了俗语在使用者构成和语言特征上所表现出的巨大的非一致性:"从构成语言的因素来看,俗语使用者和标准语、方言的使用者相比,有着更大差别。"(Земская, Китайгородская 1984:67)这里指如下因素——出生地、度过童年的地方、教育水平、职业、生活方式、与标准语使用者交际的经常性,等等。许多世代居住于城市的居民,尽管受教育程度很低,仍然掌握了标准语,因此,"俗语使用者——大城市的土著居民在现代条件下是一小群人"(同上:68)。

俗语具有如下特征,诸如不规范性、非权威性、使用的偶然性(与标准语这样典范化的领域不同)、俗语使用者的"单语性"(他们不善于根据交际情境、交际目的和对象调整自己的言语)。研究者在揭示俗语的上述特征时,特别注意了俄语这一变体在语言学上的"多样性"——俗语中的成分包括来自地域方言、职业和集团隐语、借自标准语的成分等等。这些不同种类的成分在使用上是不受任何限制的。

俗语的多样性③还有一个很重要的核心,就是它在时间上的异质性:俗语中可以清楚地区分出两个层面——旧的、传统的表达手段层面,相对较新的交际手段层面。

例如,俗语的词汇中,一方面,有 пущай, страмить, ндравиться, ейный, скидава́ть 等与方言因素密切相关的语言单位,另一方面,还有 поправиться(=прибавить в весе),оформить брак,организовать закуску(Капанадзе 1984:129),

---

① 有时会有这样一种观点,认为俗语不仅存在于口头形式中,也可能存在于书面形式中——主要指私人通信,还有不同类型的日常笔记:烹调配方、笔记等等。因此,必须强调情境间的重要不同,何时是标准语使用者在使用书面形式,何时是俗语使用者在书写:前一种情况下,通常是,语言的典范化形式;第二种情况下,是俗语(语言的非典范化领域),尽管不是发出的声音而是写在纸上的东西,但它保留了所有的俗语特点。

② 巴拉尼科娃认为,俗语的使用比方言受到更多的限制(Баранникова 1974:10—11)。如果不援引关于现代俄语俗语使用形式的准确数据,就很难判断这种观点正确与否。但重要的是,不要过分贬低俗语的地位,尽管它的社会基础发生了很大的改变,但其使用还是相当活跃的。

③ 过去,俗语的多样性表现得还要明显,这主要是因为,它和地方方言的关系在那时更加紧密,说话人的社会多样性也更加明显。研究者在探讨18至19世纪的俗语时,将其划分成贵族俗语、市民俗语、商人俗语等类型,这不是没有道理的(Виноградов 1982; Баранникова 1974)。维诺格拉多夫指出,"俗语具有社会多样性,不同语体间甚至还有(相互的)敌意"(Виноградов 1982:232)。

деловой (Ишь ты, деловая какая! Сама прошла бы [в троллейбусе]), будь здоров (Девка тоже будь здоров), костыли (＝ноги)(Ермакова 1984：131,133,136)等显然并非来自方言的词汇和结构。由于上述差异的存在,人们试图"把俗语使用者划分成两个年龄组",他们对不同语言手段的使用方式是不同的,即：60岁以下的人和60岁以上的人。"年龄较大的人的言语中可以看到一些被称为旧俗语的词语,如туды, отсюдова, охальник, хворый, кликать, дух (＝запах)……这类人通常不使用青年人和中年人所特有的现代俗语成语。较年轻的一组人,他们的言语与现代青年隐语比较接近,而且在一些成语性结构[рога обломать, выпасть в осадок, вешать кому-то лапшу на уши (＝обманывать кого-то)]的使用方面和标准语使用者没有很大的差别"(Ермакова 1984：139—140；另请参见：Винокур 1980：212—213)。

通过这种方式,现代俗语使用者就被分成了两类:(1)老一辈的城市居民,他们没有受过教育(或者只有初小文化),其言语有着明显的方言和半方言特点(下文中我们称这种俗语分体为俗语—1);(2)中年和青年城市居民,他们受过不完整的中学教育,没有掌握标准语规范,其言语没有方言色彩而有着强烈的隐语意味(以下我们称之为俗语—2)。

以年龄划分俗语使用者的同时,还可以同时考虑性别因素:讲俗语—1的人主要是上了年纪的女性,讲俗语—2的人中相当一部分(如果不是大多数的话)是男性[①]。

根据已经发表了的研究俄语俗语的著作,同时也根据我们自己的观察,可以指出俗语的两个分体各自最具特点的语言特征。

俗语—1的特点表现在所有层面上——语音、形态、词汇、句法,俗语—1的使用者还具备一些言语行为中的副语言特点:他们比标准语说话人更经常地用双手打手势,说话的音量也更大,等等。

还有一些针对俗语—1说话人的言语礼节特点的研究,例如,对参与言语行为

---

① 在标准语使用者的语言意识中,这两个俗语的分体,看起来,既无社会差别,也无语言学差异(此处应该说明,普通的标准语使用者——不是语言学家——认为俗语和隐语没有什么区别)。请比较,例如,罗辛在小说《辛德罗姆·苏什金娜》(Синдром Сушкина)中对俗语说话人言行的成功模仿:

[Дело происходит в больнице]. А подвешенный-то, который за ногу-то, опять жрет, ну, рожа несытая; гибимот, куда в его влазит! Ему вчерась баба, дрянь, полну сумку притаранила... Все сожрал, хромоножина!.. Во, у их обход, а наши не чешутся, кофий молют, интеллигенты щипаные, кровососы.

尽管总体上这是俗语—2：вчерась, полну сумку, у их, в его (代替了标准语中的у них, в него), гибимот, кофий, молют(请看下文对类似现象的定义),其中也有毫无疑问地属于年轻一代的俗语—2的成分(请比较 чешутся,还有半隐语的притаранила)。这段言语出自一位四十岁上下的厨师之口,是一位比较年轻的说话人。

且在场的人不用代词的单数第三人称形式①,使用 уважаемый 一类不带具体被说明词语的普通名词(Уважаемый, как пройти к ГУМу́),эй,等等。

在语音②方面,俗语—1 的特点并不在音位上——俗语音位基本上和标准语的一样③,它的语音差别表现在言语现实中,特别是当它们相互组合时。下面这些现象特别引人瞩目:

—— 通过在相邻的两个元音中插入[j]或[в]音使元音连读消失:[п'иjан'и́на](пианина),[кака́ва](какао),[ра́д'ива](радио),等等。

—— 元音连读(这一现象在标准语的口语分体中也有所表现,但在俗语—1 中表现得更加广泛和持续):[пр'ибр'ила́](приобрела),[н'укаво́](ни у кого),[закно́м](за окном),[арадро́м](аэродром),等等。

—— 相邻音节元音的同化现象:[карас'и́н](керосин),[п'ир'им'и́да](пирамида),[в'ил'идо́л](валидол),等等。

—— 通过插入元音的方法简化辅音组合:[жы́з'ин'](жизнь),[ру́б'ел'](рубль),[съмаро́д'ина](смородина),等等。

—— 简化词语,特别是外来词的音节结构:[в'ит'ина́р](ветеринар),[мътафо́н](магнитофон),[м'ин'истра́тър](администратор),等等。

—— 词尾辅音组合的部分消失:[инфа́рк](инфаркт),[сп'икта́к](спектакль),[нъпачта́м'е](на почтамте),等等。

—— 辅音因位置和组合方式而异化:[къл'идо́р](коридор),[с'ькл'ита́р](секретарь)④,[транва́и](трамвай),[кънбико́рм](комбикорм),等等。

—— 辅音因位置和组合方式而同化,主要是在动词第二人称单数形式的词尾部分,伴随有音节间的元音同化:[байс'и](боишься),[во́з'ис'и](возишься),[ко́т'ис'и](катишься),等等。

—— 保留同化了的软辅音的个别类型,这对于现代标准语来说是不规范的现

---

① 然而,这种情况不是绝对的,有例外。例如,具有一定社会地位的或者处于某种身体状态下的标准语使用者在所指对象在场的情况下可能使用单数第三人称代词 он, она。请比较,例如,在一个和不懂俄语或者俄语说得不好的外国人谈话时,参加谈话的俄国人可能在言谈中彼此用 он(他)来指代外国人。医生在患者在场的情况下用第三人称来谈论他(——Вы ему пенициллин уже дела́ли——他可能坐在患者的床边对着护士讲话)。谈到年幼的孩子、虚弱的老人、严重醉酒的人时也常常会用 он, она,这种用法不会引起旁人——标准语说话人或隐或显的指责。

② 我们对俗语—1 语音特点的论述主要依据(Аванесов 1984; Розанова 1984),在引用的同时还做了一些补充。

③ 请和地域方言比较一下,后者和标准语相比有不少音位上的差别,例如,硬辅音⟨ч⟩,⟨дз̑'⟩,⟨ш'⟩等等。

④ 请比较 français populaire 中的类似现象:基罗指出,corridor 在这里读成 collidor, cérébral 读成 célébral(Guiraud 1965: 104)。

象：ко[нф]éта, ко[нв]éтить, лá[пк]и, ка[рт]и́на 等等。

在形态和构词方面，俗语—1 的特点表现在（参见：Земская, Китайгородская 1984）：

—— 对于词的词素和词素音位学结构而言，当词汇因语法变格或人称变化而变形时，其突出的特点就是具有同义的相似结构：рот-в роту（в роте），ротом, хочу-хочем, хочете, хочут 或者 хотит, хотите, хотят-хотишь, хотит; пеку-пекёшь, пекёт, пекём, ездить-ездию, ездиишь, ездиим, ездиют; требовать-требоваю, требоваешь, требовает 等等。

—— 与标准语不同，一些名词的性属一致关系有所不同：густая повидла, свежая мяса, кислый яблок, этот полотенец; 或者变格方式改变：церква, простынь, мысля, болезня 等等。

—— 和标准语相比，特殊变格的词汇限制较少，例如，以-ý结尾的表示地点的形式：на газý, в складý, на пляжý, 集合名词的第二格形式（дождю, хлебу），名词复数形式：тортá, шоферá, инженерá 等，其中包括一系列阴性名词：площадя́, очередя́, матеря́, скатертя́, местностя́ 等等。

—— 第二格和第三格形式混用：у сестре-к сестры, от маме-к мамы 等等。

—— 中性及阳性名词复数第二格词尾的曲折变化形式是-ов（-ев）：делов, местов, от соседев, пять рублёв 等等。

—— 不变化的外来名词也要变格：без пальта, ехать на метре, шли из кина, две бутылки ситра 等等。

—— 构词结构有"透明"的趋势：об-вернуть, об-городить, об-дурачить 等等（对比在标准语中的 обвернуть, огородить, одурачить）。

—— 不同类型的构词模式相互影响，结果产生了一些随机词，如：мозговатый（代替了更为通用的 мозговитый），表示"面包部售货员"的 хлебница（А у Шуры-то недостача была тридцать рублей, мне хлебница рассказывала①），поддобрить 表示"奖励、表扬"(Правильно, надо его поддобрить, а то мы их всё пугаем [这句话的情境是，妈妈正为着什么原因夸奖六岁的儿子；听了母亲的夸奖并做出回应的人是一位上了年纪妇女]；还有可能出现另一种结果，在词尾部分（后缀＋词尾）出现一种与标准语不同的构词结构：чувствие（упал без чувствиев），последствие（Говорят, эта болезня по последствию передается），учительша, хилуганничать 等等。

俗语—1 在语音—形态和构词方面的突出特点表现在外来词语的使用上。俗语中的外来词在使用时，总是伴随着对其来源的错误解释、简化词素和音节结构、

---

① 类似现象还说明，俗语不怕出现同音异义现象，因为语境使听话人能够理解 хлебница 到底指的是什么（比较：хлебница 通常的含义是"盛面包的盘子或篮子"）。

音位转换和叠音脱落等现象,请在(Журавлев 1984)中列举的下列事实:куператив (кооператив), полуклиника, 以 флакон 代替了 плафон, лизарюция (резолюция), саше (шоссе) 等等。

在词汇和词汇语义方面的特点在于,有相当数量表示日常现实和活动的词是标准语中所没有的。研究者们举出的例子包括 серчать, пущай, черёд (очередь), акурат (точно), шибко, намедни, харчи, давеча 等等 (Капанадзе 1984:125),其中的许多词历史上属于方言词语。另一方面,俗语—1 中缺少很多表示抽象概念和关系的词。此外,俗语—1 除了显而易见的外在特点之外,在词语使用方面也有一系列特点。例如:

—— 与标准语中不同,俗语中对词汇的理解可能不同:гулять(散步)用作праздновать(过节、庆祝)和 иметь интимные отношения(有亲密的关系)之义(Она два месяца с ним гуляла), уважать(尊重)表示 любить(喜爱)(谈论食物时说:Я огурцы не уважаю), завесить(遮、掩)表示 взвесить(称、量), признать(承认)表示 узнать(认出)(А я тебя и не признала, думала, кто чужой), цвет(颜色)表示 цветок(花朵)(Городское просторечие 1984:127, 128, 131), разнос(分发)表示 поднос(托盘), обставиться(摆设家具)指 обзавестись мебелью(购置家具), чумовой(鼠疫的)指 сумасшедший(发疯的), взбалмошный(糊涂的)...(Вот чумовой! Куда побёг-то), взойти(走上、登上)表示 войти(走进)[请比较说俗语的人物所说的话:Соседка не взойдёт [в квартиру], ключи другие. (Л. Петрушевская. Лестничная клетка)], кого 代替 что 做疑问代词(—Ты будешь обедать? —Кого?; —Кого ты говоришь?①),等等。

—— 词汇语义含混: атом(Они без конца с этим атомом носятся —— 这句话可能指的是核能方面的研究者,可能是核武器试验,可能是核战争的威胁等等), космос(Ни зимы, ни лета путного теперь нет-а все космос! —— 可能指航天研究、卫星发射等等)(Журавлев 1984:120), лимит(界限)一词被理解成 ограничение(限制)(但词汇搭配范围很窄:получить комнату по лимиту, жилплощадь из лимита...),还可用来指人: В соседней квартире лимит живет; У лимита еще один ребенок родился —— 在公文—事务言语中通常使用的结构是 прописать (в Москве) на площади, предоставляемой по лимиту, выделить жилплощадь из лимита... 请比较新构成的 лимитчик 一词,表示"从其他地方到莫斯科来工作、有权获得为稀有职业的人所准备的住房的人"。

鉴于 лимит 一词的用法应该指出的是,把含义抽象的词语(特别是外来词)用

---

① 请比较舒克申的小说《热爱生活》(*Охота жить*)中上了年纪的猎人的话语: -Куда шли, он говорил? -Кого он наговорит? -едва рот разевал: замерзал. Спиртом напоил его-щас спит как мертвый.

来表示具体的人,这是俗语—1 的典型特征之一。请比较其他一些例子:用 рентген 表示"врач-рентгенолог"(Она рентгеном работает; Это кто-рентген прошел?),用 диабет 表示"больной диабетом"(Это всё диабеты без очереди идут)等等。这类用法还进入了标准语使用者的言语中,但的确是有明显的社会和职业限制。请比较,在专科门诊大夫的言语中:контингент 不仅表示"该门诊所服务的所有患者",还表示"这些患者中的一个"(Она вышла замуж за контингента ——这个事实让人关注之处在于,表示这个含义时,контингент 有了 за контингента 的用法,变成了动物名词)。

—— 词汇语义损失:一个词在标准语中所拥有的许多意义在俗语中都折损了。例如,мотив 一词,保留了"旋律"的意义,但不再作"动机、动因"使用(标准语中可以说 побудительные мотивы),партия 不再表示"一局、一盘(牌戏、棋类等)"、"特定数量的货物",дисциплина 损失了"教学科目"这一意义,等等(Журавлев 1984:121)。

俗语—1 的特点之一就是矫枉过正①的倾向,因此而导致的特殊用法是词汇语义变化的个别现象。请比较:отдыхать(休息)表示 спать(睡觉),用 кушать(吃——现代标准语中不用第一人称——译注)表示 есть(吃——用于所有人称——译注),用 супруга 指说话人的妻子,等等。甚至还有一种更老旧的、现代俗语中已经看不到了的用法,即,用复数代词 они(他们、她们)和动词的相应复数形式来指称一个人,特别是当说话人认为这个人的社会地位比自己高的时候,例如,—Где врач? —Они обедать ушедши; —Я вот за ними стою, который в шляпе.

顺便指出,矫枉过正的现象在语音和语音—形态方面也有一些表现。请比较:俗语—1 的使用者在特定情境中以[чт]о 代替[шт]о,以 коне[чн]о 代替 коне[шн]о,刻意地发 учиться, заниматься 一类动词的词尾音(也就是说,把这些动词说成 учи[тⸯcⸯа], занима́[тⸯcⸯа],而不是标准语正音法所要求的 учи[цъ], занима́[цъ]),等等。

转用这类言语风格的机制可以这样解释:大多数俗语说话人对交际条件的变化(其中也包括对随意、日常的气氛向正式风格转变)十分敏感,但由于他们没有掌握标准语的规范,就无法转用更适合于当前言语环境的表达手段(请对比前面提到过的俗语使用者的单语能力:他们除了俗语之外没有掌握任何一种别的交际系统,而俗语在功能上没有分化,其组织也是十分零散的)。因此,他们就转而使用那些让他们感觉更有文化、更正确的语言手段,文化修养和语言的正确性对他们而言

---

① 在这里,矫枉过正不是个人的、俄语俗语所独有的现象,它同时也属于,例如,français populaire (Guiraud 1965:16)和 American English 的一些言语类型(Labov 1966:88)。看来,这是受教育不足的阶层在交际中共有的一种特点,它在上述类型的人与更有权威的语言变体的说话人进行交际时表现得尤为突出。

最多地体现在词语的书面形式方面。

莫罗佐娃指出,俗语—1 在句法方面具有如下特点(Морозова 1984):

—— 在静词性谓语中使用表示完成意义的被动行动词长尾形式:Обед уже приготовленный; Пол вымытый; Дверь была закрытая; Я согласная; А она чем больная?(标准语中,相同的情况下应该用被动形动词短尾形式——译注)

—— 使用以-вши 和-мши(后一种是俗语特有的形式)结尾的副动词行使同一功能:Я не мывши(＝ не мылся)вторую неделю; Все цветы поваливши(＝ повалились, были поваленными); Он был выпимши 等等。

—— 使用带 никто 的结构(和代词一起使用的可能还有名词,但不一定如此),其中的谓语用复数形式——这是一种由语义主导的主谓一致关系:Гости никто не приехали; А у нее из цеха никто не были.

—— 用一些名词的第五格形式表示原因:умер голодом(＝ от голода), ослеп катарактой(＝ от катаракты)。

—— 一些动词(形式和意义)与标准语中的相同,但却有着特别的支配关系:никем не нуждаться(比较标准的用法:ни в ком не нуждаться); Что тебе болит?(代替了 у тебя); Мне(或 ко мне)это не касается(代替了 меня); Она хочет быть врач(代替了 врачом)等等。

—— 以前置词 с 代替了 из:пришел с магазина, вернулись с отпуска, стреляют с автоматов 等等。

上面所举的例子还远远不能完全说明俗语—1 最典型的特点,但足以说明俄语的这一变体所具有的明显的方言色彩:尽管俗语—1 本身已经超出了方言和地域的范畴,尽管它是众所周知的城市居民言语的一个组成部分,其中仍然可以发现明显的方言影响的痕迹(在语音、形态和部分词汇、句法方面尤其如此)。

另外一种我们称之为俗语—2 的俄语俗语分体,在其语言特征的规模上要小一些,特点的表现也不那么明显。

这在很大程度上是因为,俗语—2 作为城市言语的一个特殊分体相对来说比较年轻,此时它不像是处于标准语和地域方言之间的一种过渡形式(这是俗语—1 的特点),倒更像是集团隐语和行业隐语之间,或集团隐语与标准语之间的一种过渡形式。

由于俗语—2 所处的这种位置,它的作用是过渡性质的,各种不成体系的(行业隐语、黑话)成分都通过它进入标准言语。这种现象完全可以用纯语言的和社会的原因来解释。在社会特征方面,俗语—2 的说话人群体是非常多源的,且随着时间的流逝而变化:其中可能有从乡村到城市来求学和工作、并在此定居的人,还有土生土长、没有受过中等教育、从事体力劳动的城里人。俗语—2 的使用者中有很多人从事着不同的职业,如售货员、搬运工、码头工人、理发师、餐厅服务员、铁路工人、鞋匠、清洁工等等。

由于，正如我们所说过的，俗语是不规范的，它缺少像标准语规范那样的过滤装置，不可能对来自于其他语言变体的成分进行有选择的吸收，因此，某一地区的城市土著居民、特定职业人群和社会环境中的言语的特点，都可能变成俗语的内容。

的确，很多早先属于特定社会或职业群体的语言成分，都不是从集团隐语或行业隐语中直接进入标准语，而是通过俗语—2被借用到标准语中的[①]。

俗语—2比起俗语—1来，其在语音和形态上的特殊性要少一些：语音和形态上的特点具有偶发性，常常只在个别的词汇和词形中出现。

如果说俗语—1在上面所指出的语音和形态—语音方面有着比较稳定的表现的话（例如词语中的语音同化和异化、音节结构的简化、音位转变等），那么在俗语—2中的各类表现是不稳定的，要受到词汇限制，有一些甚至完全消失了。根据我们的观点，这是因为受到一种俗语—2作为城市言语的年轻变体所特有的趋势的影响——减小语言表达手段（和标准语）的对立、促使它向标准语靠拢，至少在形式上要接近社会地位较高的语言分体（指标准口语和典范语言）的形式。

例如，辅音因位置和构成方式二导致的异化现象在俗语—2中的表现是，在 директор、коридор 一类的词中，辅音异化现象 [р-р] → [л-р] 表现得更加明显、明确，但在 трамвай 中却没有发生。以 [сашó] 一类语音换位形式代替 [шаⁿсó] / [шосó] 的现象甚至对俗语—2来说并不常见。[какáва]或[п'ијан'и́на]一类消除元音连读的现象对俗语—1来说更为典型，在俗语—2中几乎没有。

一些名词与标准语不同的性属关系尽管可以看到，但适用的词要少得多，而且表现得也"不那么显眼"：тюль 和 толь 像阴性名词那样变格，мозоль 按照阳性名词变格（стояли в очереди за тюлью，покрыли крыше толью，замучился с этим мозолем），但 село，кино，мясо 一类的词不用作阴性名词（这恰恰是俗语—1的特点）。

метро 一类外来名词的变格形式只在个别情况下才会出现：只有当听话人可以理解不变化名词的不变化形式的几种含义时，它们才可以出现在言语链条的个别环节上（可以说 ехали метром，但要说 вышел из метро，而不是 из метра）。

对于俗语—2来说，огурчик，номерок，документики，газировочка 一类指小表爱形式用于表达特有的礼貌，这是颇有特色的一种用法，其中的一些形式是按照标准语中所没有的特殊模式构成的（请比较：мяско 在标准口语中的形式 мясцо）。

[①] 顺便说一下，这可以解释标准语词典中收录的了这类借词的"俗语、行业用语、隐语"这一修辞标记为什么不是一成不变的。但实际上，每一个这样的标记都是真实的，只不过"прост.（俗语）"这一标记反映了更近的借用来源，而"проф.（行业用语）"和"жарг.（隐语）"标记指出的是更久远的来源。

再请比较，护士在和成年患者说话时说：Подбородочек вот сюда поставьте, а грудочкой прижмитесь к краю стола；女服务员说：Вот ваш лангетик, а водичку я сейчас принесу；理发师说：Вислчки прямые или косые 顾客对售货员说：Мне, пожалуйста, колбаски батончик и сырку полкило 等等。这些形式通常用于和谈话对方说话时用，相对少见于没有听话人的言语中（请比较一下个人的自言自语）。

在俗语—2 中有一些成语性表达经常使用，它们就好像是特殊的"石蕊试纸"一样，指示着讲话人言语的俗语特征。例如，用来表示感叹的 надо же！，同时还传达了"惊讶"的含义（У нас уже вторую неделю воды нет. —Надо же!）；代词语义不完整的对比结构 как этот (эта, эти)：Проходите вперед! Стала как эта (в троллейбусе)；Я ему говорю: выйди погуляй. Нет, сидит целый день, как этот (Ермакова 1984：134)；还有 без разницы (Мне это без разницы)；表示 нахально 之义的成语性结构 по нахалке (Приперлись по нахалке, я их не звала ——谈论不速之客)；типа того, что：А она мне типа того, что я, мол, и не была там никогда, 等等。

俗语—2 最显著的一个特点是，其中有一个相当大的来源于隐语的词层，它们的使用越来越广泛了。例如，балдеть 表示"处于一种令人愉快的放松状态"，закладывать 表示"经常性地使用酒精类物质"，подсуетиться 表示"为了达到某种目的发出倡议并采取一定的行动"，катить телегу (бочку) 表示"在说话人看来毫无根据地因某事指责某人"①，будь здоров (Квартира у него—будь здоров!)（对此结构请参考：Городское просторечие 1984：126-127，133，139），用 мужик 表示"男人"，用 доходяга 表示"因工作而极度虚弱、难过的人"，以 ушлый 表示"狡猾的、灵活的"，以 втихаря 表示"秘密地、不为人察觉地"，还有一些 по-быстрому, по-глупому, по-честному 一类的副词②，等等。

在俗语—2 所具有的词汇手段中，有源自不同亲属称谓和个别社会角色名称的称呼形式，例如，папаша, мамаша, отец, мать, дед, дедуля, бабуля③, друг, парень, мужик, шеф, начальник, хозяин, командир, 还有近来使用的 женщина, дама, мужчина。根据研究者们的观点（Ермакова 1984：134-135）和我们自己的观察，这些称呼的使用与说话人的性别和年龄有关，其中的一些还受职业特点的限制。

---

① 请比较这一结构在电影《合法婚姻》（*Законный брак*）的主人公言语中是如何使用的，故事发生在伟大的卫国战争（即第二次世界大战——译注）期间，这无疑是一个错乱的使用，剧作者把当代语言使用的特点搬到了过去。

② 有研究者发现，这类副词在现代俄语标准语的口语分体中使用得很频繁（请参见，例如：Земская 1979：120-121）。

③ 请比较俗语—1 说话人中的老年妇女，她们喜欢使用的普通名词 дочка, сынок。

例如：папаша，мамаша，мать，отец①，дед，друг，парень，мужик，шеф，начальник② 这几个称呼主要用于青年和中年男性的言语中；称呼语 дедуля，бабуля，还有普通名词 дама，мужчина 更多地见于年轻女性的言语中③；хозяин，хозяйка 主要用于（青年和中年）男性言语中，例如卫生技术员、钳工、搬运工、地板打蜡工等人的话语，用于称呼自己所效力的对象；普通名词 командир 有着很强的隐语色彩，一些出租车司机在称呼自己的男性乘客时会使用它（— Ну，командир，куда едем?）。

由于在本书中我们有意识地只讨论现代俄语俗语的两个方面——俗语使用者的构成和俗语所使用的语言手段，很多俗语的其他特点就被忽略不计，留待以后探讨了。

这样一来，俗语使用者（特别是俗语—1 的使用者）的实际言语行为是很有特点的：他们对言语的独白形式（以第一人称形式构建说话人与听话人或最少听者的对话言语）掌握较弱；言语中经常引用对话者或者第三方的话语以表达自己对此的态度〔例如：—Ну，однако，итить надо...—Да что ты всё《итить》да《итить》！Обождет，небось не королева какая!；—Куды ты? —《Куды》，《куды》—

---

① 有趣的是，生活在异语环境（民族共和国）中的俄语俗语使用者会使用从当地民族语言中借用来的普通名词来表示俄语中相应的亲属关系。请比较，在中亚地区说突厥语的共和国中，俄罗斯族的人在俗语中以 апа（母亲）来称呼上了年纪的妇女；用 ата（父亲）来称呼老年男性。这时，实际上，与这些词在俄语中的对应词不同的是，它们的使用是不受性别限制的：不论男女，不论青年还是中年人都可以使用。

但是，一些用作俗语类似称呼语的普通名词在民族语言的环境中使用起来可能很困难或者是不可能的，例如，хозяин（主人）一词就不可能用于这类目的，这是由于将其作为非普通名词使用时会赋予上下文一种贬低的含义。

② шеф，начальник 用作称呼语时，所指的完全不是职业等级中的那个人。第一个词 шеф，众所周知，在俗语中是对汽车司机的称呼（看来，是把 шеф 在标准语中的含义与 шофер 一词搞混淆了）。第二个词 начальник 用在现实场景中，或者至少在讲话人的愿望中，要用它来表示献媚，以博得听话人的欢心。请比较：

Ни на что абсолютно не надеясь，он〔Потапов〕зашел в магазин．Спросил у толстого продавца с красными... глазами：—Чего там，фруктиков у тебя никаких нет，начальник? (C. Иванов. *Из жизни Потапова* // Новый мир. 1983. №7).

③ 标准语规范，自然地，并不接受这样的称呼形式。但是标准语的使用者虽然能够感觉到不能使用它们，但又往往找不到能和语言使用的风尚十分贴合的同等表手段。请比较：

Она〔француженка〕обращается ко мне так：《мадам Наташа》．Я к ней：《мадам》．Как не хватает здесь нашего доброго русского обычая，имен-отчеств！И уважительность в этой манере обращения，и тепло，и дружелюбие．Лишь у нас，в России...А впрочем，что я расхвасталась？Это-то у нас есть，а другого，тоже необходимого，другого нет．Я имею в виду французское《мсье-мадам》，польское《пан-пани》．А мы вот не знаем，как обращаться к людям незнакомым！《Улица корчилась безъязыкая》и，помучившись，выход нашла：《Женщина！У вас чулок порвался！》，《Мужчина！Сдачу забыли！》Все чаще слышишь эти окрики，и，по-моему，они ужасны；но чем заменить их，чем？(И. Ильина. *Уроки географии* // Н. Ильина. Дороги и судьбы. М.，1985. С. 447)

закудыкала!；—Не дакай, не дакай (= не повторяй《да》) 等等][1]。这种引用比较常见,特别是当被引用话语的人并不在场时,引用就变成了一种模仿,说话人同时还会模仿说话人的语调(通常会用更高的音调来模仿)。作为言语行为的模仿在大多数情况下具有儿童和女性的言语特点[2]。

由于俗语的使用领域是日常生活,使用范围窄,显然,它最突出的一个特点是用来完成以言行事的功能,如指责、指控、请求、确认、劝导等等(请比较一下争吵、互骂、发誓、告密等言语行为),而不包含任何说话人对所谈事实和事件的评价的"中性"的言语行为,对于俗语来说是不太典型的。

这样一来,现代俄语俗语的不均质特点不仅表现在说话人的构成方面,同时也表现在纯语言特征方面。尽管使用俗语的说话人群体一直在缩小,但俗语仍然是现代俄语"正在发挥作用的"变体之一。

5. 行业隐语

根据自身的社会地位及交际地位,行业隐语(профессиональный жаргон)与俄语其他变体相比的一个重要特点就是:这些行业隐语的使用者同时还掌握着其他语言变体——专业语言、通用标准语、方言。换言之,他们是双言的(диглоссный)(或者说是多言的):在职业环境中,为了实现不拘的职业性交往,他们会使用行业隐语;而为了达到正式交往的目的,特别是书面形式的交际中,他们会使用专业语言;在上述情境以外,在谈论非职业主题或者在非职业环境中,他们使用标准语,更少的时候会用地方方言或者俗语[3]。

在这一方面行业隐语很像是标准语的语体,它们的使用取决于交际条件(情境、目的、话题、交际对象等等)。但与语体不同的是,每一种行业隐语都有着明确的、同时也严格限定的使用环境,超出这个界限之外,它就变得难以理解。于是,行业隐语就好像是融合了语体的交际特征和团体(群体)隐语的社会特征[4]为一体。

---

① 关于口语中(不仅仅是俗语中)引用的不同类型请参见(Арутюнова 1986)。

② 总的看来,俗语中言语面具(речевая маска)的作用比它在标准语口语分体中的要大。标准语使用者常用中性的手段转述他人的意见,俗语使用者则经常采用更富表现力的手段(通常是用漫画式的夸张手法)来模仿被转述的人,例如模仿他人的语音、语调、用词、表情、手势等等。

③ 半个世纪以前,利哈切夫就发现了类此双言现象的存在(Лихачев 1964：333),另请参见(Жирмунский 1968：32；Дешериев 1977：218)。

④ 请看如下关于社会隐语(социальный жаргон)本质的讨论,作者认为社会隐语不仅仅是集团的,还应该包括受行业特征限制的语言结构:"社会隐语通常应被看做是一种言语规范,它在成人阶段获得、与加入某种社会团体有关。从参与条件看,这个社会团体是不可能在一出生时就加入的(这类的例子可以是任何一种行业隐语、盗贼黑话等);此类规范的应用能够被特定社会领域的成员所理解,同时也正是这个社会领域自己秘密地、严格地制定了相关言语行为的规则。掌握一种隐语始终都带有或多或少的人工色彩,并且这也意味着有意识的独立、与社会的其他成员保持某种对立的关系。"(Успенский 1985：55—56)

要想辨别这个或那个行业隐语的成员并不难,这些人拥有某种特定的职业或专业,并在或长或短的时间里从事这一职业(或专业)。这样一来,可以说有如下一些行业的隐语,如医务工作者隐语、铁路工作者隐语、矿业工作者隐语、冶金工作者隐语、飞行员隐语等。应该指出的是,在现代条件下行业隐语在下面这些知识含量很高的领域内发展迅速,如物理学、化学、生物学、航天学,它们同时也是社会威望很高的行业领域。与此同时,一些活跃于十月革命前的俄国的手艺人(如裁缝、城市短工等)的行业隐语逐渐退出历史舞台[①]。

从语言学方面看,现代行业隐语是不均质的,它们至少可以分成两类交际手段:(1)与通用民族语言单位相符,且构成了行业隐语的词汇及语法基础的语言手段[②];(2)隐语性质的词汇与结构,其中包括模仿那些本行业专业术语的表达,也包括那些没有正式术语含义的表达。

不同行业的隐语中这两类成分的相互关系是不同的。总的趋势是:一个行业的专业化程度越深,其隐语中第二类成分所占的比重就越大。或者相反,在专业化程度不高的领域(例如很多人文科学的职业——语文教师、历史学家、心理学家等),起主导作用的是第一类语言成分——通用语言的表达手段。

传统上认为,行业隐语的特点在于对通行的词汇与表达进行了隐喻式的重构,赋予它们以形象的涵义[③]。的确,词汇及成语隐喻式的重构、鲜明的情感色彩——这些都是行业隐语最具鲜明的特点。例如,排字工人所使用的隐语(用 бык 或 козел 表示"漏排了几个词或几行",муха 指"原稿中看不清楚的地方",покойник 指"排了两遍的地方",извозчик 表示"校对所做的、需要拉出字母的修改"等等,参见:Лихачев 1964:332),矿业工作者的隐语(коза 指"用来运送人的车厢",свадьба 指"一大堆翻过来的车厢和支柱材料",чайник 指"气压泵",баран 指"钻炮眼的机器"等等,参见:Краснова,Марченко 1981:338—339),飞行员隐语[петля,бочка 指"飞行技术最高的人物",брюхо 指"机身底部",вспухать 指"(飞机)急速爬升",нога

[①] 请看,这些领域的行业隐语中所特有的一些词语和结构现在已经(或正在)退出相关领域:ветрогон 指"不给小费的、吝啬而又挑剔的顾客",весельчаки 指"钱",птица 指"瘦小、损坏了的衣服",положить 指"(用熨斗)熨一熨"等等——这些都是裁缝的隐语;картонка 或 ероплан 指"不给小费的顾客",городской бульвар 指"稀少的头发",скворешник 指"鼻子上的脓包或粉刺",солонка 指"嘴唇"等等——这是理发师的隐语;рузбить 指"零散的出版",слон 或 козел 指"厚重的、无人问津的书",сбытчик 指"机灵的售货员"等等——这是旧书商的隐语(Иванов 1982:96—98,192—195,261—264)。

[②] 这是行业隐语不同于地域方言的一个重要特征:行业隐语不论其专业程度如何,它们都要依靠通用的标准语,而地域方言和标准语是相互对立的。请看(Dvonč 1957)中对捷克地域方言和社会方言所做的详细区分。

[③] 请看《俄语百科》(Русский язык)中对隐语的定义:"隐语——是一种言语的社会变体,其特点在于民族通用语言的词汇和成语性表达具有了行业的(经常带有情感上的新意的)特点。"

指"起落架支架",морда 指"飞机机头部分"等等,参见: Успенский 1936][1],医务工作者的隐语(*острый живот*, *тяжелый живот*, *свеча* 表示"体温的急剧变化"等等),出租汽车司机的隐语(*ехать холостяком или конем* 即"空车行驶",*зеленка* 指"出租车的绿灯",*пиджак* 指"乡下人模样的乘客",*меняла* 指"接班的人"等等)。

类似隐喻中的一部分是在打破了规范造词过程的情况下产生的[2],并因此获得了与集团隐语相似的特征,后者的特点不仅在于称名的隐喻性,还在于其传递意义时独特的"编码性质"。请比较下列表达,它们曾用于 20 世纪的 70—80 年代,表示汽车服务和经营中特定的"非法"活动:

"'посадить капусту','сделать примочку','снять бескозырку'……这些词看起来是很明确的,而且表示着普通的概念。但对那些机灵的司机来说,它们的涵义完全是另外一幅样子。对他来说,капуста 是他跑完任务回来后给值班机械师的贿赂,为的是让后者对他高抬贵手,不点明汽车一侧被划伤的痕迹,'忘了'在记录表中写上他归队返厂的真实时间;примочка 是送给洗车工人的礼物,为的是自己的车不用排队就能洗,而且能洗得更好一些……

洗车嘛只送些花儿就能管用。在维修区就得送点好的了,机灵鬼老是想着怎么哄人家:他在维修工面前摘掉'бескозырка(无檐帽)',这个嘛,简单点儿说,就是送瓶伏特加酒……几乎在每一个停车场里都有自己的'тигрятник',就是栅栏旁的一块地方,那儿总是有汽车轰隆隆地响着,在孤零零地等着维修。"(В. Сыромятниеов. *Подпольный《техснаб》// Труд.* 1973. 1 марта)

获得某种职业的同时也就必然意味着获得了相应的职业词汇库。一些职业语言表达手段甚至成了获得某种手艺或职业的象征:使用那些从外表上看起来与普通词语并无差别的职业语汇,把行内人和不了解这个行业活动的"门外汉"区别了开来。请看:"粉刷匠从来不会说 карниз делают,他们只会说 карниз тянут 或 вытягивают;同样,木匠不说他 строит [бревенчатый] дом,而说 рубит дом,不说 делает дверные и оконные коробки,而用 вяжет 这个动词。"(Лихачев 1964: 358)

由于词汇使用的这类特点,行业中人很容易认出自己的同行,同时,他也可以准确地辨别出没有掌握行业用语习惯的"外人"的话。例如:Гребу смело к пароходу. Вдруг оттуда голос: —Кто едет[3]? Ну, думаю, это береговой—флотский

---

① 现代飞行员的隐语需要和乌斯边斯基在 20 年代所做的研究进行比较,随着航空技术的发展,飞行员的职业生活发生了改变,目前已经出现了大量新的语言表达。

② 请比较利哈切夫所说的"伴随着隐语词汇的现象,是它为了适应与社会环境的密切联系而始终在不同程度上打破着职业活动的固有模式"(Лихачев 1964: 349)。

③ 顺便说一下,动词 ехать 用于表示船在水面上的航行,这种用法遭到了海员对"旱鸭子"的嘲笑:在海员的"语言"中,船(包括 пароход, теплоход, катер, лодка 等等)在水面上只是在 идти,人们乘船 ходят,而不是 ездят。当说话人用 ехать, ездить 时,马上就暴露了他是个不懂海上生活的人。

крикнул бы: кто гребет? (Б. Житков. *Компас*)

　　作为行业—群体象征中的一种，有些表示近似于类型、类别等种类含义的词使用起来很有特点。例如，飞行员称飞机为 машина，汽车和无轨电车司机也用这个词（Машина идет в парк；Машина пойдет по тридцатому маршруту），木匠和木工所说的 инструмент 并不是指所有的木工工具，而只是一件特定的工具，如斧头、刨子或凿子（Не тупи инструмент!），如果他们抱怨 материал 没有了，那一定指的是缺少某种特定规格的板材了。

　　行业隐语的一些表达手段来自于词语游戏、玩笑、一语双关的俏皮话、任何一种改变词和结构以获得喜剧效果的文字游戏。例如，司机称加长了的公共汽车为 сороконожка，这种车有4根轴（8个轮子）、4个供乘客进出的门（俗语中称这种车为 кишка, колбаса, длинный）；前面说的 тигрятник 也带有明显的玩笑意味；库兹巴斯的矿工管水里开采叫 хитродобыча[涅姆钦柯对此提供的证明请看《文学报》(*Литературная газета.* 1 февр. 1984 г.)]；木工称门锁为 дверняжка，把 дверь 和 дворняжка 给合成一个词了。

　　与具有书面语色彩的正式术语相比，行业隐语在指称现实的时候修辞格调被降低了。例如，以 кастрюля 代替 синхрофазотрон 表示核结构中缺少电子的现象——这是物理学家的隐语；морда 用来指飞机或汽车的前头部分——用于飞行员和公共汽车司机的言语。

　　但是，尽管以隐喻转义为基础产生的带有表情性的手段是行业隐语的典型现象，但并非所有的行业隐语手段都属于此类，行业隐语的特点也不只是特别表现在词汇和成语性结构方面。事实上，形态和句法层面也有一些特点，例如，隐语中有一些标准语中没有的构词模式[请比较：医务工作者隐语中的 тощаковая моча，猎人、猎手说的 бракаш（= браконьер），海员说的 берегаш（= работник береговой службы）等等]，有一些特殊的名词性属关系（在数学家的言语中以 компонента 代替 компонент，铁路工人言语中 путь 用作阴性名词），名词的数与格变化方式与标准语中的不同（例如海员隐语中的 троса́, пеленга́, сейнера́ 等等），以名词单数形式表示物品的全部或商品的所有种类（Имеется в продаже яйцо диетическое；Щука на червя плохо идет；Разрешена охота на оленя），动词和名词有一些特殊的支配关系（例如：数学家说 сопоставить что чему，代替了通常所说的 сопоставить что с чем；海员说 лидировать кого[①]，词汇的特殊搭配（налетать пенсию 表示"作为机组成员飞行，积累了足够用于退休的飞行时间"）等等。

　　这些特点不只是在上面所举的例子中有所表现，在不同的词汇材料中也有或

---

　　① В плавучих льдах 《Марков》 должен нас лидировать (т. е. вести за собой—Л. К.) (В. Конецкий. *Третий лишний*. Л., 1983. С. 94)

多或少的体现。它们不仅属于那些已经存在了几十年甚至上百年的旧职业的隐语,而且也可见于相对来说比较新的职业领域,后者存在的时间虽然不长,但已经有了独特的语言表达方式,对通用的词汇和句子进行了改造。

例如,程序员这个职业存在的时间最多不过五十年,但属于它的行业隐语已经出现:从动词 сбоить(машина сбоит)而来的(计算机运行中的)сбой,зациклиться 表示程序运行中出现了不必要的循环(машина зациклилась),有特殊的支配关系:以 ограничение на что 代替 ограничение чего(例如 ограничение на число позиций),特殊的词汇搭配:(以 предикат истинен,стереть узел 代替了不太专业的 устранить узел)。程序员隐语中还有一些结构需要注意,其中表现出的特点是把计算机处理信息的过程和计算机本身都用类人化方式(антропоморфичный подход)做了加工,被看做是有生命的事物,这首先表现在 память(存储、存储器)这个术语在程序员专业语言中的使用上,此外还有一些类似的表达,如 отказ машины,машина указала на ошибку, система переходит к рассмотрению другой альтернативы, система заполняет эту гипотезу и в дальнейшем в ней не обращается 等等①。

在研究行业隐语时不能不注意到一个有趣的现象,那些没有从事特定职业、但又不得不(因为生活的需要)与相关行业打交道的人,却能够通过使用表示专业概念的通用语汇来克服交际中遇到的障碍。例如,到门诊部看病的患者虽然不知道医学术语,但自己却想出了一些名称来指称不同的医疗仪器、治疗方法等。请看,患者用 кишка 表示 зонда,用 просвечивание 表示 рентгеноскопия,用 стреляли в глаз лазером 表示 лазерная коагуляция сетчатки,用 насечки(глаза)代替 кератотомия,用 заморозка зуба 表示 анестезия 等等。这些接近行业隐语的表达中,有些会逐渐进入医务工作者本身的语言中,尽管它们不是正式的术语,但却是常用的行业隐语(如 заморозка, убить нерв 等等)。

如此看来,行业隐语是现代社会积极的交际手段之一,随着科学、技术和生产的专业化程度的加深,这类隐语的分化也在不断加深②。而伴随着现代俄语整体发展的一体化过程促使不同的行业隐语相互接近、相互影响,这使得行业隐语手段

---

① 类人化(антропоморфизм)在许多与技术、机器打交道的行业中都有体现。飞机之于飞行员、汽车之于司机、车床之于车工经常是 с норовом, капризный, непослушный,马达会是 кашляет, чихает。请看巴乌多夫斯基的观察:"每个司机都对自己的汽车讲过很多温柔、亲昵的话。车子有各种各样的:有'有耐心的',有'听话的',有'小气鬼',有'勤快的家伙',有'多灾多难的',他们甚至还会说:'它们不只是汽车,而是些小孩子'。"(Краснова, Марченко 1981:332—333)

但在对待计算机的态度上,类人化走得更远,在程序员和计算机专家的语言中,很多表示人类特点的动词和形容词都用到了计算机身上。

② 德舍利耶夫在描写语言的社会—职业分化现象时谈到了现代行业隐语的诸多特点,他指出的第一个特征就是行业隐语表达在功能上的活跃性、它们的更新与发展(Дешериев 1977:217—218)。

走出狭窄的行业范围进入俗语和标准语。

6. 集团隐语

  在这里,集团隐语(групповой жаргон)是指以人的社会独立为基础的语言构造。一方面,为了和功能上十分活跃的行业隐语有所区别,另一方面,为了区别于功能上不太活跃、甚至在某些情况下正在消逝的、同样由社会独立所决定的语言结构,我们有意识地回避了"社会隐语(方言)"[социальный жаргон (диалект)]这一术语,后者通常被理解为有职业、社会限制的语言变体(Бондалетов 1987:66-),因此不具备必要的区分能力。

  在苏联的官方语言学中曾经认为,集团隐语在现代社会中的交际作用是微乎其微的,至少,比标准语和行业隐语的作用要小得多。这一点可以由集团隐语的社会基础缩小或缺失来解释。

  但在一些情况下,可能,与其说是集团隐语的社会基础在缩小,不如说是这一社会基础的性质在改变,出现了新的社会结构,出现了新的集团种类。如此一来就出现了两个任务:第一,在描写这些语言变体的现状时,要把功能上活跃的隐语与功能上正在减弱和已经消失的隐语区别开来;第二,划分出新的集团隐语类型,并将它们与使用这些隐语的社会群体对应起来。

  如果认为在苏维埃时代,乞丐和流浪汉的隐语应当看做是已经消失的变体,那么我们无论如何也不能说,标准语中通常所说的"无业游民隐语"或"盗贼隐语"已经消失了。应该看到,在20世纪30至50年代,这类隐语发生了显著的变化:首先,词汇扩大、更新了;其次,除刑事犯之外,其中还加入了充斥斯大林时期的监狱和劳改营的政治犯的语言。事实上,十月革命前的集团隐语是"无业游民的隐语",其使用者范围非常狭窄,而且边界是很明确的,现在呢,它变成了监狱—集中营的隐语,开始在形形色色的社会环境中得到广泛的应用:它为人们所了解,不仅有"在押的小偷"、"入室盗窃的贼"、"撬保险柜和钱柜的贼"等人在使用它,用它的还有上百万被关押在集中营里的曾经的工程师、苏维埃党校的工作人员、军人、农民、演员、医生、诗人、记者、大学生。

  监狱—集中营隐语在文学作品中,特别是60年代初期和80年代后期的作品中可以看到。例如,《新世界》(*Новый мир*)、《旗帜》(*Знамя*)、《人民友谊》(*Дружба народов*)、《十月》(*Октябрь*)等杂志发表的小说,格罗斯曼、雷巴科夫的长篇小说,沙拉莫夫的短篇小说,金兹布尔克、拉兹贡、日古林的自传体小说和回忆录,维索茨基、加里奇等人的诗歌作品,等等。诗人日古林,根据他本人的证实,甚至编纂了《集中营和黑话用语大词典》(*Большой словарь лагерной и блатной фени*),其中"不仅有干巴巴的词语'翻译',例如 канать—идти,还有结合'经典作品'(最常见的是集中营里的歌曲、幽默、笑话和其他作品)和口语里有不同含义的例子对每一个词的解释"(Жигулин А.，Черные камни // Знамя. 1988. №7. С. 12)(这本词典后来被集中营的负责人没收了)。

现代条件下，监狱—集中营隐语有了新的"用武之地"：使用它的人是一些过去一直没有引起研究者重视的社会群体——黑手党徒、黑市交易者、娼妓、从外国人手里交换商品倒卖的人等等。这时，隐语不再是稳定的系统了，它的词汇库在更新，很多词语获得了新的意义。请看库宁描写列宁格勒娼妓生活的小说《国际女郎》(Интердевочка)中的例子：капуста(钱)，напарить(欺骗)，таксярник(出租汽车)，свалить(出国)等等(Аврора. 1988. №2, 3)。

此外，监狱—集中营"语言"的成分正在通过俗语和青年隐语渗入到知识分子的口头言语中，例如 туфта，доходяга，темнить 等类型的词(详见本书下文)。

当然，也不应过分夸大集中营隐语的交际价值：在不久以前曾有几百万人知道它，但现在使用它的只是小众的社会群体，它过去是、将来也会是非主流功能的语言变体；此外，它还需要时间和空间上的定位(它只在"自己的"环境中——囚犯、黑手党等人中得到积极的使用，而离开了这样的环境只有个别词汇成分为人所知晓)。

如果把现代集团隐语的使用和类似语言变体的使用加以比较，应该强调的是，按照字面所定义的隐语的说话人，看来，现在已经或者几乎没有了。现在有的是在群体内部交际中使用隐语成分(词汇和成语)的人或群体。如果要把集团隐语看做是一个拥有自己的语音和形态(不仅仅是词汇)特点的完整系统(拉林对隐语的观点就是这样的，参见：Ларин 1928，1931)，在现代语言现实中还没有足够的证据来支持这一观点。

过去的俄语(例如 19 世纪末 20 世纪初时)曾有过秘密的集团隐语，如货郎"语言"、贫民隐语，现代俄语中则存在有一些因"兴趣"而联系在一起的人的群体。比方说，球迷、养狗爱好者、收藏爱好者、有私家车的人等，他们言语中的一些用词和表达也具有隐语那种隐喻化转义的特点。例如：банка 在足球迷的隐语中表示"进球"；车迷隐语中有表示"一马力"的 лошадь (Мотор на тридцать лошадей)、表示"用别人车的蓄电池发动自己的车"的 прикурить、表示"司机"的 водило；在克拉斯诺亚尔斯克附近的"斯多博(Столб)"自然保护区攀岩爱好者的隐语中，плыть 表示"在岩石上打滑、滑倒"，说胶皮套鞋 полысели（лысые）就是指"鞋底上的防滑纹磨平了"，карман 指"岩石上可以用手抓住的小凹槽"①。

引起社会语言学家兴趣的还有不同类型的"投机者集团"[如偷猎者、倒卖书籍

---

① 本书作者感谢克拉斯诺亚尔斯克大学的伯德别列兹金娜的帮助，后者允许本书使用了她的著作《小团体词汇称名(斯多博人的"语言")》[Номинации корпоративной лексики ("язык" столбистов)]中的材料。

的人、受雇给别人喝(倒)彩的人等等],他们从事着不被社会和国家允许的活动,其言语行为中使用着一些具有隐语性质的特殊词汇和结构。例如:倒卖书的人会用фуфырь指"卢布"(Толкнул Эдика за двадцать фуфырей = Продал том сочинений Эдгара за двадцать рублей);偷猎者的言语中,телевизор指"一种带照明设备的捕鱼用具",кукла, сторожевая кукла指"临时代班、不执行秘密任务的人"①;在受雇给别人喝(倒)彩的人②的言语中,хамить有特殊的支配关系——хамить артиста的意思是"用喊叫、吹口哨、跺脚的方式故意干扰舞台上正在演出的演员"。

上面提到的集团隐语和隐语的特点,大多数都没能在现代俄语学中得到研究,其中主要的原因在于,那些社会生活中的不良现象,如卖淫、吸毒、贪污受贿、黑市交易等等,直到今天都被认为是不存在的。实际上,监狱—集中营是不对研究者开放的,其中的隐语也因此得不到研究。为数不多的研究"堕落人群的隐语"或盗贼黑话的著作,通常都针对俄语中过去的现象③,完全不能代表现代的俄语,这种现象并不是偶然的。

7. 青年隐语

在现代俄语的社会—集团变体中,青年隐语是最具社会价值的,有相当多的语言集团在使用它,它的很多成分渗入了标准语。有一系列研究专门针对青年隐语展开(Серебренников 1970;Копыленко 1976),有人专门研究了其他语言(特别是英语)影响现代青年隐语的表现(Борисова-Лукашанец 1982,1983)。

青年隐语的使用者是正在求学或工作的年轻人(大学生、高中学生、青年工人)、部分技术和人文知识分子,他们的年龄大约在二十二三到三十四五岁之间。使用者构成的多样性在青年隐语本身的多样性方面得到了体现,其中可以区分出大学生隐语、中学生隐语、工人隐语等,它们拥有很大的词汇与成语性结构方面的共同内容,同时又有着和大学、中学、工厂生活相对应的特点。所有这些青年隐语分体的语言学本质都是相同的——词语的游戏、游戏的词语、词汇意义的隐喻化,

---

① 请看这样的例子:У браконьеров выработалась даже особая тактика. Перед тем как запустить якоря и сети в 《аквариум》, от плотины посылается несколько пробных машин в наиболее опасных направлениях. В кузове каждой лежат одна-две рыбины—запланированный минимум потерь на случай проверки. В кабину к шоферу садится 《сторожевая кукла》, порой женщина с ребенком. Пока на задержанного шофера с незаконно выловленной рыбой составляется протокол... 《кукла》 требует отпустить ее, поскольку она якобы не имеет к шоферу никакого отношения. Затем она возвращается на плотину и передает:《Засада!》(Правда. 1983. 30 сент.)

② 俄语中表示"受雇给别人喝(倒)彩的人"用клакер这个词,它来自法语词claque(拍手)和claqueur(拍手的人),表示"假装成观众营造演出成功或者失败氛围的人"(参见:Клакеры // Советская Россия. 1984. 8 янв.)。

③ 讨论最近现象的著作请看,例如,格拉切夫的硕士学位论文(Грачев 1986)。

为的是给语言表达带来情感和表情色彩。

青年隐语的使用者和掌握了行业隐语的人差不多,他们也在属于自己的环境中使用隐语手段,而在和"外人"交往时,或者在正式和中性场合中,他们就会转用标准语言①。但和行业隐语不同,青年隐语基本上不是事先约定好来表示使用者生活中(例如大中学校教学过程②中)拥有一定地位的概念和现象,而是那些和标准语中的固定和常规概念、现象相对应的意义。

在把青年隐语和行业隐语词汇做比较时,谢列布列尼科夫写道:"大学生隐语词语的出现并没有什么特别的必要性。为工业学院或技术学校的大学生创造一种特殊的称呼是没有任何意义的。当一个特殊的词语 индус 出现的时候,创造它的动机只是为了达到更生动、鲜明、顽皮的效果,为了引起别人更多的关注。"(Серебренников 1970:483)

实际上,这里应该做一个重要的补充说明:对于那些在青年人的生活和意识中特别常见的事实与概念,青年隐语会选择那些在标准语中没有特别说明的含义加以细化③。因此,这里可以看到一些表示特定含义的词构成了丰富的上下义和同义关系,例如表示人的各种身份(男女)的词有很多同义词,还有表示"衣服、鞋子、交往、跳舞、晚会、钱、物品"等内容的词也是如此。另外,表示个人社会角色(父母、朋友)的同义词在青年隐语中也很多。

请看:表示"男人、年轻人"的有 чувак, мужик, фрайер, хмырь;指称"姑娘"的有 чувиха, герла, кадра, кадришка;表示"卖"的有 загнать, забодать, толкнуть;表示"无所事事"的有 филонить, сачковать, вола вертеть;指"钱"的词有 бабки, башли, тугрики, монеты, мани(来自英文 money)等等,这些词分别围绕着"常见的"意义构成同义和虚假同义关系④。

---

① 这是典型的隐语—标准语双言的情况。在一些不太典型的情况下,说话人可能没有完全掌握标准语,这是因为他们还没有彻底完成社会化过程。这里我指的是中学生,他们还没有完全了解所有社会角色,没有完全掌握标准语,也不太会根据情境和交际者的社会角色从一种语码(隐语)转用另一种语码(标准语)。

② 表现大中学特殊生活现实的隐语表达数量并不多。例如:шпора 指"学生应考时偷带的小字条",физра 指"体育课"(来自学校课程表和教学日志中对体育课的简写称呼 физ-ра),用老师所教的课程名称称呼老师:химичка, физичка, историчка 等等,стипа, стипуха 指"奖学金",хвост 指"没有正常通过的考试",还有一些对高等学校的玩笑式的称呼:Кирпичный 或 Кирпич 指"莫斯科建筑工程学院",Керосинка 指"莫斯科石油学院"等等。

根据波利索娃-卢卡莎涅茨的观察,当代青年隐语中的英语借词没有涉及"生产领域",也就是教学过程(Борисова-Лукашанец 1983:113)。

③ "人与现实的特定领域接触越多,它就越有可能在语言中得到细分。"(Серебренников 1970:480)

④ 根据科贝连柯的观察,隐语在所指方面是比较单一的。在他编纂的现代青年隐语表意词典中一共有 10 至 12 个专题,基本上都是表示"возиться(忙乎、磨蹭),медлить(拖拉)"、"потерять рассудок(丧失理智)、одуреть(变傻、变糊涂)"、"скандалить(吵闹,给人难堪)"等类带贬低含义的行为,还有表示人物、身体器官、事物、对事物和行为的评价的专题。

同一个意义有多种表达方式,这往往是由隐语暂时更新、发生词汇替换所造成的:青年隐语使用者的每一代人都努力在语言上与成年人和上一代人有所区别。例如,在同义词对 чувиха——герла, предки——пренты(父母), кореш——френд(朋友), шкары——трузерá(裤子)中,左边的那个词比右边的那个"老一些"——чувиха, предки, кореш, корочки, шкары 都是50至60年代所特有的隐语词语,而 герла, пренты, колеса, трузера 都是20世纪70年代青年隐语中所使用的。表示评价的词语在时间上更加不稳定,像 железный, железно, потрясный, потрясно, дико 等类型的形容词和副词用于50至60年代,现代的青年隐语使用者已经能够毫无争议地感觉出这些词的旧词色彩,取而代之的是表示"强加某种信息"的 грузить,表示"显得内行"的 рубить фишку 等出现时间不长、现已退出使用的语言单位(请对比,例如,现代青年人言语中所使用的表示"优秀的,优秀地"的 клёвый, клёво)。

词汇手段的持续更新与快速替换——这正是青年隐语最典型的特征之一(不仅俄语中如此,赫德森认为这也是现代英国青年隐语的特点,参见:Hudson 1983),使得它不同于俄语的其他变体,比如标准语就刚好相反,后者的特点就是保守性[①]。

由于青年隐语的使用者构成了现代社会中为数众多且十分活跃的一个层面,词汇和成语性质的隐语成分始终在向语言的其他变体渗透,其中包括俗语、标准语的口语分体(因此近年来的语言学家们对知识分子言语的隐语化现象给予了合理的关注,请参见,例如:Земская 1979;Винокур 1980;PPP-1983 等等),青年隐语成分甚至还进入了那些规范化相对较严格的标准书面语体,如政论语体。

[①] 看来,变化性(текучесть)是任何一种人工的、同时也是社会封闭的语言结构的特点,隐语由于缺乏有意识培育和推广的规范,就会受到很多偶然因素(其中包括时尚)的影响。乌斯边斯基针对所有的社会隐语认为,隐语的特点在于"变化性、不稳定性、对时尚的屈从性"(Успенский 1985:56)。

社会制约的过程：
语言变体间的相互作用与相互影响

1. 标准语和地域方言间的相互关系

根据上文对现代俄语标准语和地域方言的探讨可以得出如下结论：

第一，标准语的社会基础在扩大：越来越多社会特性不同的人在了解和熟悉标准语；而地域方言的社会基础则变得越来越小——地域方言的使用者在很大程度上是老一辈的乡村居民，他们对现代农业生产知识了解甚少。

第二，标准语具有多功能性，且随着它自身的发展，其交际功能还在不断扩大和丰富；而地域方言的功能范围在缩小，主要局限在日常交际领域。

第三，标准语的规范性在不断增强，与此同时，自由的（没有功能价值的）语言变异性在逐步消失；而地域方言的规范在瓦解（这首先是由于它受到了标准语的影响），结果导致没有功能价值的语言变异性在不断增强。

关于十月革命以后标准语对方言产生的巨大影响、方言在书籍和报刊语言的影响下所发生的同一化现象，20至30年代的苏联语言学家已经有所研究。在卡林斯基、谢利谢夫、雅库宾斯基、契斯加科夫等学者的著作中所分析的资料，说明了方言的社会分化、方言在标准语的影响下正在变化（Кариский 1936；Селищев 1939；Иванов, Якубинский 1932；Чистяков 1935）。

但是也应看到，在上面提到的著作中体现了相当明显的一种倾向，即，以机械的、简单社会学的方法对待俄语方言中正在进行的各种过程，试图"把社会生活中发生的变化直接套用在语言过程上"（Баранникова 1967：3—5）。

更加符合语言现实且更有说服力的苏联方言学研究著作出现在60—70年代，它们展现了标准语和方言之间相当复杂的、有时甚至是矛盾对立的关系。

1.1 标准语和方言的社会基础的变化

在十月革命前的俄国，标准语的使用者主要是资产阶级—贵族知识分子，方言的使用者是农民（他们占了人口的大多数）；商人阶层和19世纪中叶发展起来的工人阶级使用的是城市俗语（городское просторечие）和行业隐语。

十月革命以后，由于先进的工人和农民阶级、新的苏维埃知识分子的加入，标准语使用者的人群扩大了（详细请看：Поливанов 1928；РЯиСО, кн. I）。在20到30年代，大量的农村人口（特别是中年和青年一代）向城市流动，其中不少人变成了工人阶级和知识分子的一员。当然,这并不是说,对城市生活(其中也包括城市语言)的熟悉能够让农民们迅速掌握对他们来说新的交际手段,摆脱自己习以为常的方言。但是,如果要成功地融入新的、城市的社会生活中,很重要的一个条件就是,这些"新入教者"必须有意识地适应新环境所惯用的言语类型,而远离那些社会评价较低的言语特点(方言恰恰就属于这种情况)。

由于社会主义工业和文化建设的需要,农民从乡村流向城市,这也就使得"纯"方言的使用者人群缩小了。同时,学校对农民子弟的大规模教育,然后是他们在工厂、军队、中等技术学校和高等院校里受到的不讲方言的同龄人的影响,这些都毫无疑问地会促使他们的方言习惯逐渐消失,代之以新的、主要是符合标准语规范的语言习惯——要知道学校、媒体、书籍、电影、广播都是标准言语的传播者(而不是城市俗语的传播者,应该说,在学校教育和大众信息缺失的条件下,城市俗语本来可以对进城农民的言语产生比现在可以看到的更大的影响)。

即使在乡村本地,知识分子(农艺师、教师、医生、俱乐部工作人员等)标准语使用者的力量也在增强,当然,他们所讲的标准语有着不同程度的方言色彩。因此,方言使用者不仅能通过广播、电影、电视听到标准言语,还可能通过他在日常生产、生活中遇到的人接触到标准语。

所有这一切都意味着,方言的社会基础在数量上减少,在质量上改变,方言的功能也在发生变化。

1.2 标准语和方言的交际领域的变化

上文中已经指出,现代方言在一些正在不断减少的情境中使用,它基本上服务于日常交际和方言使用者之间的交往,而标准语的功能却最大限度地拓展到尽可能多的领域。

甚至连那些从小只说地方方言的农村居民在很多交际情境中(例如,学校教学、在集体农庄集会上发言、必须通过书面形式和官方或陌生人打交道时等等),都会摆脱已经习以为常的方言,向往"正确的"、标准的讲话和书写(在此需要强调的是,我们说的是一种倾向,而不是指已经完整地掌握了标准语)。对标准语的使用是没有情境和社会限制的:它适用于任何一种言语条件(当然,其中有标准语手段的修辞变异现象),可用于和不同的谈话对象的交际。

这两个相悖的趋势——标准语多功能性质的增长和方言功能的缩小——体现在不同的语言现象和过程中,最终影响它们的机制是由一系列社会因素所决定的。

标准语对方言的影响改变了后者的结构:在方言结构的所有层面——词汇、形态、句法以及在较小程度上的语音中,都发生着系统的变化。新成分的出现和旧成分的消失引起了方言单位间组合和聚合关系的变化,来自标准语的大量借用不仅从数量上完善了方言词汇库,同时也改变了方言的类型,使其在一系列特点上向标准言语靠近。

由于乡村自身生活方式的变化,一些事物和概念正在消失,与此同时,对它们的称呼也在退出方言,例如,токовище(晾商品煤的地方),мастюшка(粘土制的放油的瓦罐),кочетыг(编草鞋用的弯锥)等等;另一方面,出现了大量表示农村生产新形式、新现象的新词,这首先与一些有术语性质的词有关。例如,旧的农业生产术语体系发生了变化——大量方言性质的称名被来自标准语的术语所取代(Баранникова 1967; Оссовецкий 1968)。

由于从标准语中借用词汇,方言词汇库因此发生了质的变化:方言中出现了同义和重复意义的称名词对,词汇意义在对应的方言词和标准语词汇中重新分配。例如,"在沃洛果特方言中表示捅炉子的弯曲铁棍的旧词 клюка 被新词 кочерга 替代,вешка 被 белка 替代,баской,баско 被 хороший,хорошо,красивый,красиво 等词语替代,取代 орать、свербеть 的是类似的 пахать、чесаться 等等。更常见的情况是,新词在词义上和旧词有所区别,并因此在方言的词汇系统中占据了特殊的地位。例如,新词 чердак 替换了 полволока、вышка、потолок 等词,在沃洛果特方言中,它不仅仅是一个新出现的词,原则上还可以表示不同类型、方位、用途和大小的(住房或住所上的)顶层阁楼。грибы 不仅把旧词 губы 排挤出去了,还可以用来表示更多的语义:它可以指所有品种的蘑菇,而不再只是'除了白蘑菇以外的所有蘑菇'。ботва,жеребенок 等词汇的情况也是如此。"(Баранникова 1967: 94)

一些方言词语拓展了自己的语义:它们保留着旧的意义,还开始用来表示从标准语中借用来的新意义。例如,方言动词 шуметь 不仅保留了原有的意义"喊叫"、"召唤某人"、"说、通知",还增加了新的意义"弄出噪音";动词 кричать 在原有的词义"哭泣"的基础上增加了来自标准语的含义"叫喊"。有些研究著作专门探讨了标准语影响之下方言词语的其他语义变化(Оссовецкий 1968; Оссовецкий 1969: 20-)。

1.3 标准语和方言规范的性质

由于受到标准语的影响而在方言中出现的词、词素和句法结构增加了方言规范的变异性质,因为来自标准语的借用和传统的方言手段产生了竞争关系,有时会把方言成分排挤出去,但更多的时候是和后者共存共处。方言中增加变异性质的趋势和标准语中另一种趋势产生了矛盾。在标准语中,变异手段发生功能和修辞分化,减少自由变异——这是标准语系统的特点。标准语中的这一趋势通过学者的法典编纂活动、语言政策、媒体的言语实践、广播和电视得到了巩固和促进。

应当强调的是,上述活动在很多方言学研究中也在进行,也就是说,在标准语和地域方言的相互作用中,这两种变体都在发生变化。这一点在"双语的"方言使用者身上表现得尤为明显:甚至在日常生活与家庭内部的情境中,他们所讲的也已经不是不懂标准语的老一辈人所讲的(或者曾经所讲的)那种方言;另一方面,即使在正式场合,他们只是接近了标准语规范,其言语中保留了方言的特点,特别是那些没有刻意鉴别过的内容——请看他们言语的语音和语调特点①。

1.4 标准语和方言相互作用的形式

方言和标准语在现代条件下相互作用的不同形式催生了一种特殊的语言构造——半方言(полудиалект)[或曰过渡方言(интердиалект)②]。这个术语是指同时具备了方言和标准语特征、有时还掺杂有俗语成分的一种言语类型。"……半方言是指在与非本地出生的人或者与讲标准语的'受过教育的'人进行言语交际时所使用的习惯性手段。"(Жирмунский 1956:28)③

在现代俄语的现实中,独特的半方言是地处方言区的中小城市居民的口头言语(详情请见:РЯиСО, кн. 4:210; Коготкова 1970:107—120)。

方言的词汇成分通过半方言和城市俗语进入标准语,这个过程和反向的过程——标准语进入方言相比,虽说在强度和社会价值上都要逊色不少,但它还是曾经并正在取得一些效果,例如:像 стан, доярка, жатка, затемно, отгул, показуха, умелец 一类的"非标准"方言词,在苏维埃时代进入了俄语标准语;同义词组 *нехватка*, недостача, дефицит; недочеты, недостатки, *неполадки*, дефекты; косьба, *косовица* 中包含了已经被标准语吸收了的方言词语(以斜体字母标出的)。

标准语对方言的影响没有局限于词汇方面,它触及了生活在方言环境中的知识分子的语音和句法,使他们的言语中出现了特殊的、不同于传统—规范标准语的特点。

沙赫马托夫就此写道:"出生于离莫斯科远近不一的地方的人,特别是那些主要通过学校和书本学会标准语、没有从小就使用它的人,虽然声称标准语就好像是自己的母语一样,但在其发音中还是保留了本地方言的特点。北方人很难适应非

---

① 雅库宾斯基(Якубинский 1923:182)就曾强调过言语生产的自发性特点。他指的是"按照简单的行动意向带着个人惯用的成分"所说出的自发的言语,那时言语事实没有进入意识,没有引起说话人的注意——不论是在言语行为刚开始时(没有因说话动机而产生的选择和斗争)还是活动过程中(一切都按习惯行事)都是如此。请参考(Fishman 1971a; Крысин 1973:47)。

② "……在方言和……标准语之间,"维诺格拉多夫写道,"有一条复杂的相互关系的链条。可能的过渡阶段就是过渡方言、半方言、方言间的口头通用语……"(Виноградов 1967:62)

③ 术语"半方言"是德语 Halbmundart 一词的仿造词。应该说明的是,半方言的语言学性质在不同的语言条件下是不同的。例如,德语的半方言中汇集了比俄语更多种类、更多反差的语言成分,这是因为标准德语和德语地方方言之间的"距离"比俄语标准语与俄语方言之间的要大得多。

重读元音 o 的弱化，总是按老的方式发 o 音，而在莫斯科应该发成 a，例如 гора，нога，голова。南方人则顽固地把词尾的 г 说成 x，例如 друх，сапох 等等。"（Шахматов 1941：95）

人们认为这类现象是标准语的地域或地区变体，是"标准语在地理上的投影"（Гельгардт 1959；Панов 1967：294；Парикова 1966；РЯДМО...）。

方言（在方言环境中）对标准语的影响并不总是以直接向标准言语输送方言成分的方式表现（例如，把非重读的 o 仍然读作 o，用方言读法[x]代替标准语中把弱化的[г]读作[к]），有时这种影响还要更加复杂。研究者发现，当一些方言中广泛使用以-ý 结尾的表地点的第六格形式时（如 в погребý，в скалý，в клубý），生活在这些方言区的标准语使用者的言语中就能发现（比其他地区的标准语使用者）更多的被标准语规范所允许的-ý 的形式（на снегý，в медý 等等），但方言性质的第六格形式 в погребý 等在标准语中却不使用（РЯДМО，гл. III）。

研究者在标准语影响方言的不同形式中发现了一些现象，它们说明，现代方言正在摆脱那些与俄语其他变体"反差"最大的东西，也就是"与俄语发展总趋势最为矛盾"的东西（Кузнецова 1975：139）。

例如，非重读 o 音仍然读作 o 的现象正在逐渐消失，改变这种自古以来就在方言中存在的现象，其途径不仅在于方言的语音变化，还包括了形态的、甚至方言词汇系统的改变（方言从标准语中借用了带塞擦音[ч]的词），同时还伴有矫枉过正的现象：звук[ч]不仅在自己"法定的"位置上发音（如 часы，бочка），还在本来应该发[ц]的位置上出现：以[ч]елый 代替了[ц]елый，等等。

尽管按照方言学家的观点，上述使用矫枉过正形式的趋势是"没有进一步发展前途的，因为它对立于俄语辅音在语音分配和音位实现方面总的发展趋势"（Кузнецова 1975：146）。从社会语言学的角度来看，这类矫枉过正现象本身是非常有意思的，它是方言使用者熟悉和掌握标准语的途径之一。至少，在熟悉标准语的开始阶段，发音或词汇使用方面的矫枉过正现象是很常见，甚至是很典型的。只有当说话人完全掌握了标准语规范后，他才会避免这类现象的发生①。

在摆脱与俄语总的发展趋势相对立的现象的过程中，方言同时保留了那些和相应的标准语音拥有共同感知基础的特点。例如，方言中一直保留了 дз 音化现象——将其发成塞擦音[дз]、[тс̓]。根据库兹涅佐娃的观察，这一方言特点不仅没有消失，还被部分俄语标准语使用者掌握了（Кузнецова 1975：140）。

类似的事实说明，标准语和地域方言相互作用的结果不仅取决于这两种语言变体及其使用者接触的密度和强度，还取决于分属两种变体的现象与过程的本质特点，取决于这两种变体的发展是否适应于俄语基本的演化规律。

---

① 关于方言中矫枉过正现象的有趣的材料，请看（Касаткин 1999）。

这样一来，现代俄语语言事实的特点不仅在于标准语与地方方言以"纯净的"形式存在，而且在于有一系列从方言向标准语过渡的阶段（半方言和标准语的地区变体等）存在。

简言之，现代俄语标准语和地域方言之间的相互关系具有如下特点：

（1）标准语对方言的影响在增强，具体表现在以标准语手段代替方言手段、破坏方言系统作为交际手段总和的完整性方面；

（2）社会因素在保持/消灭方言特征过程中、在方言的功能—修辞分化方面所起的作用在加强；

（3）方言对标准语的影响不仅在于标准语从方言中借用词汇，还在于它能赋予标准语使用者的言语一种方言的"色彩"。

2. 标准语和俗语间的相互关系

在标准语和俗语间的相互关系中，可以发现类似于标准语与方言间相互影响、相互作用的一些过程：第一，标准语使用者的社会基础在扩大，而俗语使用者的社会基础在缩小；第二，标准语正在把俗语从大多数交际场合中排挤出去（给俗语剩下的是狭窄的日常交际领域）；第三，在标准语的影响下，俗语作为俄语特定变体的地位在动摇。换句话说，标准语对俗语的进攻在所有的方向上展开——包括社会的、交际的和纯语言的方面。

同时也不能忽视反向的影响——俗语对标准语的影响。当然，这种影响的意义和规模都比较小，但它确实是存在的。俗语是活的、没有受到规则约束的言语之一，是标准语新的富有表现力手段的来源。这些新的语言手段可能作为有修辞标记、有特定交际目的的手段用于标准语（例如在讽刺、玩笑、亲昵等语境中）——这是俗语最常见的使用方法，还可作为借词，要么在标准语中填补某些概念或交际空缺，要么和标准语词语一起构成同义词序列。

2.1 标准语对俗语的影响

这种影响体以不同的形式体现，其中之一就是——俗语使用者把标准语手段作为受情境制约的手段使用。掌握了俗语—1的人（特别是说俗语—2的人）在和标准语使用者交际的时候，会在言语中运用标准语特有的词汇和句法成分。由于俗语使用者没有掌握标准语的规范，这些成分，通常，会有形态—语音和口音上的变化，或者用于它本不该使用的词汇和修辞环境中。

这一点特别体现在书面词汇单位上——科学术语、官方—公务语言的词与词组以及一些被俗语使用者认为具有威望、比他们自己的语言显得更有文化的其他成分。

这种使用标准语手段的例子是众所周知的,最典型和极端的用法在左琴科的作品中得到了反应(关于左琴科作品中的人物是如何混用不同语言手段,包括俗语、方言和公文用语的,请参见：Виноградов 1928)。

请看一些例子,看看左琴科作品中的人物是如何对书面词语进行形式和意义上的"改造"的：

Будто вдруг на меня *атмосферой* пахнуло; Чего, говорит, *агитировать*：《Становись вон к той березе, тут мы в тебя и штрельнем》(агитировать 在这里表示 разговаривать); Подхожу *демонстративно* к мельнику.—Так и так, говорю, теперь, вам, старичок, *каюк-компания*; В театре она и *развернула* свою *идеологию* в полном объеме; А хозяин держится *индифферентно*—ваньку валяет;—Это, кричит, чья свинья́ Будьте любезны ее *ликвидировать*; Это же *утопия*, гроб, если всех жильцов выселять(утопия 这个词在这里误用作 утопать 的代名词形式); Человек пропадал *буквально и персонально*; А в кухне ихняя собачонка, *системы пудель*, набрасывается на потребностей и рвет ноги(из《Рассказов Назара Ильича господина Синебрюхова》)。

还请比较一下现代俗语是如何使用书面词汇,特别是外来词的：

Товарищ Иванов с *апогеем* рассказывал; Он говорил с *экспромтом*; Вы посмотрите на этот *эпизод*! Разве модно с этим мириться!(顾客指着缝制得不好的衣服说); Что нужно сделать, чтобы был *правильный дефект* речи(из письма в газету)(Винокур 1980：95); Сказали—надо обращаться *по дистанции* (本该用 по инстанции); Врач *констатировал* ей лечиться в санатории(意思是 советовал)(来自口语)...

标准语影响俗语的另一种形式是,俗语使用者从标准语中借用。这种用法和第一种相比更常见,而且脱离了言语情境条件的约束。这就好像是进入了(在受情境制约的使用之后)下一个阶段掌握标准语的阶段。

由于俗语(两种分体都包括在内)是俄罗斯民族语言内部的一种变体,它正朝着标准语的方向发展,俗语和标准语的交际手段是有交叉的。换言之,许多音位、形态、词汇和句法单位是标准语和俗语所共有的。在这种条件下,怎样把俗语中的借用现象和它所固有的成分区别开来？主要的区别在于：如果一个词或结构符合现代标准语的规范,在俗语中使用的时候取代了传统的、此处早已存在的语言手段,那么在我们面前的就是毫无疑问的借自标准语的成分。关于借用现象还应指出,来自标准语的单位可能填补了空白——指称了迄今为止在俗语中尚无名称的现象或概念。最终，来自标准语的借用在俗语中或者是某个语言单位的复制品（众所周知，俗语没有在功能和语义上对语言单位进行分化的趋势），或者成为意义和使用都很接近的语言手段①。

所有这些借用类型的例子都已经足以说明问题。由于俗语仅能出色地服务于人们的日常生活领域，这也就意味着，俗语使用者只要一加入其他领域的交际，例如社会生活、公务活动等等，他们仅用俗语手段就不够了，不得不求助于标准语。因此，俗语使用者学会了很多标准语公文—事务语体的词和词组、"公文腔"：акт, договор (дóговор), справка, жировка, квартплата, задолженность; встать (поставить) на учет, выдать справку, составить акт, погасить задолженность, подать заявление 等等。

此时，公文—事务语体的词汇和成语性表达可能和俗语单位一同出现，其中，前一类词语用的是模糊、概括的含义，有时直接用了变化了的语义。例如，与написать заявление 一起用的是 составить бумажку，与 стать на учет 一起出现的是 прикрепиться，代替了 погасить задолженность (по квартплате) 的是 потушить долг (долги) 等等。

当然，标准语对俗语的影响不仅体现在词汇—语义层面，还有其他层面——语音、形态、句法。例如：在规范发音的影响下，俗语使用者的言语中表现出了最鲜明的语音特点——какава, радиво, пиянино, колидор, карасин 等类型的发音；在标准规范的作用下，相似的词语和构形的作用在减小，хотит 或 хочет 一类的词形被排挤到俗语中；俗语句法逐渐接近标准口语的句法。

俗语使用者的言语行为和语言意识也在发生改变：俗语开始被许多人认为是"没有文化的"、功能残缺的语言变体，只能用在"自己人"的日常交际中。现代社会和语言条件越来越多地促使俗语使用者产生这样一个需求——掌握标准语。

2.2 俗语对标准语的影响

和方言一样，俗语是给标准语提供了丰富养分的基础之一。俗语就好像是一个源头，现代标准语在发展过程中从中吸收了各种各样富有表现力的手段，在维诺格拉多夫、索罗金、巴拉尼科娃、克尼亚兹科娃及其同时代的研究者们的著作中对此进行了充分的阐述 (Виноградов 1938; Сорокин 1965; Баранникова 1974, 1977; Князькова 1974; Литературная норма и просторечие 1977)。

现代条件下，当标准语成为已经形成并高度发达的俄语交际变体时，俗语的情况则相反，它正在丧失自己的功能价值，它作为标准语的基础所拥有的地位要低得

---

① 格鲁兹别特做的一个实验说明，俗语使用者不会区分来源不同的两组词：диван—софа—тахта; фуфайка—свитер—джемпер—пуловер(Грузберт 1966)。果戈特科娃也做过类似的观察，她发现在俗语中有一种"在学习标准语时去除意义上细微差别"、追求语义中性的趋势。

多。同时,那些能够体现俗语对标准语影响的语言形式比过去更加多样。18—19世纪时,俗语成分主要是通过文学作品进入标准语的,那时候在人们的口头言语和俗语之间曾经存在着一道分明的界限,标准语使用者如果想要跨过这道界限的话,就要冒受到社会谴责的危险。现在,口头形式的标准言语中对俗语单位有意识的使用则非常灵活多样(为了游戏语言、讲笑话、说俏皮话等)。此外,俗语手段,特别是那些有着鲜明情感表现色彩的,被标准语使用者在不拘的、非正式的情境中、在拿社会角色开玩笑的时候广泛使用。

俗语词有时也会用在标准语书面文本中,不仅在文学作品中,在报刊(特别是报纸)中也用,有时并不为了营造某种修辞氛围。

因此可以说,现代俗语影响标准语的方式有好几种。

其中之一就是,把俗语成分作为修辞手段用于标准言语(基本上是口头—谈话言语中)。

我们不谈把俗语用于文学作品的情况(它既可用于人物话语,也可用在作者的话中),这已经远远超出了本书的范围,我们只指出一些在标准语使用者自发的、事先没有准备的言语中使用俗语成分的有代表性的情形:

> Ты с нею поосторожней, уж больно она *ндравная*; Как вы там вчера, в колхозе-то? —Между прочим, было *чижало*—наряду-то совсем мало поехало; Это чья сумка, ее? —Да как будто *ейная*; Ох ты, *обратно* в новом платье!; Смотри, они [цветы] уже завяли.—А *пущай*, сегодня новых купим; Сплошные заседания: сейчас ученый совет, в три—местком, а в пять—какая-то лекция. *Цельный* день без продыху!(记录于 80 年代,所有信息提供者都受过高等人文科学教育)

需要注意的是,作为有修辞标记的手段使用的主要是俗语—1 的单位,而非俗语—2,因为前者和标准-规范言语的对立更大。说话人通常用语调刻意突出俗语成分——用这种方式表明俗语成分的异类性质,说明说话人是故意使用这些异类的词语或结构的。

俗语—1 的影响表现在发音方式和一些词汇成分方面,有时还出现在固定搭配中或者惯用的句子中(не пимши не емши, польт не напасёсся, ходют тут всякие, наложи лизарюции 等等)。这种影响是比较明显的,而且受到修辞和情境的制约。

标准语使用者在使用类似的表达时需要确信,谈话对象明白这些用法中所包含的玩笑色彩,пущай 或 польты 这类词形不会被当作是中性的交际手段(这样一来,谈话对象可能把说话人看成是俗语使用者)。

俗语—1所拥有的较低的社会评价不会干扰,相反,还促进了把这种变体当作玩笑、讽刺手段的使用。用来开玩笑的俗语单位在标准语中很少被用作中性的表达手段。此时,问题不仅在于它们和标准语相比所具有的鲜明的表情色彩,还在于说话人清楚地意识到了它们的异类性质,意识到它们不可能作为"正常"的、不引人注目的交际手段来使用①。

和把俗语手段用作修辞目的一起存在的现象还有借用。正如任何一种语言借用过程一样,俗语词汇进入标准语用法是由不同的原因造成的:可能是为了寻找新的有表现力的手段,为了使标准语中的名词更加精确或者强化,甚至还有可能是为了填补概念和交际上的空白,等等。

从俗语中借用表情性词汇和成语性结构最常见的情形,是用这些语言单位强调对所指事物的否定或正面的评价含义。

例如,(来自方言的)俗语词 показуха 自60年代起开始在标准语中使用,它表示否定的现象,不论用于何种语境都保持着特定的情感表现色彩(相反,它自身可以赋予上下文以修辞色彩)。动词 вкалывать 表示"拼命地干活、苦干",它是标准语从俗语中借用的(它是从矿工隐语中进入俗语的②),仍然保留着鲜明的感情色彩,特别是当它和动词 работать(工作),трудиться(劳动)相比较的时候。

另一方面,词义中没有反面或正面评价含义的俗语词经常作为中性语言单位进入标准语的使用领域,说话人完全感觉不到它们"低贱的"出身。这些词包括,例如,учеба, напарник, зря 等等。尽管在词典中这类词常常被打上"прост.(俗语)"的标记,但它们今天在标准语中更为准确的标记应该是"разг.(口语)",在有些情况下,来自俗语的借词(例如 учеба)在标准语中是没有修辞色彩的中性成分。парень(小伙子)一词则更加"中性化",也就是说,它失去了自身的俗语色彩,同时还在修辞聚合体中填补某种"空白":在标准语中有书面语的 юноша 和口语—俗语的парень,但对应于它们的修辞中性词是不存在的。

最近几十年里,标准语中又选入了一些新的俗语成分,其中既有表情性质的,也有称名性质的。它们主要的使用领域是标准语使用者的口语,使用的条件是不拘的日常生活情境。这主要是带有一些隐语性质的俗语—2的词汇(俗语—2,我们已经说过,有着相当程度的隐语特点,同时还经常作为标准语从集团隐语借用词汇的中转站)。

---

① 标准语使用者为了营造不拘的交际气氛,为了语言游戏而采用多种多样的方式使用俗语和方言成分,对此类现象的研究请看(PPP-1983:181)。

② 毫无疑问,这个动词牢牢地在标准语中扎下了根,特别是在标准语的口语分体中。请看维诺古尔所做的一个有趣的调查:她访问了72名受过高等教育的中老年人,结果,其中50人经常使用这个动词,20人不常用,一个人自己不用,但不反对别人用,只有一个人强烈地反对它(Винокур 1980:26)。

例如，туфта，гнать туфту 一类的词和结构①（= лгать, говорить нечто, маскирующее истинные намерения или действия говорящего）：пижонить, подъелдыкивать（= подначивать）；усекать（= понимать）：отшить, зануда, работяга 的中性意义是 рабочий 或者 работник②（早前，这个词带着"работящий, старательный человек"的意义从俗语中进入标准语），等等。

　　类似的词与结构中，有很多还进入了书面语。例如，在《新词新义》(Новые слова и значения. М., 1973)这本根据60年代的报刊和文学作品语料编写的词典中（顺便说一下，它忽视了作为新词新义来源的知识分子的口头言语，这完全没有必要）收录了一些词和词义，它们首先属于俗语，并且还没有进入标准语的结构③：表示"毫无疑问、可靠的"的 верняк（Верняк дело, как ты считаешь?④），表示"重打、重击"的 вкалывать, врéзать，表示"悄悄地、秘密地"的 втихаря，表示"损坏"的 гробануть，表示"失去健康、精力、死去"的 гробиться，表示"近日、前几天"的 днями，表示"累坏了的人、虚弱的人"的 доходяга，表示"认真地"的 без дураков，表示"小吃"的 забегаловка，表示"通过不熟悉的途径挣钱"的 калымить，表示"诽谤、告密"的 капать，表示"为了挣非法的钱工作"的 левак, левачить，表示"交换"的 махнуть, махнуться，表示"很多"的 навалом，表示"装模作样、表面文章"的 показуха，表示"溜达、散步"的 прошвырнуться，表示"犯神经"的 распсиховаться，在 не светит кому 中的 светить（表示不指望成功），表示"伏特加酒杯"的 стопарь，指"出租汽车司机"的 таксёр，表示"使人厌烦"的 тягомотина, тягомотно，表示"奇怪的"的 чокнутый。

　　我们给这个清单补充一些别的来自于俗语的词和表达：表示"有爱情关系"的

---

①　请比较：—Мамочка, здравствуй! Пропащий сын... Да тут рыбалка, телефон за десять километров. Пришлось переплывать залив... Жутко холодная, ма! А чего не совершишь для родной матери! —Ну и так далее. Выражаясь языком наших юных современников, он ［Потапов］《гнал туфту》(С. Иванов. Из жизни Потапова // Новый мир. 1983. №6. С. 85).
　　显然，这个词进入标准语的路径是这样的：盗贼隐语──青年隐语──俗语─2──标准语口语体的偶头形式。
②　请看这种用法的一个例子：А потом через двор засеменяет в магазин старухи и уже за ними, дожевывая на ходу утреннюю пищу, промчатся работяги разного вида и пола. Одни с толстенными, как сундуки, портфелями, другие с тонюсенькими папочками, третьи безо всего, молодые, старые... (Н. Евдокимов. Сказание о Нюрке-городской жительнице // Избранные произведения. М., 1982. Т. 1. С. 251).
　　就在不久以前，работяга 的这种用法还被评论为不符合标准规范（请参见，例如：Правильность русской речи: Словарь-справочник. М., 1965. С. 175).
③　在这本词典的前言中特别强调："编纂者试图客观地反映不同的词汇层面（其中包括俗语词），它们具有特定的语言学价值，使用于各类文献中，被最广大的读者阅读和了解。"(С. 3)
④　这个词甚至还有了派生词 верняковый：Это даже особый разговор-их ［бродячих собак］ еда: всякий день выстроить очередность обхода, знать, куда идёшь с надежной почти верняковой, а где тебя может лишь случай... (Знание—сила. 1985. №10. С. 37).

встречаться,(Она встречалась с ним два месяца);дружить 表示与标准语相同的含义,但更多地讲年轻男女,而不是所有的男女;表示"穿着新颖或时髦"的 прибарахлиться①;表示"非常厌烦"的 одрыднуть(主要用语过去时形式)(Обрыдло всё,осточертело);指"站着吃东西的食堂或咖啡馆"的 стоячка②;指"被打后留下的青紫"的 фингал;表示"完整的、整个的"целиковый③;俗语中对钱的称呼：трояк（3 卢布),червонец(10 卢布),четвертная,четвертак(25 卢布),полста(50 卢布);在标准语使用者不拘的言语中可以看到有 катить телегу(白白指责、控告),пудрить мозги,лапшу на уши вешать(有意愚弄),в упор не видеть(表示不想和某人打交道),等等。

2.3 言语的过渡形式

标准语和俗语相互影响最有特点的结果之一,就是形成了一些处于过渡地位的言语形式：它既不是纯标准语,也不是纯俗语(它的两个分体中的任何一个)。

导致这一现象的原因是社会的：教育和文化水平不同的阶层和社会群体因迁居、城市化和一些纯社会过程而接近(如：由于教育水平的提高、获得脑力劳动职业等原因使说话人的社会地位发生改变,等等)。

当然,言语习惯是人类最顽固的习惯之一,它不会随着个人社会状态的改变而被替换掉——否则,昨天的俗语使用者在受了中等或高等教育之后,就应该马上改变自己的语言地位,向标准语使用者靠拢。实际上,言语习惯的改变,众所周知,远远落后于个人在社会、心理和智力方面的发展。但是,上述变化的趋势让人有意或无意地接近更有权威的言语榜样。当这个人还没有掌握标准规范时,他就已经把俗语看成是"不正确的"、"不合文法的"言语。这就是为什么会出现言语形式间的过渡,过渡形式中的俗语音位可能和标准语词汇共存,俗语的语调可以被当作是完全"正确的"语调来使用,这也就意味着,标准句法结构,甚至于每一个语言层面内部,都有俗语单位和标准语单位夹杂的现象存在。

这类过渡形式的使用者是受过中等教育或职业中等教育的城市居民,大多从事体力劳动,如搬运工、司机等等。

下面是此类言语的一些例子：

---

① 请看一个工作环境中的小伙子是怎样用这个动词的：Двор. Нина стоит в той же куртке, но на голове у нее шапочка, а на ногах не валенки, а сапожки. В руках сумочка. Появляется Николай. Николай: Ну, пошли. Чего это ты *прибарахлилась* (Л. Петрушевская. *Уроки музыки*).

② 请看：Здесь, как и в большинстве современных пивных, была американка, или, выражаясь проще, 《*стоячка*》(С. Иванов. *Из жизни Потапова*).

③ 形容词 целиковый целый Кладите прямо *целиковую картошку*, не режьте; Надо на маленьком огне, чтобы *помидоры* получились *целиковые*. (这是纯粹的换位——从副词 целиком 变成了另一种词类)

(1)［Шеф / ты ч'о́ / баи́с' а / што мы т'иб'а́ аб'и́д' им? Н'и баи́с' / н'и пръгада́иш / в оба канца т'иб'е́ запло́т'м / а атудъ ты каво́н'т'（кого-нибудь）пасо́д̓иш аб'иза́т'ьл'на］（＝ Шеф, ты что-боишься, что мы тебя обидим? Не бойся, не прогадаешь：в оба конца тебе заплатишь обязательно）——和出租汽车司机的谈话；说话人为 30 岁的莫斯科人，男性，职业为厨师；记录于 80 年代。

(2)［Лут / ла́днъ ja к т̓ибе́ в̓е́ч̓ръм зайду́? А то х тро́м / как дъгъьвар̓ и л̓ис̓ / ja н̓и пасп̓е́ иу］（＝ Люда, ладно я к тебе вечером зайду́ В то к трем, как договорились, я не поспею）——两位女性朋友之间的谈话；说话人是 30-32 岁的售货员，莫斯科人；记录于 80 年代。

(3)（对"你怎样去上班？"这个问题的回答）［Снача́лъ нъ м̓итро́ / патом нъ транва́иь ч̓ут' л̓и н̓и це́лыи ич̓ас тр̓исо́с̓а］（＝ Сначала на метро, потом на трамвае чуть ли не целый час трясешься）——体育教师，莫斯科人，50 岁；记录于 80 年代。

说明：在记录(1)中，需要注意的是俗语发音方式，боишься 中以［ч'о］代替了［што］，还有［запло́т'м］，［пасо́д̓иш］，还有俗语—2 中特有的普通名词 шеф；在记录(2)中，要注意 ладно 这个词特殊的句法位置，把前置词 к 发成［х］：［х тро́м］，用动词 поспеть 代替了标准语动词 успеть；在记录(3)中，要注意唇辅音的异化现象：трамвай 中的［ми］→［нв］，动词变位形式 трясешься 中的发音［с̓］，метро 重读音节前一个音节中的元音明显的 и 音化现象（在标准语规范中保留着发 ə 的倾向——外来词重读音节前一个音节中写作 е 的音发成［э̆］）。

尽管在上面提供的记录中，甚至在很小的一个言语片段中，说话人的言语都有着明显的俗语成分，但是仍然不能把它们看做是俗语，这是因为：发音基本上是标准的，词语变化和句法也都符合标准语规范，对大部分词汇的选择也都是在标准语范围内进行的。

当然，仅靠上面列举的材料还不足以确定言语的过渡形式。我们在此要强调的是，这些形式直到今天也没有引起研究者的关注（和地域方言与标准语间或者地方方言与俗语间的过渡形式相比，对此请参见，例如：果戈特科娃的著作）。随着对活的现代言语的观察不断深入和材料的不断积累，将有可能对个人言语中融合的俗语和标准语现象、对使用这些过渡形式的人群的特点得出更加详尽的结论。

2.4 标准语文本中使用俗语成分的特殊情况

标准语文本中使用俗语成分的特殊情况是指，在无法用语境和表情—修辞原因来解释的情况下使用特殊形态构造的语言单位。请看下面的例子：

В Москве светлеющею ранью // Еще не тронут край небес, // А здесь уже мы *ложим* камни // И третий делаем замес (Е. Исаев. *В Сибири*);

Женя приехала к Дусе, и они *подружили* (подружились) (Ф. Белохвостов. *Поиски озокерита*);

Этот сорт хорошо растет на полупустынных почвах, отлично *чувствует* (代替了 чувствует себя) на горных черноземах и наносных почвах (из сб. статей 《Груша》, М., 1960);

Четыре раунда Мухаммед Али *игрался* с 《претендентом》 на звание чемпиона мира бельгийцем Жаном-Пьером Купманом, как хотел (*Комсомольская правда*. 1976. 22 февр.);

Но Волошин *обхитрил* 《преследователей》(谈的是自行车比赛)(*Правда*. 1983. 29 июня).

请对比一下标准语中使用的动词 играть 和 перехитрить。

毫无疑问,这类事实应该看做是对标准语规范的违反,是用非标准成分污染了标准语。

3. 标准语和行业隐语间的关系

奥热果夫在 1951 年时写道:"今天,行业言语是有规律的、始终在丰富着民族共同语言(指俄语——译注)的途径之一。"(Ожегов 1951:31)以具体材料为基础、在 60—70 年代所开展的研究完全证实了这位著名的苏联词典学家的观察(参见,例如:РЯиСО. Т. 14;Капанадзе 1965,1966 等)。

正如我们在上一章所说的那样,行业隐语和地方方言及俗语的不同之处在于它所拥有的社会和交际地位:行业隐语是其他某种俄语分体的功能上的补充。这种状况给标准语和行业隐语之间的关系打上了特殊的印记。首先,由于掌握了某种行业隐语的人同时也掌握了标准语(他根据交际的范围与情境分别使用它们),那么这就给这两种变体的相互影响创造了良好的条件。不同语言在双语者的个人方言中相互影响并导致干扰和两种语言系统的相互渗透,与此类似,由职业特点决定的言语和标准言语行为也可能在个人方言中相互影响,并引起不同的形式的表现,如词语的随机使用、借用、在标准言语中为修辞目的使用行业隐语。

其次,由于标准语和行业隐语不在相同的交际条件下相遇(它们分属不同的交际领域),因此存在着"标准语——行业隐语"这样的对立,在现实交际和说话人的意识中都是如此,这就妨碍了两种变体的混合,相反,还促使它们保持各自的独立性。按照语言使用要符合情境的原则,说话人在不同类型的情境中使用标准语和行业隐语(标准语用于"共同的"情境,行业隐语用于"专门的"情境)。

上述两种相互矛盾的趋势——一方面,标准语和行业隐语相互接近;另一方面,它们又彼此分离,甚至相互排斥——这就是这两种现代俄语变体间的相互关系。第一种趋势引发的结果是,标准语向行业隐语借用语言手段;第二种趋势则阻碍这些借用成分与标准语手段融合,使它们只能作为与特定行业环境相关的有标记成分使用。在使用这些行业隐语时,作者还经常用"正如专家所说"、"按照我们的说法"、"根据医务工作者的说法"一类的说明来突出其行业特点。例如:

—Вообще что означала вся эта литература? —*Накладка* вышла,-пояснил Бомбардов. —Что значит это слово—*Накладкой* нанашемязыке называется всякая путаница, которая происходит на сцене. Актер вдруг в тексте ошибается, или занавес не вовремя закроют, или... —Понял, понял... (М. А. Булгаков. *Театральный роман*)

Назимко работал на 25-тонном самосвале, четвертаке, как зовутихна строительстве (Б. Н. Полевой. *Высшая точка*);

Диспетчер передал:—На плавбазе—больной. Они вызвали спасатель 《Бесстрашный》, просят принять парня на берегу. —Диагноз? —спросил Юсупов [врач], словно разговаривал с коллегой. —Тяжелый живот, ответил диспетчер, вполневладеяжаргономмедиков (*Комсомольская правда*. 1974. 22 сент.);

На любом конькобежном стадионе есть специальное место, где собираются во время стартов тренеры скороходов и откуда корректируют бег своих воспитанников. В обиходе это место спортсменыназывают 《биржей》. И не случайно. Там действительно царит такое же оживление, также шумнó (*Советская Россия*. 1984. 15 февр.).

但是,行业词语有时也会脱离其产生的环境,要么进入俗语,要么进入标准语,在第二种情况下它开始作为规范的语言单位使用(尽管常常带有修辞色彩)。例如:баранка (= рулевое колесо [в автомобиле, автобусе...]);кирпич (= дорожный знак, запрещающий въезд [или проезд] транспорта)[来自司机的语言,在现代词典中有"разг.(口语)"标记];来自固定结构 работать на пару 的 напарник (Ожегов 1951: 31),在词典中有"разг.(口语)"标记;открытым текстом (= без утайки, без обиняков, грубо)[见 Новые слова... 1984,有"разг.(口语)标记"],来自无线电报

员的隐语；химия 指一种发型，来自理发师隐语①，目前在标准语使用者（主要是女性）言语中也已经广泛使用了；ящик（＝ учреждение, предприятие, обозначаемое номером почтового ящика）［见 Новые слова... 1984，有"разг.（口语）标记"］；задействовать（＝ ввести в действие в соответствии с назначением, подготовкой и т. п., ввести в эксплуатацию）（Новые слова... 1984），这种解释多少减少了这个动词在标准语的官僚"语言"中所拥有的实际含义，请比较下面的例子：

  Павел Бортников понятия не имел о том, какие силы пришли в движение, какой задействован механизм, чтобы вывести дело из тупика（А. Ваксберг. *Мастер вольной борьбы* // Литературная газета. 1983. 6 июля）.

  在标准语中还使用着一些有着特殊构词结构的行业隐语，例如，带前缀 за- 的形容词和动词 заатмосферный（заатмосферные наблюдения），закритический（пар высоких и закритических параметров），замонолитить（＝ вделать, заделать, закрепить что-либо наглухо, объединив в одно целое）（Новые слово... 1973），законтрить（＝ снабдить, закрепить контргайкой），запараллелить（＝ сделать так, чтобы какие-либо устройства работали параллельно）等等；带后缀的 -к(а), -ик, -ник 等的名词，是把词组紧缩成一个词的结果，这是行业言语非常特别的一个特征，如 аварийка（＝ аварийная машина, бригада），безнарядка（＝ работа, выполняемая без наряда），бытовка（＝ бытовое помещение ［у строителей］），горючка（＝ горючее），капиталка（＝ капитальный ремонт），карбидка（＝ карбидная лампа），нейтралка（нейтральная территория, зона），раскадровка（＝ разбивка эпизодов фильма на отдельные кадры, а также результат такой работы），колесник（＝ колесный трактор），космик（＝ ученый, занимающийся исследованием космоса），кибер（＝ кибернетическое устройство），негабарит（＝ из негабаритный предмет, негабаритное изделие），нестандарт（＝ не соответствующий стандарту）等等（［Новые слово... 1973；1984］中收录了很多这样的词）②。

---

  ① 请看 химия 和 химическая завивка 在理发师和一位知识分子顾客之间的对话中是如何使用的：——Какую операцию желаете? ——Остричь... И шестимесячную, если можно. ——Все можно. Можно и шестимесячную. Только предупреждаю, для теперешнего времени эта завивка не современна. Со своей стороны могу предложить химию. ——То есть *химическую завивку*? ——Именно. Самый современный вид прически. Имейте в виду, за рубежом совсем прекратили шестимесячную, целиком перешли на *химию* (И. Грекова. *Дамский мастер*).
  ② 有时，这种紧缩的结果是产生与现存词语同音异义的词。例如，来自运动员隐语的名词 *десятка*——дистанция в десять тысяч метров, *перестрелка*——повторная стрельба, *перебой*——повторная встреча спортсменов в фехтовании, боксе（для определения победителя），*сборник*——член сборной команды, *тройник*——спортсмен, специализирующийся в тройном прыжке 等等。

标准语和行业隐语相互接近的趋势表现是,行业隐语中的语言表达手段构成的体系变得不太"生硬"了——和专业、行业的言语手段一起使用的可能是来自标准语并成功地淘汰了"原来的"行业词语的表达。在这种情况下,就好像在地方方言和俗语中一样,标准语对功能上比较弱的语言变体产生了同化的影响。

但是,上述整合的趋势和另外一种趋势,即分化的趋势,是相互矛盾的。促使行业隐语保持语言独立性的重要原因是始终在发生的劳动分工专业化过程,还有在大多数现代科技与生产领域内行业知识的不断深化。这一动因保证行业隐语始终具有发展与更新的前景。在科学与技术的新兴领域中,新的专业语言变体和行业隐语中,就好像在其他行业隐语中一样,发生着把俄语和外来借词变形的过程,产生着特殊的、属于特定职业圈子的人的言语习惯(请比较,例如,前面提到过的程序员的隐语)。

4. 标准语和集团隐语间的相互关系

标准语和集团隐语之间的相互关系令人感到十分有趣,这是因为集团隐语对标准语的影响不仅留下了明显的痕迹,而且至今仍在继续。证据之一——知识分子口头言语的隐语化现象,这是现代俄语使用的一个特点①。隐语词汇的"提供者"主要是青年隐语②,这是因为,首先,这一群体的范围足够大,其次,使用青年隐语的人同时也掌握了标准语,这就给标准语和青年隐语的相互渗透创造了有利的条件。

研究者们还发现,在现代社会条件下形成了过渡隐语(интержаргон)——一种吸收了正在消逝的集团隐语词汇和行业隐语成分的过渡性的语言变体(Серебренников 1970)。通过这种过渡性变体隐语词汇和结构不仅进入俗语,还作为表情的、有修辞标记的手段进入了标准语。例如:офонареть (= потерять рассудок); филонить, сачковать (= бездельничать); сачок (= бездельник); загнать (= продать); капать (= доносить); будка (= лицо, физиономия); шуровать (= энергично работать [физически]); купить (= обмануть, разыграть); хохма (= шутка); хохмить, хохмач (= шутник, остряк, любитель розыгрышей); ящик-"телевизор"等类型的词;一些不仅用于俗语、而且用于标准语使用者的日常口语和

---

① 这一现象在其他现代社会中也存在,例如美国、英国、法国、联邦德国、意大利。在需要语言提供特别的表情性和表现力的时候,美国或英国的知识分子,还有意大利、法国、德国的,会随之而轻松地在言语中使用行话、隐语和不同集团隐语的成分。更有甚者,隐语词汇与结构在书面文本中也不少见——不仅在文学作品中如此,在图书、报纸和杂志中也是如此(Швейцер 1983; Guiraud 1965; Eloy 1985; Berruto 1974)。

② 20世纪末至21世纪初,集团隐语对标准语的影响方式有很多种。这种影响的来源不仅有青年隐语,还有不同类型的边缘群体的隐语,如娼妓、吸毒者、赌徒等。——2003年作者加注

书面文本的成语性表达如 качать права（= настаивать на чем-либо, отстаивать свои права）; выходить боком（= иметь плохие последствия для кого-либо）(Как бы тебе это боком не вышло); копыта откинуть（= умереть）; пудрить мозги（= вводить в заблуждение, сбивать с толку, уводя разговор в сторону от того, что интересует слушающего）; стоять на ушах（= делать немыслимые, сточки зрения говорящего, усилия, ухищрения для достижения какого-либо результата）等等〈在［Новые слова... 1984］中,这里列举的语言单位大部分都有"в просторечии（俗语中）"这样的标记〉。

请看下面对现代俄语口语的一段记录,它来自（РРР-1981）一书（所有的说话人都是标准语使用者）:

Сил нет писать эту *бадягу*（о научной работе); Какой там торт был! *Обалдемон!*; Думаю *отстреляться* с немецким в этой сессии; Бросила курить. А то ведь по две пачки в день *сажала*（РРР-1981, с. 46）.

再请看我们在 80 年代所做的记录:

（工程师,45 岁）В последней передаче-вы не видели-Виноградова, которая вела, мак ее [актрисỳ] здорово *лажала*;

（工程师,27 岁）А что сегодня по *ящику* [т. е. по телевизору]?

（语文学家,女,60 岁）Я не успела *врубиться*-о чем идет речь?

（语文学家,50 岁）Такую *телегу* на них в министерство *накатали*-во всех грехах обвиняют!

（程序员,女,40 岁）Ну, мужики, хватит *базлать* [т. е. кричать, базарить], пора за работу приниматься;

（画家,35 岁）Нам приходилось буквально *на ушах стоять*, чтобы все получилось хорошо и к сроку.

在书面语中,隐语词语通常被当作另类的、非标准语的成分加上特殊的说明,但有时它们也可能不带任何标记地夹杂在标准语文本中,写作者并未意识到它们是有修辞标记的成分。请看:

Ни днем, ни ночью не стихал телефон-это разъяренный папа в самых непечатных выражениях «*качал правда*»（Правда. 1983. 26 мая);

Троеверов от подобной части совершенно растерялся, *офонарел*, как выразились механики (И. Ефимов. *Лаборантка // Юность. 1972. № 2*);

Старая дурная привычка «обмывать получку» *выходит боком* горняцкому коллективу-теряются сотни тонн угля, снижается трудовая дисциплина (*Комсомольская правда*. 1961. 30 сент.).

有些隐语词语在标准语的言语体裁中经常使用,以至于开始让说话人认为它们"原本"就属于这种言语体裁。请看,例如,下面这个来自报纸的片段:

  Помните, в 60-70-е годы молодежь рвалась в вузы, а стране нужны были рабочие руки. Тогда в газетах особенно доставалось матерям, якобы пытающимся любой ценой протолкнуть свое чадо в вуз. Хвалили юношей, пошедших на завод, стройку после ссор, крепких споров с родителями. С *голубого экрана* слетело слово 《предки》. Фильмы шли такого содержания: глупая мама, взрослый ребенок, поступающий вопреки ее советам... (*Правда*. 1984. 2 февр.)

对隐语成分在现代俄语标准语中使用情况的观察说明,标准语使用者对隐语的态度发生了变化:它过去被当作一种社会上另类的语言变体,其语言手段不可以用于有文化的人的交际(这种观念就在不久前——50—60年代——还很典型);现在,至少在一部分说话人看来,隐语是特别有表现力、表情性词语的源头,可用于标准言语的特定交际情境——在谈话者不拘的关系中,为了开玩笑、当强调某种感情或夸大某种意思的时候,等等。

5. 非标准语言变体间的相互关系

  研究标准语和方言、俗语、隐语间的相互关系,是语言学想要研究的主要问题:这种研究可以揭示现代俄语的发展趋势,突出在这种发展过程中标准语所发挥的最重要的交际功能。

  与此同时,在地域方言、俗语、行业隐语和集团隐语这些非标准语言变体之间,也存在有使它们相互影响的关系。

  上文中我们已经谈到了方言对俗语的影响、俗语—1 的方言基础和过渡方言。另一方面,"大量的方言在自己的词汇—语义系统中集聚着俗语的词汇单位"(Коготкова 1977:59)。

  上述现象在现代地区方言和俗语的关系中表现得尤为突出。此时,受到"城市"言语(标准语和俗语)影响的方言受到损害,而吸收了方言成分的俗语在语言学性质和使用者构成方面都变得更加复杂了。

  总的看来,俗语和其他语言变体不同,它在最大程度上对其他领域的语言成分开放。和方言的影响一起,俗语中还可看到隐语的影响,我们在探讨俗语—2 的时候就已经明确了这一点。

集团隐语对现代俗语的影响是典型的社会语言学过程之一。集团隐语在丧失自己的交际价值、走向消亡的同时,可能留下来作为俗语最鲜明、最有情感表现力的语言手段①。如果把俗语分成"旧的"和"新的"(俗语—1 和俗语—2),那么就有充分的理由说,给俗语—1 提供了丰富营养的主要是地域方言,而对俗语—2 来说则主要是行业和集团隐语。但是,由于俗语—1 正在消逝,它从地域方言中吸收养分的过程是很弱的——这时主要保留了旧的方言借词,而表现力的更新几乎没有。

俗语—2 的情况完全不同:它始终在用借自行业和集团隐语的新手段丰富和完善自己。例如:выдать(说出一些让听者感到奇特的或者令人意外的话)之类的语言单位经常不带本应出现的补语(-Ну и выдал он, все прямо рты разинули); выпасть в осадок(犯规、违规)②;выступать(讲了点什么,让听者对讲话本身和所讲的内容都持否定态度)③;положить глаз на кого-либо(对某位异性感兴趣)(请比较一下在[Новые слова и значение 1984:170]中的另一种解释);всю дорогу(持续地、始终地);завязать с чем-либо(停止做某事)(-Ты куришь? -Нет, я уже год, как с этим делом завязал. 动词不能用于实际存在的意义);заделать(做、制作、创造)(Такой однажды костер заделали; Говорят, ты стишки хорошо рассказываешь. Заделай что-нибудь, а?)(Новые слова и значение 1984:222)④;контачить(和某人关系"不错"——请比较这个动词在电工的职业言语中的直接意义"联通,能够送电");толкнуть(卖);усекать, сечь(懂得、了解、明白)等等。

另一方面,行业隐语在很大程度上受俗语—2 和集团隐语的影响,在不同的行业隐语中这种影响的表现程度是不同的。原因在于,受行业因素制约的语言变体的可渗透性受到很多因素的影响,其中包括劳动的性质、科技和生产的职业化程度、与其他行业的隔绝程度、职业活动中是否有必要和其他行业与专业的人、外行等打交道等等。此时可以看到这样一种规律:职业化的程度越高,行业隐语的专业性就越高,它受到的外部影响就越小。如果必须和其他行业的人打交道,就会发生从其他语言变体(如俗语)的借用,借自其他语言变体的成分就会在行业隐语中

---

① 请看邦达列多夫的观点:"……隐语不是一下子死亡的:有的时候它继续存在,只是几乎只作为特殊的表情手段。"Бондалетов 1969:411)

② 请比较:Новое выражение (для меня) употребляется в среде молодых штурманов:《выпал в осадок》. Означает оно (на английский манер) кучу понятий: перепил и потерял сознание, сильно расстроился и т. д. (В. Конецкий. *Третий лишний*. Л., 1983. С. 25)

③ 在《新词和新义》(1984:150)中 выступать 表示的这一意义第一次被确定了下来,释义如下:"用激烈的语调表达对某人某事的反对、愤怒(用于俗语,不赞)"。我们认为,这个释义中缺少了一个成分——讲话人的立场(也就是使用 выступать 这个动词的人),他对谈话对象言语行为的评价。

④ 在米尔托夫的词典中,这个词被毫无疑问地当作了隐语:заделать(= оплодотворить женщину)(воровское арго)(Миртов 1929:410)。

固定下来。例如,一方面,数学家、化学家、核物理学家等人的行业隐语保持了自己的特点,受外来影响很小(相反,它们自己在影响其他言语范畴,其中包括标准语);另一方面,商人、搬运工、钳工、卫生员等"日常"行业隐语的边界就没有那么严格。

现代俄语非标准变体的相互影响主要发生在词汇和成语层面,这是研究者阐述最多的一个事实。受关注较少的是,使用不同语言变体的社会群体的流动会导致一些变化,如言语行为(其中包括言语礼节)、言语模式和一些不同种类的"交际零件"(如语气词、情态词、感叹词等,它们在口头对话形式的交际中的作用很大,对此请参见:Николаева 1985)。

俗语的普通名词因加入了 кореш,шеф,командир,начальник 一类的隐语称呼语而扩大了范围,此外,对话开始与结束时的套语也发生了变化,在这些变化中可以看到行业或社会集团交际方式的影响。例如,军人"语言"的影响可以在俗语—2中看到,есть,так точно 等表达代替了通常使用的 ладно,хорошо(或者和它们一起使用)。请看:

— Часикам к восьми подойдите завтра, тогда и поговорим. — *Есть*, завтра я у вас в восемь; — Так ты с какой базы, с Сокольнической [имеется в виду овощная база]? — *Так точно*.

лады, замётано(用于谈判、讨论中),чао, хоп①(用于告别,越来越多地用于俗语—2),语气词 ку-ку(用于强调"缺乏某物"、"改变状态",如:Я к пяти, как договорились, пришел, а там уже всё—ку-ку! -никто нет; А яма-то наша—ку-ку! —замерзла!)……在这些词语的使用中可以看到隐语对俗语的影响。表示"да"的语气词 ну、代替 так 的 дак(Ты будешь ужинать? —Ну②;Дак пускай он приходит!)——说明俗语使用者掌握了方言中的对话方式。

现代俄语非标准变体间不断加强的相互影响使得它们之间的严格界限变得越来越模糊,使语言形式间的过渡结构开始出现③(请看在标准语和地域方言、标准语和俗语间的分界线上产生的这类过渡性结构,请参见上文)。这和社会边界上发生

---

① 借用自突厥语,请看乌兹别克语中的 хуп 表示 хорошо,ладно。
② 请看下面的例子中是怎样把这个语气词当作对话的成分进行解释的:—Ты уходишь, папа? —Ну, —ответил он [генерал]. И я подумал, что он, очевидно, из сибиряков:《ну》в Сибири означает《да》(Н. Евдокимов. *У память свои законы*)。
但是,这一成分现在已经没有这样的定位,应该被看做是俗语词了[《新词和新义》(1984:425—426)中对它正是这样定义的]。
③ 谢列布列尼科夫写道:"如果说,每一个人都是几种分属不同的言语变体的词语的携带者,那么,不同的言语社会变体间的界限就变得越来越难以确定了。"(Серебренников 1970:496)——这里说的就是行业隐语和集团隐语。

的过程的性质是完全相符的。当然,这里所说的语言过程并不是社会过程的直接对应,但毫无疑问的是,社会结构中的变化是现代俄语发展过程中越界现象的基础。

另一种对立的趋势(即分化)的原因既有社会的,也有功能的:现代条件下人类活动变得越来越复杂,很多交际领域都要求语言的功能更加灵活,至少要满足一点,即:语言手段和表达方式要能适应不同的交际情境和交际目的。

6. 俄语在异族环境中的变异

在现代俄语的发展和使用中,俄语在异族(即非俄罗斯民族——译注)环境中的使用、俄语被非俄罗斯民族用作族际交际语言等现象占有特殊的地位。这些现象的特点在于,俄语在异语环境中发生的变化受到了一系列复杂的社会和民族因素的影响。

自从俄语获得了族际交际语言的地位开始,就出现了它的地区变异问题。随着俄语交际功能的扩大和复杂化,上述问题就变得越来越迫切了。

应该说,民族语言的地区变异[①]问题早就引起了语言学家的关注。在这一领域开展了众多研究,其结果说明,语言变异和地理、民族、社会和其他因素有关:请比较英语的变异(参见雅尔采夫、什维采尔的著作)、德语的变异(参见古赫曼、多玛什涅夫的著作)、西班牙语的变异(参见斯捷班诺夫的著作)、法语的变异(参见列费尔斯基的著作)等等。现在需要特殊的证据来证明英国英语和美国英语、西班牙的西班牙语和广泛应用于中南美洲的西班牙语是一种语言的不同变体,每一种变体都有自己特殊的使用者。实际上,美国儿童从小就学的是美国人所讲的英语,而不是这种语言的英国变体;古巴人使用的是古巴西班牙语变体,而不是地道的西班牙人的语言,其他语言的情况与此类似。

但是,俄语的情况和英语、西班牙语、德语、法语等语言的情况都不同,那些在前苏联加盟共和国中分布的俄语形式并没有任何特殊的使用者,它们也不在学校、大学里教授,相反,教育系统试图教授的是标准俄语。然而,俄语在异语环境的使用中可以看到或多或少背离俄语标准规范的现象,这是土著居民语言干扰的结果。

该怎样看待这种背离现象呢?如果按照"标准语是针对所有说话人"的原则,可以宣布它们是"不合法的",不加理会。但是这样一来,语言学理论就和言语实践脱节了,同时,语言学家也不应该绕过这些从语言学和社会意义上看都很重要的问题(把俄语作为族际交往的手段来学习和掌握是绝对必要的任务,对此不容怀疑)。

---

① "地域变异"(региональное варьирование)这个术语在此指语言在异族环境中的使用。为表示语言在它原属的地区所发生的变异,我们使用另一个术语——"地方变异"(локальное варьирование)。

因此，另一种方法显得更加现实：研究俄语在我国不同地区的使用，并揭示其中的特点与规律。要仔细地研究俄语在不同民族和社会环境中的特殊使用情况，只有在此基础上才可能提出最佳的方法建议，以促进俄语作为族际交际语言的学习和掌握。要做到这一点，其前提条件就是认识俄语受地理分布、使用者的民族构成和社会属性等因素决定的变异事实。

要理解俄语，甚至是标准俄语（这里不谈地域方言和俗语）在从波罗的海到楚科奇半岛、从西滨山脉到帕米尔高原的广大土地上不是完全一样的这一事实，并不需要成为俄语专家。显然，我们在俄罗斯基本的文化中心（莫斯科和列宁格勒）听到的俄语，和塔林（亚美尼亚首都——译注）或阿拉木图（哈萨克斯坦首都——译注）所讲的是不一样的。在后面两个城市和相应的民族共和国中，俄罗斯族居民的俄语和爱沙尼亚人、哈萨克人的俄语是不一样的，哪怕这些非俄罗斯民族的人已经很好地掌握了俄语。

如果继续比较不同的语言群体就能看到，影响俄语及其表达手段变异的不仅是地域和民族因素，还有其他的，如：说话人的教育水平（受教育程度越高，就越少偏离俄语标准语规范）、职业、性别、年龄等等。

民族共和国的俄语言语里，人们经常只看到对俄语的歪曲，事实真的如此吗？沙赫马托夫曾经认为，语言学家的任务是客观地研究语言事实，不要试图评价这些事实，认为一些是正确的，另一些是不正确的。他写道："总之，如果学术机构不去研究人们是怎样说话的，而去指出该怎样说话，这实在是一件奇怪的事。"（Шахматов 1899：33）

现代语言科学已经远远超出了那种客观看待语言、认为学者不应干预民众语言生活的观点。在俄语和其他前苏联共和国的民族语言中有一些或严或松的规范，它们在被有意识地通过教育系统、媒体、广播和电视完善和推广。规范的统一和通用性是标准语统一和完整的保证，也是人民的文化财富。为制定这种统一的规范，必须要对语言事实从其表现力的大小、是否适应交际目的等角度予以评价。

但是，语言学家所进行的保护语言的规范化和标准化活动（还包括对语言有目的的更新）需要有一个条件，就是要深入和详细地研究语言，以及它的发展和使用。

因此，在宣布这样或那样的现象是对俄语的歪曲之前，必须客观和非预设性地研究这些现象，揭示所有的特点、解释它们的语言学和社会本质。这一任务是复杂、多面的，在本书中甚至不打算解决它（对此应该进行独立的研究）。但是，由于本书涉及现代俄语社会变异的普遍问题，就必须关注俄语在异族条件下的变异现象，更具体地，应该考察那些出现变异的语言形式，哪怕是很简要地也好。

为了概括地说明俄语在异语环境下变异的性质，应当指出决定变异的事实的数量众多。这些事实包括纯语言性质的，还有外部的，如社会的、文化的、民族的、心理的等等。

要说明这些为数众多、种类繁多的条件,需要区分几个俄语变异的轴线,或者说参数。

层级轴线:指的是俄语手段的变异属于不同的结构层面——语音、形态、词汇、句法。

例如,在乌克兰语—俄语和俄语—乌克兰语双语条件下,居住在乌克兰的人所说的俄语有这样一些特点:

语音层面[①]——咽辅音(擦辅音)г在俄语标准发音中读作爆破音 г:[γ]óды,[γ]óрло,[γ]убы,но[γ]á,по[γ]óный;[ў]代替[в],[ф]或者[ф']:以[ў]бок,[ў]бить,любо[ў]代替了[в]бок,[в]бить,любо[ф]等等。

形态层面——以 кура 代替 курицв;以 скоренько, быстренько 代替 скоро, быстро;以 ходять, сплять 代替 ходят, спят 等等。

词汇层面——це 代替了 это;робить 代替了 делать;часом 代替了 иногда;дивиться 代替了 смотреть, глядеть 等等。

句法层面——以 пришел со школы;Где идешь?;Не имею времени 代替了 пришел из школы;Куда идешь?;(У меня)нет времени 等等[②]。

居住在上述双语环境中、俄语并非其母语的人(例如高加索和中亚地区的人),在他们所说的俄语中还可以发现因其本民族语言的语音、语法、词汇—语义的影响而造成的偏离俄语的现象。例如语音方面最常见的现象之一——不区分软硬辅音,这是因为存在着这种现象的语言中没有软硬辅音的对立,也就是说软硬辅音没有区分意义的功能:[б]ил 代替了[б']ил,[ж']изнь 代替了[ж]изнь;还有相反的:[хы]трый 代替了[х'и]трый,[сы]ла 代替了[с'и]ла。

修辞轴线:这里指的是:首先,变异分属于不同的功能语体——对俄语规范最大程度的偏离属于日常生活语体,程度最小的属于科学和公文—事务语体;其次,说话人对语言单位情感—修辞色彩的把握不完全符合标准语规范,因此在没有功能和修辞色彩的中性言语中使用有修辞标记的词语(或者相反),混淆不同的语体:例如,在日常生活语体中嵌入具有公文—事务语体、书面语色彩的词语,而在书面语体的文本中使用口语和俗语成分。

请比较,例如:

—Ата, спички есть? —Нету *таковых*. (来自过路人的对话,一个是年轻的俄罗斯族人,另一个是上了年纪的哈萨克族人);Площадь занимаемой квартиры *где-*

[①] 这里只列举每个层面的若干事实。

[②] 详情请见(Культура 1976;Ижакевич 1980;*Функционирование* 1981;Культура 1985;Кононенко 1985 等等)

то около сорока метров.（来自执行委员会的通知）；Пришлите комиссию, пусть она *вкрутит мозги* ихнему начальнику.（来自写给编辑部的信）

社会轴线：指不同程度的俄语变异出现在年龄、教育程度、职业等不同的群体中。对俄语规范最大程度的偏离出现在最年轻的一代（学前和初小儿童）和最年老的人（这里指的是母语不是俄语的人）当中；和语言使用有关的职业（教师、记者、教育者等），其言语偏离标准俄语较小，而与语言使用无关的职业此时就显得更加"中性"（换言之，矿工、地质工作者、农艺师等人在说话时比教师或记者更经常地偏离规范）。

情境轴线：在不同的交际条件下语言变异的程度不同。在社会意义重要、受到监督的情境中变异较少，而在社会监督较弱的情境中变异就比较多（关于交际情境的差别请看下文）。例如，和政府的书面交往（书信、申诉等）属于前者，家庭成员间不拘的谈话就属于后者。

民族—文化轴线：指受到民族特点影响的语言变异，例如，不考虑任何附加色彩就使用一些动物名称：俄语中的осел, зверь, свинья 等有着不赞的伴随意义，因此转义使用时只能用在有否定评价色彩的人物身上，如：Этому ослу бесполезно что-либо объяснять; Он смотрит на всех зверем; Я не знал, что ты такая свинья 等等；ослиное упрямство, вызвериться, поступать по-свински 之类的词语也是如此。在别的民族文化和语言中，相应的概念和词语可能有不同的伴随意义（例如，осел 不代表"愚笨和顽固"，而意味着"顽强和勤劳"），结果，这些词的转义在上下文中并没有从说话人角度来的否定的评价。如果把这些语境条件照搬到俄语环境中，就会出现不同寻常的词语用法（?Он работает, как осел)[①]。

语言变异可能在所有这些轴线上同时发生，这时我们就可以说变异达到了某种等级，达到了不同轴线上的程度。这个等级可以说明对俄语规范偏离程度的"大小"，而在等级表的极限处，是偏离的最高等级和最低等级。最大程度的变异出现在从事与语言无关的职业的人在社会监督较弱的情境中所讲的日常生活语体的言语的语音层面上（也就是发音中），最小程度的变异出现在从事与语言使用相关职业的人在社会监督较强的情境中所使用的科学与公文—事务语体的言语的形态层面。

研究俄语在上述所有轴线上的变异现象是现代俄语学最迫切的任务之一，它应当成为那些在与其他语言的密切接触中教授俄语的活动探寻最佳方法、实现教学活动的理论基础。

---

① 实际上，这里提到的每一个语言变异轴线都说明，说话人没有完全获得相应的社会语言学或交际能力，对此我们将在下文中探讨。

语言获得的社会方面

1. 现代语言学中的"语言获得"概念

不久前,语言获得(владение языком)①的概念还没有被当作是一个语言学的术语,它的使用只是依靠人们的直觉,没有任何人试图对其加以明确或解释。顾名思义,如果某个人掌握了理解某种语言的话语并能用这种语言按照使用该语言的人所共有的规则构造话语、文本(口头的和书面的)的能力,这就是语言获得。

语言学在现代的发展有着十分重大的意义,其中包括,一些过去完全依靠直觉理解或者没有严格释义的概念开始得到明确的定义。例如,一系列传统的语法概念"支配关系(управление)"、"一致关系(согласование)"、"语法意义(грамматическое значение)"等,在近期都被重新审视和更准确地阐释(其目的主要是为了建构语言理论模型而进行语言形式描写,请看阿普列相、伊奥姆金、别尔佐夫、萨尼科夫的著作)。

"语言获得"这一概念的命运也是如此。

语言近 20 年里的主要任务是对人的言语活动进行模式化,或者换句话讲,要从理论上解释人是如何掌握语言的,因此就自然地、而且是必须地解释什么是语言获得。

阿普列相是我国语言学中首先明确提出上述任务的学者之一(Апресян 1967:8-),他曾试图把"语言获得"这个概念"分解"成一些基本的元素。他认为,获得一种语言就意味着:(1)能够用不同的手段(理想状态是——用某种语言所有可能的手段)表达特定的意义(迂说的能力);(2)能够从用某种语言说出的东西中提炼意义,其中包括区别形式上相似、但意义不同的表达(鉴别同形异义现象的能力),和在外形不同的表达中找到共同的意义(了解同义现象的能力);(3)能够区别语言上正确和不正确的句子(判断正误的能力)(Апресян 1980:2)②。

---

① 汉语中,"语言获得"这个术语相当于英语中的 language acquisition,有两种含义:(1)通过各种方式习得某种语言能力的过程;(2)通过各种方式得到的语言能力。俄语中,这个术语的内涵偏重于后者。——译注

② 在另一著作中,阿普列相又在这三个能力的基础上补充了"选择能力",即"能够在众多语言手段中选择能够表达特定意义的合适的语言手段,并在最大程度上适应于社会、地域和其他交际情境的特点,最大限度地表达交际情境参与者的个性特点"(Апресян 1979:503)。

下文中将谈到,对说话人的这种能力要分类探讨,要考虑交际情境的具体方面——民族—文化、社会、延伸的还是有具体所指的。

这里的"语言获得"指的是说话人纯粹的语言能力。实际上,这种解释是对乔姆斯基所说的语言能力进一步的细化。

应该指出,乔姆斯基提出"语言能力(competence)——语言运用(performance)"的对分用来解释人的语言能力和言语活动(Chomsky 1965),这本来也可以看做是最先明确探讨"语言获得"概念的尝试之一,假如他没有用极端的乔姆斯基式的"语法主义"观点来阐释语言能力,只考虑它的纯语言方面而完全忽视了社会、情境和类似的"语用"因素的话。

乔姆斯基著作出版后两年,海姆斯指出了"语言能力"这一概念的不完善之处(Hymes 1967)。他认为,语言知识不仅在于掌握它的语法和词汇,还包括清楚地认识到在何种言语条件下可以或者应该使用这些或那些词语及语言结构。海姆斯提出了交际能力(коммуникативная компетенция)的概念,并在自己的一系列著作中坚定、顽强地论证着这个概念的必要性(Hymes 1971,1972,1973,1974)。

海姆斯把自由获得语言能力的过程和儿童的社会化过程联系起来,他认为迫切需要研究"儿童在被教育成某一语言社会合格成员的过程中,除了语法和词汇以外,还要获得哪些关于言语的知识"(Hymes 1970:102)。他写道:"儿童在社会结构的框架内获得语法,还有由说话人之间的关系、地点、说话目的和其他交际方式所决定的语言使用的系统知识……社会中还存在有完善、持久的语言使用系统,例如在讨论、打招呼等情境中使用的标准交际方式。"所有这些构成了"社会(或者更广泛一点——交际)能力,它让人能不仅成为一个说话人,还能成为受社会制约的交际系统的成员"(Hymes 1974:75)。

海姆斯强调,语言理论应当在考虑交际行为和社会生活的同时描写不同的言语形式。他用几个章节(sectors)来讨论交际能力,但却没有用任何一章来进行明确的描写。海姆斯指出,每一段话语都可以从两个方面来分析:它的语法性(грамматичность)——涉及语言能力(with respect to competence),和它在特定交际条件、特定社会环境中的可接受性(приемлемость)——涉及语言运用(with respect to performance)(Hymes 1972:278—281)。此处可接受性的意思,看来,就是奥斯汀所说的言语行为的恰当性(успешность речевого акта),对此还可参考关于言语行为理论的有关著作。

为了对人的语言能力及其在言语活动中的表现进行社会语言学的描写,按照海姆斯的观点,有三个成分需要考虑:语库(словесный репертуар, verbal repertoire),语言惯例(языковые обычаи или шаблоны, linguistic routines)——不同体裁文本的组织类型、两个或更多的说话人交际的规则,语言行为领域(области языкового поведения, domains of language behavior),或者更常用的说法是,交际行为领域(области коммуникативного поведения)(Hymes 1972：280)①。

海姆斯之后,拉波夫(Labov 1970)、埃尔文—特里普(Ervin-Tripp 1971,1973)、菲尔默(Fillmore 1973)和其他一些人也指出,研究人类的语言能力必须联系人的社会化过程,联系言语行为得以出现的广阔的社会背景。埃尔文—特里普在一本著作的按语中坚持使用"社会语言学能力(социолингвистическая компетенция)"这个术语,因为必须"考虑很多非语言交际的形式"(Ervin-Tripp 1973：293)②。

菲尔默并未质疑乔姆斯基提出的 competence 和 performance 概念,但是,他也没有公开支持那些坚持使用交际能力概念的学者。在自己的一部著作中,菲尔默试图清楚地区分人的纯语言知识和他所掌握的关于交际行为构成成分的信息。他写道:"交际事件的基本要素包括:信息发出者的个性、信息接收者或者信息对象的个性、信息发出者对交际事件的第三方或者目击者了解的程度、交际双方使用的语码、信息内容的主题和特殊内容、信息传递通道的特点、信息存在的氛围或社会情境、信息在特定情境中的功能。"(Fillmore 1973：277)

尽管"言语发出者(说话人)的个性"、"言语接收者(谈话对象、听话人)的个性"这些概念在这里并没有加以区分③(请参照在很久以后出版的著作中提出的那些说话人与听话人的重要特点,如社会地位、在特定交际行为中的社会角色等,请看本书下文),交际行为相关因素的清单本身可以说明,构建语言获得的模式是不可能不考虑这些因素、只依靠说话人的纯语言知识和习惯的。菲尔默就此写道:"有明显的合乎语法的句子(如 I love you 等)和明显的不合语法的情况(如 the a of of 之类);但是看起来,要评判不那么明显的情况,就应该以理解情境为基础,而不是仅仅依靠语法,语法能够构建符合语法的句子,但是在解释为何会出现明显不合语法的句子方面却无能为力……"(Fillmore 1973：283)

这种认为用纯语法方法分析活的言语事实具有局限性的看法和拉波夫一直坚持的观点彼此呼应。拉波夫认为,语法把很多现实中遇到的话语看做是错误,但这些错误却充斥着口语,而且并没有导致误解,因此,语言学理论应该重新建构,以使其不仅能描写和解释"纯的"情形,还有看起来似乎是错误的、但实际上是受制于

---

① 值得注意的是,这些成分中缺少了语法规则,也就是说,海姆斯放弃了乔姆斯基关于人类语言能力过于"纯净"、特别语法化的观点,但他却走向另一个极端——对语法信息重视不够(也许,语法信息包含在"语库"中了,但是作者事先并没有说明这一点)。

② 在文献目录中还可以看到"言语能力(речевая компетенция)"这个术语,它的含义接近于术语"交际能力";言语能力和语言能力是相对的(Психолингвистика 1984：321)。

③ 在其他一些探讨交际行为结构的著作中也是如此。请对比由雅克布森、海姆斯先后提出的以下几个言语行为的成分:(1) 发出者;(2) 接收者;(3) 信息形式;(4) 联系通道;(5) 语码;(6) 主题;(7) 氛围(Jakobson 1970;Hymes 1970)。

情境和其他因素的情况——话语（Labov 1966a，1970；另请参见：Bierwish 1976）。这说明有必要用能够解释偏离语法情况的内容来完善语言学理论。

甘柏兹发展了这种关于语言学描写任务的观点，他提出了语境化（контекстуализация，contextualisation）概念。这一概念的基础是，说话人要考虑的不只是该如何把正确组织的内容传递给听话人，还包括如何使这些内容写入相应的语境中，使它得到应有的解读（Gumperz 1982：17）。甘柏兹指出了语境化的几个种类：语码转用（也就是说，例如，从一种语体转到另一种语体）、提高或降低声调、改变言语速度、说话人改变姿势等等。所有这些都可用来作为指示一个谈话主题结束、另一个主题开始的信号（ibid．：18）。由于说话人始终在自己的言语行为中使用类似的信号，这些信号应该在描写语言及其在不同交际情境中使用的时候被考虑到①。

可以说，认为语言学描写不应只针对词库和语法、还要考虑语言使用的社会语境的观点，在今天已经被广泛地接受了。甚至还出现了过于广泛地理解语言学任务的现象，例如在一些最新出版的语用学著作中就是这样（Языковая деятельность 1984）。但是，影响人类言语行为的因素数量巨大，而且它们之间的差异是如此之大，以至于要把所有这些因素都算作语言能力的做法使描写语言的科学变得非常不确定和模糊了。

同时，另一些要么属于纯语言学、要么属于心理语言学的问题中也有很多不确定性。

问题之一就是，通常被称为"语言获得"的语言能力中的语言和非语言因素间的关系。

在把这种能力看做是交际能力或社会语言学能力、列举言语交际过程中的重要因素时（正如前面所列举的著作中所做的那样），我们只承认一点，这种能力是复

---

① 我们发现，在上面所引用的著作和塞尔、格赖斯关于言语行为理论的著作中，只考虑了作为交际行为参与者的说话人与听话人，因为他们的特点影响着交际行为的结构和特点。但是，言语行为的性质及其纯语言特点还取决于在特定的交际行为中是否有没有直接参与交际行为的第三方存在（他既不是说话人也不是听话人）。人们不止一次地提到（例如：Sherer, Giles 1979），不直接参与对话的第三方的存在能够影响言语的音调和响度（提高响度和声调），影响话语的省略程度（减小省略性，使话语更加完整），等等。此外，从话语在特定语境中的可能性/不可能性角度看，第三方的存在还给话语带来了一些限制。

例如，根据拉西琳娜的观察，"моя родина（我的家乡）"这一词组在说话人同乡在场的情境中使用就很不恰当，当说话人的兄弟在场时说 мой отец（我的父亲）也是如此……"［按照俄语的习惯应该分别说 наша родина（我们的家乡）和 наш отец（我们的父亲）——译注］；"在米坚卡的母亲在场时不能说 Знакомитесь-это Володин сын Митенька（说米坚卡是父亲瓦洛佳的儿子，忽视了在场的母亲——译注）。之所以会产生'不礼貌'的效果，是因为说话人破坏了物主代词的使用规则。说 Митенька—Володин сын（米坚卡是瓦洛佳的儿子）就等于说了 и никого другого из здесь присутствующих（米坚卡不属于在场的任何其他人），这也就意味着，说话人建构的文本不符合实际和对话参与者的假定"（Рахилина 1983：106）。

杂的,仅用语言学方法是不足以描写现实的语言生活的。但是,语言获得是否是某种无形的能力,抑或是从中可以区分出一些有着明确的相互关系的成分或层次？我们倾向于回答问题的第二个部分,认为可以根据语言及其使用的信息种类区分出语言获得的几个层次。

2. 语言获得的层次

2.1 纯语言学层次包括三种上面提到过的能力,表现为不论语言使用在不同的人类活动领域中有什么样的特点,都能对语言进行自由的"操控"。尽管语言获得的这个层次的实质是十分明了的,我们还是对每种能力举几个例子。

迂说能力的表现是,说话人可以用不同的方法表示同一个意义。而且他能够使用的迂说法越多,他(这一方面)的语言获得的程度就越高。例如：Переходя улицу, будьте особенно внимательны. ↔ При переходе улицы будьте особенно внимательны. ↔ Когда вы переходите улицу, (то) будьте особенно внимательны. ↔ Переход улицы требует (от пешехода) особой внимательности. ↔ Особая внимательность-вот что требуется при переходе улицы (когда вы переходите улицу)...

要理解用特定语言表达的文本并不需要举什么例子;判断和理解这种同形异义现象的能力就是语言使用者理解下面这类词语的能力：люблю Чехова = (1) люблю произведения Чехова, (2) люблю человека по фамилии Чехов; посещение писателя = (1) кто-то посетил писателя, (2) писатель посетил кого-то; Школьники из Костромы поехали в Ярославль (格拉德季的例子) = (1) костромские школьники поехали в Ярославль, (2) школьники (没有说明是什么样的) поехали из Костромы в Ярославль.

言语,特别是口头言语中随处可见这类多义的表达,但交际者却没有因此感到任何不便,这是因为同形异义现象被语境和交际情境给消解了。

了解同义现象的能力,一方面,在于迂说的能力(见上例),另一方面,在于从外形不同的表达中找到共同意义的能力。例如,获得了俄语的人应该能看出, деревянные ложки-ложки из дерева, оконное стекло-стекло для окон, продуктовый магазин-магазин, где продаются продукты 这些词组对是同义的,像 Подвиньтесь, пожалуйста.-Можно попросить вас подвинуться-Вы не могли бы подвинуться[①] 这样的话语和问题也是如此。

最终,获得了某种语言的人应该能判断这种语言中什么样的话是不能说的。

[①] 这里我们只探讨话语的纯意义,而不是它们的交际目的、情境条件、礼貌程度的差别等等。

例如,获得了俄语的人会毫不犹豫地把下面这些句子看做是病句：* Он сделал мне помощь(应该用 оказал помощь),* Парк был посажен своими силами комсомольцев(应该说 Комсомольцы посадили парк своими силами),* С минуту воцарилось молчание(应该说 На минуту воцарилось молчание 或者 С минуту царило молчание),* Я имею шестьдесят килограмм веса［应该说 Я вешу шестьдесят килограммов 或者 Во мне шестьдесят килограммов（кило)］等等。

这些知识和能力构成了被称为"语言掌握"的能力的基础。但是,显然,对于用这种和那种语言进行的自由交际来说,这三个能力是远远不够的。可以很好地了解发音规范、语法和词语运用的规则,善于运用不同的语言手段来表达同一个意思,对不同的语言错误拥有极好的感觉,但这里还缺少了对特定言语社会的交际行为来说十分必要的能力,仅有语言学知识和能力在现实的言语中是不够的。天生的、"真正的"语言使用者（即母语使用者——译注)通常都能够根据自己和谈话对象的关系、后者的社会和心理特点、言语的目的等因素改变自己的言语（请比较阿普列相所说的说话人的选择能力)①。因此除了语言获得的纯语言学层面之外还应该看到其他的内容。

2.2 社会—文化层次是由民族特点所决定的语言使用能力。某种语言的使用者从孩提时代起就在习得这种语言的词汇、语法、语调和发音,同时也往往在不知不觉中吸收民族文化(物质的和精神的)。文化习俗和传统通常和语言的特殊使用方式联系在一起。

比如说,茶在英国是煮(варить)出来的,在俄罗斯却是泡(заваривать)出来的［因此对俄罗斯人来说 варить чай(煮茶)这个说法就显得很奇怪］。对于俄罗斯人来说 ходить в гости(去做客)和 приглашать гостей к себе домой(邀请别人到家里来做客)是再正常不过的事,但是法国人通常在外面会客,因此也就不会使用和俄语中的表达有相同含义的说法。在芬兰,鸡蛋是按重量卖,而不像在俄罗斯这样以十个为单位卖,因此会说俄语的芬兰人可能会说 Взвесьте мне килограмм яиц(请给我称一公斤鸡蛋),当然,地道的俄罗斯人会对此感到奇怪的(尽管在纯语言方面这句话是完全正确的)②。

很多言语套语,即那些"刚性地"地从属于某种交际情境、在严格明确的框架中变异的结构与话语都受到民族文化特点的制约。例如,俄罗斯人在电话交谈的开始部分应该说:—Алло!；—Да!；—Слушаю! 或者—Я слушаю!；—Слушаю вас 等(在拿

---

① 当然,这一能力对于标准语使用者和俗语使用者来说是不同的,它取决于说话人的文化修养、受教育程度等。但是在这里,我们谈的是基本的情境变异能力,母语使用者和非母语使用者的这种能力是不同的。

② 这些例子转引自(Верещагин, Костомаров 1976：91—92)。

起听筒回应电话铃的时候)。德国人,哪怕他已经足够好地获得了俄语能力,在这个时候可能会说:Пожалуйста!(好像在请打电话的人开始讲话)。在向谈话对方介绍自己的时候,俄罗斯人说 Это Петров(это Дмитрий Иванович, это Коля),德国人或法国人可能按照他们自己习惯的民族传统套语说:Здесь Гофман; Здесь Поль。

对于语言获得的社会—文化层次来说,重要的一个成分就是对词语的伴随意义(коннотация)的了解——这里指的是在特定的社会领域中已经被普遍接受了的、标准的词语联想意义。这种标准的联想意义经常都是受民族文化因素制约的。

例如:сокол(鹰)一词在俄语的语言意识中是和勇敢、骄傲等特征联系在一起的,在此基础上出现了用来表示飞行员的转义用法;法语中对应的词 faucon 就没有这种联想。корова(母牛)一词会令人想起肥胖、迟钝等特点,因此就可能出现用这个词来指称人的骂人的表达,主要是指女性;但在把牛当作圣物崇拜的印度,这种说法是完全不可能也无法理解的。

有些受民族文化制约的伴随意义没有如此明显的正面或贬低色彩,因此就不那么容易被感觉到。

在俄语社会中,泡得不好而且不好喝的茶令人联想到扫帚;不好的(味道不好、很稀的)咖啡就没有这种联想意义(可能,它可能和泔水相比较)。在从法语翻译到俄语的译制电影《杀人犯的黑色法衣》(Черная мантия для убийцы)中,女主人公就把她煮的咖啡比作是泔水,她对谈话对象说:Давай выпьем по чашке этого венка. 这和受民族文化制约的标准联想意义(伴随意义)是不相符的。

在俄语社会中(在很多别的欧洲社会中也一样),黑色是丧事、哀悼的象征,черный(黑色的)这个形容词本身在直义中就有这样的伴随意义。由于"黑色——葬礼"这样的联想关系,在俄语中有一个自古就有的表达 траур под ногтями,它对俄语使用者来说是很容易理解的,对于其他一些以黑色为丧服颜色的民族来说,也比较容易理解。但是,如果在一些使用别的颜色作为丧服色的民族中(例如东方的一些民族用白色)把这个表达翻译过去后就必须加上注解。

伴随意义不仅受民族文化的制约,还可能受到说话人社会差别的影响。这时,同样的语言事实会引发不同的联想。

通常,多义词对不同的职业群体来说有着不同的"联想领域"(поле ассоциации)。例如:инструмент 这个词在音乐家看来首先让人想起不同的乐器,对木工来说是斧头、锯子、刨子,对外科医生来说是手术刀、镊子、止血钳;материал 这个词在裁缝、法官、建筑师等人眼里也有不同的现实表现。

这类事实早就为人们所熟知了[①]。但是看来,直到今天也没有充分注意到,类

[①] 例如,巴克洛夫斯基在 19 世纪末时就曾讨论过这类现象(他对 бойкий 这个词在不同社会和行业群体中的意义差别进行了描写)(Покровский 1959:43)。

似的差别在相关语言单位的组合关系中有着直接的表现,不仅词语的伴随意义不同,词语搭配在不同的社会—行业群体中也有所不同。这是因为在每一个这样的群体中都有一些和现实关系特别密切的词、词语的语义和句法联系使用得特别积极。例如,настраивать инструмент, садиться за инструмент, инструмент не звучит, точить инструмент, тупой инструмент, собрать инструмент; На вас поступил компрометирующий материал; Ему удалось собрать богатый фольклорный материал; Из какого материала сделан памятник?

因此,在分属不同社会—行业群体的人们的言语实践中,活跃着语言表达体系中的不同片段:人们最容易掌握、使用最自如的是那些能够反映他们职业活动的词语和表达。

2.3 联想①层次:获得的不只是一个词语本身,还有"词语的世界",即,这个词语背后的现实和这些现实间的联系。

例如,俄语词 часы(钟、表)给人带来的知识不仅是词义本身、它的词汇和语法搭配(Часы идут, стоят, спешат, остановились, тикают, бьют; точные часы, на часах-половина первого...),带有这个词的成语性词组(точен, как часы)和其他的语言信息,还有数量众多的时间计量仪器的品种:机械表、电子表、太阳能表、水表、原子钟、手表、怀表、(壁)挂钟、脑中、简易挂钟、有杜鹃鸟叫的钟表、(钟楼上的)自鸣钟,等等[请看《俄语详解—搭配词典》(*Толково-комбинаторный словарь русского языка*. Вена, 1984. С. 953—957)中的 часы 词典条]。

了解"词语世界"的表现之一就是能够正确认识事物和概念间的种属关系。例如,俄语使用者知道,мебель(家具)这个词是对沙发、衣柜、桌子、椅子、沙发扶手椅和其他种类的家具的统称,перебегать, переплывать, переползать 和其他类似动词所表达的含义可以全部统一到动词 перемещаться 中去。这种认识对言语交际总体和构建逻辑正确的话语都有重要的影响。例如,为了构建句子中同等成分的链条,就要满足这样一个条件,即这些句子成分应该是同类的:它们应当用表示同等逻辑水平的事物或概念的词语来表达。可以说 В комнате стоял стул, стулья и еще кое-какая мебель(房间里有桌子、凳子和其他一些家具),但不能说 * В комнате стоял стол, стулья и мебель(* 房间里有桌子、凳子和家具)(Санников 1989)。

除了事物和概念间的种属关系,行为和事件之间还存在有其他关系:原因—结果关系、时间关系、空间关系。这些知识让人们能够区别逻辑正确的话语和反常、错误的话语:На улице сыро, так как идет дождь(外面很潮,因为下雨了)[不能说 * На улице сыро, поэтому идет дождь(* 外面很潮,因此下雨了)];Он встал,

---

① 原文中用的术语是 энциклопедический,意思是"百科全书式的、包罗万象的"。根据本书的具体内容,这一层面指的一种拓展、引申、关联的能力,因此选择了这样的翻译方案。——译注

оделся и вышел на улицу(他起床,穿衣,走到街上)[不能说 * Он вышел на улицу, оделся и встал(* 他走到街上,穿衣,起床)——至少,这句话描写的是不标准的情境](Апресян, Иомдин, Перцов 1978); Завтра я был в детском саду, а сегодня не пойду(明天我去了幼儿园,今天不去了)[这是儿童说的话;这个例子说明,说话人不仅没有了解 завтра(明天)这个词的含义,而且也不知道"昨天"、"今天"、"明天"这几个词在时间轴线上的排列]; Мы долго поднимались по ступеням на самый верх башни(我们沿着楼梯爬了很久,爬上了塔顶)[而不是 * Мы долго опускались по ступеням на самый верх башни(* 我们沿着楼梯下了很久,下到了塔顶上)]等等(关于语言错误和逻辑异常的区别请参见: Апресян 1978)。

2.4 情境层次：能够按照语境的需要运用语言知识和能力——其中包括纯语言能力、相关的民族文化能力和延伸能力。

2.4.1 交际情境由几个成分组成：(1)说话人及其社会角色；(2)听话人及其社会角色；(3)说话人和听话人之间的关系以及与此相关的(4)交际基调(正式的——中性的——友好的)；(5)目的；(6)交际手段(变体或语体,副语言手段——表情、手势等等)；(7)交际方式[口头/书面的,直接交际(面对面的)/间接交际(远距离的)]；(8)交际地点。

这些就是情境变量：其中每一个因素的变化都会导致言语情境的改变,因此,也就导致说话人所使用的语言手段和他们的交际行为发生变化①。

2.4.2 法官和证人在法庭上的交际与他们在开庭时的交流相比(开庭时,交际地点变了,但双方的社会角色和其他变量都没有改变),双方所使用的语言手段有着更大的正规性质。

法官要求证人介绍自己的生平经历,必须用问答的方式和证人交流,选择对话特有的句法特征(话语的省略性,回答者重复问题中的一些成分,等等)。法官要求证人就所陈述的事实和预审的结果做出回应时,会采用独白的交流形式,要求后者做出肯定或否定的反应(交际目的改变,其他情境变量均保持原样)。

显然,如果走出自己的公务角色,法官和证人不会再用原先的那些交际行为。我们还可以肯定,在"乘坐公共交通工具"这个情境中,如果法官和证人都在乘公共汽车——两人处于"乘客——乘客"的社会角色中,他们之间的谈话(前提是他们相互交谈了),当然,正式的程度还要小一些。

如果法官和证人是朋友,那么预审时的气氛和他们的角色都是正式的,但在此

---

① 语言学中第一个注意到交际行为的社会制约性的人是雅库宾斯基。在诸多影响言语交际的社会因素中,他探讨了：首先,"在熟悉的环境中和不熟悉的环境中所进行的交际的条件;第二,交际方式：直接的和间接的,单向的和互动的(指的是言语的独白和对话形式)——本书作者注);第三,交际(话语)目的：现实的和艺术性的,无所谓的和劝说的,后一种交际是要在精神和情感方面感染人"(Якубинмкий 1923: 99)。

之外,随着他们之间亲密关系的"升级",交际气氛转向亲昵,大家就会开始使用口语、隐语、俗语的表达手段。

在和法官的见面会上(面对面的口头交际),使用的语言中可以有省略形式;由证人亲笔签名的书面供述(远距离的书面交际)则要求使用形式明确、完整的语言表达。

应该说明,为了展示每一个情变量是如何发挥作用的,我们在引用和举例的时候省略了很多对情境的描述,只提供了大致的情况。实际上,在现实交际中情境变量是相互作用和影响的,其中的每一个变量都在和其他的一起发挥作用,例如:如果交际地点变了,通常就意味着交际目的、甚至是交际者的社会角色和交际基调同时也发生了改变;交际双方面对面的交流方式经常和言语的口头形式联系在一起,远距离交际方式则和书面形式联系在一起(但是,会有用电话进行的交流),等等。

2.4.3 我们举一些言语片段的例子,其中的说话人始终是同一个人,她在不同的交际环境中谈论同一个话题——一次外出科学调研。在保持谈话主题不变的条件下①,改变的是一系列情境变量:目的、地点、交际行为参与者的社会角色、基调、直接性/间接性、口头/书面形式,言语结构因此发生了相应的变化,其中包括词汇选择、句法结构、话语的语调结构、陈述的逻辑顺序等。

(1)(和朋友的谈话)И вот эту протоплазму надо было / нет, не примеры даже или что / найти, а всю картотеку облазить. Причем черт их знает / может их и вообще нет там / этих слов;

(2)(和同事的谈话)Неважно съездила: у меня ведь не было списка слов / надо было как-то исхитриться и разыскать в картотеке не отдельные слова, не отдельные примеры, а всю группу терминов. Причем никто-ни завкартотекой, ни я сама-не знали, есть ли они там вообще;

(3)(在部门会议上的报告)Очень трудно было отыскать в картотеке необходимые мне термины: я не имела точного списка, пришлось в значительной степени идти на ощупь;

(4)(在关于这次调研的书面报告中)Во время командировки я собирала материал об исследуемой мною группе терминов. Несмотря на трудности-отсутствие точного списка слов и недостаточность информации о наличии терминов интересующей меня тематики в картотеке,-мне удалось найти ряд лингвистически содержательных примеров.

---

① 看起来,主题不属于言语交际的结构构成性特征(因此它不是情境变量),因为谈论一个话题时可以任何社会角色、随便用哪种基调来说(写)——一切都取决于说话人的意图和他与听话人之间的关系。

2.4.4 影响情境的力度来看,情境变量的"分量"是不同的。分量较大的是那些反映交际结构的语言学或社会学性质(заданность)的变量,分量较小的是经常变化的、反映言语情境现实多样性的那些。第一类变量的数量是恒定的,第二类的数量则是不确定的。

交际目的由一些具体的言语行为实现,它的数量是有限的,和语言的一个或几个(更常见)特定功能有关。例如,说话人为了通告某事,会采用通知的言语行为并使用语言的信息功能,可能还会结合语言的表情功能(这要看说话人的意图如何,看他只是想告知听话人一些事情呢,还是想在通告的同时表达一些自己的评价)。请求、威胁、发誓、原谅、命令等说话人的意图会通过相应的言语行为表现出来,这些言语行为之间的差别在于目的和不同的语言功能相互组合的特点。

交际方式是人类活动的结构所赋予的:直接交际——间接交际,口头交际——书面交际;社会角色甚至可以认为是事先就有的,因为在每一个社会中都存在着角色模型(ролевая матрица),或言交际模型(матрица общения)(这是甘柏兹的术语,参见:Gumperz 1962:31)——这是某一社会所具有的典型社会角色的总和。

尽管乍一看来,基调是那种具有非离散性质的情境变量,但在实际中说话人不仅能清楚地感觉到正式、中性和亲昵(友好)的交际之间的差别(其他基调都是介于这三种基调之间的过渡类型①),而且事先就知道哪种基调适用于这种或那种交际情境。

在上述所有的情境变量中,交际地点,根据所有的情况来看,不是那种事先就规定好的,这一变量值的数量也未必是恒定不变的。因此我们认为,这一变量的权重比交际目的、交际者社会角色等变量的小一些。交际地点变化本身远不足以导致言语行为性质的变化,这是因为:如果交际者之间的角色关系不变,那么"地点"这一因素的变化与否是无关紧要的(例如,教师和学生在教室内外的交际)。交际地点的变化更经常的是和交际条件的变化有关。如果由于交际地点变化了,结果使交际者之一对另一个人的依赖增强了,那么就会改变前者的言语行为特点。例如,一个无票的乘客被火车上的查票员扣住了,和在警察局相比,他更有可能口头提出抗议并且反对他所采取的制裁(乘客对检票员的关系、他们之间社会地位的不对称在两种情形下都存在,但在第一种情况下,也就是在警察局的时候,双方地位的反差无疑加大了)。

在这里谈到的所有情境变量中,我们认为,权重最大的是社会角色:它既可能影响交际行为的性质,也能影响其他变量的作用。为了确信这一点,我们会更加详细地探讨现代俄语使用者的言语行为是如何受到他们的社会角色影响的。

---

① 请看达拉索夫给出的基调分类:崇高(庄重)的、中性的、中性—日常的、亲昵的、粗俗的(Тарасов 1974:273)。

3. 言语交际与交际者的社会角色

社会学家和社会语言学家把人的社会活动的不同方式称为人的社会（或功能）角色，这样就扩大了对这个词寻常的理解。

社会角色（социальная роль），这是"被社会规范所认可的、期待每一个处于特定社会地位的人遵循的行为方式"（Кон 1967：23）；另请看（Шибутани 1969：44；Щепаньский 1969：71；Белл 1980：135—137），社会地位——形式上确定或默认的个人在社会集团的等级体系中所占的位置（Белл 1980：137）。

"社会地位（социальный статус）"这一术语表示在社会体系中由一系列特征所确定的（"高——低"轴线上）相对位置。地位回答"他是谁？"的问题，角色回答的问题则是"他是干什么的？"。因此可以说，角色——是地位的动态方面（Социальная психология 1975：233）①。

社会角色这一概念中的重要成分是期待（ожидание），它指周围的人对个体行为的期望，他们有权这样要求他，他也有义务以自己的行为满足这些期望。例如，去别人家做客的时候，你应该首先问候并且有权要求主人关照自己。中小学的教师按照自己的职业角色，有义务把自己的知识传授给学生，也有权要求他们专心、勤奋（这是他们的义务）。因此，角色——是有关相互的权利和义务的特殊模式。

角色可能以人的持续或长期特点为条件——性别、年龄、在家庭中的地位、社会地位、职业（例如丈夫、父亲、领导者、同行等），也可能受制于由情境决定的暂时性特征，如作为乘客、顾客、患者等。

与人的持续或长期特征有关的角色会给人的行为、甚至是生活方式打上印记，"对他的个人品性（价值观、行为动机、与他人的关系）造成了明显的影响"（Кон 1967：24）；另请参见（Кон 1969）。这些都会在人的言语中表现出来，例如，人们习以为常的这些"标准的"表达：говорит, как учитель；хорошо поставленным актерским голосом；начальственный окрик；оставь свой прокурорский тон；кричит, как базарная торговка 等等。

不同的人（木工、数学教师、大学生、家庭主妇）以不同的方式扮演同样的情境角色（患者、顾客等），尽管特定的交际情境（例如买卖）对其参与者有特定的要求，每一个参与者的角色行为还是会受到他们的持续或长期特征、职业地位的影响。

---

① 遗憾的是，在现代社会学和社会语言学中没有对"角色"、"地位"这些概念进行形式上的明确（顺便说一句，还有其他一些概念也是如此）。但对我们的研究目标来说，关于家庭、阶层、队组等群体成员角色的认识已经足够了。我们还觉得，这里对社会角色的定义和结合实例进行的进一步阐释可以为明确这一概念提供一些依据。

个人在其社会化过程中学习和掌握特定社会典型的社会角色。尽管人们对某个角色的期望是由一些为个人设定了特定行为方式的常项组成的,个人却都是透过自己的经验、在他所属的那个宏观和微观社会群体的影响下来学习和掌握社会角色的。因此,对某种角色的扮演也会因人而异,因社会群体而异。但重要的是,这种变异应限制在特定的范围内——它不应违背属于这一角色的期望,不应违反社会规范[①]。

社会中的很多社会角色都在语言中有专门的符号表示,如:отец, жена, сын, одноклассник, сосед, учитель, покупатель, пациент, пассажир, председатель собрания, клиент 等等。社会中所有的成年成员都或多或少地知道,社会对每一个角色的期待是什么,甚至哪怕只是说出一个角色的名称,通常都会在说话人的意识中唤起对这个角色的特点、权利和义务的认识。

关于一个社会角色典型行为的所有认识都汇聚在模式(стереотип)中。模式是角色行为不可分割的一部分,它是在经验、特定行为和说话、活动、穿着风格等角色特征经常重复的基础上形成的。

在库普林的小说《自街上》(*С улицы*)中,有一个算得上半个知识分子的乞丐为了成功、体面的乞讨而使用了不同职业的标志性说法。他自己是这么说的:

> Рассчитываешь всегда на психологию. Являясь я, например, к инженеру—сейчас бью на техника по строительной части: высокие сапоги, из кармана торчит деревянный складной аршин; с купцом я—бывший приказчик; с покровителем искусства—актер; с издателем—литератор; среди офицеров мне, как бывшему офицеру, устраивают складчику. Энциклопедия!..
>
> На стрелять быстро, чтобы не надоесть, не задержать, да и фараоновых мышей опасаешься, потому и стараешься совместить все сразу: и кротость и убедительность, и цветы красноречия. Бьешь на актера, например: 《Милостивый государь, минуту внимания! Драматический актер в роли нищего! Контраст поистине ужасный! Злая ирония судьбы! Не одолжите ли несколько сантимов на обед?》 Студенту говорю так: 《Коллега! Помогите бывшему рабочему, административно лишенному столицы. Три дня во рту маковой росинки не было!》 Если идет веселая компания в подпитии, вали на оригинальность: 《Господа, вы срываете розы жизни, мне же достаются тернии. Вы сыты, я—голоден. Вы пьете лафит и сотерн, а моя душа жаждет водки. Помогите на сооружение полдиковинки бывшему профессору белой и черной

[①] 达拉索夫认为,人的行为"被一些社会上成文的和不成文的规则所规定,对这些规则的了解使个人成为社会的存在,遵守这些规则是个人生活最重要的方面之一"(Тарасов 1974:271)。

магии, а ныне кавалеру зеленого змия!》

小说主人公不仅灵活地掌握了社会行为的形式,还了解不同的言语习惯(实际上,他做得有点过火了)。请比较一下他所用的词汇和句子:对演员说话时增加了情感色彩和语调的韵律感,对大学生说话时用了友好而尊敬、同时还有点亲昵的调子,对一群快乐的人说话时用了申诉的腔调和华丽的辞藻:розы жизни(生活的玫瑰),тернии(荆棘),душа жаждет(心灵在渴望)。

概括一下就社会角色这一概念已经谈过的内容,我们可以得出如下结论:角色是人的社会行为的形式,它受到(a)人在特定社会群体内所处地位(例如在家庭、生产、学习、体育、军队群体中,请比较一下父亲和儿子、领导与下属、教师和学生、教练和运动员、指挥官和士兵的角色)和(b)人在特定交际情境中(例如在买卖、看病、法庭预审等情境中,请比较售货员和顾客、医生和患者、法官和被告的角色)所处地位的制约。

正如我们在所举的例子中所看到的,社会角色成对出现是最典型的人的角色互动形式。每一对角色的相互关系有三个方面:

(1) 第一个角色(X)高于第二个角色(Y):$P_x > P_y$
(2) 第一个角色低于第二个角色:$P_x < P_y$
(3) 两个角色的地位是平等的:$P_x = P_y$

如果在一些群体或交际情境中角色 Y 受角色 X 的制约,那么 X 就高于 Y;也可能相反,角色 X 受 Y 的制约,那么 X 就低于 Y[①]。

制约不存在时就意味着集团或情境参与者的角色是平等的。

根据角色关系的类型所有交际情境都可以划分为对称的和不对称的。对称情境对应于 $P_x = P_y$,不对称情境对应于 $P_x > P_y$ 和 $P_x < P_y$。

这种把交际情境分成两类的做法[②],不仅体现了制约性存在/不存在时不同的角色关系结构,还对纯语言学观点具有重要的意义。

首先,不对称的情境具有这样一个倾向,处于被支配地位人物的言语和谈话对

[①] 我们对"制约"这个概念作如下理解:"X 受 B 的制约 = 'B 能够决定 X 在性质、状态和行为方面的变化'。"(Апресян 1974:108)

[②] 当然,还可能有用其他术语表示的别的分类方法。例如,达拉索夫的分类如下:(1) 根据角色结构的确定性、可判定性特征划分出规范情境和不规范情境(例如,指挥官和下属士兵的交际是规范情境,街上行人间的交际是不规范情境);(2) 根据遵守/不遵守社会(伦理)规范这一特征划分出(社会)可接受情境和(社会)不可接受情境,所有遵守社会规范的和大部分不规范情境都属于可接受情境(不规范的不可接受情境,如强盗和被袭击者之间的"交谈");(3) 根据交际情境对于特定社会来说是否具有典型性,可以划分出标准情境和非标准情境,标准情境的例子是医生和病人、检察员和乘客之间的交际(Тарасов 1974:272)。非标准情境的例子可以是一个未成年人在教训成年人(这是完全有可能的,例如,在特定的情况下被教训的对象可能生病了、有智力障碍、喝醉酒了等等)。

方的相比更具有明确性特点①。例如，请求、抱怨、自我辩解等（角色关系类型是 $P_x < P_y$）应该尽最大可能让谈话对方听懂——这对说话人本身有利，为了达到这一目的，说话人避免语言手段的简化，以防止他想传达给 P_y 的信息收到损失。

在角色关系为 $P_x > P_y$ 的时候，对言语明确性的要求也可能很迫切。例如，在命令、申斥、寻到的言语行为中 X_a 的言语会最大限度的明确，尽管 Y 对此并不总是那么感兴趣；在建议等其他言语行为中，交际双方都要求言语的明确性。

在对称的情境中，明确性的程度取决于交际参与者之间的关系：关系越正式，明确性越强，相反，关系越亲昵，双方言语的明确性越小，言语浓缩和以情境成分与副语言手段（手势、表情等）代替语言单位的趋势就越明显。

其次，大部分不对称的情境都属于语言的标准变体——主要是书面—标准语的不同语体，而对称的情境这时是无标记的：它们可能是语言的标准变体，也有可能是非标准变体（方言、俗语、隐语）。

在掌握了角色行为的不同类型之后，社会中的每一个成年成员在日常生活中充当不同的角色，父亲、儿子或丈夫，同事、领导或下属，顾客、乘客，患者，等等。从一个角色转变为另一个的时候，个体从一种行为模式转向另外一种。这个过程中的言语转换（речевое переключение）具有最重要的意义：由于人们的角色互动在大多数情况下都是口头进行的，那么决定交际成功与否的就是说话人和听话人是否在足够大的程度上掌握了适合于当前情境的语言形式②。

上面这种关于人在日常生活中变换角色的看法来自于这样一种假设，即，每一个社会角色（或者"一组"角色）都对应于特定的语言变体。换言之，角色或交际的分类表可以对应于"语言分类表"——服务于特定社会的语言类型的总和（Gumperz 1962：32）。这些语言类型可以是一种语言的变体或语体，还可能是独立的语言——在双语或多语社会中（关于语言变体间的转换机制与双语者言语转换机制间的原则性相似，请看：Крысин 1976）。

这样一来，社会成员是多言的（диглоссный）：他们获得应用于特定社会的不同的交际代码（变体、语体）。他们在社会化方面的成功，其中包括能自然、有效地完成社会角色行为，取决于他们在何种程度上实现了这种获得，取决于他们能否在社会角色变化的时候轻松地从一种代码转换到另一种上去。

获得了地方方言的人还可能通过教育获得标准语，他在不同等级的情境中使用这两种变体——在和家庭中的老一辈成员、同乡交往时用方言，而在大多数"城

---

① 明确性是指语言成分和它们之间的关系具有形式上的完整性。

② 从社会化角度看，对不同社会角色的掌握首先就意味着掌握那些对应于特定角色的言语行为模式。当我们不得不承担不属于自己的异类角色时（也就是自己不曾掌握的角色），我们首先会感到不舒服，这是因为我们不知道扮演这个角色时该怎样说话。

市生活"情境中使用标准语,特别是在这些情境具有正式基调的时候。这里有一种趋势在发挥作用:特定交际情境越是要求说话人关注自己的言语,他就越有可能使用标准语(或者,在没有完全获得标准语时,会使用近似于标准语的言语形式)。相反,在自由的交际中,在社会监督和言语的自我监督消失或减弱的情况下[①],就更有可能使用方言(准确地说,在民族语—俄语的双语条件下,母语—俄语使用的机制也是一样的)。

因此可以看出,如果把双言者在言语实践中的所有交际情境划分为"城里的"和"乡下的"并不是很有说服力。比如说在乡村中,人们和当地政府官员打交道的时候主要用的不是方言,而是标准语或者是混合、过渡言语形式。另一方面,如果说话人在城里和具有同样地位或地位更低的同乡交往时,会更倾向于使用方言。

在从方言向标准语转换和反向转换的时候(就好像从一种语体转换至另一种语体),发挥作用的是一种"纵向的"语言成分共现规则[②]。这一规则的作用表现在,如果使用了标准语的词汇,那么就应该使用相应的发音和句法、语调等等,也就是说,使用标准语所有层面的语言手段(或者当从标准语转换至方言时,应使用方言手段)。这类转换就是完全转换[③]。当说话人没有完全获得另一种语言变体时,就会发生不完全转换,此时纵向的语言成分共现规则就无法实现了:说话人在使用标准语词汇的同时,会发现自己的言语中有方言的语音和语调特点。

在不同类型的不完全转换中有一种有趣的现象:有些人只是在童年时学习过方言,后来转向了标准语(从社会方面看,这是因为他们转移到了城市的教育环境中),他们在特定的交际条件下会使用一些、个别方言的成分。当这些人扮演儿子(女儿)的角色时,他们的言语中会出现这一家庭传统中所特有的语音、语调、句法和词汇特点,和标准语规范有所不同(Коготкова 1979)。

类似情况在其他种类的双言现象中也能看到,例如,当说话人同时获得了标准

---

① 根据社会对情境的监督力度,可以把所有的交际情境划分为(1)处于严格社会监督之下的情境——主要是当交际参与者之间的角色关系是正式的官方关系时,如:外交会晤、军人宣誓、演讲者发表演讲、学术委员会会议等等;(2)处于有限监督之下的情境——指的是那些严格受社会惯例制约、但又不是按照某种专门规则、条例行事的情境,如:有"领导者——下属"、"同事——同事"关系的公务情境,还包括陌生人与不太熟悉的人在公共场合的交际——商店、公共交通工具、医院看病等;(3)处于弱化的社会监督之下的情境,例如友好、亲昵的交际情境。

② 言语链条中的语言单位共现规则(правила совместной встречаемости, co-occurence rules)(或者换种说法,搭配规则)这个概念是由埃尔文-特里普提出的(Ervin-Tripp 1971)。这种规则分为"横向的"和"纵向的"两类,前者确定的是语言单位在时间上的关系(语言单位在时间上的延续性),后者明确的是特定情境中语言结构不同层面的单位之间的相互关系。

③ 这一规则对非口头交际手段(手势、表情、身体距离)来说也同样有用,因为每一种语言变体(标准语、方言、隐语)的使用都伴随有说话人的非口头行为。但此时更正确的说法是,我们谈的不是纯语言(言语)转换,而是语言转换的完全性/不完全性。

语和行业隐语的时候。双言现象同时也属于标准语的两个基本变体——书面的典范语言和口语。

正如(PPP-1973；Земская и др. 1981；PPP-1983)等研究所展现的那样，现代俄语的这两个变体在语言单位构成和在言语中的组合方面有所不同。在口语中，音位规模较小(没有半软化音[ж]和中欧的[l]，后者是书面语中特有的，见于жюри和леди这类词中①)，在名词变格聚合体中有特殊的дядь, Петь, Лен一类称呼形式，在口语中不大用形动词和副动词(用作述谓功能时)，авиа-一类的分析形容词既可以位于被修饰词之前，也可在被修饰词之后(Дайте два билета авиа; А какое собрание будет—парт или проф?)，等等。

标准语使用者在运用这种或那种变体时，要考虑言语情境和交际参与者之间的社会—心理关系：在不拘的日常情境中、在说话人之间有着非官方的友好关系时，通常使用口语变体；情境和说话人角色定位变化时，就会发生从口语向书面语的转换。

例如，发音[буиьт]，[тóкъ]，[кадá]—будет, только, когда——这些都是符合俄语口音发音规范的，当情境或说话人角色变化时(例如，朋友、同事角色——报告人角色)，就会转换成被称为完全发音的方式：[будʹет]([будʹиʳт])，[тóлʹка]，[кагдá]；在同样的条件下，尽管话题可能保持不变，但完全有可能的是，还会发生词汇代码的变化。

说话人在交际情境的角色结构发生变化时转用的语言手段还包括标准语的语体。结合人们在日常生活中扮演的角色来研究标准语的修辞分化问题，能够使人重新认识许多传统的功能修辞问题，从考虑人在社会环境中的言语行为问题入手来解决这些问题。

按照多利宁的观点，功能语体"恰恰是一种概括化了的言语体裁，也就是建构特定的、足够广泛的文本等级的语言规范，这些文本中蕴含了概括性质的社会角色，如学者、行政管理人员、诗人、政治家、记者等等。这类规范如同任何一种角色规范一样，是由社会对说话人(写作者)的角色期待和角色规定所决定的。言语主体(作者)知道，有这种目的这种文本应该这样构建，而不是用别的方法构建，他也知道，别人(听者、读者)向他要求的也正是这种言语行为"(Долинин 1978：60)。功能语体反映了"在特定文化中形成的对特定类型的言语行为的传统认识和它的社会规约，也就是说，社会是怎样看待这种言语行为的，对它有什么样的要求，谁来完成它——再次回到了角色认识、角色期待这些问题上。当言语行为主体了解了这些问题时，它们就会使他把自己当成角色承担者，把言语行为对象当成角色活动中的伙伴和言语对象"(同上：62；另请参见：Долинин 1976)。

---

① 为了客观性起见应该指出，这种发音仅属于现代标准语的以小部分使用者。

在提出这个关于功能语体的本质和角色基础的引人入胜的问题时,我们需要指出,把功能语体和社会角色等同视之的做法未必合理,因为这是两个性质不同、层次不一的范畴。除此之外,语体和角色之间也没有一一对应的关系:几"束"社会角色可以属于一个功能语体。例如,学者可以扮演不同的角色——文章作者、报告人、评论者等等,这些角色所用的都是科学语体;作为下属的人使用公文—事务语体,领导者使用的是同样的语体(角色有两个,语体之有一个)。人们在承担患者、客户、顾客等角色时,情境角色关系是 $P_x < P_y$,可以拥有很多共同的修辞—角色特点。

另一方面,同一个社会角色可能出现在不同的情境中,使用不同功能语体的手段。例如,教师的角色可以用以下语体的手段来完成:(a)科学语体的教学次语体(关于这类次语体的划分请参见:Михальченко 1984:68)——在课堂上授课时用;(б)演讲语体,例如在学校大会上讲话时;(в)日常语体——和学生谈论教学以外的话题,更确切地说,谈论与教学目的无关的内容时(我们应该注意,在所有这些情形中说话人都没有脱离"教师"这一社会角色)。

看来,问题并不简单地在社会角色的性质上,而在于社会角色的承担者在不同的交际情境中的目标定位。因此多利宁的观点毫无疑问是正确的,他认为,传统上划分的功能语体"过于概括,把差别非常大的不同言语情境都并入了一个类型中",在分析言语的功能差异时更有效的做法不是从"大的功能语体入手,而应从更具体的言语体裁开始"[①](Долинин 1978:67)。

众所周知,说话人(或者更宽泛地说,言语发出者)的角色和言语对象的角色始终在密切的互动中,后者是前者在不同情境的角色互动中的伙伴[②]。对于不同情境中角色互动的修辞方面来说,重要的不仅是社会角色的情境结构($P_x > P_y, P_x < P_y$ 或 $P_x = P_y$),还有言语发出者和接收者之间关系的性质。这种关系可能是正式的、中性的、友好的,它与相应的基调相对应。

但是,角色伙伴、情境基调既可能对应于不同的语言变体或语体(如果使用的是标准语的话),也可能没有这种直接的对应关系。在正式关系和相应的情境基调中通常使用标准语的公文—事务语体,甚至还会有口语体的成分,例如在医院看病

---

① 言语体裁的概念是由巴赫金首先提出的,看来,它至今也没有得到足够深入的认识。尽管在现代语言学中有不少著作都在使用这一概念(首先是班诺夫的著作),但对它的诠释是从纯语言学的角度开展的,它被当作了修辞范畴之一。同时,从社会方面把言语划分成不同的体裁也是很有意思的。半个多世纪以前,巴赫金就指出了这一方面,他写道:"社会心理主要体现在'话语'的不同形式中,以小的言语体裁形式表现出来,其中既有内部的也有外部的,至今它们完全没有被研究过。所有这些言语表现,当然,都和其他类型的表现与互动符号连结在一起,如表情、手势、特定的行为等等。所有这些言语互动行为的形式都以最紧密的方式和特定社会情境条件联系在一起,同时对所有社会氛围的变化做出非常精确的反应。"(Волошинов 1929:27)后来,巴赫金主要在文学创作的语境中探讨了言语体裁的问题(Бахтин 1979)。

② 西布塔尼强调说,在任何一种社会活动中,"所有角色都一定相互关联,这就好比是在戏剧中,只有当一个角色和其他角色的行为有关的时候,它才是有意义的"(Шибутани 1969:45)。

这个情境中,患者和医生间的关系偏向于正式(尽管这种关系比法官与证人间的关系要随意和"不同"一些)。

中性关系中,例如,陌生人和不太熟悉的人在交际时(请比较乘客和检票员、顾客和售货员、餐厅顾客和服务员之间的角色互动),使用的主要是模式化的套语,但其中有相当一部分语言成分属于标准语的口语体,还有一部分是俗语、行业隐语成分(请比较餐厅服务员、理发师等人的言语)。

最后,交际者之间的友好关系通常用不拘的、自由的语言形式来表达,其中主要是口语、俗语、行业和集团隐语成分。但是,由于角色间的关系是随意而亲昵的,这里还可以使用标准语的书面语体手段,但只是为了有意造成玩笑、讽刺、玩弄文字游戏的效果(在这种情况下,不为上述目的而使用书面语成分,自然地,会被当作是用语不当。)

作为不同交际情境间关系所具有的共同规则,同时,也作为不同的语言变体和语体间关系的共同规则,如下:社会对特定情境和其中的社会角色的要求越明确、严格(如法官、指挥官、会议主席等等),修辞框架就越窄。换言之,语言手段的选择不仅限于某一修辞领域(例如,标准语的公文—事务语体),受限制的还有特定言语模式。这一规律最大程度上的体现就是各类仪式角色和情境,扮演这类角色时只能使用同样的、现成的一套语言表达,它们不是在言语过程中产生的,而是一些固定的言语公式,例如在军人宣誓仪式上、婚礼和葬礼仪式上使用的语言,在现代交际情境中学位论文答辩程序也变得越来越仪式化了。当社会对情境和其中的角色的要求变弱时,说话人所用的语言手段的修辞范围,自然地,就会发生变化。但是这并不会导致修辞手段的范围变宽(尽管毫无疑问地,在社会监督弱的情境中修辞手段的范围比社会监督严的情境要宽),而会使修辞定位发生改变:从正式的、书面的语体转向口语体。此外,随着社会对角色行为监督的减弱,直接语言手段的功能或多或少地会代之以非直接的副语言手段——手势、表情、身体姿态。和正式的交际情境相比,交际者之间友好、亲密的角色关系中的停顿、音量、谈话者之间相对的位置等具有更多的意义(在面对面的直接交际中;请看下面这类谈话者的反应:Почему ты на меня не смотришь? Почему ты повернулся ко мне спиной? 等),构成交际心理气候的交际者对言语接触的定位也是如此。

到目前为止,我们一直都在谈语言使用的社会制约性,没怎么谈语言的社会、功能分化,也没怎么谈人的言语行为的不同。但是,由于语言并不是一种独立发挥功能的现象,它的本质会自然地提出这样的问题:社会因素在语言单位的结构中会有所表现吗?我们在下一章里回答这个问题。

语言单位的语义和搭配中的社会限制

1. 导　言

在语言学中很久以来，看来，从索绪尔的著作开始，就有一种把社会因素看做是语言存在和发展的外部条件的观念。看起来，这一观点只考虑了一点，也就是最"表层的"、最容易确定的社会对语言的影响。这种观念甚至和一种人所共知的公理相矛盾，即，语言是一种社会现象，它只可能在社会中存在。根据这一公理形成的语言本质（社会性）怎么可能只在语言过程和现象中发挥外部"环境"的作用，而不是影响它们的一个基本因素呢？[①]

实际上，社会因素在语言中的体现方式是非常多样的，从语言的社会分化和语言发展的社会制约（这在语言学中已经研究得很好了）到语言单位的语义限制和使用（语言社会制约性的这一方面研究得比较少）。

在本章中要探讨现代俄语的一些事实，对它们的分析，看来，可以使人们确信社会因素对词汇内容的影响[②]，确信在描写词汇语义和搭配特点的时候必须考虑那些关乎外在的、不涉及语言使用机制的现象。

分析上面提到的这类事实之前，我们应该注意的是，在现代语言学中有很多能有效地描写语言单位意义和语法特点的手段，其中之一就是语义分析法。大多数语义分析单位都是在近几十年里由语言学理论基本方向（即以描写语言结构为目标的语言学——译注）的学者提出来的，他们都把对语言意义的描写看做是语言学的基本任务之一。为了完成这一任务，描写词汇意义和它们在句子中相互组合的规则就成为语言学理论最重要的一个部分。

本书并不把解决任何一种语义性质问题当作自己的研究目标（这已远远超越了本书的研究范围），我们只涉及一个局部的、但对进一步阐述词汇语义结构和相

[①] 请比较库里洛维奇的观点，他写道："必须用一些语言事实来解释另一些……借助社会因素来解释语言现象的做法被证明仅靠语言学方法是行不通的"（转引自：Weinreich et al. 1968：177）。

[②] 社会多样性在词汇形式多样性方面的体现是一个很常见且已经得到了充分研究的问题：请看，例如，由社会或职业特征决定的重音和词汇变化特点，如 компáс，дóбыча，супá，тортá，сейнерá 等等。

从社会语言角度出发应该注意到，语言单位的这类社会标记形式有两重作用：交际作用和象征作用。首先，带有这类标记的语言单位在特定社会环境中被当作正常的语言手段使用；其次，这些语言单位可以作为说话人归属于某个社会或行业群体的象征。

在本章中，对语言单位的社会标记形式不做详细的讨论。

应的释义问题来说非常重要的问题。

大家知道,关于词汇意义的结构和等级构造的观点在现代语义学中被普遍地接受了。词汇单位的意义原则上可以划分出几个部分：概念部分,构成词的意义中心;预设部分,包含有被预指的词汇意义成分和正确使用的条件;情态框架,它赋予说话人所指的事实以评价(参见菲尔默、阿普列相、维日比茨卡娅等人的著作;情态框架有时可以理解得更宽泛一些：它既包括评价,也包含预设,请参见：Арутюнова, Падучева 1985：31)。

根据经验可以判断,社会因素主要存在于词汇意义的预设部分[①]：由于这里储存了不同的正确理解和使用词语的条件,这些条件中自然也包括了社会方面的内容。社会因素根据其自身性质看可以是包含在词义情态框架中或句子情态中的评价(关于评价话语的性质请参考,例如,Вольф 1985a);但在本书中我们不会涉及这一问题,只探讨那些说明一些预设的社会性质的事实。

2. 语言单位意义中的社会成分

在探讨这种或那种社会因素在词义中的反映时,我们将选取那些表示人与人之间关系的词语作为分析的对象。

这类词汇就好像人和人之间的关系一样数量庞大、种类繁多。我们感兴趣的只是那些反映了交际参与者地位不对称关系的词语,其中包括如下类型：

（1）арестовать, аудиенция, благоволить, велеть, верховодить, взыскание, властвовать, власть, вменить, возглавить, воспретить, выговор, выселить, выслать, гневаться, головомойка, даровать（不同于 дарить）, диктат, диктатура, жучить, закатать（под арест）, зачислить, зыкнуть, изгнать, инспектировать, кара, карать, кассация, кассировать, командировать, командовать, коноводить, консультировать, конфисковать, мирволить, мобилизовать, надзирать, надлежать, назначить, нахлобучка, нотация, обязать, окрик, опека, опекать, отозвать（посла）, отстранить (от работы), подчинять, позволять, покровительствовать, помиловать, разрешать, распекать, ревизовать, руководить, смещать, снимать（с должности）, ссылать, упечь, экзаменовать 等等 [在这些词表示的情境中,第一个角色——语义主体(X),比第二个参与者——受事者(Y)的地位高,可以表示为：$P_x > P_y$]；

[①] 社会因素也可能存在于意义的概念部分——对那些称呼某种社会关系、表达社会的阶层和集团划分的词汇来说就是这样(例如,很多哲学词汇,其中包括 класс, базис, надстройка, буржуазия, эксплуатация 等类型的社会学术语)。但这只是普通的在语言中反映社会现实的情形——它们都是对这种或那种社会现象的称名,在语言学中这种现象没有多大意义。

（2）апеллировать, апелляция, вымолить, выплакать（себе прощение）, выхлопотать, гневить, грубить, дерзить, испросить, исхлопотать, консультироваться, молить, непочтение, ослушаться, отвертеться（от поручения）, отпроситься, перечить, повиноваться, подпевала（转义用法）, подчиняться, прекословить, пререкаться, рапорт, рапортовать, резать（правду в глаза）, слушаться 等等（情境的第一个参与者——语义主体，其地位"低于"第二个参与者——语义上的客体，可以表示为：$P_x < P_y$）。

表示不对称角色关系的词语意义，我们称之为社会偏向意义（相应的，还有同等关系或称角色对称关系，如 дружить, сотрудничать, сосед, сослуживец, напарник, однокурсник 等，它们构成一组没有社会偏向意义的词语）①。

上面给出的这些例子，自然地，不可能穷尽所有的事实，但已经足以说明问题了：根据它们可以看出我们所说的社会角色不对称的情况。属于这种情况的（有时具有隐语性质的）一组特别的词语包含了属于现代俄语公文—事务语体和口语体的词汇与短语，表示不同类型的行政、公务等领域的奖惩活动，如：дать, закатить, влепить, снять выговор; дать нагоняй; дать строгача; наложить, снять взыскание; снять с работы, с должности; освободить от работы, от занимаемой должности; отклонить（ходатайство, просьбу）; удовлетворить（просьбу, ходатайство）; предупредить, указать, поставить на вид——通常语义搭配不足：Бюро райкома предупредило коммуниста Сидороа（少了搭配 о чем），Иванову и Петрову строго указано（少了搭配 на что），а Козлову поставлено на вид（少了搭配 что，例如可能是 неподобающее поведение 等）。

有些行政—公务领域内使用的词语和结构有着非常细致的语用性质差别。例如，распоряжение(指示、命令)和 распорядиться(吩咐、命令)这两个词表示拥有权力的人的行为，其主体的社会地位，自然地，比这些行为受事者的要高；在特定语境中这些词描写的不仅是不等同的，甚至是相互矛盾的情境。以 Прошу Вашего распоряжения（涉及请求额外休假、发放补助津贴等等）开头的句子可用于如下情境：句子的作者在公务活动中的地位比句子提交的对象低。另一方面，以 Прошу Вас распорядиться（о чем-либо）开头的句子适合从"领导者"口中说出，而不能由下属（在不破坏一些不成文的礼貌规则的情况下）来说（作为例子让我想起了契诃夫）。

---

① 请看阿鲁玖诺娃（Арутюнова 1980：245）所说的名词词义的对称和不对称类型。属于第一类的是 собутыльник, собеседник, однокашник, однополчанин 等等，属于第二类的是 врач——пациент, учитель——ученик, родители——дети 等等。阿鲁玖诺娃用纯语言学的方法解释这些词对，她认为两个词之间存在有一个 лечить, учить, родить 类的中介述谓词。但是看来，更重要的是社会因素，每一个词对都是对一个标准情境参与者的称呼（врач——пациент, учитель——ученик）或者是对某一个社会群体成员的称呼，如家庭成员（родители——дети）。

有社会定向意义的词语的语义结构至少包括两个题元（актант）——主体（агент）（用另一个术语表达就是语义主体）和受体（адресат）：一个人指挥另一个，一个人检查另一个，一个人做另一个的属下，一个人得到另一个人的赏识，等等。除了主体和受体之外，在上述词语的意义中还可以加入内容（Командир приказал нам *наступать*）、原因（Его наказали за *нерадивость*）、起点（Их выселили *из квартиры*）、终点（Декабрист Лунин был сослан *на каторгу*）等题元（关于内容、原因、起点、终点等题元请参见：Апресян 1974：125）。

有些词的受事题元在句法上是不表现出来的，例如，диктат, диктатура, окрик——我们只说出这些词的第一个题元（диктат крупного капитала, диктатура пролетариата, окрик генерала）；显示出受事题元的搭配是不能使用的，例如，диктат против мелких предприятий, диктатура против буржуазии, окрик на подчиненного。

(1) 中所列举的词语中，大部分都表示与完成特定社会—角色行为功能有关的行为，例如：指挥官应该指挥，下属应该服从上级，未成年的儿子应该听父母的话而不应该不听他们的话，等等。表示参与者角色不平等的意义成分在这里是非常明确的。

从语言学的角度看，更有意思的是那些意义和使用均与社会—角色功能无关的词语。有些词语意义的社会规定性质不如在 командовать, подчиняться 中表现得那么明显，只有通过语义分析才能够揭示出来。我们来看一些例子。

2.1 意义中指示 $P_x > P_y$ 型角色关系的词

在现有词典中，这些词语的释义中都缺少社会成分，也就是说，没有指明所指情境参与者的不平等地位。只在个别时候，这一社会成分才能够在下面所举的例子中[下面是《科学院大词典》（БАС）①中对动词 благоволить 的描写]或注解中被"读出来"。请比较：

благоволить [旧]：对某人表现出好感、好意（СУ）；表现出赏识（благоволение）（СО, благоволение 在这本词典中表示"好感、好意"）；对某人感觉到、表现出好意、垂青（通常由地位较高的人对地位较低的人）[БАС；感觉到、表现出赏识、厚意（МАС）］。

гневаться [旧]：处于发怒的状态，生气（СУ）；生气、发怒（СО）；生气、不满意（БАС）；生气；发怒（МАС）。在这些词典中 гнев 被解释成"愤怒、怒气"。

我们在伊奥丹茨卡娅（Иорданская 1970：22）的文章中找到了对这个动词更详细、深入的解释：

---

① 这里使用的缩写请看附录的缩略语表。

"A 因为 B 的原因对 C 表示愤怒 = A 由于以下原因感受到了一种强烈的负面情绪：
① A 相信 B 事件的存在，其行为主体是 C；
② A 不希望 B 的发生；
③ A 认为，B 违背了个人与社会生活的基本原则；
④ 由于 B 的缘故，A 认为 C 是不好的；
⑤ A 希望通过影响 C 来反对事件 B 或防止 B 重演。"

正如我们所见，在这一展开的解释中并没有指出 гневаться 这一情境的参与者之间不平等的地位。

распекать—распечь［口语］：对某人予以严厉的责备（СУ）；对某人进行严肃的训斥（CO）；对某人严厉地训诫，申斥（БАС）；严厉地责备、责骂（МАС）。выговор 一词用来解释 распекать 一词，它的意思是"长辈或上级的申斥、不满"（СУ）。我们选取的最后一段解释在逻辑上指明了，распекать 这一情境的参与者在地位上是不平等的。

окрик：对某人的大声叫喊，其中包含了命令、申斥、威胁等含义（СУ）；带有命令、训斥、威胁的吆喝（CO）；带有命令和威胁的喊叫（БАС）；有命令、警告、威胁含义的吆喝（МАС）。

принимать—принять（意义之一）：为谈判、讨论等目的接见［正式］（СУ）；为了某个目的（讨论、看病、客人来访）接待、接见、接诊（CO）；让（客人、来访者等）进门，让来访人员、患者等来见自己（БАС）；让人来谈判、讨论，接待客人，听诊、检查（患者）（МАС）。

аудиенция［旧］：在现有的词典中，这个词在意义上与动词 принимать（上面提到的这个意义）相关——它是意义和构词均来源于动词 принимать 的名词 прием（接待、接见）的不完全同义词（квазисиноним）（指意义相近但不能相互替换的词——译注）。请比较 аудиенция 一词的下列释义：国家首脑、身处国家高位的人的正式接见（БАС）；国家领导人的正式接见（МАС）；身居高位的人的接见（СУ）；最后一种解释在 CO 中同样可以看到。还可比较一下《外来词词典》（Словарь иностранных слов）中的解释：身居高位的人的接见；国家元首接见外交人员。

值得注意的是，《科学院大词典》（БАС）和《科学院小词典》（МАС）中的释义含有一些使 аудиенция 的词义缩小的成分："国家首脑"、"国家领导人地位"。请考虑一下 Он получил аудиенцию у папы（у патриарха）［他觐见了爸爸（大牧首）］这类说法是否可以成立。

上面探讨过的每一个词只有在相应于 $P_x > P_y$（благоволить，гневаться，

окрик, принимать, аудиенция)或 $P_x \leqslant P_y$(распекать)的情境中才可以正常使用。

这一点在动词 благоволить 的使用上表现得很清楚：

(1) Начальник давно благоволит к этому сотруднику ($P_x > P_y$);

(2) Учитель математики благоволит к своим коллегам ($P_x = P_y$);

(3) * Молодой монах благоволил к настоятелю монастыря[①]($P_x < P_y$).

对俄罗斯文学作品文本中这一动词用法的分析证实了我们的看法，即，它的使用必须具备上述条件。这时，благоволить 的行为主体不仅在年龄、社会等级等方面处于高位的人，而且还可能是命运、幸福、美女（请看 БАС 中的例子）、女性、妻子等等，如果在说话人或作者看来，被赏识的对象在某种程度上要受他们的制约（例如，给予关注、好感等等）。请比较：

(4) Я втайне сознавал, что она [Вера] ко мне благоволила (И. С. Тургенев. *Фауст*);

(5) —Даже жена моя обиделась, а уже на что, кажется, благоволит к вам (А. П. Чехов. *Неприятность*);

(6) Ко мне адмиральша благоволила, потому что считала меня моряком, скрывающим свое звание (К. Г. Паустовский. *Черное море*)（海军上将之妻是一幢有水手子弟学校的房屋的主人，在她的允许下作者在这个学校里过了一夜)[②].

благоволить（及相应的动词）这个情境的一个重要成分是将第二个参与者从某群人物中"突出出来"：благоволить к Y-у 的意思是将 Y 从某个多数中突出出来。下面这样的对话就未必能成立：

(7) —?А к кому ваш начальник особенно расположен? —Ни к кому: он благоволит ко всем (в равной степени).

请比较一下从屠格涅夫的短篇小说《我的邻居拉基洛夫》(*Мой сосед Радилов*)中选取的这个例子，词义的这个成分得到了强调：От него так и веяло неразборчивым благоволеньем, радушьем и почти обидной готовностью сближения с каждым встречным и поперечным.

[①] 我们这里考虑的是社会群体或交际情境参与者通常的、典型的关系，这种关系和他们的社会角色完全对应。我们不讨论那些混合和"复杂化"的情况（例如，年轻的僧侣有可能是牧首的儿子或亲戚，因此就认为自己有权"俯视"教堂的堂长）。

[②] 例(4)——例(6)，还有例(10)、(15)、(16)都借用自 БАС。

动词 благоволить 的使用还与说话人对 X 和 Y 之间关系的特定评价有关，因为 X 对 Y 给予厚待是有某种原因的，已经发生的事实正好说明 X 对 Y 的关注增加了，X 用这样或那样的方式使 Y 有别于其他人，对 Y 显示了善意。

在对动词 благоволить 进行语义描写的时候也应该考虑到这种情况。

在 гневаться 这个情境中，主体通常是受尊敬的、有威望的、在特定社会等级中拥有很大权力的人物①。

请比较：

(8) И увидев то, царь Иван Васильевич

Прогневался гневом, топнул о землю

И нахмурил брови черные...

（М. Ю. Лермонотов. *Песня про купца Калашникова*）

(9) Государь Андрей Петрович, отец наш милостивый! Милостивое писание ваше я получил, в котором изловить гневаться на меня, раба вашего...

（А. С. Пушкин. *Капитанская дочка*）

(10) -После сами же будете гневаться, что не разбудил [слуга Захар-Обломову]（И. А. Гончаров. *Обломов*）.

这些说法是不可能的：

(11) * Лакей разгневался на барина（за выговор, который тот ему устроил）；

(12) * Мальчик гневался на учителя（который выгнал его из класса）.

[例(11)和(12)中描写了一种"颠倒的"角色关系：$P_x < P_y$]

下面这种用法是值得怀疑的：

(13) Гневаться на товарища за столь незначительный проступок-дело

---

① 有意思的是，我们引用的词典的作者们都没有注意到自己所举例子的特点，这些例子几乎明确地指示了发怒的主体的特殊地位——他们是沙皇、老爷、长官等等。请对比来自 СУ 的例子：В карете барыня-с, и гневаться изволит（А. С. Грибоедов）；Князь Курбский от царского гнева бежал（А. К. Толстой）；СО 中的例子：гневный начальник；БАС 中的例子：—Что? —сказала испуганная Наташа,—я бредила Валерианам? Батюшка слышал, батюшка гневается!（А. С. Пушкин）；МАС 中的例子：[В письме] было прибавлено, что без сомнения Степан Михайлович не будет гневаться за нарушение его приказания（С. Т. Аксаков）.

недостойное $(P_x = P_y)$①.

例(14)类型的表达虽然是可能的,但会被人当作是玩笑话:

（14） —Ты уж не гневайся; мы тут без тебя хозяйничаем, —сказал мне приятель.

在动词 гневаться 的意义中包含有说话人对发怒的主体的评价:说话人在使用这个动词之前就应该搞清楚这个动词所指的对象是否在威望、分量、权力等等方面能"配得上"这个动词,抑或是应该使用 сердиться,злиться 这样的"一般性"动词来表达。

顺便说一下,由于这个词所包含的评价意义,它可以用来开玩笑,见例(14):这句话并与其说体现了该动词的古旧色彩(在词汇学教程中标准的说法是:在现代语言中古旧词可以用来表示讽刺、玩笑等等),不如说是说话人表达了对动词 гневаться 主体的虚假的敬意。

这个动词所具有的评价含义和 благоволить 的相比是有所不同的:гневаться 意义中的评价与动词主体(相对于客体或说话人所赋予的)地位直接相关。值得注意的是,这种评价意义在前面所举的伊奥丹茨卡娅的释义中没有体现出来,本应该加上这样的注解:只有特别注意到动作主体的地位和主客体间的角色关系时才可以使用。

动词 распекать 的使用在 $P_x > P_y$ 和 $P_x = P_y$ 的条件下是正常的,在 $P_x < P_y$ 时不能使用。请比较:

（15） Вспомните сцену, где городничий распекает купцов за их донос ревизору (В. Г. Белинский. *Русская литература в 1843 году*);

（16）[Становой] был только что распечен исправником за пьянство и теперь был в припадке усердия (Л. Н. Толстой. *Поликушка*);

（17） *Подросток распекал родителей за то, что они поздно пришли домой с работы;

（18） *Подчиненные распекали начальника за грубость.

动词 распекать 的正常使用还有一个条件——X 和 Y 之间存在有某种长期关系,X 认为以某种方式关心 Y 是自己的责任。因此,最常见的申斥对象是家庭中

---

① 例(11)至(13)之所以是不可接受或值得怀疑的,这是因为其中使用了一个旧有的动词 гневаться。但在例(8)和(9)中,这个动词,毫无疑问地,让人感觉到是旧时代的词汇,然而这些句子未必不是正确的。因此,问题不在于动词中所蕴含的等级性质,而在于是否满足了 гневаться 这个情境中角色不对称的条件。

的小辈、不听话的学生、懒散的下属、不配合治疗的患者等等。这个动词不适用于不熟悉或完全陌生的人之间。

请比较：

(19) * Продавщица распекала покупателя за пролитую сметану（应该用ругала，бранила）；

除了上面指出的这些条件以外，动词 распекать 的词义中还有这样一些成分：
① X 确信，Y 做出了行为 Q 或者 Y 间接地与事件 Q 有关。请看例(20)：

(20) Мама долго распекала меня за случившееся: ведь я был старшим и не должен был допустить, чтобы Саша испортил скатерть;

② X 认为 Q 是错误的；
③ X 试图使 Y 明白，Q 是不好的而且在以后不应再发生；
④ 动词 распекать 所表示的言语行为是或多或少的长期行为(对此请比较 окрик 一词的意义)；
⑤ X 详细列举了 Y 的行为中的不是(请对比：бранить，ругать 的意义中没有 ④、⑤这两个义素)；
⑥ X 的言语有很强的感情色彩(请对比：порицать 在这个意义上就没有此义素)；
⑦ X 直接和 Y 交流——他不可能在和第三方 Z 的交谈中或以通信方式斥责 Y(请对比：осуждать，критиковать 就没有此含义)。

окрик 一词的意义中首先要满足的条件是：① $P_x > P_y$ 类型的情境中角色地位必须不对称。此外还须有下列特征：
② X 对 Y 的行为持否定评价；
③ Y 的行为是实际存在的；
④ X 力图改变 Y 的行为，以使被 Y 批评的这一行为将来不再发生；
⑤ X 希望 Y 立即纠正自己的行为；
⑥ X 直接和 Y 进行交流(请对比：угроза 表示这种含义时就没有这一特征)。
请对比例(21)——(25)：

(21) Вы этими окриками немногого добьетесь от сына (от учеников, от подчиненных);

(22) —Сядь на место! —послышался раздраженный окрик отца;

(23) * Митины окрики, с которыми он обращался к начальнику, не возымели действия (在此情境中以"颠倒的"$P_x < P_y$ 关系代替了 $P_x > P_y$)；

（24） Слышится окрик учительницы：——Завтра я вызову твоих родителей！（这里只有威胁，没有试图改变谈话对象的行为）

（25） * ——Перестаньте носить короткие юбки！ ——долетел из 10《Б》окрик директора（这里有试图让说话对象改变行为的命令，但这个行为不是实际存在的——谈话对象在讲话时刻的行为并没有以某种方式表现出来）。

对于动词 принимать-принять 来说，它那令我们感兴趣的意义中存在有这样几个成分：

① 角色 X 的地位高于 Y 的；

② X 承担的应该是公务角色，因此不能说，例如，父亲接见儿子，假如他们都只承担家庭角色或者这次交际是在非公务环境中进行的；

③ X 是情境中的"主人"，принимать（接见、接待）这一行为是在 X 所熟悉的环境中进行的，例如，在他的办公室、接待室等等。请对照一下谢里韦尔斯托娃在分析动词 принимать 的时候所做的类似解释："X 在自己的'地盘上'实现自己的职业或社交功能。"（Селиверстова 1975：118）

④ 见面是由 Y 提出的；

⑤ X 和 Y 会面的目的是为了交际[请比较 принимать жильцов на постой（接受暂住的住户）这类表达，其中没有这里所说的语义成分，用的是 принимать 的另一个意义]。

请比较下面的例子：

（26） Вчера президент Франции принял посла США и имел с ним продолжительную беседу；

（27） Председатель исполкома принимает по вторникам с 12 до 19 часов；

（28） * Посол Франции принял президента США；

（29） * Директор завода принял министра.

有趣的是，和"由 Y 提议见面"这一成分相比，"双方地位上的不对称"这一成分作用更大。请看例（30）中所表现的不得体行为：

（30） Посол Франции принял президента США по его просьбе[如果加一个词变成 принял бывшего президента США（接见了美国前总统），这个句子就是正确的了，因为"现任的"大使和美国前总统之间的关系，当然，应该是 $P_x > P_y$]。

我们指出的动词 принимать 的这些语义成分与 аудиенция（接见）一词也有关联。请比较下面的例子：

(31) Президент дал аудиенцию послу Норвегии（总统接见了挪威大使）（说明了角色间的不平等关系，其他语义成分没有表现出来）；

(32) Епископ долго добивался аудиенции у папы（主教花了很长时间才争取到教皇的接见）（说明了角色间的不平等关系，还说明了会面的倡议来自 Y；请注意动词 добиваться 的含义，它表示"经过努力获得"）；

(33) *Папа получил аудиенцию у епископа（*教皇觐见了主教）（此处违背了角色不平等和由 Y 提出见面的条件；动词 получил 在这里隐含了"准许"的意思，也就是说，这里是由社会地位较低的角色给出了准许）．

此外还有一个条件——进行接见的人物应该不止身居很高的官位，而且还应有很高的社会地位（因此可以承担第一个题元功能的词通常是：папа, патриарх, кардинал, митрополит, президент, король, монарх, император, царь 和其他为数不多的词）。相应的，如果一个人身处很高的官位，但却没有足够高的社会地位，аудиенция 就很少用在他的身上①。

2.2 意义中指示 $P_x < P_y$ 型角色关系的词

这类词中甚至还包括了表示完成这类社会—角色功能的 подчиняться, рапортовать, услужение 等词语。在这里我们不打算探讨它们意义的全部，只考虑其中体现了交际参与者（或集团成员）间不平等角色关系的那些成分。这种成分在 грубить, дерзить, резать (правду в глаза) 等动词的意义中并没有明显的体现。

首先列举一些词典中对这些动词的释义。就好像上一组词的释义一样，这里也没有反映出情境参与者角色的不对称。

请比较：

грубить = 说粗话，说无礼的话（在所有词典中都这样解释），在其中一本词典中对 грубость 的解释是"粗俗的表达，粗俗的行为"，对 грубый 的解释是"不够文明的、不礼貌的、粗鲁的"。

дерзить = 说不礼貌的话（在所有词典中的解释），дерзость 是指"无礼貌的话、粗鲁的举止"，дерзкий 指"没有礼貌的、粗鲁的"。

正如我们所见，由于 дерзкий 是通过 грубый 来定义的，那么这些词就有这样的派生关系：грубость-дерзость, грубить-дерзить。以词典的释义为依据的话就会认为，这些词是不完全同义词，而且 дерзкий 的词义比 грубый 的窄。下面我们将说明

---

① аудиенция 这个词的搭配范围之所以小，看来，和这一名词的古旧化本身有关。在 19 世纪的语言中，它的使用比现在要自由得多，可以搭配的词汇范围也更广。请看下面这些摘自上世纪（指 19 世纪——译注）作品的例子：После обеда Порфиша бил призван на аудиенцию к отцу（М. Е. Салтыков-Щедрин）；Да вот нынче поеду к барону Воробьеву, вчера не мог добиться аудиенции（Л. Н. Толстой）．这些例子均转引自 БАС 和 МАС。

这种观点是不正确的。

резать(意之一) = 直接、公开地说(СУ);公开、直接地说(СО);不客气地直说,很冲地说(БАС);直截了当地说,不客气地直说(МАС)。

我们来仔细地探讨每一个动词。

除了几个动词共有的指示参与者关系的成分之外,这些词语的意义中还有一些特点是在进行语义描写的时候必须考虑的。

动词 грубить 在平常的使用中可以表示两种类型的角色关系: $P_x < P_y$ 和 $P_x = P_y$。请比较例(34)、(35)和(36):

(34) Не груби отцу!

(35) Мальчик плохо учится, грубит учителям;

(36) Мы же с тобой друзья, а ты не хочешь говорить со мной нормально: все время злишься, грубишь.

例(37)和(38)这类话语描写了 $P_x > P_y$ 类型的角色关系,它们是不合理的表达:

(37) * Отец грубит сыну;

(38) * Учитель грубит ученикам.

但是,这个动词的具体使用是有差别的,这要看它究竟在描写 X 和 Y 之间怎样的关系。如果二者之间的关系是制度化的关系,也就是说它处于某种社会等级之中(家庭、学校、军队等等),那么 грубить 通常用来表示相对年轻的人针对年长者的行为,例如,对父亲、母亲、教师、指挥官等说无礼的话。这时还可以在角色对称关系中使用这个动词,尽管这种情况比较少(Не груби друзьям)。

如果 X 和 Y 的关系出现在商品买卖、司机和汽车监管员等人的交际中,动词 грубить 可以用来描写那个在此类情境中具有"主人"地位的人物的言语活动,这也就是说,他的地位高于言语对象的地位。

例如,(39)和(40)中的话语是完全可以接受的:

(39) —Вы мне, товарищ лейтенант, не грубите, а объясните толком, в чем я виноват! (司机和汽车监管员之间的谈话)

(40) Эта продавщица постоянно грубит покупателям.

第二个例子所说的内容只有在"商店"情境中顾客受制于售货员的情况下才能够成立,否则就是不成立的。

对于动词 грубить 的意义来说还有一点需要注意,这就是言语活动:粗鲁、无礼是通过言辞表达出来的,同时还伴随有手势等等。不可能用这个动词描写一个

人对另一个人的非口头的不敬。显然,下面这个例子就是不恰当的:

(41) * Дочь часто грубит мне: молчит, поворачивается спиной, хлопает дверью (如果这样说就是可行的: ведет себя непочтительно, грубо, по-хамски 等等).

与此不同的是,动词 дерзить 所表示的行为不是"表面的",不是用言辞表现出的不敬,而是实质上的内容: 可以不说一个粗鲁的字眼来表达无礼(дерзить)。和 грубить 相比,动词 дерзить 在更大程度上与社会因素有关,通常都是年纪较轻的人对年长的人说没有礼貌的话(这时还经常有社会地位上的差别)。例如:

(42) Коля, почему ты дерзишь мамá
(43) Мальчик надерзил директору и даже не извинился;
(44) Хотя молодой офицер говорил негромко и вежливо, все понимали, что он дерзит генералу.

上面三个例子都指向 $P_x < P_y$ 这类关系。
不可以说:

(45) * Учитель постоянно дерзил ученикам ($P_x > P_y$);
(46) * Мальчик дерзит товарищам ($P_x > P_y$).

这种情况下,年龄因素的权重比公务因素的大: 如果情境参与者之间的关系仅仅是公务角色不对称(下属——上级),但是二者之间没有显著的年龄差异或者下属的年龄比上级的大,那么使用 дерзить 这个动词就显得很可疑或者不自然。请比较例(45)和(46):

(45)? Хоть начальник и ровесник тебе, ты не должен дерзить ему;
(46)? Ваш почтенный возраст еще не дает вам оснований для того, чтобы дерзить нашему заведующему (быть дерзким с заведующим).

述谓性组合 быть грубым с кем-либо 和 быть дерзким с кем-либо 乍看起来和动词 грубить 与 дерзить 分别是完全同义的。但实际上,有社会偏向意义的只有 быть дерзким——它只有在交际参与者年龄(或职位)悬殊较大的情况下才能正常使用。例如:

(47) Девочка дерзка с матерью.
(48) Молодая сотрудница недопустимо дерзка с начальником.

быть грубым с кем-либо 这个表达是没有社会偏向的(于是,它的意义比 быть дерзким 更加宽泛)。请对比例(49)、(50)和(51):

(49) Мальчик груб с учителем ($P_x < P_y$);
(50) Начальник груб с подчиненными ($P_x > P_y$);
(51) Почему ты был так груб с товарищами ($P_x = P_y$).

冈察洛夫的长篇小说《奥勃洛摩夫》(Обломов)中有一句话,它"覆盖了"全部的三种关系类型:

(52) Никогда не стеснялся он [Тарантьев] ничьим присутствием и в карман за словом не ходил, и вообще постоянно был груб в обращении со всеми, не исключая и приятелей.

动词 резать(我们所感兴趣的意义)描写两种类型的角色关系: $P_x < P_y$ 和 $P_x = P_y$。请比较(53)和(54):

(53) На работе он [герой повести] смел, инициативен, режет «правду-матку» начальству, а дома, в разговорах с женой-весь какой-то поникший и нерешительный (Литературная газета. 1982. 15 сент.);

(54) Мы с ним давние друзья, но бывает, он нисколько не щадит моего самолюбия: режет мне в глаза все, что думает о моем поведении.

在 $P_x > P_y$ 类型的关系中使用这个动词就显得不自然了:

(55) * Директор режет правду в глаза подчиненных;
(56) * Учитель резал правду ученикам.

需要强调一点,类似表达的不恰当并不是绝对的,这和 X 与 Y 之间"上级——下属"、"教师——学生"的角色关系有关。可以设想一个情境,当厂长和同在一家工厂工作的工程师是朋友时,厂长就可以在后者的面前直言不讳,甚至不顾及礼貌;但是显然,此时两人并没有承担公务角色(厂长——属下),而是处在非正式的、平等的关系中(朋友——朋友)。

我们讨论过的 резать 一词的意义中(除了 $P_x < P_y$ 和同等关系之外),重要的一些成分如下:

① X 对一些事实持否定评价;
② X 认为 Y 与这些事实有直接的关系;
③ X 没有对 Y 隐瞒和弱化那些因 X 知道了上述事实而产生的不愉快;

④ X 不关心自己的言辞会给 Y 造成什么样的后果；请看例(57)

（57）Шуре хорошо, она классный специалист, кому бы она там ни мешала, никто ее не тронет-иначе кто работать будет? Вот она и режет свою правду, не боится (М. Рощин. Шура и Просвирняк // Новый мир. 1982. №3. С. 42);

⑤ 对于动词 резать 的这个意义,甚至对于一系列具有 $P_x < P_y$ 关系的词语来说,应该注意到一个重要的特点——这些词语中的大部分都用于制度化的长幼关系中（家庭中、职务上等等）。请比较：可以说 перечить, прекословить отцу, пререкаться с бабушкой,但不能说 * перечить, прекословить незнакомому старику, * пререкаться с прохожими. 对其他一些词来说,这个条件不是必须的,只要有年龄上的对立就足够了（请看：непочтение к старшим）。

2.3 语气词-ка 语义中的社会成分

上面所探讨的社会成分不仅能出现在词汇和语法独立的语言单位中,也可以出现在那些必须和其他词语组合才有意义的语言单位中。例如,情态语气词-ка 就是这样,它是依附于动词命令式形式的。

在词典中和语法中对这个语气词的描写如下：

"(语气词-ка)接在命令式或其他表示祈使的词之后,使命令的语气变得缓和、委婉。Ступай-ка отсюда. Дайте-ка пройти. Ну-ка, дружок, спойте нам что-нибудь"（СУ）；"用于减弱请求、命令的语气。Спой-ка. Ну-ка, покажи."（СО）；"用于命令式之后,用来表达命令、强迫行动、邀请等等"（БАС）；"用于减弱命令的语气,用来表达请求、规劝,带来不拘、随意的意味"（МАС）；"和动词命令式形式一起使用的后置语气词-ка,用来弱化要求的命令色彩：

　　… моя хозяйка
　　Была пригожа и добра,
　　А муж-то помер, замечай-ка.
　　　　（А. С. Пушкин. *Гусар*）"

（Виноградов 1947：674）;"-ка 属于位置固定的语气词……用于祈使形式之后,带来弱化的色彩：Иди-ка отсюда! Пусть-ка он сам попробует"（*Грамматика-70*：613）;"用来弱化请求、祈使（помолчи-ка）的情态语气词"（*Грамматика-80*, ч. 1：728)。

在这些定义中至少没有考虑两个情况,而它们对正确理解和使用带-ка 的动词命令式形式来说是必须的①：

① 说话人和听话人应该彼此很熟悉（这一条件在 MAC 中稍微涉及了一点：带来不拘、随意的意味）；

② 说话人的角色地位不低于听话人的（$P_x > P_y$ 或者 $P_x = P_y$）。

和陌生人及不熟悉的人正常交往时，像例(58)和(59)一类的句子是不能使用的，因为它们违背了上面的第一个条件：

(58) Дайте-ка мне газету!

(59) Подвиньтесь-ка!

学生对老师也不可以像例(60)那样讲话，因为这违背了第二个条件：

(60) * Повторите-ка задание.

请对比：

(61) Повторите, пожалуйста, задание.

对第二个条件的违反在年龄相差悬殊的情况下感觉得更加清楚：如果带有语气词-ка 的言语出自爷爷和奶奶对孙子说的话中，这是很自然的；但是在相反的情况下，如果孙子和爷爷奶奶说话时用了带-ка 的动词形式，这就会被认为是不规范的。

在使用带有语气词-ка 的动词形式时，说话人不仅向听者表达了请求或促使对方行动的意思，而且还带有一个假定的前提，即听话人应该按照自己社会角色的要求完成这一请求。此外说话人相信，听话人自己也明白，按照自己的社会角色应该完成说话人的请求（或命令）。这种双向的理解对于交际过程的顺利进行是非常重要的，如果违反了上面的条件，就可能使听活人产生误解或反抗。如果违反了条件，看来，是不能只用违反交际公设之———礼貌原则来解释的（Грайс 1985：223）。这更像是对俄语使用者关于-ка 的正常、"标准"用法认识的偏离。

如此看来，语气词-ка 并不是用来减弱请求或命令意味的，而是加强它们的。在带有-ка 的动词命令式形式的句子的预设中，有这样一种类似的含义："说话人和听话人很熟悉，他的地位也高于后者；说话人认为，听话人应该完成说话人的要求……"

---

① 带有语气词-ка 的动词第一人称形式（скажу-ка я ему, пойдем-ка вместе）表达的是这个语气词的另一个意义（请参考词典和语法），我们在此不予讨论。

2.4 社会成分在语言单位释义中的地位

我们现在来讨论关于情境角色参与者地位不对称的信息在语言单位的释义中应该占据什么样的地位。根据上文提供的材料可以看出，类似信息可能是某个语言单位使用的背景、正确使用它的条件、含有这个语言单位的句子的情境适用性。因此，这种信息的位置应该在释义的预设部分①。

这种解决社会成分在词语释义中地位的方式和从社会规定性角度研究否定句中（否定语气词 не 直接位于表示非对称角色关系的词语的左侧）词汇意义的做法是一致的：语气词 не 的意义并不与全部词义发生联系，只与词义中表示角色地位不对称的那个部分有关。例如：

(62) Начальник вовсе и не благоволит к этому сотруднику.

在说这句话的时候，我们并不否认领导者的地位高于职员的，我们否定的只是第一个人对第二个具有某种特殊的、"区分性"的关系。

上面讨论过的其他词语被否定时也是如此。请比较下面的例子：

(63) Барин не гневался на холопа (а был лишь слегка раздосадован его поступком);

(64) По утрам старый генерал уже не распекает своего денщика (а только вяло ворчит на него);

(65) Вы бы с сыном полегче: здесь нужен не окрик, а внушение;

(66) Сегодня председатель исполкома не принимает посетителей;

(67) Епископ добивался если не аудиенции, то хотя бы неофициальной встречи с кардиналом;

(68) Мальчишка исправился: стал лучше учиться, не грубит учителя;

(69) Постарайтесь не дерзить начальству, и все будет хорошо!

(70) Никакой правды он не резал (а просто мнение свое высказывал).

2.5 含有带社会偏向意义词语的话语的正误问题

忽视词语意义中的社会成分时出现的错误具有什么样的性质？换言之，怎样

---

① 关于意义（释义）的预设部分与直义部分的关系，请参见，例如，(Fillmore 1969)和(Апресян 1980)。研究者们对术语"预设"有着不同的理解，其中的差别主要在于这一概念与哪些语言单位有关——是词、句子、话语还是篇章。为了进行词汇意义的语义分析，最明显和有效的方法莫过于搞清楚那些即使在被否定时也不改变的预设，也就是说，在词语前有语气词 не 的时候词义的预设部分也不改变(Апресян 1980：49)；关于预设的其他观点帕杜切娃在(Арутюнова, Падучева 1985：31—41)中详细地总结过。

评定下面这种类型的话语：

(71) * Молодой солдат благоволил к своему командиру；
(72) * Мать постоянно дерзила своему малолетнему сыну.

戈登和莱科夫注意到，在 приказывать 一类词语的意义中有对行为主体权力的假定(Gordon, Lakoff 1975)①。巴杜切娃在援引这一观点时表示，违背这种假定不会导致语言错误：Иван приказал Петру явиться，хотя и не имел над ним власти 这个句子"是有意义的，因为事物的现实情况可能和主体的想法相悖"(Падучева 1982：45)。

毫无疑问，俄语使用者的直觉会注意到类似的话语，尽管很明显，这种异常和以 * оказывал впечатление 代替 производил впечатление，或者以 * понижение здоровья 代替 ухудшение здоровья 等违背语言常规的现象是不同的。

这些话语中的情境本身就是值得怀疑的，因此话语给人的感觉是不正常的。但是，(按照阿普列相的观点：Апресян 1978)这并不是 круглый квадрат(圆形的正方形)一类的逻辑反常现象，因为无论在何种情况下都不可能有圆形的正方形，但是由一个没有权力的人来发号施令，总的来说，是可以理解的——在特别的情况下，这种言语行为和事物的正常状态相矛盾，因此它是语用异常现象。

如果说圆形的正方形是从来不曾有的(尽管可以说"圆形的正方形")，那么下属向上级发号施令(或者由地位较低的人赏识地位较高的人)在正常情况下是不可能有的现象，所谓正常情况是指在社会所公认和赞同的由动词 приказывать 所描写的人与人之间的关系中。

因此，和纯语言错误(如 * оказывать впечатление 或 * понижение здоровья 之类)与逻辑异常现象(就像 круглый квадрат)不同，如果话语违背了人们对动词行为主客体之间关系的认识，我们就可称之为预设性错误，它和词汇意义中可能发生因忽视或误用社会成分而造成违规现象的那一部分完全吻合。

预设性的——这是对错误性质的定义，可以说，它指出了规范偏离现象发生的场所。如果语用学或语用语境可以理解为"关于特定话语使用的认知和社会事实的总和"(Языковая деятельность 1984：18)，那么按照上述错误的性质，它们可算作是语用性错误。

从上文中讨论过的例子可以看出，关于情境参与者之间关系的信息，不仅对正确使用词语是必须的，对认识它的意义来说也是如此。换言之，要对 благоволить，гневаться，дерзить，резать 之类的词汇进行解释，就必须考虑角色关系类型问题，否

---

① 奥斯汀指出，早期提出"命令"这一情境中(在分析动词 to order 时)的权力条件时，没有注意到假定或预设的概念(Austin 1962：28)。

则对这些动词意义的描写就不符合语言使用者的理解①。

　　社会因素影响语言符号意义的方式还可能有别的一些,其中之一就是制约词语的语义和词汇搭配。这时,社会因素并不作为词义的一个成分出现,而是这样或那样的语境条件。这些条件与包含有特定词语的言语行为参与者有关。

　　我们将举例探讨这一现象。

3. 语言单位搭配中的社会限制条件

　　语言单位搭配中的限制繁多,最广为人知和研究最多的是词语的语义、词汇和句法搭配中的限制,它们来自这些限制的结构特点和在句子中的状态——意义特点、题元结构、题元表层表达的特点等等。近一段时间以来,研究者对影响某些词类在话语中使用的语用因素进行了成功的描写,其中包括语气词、量词、情态词、某些副词和代词(请参见,例如,巴杜切娃、沃尔夫、阿鲁玖诺娃、克雷德林、博古斯拉夫斯基、拉西林娜等人的著作)。

　　但是看来,研究者们至今也没有注意到词语搭配中的社会限制,这类言语事实就存在于话语当中,或者更广泛地看,存在于特定的交际情境中。

　　为了认识类似的社会限制,我们来看看一些现代俄语的事实。

3.1　某些对称性谓词的搭配特点

　　这种谓词表示相互的行为或两个情境参与者之间的关系,例如,дружить,ссориться,обниматься,целоваться,соответствовать,быть равным 等等。从逻辑上看对称性谓词应满足的条件是 $P(X,Y) = P(Y,X)$,其中的 P 是谓词,X 和 Y 是谓词"对称的"搭配,请比较:X борется с Y-ом ＝ Y борется с X-ом 等等(Иомдин 1981:89)。

　　此外,两个"对称的"题元可以占据同一个句法位置,构成一个并列组合:X 和 YP;请对比:X и Y равны; Петя и Ваня дружат; Коля и Сережа поссорились; Мать и сын поцеловались...(这些结构可以转换成 XPY 和 YPX:X равен Y-у-Y равен X-у; Петя дружит с Ваней ↔ Ваня дружит с Петей; Коля поссорился с Сережей ? Сережа поссорился с Колей; Мать поцеловала сына ↔ Сын поцеловал мать②...)

---

　　① 用这类方式对 резать 及其派生词语的一些意义进行解释的尝试在(Крысин 1976б)中已经实现了。

　　② 这些句子只有在作为 X и Y Р-ся 的转换形式时才是同义的,离开这一条件的话,每一个句子都有自己的 含义(例如,陈述句 Мать поцеловала сына 完全不能推出 Сын поцеловал мать)。

　　看来,俄语中只有一个带后缀-ся 的表示相互的性行为的动词(非标准语的)只允许单向的转换:从 X и Y Р-ся 这一表达中可推导出 XPY,但是不可以说＊YPX。在本书作者所知的详解词典中,这个动词只收录在达里的《大俄罗斯民间口语详解词典》(Толковый словарь живого великорусского языка. 3-ое изд., под ред. И. А. Бодуэн де Куртенэ. СПБ.; М., 1912. Т. 1. С. 1304)中。

当"纯"对称性谓词可以用三种转换形式不加任何限制地表达时,还有相当多的①不完全对称情况:对应于第一和第二情境参与者的题元的表达是带有一定条件的,因此,句子迂说的可能性也就受到了不完全对称谓词的限制。

我们只选择那些具有社会性质的条件来讨论。

动词 перекликаться 在表示"相似、相近"这个意义时,它在使用中并不是不关注第一、二个题元如何表达。

首先,和表达第二个题元含义的名词性词语相比,表达第一个题元含义的名词性词语应该指那些时间上较晚发生的事件。例如:

(1) Содержащееся в статье предложение перекликается с идеей, высказанной нашими инженерами почти полвека назад.

看来不能说:

(1a) * Идея, высказанная нашими инженерами почти полвека назад, перекликается с предложением, содержащимся в статье.

其次,在一些上下文中这个动词的使用受"威望因素"的影响:和第一个题元的语义主体相比,充当第二个题元的名词的语义主体应该是具有更高威望的人物(现实中或者在说话人看来如此)。例如:

(2) Поставленные на съезде задачи перекликаются с ленинскими мыслями о научном управлении экономикой.

下面的说法就值得怀疑:

(2a) ⁇Ленинские мысли непосредственно перекликаются с поставленными на съезд задачами в области научного управления экономикой (*Правда*. 1976. 5 нояб.).这里违背了第一和第二个条件。

时间和威望因素对动词 перекликаться(表示特定意义时②)使用的影响不是必然发生的,它受语境或者话语全部情境的制约:看来,上述因素只在下列条件中才会发生作用——当表示第一、二个题元的词语间有时间和威望的差别时,要么就是

---

① 研究对称性谓词时发现,它们的一些(数量较少)特点具有相当大的共性,可以从词典中提炼出来写进语法。同时,对称性谓词的大部分信息都是个别,应该直接收录进词典(Иомдин 1981;90)。

② 这个动词在使用直义时是没有使用限制的,是对称性谓词。请看:Ваня и Петя перекликались(в лесу)→ Ваня перекликались с Петей = Петя перекликались с Ваней。

这种差别或者已由句子的某个成分表达出来了[例如(1)中的 почти полвека назад],或者蕴含在说话人和听话人关于情境或世界的共同认识中(例如,列宁思想的"分量"比党代会提议的"分量"要大)。

当谓词性组合 быть созвучным 表达词典中所说的"与……相关、相近"这个意义时(请看,例如,奥热果夫词典),上面提到过的两个条件对于它的使用来说也很重要。请比较:

(3) Мотивы ранней лирики Блока созвучны с основными эстетическими установками① символистов [假如这样说就有些奇怪:(за)? Основные эстетические установки символистов созвучны с мотивами ранней лирики Блока];

(4) Слова выступавших были созвучны с основными идеями, выраженными в проекте Программы партии [但不能说:(4a) *Идеи, выраженные в Программе партии, созвучны со словами выступавших]。

谓词性组合 быть созвучным 的这类用法说明,在第一、二个题元分别对应的事件之间可能存在某种因果关系:最可能的情况是,象征派的美学目标导致了勃洛克早期抒情诗歌中的特定主题(而不是相反);根据所有的情况看,党章中的表述导致了发言者采用的特定立场(而不是相反)等等。

第一、二个题元分别对应的事件在时间和威望上的差别越大,这种因果关系的出现几率就越大。但是上述因素在语境中也有可能不表现出来,那么就看不出事件之间的因果关系了。例如:

(5) Два эти поэта жили в одно время, но в разных странах и ничего не знали друг о друге. Тем удивительнее, что многое в лирике одного из них созвучно с поэтическим видением мира, характерным для другого.

谓词性结构 быть похожим 在一般情况下是对称性谓词:X и Y похожи(друг на друга)这个句子可以转换成 X похож на Y 或者 Y похож на X,后两者是同义句。但在现实中,有一些因素使得这个谓词性短语变成非对称性的。例如可以说:

---

① 当这个谓词性组合搭配名词第三格形式时(быть созвучным чему),它表示的是同一个组合的另一个意义。在奥热果夫词典中,这个意义在 созвучный 词条中以带有编号3的形式呈现:"3.〈转义〉完全符合……的利益、需要。Произведение, созвучное эпохе(符合时代需要的作品)"使用这一含义时,быть созвучным чему 是不对称谓词,因为它的题元在语义上属于不同的类型(произведение 和 эпоха 是不同类型的事物,而典型的对称性谓词具备题元语义同类性的特点,对此请参见:Иомдин 1981: 104。因此,它们不可能以充当句子主语的并列词组表达,不能说:* Это произведение и эпоха созвучны)。

(6) Сын похож на отца, но не говорят;

(6a) * Отец похож на сына——尽管这句话的语法是完全正确的

(7) Отец и сын похожи друг на друга.

换句话说,这一谓词性结构的第一个题元应该由表示更年轻人物的名词来承担。这里需要强调一点,这个条件不是绝对的,它主要在人们谈论亲属的时候发挥作用。如果谈论的两个人之间并没有亲属关系,就不需要遵守这个条件。例如:

(8) На этой фотографии его дед похож на нынешнего президента Франции.

看来不能说:

(8a) * На этой фотографии его дед похож на своего младшего сына.

但在这种情况下,有另外一些因素在起作用:人们通常和某一社会领域中著名的人物相比较,和自己的标准做比较。

(9) Этот старик похож на Жана Габена [但不能反过来说:(9a) * Жан Габен похож на этого старика].[①]

如果用来做比较的人物(Y)不具备"样板性",他也应该是说话人与听话者都知道的人物。同时,被比较的人物(X)可能只有说话人知道。例如:

(11) —Ты знаешь Николаева (X)? —Нет. А кто это? —Ну, как же! Такой круглолицый, приземистый, в очках, похож на нашего управдома (Y).

请看,下面句子中的情境叫人感到奇怪,至少在听话人看来是这样的:

(11a) ?Управдом (Y) похож на Николаева (X).

谓词性结构 быть похожим 的两个题元 X 和 Y 之间的关系让人想起句子实义切分中的主题和述题——Y(被用来做比较的人)是已经给出的、交际双方都知道的内容,X 是新的人物,刚刚进入听话人关注的视野。

3.2 代词 мой 的使用特点

第二组例子和说话人在言语行为和话语结构中的特殊角色有关。关于这一点,物主代词 мой 和某些名词的搭配就很能说明问题。

[①] 当这种比较的标准是说话人意识中具有某种特点的动物或物品时,如:(10) Он похож на слона (на жердь…),我们自然不予讨论,因为这里已经违背了"X 和 Y 应具有语义同类性"这个条件。

例如,这个代词和名词 семья(家庭)一起使用时有如下特点:моя семья(我家)自然应该由家中的父亲或母亲来说,而不应出自家庭"普通"成员——儿子或女儿之口,特别是未成年的子女之口[后者应该说的是 наша семья(我们的家)]①。

与此类似的是 мой отдел, мой цех, моя лаборатория, моя бригада 等类型的搭配,但在某些情况下要看具体的语境:мой отдел(цех)自然应该由部门(车间)主任在和上级部门的代表打交道的时候说(例如向厂长汇报工作的时候);假如部门(车间)主任在车间(部门)同事或工人面前讲话时这么说,就显得不自然了——这时候应该说 наш отдел(цех)。另外,мой отдел(цех)如果不看语境地②由普通的部门成员(或车间工人)来讲,也会显得很奇怪。

物主代词 мой 在理解和使用中的这一特点还可以在下面的情境中看到,也就是在 мой 与表示有等级差别的集团的名词一起使用时,这类集体是指集团内部的成员之间有按照"首领——属下"原则划分出来的等级。这些词是 семья, отдел, цех, завод, бригада, звено, колхоз, райком, взвод, рота, батальон③, полк, дивизия, корпус, армия 等等。这些集体的首领在语言中通常都有标准的称呼,例如,家庭中的 отец(父亲),部门的 заведующий начальник(主任),车间的 начальник(主任),工厂的 директор(厂长),队里的 бригадир(队长),分队的 звеньевой(分队长),集体农庄的 председатель(主席),地区委员会的 секретарь(书记),排(连、营、团、师、军)的 командир(排长、连长、营长、团长、师长、军长),集团军的 командующий(司令)。

мой 在和表示非等级集体的名词一起使用时,就没有上述特点。请看 моя деревня 的使用:

(14) Провожать нас вышла чуть ли не вся моя деревня.

同样的现象在 мой 和一些指称社会角色的名词搭配时也可以看到。这里说的并不是 помощник, ассистент 之类在本身词义中已经清楚地表明了角色不对称关系的词("X 是 Y 的助手或助理",其中隐含了 X、Y 的角色不对称关系:$P_x < P_y$),我们要谈的是那些词义中并没有指示角色不对称关系、而说明情境参与者具有平

---

① 在其他语言中可能没有此类限制。请比较,例如,达列尔的书《我的家庭和其他动物》(*My family and other animals*)讲的是作者父母亲的家庭。如果考虑到这一书名中所包含的讽刺意味,将它翻译成俄语的《Моя семья и другие звери》也未必合适,因为这种译法忽视了我们所指出的这一特点。

② 例外的情况可能是,在某些语境中说话人在有意强调自己属于某个集体。例如:(12)Ваш завод-это и мой завод;(13)Мой отдел я не променяю ни на какие другие. 等等[顺便说一下,例(13)中如果用 свой 代替 мой 会显得更自然一些;带有 мой 和 свой 的话语是不同义的,两个代词也不能互换,对此请参见:Падучева 1985:204-]。

③ 请看贝科夫的中篇小说《他的营》(*Его батальон*)所用的名称,其中的主人公是一个营的营长。

等关系的词(сослуживец，сотрудник)。然而 мой сотрудник 这里表达的意思是，和 сотрудник 所指的人相比，说话人的社会地位或角色地位更高。然而，сослуживец 虽然在意义上和 сотрудник 相近，但 мой сослуживец 这个表达在我们所探讨方面却是无标记的，集体中的任何一个成员都可以使用。

мой 和第三组词语搭配时在语境中指示说话人的"统治"地位，这类词拥有共同的意义"(长期的)居住地"① 如 дом，квартира，комната，дворец，хижина，изба，хата 等等。мой дом，моя квартира，моя изба 等表达应该理解为，说话人是这些地方的主人、拥有者——长期的或一定时期里的，这些表达最应该由家庭领袖来说，如果出自未成年的家庭成员之口就会让人感到很奇怪②。

从上面所举的例子可以看出，带 мой 的限定词组仅用于特定语境，这是不是由于词组中带有 семья，сотрудник，дом 类型意义的词语所带来的后果呢？为了回答这个问题，必须考察这些词语使用的其他语境，首先就是和其他指示唯一占有者的词语搭配使用时的情况，如物主代词 твой，Ваш，его，ее，还有 отцов，мамин，дядин，Колин，Машин 这类物主形容词。

看来，моя семья，мой отдел (цех) 这类词组和 твоя семья，его отдел，дядин цех，мамин сотрудник 一类词组的所有区别就在于，第一种情况指的说话人，第二种情况说的是听话人(твоя семья)或者某个第三者(его отдел，дядин цех，мамин сотрудник)。这样一来，在第二组词语中就应该有前面所指出的那种特点：твой，Ваш，его，ее，мамин，дядин 等词指的是拥有者，他们应占有"领袖的"地位，承担比(实际存在或想象中的)其他情境参与者地位更高的角色。

但实际上，这种情况是不存在的。твой отдел，дядин (отцов，Колин) цех，мамина лаборатория 等最好能被这样理解：主体(ты，дядя отец，Коля，мама)就是部门、车间或实验室的领导，但实际理解起来是没有这条限制的。请比较：

(18) В дядином цеху вчера произошла авария；

很有可能的是，事故发生在叔叔当主任的车间里。但对这句话的理解也可以在"叔叔是这个车间的工人"这一语境中进行的，尽管这种情况下多用另一种形式的表达：

(18a) У дяди в цеху вчера произошла авария.

---

① 但不是有"逗留、居住场所"意义的词！请比较 мой автобус 这一类型的词组：(15) Подошел мой автобус，которым я ежедневно езжу на работу. 还有词组 мой поезд，моя библиотека (= ① 我工作的那家图书馆；② 我作为长期读者的那家图书馆)等等。

② 请看这类话语：(16) У меня дома не топят；(17) Пошли ко мне домой. 等等，它们由成年人来说是可以的；儿童甚至少年更自然的表达应该是 у нас дома，к нам домой。

(19) Где находится Ваш институт? 这个问题可以解释为：代词 Ваш 和 директор института 的所指相同，但也可以超越这种限制（这个问题的对象完全有可能是学院的一位工作人员）。

(20) А что происходит в твоей семьé;

(21) Его отдел занял первое место;

(22) Из отцова цеха никого не послали в колхоз. 这类句子最好理解为：谈论的对象是家庭或部门（车间）的领导者，但是也可能理解为说的是集体中的普通一员。

твой（его, ее）дом, мамин сотрудник 之类的词组也是如此。我们完全可以问一个儿童：

(23) Где твой дом? 或者 (24) Это твоя квартирá

下面这段对话也是有可能的：

(25) —Кто это? —Мамин сотрудник. —А кем работает твоя мамá —Лаборанткой.

因此，在带有表示拥有者唯一性的物主代词（除 мой 外）和 дядин, отцов, мамин, Колин 一类物主形容词的语境中，等级集团、居住地的名称和一些社会角色的称呼对拥有者地位的指示不如有代词 мой 的语境那么强烈。显然，在这种条件下由上面这些名词、代词和形容词所指示的、影响词组意义唯一性的那个成分是不存在的：如果这一成分确实存在过，那么它就应该以某种方式在任一词语的使用中表现出来，至少在拥有"A$_{物主代词、物主形容词}$＋S"和"A$_{物主形容词}$＋S"结构的语义—句法语境中有相同程度的表现。

这里所说的 моя семья, мой дом, мой отдел, мой сотрудник 一类表达的特点应该被理解为搭配特点：由上面这些名词所构成的词组只有在代词 мой 的语境中才可能隐含一个条件——说话人在特定群体中占有领导地位，也只有在这个语境中它们才可能被正常理解和使用。因此，决定性的因素在于说话人，而不是简单地依靠情境参与者。另一方面，这一因素只在涉及说话人在特定群体中的地位、承担特定社会角色的情况下才会表现出来，请对比下面这些无此标记的词组：мой карандаш, моя голова, моя работа 等等。因此，代词 мой 和 семья, отдел, дом, сотрудник 之类词语的这种搭配能力可以被看做是社会的，或者社会制约的搭配。

这里讨论过的材料还可以说明一个问题，说话人作为言语行为"创造者"的地位是很特殊的。与听话人、第三方或言语客体的特点、交际条件等因素相比，话语中与说话人有关的一切，他的目的、评价等等在某种程度上都更加重要。这可能表现为选用特定的表达形式,或者相反,禁用某种表达方式[请对比:某类动词(首先是表示发誓、说谎、诽谤、造谣意义的动词)和代词第一人称一起使用时,和与代词其他人称形式一起使用时有很大的不同——相关例证请看:Апресян 1980；Падучева 1985；Вендлер 1985],还可能表现在对语言单位及其在特定语境中的组合的特殊理解方面(正如前文所举的例子一样)。

  作为本章的总结,我们对以下情况做出说明:

  社会因素通常被理解为某种语言之外的事物,例如,它可能加速或减慢按照自身内部规律进行着的语言演变的进程(历时方面的影响),或者在某种交际条件下制约语言手段的选择(共时方面的影响)。

  本章中分析的材料,看来,可以让我们从社会方面更深地进入语言体系内部,其中包括了解那些涉及人与人之间社会关系的信息在语义描写中的重要作用,即:在解释语言单位的意义时应明确包括此类信息。抑或是具有社会性质的信息应该对语言单位的搭配产生制约作用。

  对词语意义、语用和搭配中的社会成分的分析可以让我们得出这样的结论:在进行语言学描写时必须说明类似的社会因素(这对词典编纂来说尤其重要)。同时,在这一领域中社会语言学和词汇语义学、句法语义学、词典学等纯语言学科联合起来了,至少,要揭示词义中的社会成分以及句法活动中的社会限制,需要采用这些学科中的方法。

作为双言现象的语言变体获得[*]

1. 我们遵从弗格森(Ferguson 1959)和甘柏兹(Gumperz 1964)的做法,把下面这种情况称为双言现象(диглоссия)[①]:同一个语言共同体(языковое сообщество)的成员掌握了不同的交际变体——语言、方言、语体,他们根据交际的社会功能有时使用这种变体,有时用另外一种变体。请对比:"双言现象是不同语言和语言变体的功能社会分布的特征。"(Fishman 1971a:295)。双言和双语的区别表现在两个方面:(1)双语是属于个人语言多样性的特点;(2)"双语(билингвизм,двуязычие)"这个概念表示个人获得了两种独立语言,而不是同一个语言的不同变体。

2. 本文的任务是揭示这两者之间的基本共同点:(a)作为不同语言获得的双语现象;(b)作为同一种语言不同变体获得的"语言内部的"双言现象。为了实现这一目标,我们需要找到一些能在两种情况下、在同等程度上描写语言使用机制的特征。

人们通常认为,积极的双语现象具有以下重要特征:(1)语言代码(以下简称为"语码"——译注)不同;(2)受情境制约的语码转换;(3)交际过程中语码成分的干扰;(4)成分借用。

这些特征在同一语言变体的获得中也可以看到。人们认为,属于这类变体(或分体)的可以是,例如,标准语、地区方言、行业隐语等等。

2.1 地区方言和标准语、行业隐语和标准语之间的区别在于语码成分不同,每一种语码内部成分之间的关系也有所不同。从语码本身的数量和特点来看,这些被比较的语码之间是有交叉重合的(也就是说,部分语言符号是标准语和方言所共有的);根据语码成分(= 符号的价值特点)间的相互关系来看,每一个被比较的变体都是独立的,也就是说,物质外壳相同的语言符号进入了不同的语用系列和组合关系中。

可以作为例证的是那些形式特征完全一样,但在方言和标准语中拥有不同意义内容的词语:виски(= волосы),глушь(= чувство одиночества,тоска),курево(= дымный костер из навоза,который разводят,чтобы отгонять комаров),лелеять(= широко разливаться,затопляя большое пространство),позвонок(= колокольчик),толкать(= бодать)等等(例子均来自词典:Оссовецкий 1969)。另

---

[*] 此文最初发表在文集《社会—语言学研究》(Социально-лингвистические исследования. Под ред. Л. П. Крысина, Д. Н. Шмелева. М.: Наука, 1976)中。(此处的"获得"更强调掌握了某种语言能力的状态——译注)

[①] 这个术语在汉语中有两种译法:(1)双言现象;(2)双语体现象。按照社会语言学的观点,因社会原因而产生的语言变体可称为社会方言,因此"双言"可以涵盖社会方言(语言的社会变体)和地域方言(语言的地理变体)且比较常见,我们因此采用译法(1)。——译注

外还有一种情况,同一个词在不同的方言里表达不同的意思,例如,хлев(家畜及家禽的棚、栏、圈)可以指供牲畜居住的不同建筑物,因此就和不同的表示牲畜其他居所的词汇构成聚合关系(хлев-двор, хлев-пуня, хлев-омшаник)(Гольдин 1967; Шмелев 1973:146—147)。

同样的差别在术语和通用词语之间也存在。例如,控制论和信息论的术语шум, черный ящик, вход, выход, адрес, программа 和它们在标准语中相应的含义;分属不同术语体系的术语之间也有意义上的差别[请参照列福尔马茨基提出的术语场(терминологическое поле)概念,参见:Реформатский 1959:9]: монотип 同属印刷业和生物学, релятивистский 同属物理学和哲学, конверсия 同属语言学、遗传学和金融领域, вилка 同属电工和棋手, прогон 同属铁路工作者和剧院工作者, 等等。

与此同时,地区方言、标准语和行业隐语中还有自己专门的、其他变体中没有的语言单位。例如,方言中的 котух(= хлев), лактать(= лакать), лепник(= болтун), охряпка(= грязнуля, неряха), сербеть(= зудеть, чесаться), подочей(= в сторону, не прямо)等等,对标准语使用者来说是陌生的。另一方面,一些书面标准语词汇对方言使用者来说也是难以适应的,例如像 аммофила(指一种黄蜂), пудлингование(指一种冶金过程), спин(核物理学术语), зациклиться, сбоить(程序员和计算机工作人员的用语), выссд(体育术语)这样的专门术语。

在对比同一个社会所使用的不同语言的情况时也可以看到类似的现象。实际上,这时的语码交叉现象要少得多,特别是在没有亲属关系的或谱系上相距甚远的语言之间更是如此。但对于我们所关心的问题来说,这种差别是不原则上的,它只具备量的意义,而没有质的价值。

2.2 获得了同一种语言不同变体的人,例如同时获得了方言和标准语(这是接受教育的结果)的人,很少会在同样的情境中使用这些语言形式。通常,这些变体的功能是根据交际的社会和情境条件来划分的。例如,方言用于和家庭成员中的长辈、长辈之间、和同乡(主要是年龄较大的人,因为在现代条件下他们是方言的主要使用者)的交际;但在村庄里和地方政府的人打交道时,主要用的不是方言,而是标准语。请比较,在和地位相同或地位较低的同乡人在方言环境中交往时,可能使用方言[1]。在从方言向标准语转换的时候[从一种语体向另一种语体的转换也

---

[1] 埃尔文-特里普根据说话人的社会地位和言语发生地划分了如下言语情境类型:教堂和神父、学校和教师、商店和售货员、公共汽车和司机等等(Ervin-Tripp 1971:51)。应该强调,言语情境类型特别受制于说话人所承担的社会角色。这些角色并不总是和社会地位相对应,有时可能保持了说话人在言语条件中所固有的社会地位,但说话人的角色也有可能并不来自于他所拥有的社会地位(但这时的言语情境改变了)。例如:在学校里老师不是和学生,而是和学生的父亲在谈话;在教堂里,神父不是和随便什么人,而是和自己认识的一个教民讲话(第二个例子是埃尔文—特里普举的),等等。角色的转变会引起语码的转换。

是如此],发挥作用的是所谓的语言成分共现的"纵向"规则,换言之,如果使用了标准语的词汇,那么就应采用相应的发音、句法、语调等等,也就是标准语结构等级中的所有语言手段(在反向转换中,就应该使用方言手段)(Ervin-Tripp 1971)。这种转换可称为完全转换。如果说话人没有完全获得另一种语言变体,就会发生不完全转换,这时语言成分共现的"纵向"规则就没有完全实现。

在上述不完全转换的不同类型中,应该特别关注这样一种现象:说话人只在童年时期学习过方言,后来转用了标准语,他在特定情境中会使用一些方言的成分。当这样的说话人在扮演儿子(女儿)或更广泛地说,扮演家庭成员角色的时候,他们的言语中会出现这个家庭习惯使用的、有别于标准语规范的发音、语调、句法和词汇特点。

如果一个人除了标准语之外还获得了某种行业的言语变体(这对一个长期从事某种行业工作的人来说是非常自然的事),那么他只在"劳动生产"情境中使用这种变体:在和工作中的同事交往时,在谈论职业话题的时候,等等。否则他就会转用标准语,标准语对他来说是可用于所有其他情境(非职业情境)的交际手段[①]。

于是,在"方言—标准语"和"行业隐语—标准语"类型的"双语现象"中,语码转换的信号是言语情境和交际者角色的改变。

2.3 获得了不同(但对特定说话人群来说是共同的)语言变体的人在相互交往时,可能在同一个言语环境中使用这种或另一种语码的成分。这时会发生干扰现象,例如,方言和标准语之间、行业隐语和标准语之间的干扰。当交际双方中的一方只获得了一种语言变体时,干扰会出现在另一方的言语中,并影响相互间的理解;因此,要么后者在说话时完全不使用别的语码成分,要么交际行为因此变得难以理解了,要么由于这种不解导致交际中断。

这就是双语人之间、或者双语人与单语人之间的交际原理。请比较:"……很多不同的言语交际情境都可能对双语使用者的行为产生影响。例如,如果他的交际对象只会说一种语言,那么双语者就不得不尽量克服干扰现象,并放弃在语言之间转换的自由;而当交际双方都是双语者时,他就可以更自由地进行语码转换,对干扰现象也更加宽容。"(Вайнрайх 1972:53—54)。

2.4 最后,在两个(或更多)语言变体在同一个社会领域持续、互动的接触中,可能发生的不仅仅是交际行为中的语码成分干扰,还有成分间的借用。借用发生时,说话人并不像在干扰发生时那样,只是简单地把借用成分镶嵌在自己的言语中

[①] 利哈切夫在分析行业隐语的性质和特点时写道:"每一个掌握了行业隐语的双言人,其言语会根据实际情况来变化:在一些场合他使用行业隐语,在另一些场合中则使用平常的表达。例如,在绘图员的语言中有一个用得特别多的词 балеринка(原义为"芭蕾舞女演员",此处指画图用的"两脚规"——译注),它的特点在于,它并没有把同义的 циркуль(两脚规)排挤出去,而是和后者并存。在一些场合(和自己人在一起时)绘图员喜欢用 балеринка,在其他场合(在不那么亲密的环境中)就说 циркуль。"(Лихачев 1964:333)

(这经常是个人的行为),而使之进入了被借用变体的语用和组合关系中。

例如,现代俄语标准语从方言中借用了 учеба, глухомань, неполадки, косовица 等词汇,从专业术语中借用了 контакт, орбита, квант, цепная реакция 等词语,俄语标准语使用者都很熟悉它们(详见:РЯиСО, кн. 1;Капанадзе 1966)。另一方面,标准语对方言日益增加的影响使得标准语词汇大量进入方言语码体系,这些词汇或多或少地正被方言使用者使用着(这样的例子大家都很熟悉)。

3. 双言现象所表现的不只是像方言和标准语那样的历史和社会差别,它还会在,例如,说话人使用标准语不同变体形式(书面语和口语)的情况下发生。正如俄语口语研究所显示的那样,在现代俄语社会中这两种变体的区别在于它们不同的语码单位和言语实现方式(РРР-1973)。标准语使用者对这种或那种语言变体的使用取决于言语情境和交际参与者之间的社会—心理关系:在不拘的日常情境中,当说话人之间的关系是非正式的或者友好的时,通常使用标准口语。情境转换和说话人角色改变时,人们就会从口语转向书面语,或者混用两种语码,这时还可能发生借用。

例如,[буът], [тóкъ], [чьллэ́к], [клдá] (будет, только, человек, когда)这些发音在俄语口语中是正常的;如果情境改变或者说话人角色变化了(例如,朋友角色→报告人角色),说话人就会改用完全发音方式:[бу́дьт], [тóлкл], [чилавэ́к], [клгдá],词汇代码也完全有可能发生变化,尽管交际的主题可能保持不变。

但也有可能发生不完全的转换。这时,完全按典范标准语规范所构建的言语中可能会出现口语成分,也可能相反,在非正式的交谈中可能或多或少地嵌入了典范标准语的成分(也就是发生了干扰现象)。请比较下面这些在现代俄语言语中经常出现的情况,在口语体裁中夹杂了书面和办公室语言的成分:

—Раз человек был такой шишкой, то ему скучновато в нашей жизни... когда грани стираются еще в недостаточной степени (И. Зверев. *Он и она*);

Ивушкин не заставил себя долго просить и только осведомился, по какому поводу выпивка в будний день. —Внеплановое событие приключилось... —туманно объяснил Воскобойников (Б. Бедный. *Комары*);

—Ну, там вообще столько объектов, макая скученность, что даже выйти некуда погулять (из устной речи).

从另一方面看,也有可能在书面语文本中加入口语性质的成分,例如:

Если многие ученые захотели ввязаться в эту дискуссию, то этот очень показателен (из выступления ученого на заседании); Он мне дал адрес, просил написать, но я зашился со своей торговлей (И. Голосовский. *Хочу верить*).

这些例子均转引自(Винокур 1968)一书。

　　干扰的成分有时会被接收它的语言系统当成正常使用的符号,即,借用。当接收的语言系统表达手段不足,或者它所固有的手段有功能缺陷的时候,就会发生上述现象。例如,现代俄语书面标准语中有一些词汇和句法手段具有口语特点,是从口语中借用的：летучка，выходной，у него температура，плохо с дровами 等等(РЯиСО，кн. 1 и 3)。相反,口语也借用了一些过去完全属于标准书面语的手段(例如,俄语口语言语中形容词短尾形式总的来说使用不多)。

　　4. 上述内容可以让我们对"获得不同语言"和"获得(同一种语言的)不同变体"之间的非原则性区别得出一点结论。根据语码、转换、干扰和借用等特征可以认为,两种语言获得是相似的。这种相似性可以用以下方式来说明：

　　在每一个社会中,其中既有单语社会,也有多语社会,存在有：(1) 一些典型的社会角色,它们带有这个社会中的个人和社会行为的典型特征(详请参见：Gumperz 1962);(2) 一些典型的(标准的、规约的)交际情境。在双语社会中,在一些情境中某种身份的社会成员主要使用一种语言,在另一些情境中则使用另一种语言(例如,在很多非洲和东南亚国家中,官方语言、国家语言和地区方言之间的关系就是这样)。在单语社会中,为了"服务"相同的情境并实现同样的角色使用的是同一种语言的不同变体。

关于小群体的言语行为

（问题的提出）*

现代社会语言学中，大多数著作研究的都是大规模的语言进程和关系，它们要么属于社会普遍的现象，要么属于社会和民族中的大多数人——阶层、层次、族群、民族。例如，对现代语言社会及功能分化、民族语—俄语双语现象、语言建设①、语言政策和其他一系列问题的研究，属于为数不多的小规模社会群体的语言进程和关系得到的研究比较少。尽管有些社会语言学家认为研究小群体（малая группа）很重要②，但是具体研究某个群体交际特点的著作还是屈指可数的。在这一方面，社会语言学几乎没有吸收社会学、心理学和社会心理学的经验，这些学科在近几十年里提出了一系列研究小规模群体的方法，并得出了很多有意思的结论（对这一领域中最重要的著作的综述请看：Миллз 1972；苏联社会心理学对上述问题的研究成果请看：Методологические проблемы 1975；Психология личности 1977；Обозов 1979；Психологические проблемы 1976；Проблемы общения 1981；Психологические исследования 1985）。

有些人认为，研究小群体对于描绘某个社会的社会语言学图景来说是没有任何价值的，因为小群体内部的交际规律是不可能扩散到整个社会领域的。

当然，交际特点从一个研究对象向另一个的机制性转移是不可能的，但是这一显而易见的现象并不能说明，没有必要研究社会语言学面对的每一个客体和它所具有的诸多特征。因此，在毫不怀疑应该从社会学视角研究现代语言和社会宏观进程的前提下，也应当重视对家庭、游戏、教学、生产、体育等小规模群体的研究，否则就不可能正确认识个人作为社会存在的言语行为的很多方面。此外，个人作为说话人和特定话语"生产者"的特点，首先是在上述小群体中（而不是在整个社会中）被观察到的。

本文只讨论如何提出在小群体中研究言语交际的问题，并借此明确一些对于

---

* 此文最初发表在《语言与个性》(Язык и личность. Отв. ред. Д. Н. Шмелев. М., 1989)一书中。

① 俄苏社会语言学中所说的"语言建设"相当于我国学术界和西方学术界所说的"语言规划"。——译注

② 因为"群体成员几乎永远都有语言标识——群体内部的语音和词汇特征，它们能够立即确定群体的界限，排除'异己'，因此——语言学应该扩大自己的范围，把描写小规模群体的语言使用也包括进来"，这时，语言学不应"忽视一个事实——已经存在的实验研究方法可能会使人们重新理解社会语言学的术语"（Белл 1980：145, 146）。

这一主题来说最紧要的社会、语言学和社会语言学的问题。这些问题是：
(1) 小群体的种类；
(2) 小群体的结构；领导问题及这一问题的社会语言学方面；
(3) 群体言语同质性；影响它的诸多因素；
(4) 言语的群体套语；
(5) 小群体成员的双言性质；
(6) 群体内交际中口头言语的一些特点。

1. 小群体的种类

"小群体"通常被理解为"数量不多的社会群体，其成员因共同的活动被联系在一起，他们之间有直接的个人交往。这一特点便成为群体内情感关系（喜欢、讨厌、无所谓）、群体价值观和行为规范产生的基础。家庭、生产、科学、体育、军人集体等都属于这种小群体"（Философская энциклопедия 1975）。

小群体该有多少成员才是最恰当的，对此社会学家和心理学家没有达成统一的看法。根据群体组成的目的和它的活动特点来看，这个群体可能由 3—4 人组成，也可能有 30—40 名成员。但最有可能的是，作为研究对象的小群体应当满足"小"这个定义，由 3 到 10—15 人组成。

小群体可以有几种类型。根据成员间关系的特点可以区分出正式群体（формальная группа）和非正式群体（неформальная группа）。正式群体中成员的地位和行为或多或少地是有严格正式的规定的（例如，军队的条例）。正式群体的例子有：生产小组、科研机构中的科室、学校中的班级。关于非正式群体最常见的情况是，它在正式群体中以人们心理上的相互喜爱为基础产生（例如，学校班级中的朋友群体）。

从个人社会化的角度看，他所处的首属群体（первичная группа）①有非常重要的作用，这类群体的成员往往有着密切的互动关系。首属群体既可能是正式的（例如，家庭），也可能是非正式的（例如，儿童和少年的游戏群体）。人在这种群体中形成对人对事的态度、习得道德规范。这类首属群体的价值观通常会构成这一群体的行为取向。"除个别例外情况外，个人总是用他和周围密切接触的人所共有的观点看待世界。如果说由于同感的影响群体成员间的社会距离会缩小，那么早期群体的标准会让人感受得更强烈一些……人们很难打破和自己紧密联系在一起的人的期待，因为对这种期待中焦虑的了解会引发人们的罪恶感。一个群体对其成员的吸引力越大，这种压力感就越大，而这种感觉也保证群体成员拥有共同的认识和

---

① 亦称初级群体、直接群体或基本群体——译注

一致的行动。"(Шибутани 1969：45)

教学、生产、职业、体育和军人集体——这些都是次属群体(вторичная группа)①，个人总是在已经成为首属群体成员的基础上再加入不同的次属群体。

对于划分群体行为类型的研究来说，由甘柏兹提出的个人和公务行为互动方式限制理论是很有用的(Гамперц 1975：313)。这类限制有着很清楚的对应关系：一方面是和家庭、朋友和同龄人圈子等群体对应，另一方面和生产、教学等集体对应。

通常，一个人会同时成为几个小群体的成员：例如，他是一个家庭的成员、某个机构的工作人员、还是一个朋友圈子的一员，等等。不同群体的规范和价值取向可能有所不同，因此这个人就要在行动上迎合不同群体的要求。直到个人所感受到的不同群体的期待与要求不会相互矛盾、不再要求个人必须做出选择取舍为止，这种迎合的过程才会停止。在不断适应和迎合的过程中，个体常常选择与自己关系最密切、其成员的意见对自己特别重要的群体规范和价值观，这种群体被称为参照群体(референтая группа)。

从言语行为的角度看，非正式群体、首属群体、次属群体和参照群体是最重要的，因为正是在这些小群体的框架中形成了那些特别的群体内言语形式，其中包括：共同的语言手段和不同成员相近的使用规则、对特定言语模式的喜爱、言语行为的相似性，也就是说，遵守这个群体的规范能够使此群体和其他社会群体区别开来(请比较，少年的言语行为和他同龄人的参照群体：使用隐语和不规范的词语等，还有他在家庭、学校班级中的言语行为)。下面我们将更加详细地探讨这些群体内言语交际的特点。

2. 小群体的结构

众所周知，大部分小群体都有明确的结构，其成员间的关系是按照"首领——所有其他成员"模式构建出的等级关系。此外，不同成员和首领之间的"距离"远近是不同的：有的人离首领更近，有的人更远。在现代社会心理学中广泛使用着群体领导者(лидер)概念，这个概念与其说用于指正式群体的首领，不如说它同时用于指称正式群体和非正式群体中受到其他成员正面感情评价的那个人。领导者几乎可以说是处于群体中人际关系网的中央地带。

小群体成员间的关系可以用这个图表来表示，图中的方框表示群体的成员，线条表示成员间的关系。线条是有方向的(表现为带箭头的射线)，这是为了展示群体内成员间单边和双边的交际关系。箭头指向最多的那个方框就相当于群体的领

---

① 又称"次级群体"——译注

导者;箭头指向最少的方框表示边缘人(аутсайдер),也就是和群体中的其他成员关联最少的那个人,他通常位于群体的边缘地带(请看,图中3号框表示领导者:指向它的箭头有6个,4号框相当于边缘人,只有一个箭头指向他)。

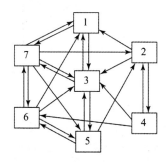

拉波夫称边缘人为"异类"(lames),并且描写了他们在群体中所处的边缘状态所具有的重要的社会学和语言学后果(拉波夫研究了未成年人的游戏群体):他们通常没有掌握群体的文化、语言规范和价值观,他们的行为,其中包括言语行为,遵从的是他们作为其他群体(例如家庭)成员所养成的习惯(Labov 1972:255—292)。

为了用形式化的方法来明确领导者的概念[①]就必须承认区分领导者所依据的范畴(аспект)的重要性。实际上,这个或那个群体内成员间的联系可能有本质的不同。例如,在学校班级中由教学目的决定的这种联系或是社会活动方面的,或是体育的,或是游戏性质的,或是为了保卫自己的班集体而进行的自卫,等等。因此,在不同的情况下就会产生不同的领导人,有学习上的带头人、体育方面的头儿、有保卫班级利益的首领,等等。

但是也有那种所谓的全能型领导者,他在群体中的地位并不取决于群体内活动的目的和情境的种类。这类领导者对群体的影响特别大,他是群体成员模仿的对象,其中也包括言语行为方面。

群体成员经常感觉不到领导者对群体的"言语压力",甚至在影响的结果产生以后还可能没有任何察觉。通常,这种影响表现在群体内部交际中、在个体完成其在群体结构中的地位所赋予的角色时。但是也有这种情况:当群体领导者或其他成员不在场,或者在某种情况下个体不需要考虑自己作为群体成员的身份时,个体言语中仍然保留了群体领导者影响下产生的特点。领导者对群体其他成员影响的强度和深度取决于领导者本人的个性是否鲜明、其性格影响力的大小、影响周围人心智的能力等等。例如,下面这个例子可以说明季莫菲耶夫—列索夫斯基是一个生物学家群体的领导者,来看看他的言语是怎样影响其他人的言语行为的:

---

① 可以通过测量个体间交往频率的方式从形式上区分群体领导者。这种测量的依据是群体成员在单位时间里互动的数量,同时要考虑交际发起者、目的、结果等因素。

Другие подражали ему с восторгом. Для меня же... Ведь я соприкасался с ним вплотную. Ближайший сотрудник. На меня давила его речь, интонация, словечки. Мы все повторял за ним: «трёп», «душеспасительно», «душеласкательно», «это вам не жук накакал», «досихпорешние опыты»,— прелесть, как он умел играть голосом, словами. «Кончай пря!»— в смысле пререкания. «Что касаемо в рассуждении»...

—Сплошной бонжур! — добавил я.

—Заметили? И это тоже. А жесты, а манера говорить. Голосище — труба громовая, всё на пределе чувств. Темперамент. При нем нельзя оставаться вялым, спокойным. Все начинает резонировать. Самые упорядоченные, благонравные граждане возбуждаются. Тоже орут, ручками машут.

Сила влияния или обаяния его личности была такова, что люди, сами того не замечая, перенимали его выражения, его манеры:

—Годами я говорил, интонационно подражая Энвэ,—признался мне Молчанов. —Я даже не сопротивлялся, а активно вживался в эту роль, обезьянничал (Д. Гранин. *Зубр*).

3. 群体的言语同质性

心理学家在研究不同条件下人的行为时发现,个体行为方式之间有明显的差异,另外,当有"重要人物"(指个体所在的小群体中特别受他重视的人)在场时,个人的行为表现也会有很大的不同。

由于珍视群体的意见和自己在群体成员眼中的威信,个人在群体中会按照群体期待的方向构建自己的言语,按照大家普遍认同的小圈子里的讲话方式讲话。看来,影响群体成员言语行为的是两个相互关联的动机:一方面,不要在言语方式上让自己和其他群体成员有所区别(甚至领导者也是这样,尽管他可以做很多其他普通成员不能做的事,但也要考虑群体期待,其中包括言语方面的期待);另一方面,要显示出自己属于这个群体,他是"自己人"(关于这一公设的实验性证明请参见: Hammer, Polgar, Salzinger 1972)。

在后一条内容方面有一种很有趣的现象——语言符号承担了象征的功能:特定的语言单位(词、词组、结构)不仅有称名和评价功能,而且还有特殊的象征群体归属的功能。更有甚者,这个或那个语言单位的价值可能发生很大的改变:重要的不再是它本身的意义,而是它的象征含义。例如:

Все остальные девочки давно уже остриглись и ходили с мальчишескими колючими затылками, Машка мечтала последовать за ними, но была связана честным словом. Еще когда движение 《Долой косы!》 только овладевало девичьими умами в шестых классах 《А》, 《Б》 и 《В》, мама взяла с нее слово, что она оставит косы. Только вчера она последний раз бунтовала дома, добиваясь отмены клятвы.

— Но почему ты хочешь остричь косичка? — страдальчески спросила мама. — Ну почему? — У нас все девочки до одной их срезали. Потому что так *оригинальнее*. — А что, по-твоему, означает это слово—*оригинальнее*? — Как у всех, как модно, — уверенно сказала Машка (И. Зверев. *Второе апреля*).

词汇、发音风格、语调都是群体归属的象征,也可以充当辨识"自己人"的标志;相反,如果一个人没有掌握类似的言语风格,他就会被群体成员当作"外人"。

我们还可以列举出一系列促使群体言语同质化的因素,其中包括:团结因素——群体越团结,它的言语同质性就越明显;领导者因素——领导者对群体言语的影响力度越大,这种影响的"痕迹"在其他成员言语中表现得就越明显;时间因素——群体成员相互接触的时间越长,个体言语和交际风格的同一化就越明显;频率因素——群体的言语同质性程度和群体内交往的频率成正比;代码因素——共有言语行为的产生条件是,群体内所有成员都掌握了同样的语码(隐语、方言等等)。也有可能出现这种情况:群体成员获得了不同的语言变体(我们指的是:一种为标准语,另一种为方言),起初人们试图消除这种语言对立——群体中的大多数会抵制这类个人言语特点,因为他们认为这种现象是不好的,只是到后来才开始逐渐形成本群体所特有的言语行为。

4. 言语的群体套语

这种套语是表现某一群体区别于其他社会群体的典型范例。人们共同的活动、成员间经常性的交往会促使一些特定言语套语的产生。可以充当这类套语的可能是个别语言单位、过去发生的不同话语和对话片段(可能出自群体活动或某位成员之口)、某类言语活动特殊的开始或结束形式,甚至还包括反映这一群体交际经验的引文——既有来自文学作品的引文,也有来自群体领导者的话语。

套语(正如这个名称本身所表示的含义!)通常都用于有情感表现力色彩的情境,特别是开玩笑、讽刺、讽刺性模仿等情形中。请比较前面提到过的季莫菲耶夫—列索夫斯基言语中被同事们接受了的那些词语和结构,它们所起作用不是别的,恰恰是群体内交际的套语,被群体领导者和其他成员有意识地用来开玩笑。

总的看来，语言游戏的作用在小群体中要比在大群体中大得多。不仅知识性群体如此（例如非正式的科学集体、小组、"兴趣"俱乐部等等），其他群体也如此（例如儿童和少年的游戏群体、学校中的学习小组和体育小组等等）。例如小群体中使用的绰号、顺口溜、各种各样的玩笑口头禅（如 Наше вам с кисточкой；бонжур-покедова；Здрасте, я ваша тетя 等等）、词语改造（большое пожалуйста 由模仿 большое спасибо 而来；обман опытом 中以 обман 代替了 обмен；калёной метлой 是 калёным железом 和 новая метла 两个词组合并的结果；用 Лучше быть богатым, но здоровым, чем бедным, но больным 代替了著名谚语 Лучше быть бедным, но здоровым, чем богатым, но больным, 等等），这些表达恰恰存在于非正式群体成员的口头交际中，不需另外说明也能被听话人理解。

5. 小群体成员的双言性质

这一特点的表现是，群体成员在内部交际中使用一些语言手段，忠实于一种言语行为风格（在某种情况下这可能是一种特殊的集团隐语），而在群体之外就转用另外一些通用的交际手段。正如前文所指出的那样，由于个人同时属于不同的群体，因此可以说他具有"多言性质"，或者至少可以说他会使用多种语言成分。这也就意味着，由于个人分属不同的社会群体，他的言语行为中会因此表现出差异。

当然，没有必要过分夸大这种多言性质。现代社会中不同层次和群体间的接触频繁、深入，小群体间的言语差别不会很大，最多不过可以观察到不同的集团更喜欢使用这样或那样的语言手段，（从某种语言所"允许的"范围中）选择这样或那样的表达方式，等等。但从原则上讲，由于个人同时属于不同的社会群体，他的个人方言中就会因此包含有不同的言语风格，每一种风格都分别对应特定群体的交际，如家庭、工作小组、学校班级、运动队、朋友圈等。

从一种风格向另一种风格的转换是在下列因素的影响下发生的，其中包括：说话人的社会角色（例如作为家庭成员他主要遵从一种言语习惯，作为运动队的一员采用的是另一种言语方式）、谈话对象（是同一群体成员还是其他群体成员）、主题（如果讨论的是说话人的劳动生产活动，那么言语中就会"加入"说话人作为劳动生产小组成员所具备的言语方式）、有无社会监督（是由社会监督，还是依靠自我监督——例如在正式的交际条件下，言语风格就会"表明"说话人属于正式社会群体；与此不同的是，在没有社会监督或自我监督减弱的情况下，例如在不拘的交际中，发挥积极作用的那种言语风格就属于非正式社会群体），等等。

6. 群体内交际中口头言语的一些特点

首先必须指出两种倾向：一种是尽量简化、消除那些指称言语客体的手段，另一种是尽量细化那些描写、评价言语对象的手段。这是因为，群体成员在长期共同活动的过程中所积累的共同经验为相互间的理解打下了坚实的基础，即使没有指明对象彼此也都明白所说的究竟是什么，而交换彼此对这一对象特点的看法和不同的评价则是群体内交际最本质的任务。

换言之，对于作为某个小群体成员的个人来说，他的言语具备述谓性和评价性，可单纯的称名性质减弱了。这时，小群体成员的口头交际比任何一种其他的口语体裁都更接近内部言语：他们之间持续的交往和共同的经验使得这个群体就像是一个统一的"集体性个人"，对于它来说很多言语对象是不言自明的，因此用不着去指称它们。

群体内口头交际的特点之一是——语言单位只有个别意义十分活跃，其他意义一般不进入言语中。这和群体的言语传统、群体活动特点有关，特别是对劳动生产、职业、体育类群体来说更是如此：相应的群体活动可能只需要表达一类意义，语言单位的其他意义就被忽略了。例如，家庭中积极使用的可能是一些在语言中边缘化的或者完全不使用的词汇意义。在一个家庭中，例如，可能会借助动词гарцевать(标准语中表示"现实矫健敏捷的骑术")表达丈夫(或妻子)渴望引起对方关注的愿望；在另一家庭中，кутьки 指的不是小狗崽，而是小孩儿(关于作为"亲密关系"符号的"小群体、家庭词汇"，请参见：Красильникова 1982：140；关于作为不拘的口语言语典型特征之一的家庭特有词语，请参见：Земская, Китайгородская, Ширяев 1981：43—44)。

某些群体内对个别语言单位的特殊理解可能会导致该群体成员与"外人"交往时出现不解或误解。例如下面这段顾客与商店清洁女工的对话：

—А где продавец-то
—На *перевес* ушла.
—На *перевес* с чем?
—Не с чем, а товар перевешивать, говорю, ушла.

还有其他一些群体内交际的特点值得研究。这是一个独立的研究对象，值得进行专门的探讨。

语言单位的社会标记*

语言的社会制约性这一早已为语言学所公认的特点有不同的表现方式，其中包括：民族语言的社会分化、不同的社会群体偏好使用这样或那样的语言表现手段（例如不同年龄、职业、教育程度的人在语言使用方面具有不同的特点），另外还有：特定语言手段成为社会象征的符号，表明说话人归属于某个特定的社会环境，等等。

谈到语言使用的社会制约性问题就应该注意到这样一种情况，这种制约性并未出现在语言的所有层面，它只表现在语言系统的个别片段上。这一论断也可以改换成另外一种广为人知的表述：并非语言结构的所有层面都在相同的程度上受到了社会的影响，受此因素影响最大的是词汇和成语，受影响程度最小的层面是语言的形态和音位系统[波利万诺夫也曾表达过同样的观点；对此类事实的分析请看《俄语与苏维埃社会》(Русский язык и советское общество. 1968)一书]。

但在语言的每一个层面上，社会影响也不是均匀、统一的：它只影响了该层面的某些部分，影响了这类或那类语言单位，甚至只影响到个别语言单位，而其他部分和语言单位类型在社会影响面前则保持了相对的稳定性。

本文试图用事实说明某种语言社会制约性质，这些事实涉及(1)语音和(2)重音现象、(3)词形变化方式、(4)构词模式(和个别派生词)、(5)句法结构。

由于我们关注的中心是语言单位的社会标记(而不是它们的语言学特点)，而语言单位分属于不同的阶层和群体，因此我们在选择能够说明问题的语言事实时多少是有些随意的。

1. 语音现象中的社会标记

1.1 在辅音体系中，现代俄语(从标准语角度看的)不规范发音现象中有一个鲜明特点是，擦音[γ]在某些情况下发成清辅音[x]：сне́[γ]а—сне́[x], но[γ]а́—со всех но[x]等等。传统上把这种发音看做是南部俄罗斯方言影响的结果，但它不仅能说明语言的地域特征(很多来自俄罗斯欧洲部分南部的人都这样发音)，而且能表现出一些社会特征，例如，教育程度、不同的职业、年龄和性别、社会流动性等等。

---

* 最初发表在《语言学问题》(Вопросы языкознания. 2000, № 4)中。

随着教育程度的提高,有越来越多的人开始用标准的爆破音[r]代替摩擦音[γ](在俄罗斯南方人中,受过高等教育的人发错这个音的比例比只受过中等教育的人发错这个音的比例低,这里面的原因肯定包括心理因素——说话人监督着自己所说的话,看它是否符合情境等)。"人文学家"在这方面也比学自然科学的人做得更好。

在政治圈里,人们总是试图模仿领导人的讲话方式。例如,戈尔巴乔夫当政时,他在讲话中总是使用擦音[γ],那些接近权力核心的人中有不少人不但没有认为这有什么不妥,相反,还在自己的言语中也保留了这样的特点(同样,还有一些戈氏的言语记号也受到了类似的待遇,如 начáть, принять, углубить 等等)。在赫鲁晓夫时代,赫氏的发音中不仅有擦音[γ],他还习惯把 социализм 这类词中的[з]发成软化音,结果在当时很多政治人物的口中都能听到这种发音。

年龄因素对[γ]的影响是这样的:如果在比较年轻的时候说话人就已经习惯了这种发音方式,那么年龄大了以后他想改变就会更难(年龄越大言语习惯就越"保守",这种现象就可以证明这一点)。

[γ]的存在还和说话人的性别有一定关系:来自俄罗斯南部的女性比男性更长久地保持这种发音,尽管造成这种现象的原因不止于此——例如,女性的平均社会流动性比男性小(这有助于[γ]的保持);另一方面,在家庭中受到丈夫的影响,如果他说[γ]而不是[r]的话。

社会流动性这个因素(不论是纵向流动,还是横向流动),众所周知,能够促使人们把言语中违背通用语言规范的现象排除出去,这一规律在[γ]的身上也有所体现。当一个语言使用者和习惯于说[r]而不是擦音[γ]的社会群体交往时,群体的发音方式会对他产生影响。

当然,我们应该意识到说话人自我监督的能力有大有小——在言语习惯的语调和发音方面,人的言语行为在很大程度上已经自动化了,大多数说话人是无法自我监督或调节言语的,甚至在"有社会要求的"的交际情境中也是如此。

我们描述了擦音[γ]是如何在社会因素的影响下得以保持的,但实际上,这种描述是不完整的。相反,现实中有很多例外现象,而导致这些例外的原因是 20 世纪发生的俄语标准语使用者结构的变化。

由于来自俄罗斯南部的人加入了标准语使用者的行列,使得这种发音方式在现代俄语发音中变得异常普及。如果把[γ]看做是言语非规范性的标记,那么就要把所有发这个音的人排除在标准语使用者范围之外,剩下的人讲的话就是完全符合规范的。发音规范的纯洁性就是这样不可侵犯。但我们要指出,规范的纯洁性就好比是一种理想,好比是一种理论构想。现实的言语实践与它并不相符,而且往往还和它相距甚远(正如房德里耶斯所说的那样)。而社会语言学研究的任务恰恰在于了解人们真实的语言生活。

然而，除了规范之外还有一个可用来评价人的言语及其特点的参数（它和规范有关，但是完全独立的）——社会威望（социальный престиж）。显然，现代俄语标准发音的社会威望比方言或俗语的社会威望高。

因此看起来毫无疑问的是，[γ]和[г]这两种发音类型的社会威望是不同的：带爆破音[г]的类型由于符合传统的语音规范，比带有摩擦音[γ]的类型拥有更高社会威望。所有讲俄语的人都清楚，在"社会重视"、有文化价值的交际领域和交际情境中，如广播和电视、剧场、电影中，爆破音[г]是规范的发音。而摩擦音[γ]要么用于为言语增添必要的"色彩"，要么就是作为一种尚未消失的发音特点保留在南方人的言语中，来自俄罗斯南部的人在国家的政治和文化生活中发挥着一定的影响，其中有不少公众人物（因此他们必须在大众面前，包括通过广播和电视，进行演讲）。

另一个问题——舌根辅音在 Бог，благо 等类型的单词中的发音。就在不久以前[γ]和它的对应发音体[x]还在这些词唯一的正音法中同时存在（70多年以前乌沙科夫就曾记录过这种现象，参见：Ушаков 1928）。但在现代言语中 бо[г]а，бла[г]о 分布得越来越广[参见《正音词典》（Орфоэпический словарь．1989：46，651）]，而同时 бо[к]一类的发音被规范禁止了；对中年一代和青年一代人来说尤其如此。在神职人员的发音中，上述词语中的[γ]-[x]看来与说话人的年龄差别无关（我讲这句话的时候是很谨慎的，因为没有关于神职人员言语的大规模调查材料）。

辅音体系中特有社会标记的发音特点还应包括半软化音[ж˙]和中欧的[l]音，它们可能出现在 жюри，блеф 之类的外来词中，还用来称呼音符 ля，用于 Сен-Жюст，Флобер 之类的专有名词。

两种发音特点都属于老一辈知识分子，他们是标准语的使用者，通常都掌握了外语（[ж˙]和[l]无疑比[ж]和[л]更接近外语的语音样板。此外，半软化音[ж˙]还可能被其他社会群体当作硬辅音[ж]的情境变体来使用）。例如，《欢乐与机智俱乐部》(КВН)节目的主持人马斯利亚科夫进入节目主持人角色后（也就是说在演讲言语中）说[жÿ]ри，而脱离这个角色后，在不拘的谈话中他会说[жу]ри。这种在特定情境中说[жÿ]而不是[жу]的情况在其他一些电视主持人的言语中也可以看到。还有，在每年举行的隆重的最佳电视节目颁奖典礼上，台上的人经常在说жюри 这个单词的时候发[ж]的半软化音。

1.2 受社会制约的发音中还有一些受出现位置限制的辅音，我们曾在自己的著作中对此进行过足够细致的探讨（РЯиСО；РЯДМО；Социально-лингвистические исследования 1976），在其他一些作者的作品中也有不少讨论（Ганиев 1971；Григорьева 1980）。

这里我们关注的是辅音的这样一些发音特点，它们不仅属于标准语使用者（上面提到的著作中研究的就是这类现象），还属于其他语言变体的使用者。例如在标准语使用者的言语中没有(或几乎没有①)这类俗语的典型特征:位于软辅音之前的辅音也会被软化,例如,кон[нʼфʼ]éта, лá[фʼкʼ]и, лá[пʼкʼ]и, по[дʼвʼ]éсть, о[тʼвʼ]ёл 等等。

受教育较少的俗语使用者的言语中,有很多 дилéктор(本应为 директор), колидóр(本应为 коридор), слобóдно(本应为 свободно), транвáй(本应为 трамвай)② 之类辅音异化的情况,甚至还有 кáж[н]ый, пи[н]жак 等现象。与分布很广的[г]不同,这类现象很少溢出俗语环境的界外,而俗语使用人群与其他群体很大的一个不同就在于教育和文化水平方面。

早就有人指出,受社会制约的语音上的差别经常会被词汇化。例如,шагú 和 лошадéй 中的[ыʼ],非软化辅音被软化等一些语音现象。有时,发音的特点只与一个词有关,例如,вообщé 在少年人中的发音[вашшʼé]——把⟨оо⟩紧缩为[а],完全丢掉了在⟨б⟩位置上的[п]音(请对比一下这个词在标准语中的发音:[ваапшʼó]或[ваапшʼé])。

1.3 在元音体系中,带有社会标记的特点属于神职人员所讲的 божéственный, богохýльство, милосéрдие, добродéтель 等词语中的⟨о⟩和非重读⟨а⟩的区别(也就是说在非重读音节中是否保持[о]的读音③),尽管看来,神职人员的这种发音和北俄方言相比,还不能算作是彻底的 а 音化现象。此外,上述发音特点还受到情境和言语体裁的制约:它最典型的情境是神父布道或者说是在演讲言语中,在其他交际条件下,非重读的⟨о⟩接近于正常的[а]音,后者是符合现代正音法规范的。

非重读的⟨о⟩仍然读作[о]的现象还属于一些外来词(сонéт, болеро 之类),可见于老一辈知识分子的言语实践中,特别是演讲体言语中④。

非重读⟨у⟩的简化现象也是有社会标记的发音特点,卡萨特金在研究方言使用者的 а 音化现象时首先注意到了它(Касаткин 1971),它在现代俄语言语中的分布也越来越广了。看来,[бъ]тербрóд, [дъ]ракú(дураки), [съ]ндукú, дé[дъ]шка, мá[тъ]шка 之类的发音最应该归结为俗语使用者的发音特点,但是在其他社会阶层人员自然发生的言语中,特别是在讽喻话语中也可以看到。尽管如此,上述特点

---

① 在标准发音中,这一语音特点还可见于世代生活在莫斯科的老辈人身上。但总的看来,它不应算作现代正音法规范的一个部分,相反,应看做是俗语中的普遍现象。关于此现象请看(Панов 1967:325-327; Григорьев 1980)。

② 此处括号中的注释均来自译者。

③ 在标准发音中,非重读的[о]应弱化成[а],这是俄罗斯北部方言的典型特点。——译注

④ 在(РЯиСО, кн. 3:120)这部著作中提供了一些统计数据,它们可以说明:在上了年纪的莫斯科人的言语中这一发音特点的分布是相当广的。但同时,统计数据也揭示了该发音特点所具有的毫无争议的词汇限制条件——它存在于使用频率很低的 боа, бомонд 之类的借词中,用于 костюм, бокал 一类日常称名中时会被看做是矫揉造作的装腔作势,这时"说话人已经感觉不到它(指上述发音特点——译注)原本是借用的了"(Панов 1967:324)。

在俄语发展的现阶段中仍应看做是受情境和社会制约的发音现象。可能随着时间的推移,它会散布到俄语的所有层面,但最多也不过是保持情境和体裁—修辞上的制约性(目前还很难想象有人在舞台上或广播中说:[н'иръкатво́рныи̌]-Я памятник себе воздвиг)。

2. 重音现象中的社会标记

可以简要表明重音形式受到社会和职业制约的事实是:компа́с——用于海员言语,до́быча——用于矿工言语,при́кус——用于警察言语,про́гиб——用于建筑工人言语,ка́учук——出自化学家之口,со́зыв——出自议员和政治家之口,等等。

在现代俄语言语中有很多偏离重音规范的现象。政治家、人民代表、政府官员和普通民众会时不时地说出 на́чать, углу́бить, обо́стрить, при́нять, материальные блага́, средсьва́ 等等。其中很多现象被不同的社会群体使用,并不专属于某个集团,其社会边界已经变得十分"模糊"。此外,这类用法偏离标准规范的程度有所不同,отпи́л, нали́л, обня́лись, собра * лись 之类已经被看做是规范用法了(Воронцова 1979; РЯДМО; Орфоэпический словарь 1989)。

同时,还有一些重音现象在很多时候被认为专属于某个社会领域。当然,这时充当衡量正误标准的仍然是标准语规范,但此时区分"规范的——不规范的"现象显然是不够的,更重要的是把不规范现象和特定社会或职业领域"连接起来"。

我们并不奢望能系统地列举这类偏离重音规范的全部现象,仅指出其中一些最能表现社会或职业相关性的现象。

根据正音法,осужденный 和 возбужденный (дело)这两个形容词的重音应在动词后缀上(осуждённый, возбуждённый),但在检查员、侦查员、警察言语中,这两个词形的重音却落在动词词根上:осу́жденный, возбу́жденное。这些重音形式可以充当指示上述职业群体的标记:如果你听到这种重音落在词根上的发音方式,那么就可以判断,说话人很可能是检查员,或是侦查员,或是警察。可以说,上述职业领域中的这种重音传统由来已久,曾经的著名律师波罗霍夫希科夫还在19世纪末的时候就注意到了动词过去时形式中重音落在词根上的现象,如 возбу́дил,这是法律工作者的言语特点(Сергеич 1960:38)。他还讨论了 приговор 这个词中重音落在前缀上的现象,认为这属于"检察官、陪审员及其助手、法官秘书和法务候选人"(同上)。在现代俄语言语中,приговор 的这种重音用法已经不那么严格地属于上述职业领域,它在其他语言使用者群体中也可以看到。

有些通常被看做是对标准规范偏离的重音现象是受社会因素制约的语言现象。例如,重音在第一个音节上的 ква́ртал 主要用于从事房屋管理的财务和行政人员言语中。请看:

О, его величество квартал! Поседевшие в боях со штурмовщиной хозяйственники поклоняются его тысяче и одному показателю, как языческому божеству. (Кстати, не знаю ни одного из администраторов, кто бы произносил слово 《 квартал 》 правильно, и это тоже один из феноменов нашей действительности) (《 *Литературная газета* 》, 1987, беседа с главным редактором издательства 《 Московский рабочий 》); 本例转引自：Еськова 1994：133)

километр 这个词的重音落在第二个音节上的读法最常见于司机、汽车调度员和言语，尽管并不能确认在他们的言语中只有这种说法，而没有标准用法，况且在其他职业群体中也不是完全没有此类现象。此外，同一个人对重音的使用也是会变的——这由情境或谈话对象的类型来决定，有时说话人完全是有意地使用不同的重音。有人问著名冶金学家巴尔金院士如何使用 километр 这个词的重音，他回答说："看情况。在科学院的最高委员会上说 киломе́тр，要不然维诺格拉多夫院士就要皱眉头了。喏，在诺沃图尔的工厂，当然要说 кило́метр，要不然人们会以为我巴尔金在摆谱了。"(转引自：Костомаров，Леонтьев 1966：5)

再举几个受职业影响的例子。

纺织厂里把缫丝工人称作 мо́тальщица（标准重音应在第二个音节上——译注），工人自己和与纺织品生产关系密切的人都这样说。机械工厂里说 стро́гальные станки 和 стро́гальщик，这种重音的用法在这个行业里是非常自然的也是唯一的（如果在这里说 строга́ные станки 和 строга́льщик，就会显得你是个"外行人"）。医务工作者的言语中使用 алкоголя́, наркомани́я, рентгенографи́я，在标准规范中这些词应该说成 алкого́ль，наркома́ния，рентгеногра́фия（Орфоэпический словарь 1989）。

有些重音现象不只存在于一个社会群体，而是同时存在于不同的社会和职业群体中。例如，带重音的阳性名词第一格复数形式词尾-ы(-и)不仅可见于技术行业群体中，在"普通的"(非行业)俗语中也有：краны́, стаканы́, склады́（自然，复数名词的间接格形式词尾也带上了重音：крано́в，крана́м，крана́ми，о крана́х，стакано́в 等等）。不过，带有这些重音的不同词汇单位在不同环境中出现的几率是不同的。例如，краны́ 最常用于在技术"语言"中（根据我们的观察，起重机司机和卫生技术员用这个词形既表示"起重机械设备"，也表示"龙头、开关"的意思——只有当重音在词尾时），стакан(стаканы, стаканов 等)用于俗语（大概没有职业方面的限制）。

3. 词形变化中的社会标记

3.1 以硬辅音或软辅音结尾的阳性名词,其带有-á(-я́)词尾的复数第一格形式在现代俄语中经常可见,其中很多应该(或可能)是带有行业或社会标记的。表示某个行业或社会领域中最常用事物和概念的名词最有可能拥有这种屈折词尾。

例如:соусá,супá,тортá,шампурá,шницеля́ 等类型的词形是厨师和其他与饮食生产有关的人们的言语标记;бункерá,взводá,госпиталя́,дембеля́(来自 дембель,表示该词两个意义中的第二个:① 军队复员的时间;② 复员的人)通常用于军人言语;боцманá,мичманá,штурмагá,тросá 等等用于海员言语;有些词语带有明显的技术语汇的特点,主要用于技术人员的言语,如 допускá,дюбеля́ (дюбель),кульманá,штангеля́,швеллерá 等等;从事法律和法制工作的人,如检查员、侦查员、警察,他们言语中有这样的用法:обыскá,приводá,срокá (Было проведено несколько *обы́сков*; Участились *приводы́* в милицию несовершеннолетних подростков; Необходимо сокращать *срокá* пребывания подследственных в местах предварительного заключения——来自 1998 至 1999 年电视中播放的警察局和检察院人员的讲话);在煤矿行业隐语中,拥有这类词尾的是该行业最常用的一些名词和该行业隐语中最有特色的一些词语:корешá (来自 кореш,指"朋友"),кошеля́ (来自 кошель,指"口袋"),мусорá (来自 мусор,指"百万富翁"),фраерá,люберá 等等。

在俗语中,这种词形变化形式——名词复数间接格形式词尾带重音,在一些阴性名词的变化中也可以看到。俗语中常见的有 матеря́,площадя́,мозоля́ (来自 мозоль;顺便说一下,这个词和 канифоль,фасоль 等一样,在俗语中在和形容词、动词一起使用时经常被当作阳性名词: Замучилась с *этим мозолем*, *Новый мозоль* на ноге образовался)等等。

3.2 社会或行业标记还属于一些动词词形。例如:重音落在动词词根上的све́рлишь,све́рлит,све́рлим,све́рлите,све́рлят,甚至包括带有前缀的派生词人称形式 просве́рлишь,просве́рлит,рассве́рлит,рассве́рлишь,рассве́рлит 等,这些都是钳工、车工言语中常用的。

включи́шь,включи́т,включи́м,включи́те,включа́т;подключа́т,исключа́т 等动词词根带有重音的人称形式,其分布不仅取决于说话人的纯社会或行业特点,还要看他的年龄,这主要是中年和青年人的用语特点,老一辈人主要是用传统形式(重音落在人称词尾上)。有些老一辈的知识分子还反对重音中的新现象——把重音落在词根上,丽吉娅·科尔涅耶夫娜·楚科夫斯卡娅就曾通过发言和撰写文章的形式反对过(但未成功)включи́шь,включи́т 这种发音(在纪念利哈乔夫院士 90 岁寿辰的文集中收录了这篇文章,参见:Чуковская 1996)。

4. 构词模式和个别派生词中的社会标记

　　维诺古尔在其开拓性的著作中关注了俄语科技术语中构词的某些特点（Винокур 1939，1946）。从此，研究者们开始探讨作为俄语构词体系发展基本趋势之一的构词模式和构词词缀的专门化（специализация）现象（РЯиСО，кн. 2，гл. 5）。这里指的是：首先，在词缀和它所表示的意义之间确定相互—单义关系。例如，本世纪末之前就已经确定了的"城市（某地）居民"这个意义和后缀-чанин 之间的关系，这个词缀取代了不久前还"服务于"这一意义的后缀复数形式。

　　第二，构词模式的专门化趋势的另一个表现是，把词缀和对应的构词模式"分配给"不同的语言领域。例如和其他言语活动领域相比，后缀-щик/-чик 和-атор 在科技"语言"中的能产性要高得多——借助后缀-щик/-чик 可以构成职业名称 расклейщик，перекладчик 等等，用-атор 可以构成机械和人物名称，有时在一个词里可以同时包含两种含义，如 аэратор（通风机），дегазатор（消毒器，消毒员）等等。

　　俄语体育术语中的名词性构词有一些不同的特点。研究者们发现，该领域有几种典型的复合称名形式：старт-финиш（并列型），легкоатлет（种—类型），копьеметатель（直接补充型），конькобежец（间接补充型），внутриклубный（状语型）；还有一个很常见的现象，即把词组紧缩至一个带后缀-к(а)的名词中，如 стометровка，двадцатиминутка，пятисотка 等等（Андреев，Замбржицкий 1963）。

　　在按照年龄划分的人群中，例如大学生，在相应的大学生隐语中活跃着一种带后缀-як 和-няк 的名词，用来表示身体的状态：депрессняк（депрессия），отпадняк（состояние сильного удивления или восхищения），передозняк（состояние，возникающее в результате передозировки наркотика）等等（例子转引自：Юганов，Юганова 1997）。在最常见于青年和中年人中的一般性隐语中（Ермакова，Земская，Розина 1999），名词后缀-эх(а)是非常能产的，可构成 бытовуха，кликуха，порнуха，чернуха 等词。

　　从语言社会分化和语言手段具有社会标记性的角度看，构词手段专门化的第二个方面显得更加重要。在俄语"所有领域"中（从地域方言和社会隐语到标准语）形成的构词模式，以可以看得到的方式被分配到了不同的变体中（在标准语内部是指不同的语体和交际领域），但这种分配不是硬性的，不是按照非此即彼的原则进行的，而是一种统计学的理解——和变体 Z、W 等相比，按照 X 模式构成的词语在变体（交际领域）Y 中更常见，表现更多样（对此请看前文所举的科技"语言"和体育术语的例子）。

　　同时，在受行业或社会因素制约的交际领域中，可能出现并使用着这样一些语言构造，它们和通用语言的词汇产生模式不同，与构词相伴的其他特点也有所不同——例如，突出的重点不同，和标准语词语语义关系不同，等等。通常，这类特殊构造是为了表达特定领域中紧要的概念和行为而出现的。交际现实对这类语言构造的需要是如此之大，使得说话人要么打破语言构词体系的限制，要么就造出一些被体系"认可"，但却不为其他交际领域需要的作品。

例如在医务工作者的言语中有一个动词 раздышать 可以这样用：... пытались его [тяжело раненого] *раздышать* с помощью этого аппарата, но все бесполезно（来自1998年的电视节目，出自一位急诊医生之口）。大家知道，在标准语中动词 дышать 加前缀 раз- 时必须同时加后缀 -ся，构成 раздышаться。医务工作者说 пролечить больного, проколоть ему пенициллин（请比较，在财务、商务人员的言语中这种类型的动词也十分活跃：*проплатить* все счета）。在医疗行业中有这样的表达：*сочéтаные* травмы, *тощакóвая* моча, *скоропомощны́е мероприятия*, вспышечные заболевания。从构词系统本身看，сочетанный 和 тощаковый 这样的词是"不完整的"，因为 сочетать 不能构成被动形动词，而形容词 тощаковый 是由语言中本不存在的名词 *тощак 派生来的，后者是医务行业的人从副词 натощак "借用来"做形容词 тощаковый 的构词词干的。

在公文—事务语体中也有一些特殊的语言形式，具体地说就是，在官员的"语言"中（口头语言多于书面语言）有：подвижка（Произошли *подвижки* по Югославии）；表示"讨论、商量"的 проговорить 和 обговорить（Нужно *проговорить* вопросы, связанные с установлением границы с Чечней; Этот налог надо *обговорить* в Думе）；конкретика（Предложенные планы правильные, только надо наполнить их *конкретикой*）；наработки（В этой сфере у нас уже есть определенные *наработки*）等等。表示"行动起来"的动词 задействовать 来自军人语言，现在几乎已经没有社会标记性质了[在奥热果夫和什维多娃编纂的词典中该动词带有标记"спец.（专业用语）"，但这里看来并不能反映它的使用习惯，因为该动词使用得相当广泛，不仅见于专业人士的语言中]。

行业言语环境"不怕"出现和语言中已有词语构成同音异义关系现象的语言形式，请比较，例如，在侦查员和检察员的语言中有一个表示"следователь по особо важным делам（查办大案的侦查员）"的 особняк（同样的意思在行业中还有一个表达 важняк, 它是从前面的词组中提取了一个成分 важный 后构成的），在行政公务官员的"语言"中使用着一个表示"решение（解决）"意义的 расшивка（Проводятся мероприятия по *расшивке* комплекса социальных проблем в регионе），此外还有隐语性质的技术术语 цветник（有色金属方面的专家）、体育术语 перестрелка（射击比赛中当两名运动员打出相同的成绩时为决出胜负而进行的复赛）和 перебой（击剑比赛中两名运动员打出相同的成绩时为决出胜负而进行的复赛），等等。

5. 句法结构的社会标记

5.1 在不久前出版的佐洛托娃《俄语交际语法》(*Коммуникативная грамматика русского языка*)中,作者在把读者引入该书所探讨的主题时,列举了一些讲"贫乏语言"的人所用的结构,她认为这类言语机械并不合时宜地使用着"存在与发展环境中的公式和套语;对一些人来说,这类环境指不同的青年群体,对另外一些人来说是党务—社会活动圈子,对第三类人来说则是行业—事务、军队、体育运动团体等"(Золотова, Онипенко, Сидорова 1998:18)。

尽管这种观察的目的是发现很多人会如何不假思索地对待自己的语言,不在意语言手段的选用和它们是否正确、是否符合规范和文化传统等,但它同时也揭示了许多言语产品的一个特点——社会标记性。

实际上,我们这里所引用的该书的片段或多或少地可用来确定言语使用的社会环境,例如,Когда он *подъедет*, мы попросим его *подсесть* к нам; ... расследуются *преступления по убийству*; ... *ситуация по этому заводу*; *обговариваем вопрос организации работ* 等等——这些表达可以从官员、检察院工作人员和国家杜马代表的口中听到。

通常考察这类言语特点时,要么从正误角度出发(也就是看它们是否符合特定阶段的标准语规范),要么看它们属于哪种语言变体或功能—修辞分体,例如,俗语、公文—事务语体等等。但实际上,在这种解释的背后是这样或那样的社会生活领域,也就是说,是构成特定社会的人群。这些人可能不考虑任何交际条件地使用这种或那种语言变体(例如相当数量的俗语使用者就是这样),或者成为"多言人",在交际条件变化的时候从一种语言变体或功能—修辞分体转用另外一些(例如,从法庭预审时使用的公文—事务语体转换至家庭或日常交际中使用的口语体)。

但在完全的"多样性"(如一些俗语使用者在任何情况下都只讲俗语)和轻松地进行语码转换的能力(如一些堪称典范的标准语使用者那样)之间还有很大的一段距离,说明意识到必须合理地选择语言表达手段和实际能力之间还有很大的差距(造成人们不善于选择语言手段的原因很多,但最主要的一个是语言鉴别能力不够)。大部分说话人只是不关心词语或句式的选择问题,甚至连现代的知识分子,按照楚科夫斯卡娅的说法,"缺少免疫力":对语言手段"不加选择"(Чуковская 1996)。结果呢,警察审讯记录的语言进了电视报道,有人在日常的谈话中表现得活像个办公室职员,科技说明书中的语言变成了电车司机对乘客说的话,等等。所有这一切都说明语言获得水平很低,尽管这类混用可能并没有直接违反语法规则(佐洛托娃也谈过同样的情况,参见: Золотова, Онипенко, Сидорова 1998:17—18)。

这一部分要谈的只是现代俄语中个别句法结构的社会标记问题。这类句法结构中,有的早已脱离了其产生的社会环境,在大众媒体和言语的口头—口语体裁中广泛使用;还有一些仍然保持了自己的社会归属性质。这两类现象都应认为是有社会标记的,因为它们不仅是有修辞色彩差别的句法结构,而且其结构特点也是属于特定说话人群体的。

5.2 "заказать + S_{动物名词第四格}"结构

这个结构用来表示"谋杀",来自 80 年代末到 90 年代初的黑手党、犯罪集团的言语。这种表达在大众传播手段的推动下迅速扩散,几乎成为日常语言中表示"有预谋地杀害某人"的常用语。

这个结构的特点和它与标准语中 заказать 规范用法的区别在于,这个动词的第二个题元表示的是人,而在标准语中 заказать(预定)的第二个题元表示的是某种服务、食物、饮品、服装、鞋子等等,例如,заказали столик в ресторане, заказать ужин на двоих, заказала платье в ателье。在准备杀害某人这个情境中,这个题元应该表现为某个谓词,最常见的就是 убийство(杀人)这个词本身,还可能是它的近义词(ликвидация, уничтожение 等等),而句法上受这个谓词支配的是表示人物的一组名词:заказать убийство известного политического деятеля。

在隐语性质的结构中减少了一个环节,本来应该通过谓词间接从属于动词的名词可以直接从属于 заказать 这个动词。请看下面的图示:

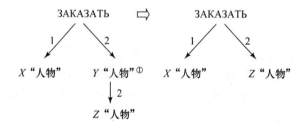

这时该动词的意义已经专门化了,只表示准备和组织杀害某人这一情境,而不表示,例如,预定菜肴、连衣裙或西服等情境。

5.3 "S(V) + на + S_{第四格}"结构

与上面类似的题元结构紧缩现象也发生在另外一个"社会出身"完全不同的结构中。这里说的是在某些技术知识分子群体中经常使用的"S(V) + на + S_{第四格}"结构,其中充当 S(V) 的是 бурение, разведка 一类的动名词,S_{第四格}是由 S(V)

---

① 第二个题元可能由指称事物的名词表示(заказать борщ в ресторане, платье в ателье, номер в гостинице)的这种情况在此不讨论。

所代表的行为的结果：Фирма осуществляет бурение на воду; В этом районе велась разведка на нефть①。在这些句子的展开形式中应该还有两个表示客体（бурение, разведка чего）和目的（бурение, разведка с целью обнаружения）的成分，这类活动就应该表示成：... с целью обнаружения воды (нефти)②。

表示行为的名词和"А＋S_{第四格}"搭配使用时，这种形式上完全相同的结构表达的意义却是属于其他社会领域的：在体育记者和运动员的言语中（соревнования на первенство, матч на кубок, велогонка на приз——表示"目的"之意），在军人言语中（приказ на прорыв из окружения, решение на проведение операции——表示"内容"和"目的"）（Зотолова 1974：155）。

这类句法紧缩现象在技术和其他行业"语言"中并不少见，在公文—事务言语的口头形式中也是如此。佐洛托娃和什维多娃 30 多年以前就曾指出，这体现了俄语句法发展的某种趋势（Золотова 1966；Шведова 1966；РЯиСО，кн. 3：250）。20 世纪末时，这种倾向在不同社会群体和不同的语言材料中都有所表现。这方面表现特别突出的是前置词 по 的扩张现象，研究者们已经不止一次地指出了这一点。

5.4　"S(V)＋ПО＋S_{第三格}"或"V＋ПО＋S_{第三格}"结构

在政府官员中 переговоры по Югославии, голосование по кандидатуре NN, инициатива по Чечне, договоренность по Газпрому 之类带前置词 по 的结构使用得非常广泛。通常，这个结构句法上的主导者是动名词，它们在标准规范中是不能支配带前置词 по 的结构的（请比较标准的用法：переговоры, договоренность *о чем-либо*, голосование *за кого-либо*, инициатива *в чем-либо*）。还有一类组合，其中的从属成分不是名词，而是在标准语中不能支配前置词 по 的一些动词：Мы, кстати, *встречались* с Гайдаром и по банку, и по Парамоновой（В. С. Черномырдин）；Необходимо *договориться* с МВФ по российскому долгу, по его реструктурированию （М. М. Задорнов, министр финансов России）③。

这类结构还常见于大众媒体，在政府首脑、官员、财经人士、商务人员等人的讲话中常常出现，也就是说，这类结构在言语不同的功能分体和社会群体中都已经"散布"得很广了。但是不能不指出这样一个事实——这个结构很少见于上述社会群体（政府、正式、财经、商务）之外的人群的口语体的口头言语中，例如人文学科的

---

① 佐洛托娃指出，当此结构中充当句法结构主导的成分不是谓词，而是事物名词时，就会发生类似的**紧缩现象**：А между тем в России как будто нет *руд на* металлический *алюминий*（В. Вернадский）（РЯиСО，кн. 3：251）。看来，这类句法紧缩现象是地质学家和矿山工作者"语言"中特有的现象。

② 前置词 по 在这个结构中的意义，伊奥姆金称之为"表示主题搭配性"；这时的 по 被他打上了"офиц. прост.（正式、俗语）"的标记（Иомдин 1991：95，109—110）。

③ 在（Гловинская 1996：249—252）中有关于此类结构在 20 世纪中期和 90 年代规范性的讨论，此书还探讨了这类结构中使用前置词 по 的限制条件。

知识分子。

　　并不是所有违背语言传统的现象,其中包括句法方面的,都能看做是某个社会领域的特有现象。某些新现象反映的是语言(或其结构中的某些层面)发展的普遍规律,可能出现在几个功能分体和语言使用不同社会领域交叉的部分。但是,研究某种新现象的来源和这些来源的"社会归属"能够让我们了解新的富有表现力的手段是如何进入标准语体系中的。

Особый 和 специальный 的使用问题

（社会语言学的分析）[*]

1. 在这篇文章中我想讨论一些还没有成为历史的词汇现象，研究的对象是形容词 особый 和 специальный。尽管本文所使用的基本材料来自 20 世纪 20 至 50 年代，但这些用法的很多特点和意味仍然被现代俄语使用者所使用着。

2. 维诺格拉多夫院士在其主要的著作《俄语》(*Русский язык*)中写道："意义对所有已获得了语言系统的人来说是稳定和共同的。使用——这只可能是词汇意义之一的应用，有时是非常个人的，有时会有或大或小的普遍性。使用和意义是不可能等量齐观的，使用中隐藏了很多词语意义的潜能。"(Виноградов 1947：21；着重号是本文作者加的)

维诺格拉多夫所说的词语意义潜能经常借助不同的社会环境表现出来。在维氏本人和其他研究者(例如巴克洛夫斯基、日里蒙斯基、拉林、切尔内赫等等)的著作中，我们可以找到很多例子来证明特定社会环境促使某些意义变成现实，而将另外一些"束之高阁"(请看著名词汇学专家巴克洛夫斯基对 бойкий 这个词在不同社会环境中的理解：бойкое место, бойкий товар, бойкий парень 等等)(Покровский 1959：53)。

词汇的意义潜能不仅能在"社会空间"中实现，在时间维度上也是如此，很久以前人们就已经习惯说，某些词语是某个时代的象征。

3. 可以作为苏维埃时期俄语象征的词语首先是那些"带＋号的词语"——有正面意义且与革命相关的，例如：революционная новь, зори коммунизма, борьба за урожай, командиры производства, великие стройки, ударный труд 等等。但是还有一些词的词义和用法是不同的，如：уплотнение, продовольственные карточки, дефицит, достать, выбросить (指待售的商品), взять, посадить, зона, лагерь, пайка 等等——这些也是苏维埃时代的象征。不久以前它们还主要是日常和隐语的用法，很少出现在书面印刷的文本中，直到现在还有很多这样的词语没有引起语言学家的注意。这一巨大的词汇层面以及构成它的词汇、结构和成语在形式、语义、使用惯例方面都有自己的特点，它们同时还具有丰富的伴随意义及联想意义。

4. 形容词 особый 和 специальный[还有它们的缩略形式 особ(о)和 спец...]对所有说俄语的人来说有着共同的意义，在苏维埃时代它们还获得了一些用法上的

---

[*] 最初发表在《俄语学》(*Русистика*. Берлин. 1990, No 2)中。

特点,使得这两个词成了第二类词语象征的一员。我指的是它们在 часть особого назначения，особый отдел，лагерь особого режима，специальный распределитель，спецконвой，спецполиклиника 等类型的词组中的用法。

现代词典中对这些词的释义如下：

ОСОБЫЙ

(1)"特别的、特殊的；和其他人或事物相比在表现程度上有所差别的；大的，强烈的"(БАС)——这里举的例子是：В выборе подруги на всю жизнь должно быть нечто особое (А. Островский);... какую-то особую, незнакомую ноту (Чехов);... на всех московских есть отпечаток (Грибоедов);...никакой особой горячности (Достоевский);... не выразила особой радости (Кочетов);"同 особенный"(也就是说和 особенный 的释义相同——"特别的，与众不同的")(СО-1989)——这里举的例子是：Возникло особое затруднение; Совсем особый цвет.

(2)"特别的，与众不同的"(БАС)——举例：...1200 душ, состоящих на особых правах (Пушкин);"单独的，特别的"(СО-1989)——例子：особая комната, особые права, особое мнение[①].

《科学院小词典》(MAC)的编纂者找到了 особый 这个词的三个意义：(1)"与其他所有的都不同,不寻常的,特别的"：особое мнение, быть на особом положении；(2)"大的,强烈的"：без особой охоты, без особого удивления；(3)"个别的,非大众的"：... поставили особый прибор на маленьком столике,... дом с особым ходом для девочек. 此外,第一个意义还带有"只属于某个人、某个事物的,特殊的"这种意味：На всех московских особый отпечаток(Грибоедов);第三个意义则带有"具有专门用途"这个意味：часть особого назначения, особый отряд.

在《科学院大词典》(БАС)中，收录了一个带有 особ(о)... 的词 особоуполномоченный,还有一些跟在菱形标识后面的固定结构：◆ особое мнение, особые точки (数学用语), особый счет (会计学用语), особое производство (法律), особый отдел, чиновник особых поручений (革命前用语), особое присутствие(革命前用语).

[①] 必须指出,上述词典中指出的 особый—отдельный 之间的同义现象今天,看来,正在消失。издать особою книгою；была бы особая комната 等普希金式的用法已经让人感觉到古旧色彩了。另一方面,особый 和 специальный 这两个词的意义明显在相互接近,在下面引用的 специальный 的释义中明显可以看到它包含了 особый 这个意义成分。

СПЕЦИАЛЬНЫЙ

(1) "有专门用途的,特制的,特别的"(БАС)——举例如下:специальные станки, специальный выпуск газеты, по специальному заказу, ... меня командировали со специальной целью (Мамин-Сибиряк);"特别的,专门为某种目的的"(CO-1989)——例如:специальная одежда, специальный корреспондент。

(2) "属于科学、技术、艺术特定领域的,专业的,专科的"(БАС)——例如:специальные статьи; Книга скучна, специальна (Чехов);"专门(知识)的,专业的"(CO-1989)——例如:специальное оборудование, специальный термин。

这两个意义收录在《科学院小词典》(МАС)中的时候略有变化。

在БАС中还补充了специальный这个词的一个旧义:"特别的,特殊的",举例如下:... установилась специальная атмосфера. 在МАС和CO-1989中就没有收录这个旧义。

БАС中有三个带спец...的词:спецкор, спецкурс, спецодежда。специальный的缩略形式спец...在БАС中没有作为独立的词条收录,这一点与МАС和CO-1989有所不同。在МАС中,在спец...这一词条下给出了一系列带有该成分的复合词:спецдорога, спецкор, спецстроительство, спецфонд, спецщех。在БАС中则给出了一些带специальный的固定结构:специальное задание, специальный корреспондент, специальное оборудование, специальные заведения。

5. 虽然前文对这些词的释义和例证进行了足够详细的引用,但还是没有完成对особый和специальный的词汇描述,假如说已经完成了的话,那也是在词语应用特点方面有明显不足的(的确,某些特点是不可能以记入词典的形式来描写的,至少在现代详解词典中是这样)。

这是些什么样的特点呢?

(1) особый和специальный使用的成语化现象——它们进入了很多固定的称名性结构中,例如:особое совещание, часть особого назначения, особый уполномоченный, лагерь особого назначения, специальный корреспондент, войска специального назначения 等等,它们的意义在很大程度上都成语化了(也就是说不是成素意义的简单组合)。

(2) 由специальный缩略而来的спец...变成了功能上独立的单位[由особый而来的особ(о)...就不是这样],很多带有спец...的词语,可能,从来就没有过带специальный的"扩展"形式,例如:спецчасть, спецконвой, спецвойска, спецпереселенец 等等。Спецмашина 并不是简单的специальная машина 的缩写,而是国家安全委员会(克格勃)、内务部或某个具有特殊使命的国家机关所使用的汽车,像救护车和消防车那样带有警笛。

有一些事实可以证明，说话人把 спец... 当作不同于 специальный 的语言成分来看待。例如列夫·拉兹贡在自己的回忆录中写道：

> ... новое слово, возникшее в нашей жизни, одно из самых мне ненавистных! Я говорю о слове «специальный», ставшем приставкой «спец». Казалось бы, самое обыкновенное, ну, не очень красиво звучащее, полуканцелярское слово. Но, ставшее приставкой, слово «спец» почти всегда имеет у нас самый страшный смысл. «Спецакция» — это расстрел, «спецкоридор» — режимные одиночки, «спецколлегия» — суд для рассмотрения политических дел. «Спецотдел» — не требует пояснений. И даже безобидный «спецбуфет» имеет отвратительный характер потому, что это буфет для привилегированных, и в «спецстрое» подозревается что-то малосимпатичное: строительство тюрьмы или особняка для сановного вельможи... (Л. Разгон. *Непридуманное // Юность*. 1989. № 1)

请比较一下现代媒体中带有 спец... 的复合词的用法：

> Причиной смерти большинства погибших [в Тбилиси 9 апреля 1989 г.] было совокупное действие давки и вдыхания *спецсредств* («Черемухи» и газа Си-Эс) (Огонек. 1990. № 2);

> Во время подготовки к Олимпиаде в Москве (позднее и в других городах) на магистралях с 3-4—рядным левый крайний ряд стали отделять горизонтальной разметкой... «Для движения *спецтранспорта*» (пожарные и санитарные машины), однако полосы эти почтительно черным «волжанкам» с МОСовскими номерами. Ведь «скорой помощи» и красным фургонам огнеборцев все водители обязаны и так уступать дорогу. Нигде в мире такие *спецполосы* не линуют бедные, словно афганские плоскогорья, дороги городов, поставленных по стойке смирно. Впрочем, если нежно культивируются *спецроддома* и *спецсауны*, то и без *спецшоссе* не обойтись любителям *спецжизни* (*Московский комсосмолец*. 1990. 13 янв.).

(3) 带有 особый 和 специальный [包括它们的缩略形式 особ(о)... 和 спец...] 的称名结构的实际所指被伪装起来了：这些词语比其他词语更方便进行类似的伪装。称名结构的内容仅指向隐秘的独立性、所指客体的特殊性，而不揭开其本质和用途。

实际上，医院中的 спецотделение 为谁服务？在 спецшкола 中教的是什么？谁

在 спецПТУ 中学习，是天才还是智障？（其实都不是，因为 спецПТУ 是一种劳动改造机构。）大学生在 спецподготовка 中具体做些什么？спецотдел 的功能是什么？особое совещание 上讨论的是什么？①

要理解和使用这类词语与结构，就要有足够广泛的背景知识，它们是不能仅靠字面来理解的。

伪装所指和刻意的含糊其辞——这是苏维埃时期的一些俄语功能分体共同的特点，这首先表现在行政—党务领域所使用的公文—事务语体中。请看其他一些事实：объект 指的是军事或者所有"封闭的"、秘密的机构，изделие 指上述机构的产品，организационный вопрос 用来表示重要的党或国家领导人犯了错误而被免职的原因，оргвыводы 是在给人降级的时候说的，товары повышенного спроса 其实就是通常所说的 дефицит，компетентные органы，контингент 则有不同的用法：既可以指 контингент лиц，обслуживаемых спецполиклиникой，也可以用 спецконтингент 指一群特殊的失去自由的人。请比较索尔仁尼琴所说的：

《Освобожденных》, отправили их [заключенных, работавших на одной из атомных строек. —Л. К.] большую группу в сентябре 1950 года—на Крыму! Только там освободили от конвоя и объявили *особо опасным спецконтингентом*-за то опасным, что они помогли атомную бомбу сделать ... Листайте конституцию! листайте кодексы! —что там написано про *спецконтингент*？？（А. Солженицы. *Архипелаг ГУЛаг*，ч. 3，гл. 14）

(4) особый 和 специальный 及其缩略形式的所指分配给不同的社会领域。带有 специальный 或 спец... 的称名固定于（或正在固定于）两类现实：① 指失去了自由的人：спецконвой, спецнаряд, спецпереселенец, спецкомендатура, спецконтингент 等等；② 指为国家最高权力人物提供服务的人或机构、行为：спецбольница, спецполиклиника, спецраспределитель, спецобслуживание, спецпропуск 等等②。

---

① 请比较：ОСО—это особое совещание при министре, наркоме ОГПУ, чьей подписью без суда были отправлены миллионы людей, чтобы найти свою смерть на Дальнем Севере. В каждое личное дело, картонную папочку, тоненькую, новенькую, было вложено два документа-выписка из постановления ОСО и спецуказания-о том, что заключенного имярек должно использовать только на тяжелых физических работах и имярек быть лишен возможности пользоваться почтово-телеграфной связью-без права переписки (В. Шаламов. *Новая проза* // Новый мир. 1989. № 12).

② 实际上，类似表达的意义有时在所指方面会有扩散现象。例如，спецбольница 既可以指为特权人物服务的医院，也可以指帮助嗜酒成瘾者戒酒的医院。不过，本文所说的语义分配到不同社会领域的趋势是始终存在的。

带有形容词 особый 或其缩略形式 особ(о)... 的称名基本上和镇压、惩戒方面的内容有关，例如，особая часть, часть особого назначения, особое совещание, особый отдел, особый режим, лагерь особого назначения, особлаг, особоуполномоченный 等等。

6. 本文所举的大部分这类称名都出现在行政通告、工作报告、工作细则、审问记录等公务语体中。被拥有权力和与权力有关的人"奉为准则"的那些用法也扩散至语言的其他领域。按照这种模式构成了新的称名，成功地给所指事物蒙上了一层面纱：специальное конструкторское бюро, особстрой, спецзаказ, спецредактор, спецталоны, спецуправление бытового обслуживания (指殡葬行业管理部门) 等等。新一代的俄语使用者已经基本上感觉不到这类用法专门的、非通用的色彩，而这一点，恰恰是俄语言语多年的刻板化与公式化结出的苦果之一。

现代俄罗斯知识分子的言语肖像*

1. 导　言

　　语言使用者群体的言语肖像（речевой портрет）这一概念在语言学中不是第一次提出了。与社会—言语肖像类似的内容在方言学研究中可以看到，特别是当语言描写的对象并不是全体方言使用者（此时社会领域的边界多少是有些模糊的），而是，例如，某个村庄或所有乡村中的某个群体的方言时。但正如尼古拉耶娃准确指出的那样，在方言学描写中很好地定义了方言使用者的纯语言学特点，"没有涉及交际选择模式问题"（Николаева 1991：69）。然而，根据交际目的选择语言手段——这是群体倾向和拒绝最重要的指标。

　　20世纪中期和下半叶，特别是在20世纪下半叶，方言描写积极地把目光从乡村转向了城市，这不能不使人想起拉林的一些开创性著作（Ларин 1928，1931），其中包含了重要的城市语言研究纲要。在美国，第一批社会语言学的研究是和方言学家紧密合作并在城市中开展的（例如，拉波夫、马克—戴维、甘柏兹、列文和克罗盖特、法索尔德等人的著作）。方言学研究的经验在我国的社会语言学研究中也被汲取了——指运用调查表和访谈法等开展研究工作，尽管并不是所有的社会语言学家都承认这一点。当然，在对城市居民开展社会语言学研究时还会应用一些乡村方言学中所没有的方法，例如，参与观察法（включенное наблюдение）（借用自社会学）可以让人"从内部"研究某个社会群体的言语。方言学家在大多数情况下是没有这种可能的，因为不论他如何去适应方言使用者的行为规范，他作为一个城市居民总是被当地人看成是"外人"，被当作外来文化的代表。

　　但是，城市语言研究的日趋活跃未必可以直接有助于开展社会—言语肖像描写，因为把城市语言作为民族语言特定变体的研究，抑或是对个别城市言语特点的研究都不能使我们准确认识不同城市居民类型的语言和言语行为特点，因为我们要研究的对象是按照，例如，职业、受教育水平和特点、代际归属甚至是这些特征的总和来精确分组的。

　　看来，直接推动了"社会—言语肖像（социально-речевой портрет）"研究的是关于语音肖像（фонетический портрет）的观点。班诺夫在20世纪60年代中期不仅提出了对语音肖像的认识，而且还亲自对18—20世纪的政治活动家、作家、学者的语

---

* 最初发表在《科学视野中的俄语》（Русский язык в научном освещении. 2001, No 1）杂志中。

音肖像开展了一系列堪称完美的研究。

尽管班诺夫所作的研究都是个人性质的,也就是说他只描写了个别人的发音风格,但由于这些研究对象的社会和普遍文化价值是不容置疑的,因此每一次描写都反映了特定社会环境的言语特点(它的代表就是被描写的对象)。班诺夫在选择描写的"模特"时,依据的正是对社会和社会文化的观察,要看模特的年龄、社会阶层、言语中是否有特定文化传统(戏剧、艺术、日常生活)影响的痕迹、是否具有地方言语特点(例如莫斯科和彼得堡就有不同的言语特点)等等(Панов 1990:14,59,159,253,418)。

关于语音肖像,或者更广泛地说,言语肖像研究的思想得到了其他一些研究者的响应(Язык и личность 1989;Винокур 1989;Ерофеева 1990;Земская 1990;Николаева 1991;Черняк 1994;Китайгородская,Розанова 1995)。尼古拉耶娃提出应构建这样一些言语肖像,或者用她的术语来表达,社会语言学肖像,其中包含了反映言语行为策略的成分:根据交际条件(从一对或一系列变体中)选择并使用一些语言表达,有意识地或者下意识地排斥另外一些。她提出这样一个问题:"把社会语言学肖像用作描写言语特点的方法时,是否需要明确呈现语言系统的所有层面和所有的事实?"随后她自己给出了否定的回答:要知道"很多语言聚合体,从语音到构词,都完全遵守通用规范,因此没有一一呈现的价值。相反,描写那些明显能够反映本质特征的点是很重要的"(Николаева 1991:73;着重号是本文作者加的)。

知识分子是构成现代俄语社会的社会阶层之一,下面要描写的知识分子言语肖像的一个部分中包括了这样一些"能够反映本质特征的点"——带有社会标记的语言手段选择与应用方法以及言语行为特点。

2. 描写对象的非一致性

当我们使用"现代俄罗斯知识分子"、"现代俄罗斯知识分子阶层"这些词组的时候,所指究竟是什么呢?恐怕未必能找到哪怕两个对这些词组的解释完全相同的人,甚至对"现代"的理解也可能(根据我们的观察这是实际存在的)有所不同(指20世纪末?20世纪下半叶?指整个20世纪?)。至于对谁可以被称作是"俄罗斯的(русский)"这个问题,答案也会有所不同。尽管在现代媒体中越来越多地使用了另外一个术语"说俄语的(русскоязычный)",但最有可能的解释是,俄罗斯的——这是从文化和教育方面讲的,不仅要看出生地,当然,也不仅要看血统。更加复杂的是,不同时期和不同社会群体中,人们对知识分子、知识分子阶层的理解也很不相同,甚至是自相矛盾的。

如果对这两个概念做非常深入的理解(请比较:"知识分子指的是这样一种人,他的兴趣和意志始终在于生活的精神层面,而不是外在的环境方面,有时甚至会与后者相悖。知识分子就是拥有独特思想的人。"——索尔仁尼琴）并且考虑到知识分子和知识分子阶层的社会特点的话，那么有很多涉及这一社会阶层地位的问题还是得不到解决。

首先，必须对"知识分子（интеллигент）"和"知识分子阶层（интеллигенция）"这两个概念之间的差别做一个重要的补充说明。尽管两个词的基础相同，但它们的意思是有区别的。知识分子阶层——这是一群受过一定程度教育、拥有一定文化知识并且从事脑力劳动的人。而知识分子，这可不仅仅是知识分子阶层中的一员，甚至都不一定属于这一阶层，而是一个有着强大内心世界的人（受过高等教育这个条件在这里甚至可以不要）。因此，知识分子既可以出现在大学教室中，也可能身处工厂的车间或者联合收割机的驾驶舱里。下文中我们要谈的是作为现代俄罗斯社会结构一员的知识分子阶层。

但人们甚至对于这个在社会学著作中已经讨论过很多次的概念（例如，请参考：Русская интеллигенция 1999）也不是完全了解。例如，毫无疑问地，教育的性质——不论是人文教育还是科技教育——都会给人的个性和他看待世界的方法带来影响。因此就出现了一个问题：人文科学的知识分子和科技领域的知识分子，这是同一个文化和社会阶层还是两个不同的阶层？老中青三代知识分子完全是一回事呢，还是要注意到他们之间的某种本质差别，其中包括从社会语言学角度出发可以观察到的一些差别（选择语言手段的不同方式、言语策略的差别等等）？莫斯科、彼得堡、图拉、卡斯特洛玛、伊尔库茨克的知识分子——这是一个社会阶层呢，还是要说他们之间不仅有地域的差别，还有某种本质上的不同？

我们的讨论仅限于这些问题，尽管很显然，由于不清楚知识分子阶层的"社会面貌"而引发的问题还不止这些。

不言而喻，在描绘知识分子的言语肖像之前应该清楚地知道自己的对象是怎样的：我们打算给谁"画像"呢？

鉴于前文所述，我们应该遵循多样、多元、非一致的原则来描写这一社会阶层。按照（РЯиСО，РЯДМО，СЛИ-1976）等著作中的做法，我们区分：(а)人文知识分子和科技知识分子；(б)知识分子中的老、中、青三代人（这些人的年龄分别是：① 60岁以上；② 36至59岁；③ 35岁以下）；(в)有地域标记的知识分子阶层，他们可以划分成对立的两组：主要文化中心的知识分子（莫斯科和彼得堡的，两个城市之间有语言差别）vs. 俄罗斯中小城市的知识分子［有受到周围方言影响的言语差别；请比较盖尔德（Герд 1998）提出的概念"地区方言（региолект）"——这是一种言语的混合类型，是地处方言区的中小城市里受过教育的居民所特有的］。

但也不能排除有这样一种情况，即，某些语言和言语行为的特点是知识分子作为一个阶层所共有的。自然，作为典型的现代俄罗斯知识分子所具备的言语肖像特征，这些特点将被一一指出。

下面，我们将探讨知识分子阶层（或者是整个阶层，或者是前面说过的某个具体的群体）所具备的两类语言和社会文化方面的特点：(1) 语言单位系统构成中的特点（主要是语音和词汇—语义方面的）；(2) 知识分子言语行为方面的特点。

3. 语言单位系统构成中的特点

记录语音和词汇单位的特点通常是方言学研究采用的方法。例如，像闭合音⟨?⟩或者软音⟨ц⟩等音素，кочет，чапельник，баской 等词语，这些都是某些方言所特有的，并因此使这些方言有别于其他方言和标准语。在标准语内部寻找并记录类似差别的做法比较少见，因为标准语被看做是统一的、被特意构建的一套规范，也就是一套完整的表达手段。

但在语音和词语使用方面仍然能够发现一些特点，一些属于不同标准语使用者群体的特点，其中首先需要注意的就是——知识分子群体。

3.1 语音

辅音体系

(1) 一些人文知识分子群体有一个特别的半软音[ж·]，出现在 жюри 一类的外来词中。这种发音的词汇限制条件非常明显，而且还要受语境的制约。例如，电视节目《欢乐与机智俱乐部》(КВН) 的主持人马斯利亚科夫在麦克风前讲话时，会把 жюри 这个词的前半部分发成半软音，而在不太正式的场合就会发成硬音。这种发音（虽然不常见）仅出现在知识分子的言语中。

(2) 上述群体的另一个发音特点是舌尖中音[l]，或称欧式辅音[l]，它的发音部位介于[л]和[л']之间。某些老一辈人文知识分子在说源自外语的专有名词时会发这个音，例如，блеф，ля（音符名称），лямбда（用作数学变量符号的希腊字母名称），Флобер 等等。波利万诺夫写道，"有趣的不是列出带有舌尖中音 l 的词汇清单，而是这一音位的存在本身……是特定社会—群体方言的语音特征"（Поливанов 1968: 233）。

显然，[ж·]和[l]都是语音中的陈旧和稀罕现象，它们仅仅是老一辈知识分子中为数不多的一些人拥有的发音特点①。但它们应该作为"肖像"的特征被提出

---

① 格洛温斯卡娅写道，根据 20 世纪 60 年代社会语言学研究的资料，[l]已经完全从知识分子言语中消失了（Гловинская 1971: 69）。我认为，这一结论过于武断了。首先，该结论的依据来自调查表格，也就是直接调查语言使用者的发音特点，这种研究方法不可避免地造成一些结果与现实的偏离；其次，另外一些研究者在现实中发现了这种发音（请看巴乌弗西玛记录的列福尔马茨基的发音风格——Пауфошима 1989）；第三，现代词典中的规范建议规定 легато，леди，ленто，сленг 等类型的词中应该发[l]音（请参见：Орфоэпический словарь современного русского языка. 5-е изд. М.，1989）。

来,因为它们使知识分子阶层有别于其他社会阶层。

(3) 和上述两个发音相比,摩擦音[γ]是标准语发音中的新现象。最近几十年里,这个发音有不同寻常的扩张现象,在地域方面(从俄罗斯欧洲部分的南部扩张至俄罗斯中部和北部城市)和社会方面(从方言使用者扩张至俗语和标准语使用者)都是如此。尽管正音法方面的保守派与自由派对此有所争论,但丝毫也未能影响它的扩张进程,现在我们可以在收音机、电视、议会和各种地道的城市交际场景中听到[γ]这个音。它虽然被规范所禁止,却实际存在于标准语使用者的言语中。

根据我们的观察,知识分子言语中有舌根擦音,但并不明显,它们是根据"大/小"的原则分布的:在俄罗斯南部城市的知识分子言语中这个音及其对应的清辅音[x]正常使用,看来,没有变异为带爆破的[г]与[к](受言语环境参数影响)。摩擦音[γ]也存在于来自俄罗斯南部但长期居住在莫斯科和彼得堡的技术知识分子言语中,这时它可能变成带爆破音的变体:在自我监督之下,在"重要的"交际情境中[г]会代替[γ]出现。摩擦音[γ]也进入了人文知识分子群体,决定它和爆破音[г]之争的因素是说话人的出生地和居住最久的地点:通常,"南方的"出身是必须的,在社会监督较弱或者完全消失的情境中(情感色彩强的言语、情绪激动的对话等等)这个说话人就会发出摩擦音[γ]。

当然,当知识分子想用某种表现力手段突出某个词的时候也会用到[γ](Ишь ты,[γ]усь какой выискался!),但这属于一个更加广泛的问题,即将非标准成分用于增加言语的情感表现力(Реформатский 1966)。

(4) 在不同知识分子群体的言语中,щ 和 сч 的音品是不同的。其中最常见的情形是把它们发成长读的软辅音 ш:[ш̅]áстье,[ш̅]éдрый,但在"南方人"(指出生地)的环境中通常会说成[ш̅ч]:[ш̅ч] áстье,[ш̅ч] éдрый,甚至可能发成[шч]——硬辅音[ш],这是乌克兰语的影响,楚科夫斯基、乌吉奥索夫等老一辈知识分子中的南方人或者出生于敖德萨的人就是这样说话的。但在更年轻的标准语使用者的言语中,其中包括生于俄罗斯南部的人,更常见的是特定交际情境中出现的特别突出的[ш̅]和[ш̅ч],例如,演员罗曼·卡尔采夫在舞台上演出的时候特别强调[ш̅ч],而在日常情境中就说[ш̅]。

元音体系

(1) 重读音节之前的第一个音节中有一个紧随唏音之后的特殊发音[ыᵊ]:ж[ыᵊ]рá, ш[ыᵊ]гí——这是典型的老莫斯科发音规范的特点。那么,今天的知识分子中是否还有人这样说话呢?研究表明,尽管新的语言规范几乎已经被大家完全掌握了,但在一些知识分子群体中仍然保留了旧的莫斯科发音方式:把处于重读音节之前第一个音节、且位于所有硬辅音之后的元音"弄平了",例如,[жʌ]рá,[шʌ]гí,[сʌ]рáй,[гʌ]рá 等等。这些人是土生土长的莫斯科人,在 жара,шаги 类型的词语中发[ыᵊ]音是他们典型的言语特征(关于这一特点在不同说话人群体中分布的详细情况,请参见：РЯиСО, кн. 3, гл. 3)。但还应注意到这一现象的词汇限制特点：[ыᵉ]音在 жара, ужаснется, вожака, шаги, шалаш, шаблон, шатен 等词形中很少见(这只为数不多的土生土长的莫斯科人的说话特点),而在 жакет, ржаной, жалеть, лошадей 中就很常见(РЯДМО: 106)。

(2) 1971年,卡萨特金在方言材料中发现：дедушка, бабушка, бутерброд 等词语中的非重读[у]音被简化,被分别读成 де[дъ]шка, ба[бъ]шка, [бъ]терброд,这一特点甚至在俗语和标准语使用者身上也存在着(Касаткин 1971)。但在知识分子阶层中,上述特点主要属于中青年技术知识分子所有(主要是在快速言语中),人文知识分子较少弱化非重读的[у]。至于这一现象是否有地理分布方面的特点,也就是说,例如,莫斯科和克拉斯诺亚尔斯克或卡卢什的情况是否有什么不同,暂时还没有可靠的材料。

(3) 现代知识分子中的一些人还有这样一个发音特点：在[во]кал, [со]нет, [бо]леро 等借词中,非重读的元音 о 仍然保持了原有的发音。影响这一特点的重要参数不仅有我面前面指出过的一些(人文领域的或技术领域的知识分子、年龄、出生地或者居住时间),还有一些更具体的内容,其中包括说话人的职业和性格。例如,年龄较大的广播和电视播音员在说外来词语的时候会把非重读的元音 о 仍然读作[о],这是很平常的现象。实际上,情境因素也很重要：在麦克风前不弱化非重读元音 о 的现象比其他不那么正式的交际条件下要多一些。而在其他知识分子群体中,例如,飞机地面技术保养员就较少保留非重读的[о],而代之以[ʌ]或[ъ],且不受交际情境的限制。

3.2 词汇与词语使用

大家知道,言语链中词汇因素没有语音活跃,言语中词语的可见度远低于语音的可见度。因此,对某个社会群体的观察总是带有偶然性质,我们将要列举的事实也可能会给人以偶然、无序的印象,但它们完全可以被看做是知识分子阶层言语肖像的特征。这些特征是：

волнительный 和 волнительно 这两个词无疑是属于知识分子的,其实更应该说它们并不属于整个知识分子阶层,而是其中的一部分特别喜欢使用的,这些人可能是演员、戏剧评论者、艺术理论家、语文学家、部分医生(《Избегайте волнительных ситуация》——有位内科医生曾对我这样说过),还有可能是其他一些知识分子群体,特别是人文知识分子。请看费金在和演员茨维杜欣和作家巴斯杜霍夫一起谈话时所说的话：

— У меня такое чувство, что мы идем садом, охваченным бурей, все гнется, ветер свистит, и так шумно на душе, мак *волнительно*, что...

— Ах, черт! Вот оно! — ожесточился Пастухов. — Выскочило! *Волнительно!*

Я ненавижу это слово! Актерское слово! Выдуманное, несуществующее. Противное языку... какая-то праздная рожа, а не человеческое слово...

还有一个更近的例子——现代俄语使用者是如何使用 отнюдь 这个词并对其做出反应的。отнюдь 是一个书面词语[在奥热果夫和什维多娃编纂的《俄语详解词典》(Толковый словарь русского языка)中,这个词带有"разг.(口语)"标记,与其说该标记指示的是这个词的使用领域,不如说它指示了这个词的修辞色彩]。отнюдь 用于书面语时能赋予话语以书面色彩,而这恰恰是知识分子言语所具备的特点。当这个词独立使用,表示对谈话对象观点的否定时,它能在最大程度上体现书面语的意味。例如:

——Вы согласны с этим? ——Отнюдь;

——Он собирался выступить? ——Отнюдь: он и на собрание-то не пошел.

类似的回答形式在知识分子言语中非常普遍。例如,盖达尔就很喜欢这样说话,米哈伊尔·日瓦涅茨基在一次讲话中准确地捕捉到了盖达尔言语中的这个知识分子言语风格标记,它可能刺激反对派甚至引起不快。

还有其他一些只在或主要在知识分子言语中出现的词语用法,其中特别突出的就是对 жаль(一般不用 жалко:Жаль, что вы не поехали с нами), несомненно, вне сомнений, весьма(这个副词的同义词 очень 就没有社会标记), непременно 这类评价和情态词语的不同选择与使用。

不使用、有意或无意地排斥某些词汇手段的情况也不少见。这里说的不只是那些非标准变体的词语(指俗语、隐语或方言词语,在很多情况下它们可能带着不同的交际和修辞目的嵌入言语中——对此请看下文),还包括完全属于标准语的词语。例如词语创新就是这样,它们广泛地被使用于大众媒体或其他社会阶层与群体的口头—口语中,但却很少出现在知识分子言语中。知识分子的言语传统文化比较保守,因此他们对语言新现象是有戒心的。尼古拉耶娃就曾说过,知识分子"精神上的开放性通常和言语上的保守性、对语言新现象的否定态度结合在一起"(Николаева 1991: 72)。

例如,对官员话语中很常见的 подвижка (Произошла подвижка по Черному морю и Севастополю), конкретика (Наполним наши планы конкретикой повседневных дел), обговорить (Этот вопрос надо еще раз обговорить на президиуме) 等词语,知识分子并不赞成。我们的观察表明,知识分子言语中是"禁用"这类表达的,因为它们的官僚气太重。

但在很多情况下并不绝对禁止使用某些词汇和成语性成分,更准确地说,是这些成分在知识分子阶层内部如何分布的问题。例如,技术知识分子比人文知识分子更容易接受新事物，Надо с этим *определиться*；Они переехали на новую квартиру и сейчас *обстраиваются*；Придется *задействовать* все резервы 等类型的表达在技术知识分子中，特别是中青年人的言语中是很常见的（对大多数"人文主义者"说，他们是不可接受的"官僚主义者"）。

有些词语和结构虽然并不出自行政—官僚阶层，但在知识分子看来仍然是"刺眼的"，因此只有个别知识分子群体会使用它们。例如，用于通用电话交谈模式的 пригласите 这个词形（—Пригласите, пожалуйста, Таню）被看做是土里土气的表达，因此莫斯科和彼得堡的知识分子未必会在类似语境中使用它。

研究者们发现，现代俄罗斯知识分子的口头言语有相当大的隐语化倾向（例如，请参考：Земская 1987：29—30；Крысин 1989, гл. IV；Ермакова, Земская, Розина 1999 等等），男性言语尤为突出。беспредел, глухо（С этим делом у них глухо），в напряге（Мы все были в таком напряге!），врубиться（Никак не врублюсь: о чем речь-то），вешать лапшу на уши, каитить бочку（на кого-либо）一类来源于隐语的词语和结构也从会知识分子的嘴里说出来。但问题是：谁在什么情况下说呢？

根据我们的观察，基本上是中青年技术知识分子在随意或情绪比较激动的言语交际中使用这类词语，例如，和朋友、同事在非正式的气氛中交谈，在抨击、辱骂、抗议、欺辱等言语行为中［不过，泽姆斯卡娅在索尔仁尼琴的电视讲话中发现了 тусовка（因社会或利益而结成的群体、团体）这个词（Земская 1997），但我们必须注意到它出现的具体情况：索尔仁尼琴说，他不准备加入任何作家或其他团体］。中青年人文知识分子也会使用类似的表情性手段，但应用的领域比较窄，同时他们也更加清楚地意识到这些成分的"非标准性"，他们往往用语调把这些成分突出出来，或者在说出来之前加上 как сейчас говорят, говоря современным языком, как принято выражаться 之类的表达以示区别。

4. 言语行为特点

4.1 交际模式

知识分子（不光是俄罗斯知识分子）言语行为的特点之一是他们善于在交际过程中根据交际条件从一种语言变体转换到另一种变体上。这种双言能力（更准确地说是多言能力，因为转换的目标不是一个变体，而是很多变体）能把知识分子和其他语言群体区别开来，例如俗语使用者就是单言人，他们不会根据情境的需要改变自己的言语风格。

人在社会化过程中培养出来的语码转换（кодовое переключение）机制能够保证多言能力的实现。在特定的文化环境中，获得社会角色系统是和获得相应的言语行为规范紧密联系在一起的。而只有当语言为说话人提供了能够表达相同意义和交际目的的不同表达手段时,规范才有可能发生变异。不同的语言表达手段分别适应于不同的交际条件、不同的交际情境、不同的社会角色(Крысин 1976a)。

在一系列语言手段适应于交际领域和情境的情形中,有不少是有严格对应关系和社会标记的。例如,在标准交际环境中的电话交谈中,应该由接电话的人在拿起听筒后首先说出 алло[①],而禁止由打电话的人以提出-Кто это 这个问题的方式开始(这是俗语使用者的言语行为特点)。

电话交谈中的其他答语也是有严格规定的。例如,打出电话的人应先做自我介绍,然后再把注意力转向谈话对方(通常会说:—Простите, с кем я говорю?);请求让自己要找的那个人来接电话时,有一套可供选择的方案—Можно попросить Иванова 〈Николая Ивановича, Колю...〉? —Не могли бы вы попросить (不说пригласить! 请参考上文)...; -Можно попросить...; —Попросите, пожалуйста... 等等,但不能说: —Иванова, пожалуйста! —Мне нужен Иванов! —Иванова! 等等,后面的这组表达在知识分子看来是粗俗的,因此是不能在电话交谈中使用的(详情请看:PPP-тексты 1978: 298—299; Формановская 1982; Крысин 1994: 72)。

在知识分子群体中,不太熟悉的人或陌生人之间的直接言语交际同样是受特定规则调节的,尽管这种规则是"隐性的"。规则的作用在言语行为的开始阶段表现得比较明显。

在任何社会的文化环境中都会形成一定的交际模式,分别服务于经常重复的、特定情境中模式化的言语交际,这类情境包括,例如,商店购物、乘坐公共交通工具、火车站购票、在医院看病、和偶然经过的路人打交道等等。现代俄语口语研究表明,这类交际模式的总数不大且是固定的。"模式就是一些带有固定形态结构和词汇用法的现成公式"(PPP-тексты 1978: 269—270)。

例如,在和售货员、过路人等我们不知姓名的人物打交道时,通常会说: —Скажите, пожалуйста...; —Простите...; —Не могли бы вы сказать... 等等。在这些交际公式中,自然地,有某种"模糊性"和对象特征的不确定性,谈话对象很少以 гражданин, товарищ, господин 等名义出现。相对来说 девушка 则比较常用,但它仅用于称呼年轻的女性,而且对说话人的社会特征也有所要求(例如,儿童就不能这样称呼女售货员)。мужчина, женщина, дама 等称呼是俗语的用法,知识分子通常不会这样说。Водитель! Кондуктор! Доктор! 之类的称呼语和情境的联系特别紧密,它们指称的人应该正在执行自己的职业角色,而在其他情况下这样称呼别人是不可以的,至少在知识分子中是这样:不能用 * Продавец! * Врач! * Кассир! * Учитель! 等呼语来开始自己和别人的谈话。

[①] 谢格洛夫将此称为电话交谈的"开始规则",具体内容是:"接电话的人首先说话"(Schegloff 1972)。

很多称呼语要么不被知识分子阶层所使用（正如上面所讲的情况那样），要么就只属于知识分子阶层中的某些群体。例如，коллега 这个呼语通常用于医务工作者和学者中，在正式或不太正式的环境中都可以使用；ваше преосвященство，ваше святейшество，владыка 用来称呼教堂里的主教；尽管大学生可以称自己的老师为 профессор，但更常见的情况是用"名字＋父称"的称呼形式（而外国学生经常用 профессор，因为它比较简单，可以避免使用让外国人感到很难记住的姓名和父称）。

俄语中有数量众多的俗语和隐语性质的称呼形式，它们实际上就是用亲属称谓和社会角色称谓来做呼语，或者只是指出了被指对象的性别，例如，папаша，мамаша，дед，дедуля，бабуля，отец，мать，дочка，сынок，брат，браток，братан，сестренка，друг，кореш，земляк，шеф，начальник，хозяин，хозяйка，командир，мужик，парни，девки 等等。通常，文化修养比较高的人是不用这类称呼语的，尽管当谈话对象使用这类呼语时知识分子可以表现出或多或少的耐心（例外的情况是 мужчина，женщина，братан，кореш，шеф，командир 这类带有明显低文化、低层次印记的说法）①。

4.2 先例现象

现代人在言语交际过程中经常使用不同种类"现成的"、不在当前交际行为中创造的语言表达手段，其中包括成语和不同的文学作品——这时有一个条件，交谈对象也得知道这些作品。在卡拉乌洛夫及其追随者的著作中很清楚地表明，在文明社会中不同类型的先例（предентный）文本、话语和名字构成了特定社会领域的文化背景，有着非常重要的意义（Караулов 1987；Прохоров 1996；Гудков 1999）。这些先例现象的总和具有民族特点，尽管其中的一些组成内容可以是国际性的（例如，来自圣经、莎士比亚作品的箴言，И ты, Брут... 类型的话语，Магомед，Иуда，Гамлет 之类的人名）。古特科夫在一部著作中非常确定地说明，先例现象不仅有民族（族群）特点，还具有社会约定性质：不同的社会环境中都有着自己与众不同的先例现象（Гудков 1999）。

把这个思想加以发展，就可以说，不同的社会群体及其相应的文化具有不同类型的先例现象。我们有充分的理由说，由于社会文化的相当一个部分是由不同的文本构成的（包括神话、文学、政论作品等），因此在知识分子的言语交际中先例的文本、话语和文学人物姓名有着非常重要的作用。在"普通的"、有着不同于知识分子文化传统的人群中有一些先例的情境：这些环境中的人在家庭、劳动生产等言语交际中更经常地使用那些在过去生活中具有一定意义的人名或情景的名称。

---

① 请看：《... мы не знаем, как обращаться к людям незнакомым! 《Улица корчилась безъязыкая》 и, помучившись, выход нашла. 《Женщина! У вас чулок порвался! Мужчина! Сдачу забыли!》》 Все чаще слышишь эти окрики, и, по-моему, они ужасны, но чем заменить их, чем?》 (Н. Ильина. Уроки географии)

文学作品人物或者历史人物的名字在知识分子的言语中可以成为某种人品质的象征,例如,Плюшкин(泼留希金)和 Гобсек(高老头)代表着吝啬,Ломоносов(罗蒙诺索夫)代表着智慧和博学,Иван Сусанин(伊凡·苏萨宁)代表着勇敢和自我牺牲精神,Салтычиха(萨尔特奇哈)代表着刚愎自用,Манилов(马尼洛夫)代表着没有根据的幻想,等等。此时,由于这些名字已经成为一种特殊的衡量品质的尺度,它们经常会和一些评价性词语或者情态性副词、语气词一起使用,前者如 настоящий, вылитый, классический 等等,后者如 просто, прямо, прямо-таки 等等：Он настоящий Плюшкин: у него зимой снега не допросишься; Ты все мечтаешь, а ничего не делаешь,——просто Манилов какой-то; Свекровь у нее——прямо Салтычиха.

对文学作品的引用是知识分子言语的一个显著特点。引用的形式和方法取决于谈话者社会和心理距离的大小,取决于交际情境和一系列其他因素的影响。能否引用某部文学作品(或者暗示作品中的某处)的基本条件是双方是否具备共同的背景,更确切地说,取决于说话人和听话人是否都了解这部作品,是否在日常生活中经常引用它来做某类评价。这个条件允许说话人在自己的话语中引入那些他相信听话人能正确识别并理解的成分,例如, быть или не быть (还有按照这个模式仿造出来的 бить или не быть, пить или не пить, шить или не шить 等等); служить бы рад——прислуживаться тошно; А воз и ныне там; Позвольте вам выйти вон; Сижу, никого не трогаю, починяю примус; великий комбинатор 等等。

4.3 语言游戏

知识分子,特别是"人文主义者",喜欢故意歪曲词义,把词语的语音、内部形式与其他词语的联系、同音异义现象等当作语言游戏的对象——换言之,就是喜欢玩各种各样的语言游戏。当然,不同的人在这方面的表现程度不一,不排除有的人完全没有幽默感和语感,只会理解词语原本的意义而听不出其中的意味来。但显然,正是受过教育和有文化的语言使用者最喜欢玩语言游戏。《游戏中的俄语》(Русский язык в зеркале игры)一书的作者萨尼科夫只在标准语范围内探讨语言游戏并且强调说,语言游戏"以对语言系统使用规范的了解和创造性地理解语言单位的能力为基础"(Санников 1999: 13, 15),"这种永远错误(或者不同寻常)的说法是说话人有意而为之的"(Санников 1995: 67),他这样做是有道理的。萨尼科夫在书中引用的几乎所有材料——文学作品中的引语、笑话、一语双关的话语和口头禅、俏皮话等等,都被看做是对语言创造性地应用,被看做是善于仔细倾听和理解语言含义的表现。而这恰恰是典型的知识分子言语行为的特点。

研究俄语口语的学者把语言游戏、用各种不同的方式玩弄话语形式看做是知识分子随意交际的一个特点。研究者们列举了各种不同的例子来表现人们如何改造词语的语音、形态——构词结构的面貌,如何有意打破词语组合规则,如何在一段话语中把修辞色彩相互对立的词语混合起来使用,等等(Земская, Китайгородская, Розанова 1983：172—214)：тюлипанчики, кинижечки, ужастно, конкректно, румочки, мармалад; лясочек, мядаль, лямон; лизарюция, лисипед, брульянт; докýмент, прóцент; пущай, сидю, хочете; У нее двое детей, а у меня один деть; —Вот наши апартаменты; Завтра у них какое-то муроприятие; —Старухи на завалинке симпозиум устроили 等等。

  语言游戏中最常见的一种形式就是改造众所周知的成语和文学作品片段来达到幽默、玩笑的效果,例如,работать не прикладая рук (本来应该说：не покладая), гнать каленой метлой (来自 каленым железом 和 новая метла); В этом деле он съел не одну собаку; Что-то я не в шутку занемог; Ну, что—бум меняться дежурствами (бум меняться——来自阿尔卡季·莱金表演的一个节目); А у нас с собой было (讲这句话的时候说话人从公文包里拿出了一张白纸,这个句子本身来自日瓦涅茨基的小说,暗指谈话对象有酒精饮料);—У них то и дело воду отключают.—Зато сухо(第二句话来自一个著名的儿童纸尿裤电视广告)等等。

  本文不可能描写知识分子圈子里所有语言游戏的类型,我们的任务在于说明：词语游戏是知识分子言语行为的一个突出特点,它使这一社会阶层和其他群体区别开来,同时也是知识分子言语肖像中的特征之一。

参 考 文 献

Аванесов Р. И. Очерк русской диалектологии. М., 1949.

Аванесов Р. И. Русская литературная и диалектная фонетика. М., 1974.

Аванесов Р. И. Русское литературное произношение. Изд. 4-е. М., 1984.

Авилова Н. С. Слова интернационального происхождения в русском литературном языке нового времени. Глаголы с заимствованной основой. М., 1967.

Аврорин В. А. Проблемы изучения функциональной стороны языка (к вопросу о предмете социолингвистики). Л., 1975.

Азнабаева Л. А. Принципы речевого поведения адресата в конвенциональном общении. Уфа, 1998.

Акуленко В. В. Две заметки об интернациональной лексике и терминологии // Ученые записки Харьковского гос. ун-та, 1962. Т 116. Труды филологического факультета. Т. 10.

Акуленко В. В. Существует ли интернациональная лексика? // Вопросы языкознания. 1961. № 3.

Андреев Н. Д., Замбржицкий В. Л. Именное словообразование в спортивной терминологии // Развитие современного русского языка. Под ред. С. И. Ожегова и М. В. Панова. М., 1963.

Апресян Ю. Д. Экспериментальное исследование семантики русского глагола. М., 1967.

Апресян Ю. Д. Лексическая семантика. Синонимические средства языка. М., 1974.

Апресян Ю. Д. Языковая аномалия и логическое противоречие // Tekst. Język. Poetyka. Wrocław, 1978.

Апресян Ю. Д. Английские синонимы и синонимический словарь // Англо-русский синонимический словарь. М., 1979.

Апресян Ю. Д. Типы информации для поверхностно-семантического компонента модели "Смысл⇔Текст" // Wiener slawistischer Almanach. Sonderband. 1. Wien, 1980.

Апресян Ю. Д. Синтаксическая информация для толкового словаря // Советская лексикография. М., 1988.

Апресян Ю. Д. Коннотация как часть прагматики слова // Апресян Ю. Д. Избранные труды. Т. 2. М., 1995.

Апресян Ю. Д., Иомдин Л. Л., Перцов Н. В. Объекты и средства модели поверхностного синтаксиса русского языка // Македонски јазик. Т. 29. 1978.

Арапова Н. С. Эвфемизмы // Лингвистический энциклопедический словарь. М., 1990.

Арапова Н. С. Кальки в русском языке послепетровского времени. Опыт словаря. М., 2000.

Арбатский Д. И. Множественное число гиперболическое // Русский язык в школе. 1972. № 5.

Арутюнова Н. Д. К функциональным типам лексического значения // Аспекты семантических исследований. М., 1980.

Арутюнова Н. Д. Диалогическая цитация // Вопросы языкознания. 1986. № 1.

Арутюнова Н. Д. Диалогическая модальность и явление цитации // Коммуникация, модальность, дейксис. М., 1992.

Арутюнова Н. Д., *Падучева Е. В.* Истоки, проблемы и категории прагматики // Новое в зарубежной лингвистике. Вып. 16. Лингвистическая прагматика. М., 1985.

Ахманова О. С. Отличительные черты советского языкознания // Проблемы современной лингвистики. М., 1968.

Баранников А. П. Из наблюдений над развитием русского языка в последние годы. Влияние войны и революции на развитие русского языка // Ученые записки Самарского гос. ун-та. Вып. 2. Самара, 1919.

Баранникова Л. И. Русские народные говоры в советский период. Саратов, 1967.

Баранникова Л. И. Проблемы социальной лингвистики в развитии советского языкознания // Язык и общество. Вып. 2. Саратов, 1970.

Баранникова Л. И. Просторечие как особый компонент языка // Язык и общество. Вып. 3. Саратов, 1974.

Баранникова Л. И. Просторечие и литературная разговорная речь // Язык и общество. Вып. 4. Саратов, 1977.

Баранов А. Н. Языковые игры времен перестройки (Феномен политического лозунга) // Русистика. № 2. Берлин, 1993.

Баранов А. Н., *Караулов Ю. Н.* Русская политическая метафора (материалы к словарю). М., 1991.

Баранов А. Н., *Казакевич Е. Г.* Парламентские дебаты: традиции и новации. Советский политический язык. М., 1991.

Баранов А. Н., *Крейдлин Г. Е.* Иллокутивное вынуждение в структуре диалога // Вопросы языкознания. 1992. № 2.

Бахтин М. М. Проблема речевых жанров // Бахтин М. М. Эстетика словесного творчества. М., 1979.

Беликов В. И., *Крысин Л. П.* Социолингвистика. М., 2001.

Белл Р. Т. Социолингвистика. Перевод с англ. М., 1980.

Белоусов В. Н., *Григорян Э. А.* Русский язык в межнациональном общении в Российской Федерации и странах СНГ. (По данным социолингвистических опросов 1990—1995 гг.). М., 1996.

Бельчиков Ю. А. Интернациональная терминология в русском языке. М., 1959.

Бельчиков Ю. А. Стиль // Русский язык. Энциклопедия. М., 1979.

Берн Э. Игры, в которые играют люди. Перевод с нем. М., 1992.

Берн Э. Лидер и группа. Перевод с нем. Екатеринбург, 2000.

Бидер И. Г., *Большаков И. А.*, *Еськова Н. А.* Формальная модель русской морфологии. Ч. 1. М., 1978.

Биржакова Е. Э., *Войнова Л. А.*, *Кутина Л. Л.* Очерки по исторической лексикологии русского языка XVIII века. Языковые контакты и заимствования. Л., 1972.

Блумфилд Л. Язык. Перевод с англ. М., 1968.

Богданов В. В. Речевое общение. Прагматические и семантические аспекты. Л., 1990.

Бодуэн де Куртенэ И. А. Избранные работы по общему языкознанию. Тт. 1—2. М, 1963.

Бондалетов В. Д. Условно-профессиональные языки русских ремесленников и торговцев. Автореферат докт. дисс. Л., 1966.

Бондалетов В. Д. Социально-экономические предпосылки отмирания условно-профессиональных языков и основные закономерности этого процесса // Вопросы социальной лингвистики. Л., 1969.

Бондалетов В. Д. Социальная лингвистика. М., 1987.

Борисова-Лукашанец Е. Г. Английские элементы в русском молодежном жаргоне. Автореферат канд. дисс. М., 1982.

Борисова-Лукашанец Е. Г. О лексике современного молодежного жаргона (англоязычные заимствования в студенческом сленге 60—70-х гг.) // Литературная норма в лексике и фразеологии. М., 1983.

Боровой Л. Путь слова. М., 1963.

Бояркина В. Д. Новая глагольная лексика в современном русском языке. Автореферат канд. дисс. СПб., 1993.

Брандт Р. Ф. Несколько замечаний об употреблении иностранных слов. Киев, 1882.

Брейтер М. А. Англицизмы в русском языке. М. 1997.

Булатова Л. Н., *Касаткин Л. Л.*, *Строганова Т. Ю.* О русских народных говорах. М., 1975.

Булич С. К. Заимствованные слова и их значение для развития языка // Русский филологический вестник. Т. XV. Варшава, 1886.

Булыгина Т. В. К построению типологии предикатов в русском языке // Семантические типы предикатов. М., 1982.

Вайнрайх У. Одноязычие и многоязычие // Новое в лингвистике. Вып. 6. Языковые контакты. М., 1972.

Варбот Ж. Ж. Табу // Русский язык. Энциклопедия. М., 1979.

Вежбицка А. Дескрипция или цитация? // Новое в зарубежной лингвистике. Вып. 13. Логика и лингвистика. М., 1982.

Вежбицка А. Антитоталитарный язык в Польше. Механизмы языковой самообороны // Вопросы языкознания. 1994. No 3.

Вежбицка А. Культурно-обусловленные сценарии: новый подход к изучению межкультурной коммуникации // Жанры речи. Вып. 2. Саратов, 1999.

Вендлер З. Иллокутивное самоубийство // Новое в зарубежной лингвистике. Вып. 16. Лингвистическая прагматика. М., 1985.

Вербицкая Л. А., *Игнаткина Л. В.*, *Литвачук Н. Ф.*, *Сергеева Т. А.*, *Цветкова Н. В.*, *Щукин*

В. Г. Региональные особенности реализации русской речи (на фонетическом уровне) // Вестник ЛГУ, 1984, № 8, вып. 2.

Верещагин Е. М. Коммуникативные тактики как поле взаимодействия языка и культуры // Доклады всесоюзной научной конференции "Русский язык и современность. Проблемы и перспективы развития русистики". М., 1991.

Верещагин Е. М., Костомаров В. Г. Язык и культура. М., 1976.

Взаимодействие и взаимообогащение языков народов СССР. М., 1969.

Видлак С. Проблема эвфемизма на фоне теории языкового поля // Этимология 1965. М., 1967.

Виноградов В. А. Социолингвистические исследования в Польше и Чехословакии // Проблемы зарубежной социолингвистики. М., 1976.

Виноградов В. А., Коваль А. И., Порхомовский В. Я. Социолингвистическая типология. Западная Африка. М., 1984.

Виноградов В. В. Язык Зощенки (заметки о лексике) // Михаил Зощенко. Статьи и материалы. Л., 1928.

Виноградов В. В. Язык Пушкина: Пушкин и история русского литературного языка. М.—Л., 1935.

Виноградов В. В. Очерки по истории русского литературного языка XVII—XIX вв. М., 1938. (главы и параграфы, посвященные заимствованию и освоению русским языком иноязычной лексики, гл. II, § 1—3, гл. IV. § 2—5. гл. VI, § 6, гл. X. § 4—6). Изд. 3-е. М., 1982.

Виноградов В. В. Слово и значение как предмет историко-лексикологического изучения // Научная сессия ЛГУ. Тезисы докладов на секции филол. наук. Л., 1945.

Виноградов В. В. Русский язык. Грамматическое учение о слове. М., 1947. Изд. 2-е. М., 1972.

Виноградов В. В. Понятие внутренних законов развития языка в общей системе марксистского языкознания // Вопросы языкознания. 1952. № 5.

Виноградов В. В. Итоги обсуждения вопросов стилистики // Вопросы языкознания. 1955. № 1.

Виноградов В. В. Стилистика. Теория поэтической речи. Поэтика. М., 1963.

Виноградов В. В. О языке художественной литературы. М., 1965.

Виноградов В. В. Проблемы литературных языков и закономерностей их образования и развития. М., 1967.

Виноградов В. В. История слов. М., 1994.

Винокур Г. О. Культура языка. М., 1929.

Винокур Г. О. О некоторых явлениях словообразования в русской технической терминологии // Труды МИФЛИ. Т. 5. Сб. статей по языкознанию. М., 1939.

Винокур Г. О. Заметки по русскому словообразованию // Известия АН СССР. Отделение литературы и языка. Т. У. Вып. 4. М., 1946.

Винокур Т. Г. Стилистическое развитие современной русской разговорной речи // Развитие функциональных стилей современного русского языка. М., 1968.

Винокур Т. Г. О социологическом аспекте функционально-стилистических исследований // Всесоюзная конференция по теоретическим вопросам языкознания. Тезисы докладов. М. , 1974.

Винокур Т. Г. Закономерности стилистического использования языковых единиц. М. , 1980.

Винокур Т. Г. Речевой портрет современного человека // Человек всистеме наук. М. , 1989.

Винокур Т. Г. К характеристике говорящего: Интенция и реакция // Язык и личность. М. , 1989а.

Винокур Т. Г. Говорящий и слушающий. Варианты речевого поведения. М. , 1993.

Влияние социальных факторов на функционирование и развитие языка. Отв. ред. Ю. Д. Дешериев, Л. П. Крысин. М. , 1988.

Волошинов В. Н. Марксизм и философия языка. Основные проблемы социологического метода в науке о языке. Л. , 1929.

Вольф Е. М. Некоторые особенности языковой ситуации в Португалии XVI в. // Функциональная стратификация языка. Отв. ред. М. М. Гухман. М. , 1985.

Вольф Е. М. Функциональная семантика оценки. М. , 1985а.

Вопросы социальной лингвистики. Л. , 1969.

Воронцова В. Л. Русское литературное ударение XVIII—XX вв. М. , 1979.

Гак В. Г. Сопоставительная лексикология. М. , 1977.

Гак В. Г. "Гастрономический" диминутив в русском языке // Активные языковые процессы конца XX века. Тезисы докладов международной конференции (IУ Шмелевские чтения). М. , 2000.

Гальди Л. Слова романского происхождения в русском языке. М. , 1958.

Гамперц Дж. Об этнографическом аспекте языковых изменений // Новое влингвистике. Вып. 7. Социолингвистика. М. , 1975.

Ганиев Ж. В. О произношении рабочих—уроженцев г. Москвы // Развитие фонетики современного русского языка. Фонологические подсистемы. М. , 1971.

Гельгардт Р. Р. Литературный язык в географической проекции // Вопросы языкознания. 1959. № 3.

Геппер Ю. Р. О закономерностях изменений словарного состава русского языка в советскую эпоху // Х звітно-наукова сесія Харьківського держ. пед. ін-ту. Харьків, 1955.

Герд А. С. Диалект—региолект—просторечие // Русский язык в его функционировании. Тезисы докладов международной конференции (Ⅲ Шмелевские чтения). М. , 1998.

Гловинская М. Я. Фонологическая подсистема малочастотных слов в современном русском языке. Автореферат канд. дисс. М. , 1967.

Гловинская М. Я. Об одной фонологической подсистеме в современном русском литературном языке // Развитие фонетики современного русского языка. Фонологические подсистемы. М. , 1971.

Гловинская М. Я. Вариативность произношения заимствованных слов в современном русском языке // Социально-лингвистические исследования. М. , 1976.

Гловинская М. Я. Активные процессы в грамматике // Русский язык конца XX столетия (1985—1995). М. , 1996.

Голанова Е. И. Устный публичный диалог: устное интервью // Русский язык конца XX столетия (1985—1995). М. , 1996.

Головин Б. Н. Как говорить правильно. Горький, 1966.

Головин Б. Н. Вопросы социальной дифференциации языка // Вопросы социальной лингвистики. Л., 1969.

Гольдин В. Е. К методике от граничения соответствующих лексико-семантических групп // Очерки по русскому языку и стилистике. Саратов, 1967.

Горбачевич К. С. Изменение норм русского литературного языка. Л., 1971.

Горбачевич К. С. Вариантность слова и языковая норма. Л., 1978.

Гордон Д., Лаков Дж. Постулаты речевого общения // Новое в зарубежной лингвистике. Вып. 16. Лингвистическая прагматика. М., 1985.

Горнунг Б. В. К вопросу о типах и формах взаимовлияния языков // Доклады исообщения Института языкознания АН СССР. Вып. 2. М., 1952.

Городское просторечие: проблемы изучения. Отв. ред. Е. А. Земская и Д. Н. Шмелев. М., 1984.

Гостеева С. А. Религиозно-проповеднический стиль в современных СМИ // Журналистика и культура русской речи. Вып. 2. М., 1997.

Грайс Г. Логика и речевое общение // Новое в зарубежной лингвистике. Вып. 16. Лингвистическая прагматика. М., 1985.

Грамматика современного русского литературного языка. М., 1970 (Грамматика—70).

Грамматическая интерференция в условиях национально-русского двуязычия. М., 1990.

Грановская Л. М. Развитие лексики русского литературного языка в 70-е годы XIX начале XX века // Лексика русского литературного языка XIX—начала XXвв. М., 1981.

Грановская Л. М. Русский литературный язык в конце XIX—XX вв. Ч. 1. Баку, 1996.

Грачев М. А. Русское дореволюционное арго. Автореферат канд. дисс. Горький, 1986.

Грачев М. А. Язык из мрака. Блатная музыка и феня. Нижний Новгород, 1992.

Григорьева Т. М. О социолингвистической обусловленности произносительной нормы в условиях диалектного окружения (на материале ассимилятивного смягчения согласных в современном русском языке). Автореферат канд. дисс. М., 1980.

Громова Н. М. Роль предметного суффикса -к(а) в освоении иноязычных заимствований // Доповідіта повідомлення Львівського держ. пед. ін-ту. Серіяфилологічна. Вип. 2. Львів, 1956.

Грузберг Л. А. К вопросу о взаимодействии литературного языка и народно-разговорной речи (о пределах влияния литературного языка на народные говоры) // Ученые записки Пермского гос. университета. Пермь, 1966, № 162.

Гудков Д. Б. Прецедентное имя и парадигма социального поведения // Лингвостилистические и лингводидактические проблемы коммуникации. М., 1996.

Гудков Д. Б. Прецедентное имя и проблемы прецедентности. М., 1999.

Гулида В. Б. Современная англоязычная социолингвистика // Язык и речевая деятельность. Т. 2. СПб., 1999.

Гухман М. М. Ас или асс? // Вопросы культуры речи. Вып. 1. М., 1955.

Гухман М. М. У истоков советской социальной лингвистики // Иностранные языки в школе. 1972. № 4.

Гухман М. М. Соотношение социальной дифференциации и других типо вварьирования литературного языка // Социальная и функциональная дифференциация литературных языков. М. , 1977.

Гухман М. М. Введение // Типы наддиалектных форм языка. М. , 1981.

Данилов В. В. Латинские слова и выражения, вошедшие в литературную речь безперевода // Русский язык в школе. 1938. № 3.

Данилов Г. К. Методика словарного заимствования // Ученые записки Ин-та языка илитературы РАНИОН. Т. 4. М. , 1931.

Данн Дж. О функциях "английского" в современном русском языке // Русистика. № 1/2. Берлин, 1998.

Девкин В. Д. Немецкая разговорная лексика. М. , 1973.

Девкин В. Д. О видах нелитературности речи // Городское просторечие: проблемы изучения. М. , 1984.

Дейк ван Т. А. Язык. Познание. Коммуникация. М. , 1989.

Дешериев Ю . Д. Социальная лингвистика. М. , 1977.

Диахроническая социолингвистика. Отв. ред. В. К. Журавлев. М. , 1993.

Долинин К. А. Ролевая структура коммуникации и разговорная речь // Теория ипрактика лингвистического описания разговорной речи. Вып. 7. Часть 1. Горький, 1976.

Долинин К. А. Стилистика французского языка. Л. , 1978.

Домашнев А. И. Современный немецкий язык в его национальных вариантах. Л. ,1983.

Домашнев А. И. Теория кодов Б. Бернстайна: цели и результаты // Вопросы языкознания. 1982. № 1.

Дридзе Т. М. Лингвосоциологические аспекты массовой информации(информационно-целевой подход к анализу текста и эффект языковых "ножниц" в процессе информирования) // Социологические исследования. № 4. М. , 1975.

Дридзе Т. М. Семиотический уровень как существенная характеристика реципиента // Смысловое восприятие речевого сообщения (в условиях массовой коммуникации). М. , 1976.

Дридзе Т. М. Язык и социальная психология. М. , 1980.

Дубровина К. Н. Студенческий жаргон // Научные доклады высшей школы. Филологические науки. 1980. № 1.

Дуличенко А. Д. Русский язык конца XX века. Мюнхен, 1994.

Дьячок М. Т. Солдатский быт и солдатское арго // Русистика. № 1. Берлин, 1992.

Евреинова И. А. Заимствования в русском языке // Slavia. 1965. № 3.

Едличка А. О пражской теории литературного языка // Пражский лингвистический кружок. М. , 1967.

Елистратов В. С. Арго и культура (на материале московского арго). Автореферат канд. дисс. М. ,

1993.

Ермакова О. П. Номинация в просторечии // Городское просторечие: проблемы изучения. М., 1984.

Ермакова О. П. Разговоры с животными (лингво-психологические заметки) // Разновидности городской устной речи. М., 1988.

Ермакова О. П. Семантические процессы в лексике // Русский язык конца XX столетия (1985—1995). М., 1996.

Ермакова О. П., Земская Е. А., Розина Р. И. Слова, с которыми мы все встречались. Толковый словарь русского общего жаргона. М., 1999.

Ерофеева Т. И. Локальная окрашенность литературной разговорной речи. Пермь, 1979.

Ерофеева Т. И. Речевой портрет говорящего // Языковой облик уральского города. Свердловск, 1990.

Ерофеева Т. И. Социолект: стратификационное исследование. Автореферат докт. дисс. СПб, 1994.

Ефремов Л. П. Освоение заимствованных слов русским языком // Ученые записки Казахского гос. ун-та. Т. 25. Алма-Ата, 1957.

Ефремов Л. П. Сущность лексического заимствования // Вестник Академии наук Казахской ССР. № 5. Алма-Ата, 1959.

Ефремов Л. П. Сущность лексического заимствования и основные признаки освоения заимствованных слов. Автореферат канд. дисс. Алма-Ата, 1959а.

Жанры речи. Вып. 1. Отв. ред. В. Е. Гольдин. Саратов, 1997.

Жанры речи. Вып. 2. Отв. ред. В Е. Гольдин. Саратов, 1999.

Жданов О. К. Метонимическое словообразование на основе имен собственных. Казань, 1963.

Жельвис В. И. Психолингвистическая интерпретация инвективного воздействия. Автореферат докт. дисс. М., 1992.

Жельвис В. И. Поле брани. М., 1997.

Жильцова Т. П. Социолингвистическое исследование локальных особенностей русского литературного произношения (предударный вокализм в речи жителей г. Красноярска). Автореферат канд. дисс. Томск, 1987.

Жирмунский В. М. Национальный язык и социальные диалекты. М.—Л., 1936.

Жирмунский В. М. Немецкая диалектология. М.—Л., 1956.

Жирмунский В. М. Проблемы социальной диалектологии // Известия АН СССР. Серия лит. и яз. Вып. 2. М., 1964.

Жирмунский В. М. К проблеме социальной обусловленности языка // Язык и общество. М., 1968.

Жирмунский В. М. Марксизм и социальная лингвистика // Вопросы социальной лингвистики. Л., 1969.

Журавлёв А. Ф. Иноязычные заимствования в русском просторечии // Городское просторечие: проблемы изучения. М., 1984.

Журавлёв В. К. Интегративные языковые процессы города // Socjolingvistyka. Kraków, 1987,

No 6.

Зайковская Т. В. Пути пополнения лексического состава современного молодежного жаргона. Автореферат канд. дисс. М., 1993.

Зализняк Анна А. Семантическая деривация в синхронии и диахронии: проект "Каталога семантических переходов" // Вопросы языкознания. 2001. No 2.

Занадворова А. В. Замечание как пример диалогического жанра в семейном речевом общении // Труды Международного семинара по компьютерной лингвистике и ее приложениям. Казань, 1998.

Занадворова А. В. Речевое общение в малой группе (на примере семьи). Автореферат канд. дисс. М., 2001.

Занадворова А. В. Речевое общение в малых социальных группах (на примересемьи) // Современный русский язык: Социальная и функциональная дифференциация. Отв. ред. Л. П. Крысин. М., 2003.

Заславская Т. И. Социальная структура современного российского общества // Общественные науки и современность. 1997. No 2.

Звегинцев В. А. О предмете и методе социолингвистики // Известия АН СССР. Серия лит. и яз. Вып. 4. М., 1976.

Звегинцев В. А. Социальное и лингвистическое в социолингвистике // Известия АН СССР. Серия лит. и яз. Вып. 3. М., 1982.

Зеленин А. В. Рецензия на: Л. П. Крысин. Толковый словарь иноязычных слов // Вопросы языкознания. 2002. No 1.

Земская Е. А. Русская разговорная речь. Проспект. М., 1968.

Земская Е. А. Русское просторечие как лингвистический феномен // Československa rusistika. Т. 28. No 5. Praha, 1983.

Земская Е. А. Русская разговорная речь: лингвистический анализ и проблемы обучения. М., 1979. Изд. 2-е. М., 1987.

Земская Е. А. Городская устная речь и задачи ее изучения // Разновидности городской устной речи. М., 1988.

Земская Е. А. Политематичность как характерное свойство непринужденного диалога // Разновидности городской устной речи. М., 1988 (а).

Земская Е. А. Речевой портрет ребенка // Язык: система и подсистемы. К 70-летию М. В. Панова. М., 1990.

Земская Е. А. Словообразование как деятельность. М., 1992.

Земская Е. А. У людей развязались языки // "Известия", 26 сент. 1997 г.

Земская Е. А., *Гловинская М. Я.* Язык русского зарубежья. М., 2001.

Земская Е. А., *Китайгородская М. В.* Наблюдения над просторечной морфологией // Городское просторечие: проблемы изучения. М., 1984.

Земская Е. А., *Китайгородская М. В.*, *Розанова Н. Н.* Особенности мужской и женской речи //

Русский язык в его функционировании. Коммуникативно-прагматический аспект. М., 1993.

Земская Е. А., *Китайгородская М. В.*, *Ширяев Е. Н.* Русская разговорная речь. Общие вопросы. Словообразование. Синтаксис. М., 1981.

Земская Е. А., *Розина Р. И.* О словаре современного русского жаргона. Принципы составления и образцы словарных статей // Русистика. № 1/2. Берлин, 1994.

Золотова Г. А. К развитию предложно-падежных конструкций (сочетания с существительным в творительном падеже с предлогом *с*) // Развитие синтаксиса современного русского языка. М., 1966.

Золотова Г. А. О характере нормы в синтаксисе // Синтаксис и норма. Отв. ред. Г. А. Золотова. М., 1974.

Золотова Г. А., *Онипенко Н. К.*, *Сидорова М. Ю.* Коммуникативная грамматика русского языка. М., 1998.

Иванов А. М., *Якубинский Л. П.* Очерки по языку. Л.—М., 1932.

Иванов Вяч. Вс. Лингвистические взгляды Е. Д. Поливанова // Вопросы языкознания. 1957. № 5.

Иванов Е. П. Меткое московское слово. М., 1982.

Игнаткина Л. В Территориальное варьирование русского литературного произношения (на материале гласных в речи информантов городов Вологды и Перми). Автореферат канд. дисс. Л., 1982.

Игнаткина Л. В., *Литвачук Н. Ф.* Вариативность фонетических характеристик речи в зависимости от социальных факторов // Живое слово в русской речи Прикамья. Пермь, 1989.

Ижакевич Г. П. Проблемы функционирования русского языка в близкородственном языковом окружении // Русское языкознание. Вып. 1. Киев, 1980.

Иомдин Л. Л. Симметричные предикаты в русском языке // Проблемы структурной лингвистики. 1979. М., 1981.

Иомдин Л. Л. Словарная статья предлога ПО // Семиотика и информатика. Вып. 32. М., 1991.

Иомдин Л. Л. Русский предлог ПО: этюд к лексикографическому портрету // Metody formalne w opisie języków slowiańskich. Pod red. Z. Saloniego. Białystok, 1993.

Иорданская Л. Н. Попытка лексикографического толкования группы русских словсо значением чувства // Машинный перевод и прикладная лингвистика. Вып. 13. М., 1970.

Иорданская Л. Н., *Мельчук И. А.* Коннотация в лингвистической семантике // Wiener slawistischer Almanach. Band 6. Wien, 1980.

Исаченко А. В. К вопросу о структурной типологии словарного состава славянских языков // Slavia. 1958. № 3.

Какорина Е. В. Стилистические изменения в языке газеты новейшего времени. Автореферат канд. дисс. М., 1992.

Какорина Е. В. Стилистический облик оппозиционной прессы // Русский язык конца XX столетия (1985—1995). М.,1996.

Какорина Е. В. Новизна и стандарт в языке современной газеты (Особенности использования стереотипов) // Поэтика. Стилистика. Язык и культура. Памяти Татьяны Григорьевны Винокур. М., 1996а.

Какорина Е. В. Трансформации лексической семантики и сочетаемости (на материале языка газет) // Русский язык конца XX столетия. М., 1996б.

Каленчук М. Л. О семейных орфоэпических традициях // Тезисы докладов международной конференции "Русский язык в его функционировании" (III Шмелевские чтения). М., 1998.

Капанадзе Л. А. Взаимодействие терминологической и общеупотребительной лексики // Развитие лексики русского литературного языка. Под ред. Е. А. Земской и Д. Н. Шмелева. М., 1965.

Капанадзе Л. А. Взаимодействие терминологической лексики с общелитературной (на материале современного русского языка). Автореферат канд. дисс. М., 1966.

Капанадзе Л. А. Номинации // РРР—1973.

Капанадзе Л. А. Лексика повседневного обихода (наименования электробытовых приборов и машин) // Способы номинации в современном русском языке. М., 1982.

Капанадзе Л. А. Современная просторечная лексика (московское просторечие) // Городское просторечие: проблемы изучения. М., 1984.

Капанадзе Л. А. О жанрах неофициальной речи // Разновидности городской устной речи. М., 1988.

Капанадзе Л. А. Семейный диалог и семейные номинации // Язык и личность. М., 1989.

Капанадзе Л. А., Красильникова Е. В. Лексика города (К постановке проблемы) // Способы номинации в современном русском языке. М., 1982.

Караулов Ю. Н. О русском языке зарубежья // Вопросы языкознания. 1992. № 6.

Караулов Ю. Н. Русский ассоциативный словарь как новый лингвистический источник и инструмент анализа языковой способности // Русский ассоциативный словарь. Кн. 1. М., 1994.

Караулов Ю. Н. Русский язык и языковая личность. М., 1987.

Каринский Н. М. Язык образованной части населения г. Вятки и вятские говоры // Ученые записки Института языка и мышления. Т. 3. М., 1929.

Каринский Н. М. Очерки языка русских крестьян. М., 1936.

Карский Е. Ф. К вопросу об употреблении иностранных слов в русском языке. Варшава, 1910.

Карский Е. Ф. О так называемых барбаризмах в русском языке // Краткий отчет Виленской 2-й гимназии. Вильно, 1886.

Карцевский С. О. Язык, война и революция. Берлин, 1923.

Касаткин Л. Л. Новая ступень в развитии системы гласных русского языка // Развитие фонетики современного русского языка. Фонологические подсистемы. М., 1971.

Касаткин Л. Л. Современная русская диалектная и литературная фонетика как источник для истории русского языка. М., 1999.

Кёстер-Тома З. Сферы бытования русского социолекта // Русистика. № 1/2. Берлин, 1994.

Кёстер-Тома З. Русское просторечие как объект лексикографии // Русистика. № 1/2. Берлин, 1996.

Китайгородская М. В. Современная экономическая терминология // Русский язык конца XX столетия (1985—1995). М., 1996.

Китайгородская М. В., Розанова Н. Н. Русский речевой портрет. Фонохрестоматия. М., 1995.

Китайгородская М. В., Розанова Н. Н. Современная городская коммуникация: тенденции развития // Русский язык конца XX столетия (1985—1995). М., 1996.

Китайгродская М. В., Розанова Н. Н. Речь москвичей: коммуникативно-культурологический аспект. М., 1999.

Климов Н. Д. К вопросу о действии принципа функциональной экономии в речевой деятельности // Тезисы докладов и сообщений на семинаре по психолингвистике. М., 1966.

Князькова Г. С. Русское просторечие второй половины XVIII в. Л., 1974.

Коготкова Т. С. Литературный язык и диалекты // Актуальные проблемы культуры речи. М., 1970.

Коготкова Т. С. Роль просторечия в процессах освоения говорами лексики литературного языка // Литературная норма и просторечие. М., 1977.

Коготкова Т. С. Русская диалектная лексикология. М., 1979.

Кожин А. Н. Заметки об иноязычных элементах в русском языке периода Великой Отечественной войны // Ученые записки Московского обл. пед. института. Т. 100. Труды кафедры русского языка. Вып. 6. М.,1961.

Кожина М. А. Стилистика русского языка. М., 1977.

Козлова Н. Н., Сандомирская И. И. Я так хочу назвать кино. "Наивное письмо": опыт лингво-социологического чтения. М., 1996.

Колесов В. В. Язык города. М., 1991.

Кон И. С. Социология личности. М., 1967.

Кон И. С. Личность и ее социальные роли // Социология и идеология. М., 1969.

Кон И. С. Введение в сексологию. М., 1988.

Кононенко В. И. Функционирование русского языка на Украине // Вопросы языкознания. 1985. № 5.

Копыленко М. М. О семантической природе молодежного жаргона // Социально-лингвистические исследования. М., 1976.

Копыленко М. М., Саина С. Т. Функционирование русского языка в различных слоях казахского населения. Алма-Ата, 1982.

Корш Ф. Е. Опыты объяснения заимствованных слов в русском языке // Известия Академии наук. Серия VI. Т. 1. № 17. СПб,1907.

Косериу Э. Синхрония, диахрония и история // Новое в лингвистике. Вып. 3. М., 1963.

Костомаров В. Г. Русский язык на газетной полосе, М., 1971

Костомаров В. Г. Языковой вкус эпохи. Из наблюдений над речевой практикой масс-медиа. М., 1994.

Костомаров В. Г. Русский язык в иноязычном потопе // Русский язык за рубежом, 1996, № 2.

Костомаров В. Г., *Леонтьев А. А.* Некоторые актуальные проблемы культуры речи // Вопросы языкознания. 1966. № 5.

Красильникова Е. В. Инвентарь морфем // Способы номинации в современном русском языке. М., 1982.

Красильникова Е. В. Некоторые проблемы изучения морфологии русской разговорной речи // Проблемы структурной лингвистики. 1981. М., 1983.

Краснова И. Е., *Марченко А. Н.* О некоторых проблемах профессиональной речи в социолингвистическом освещении // Теоретические проблемы социальной лингвистики. М., 1981.

Краус Й. К пониманию социолингвистики в Чехословакии // Социально-лингвистические исследования. М., 1976.

Крейн И. Французские заимствования XIX века в английском литературном языке (опыт статистического исследования). Автореферат канд. дисс. М., 1963.

Крылова О. А. Основы функциональной стилистики русского языка. М., 1979.

Крысин Л. П. Иноязычная лексика в русской литературной речи 20-х годов. Развитие лексики русского литературного языка. М., 1965.

Крысин Л. П. К определению терминов "заимствование" и "заимствованное слово" // Там же.

Крысин Л. П. О новых иноязычных заимствованиях в лексике современного русского литературного языка // Вопросы культуры речи. Вып. 5. М., 1964.

Крысин Л. П. О причинах лексического заимствования // Русский язык в школе. 1965. № 3.

Крысин Л. П. О типах иноязычных слов в современном русском языке // Русский язык в национальной школе. 1965а. № 5.

Крысин Л. П. Язык и социальная действительность // Русский язык в школе. 1967. №5.

Крысин Л. П. Иноязычные слова в современном русском языке. М., 1968.

Крысин Л. П. Русский язык по данным массового опроса. Проспект. М., 1968а.

Крысин Л. П. К социальным различиям в использовании языковых вариантов // Вопросы языкознания. 1973. № 3.

Крысин Л. П. Ступени морфемной членимости иноязычных слов // Развитие современного русского языка. 1972. Словообразование. Членимость слова. Отв. ред. Е. А. Земская. М., 1975.

Крысин Л. П. Владение разными подсистемами языка как явление диглоссии // Социально-лингвистические исследования. М., 1976.

Крысин Л. П. Речевое общение и социальные роли говорящих // Социально-лингвистические исследования. М., 1976а.

Крысин Л. П. Опыт описания группы однокоренных глаголов (РЕЗАТЬ и его производные). Предварительные публикации Ин-та русского языка АН СССР. Вып. 85—86. М., 1976б.

Крысин Л. П. Вопросы социологии языка в трудах В. В. Виноградова // Русский язык в школе, 1980, № 1.

Крысин Л. П. Е. Д. Поливанов—социолог языка // Русский язык в школе, 1981, № 2.

Крысин Л. П. Социальный компонент в значении языковых единиц // Wiener slawistischer Almanach. Bd. 6. Wien, 1983.

Крысин Л. П. Социальные ограничения в семантике и сочетаемости языковых единиц // Семиотика и информатика. Вып. 28. М., 1986.

Крысин Л. П. Региональное варьирование современного русского языка // Русский язык в национальной школе. 1986а. № 11.

Крысин Л. П. Социолингвистические аспекты изучения современного русского языка. М., 1989.

Крысин Л. П. О речевом поведении человека в малых социальных общностях (постановка вопроса) // Язык и личность. Отв. ред. Д. Н. Шмелев. М., 1989а.

Крысин Л. П. Из истории употребления слов *особый* и *специальный* // Русистика. Берлин, 1990. № 2.

Крысин Л. П. Параметрическое описание языковых состояний // Русский язык в СССР. 1991. № 5.

Крысин Л. П. Оценочный компонент семантики иноязычного слова // Русский язык: Проблемы грамматической семантики и оценочные факторы в языке. М., 1992.

Крысин Л. П. Владение языком: лингвистический и социокультурный аспекты // Язык—культура—этнос. Отв. ред. Г. П. Нещименко. М., 1994.

Крысин Л. П. Языковое заимствование: взаимодействие внутренних и внешних факторов (на материале русского языка современности) // Русистика сегодня. 1995. № 1.

Крысин Л. П. Иноязычное слово в контексте современной общественной жизни // Русский язык конца XX столетия (1985—1995). М., 1996.

Крысин Л. П. Религиозно-проповеднический стиль и его место в функционально-стилистической парадигме современного русского литературного языка // Поэтика. Стилистика. Язык и культура. Сб. памяти Т. Г. Винокур. М., 1996а.

Крысин Л. П. Эвфемизмы в современной русской речи // Русский язык конца XX столетия (1985—1995). М. 1996б.

Крысин Л. П. Социосемантика // Современный русский язык. Под ред. В. А. Белошапковой. М., 1997.

Кузнецова А. М. О гиперкорректных формах в области произношения согласных в русских говорах // Русские говоры. М., 1975.

Кукушкина Е. Ю. "Домашний язык" в семье // Язык и личность. М., 1989.

Культура русской речи в условиях национально-русского двуязычия. Проблемылексики. М., 1985.

Культура русской речи на Украине. Отв. ред. Г. П. Ижакевич. Киев, 1976.

Купина Н. А. Тоталитарный язык: словарь и речевые реакции. Екатеринбург—Пермь, 1995.

Лабов У. Исследование языка в его социальном контексте // Новое в лингвистике. Вып. 7. Социолингвистика. М., 1975.

Лабов У. О механизме языковых изменений // Новое в лингвистике. Вып. 7. Социолингвистика.

М. , 1975а.

Лаптева О. А. Русский разговорный синтаксис. М. , 1976.

Ларин Б. А. О лингвистическом изучении города // Русская речь. Вып. 3. Л. , 1928.

Ларин Б. А. Об изучении языка города // Язык и литература. Т. 7. Л. , 1931.

Ларин Б. А. Об эвфемизмах // Проблемы языкознания. Л. , 1961.

Левин В. Д. Очерк стилистики русского литературного языка конца XVIII—начала XIX в. М. , 1964.

Ледяева С. Д. Из области заимствований в русском языке // Научная сессия профессорско-преподавательского состава и сотрудников Кишиневского университета. Кишинев, 1965.

Лексические заимствования в языках Зарубежного Востока (Социолингвистический аспект). М. , 1991.

Леонтьев А. А. Иноязычные вкрапления в русскую речь // Вопросы культуры речи. Вып. 7. М. , 1966.

Леонтьев А. А. , Носенко Э. Л. Некоторые психолингвистические характеристики спонтанной речи в состоянии эмоционального напряжения // Общая иприкладная психолингвистика. М. , 1973.

Литературная норма и просторечие. М. , 1977.

Лихачев Д. С. Арготические слова профессиональной речи // Развитие лексики и грамматики современного русского языка. М. , 1964.

Лихолитов П. В. Жаргонная речь уличных торговцев // Русская речь, 1994, No 4.

Лопатин В. В. К соотношению морфемного и словообразовательного анализа // Актуальные проблемы русского словообразования. Т. 1. Самарканд, 1972.

Лурия А. Р. Развитие речи и формирование психических процессов // Психологические исследования в СССР. М. , 1959.

Майоров М. П. К вопросу о сущности лексического заимствования // Ученые записки 1-го МГПИИЯ. Т. 37. М. ,1967.

Маковский М. М. К проблеме так называемой "интернациональной" лексики // Вопросы языкознания, 1960, No 1.

Максимов В. И. и др. Словарь перестройки. СПб. ,1992.

Марочкин А. И. Активные процессы в современном молодежном жаргоне. Автореферат канд. дисс. Саратов, 1997.

Мартине А. Принцип экономии в фонетических изменениях. Перевод с франц. М. , 1960.

Матвеева-Исаева Л. В. О заимствованных словах // Ученые записки Ленинградского гос. пед. института им. Герцена. Т. 92. Л. , 1953.

Махароблидзе Г. А. О некоторых особенностях русского произношения в Грузии // Вопросы культуры речи. Вып. 4. М. , 1963.

Мельчук И. А. К проблеме выбора описания при неединственности морфологических решений // Фонетика. Фонология. Грамматика. К 70-летию А. А. Реформатского. М. , 1971.

Меромский А. Г. Язык селькора. М. , 1930.

Методологические проблемы социальной психологии. М., 1975.

Методы билингвистических исследований. М., 1976.

Мечковская Н. Б. Социальная лингвистика. М., 1996.

Мечковская Н. Б. Язык и религия. М., 1998.

Милёхина Т. А. Речь бизнесменов в разных условиях общения // Проблемы речевой коммуникации. Саратов, 2000.

Милёхина Т. А., Куликова Г. С. Как говорят бизнесмены // Вопросы стилистики. Вып. 25. Саратов, 1993.

Миллз Т. М. О социологии малых групп // Американская социология. Перспективы. Проблемы. Методы. Перевод с англ. М., 1972.

Миронов С. А. Полудиалект и обиходно-разговорный язык как разновидности наддиалектных форм речи // Типы наддиалектных форм языка. М., 1981.

Миртов А. В. Донской словарь. Материалы к изучению лексики донских казаков. Ростов н/Д., 1929.

Миртов А. В. Лексические заимствования в современном русском языке из национальных языков Средней Азии. Ташкент—Самарканд, 1941.

Миртов А. В. К вопросу о грамматическом усвоении русским языком заимствованных слов // Ученые записки Горьковского гос. ун-та. Вып. 26. Горький, 1954.

Михальченко В. Ю. Проблемы функционирования и взаимодействия литовского и русского языков. Вильнюс, 1984.

Моль А. Теория информации и эстетическое восприятие. Перевод с франц. М., 1966.

Морозова Т. С. Некоторые особенности построения высказывания в просторечии // Городское просторечие: проблемы изучения. М., 1984.

Мурат В. П. Функциональный стиль // Лингвистический энциклопедический словарь. М., 1990.

Мучник И. П. Двувидовые глаголы в русском языке // Вопросы культуры речи. Вып. 1. М., 1963.

Нещименко Г. П. Функциональное членение чешского языка // Функциональная стратификация языка. Отв. ред. М. М. Гухман. М., 1985.

Никитина С. Е. Устная народная культура и языковое сознание. М., 1993.

Николаева Т. М. Функции частиц в высказывании (на материале славянских языков). М., 1985.

Николаева Т. М. "Социолингвистический портрет" и методы его описания // Русский язык и современность. Проблемы и перспективы развития русистики. Доклады Всесоюзной научной конференции. Часть 2. М., 1991.

Норма и социальная дифференциация языка. М., 1969.

Норман Б. Ю. Грамматические инновации в русском языке, связанные с социальными процессами // Русистика. № 1—2. Берлин, 1998.

Обнорский С. П. Глагол *использовать—использовывать* в современном русском языке // Язык и мышление. Т. 3—4. М., 1935.

Обозов Н. Н. Межличностные отношения. Л. , 1979.

Огиенко И. И. Иноземные элементы в русском языке. Киев, 1915.

Ожегов С. И. Основные черты развития русского языка в советскую эпоху // Известия АН СССР. Серия лит. и яз. 1951. Вып. 1.

Ожегов С. И. Об изменениях словарного состава русского языка // Вопросы языкознания. 1953. № 2.

Оразова З. А. Из истории слова *комбайн* (К вопросу о ретерминизации и деспециализации термина) // Научные доклады высшей школы. Филологические науки. М. , 1966. № 3.

Орлов Л. М. О социальных типах современного территориального говора // Язык и общество. М. , 1968.

Орлов Л. М. Из истории советской социальной лингвистики 20—30-х годов // Ученые записки Волгоградского пединститута. Вып. 2. Волгоград, 1969.

Орлов Л. М. Социальная и функционально-стилистическая дифференциация в современных русских территориальных говорах. Дисс. д-ра филол. наук. Тт. 1—2. Волгоград, 1969а.

Орлова В. Г. , Строганова Т. Ю. Закономерности развития диалектов русского национального языка // Известия АН СССР. Серия лит. и яз. 1961. Вып. 5.

Осетрова Е. В. Слухи в речевой и языковой действительности // Активные языковые процессы конца XX века. Тезисы докладов международной конференции (IУ Шмелевские чтения). М. , 2000.

О состоянии русского языка. М. , 1991.

Оссовецкий И. А. Народные говоры: лексика // Русский язык и советское общество. Кн. 4. М. , 1968.

Оссовецкий И. А. Введение // Словарь современного русского народного говора. Под ред. И. А. Оссовецкого. М. , 1969.

Падучева Е. В. Актуализация предложения в составе речевого акта // Формальное представление лингвистической информации. Новосибирск, 1982.

Падучева Е. В. Высказывание и его соотнесенность с действительностью. М. , 1985.

Панов М. В. О слове как единице языка // Ученые записки МГПИ. Т 51. М. , 1956.

Панов М. В. Стилистика // Русский язык и советское общество. Проспект. Алма-Ата, 1962.

Панов М. В. О развитии русского языка в советском обществе // Вопросы языкознания. 1962а. № 3.

Панов М. В. О некоторых общих тенденциях в развитии русского литературного языка XX века // Вопросы языкознания. 1963. № 1.

Панов М. В. Русский язык // Языки народов СССР. Т. 1. М. , 1966.

Панов М. В. Русская фонетика. М. , 1967.

Панов М. В. Об аналитических прилагательных // Фонетика. Фонология. Грамматика. К 70-летию А. А. Реформатского. М. , 1971.

Панов М. В. О литературном языке // Русский язык в национальной школе. 1972. № 1.

Панов М. В. Социофонетика // Панов М. В. Современный русский язык. Фонетика. М., 1979.

Панов М. В. Из наблюдений над стилем сегодняшней периодики // Язык современной публицистики. М., 1988.

Панов М. В. История русского литературного произношения XVIII—XX вв. М., 1990.

Парикова Н. Б. О южнорусском варианте литературной речи // Развитие фонетики современного русского языка. М., 1966.

Пауль Г. Принципы истории языка. Перевод с нем. М., 1960 (глава "О смешениия зыков").

Пауфошима Р. Ф. О произносительной манере [А. А. Реформатского] // Язык и личность. М., 1989.

Пеньковский А. Б. Фонологическая интерпретация фонетических долгот гласных в русском языке // Проблемы теоретической и прикладной фонетики и обучение произношению. М., 1973.

Пеньковский А. Б. О "категории чуждости" в русском языке // Проблемы структурной лингвистики. 1985—1987. М., 1989.

Пешковский А. М. Объективная и нормативная точка зрения на язык // Пешковский А. М. Избранные труды. М., 1959.

Подберезкина Л. З. Язык столбистов // Язык и личность. М., 1989.

Подберезкина Л. З. Современная городская среда и языковая политика // Русский язык в его функционировании. Тезисы докладов Международной конференции. Третьи Шмелевские чтения. М., 1998.

Покровский М. М. Избранные работы по языкознанию. М., 1959.

Поливанов Е. Д. О литературном (стандартном) языке современности // Родной язык в школе. 1927. № 1.

Поливанов Е. Д. Русский язык сегодняшнего дня // Литература и марксизм. Кн. 4. М., 1928.

Поливанов Е. Д. Задачи социальной диалектологии русского языка // Родной язык илитература в трудовой школе. 1928а. № № 2, 4—5.

Поливанов Е. Д. Факторы фонетической эволюции языка как трудового процесса // Ученые записки Ин-та языка и литературы РАНИОН. Т. 3. М., 1928б.

Поливанов Е. Д. За марксистское языкознание. М., 1931.

Поливанов Е. Д. Статьи по общему языкознанию. М., 1968.

Потапов В. В. Язык женщин и мужчин: фонетическая дифференциация // Известия РАН. Серия лит. и яз. М., 1997. Вып. 3.

Прозоров В. В. Молва как филологическая проблема // Жанры речи. Вып. 1, Саратов, 1997.

Проблемы общения в психологии. М., 1981.

Прохоров Ю. Е. Национальные социокультурные стереотипы речевого общения и их роль в обучении русскому языку иностранцев. М., 1996.

Психолингвистика. М., 1984.

Психологические исследования общения. М., 1985.

Психологические проблемы социальной регуляции поведения. М., 1976.

Психология личности и малых групп. Под ред. Е. С. Кузьмина. Л. , 1977.

Пфандль X. О видимых, невидимых и скрытых англицизмах в русском и словенском языках // Slowo. Text. Czas—YI. Szczecin—Greifswald, 2002.

Разновидности городской устной речи. Отв. ред. Д. Н. Шмелев и Е. А. Земская. М. , 1988.

Рахилина Е. В. Некоторые замечания о посессивности // Семиотика и информатика. Вып. 22. М. , 1983.

Рекламный текст: Семиотика и лингвистика. Отв. ред. Ю. К. Пирогова, П. Б. Паршин. М. , 2000.

Реформатская М. А. Как говорили дома // Язык и личность. М. , 1989.

Реформатский А. А. Введение в языкознание. Изд. 2-е. М. , 1955.

Реформатский А. А. Что такое термин и терминология? М. , 1959.

Реформатский А. А. Принципы синхронного описания языка // О соотношении синхронного анализа и исторического изучения языков. М. , 1960.

Реформатский А. А. Неканоничная фонетика // Развитие фонетики современного русского языка. М. , 1966.

Реформатский А. А. "γус'" // Вопросы культуры речи. Вып. 7. М. , 1966а.

Реформатский А. А. Введение в языковедение. М. , изд. 4-е, 1967.

Речевое общение в условиях языковой неоднородности. Отв. ред. Л. П. Крысин. М. ,2000.

Розанова Н. Н. Современное московское просторечие и литературный язык (на материале фонетики) // Городское просторечие: проблемы изучения. М. , 1984.

Розенталь Д. Э. Практическая стилистика русского языка. М. , 1965.

Розенцвейг В. Ю. О языковых контактах // Вопросы языкознания. 1963. № 1.

Розина Р. И. Социальная маркированность слова в современном английском языке. Автореферат канд. дисс. М. , 1977.

Романеев Ю. А. К вопросу о морфологической адаптации заимствований // Studia Slavica. Т. XI. Fasc. 1—2. Budapest,1965.

Русинов Н. Д. Из чего складывается и как действует речевая норма // Функционирование языка и норма. Горький, 1986.

Русская грамматика. Тт. 1—2. М. , 1980 (Грамматика—80).

Русская диалектология. Под ред. Р. И. Аванесова. М. , 1964.

Русская интеллигенция. История и судьба. М. , 1999.

Русская разговорная речь. Отв. ред. Е. А. Земская. М. , 1973 (РРР—1973).

Русская разговорная речь как явление городской культуры. Отв. ред. Т. В. Матвеева. Екатеринбург, 1996.

Русская разговорная речь. Тексты. М. , 1978 (РРР—Тексты).

Русская разговорная речь. Фонетика. Морфология. Лексика. Жест. М. , 1983 (РРР—1983).

Русский язык в его функционировании. Коммуникативно-прагматический аспект. Отв. ред. Е. А. Земская, Д. Н. Шмелев. М. , 1993.

Русский язык и советское общество. Проспект. Алма-Ата, 1962.

Русский язык и советское общество. Кн. 1—4. Под ред. М. В. Панова. М., 1968 (РЯиСО).

Русский язык конца XX столетия (1985—1995). Отв. ред. Е. А. Земская. М., 1996.

Русский язык по данным массового обследования. Опыт социально-лингвистического изучения. Под ред. Л. П. Крысина. М., 1974 (РЯДМО).

Садошенко Д. Словарик компьютерного сленга. Днепропетровск, 1995.

Саина С. Т. Двуязычие и многоязычие в семейной жизни и повседневном быту // Речевое общение в условиях языковой неоднородности. М., 2000.

Санников В. З. Русские синтаксические конструкции: Семантика. Прагматика. Синтаксис. М., 1989.

Санников В. З. Каламбур как семантический феномен // Вопросы языкознания. 1995. № 3.

Санников В. З. Русский язык в зеркале языковой игры. М., 1999.

Седов К. Ф. Риторика бытового общения и речевая субкультура // Риторика. 1996. №1 (3).

Селиверстова О. Н. Компонентный анализ многозначных слов. М., 1975.

Селищев А. М. Язык революционной эпохи. М., 1928.

Селищев А. М. О языке современной деревни // Труды Московского института истории, философии и литературы. Т. 5. М., 1939.

Семенюк Н. Н. Функционально-стилистическая дифференциация литературного языка как один из видов социолингвистического варьирования (синхрония и диахрония) // Всесоюзная конференция по теоретическим вопросам языкознания. Тезисы докладов. М., 1974.

Семенюк Н. Н. О реконструкции функциональных парадигм в истории немецкого языка // Функциональная стратификация языка. Отв. ред. М. М. Гухман. М., 1985.

Сепир Э. Язык // Сепир Э. Избранные труды по языкознанию и культурологии. М., 1993.

Сергеич П. Искусство речи на суде. М., 1960.

Серебренников Б. А. Социальная дифференциация языка // Общее языкознание. Формы существования, функции, история языка. М., 1970.

Серль Дж. Р. Косвенные речевые акты // Новое в зарубежной лингвистике. Вып. 17. Теория речевых актов. М., 1986.

Скляревская Г. Н. Состояние современного русского языка. Взгляд лексикографа // Русский язык и современность. Проблемы и перспективы развития русистики. Доклады Всесоюзной научной конференции. Ч. 1. М., 1991.

Скребнев Ю. С. Мейозис // Русский язык. Энциклопедия. М., 1979.

Смелзер Н. Социология. Перевод с англ. М., 1994.

Смирницкий А. И. Лексикология английского языка. М., 1956.

Соболевский А. И. Русские заимствованные слова. Литографированный курс лекций. СПб., 1891.

Современный русский язык. Социальная и функциональная дифференциация. Отв. ред. Л. П. Крысин. М., 2003.

Соколова А. Н. Изменение территориального диалекта под влиянием социальных факторов // Очерки по социолингвистике. Отв. ред. В. П. Тимофеев. Шадринск, 1971.

Сорокин Ю. А. Роль этнопсихолингвистических факторов в процессе перевода // Национально-культурная специфика речевого поведения. М., 1977.

Сорокин Ю. С. Развитие словарного состава русского литературного языка. 30—90-е годы XIX века. М., 1965.

Социальная и функциональная дифференциация литературных языков. М., 1977.

Социальная психология. М., 1975.

Социально-лингвистические исследования. Под ред. Л. П. Крысина и Д. Н. Шмелева. М., 1976 (СЛИ).

Способы номинации в современном русском языке. Отв. ред. Д. Н. Шмелев. М., 1982.

Степанов Г. В. Социально-географическая дифференциация испанского языка Америки на уровне национальных вариантов // Вопросы социальной лингвистики. Л., 1969.

Степанов Г. В. Социально-функциональная дифференциация литературного языка Испании и Латинской Америки // Социальная и функциональная дифференциация языков. М., 1977.

Степанов Ю. С. Стилистика французского языка. М., 1965.

Стернин И. А. Русский язык конца XX века: кризис или развитие? // Вестник Воронежского государственного университета. Серия 1. № 2. Воронеж, 1998.

Судзиловский Г. А. Сленг—что это такое? М., 1973.

Судьбы людей: Россия. XX век. Биографии семей как объект социологического исследования. М., 1996.

Суперанская А. В. Заимствование слов и практическая транскрипция. М., 1962.

Супрун А. Е. "Экзотическая" лексика // Научные доклады высшей школы. Филологические науки, 1958, № 2.

Сухотин А. М. Стилистика лингвистическая // Литературная энциклопедия. Т. 11. М., 1939.

Тарасов Е. Ф. Социологические аспекты речевого общения // Роль и место страноведения в практике преподавания русского языка как иностранного. М., 1969.

Тарасов Е. Ф. Социолингвистические проблемы теории речевой коммуникации // Основы теории речевой деятельности. Отв. ред. А. А. Леонтьев. М., 1974.

Телия В. Н. Русская фразеология. М., 1995.

Теоретические проблемы социальной лингвистики. М., 1981.

Тимофеев В. П. Диалектный словарь личности. Шадринск, 1971.

Тимофеева Г. Г. Английские заимствования в русском языке (фонетико-орфографический аспект). Автореферат докт. дисс. СПб., 1992.

Типология двуязычия и многоязычия в Беларуси. Отв. ред. А. Н. Булыко и Л. П. Крысин. Минск, 1999.

Типы наддиалектных форм языка. Отв. ред. М. М. Гухман. М., 1981.

Толстой Н. И. Славянские литературные языки и их отношение к другим языковым идиомам (стратам) // Функциональная стратификация языка. М., 1985.

Толстой Н. И. Язык и культура (Некоторые проблемы славянской этнолингвистики) // Доклады всесоюзной научной конференции "Русский язык и современность. Проблемы и перспективы развития русистики". М., 1991.

Труб В. М. Явище "суржику" як форма просторіччя в ситуації двомовності // Мовознавство. Київ, 2000. № 1.

Трубецкой Н. С. Основы фонологии. Перевод с франц. М., 1960.

Тулина Т. А. Особенности произношения русских согласных у лиц, владеющих русским и украинским языками // Развитие фонетики современного русского языка. М., 1966.

Туманян Э. Г. Язык как система социолингвистических систем. М., 1985.

Успенский Б. А. Из истории русского литературного языка XVIII—начала XIX вв. М., 1985.

Успенский Л. В. Материалы по языку русских летчиков // Язык и мышление. Т. 6—7. М., 1936.

Ушаков Д. Н. Русская орфоэпия и ее задачи // Русская речь. Вып. 3. Л., 1928.

Фалеев И. А. Об иностранных словах в русском языке и их этимологии // Русский язык в школе. 1941. № 3.

Фасмер М. Р. Греко-славянские этюды. Ч. Ш. Греческие заимствования в русском языке. СПб., 1909.

Ферм Л. Особенности развития русской лексики в новейший период (на материале газет). Uppsala, 1994.

Феоклистова В. М. Иноязычные заимствования в русском литературном языке 70—90-х гг. XX века. Автореферат канд. дисс. Тверь, 1999.

Филин Ф. П. Истоки и судьбы русского литературного языка. М., 1981.

Флекенштейн К. Кальки по немецкой модели в современном русском литературном языке. Автореферат канд. дисс. М., 1963.

Формановская Н. И. Русский речевой этикет. М., 1982.

Формановская Н. И. Речевой этикет и культура общения. М., 1989.

Функциональная стратификация языка. Отв. ред. М. М. Гухман. М., 1985.

Функционирование русского языка в близкородственном языковом окружении. Отв. ред. Г. П. Ижакевич. Киев, 1981.

Хлоупек Я. О социальной и территориальной дифференциации чешского языка // Новое в зарубежной лингвистике. Вып. 20.. М., 1988.

Холодович А. А. О типологии речи // Историко-филологические исследования. Сб. статей к 75—летию академика Н. И. Конрада. М., 1967.

Хомский Н. Аспекты теории синтаксиса. Перевод с англ. М., 1972.

Хомяков В. А. Вариативность норм и языковая коммуникация // Язык и общество. Отражение социальных процессов в обществе. Саратов, 1986.

Хорошева Н. В. Общее арго как промежуточная форма существования современного французского языка // Социолингвистические проблемы в разных регионах мира. Материалы международной конференции. М. , 1996.

Хорошева Н. В. Промежуточные формы городской разговорной речи (на материале русского общего жаргона и французского общего арго). Автореферат канд. дисс. Пермь, 1998.

Цивьян Т. В. К описанию этикета как семиотической системы // Симпозиум по структурному изучению знаковых систем (тезисы докладов). М. , 1962.

Чайковский Р. Р. Язык в семье как разновидность социолекта // Вариативность как свойство языковой системы. Тезисы докладов. Ч. 2. М. , 1982.

Черняк В. Д. Наброски к портрету маргинальной языковой личности // Русский текст. № 2. СПб. , 1994.

Черняк В. Д. Лексические особенности речевого портрета носителя просторечия // Русистика. Берлин, 1997. № 1/2.

Чистяков В. Ф. К изучению языка колхозника. Смоленск, 1935.

Чуковский К. И. От двух до пяти. М. , 1970.

Чуковский К. И. Живой как жизнь. М. , 1982.

Чуркина К. И. Эволюция произносительных норм в речи интеллигенции г. Красноярска. Автореферат канд. дисс. Новосибирск, 1969.

Шапошников В. Н. Новое в русском языке. Морфология. Словообразование. Шуя, 1996.

Шапошников В. Н. Русская речь 1990-х. Современная Россия в языковом выражении. М. , 1998.

Шафир Я. Газета и деревня. Изд. 2. М. , 1924.

Шахматов А. А. Очерк современного русского литературного языка. М. , 1941.

Шахрай О. Б. К проблеме классификации заимствованной лексики // Вопросы языкознания. 1961. № 2.

Шведова Н. Ю. Активные процессы в современном русском синтаксисе. М. , 1966.

Швейцер А. Д. Современная социолингвистика. Теория. Проблемы. Методы. М. , 1976.

Швейцер А. Д. К проблеме социальной дифференциации языка // Вопросы языкознания. 1982. № 5.

Швейцер А. Д. Социальная дифференциация английского языка в США. М. , 1983.

Швейцер А. Д. Контрастивная стилистика. Газетно-публицистический стиль в английском и русском языках. М. , 1993.

Швейцер А. Д. , Никольский Л. Б. Введение в социолингвистику. М. , 1978.

Шейгал Е. И. Компьютерный жаргон как лингвокультурный феномен // Языковая личность: культурные концепты. Волгоград—Архангельск, 1996.

Шейгал Е. И. Семиотика политического дискурса. Волгоград, 2000.

Шибутани Т. Социальная психология. Перевод с англ. М. , 1969.

Ширяев Е. Н. Прагматический фактор и семантико-синтаксическая структура разговорного высказывания // Русистика. Берлин, 1989. № 2.

Ширяев Е. Н. Структура разговорного повествования // Русский язык: текст как целое и компоненты текста. М. , 1982.

Шмелев А. Д. Функциональная стилистика и моральные концепты // Язык. Культура. Гуманитарное знание. Научное наследие Г. О. Винокура и современность. М., 1999.

Шмелев Д. Н. Очерки по семасиологии русского языка. М., 1964.

Шмелев Д. Н. Проблемы семантического анализа лексики. М., 1973.

Шмелев Д. Н. Русский язык в его функциональных разновидностях. М., 1977.

Шмелев Д. Н. Эвфемизм // Русский язык. Энциклопедия. М., 1979.

Шмелева Е. Я., Шмелев А. Д. "Неисконная русская речь" в восприятии русских // Логический анализ языка. Образ человека в культуре и языке. Отв. ред. Н. Д. Арутюнова, И. Б. Левонтина. М., 1999.

Шмелева Т. В. Средства выражения модусного смысла "преувеличение" // Системный анализ значимых единиц языка. Красноярск, 1986.

Шмелева Т. В. Многоязычие как черта речевого быта современного города // Русский язык в контексте современной культуры. Екатеринбург, 1998.

Шор Р. О. Язык и общество. М., 1926.

Шор Р. О. О неологизмах революционной эпохи // Русский язык в советской школе. 1929. № 1.

Шпильрейн И. Н. и др. Язык красноармейца. М. Л., 1928.

Щепаньский Я. Элементарные понятия социологии. Перевод с польск. М., 1969.

Щерба Л. В. О понятии смешения языков // Щерба Л. В. Избранные работы по языкознанию и фонетике. Т. 1. Л., 1958.

Щерба Л. В. Опыт общей теории лексикографии // Щерба Л. В. Избранные работы по языкознанию и фонетике. Т. I. Л., 1958.

Щур Г. С. О лингвистической ситуации в Шотландии // Социальная и функциональная дифференциация литературных языков. М., 1977.

Эрвин-Трипп С. Язык. Тема. Слушатель. Анализ взаимодействия // Новое в лингвистике. Вып. 7. Социолингвистика. М., 1975.

Этнические стереотипы мужского и женского поведения. СПб., 1991.

Ядов В. А. Методологические проблемы конкретных социологических исследований. Автореферат дисс. д-ра филос. наук. Л., 1967.

Язык и личность. Отв. ред. Д. Н. Шмелев. М., 1989.

Язык и общество. М., 1968.

Языковая номинация (виды наименований). М., 1977.

Языковая деятельность в аспекте лингвистической прагматики (сб. рефератов). М., 1984.

Языковая норма. Типология нормализационных процессов. Отв. ред. В. Я. Порхомовский и Н. Н. Семенюк. М., 1996.

Якобсон Р. О. Vliv revoluce na rusky jazyk. Praha, 1921.

Якобсон Р. Лингвистика и поэтика // Структурализм: "за" и "против". М., 1975.

Якобсон Р. Лингвистика в ее отношении к другим наукам // Якобсон Р. Избранные работы. М., 1985.

Якубинский Л. П. О диалогической речи // Русская речь. Вып. 1. Пг., 1923.

Якубинский Л. П. Несколько замечаний о словарном заимствовании // Язык илитература. Т. I. Вып. 1—2. Институт сравнительного изучения литературы иязыков Запада и Востока при ЛГУ, Л.. 1926.

Ярцева В. Н. Проблема связи языка и общества в современном зарубежном языкознании // Язык и общество. М., 1968.

Ярцева В. Н. Соотносительность региональных и социальных вариантов языка в плане стиля и нормы // Социальная и функциональная дифференциация литературных языков. М., 1977.

Ammon U. School problems of regional dialect speakers: Ideology and reality. Results and methods of empirical investigations in Southern Germany // Journal of Pragmatics. 1977. № 1.

Attwood L. The new soviet man and woman: sex role socialization in the USSR. Indiana University Press, Bloomington, 1990.

Auer J. C. P. Bilingual conversation. Amsterdam-Philadelphia, 1984.

Austin J. How to do things with words. Oxford, 1962.

Bajerova I. Niektóre treści i metody socjolingwisticzne w historii języka // Biulletyn polskego towarzystwa językoznawstwa. 1972. Z. 30.

Barden B., Großkopf B. Sprachliche Akkomodation und sociale Integration. Max Niemeier Verlag, München, 1998.

Baylon C. Sociolinguistique. Nathan, 1991.

Beck E. Wesen und Wart der Lehnübersetzung // Giessener Beitrage zur Deutschen Philologie. № 40. 1935.

Benveniste E. Euphémismes anciens et modernes // Havers Festschrift. Wien, 1946.

Bernstein B. Elaborated and restricted codes // Sociological Inquiry. 1966. Vol. 36.

Berruto G. La sociolinguistica. Bologna, 1974.

Bierwisch M. Social differentiation of language structure // Language in Focus: Foundations, Methods and Systems. Ed. by A. Kasher. Dordrecht, 1976.

Bloomfield L. Language. N. Y., 1933.

Bock Ph. Social structure and language structure // Readings in the Sociology of Language. Ed. by J. Fishman. The Hague—Paris, 1968.

Brouwer et al. Speech differences between women and men: on the wrong track? // Languge in Society. 1978. № 8.

Bruneau Ch. Euphéme et euphémisme // Festgabe E. Gamilscheg, 1952.

Calvet L. J. Les voix de la ville: introduction à la sociolinguistique urbaine. Payot, 1994.

Cazden C. R. The situation: a neglected source of social class differences in language use // Sociolinguistics. Ed. by J. Pride, J. Holmes. Harmondsworth, 1978.

Chomsky N. Aspects of the theory of syntax. Massachusets, 1965.

Cienkowsky W. Ogólne założenia metodologiczne badania zapożyczeń leksykalnych // Poradnik językowy. 1964. № 10.

Crnek F. Ze studiów nad euphemismem w językach słowiańskich // Sprawozdania Towarzystwa Naukowego we Lwowie. 1928.

Comrie B. , Stone G. , Polinsky M. The Russian language in the twentieth century. Oxford, 1996.

Coupland N. , Jaworski A. (eds.). Sociolinguistics. London, 1997.

Currie H. A Projection of socio-linguistics: the relationship of speech to social status // Southern Speech Journal. Vol. 18. № 1. 1952.

Deroy L. L'emprunt linguistique. Paris, 1956.

Diamond J. Status and power in verbal interaction. Amsterdam—Philadelphia, 1996.

Diebold A. Incipient bilmgualism // Language. 1961. Vol. 37. № 1.

Dillon M. Linguistic borrowing and historical evidence // Language. 1963. Vol. 39. № I.

Doležel L. A framework for the statistical analysis of style // Statistics and Style. N. Y. , 1969.

Dvonč L. K otázce socialných "nárečí" // Slovo a slovesnost. 1957. Roč. 18. № 3.

Ellis J. Linguistic sociology and institutional linguistics // Linguistics, 1965, no. 19.

Eloy J. M. À la recherche du "fran? ais populaire" // Language et Societé. Paris, 1985. №31.

Emenau M. Billngualism and structural borrowing // Proceedings of the American Philosophical Society. Philadelphia, 1962. Vol. 106. № 5.

Ervin-Tripp S. Sociolinguistics // J. Fishman (ed.). Advances in the Sociology of Language. Vol. 1. The Hague-Paris, Mouton, 1971.

Ervin-Tripp S. Language acquisition and communicative choice. Stanford, 1973.

Ferguson Ch. Diglossia // Word. 1959. № 4.

Fillmore Ch. Types of lexical information // Studies in Syntax and Semantics. Ed. by F. Kiefer. Dordrecht, 1969.

Fillmore Ch. A Grammarian looks to sociolinguistics // Monograph Series on Languages and Linguistics. Washington, 1973. № 25.

Fishman J. Preface // Advances in the Sociology of Language. Vol. 1—2. Ed. by J. Fishman. The Hague-Paris, Mouton, 1971.

Fishman J. The Sociology of language: an interdisciplinary social science approach to language in society // Fishman J. (ed.) Advances in the Sociology of Language. Vol. 1. Mouton, The Hague-Paris, Mouton, 1971a.

Garfinkel H. Studies of the routine grounds of everyday activities // Sudnow D. (ed.). Studies in Social Interaction. New York, 1972.

Garros V. Intelligencija // Опыт словаря нового мышления. Под ред. Ю. Афанасьева и М. Ферро. М. , 1989.

Geertz C. Linguistic etiquette // Readings in the Sociology of Language. Ed. be J. Fishman. 2-nd ed. The Hague-Paris, 1970.

Goodwin C. Conversational organisation: interaction between speakers and hearers. New York, 1981.

Gordon D, Lakoff G. Conversational postulates // Syntax and Semantics. New York, 1975.

Graf A. E. Aus dem Gebiet der Lehnwortkunde // Russischunterricht. T. 2. Hf. 4. 1949.

Graf A. E. Lehn-und Fremdwörter und ihre Wandlung im Russischen // Russischunterricht. T. 6. Hf. 5. 1953.

Guiraud P. Le Français populaire. Paris, 1965.

Gumperz J. Types of linguistic communities // Anthropological Linguistics. 1962. № 4.

Gumperz J. Linguistic and social interaction in two communities // American Anthropologist. Vol. 66. № 6. 1964.

Gumperz J. J. Conversational code switching // Gumperz J. J. (ed.). Discourse Strategies. Cambridge, 1982.

Gumperz J. Introduction: language and the communication of social identity // Gumperz J. J. (ed.). Language and Social Identity. Cambridge University Press, 1984.

Hager F., Haberland H., Paris R. Soziologie + Linguistik. Stuttgart, 1973.

Halliday M. A. Language as a semiotic system. London, 1978.

Halliday M. A., McIntosh A., Strevens P. The users and uses of language // Readings in the Sociology of Language. Ed. by J. Fishman. The Hague—Paris, 1968.

Hammer M., Polgar S., Salzinger K. Speech predictability and social contact patterns in an informal group // Fishman J. (ed.). Advances in the Sociology of Language. Vol. 2. The Hague—Paris, 1972.

Harding E., Riley Ph. The bilingual family. Cambridge, 1987.

Haugen E. The analysis of linguistic borrowing // Language. Vol. 26. № 2. 1950.

Havers W. Neuere Literatur zum Sprachtabu. Wien, 1946.

Heller K. Das Fremdwort in der deutschen Sprache der Gegenwart. Leipzig, 1966.

Hertzler J. The sociology of language. New York, 1965.

Hockett Ch. A course in modern linguistics. New York, 1960.

Hoenigswald H. Bilingualism, presumable bilingualism and diachronie // Anthropological Linguistics. Vol. 4. Bloomington, 1962.

Hope T. E. Loan-words as cultural and lexical symbols // Archivum Linguisticum. Glasgow. Vol. 14. Fasc. 2. 1962. Vol. 15. Fasc. 1. 1963.

Hudson K. The language of teenage revolution. London, 1983.

Hymes D. Models of the interaction of language and social life // Journal of Social Issues. 1967. № 23.

Hymes D. The ethnography of speaking // Readings in the Sociology of Language. Ed. by J. Fishman. The Hague—Paris, 1970.

Hymes D. Competence and performance in linguistic theory // Acquisition of Language: Models and Methods. Ed. by R. Huxley, E. Ingram. London, 1971.

Hymes D. On communicative competence // Sociolinguistics. Ed. by J. Pride and J. Holmes. Harmondsworth, 1972.

Hymes D. The scope of sociolinguistics // Monograph Series on Languages and Linguistics. Ed. by

R. W. Shuy. № 25. Washington, 1973.

Hymes D. Foundations in sociolinguistics: an ethnographic approach. Philadelphia, 1974.

Isačenko A. V. O některych zákonitostech v oblasti poimenováni // Sbornik Vysokéškoly pedagogické v Olomouci // Jazyk a literatura. III. 1956.

Jakobson R. Sur la théorie des affinités phonologiques entre les langues // Trubetzkoy N. Principes de phonologie. Paris, 1949.

Jakobson R. Linguistics and poetics // Main Trends of Research in the Social and Human sciences. Part 1. Paris, 1970.

Jakobson R. Linguistics in its relation to other sciences // Main Trends of Research in the Social and Human Sciences. Paris, 1970a.

Karsten J. E. Mélanges des langues et emprunts // Scientia , № 58, 1935.

Koester-Thoma S. Standard, Substandard, Nonstandard // Russistika. Berlin, 1993. № 2.

Koester-Thoma S. Die Lexik der russischen Umgangssprache. Berlin, 1996.

Kraus J. K sociolingvistickym prvkům ve funkčni stylistice // Slovo a slovesnost, 1971. № 3.

Krysin L. Sociolinguistics in the USSR // Language in Society, 1977, no. 2.

Krysin L. Sociolinguistic problems in the USSR // Sociolinguistics. Tübingen, 1988.

Kurylowicz E. Le mécanisme diffirenciateur de la langue // Cahiers Ferdinand de Saussure. № 20. Génève, 1963.

Labov W. The social stratification of English in New York City. Washington, 1966.

Labov W. The effect of social mobility on linguistic behavior // Sociological Inquiry, 1966a. Vol. 36. № 2.

Labov W. The study of language in its social context // Studium Generale. 1970. № 23.

Labov W. The Linguistic consequences of being a lame // *Labov W*. Language in the Inner City. Studies in the Black English Vernacular. Univ. of Pennsylvania Press, Philadelphia, 1972.

Labov W. , Fanshel D. Therapeutic discourse. Psychotherapy as conversation. New York—San Francisco—London, 1977.

Lakoff R. Language and women's place // Language in Society. 1973. № 1.

Lakoff R. Language and women's place. New York, 1975.

Leinfellner E. Der Euphemismus in der politischen Sprache. Berlin — München, 1971.

Lindenfeld J. étude des pratiques discursives sur les marches urbains // Modèles linguistiques. T. 4. Fasc. 1. 1982.

Living in two cultures. The socio-cultural situation of migrant workers and their families. Paris, Unesco Press/London, Grover, 1982.

Lomax A. Cross-cultural factors in phonological change // Language in Society. 1973. № 2.

Lommel H. Das Fremdwort im Volksmund // Bayerische Hefte für Volkskunde. 1917. № 4.

Lundquist J. Fremde Wendungen in der russischen Geschäftssprache. Helsingfors, 1917.

Lüdi G. Le migrants comme minorité linguistique en Europe // Sociolinguistica. Vol. 4. Tübingen,

1990.

Mazon A. Lexique de la guèrre et de la révolution en Russie (1914—1918). Paris, 1920.

McRae K. D. Conflict and compromise in multilingual societies. Vol. 1—2. Waterloo, Ontario, 1986.

Meillet A. Linguistique historique et linguistique général. Paris, 1926.

Mills M. (ed.). Slavic gender linguistics. Amsterdam-Philadelphia. 1999.

Møller Chr. Zur Methodik der Fremdwortkunde // Acta Jutlandica, V. Aarhus — København, 1933.

Morris Ch. Signs, language, and behavior. New York, 1947.

Moscovici S. (ed.). The psychosociology of language. Chicago, 1972 (part. 6: Language as an index in small group interactions).

Niedermann M. L'interpénétration des langues // Scientia. Vol. LXXXIII. Serie VI. 1948. Vol. LXXXIV. 1949.

Oevermann U. Sprache und soziale Herkunft. Frankfurt a/M, 1972.

Öhmann E. Zur Frage nach der Ursache der Entlehnung von Wörtern // Memoires de laSociete Neophilologique de Helsingfors, 1924. Vol. 7.

Ondrus P. K charakteristike a klasifikácii sociálnych nárečí // Jazykovedné ? tudie. № 13. Bratislava, 1977.

Orr J. Les anglicismes du vocabulaire sportif // Le Français Moderne, 1935. № 3.

Paratesi M. G., de. Semantica dell' eufemismo. Torino, 1964.

Puşcariu S. Die Romanische Sprache. Leipzig, 1943.

Reck H. E. Deutsche Fremdwörter in der russischen Sprache // Zeitschrift für Gegenwartsfragen des Osten. 1957. Hf. 1.

Rey-Debove J. Métropolitain et métro // Cahiers de lexicologie. 1964. № 1.

Richter E. Fremdwortkunde. Leipzig, 1919.

Ries N. Russian talk. Culture and conversation during perestroika. Cornell University Press, Ithaca and London, 1997.

Roques M. Sur l'insertitude sémantique des mots d'emprunt // Miscellanea J. Gessler. 1948, II.

Rubin J. Bilingualism in Paraguay // Anthropological Linguistics, 1962, № 4.

Ryazanova-Clarke L., Wade T. The Russian language today. London and New York, 1999.

Salvedra de Grave J. J. Quelques observations sur les mots d'emprunt // MélangesChabaneau. Erlangen, 1907.

Schegloff E. Sequencing in conversational openings // Advances in the Sociology ofLanguage. Ed. by J. Fishman. The Hague—Paris. Vol. 2. 1972.

Seriot P. Analise du discours politique soviétique // Culture et sociétés de l'Est. 2. Paris, 1985.

Sherer K. R., Giles H. (eds.). Social markers in speech. Cambridge University Press, 1979.

Smith Ph. M. Sexual markers in speech // *Sherer K. R., Giles H*. (eds.). Social Markers in Speech. Cambridge University Press, 1979.

Speier M. Some conversational problems for international analysis // Studies in Social Interaction. Ed. by D. Sudnow. NewYork, 1972.

Spitzer L. Fremdwörterhatz und Fremdvölkerhaβ. Wien, 1918.

Stender-Petersen A. Slavische-Germanische Lehnwortkunde. G? teborg, 1927.

Sulan B. Zu einigen Fragen des Bilinguismus // Slavica. Debrecen. 1963. Bd. 3.

Tannen D. (ed.). Gender and conversational interactuion. Oxford University Press, 1994.

Thorne B., *Henley N.* (eds.). Language and sex: differences and dominance. Rowley, 1975.

Timroth W., *von*. Russian and soviet sociolinguistics and taboo varieties of the Russian language (argot, jargon, slang and "mat"). München, 1986.

Trudgill P. Sociolinguistics: an introduction. London, 1974.

Trudgill P. (ed.). Sociolinguistic patterns in British English. London, 1979.

Unbegaun B. Le calque dans les langues slaves litteraires // Revue des etudes Slaves, 1932. T. 12.

Vendryés J. Le langage. Paris, 1923.

Vočadlo O. Slav linguistic purity and the use of foreign words // The Slavonic Review. 1926. № 5.

Vogt H. Language contacts // Word. Vol. 10. № 2—3. 1954.

Wardaugh R. An introduction to sociolinguistics. Oxford—Cambridge (Mass.), 1992.

Weiman R. W. Native and foreign elements in a language. Philadelphia, 1950.

Weinreich U. Languages in contact. Findings and problems. 2 ed. The Hague, Mouton. 1963.

Weinreich U., *Labov W.*, *Herzog M.* Empirical foundations for a theory of language change. Austin, 1968.

Weise O. Wortentlehnung und Wortschöpfung // Zeitschrift für Völkerpsychologie und Sprachwissenschaft. 1881. Bd. XIII.

Weisgerber L. Das Fremdwort im Gesamtrahmen der Sprachpflege // Muttersprache. 1960. Hf. 1.

Wierzbicka A. O języku dla wszystkich. Warszawa, 1965.

Wierzbicka A. Dociekania semantyczne. Wrocław, 1969.

Wierzbicka A. Different cultures, different languages, different speech acts // Journal of Pragmatics. 1985. № 9.

Wolfson N. Speech events and natural speech: some implications for sociolinguistic methodology // Language in Society. 1976. № 5.

Zemtsov I. The lexicon of the soviet political language. Epping, 1985.

Zipf G. K. Human behavior and the principle of least effort. Cambridge, Mass. 1949.

Zybatow L. N. Russisch im Wandel. Die russische Sprache seit der Perestrojka. Wiesbaden, 1995.

Словари

Алексеев С. Н. Самый полный общедоступный словотолкователь. 150000.

Иностранных слов, вошедших в русский язык. Изд. 10-е. М., 1909.

Англо-русский словарь. Сост. В. К. Мюллер. Изд. 9-е. М., 1962.

Англо-русский словарь американского сленга. Перевод и составление Т. Ротенберг и В. Иванова.

М. , 1994 (АРСАС).

Бурдон И. Ф. , *Михельсон А. Д.* Полный словарь иностранных слов, вошедших в употребление в русском языке, созначением их корней. Изд. 12-е. М. , 1917.

Балдаев Д. С. , *Белко В. К.* , *Исупов И. М.* Словарь тюремно-лагерно-блатного жаргона. Речевой и графический портрет советской тюрьмы. М. , 1992.

Вайсблит И. В. Полный иллюстрированный словарь иностранных слов с указанием их происхождения, ударений и научного значения. М. -Л. , 1926.

Васильева Н. В. , *Виноградов В. А.* , *Шахнарович А. М.* Краткий словарь лингвистических терминов. М. , 1995.

Виллиам Г. Я. Словарь иностранных слов, вошедших в русский язык, содержащий более 30 000 слов, из которых многие лишь в самое последнее время проникли в русскую речь вместе с нововведениями научными и общественными. Пг. , 1915.

Виноградов А. М. Словарь иностранных слов, вошедших в состав русского языка. Одесса, 1907.

Гавкин Н. Я. Карманный словарь иностранных слов. Изд. 47-е. Киев, 1912.

Головков Д. Иллюстрированный словарь иностранных слов с указанием ударений. Одесса. 1914.

Грачев М. А. , *Гуров А. И.* Словарь молодежных сленгов. Горький, 1989.

Демографический энциклопедический словарь. М. , 1985.

Долопчев В. Опыт словаря неправильностей в русской разговорной речи. Варшава, 1909.

Дубровский Н. А. Полный толковый словарь иностранных слов, вошедших в русский язык, с указанием корней. Изд. 21-е. М. , 1914.

Елистратов В. С. Словарь московского арго. М. , 1994.

Елистратов В. С. Язык старой Москвы. Лингвоэнциклопедический словарь. М. , 1997.

Еськова Н. А. Краткий словарь трудностей русского языка. Грамматические формы. Ударение. М. , 1994.

Ефремов Е. Новый полный словарь иностранных слов, вошедших в русский язык. Под ред. проф. И. А. Бодуэна де Куртене. М, 1911.

Зализняк А. А. Грамматический словарь русского языка. М. , 1977; 4-е изд. М. , 2003.

Захаренко Е. Н. , *Комарова Л. Н.* , *Нечаева И. В.* Новый словарь иностранных слов. М. , 2003.

Зелинский В. А. Словарь иностранных слов. М. , 1918.

Каленчук М. Л. , *Касаткина Р. Ф.* Словарь трудностей русского произношения. М. , 1997.

Краткий словарь иностранных слов. Под ред. И. В. Лехина и Ф. Н. Петрова. Изд. 3-е. М. , 1943; изд. 6-е. М. , 1951,

Краткий словарь иностранных слов. Составила С. М. Локшина. М. , 1966.

Крысин Л. П. Толковый словарь иноязычных слов. М. , 1998; 5-е изд. М. , 2003.

Левберг М. Е. Словарь иностранных слов. Л. -М. , 1923.

Левберг М. Е. Словарь иностранных слов. Под ред. К. И. Шелавина. Изд. 6-е. Л. , 1928.

Майданов Д. Т. , *Рыбаков И. И.* Новый карманный словарь иностранных слов, вошедших в употребление в русском языке. Одесса. 1916.

Мельчук И. А., *Жолковский А. К.* Толково-комбинаторный словарь современного русского языка. Вена, 1984.

Немецко-русский словарь. Под ред. А. А. Лепинга и Н. П. Страховой. Изд. 2-е. М., 1962, т. 1—2.

Новые слова и значения (по материалам прессы и литературы 60-х годов). Под ред. Н. З. Котеловой и Ю. С. Сорокина. М., 1971; 2-е изд. М., 1973.

Новые слова и значения. Словарь—справочник по материалам прессы и литературы 70-х годов. Под ред. Н. З. Котеловой. М., 1984.

Новые слова и значения. Словарь—справочник по материалам прессы и литературы 80-х годов. Под ред. Е. А. Левашова. М., 1997.

Новый большой англо-русский словарь. Т. 1 Под общим руководством Э. М. Медниковой и Ю. Д. Апресяна. Тт. 2—3. Под ред. Ю. Д. Апресяна. М. 1993—1994 (НБАРС).

Новый французско-русский словарь. Сост. В. Г. Гак, К. А. Ганшина. М., 1994 (НФРС).

Овсянников В. З. Литературная речь. Толковый словарь современной общелитературной фразеологии. Употребительнейшие иностранные и русские отвлеченные термины, образные слова и иносказания с указанием их происхождения и примерами фразеологического употребления. М., 1933.

Ожегов С. И. Словарь русского языка. М., 1949; изд. 6-е. М, 1964; изд. 21-е. М., 1991.

Ожегов С. И., *Шведова Н. Ю.* Толковый словарь русского языка. М., изд. 4-е, доп., 1997.

Орфоэпический словарь русского языка. Изд. 5-е. М., 1989.

Павленков Ф. Ф. Словарь иностранных слов. вошедших в состав русского языка. Изд. 3-е. СПб., 1911.

Попов М. Полный словарь иностранных слов, вошедших в употребление в русском языке. Изд. 3, с дополнением отдельных политических, экономических и общественных терминов, вошедших в употребление в русском языке в самое последнее время. М., 1907.

Правильность русской речи. Под ред. С. И. Ожегова. Изд. 2-е. М., 1965.

Рожанский Ф. И. Сленг хиппи. Санкт-Петербург-Париж, 1992.

Словарь иностранных слов. Под ред. И. В. Лехина и Ф. Н Петрова. Изд. 2-е. М., 1941; изд. 3-е. М., 1949; изд. 4-е. М.. 1954; изд. 6-е. М., 1964.

Словарь иностранных слов, вошедших в русский язык (сост. коллективом авторов); с приложением грамматики, составленной Н. В. Юшмановым. М., 1933.

Словарь иностранных слов (коллектив авторов); с приложением таблиц и грамматики, составленных проф. Н. В. Юшмановым. М., 1937.

Словарь иностранных слов, вошедших в состав русского языка. Материал для лексической разработки заимствованных слов в русской литературной речи. Сост. под ред. А. Н. Чудинова. Изд. 3-е. СПб., 1910.

Словарь молодежного жаргона. Под ред. И. А. Стернина. Воронеж, 1992.

Словарь новых слов русского языка (середина 50-х—середина 80-х годов). Под ред. Н. З.

Котеловой. СПб. , 1995.

Словарь русского языка. Т. 1—4. М. —Л. , АН СССР. 1957—1961; 2-е изд. М. , 1981—1984.

Словарь современного русского литературного языка. Т. 1—17. М. —Л. , АН СССР, 1949—1965.

Словарь современного русского народного говора. Под ред. И. А. Оссовецкого. М. , 1969.

Словарь русского языка, составленный II отделением Императорской Академии наук, т. 1—6, 8—9. СПб. , 1891—1929.

Словарь русского языка, составленный Комиссией по русскому языку АН СССР. Изд. 2-е. Л. , 1930—1932. Т. 1, 3, 5, вып. 1 и 2, т. 8, вып. 1.

Смирнов В. Полный словарь иностранных слов. вошедших в русский язык, с общедоступным толкованием их значения и употребления. Изд. 2. М. , 1913.

Современный словарь иностранных слов. М. , 1992.

Спасский П. Х. Словарь советских терминов и наиболее употребительных иностранных слов. Н. Новгород, 1924.

Стоян П. Е. Краткий толковый словарь русского языка. Изд. 3-е. Пг. , 1916, т. 1—2.

Толкователь слов, наиболее употребляемых и малопонятных для начинающего читателя. Сост. ОСП. М. , 1918.

Толковый объяснительный словарь иностранных слов, употребляемых в русском языке. Изд. 2-е. СПб. , 1913.

Толковый словарь русского языка. Под ред. проф. Д. Н. Ушакова. Т. 1—4. М. , 1935—1940.

Толковый словарь русского языка конца XX века. Языковые изменения. Отв. ред. Г. Н. Скляревская. СПб. , 1998.

Файн А. , Лурье В. Всё в кайф! Lena Production, 1991.

Фасмер М. Этимологический словарь русского языка. Т. 1—4. М. , 1964—1973.

Французско-русский словарь. Сост. К. А. Ганшина. Изд. 5. М. , 1962.

Юганов И. , Юганова Ф. Словарь русского сленга. Сленговые слова и выражения 60—90-х годов. Под ред. А. Н. Баранова. М. , 1997.

Яновский А. Е. Словарь иностранных слов и научных терминов. Вып. 1—2. СПб. , 1905.

Brever's Dictionary of 20th Century Phrase & Fable. London, 1991.

Fremdwörterbuch. Leipzig. 1958.

Dictionnaire alphabétique et analogique de la langue Française, par P. Robert. Paris, 1973 (Le petit Robert).

Vocabulaire de la Perestroika. Paris, 1989.

人 名 索 引

Аванесов Р. И.	阿瓦涅索夫	Бэрд Дж.	贝尔德
Авилова Н. С.	阿维洛娃	Вайзе О.	维兹
Аврорин В. А.	阿夫罗林	Вайнрайх У.	万莱赫
Алешковский Ю.	阿廖什科夫斯基	Вайсблит И.	维斯布里特
Апресян Ю. Д.	阿普列相	Вандриес Ж.	房德里耶斯
Арбатский Д. И.	阿尔巴茨基	Вандриес Ж.	房德里耶斯
Аркадий Райкин	阿尔卡季·莱金	Вежбицкая А.	维日比茨卡娅
Арнольд	阿尔诺利特	Вейгелин К.	魏格林
Арутюнова Н. Д.	阿鲁玖诺娃	Визбор Ю.	维兹伯尔
Астафьев В.	阿斯塔菲耶夫	Виноградов В. В.	维诺格拉多夫
Балли Ш.	巴利	Винокур Г. О.	维诺古尔
Баранников А. П	巴拉尼科夫	Вишневский В.	维什涅夫斯基
Баранникова Л. И.	巴拉尼科娃	Вишневский	维什涅夫斯基
Бардин И. П.	巴尔金	Власов Ю.	符拉索夫
Бахтин М. М.	巴赫金	Волконский А. М.	А·沃恩孔斯基
Белые А.	别雷耶	Волконский С. М.	С·沃恩孔斯基
Бернстан Б.	伯恩斯坦	Высоцкий В.	维索茨基
Бирвиш М.	比尔维什	Гавранек Б.	加弗拉涅克
Блок А.	勃洛克	Гак В. Г.	加克
Блумфилд	布龙菲尔德	Галич А.	加里奇
Богуславский И. М.	博古斯拉夫斯基	Гальди	加里基
Бодуэн де Куртенэ	博杜恩·德·库尔德内	Гамкрелидзе Т. В.	加姆克列利泽
		Гамперц Дж.	甘柏兹
Болотов А.	博洛托夫	Геккель Э	海克尔
Бондалетов В. Д.	邦达列多夫	Генеманов С.	哈尼曼
Борисова-Лукашанец Е. Г.	波利索娃-卢卡莎涅茨	Генцен В.	根岑
		Герд А. С.	盖尔德
Бояркина В. Д.	巴亚尔金娜	Герцен	赫尔岑
Брагиная А. А.	布拉吉娜娅	Гинзбург Е.	金兹布尔克
Брандт Р. Ф.	布朗特	Гиро П.	基罗
Булич	布里奇	Гладкий А. В.	格拉德季
Быков В.	贝科夫	Гловинская М. Я.	格洛温斯卡娅

Гобсек	高老头	Золотова Г. А.	佐洛托娃
Головин Б. Н.	格洛文	Зощенко М. М.	左琴科
Голышева Е.	格雷舍娃	Иван Сусанин	伊凡·苏萨宁
Гончаров И. А.	冈察洛夫	Иомдин Л. Л.	伊奥姆金
Горбачев М. С.	戈尔巴乔夫	Иорданская Л.	伊奥丹茨卡娅
Горбачевич К. С.	戈尔巴切维奇	Исаков Б.	伊萨科夫
Гордон Дж.	戈登	Исаченко А. В.	伊萨琴科
Грайс Г.	格赖斯	Каленчук М. Л.	卡列恩丘克
Гранат	格拉纳特	Калинин М. И.	加里宁
Грачев М. А.	格拉切夫	Карамзин	卡拉姆辛
Грин Г.	格林	Караулов Ю. Н.	卡拉乌洛夫
Гроссман В. П.	格罗斯曼	Карбовская В.	卡尔波夫斯卡娅
Грот Я. К.	格罗特	Каринский Н. М.	卡林斯基
Гудков	古特科夫	Карский Е. Ф.	卡尔斯基
Гухман М. М.	古赫曼	Карцевский С. О.	卡尔采夫斯基
Дайболд А.	达依博尔德	Касаткин Л. Л.	卡萨特金
Данн Дж.	达恩	Касаткина Р. Ф.	卡萨特金娜
Даррел Дж.	达列尔	Кёстер-Тома З.	考斯特-托马
Девкин В. Д.	捷夫金	Ключевский В. О.	克留切夫斯基
Дешериев Ю. Д.	德舍利耶夫	Князькова Г. П.	克尼亚兹科娃
Дженкинсон Ч.	詹金森	Коготкова Т. С.	果戈特科娃
Джик Керуак	杰克·凯鲁亚克	Кожина М. Н.	科仁娜
Добрянский А.	多布良斯基	Колосов М.	科洛索夫
Доза А.	多扎	Колосов М.	科洛索夫
Долинин К. А.	多利宁	Кон И. С.	科恩
Долопчев В.	多洛普切夫	Кони А. Ф.	科尼
Домашнев А. И.	多玛什涅夫	Кони А. Ф.	克尼
Евреинова	叶弗列伊诺娃	Копыленко М. М.	科贝连柯
Едличка А.	叶德利奇卡	Корш Ф. Е.	柯尔什
Ерофеев В.	叶罗费耶夫	Костомаров В. Г.	科斯塔马罗夫
Еськова Н. А.	叶西科娃	Крейдлин Г. Е.	克雷德林
Ефремов Е.	叶弗列莫夫	Крейн И.	克雷恩
Жигулин А.	日古林	Крестовский В. В.	克列斯托夫斯基
Жирмунский В. М.	日尔蒙斯基	Крокет К.	克罗盖特
Зализняк А. А.	扎莉兹尼娅克	Крылова О. А.	克雷洛娃
Захаров Я. Д.	扎哈罗夫	Крысин Л. П.	克雷欣
Звегинцев В. А.	兹维金采夫	Кузнецова А. М.	库兹涅佐娃
Земская Е. А.	泽姆斯卡娅	Кунин В.	库宁

Куприн А. И.	库普林	Орлов Л. М.	奥尔洛夫
Курилович Е.	库里洛维奇	Остин Дж.	奥斯汀
Л. Рон Хаббард	罗恩·哈伯德	Панов М. В.	班诺夫
Лабов У.	拉波夫	Пантелеев Л.	潘捷列耶夫
Лаков Дж.	莱考夫	Парикова Н. Б.	巴利科娃
Лаков Р.	莱科夫	Пастухов	巴斯杜霍夫
Лаптева О. А.	拉普捷娃	Пауль Г.	巴乌利
Ларин Б. А.	拉林	Паустовский К. Г.	巴乌多夫斯基
Левберг М. К.	列夫伯格	Пауфошима Р. Ф.	巴乌弗西玛
Левин Л.	列文	Перцов Н. В.	别尔佐夫
Лимонов Э.	利莫诺夫	Песков В.	别斯科夫
Лихачев Д. С.	利哈切夫	Петерсон М. Н.	别杰尔松
Ломоносов	罗蒙诺索夫	Пешковский А. М.	彼什科夫斯基
Мак-Дэвид Р.	马克-戴维	Плюшкин	泼留希金
Манилов	马尼洛夫	Подберезкина Л. З.	伯德别列兹金娜
Мартине А.	马丁内	Покровский М. М.	巴克洛夫斯基
Масляков А	马斯利亚科夫	Поливанов Е. Д.	波利万诺夫
Матезиус В.	马泰休斯	Пороховщиков П. С	波罗霍夫希科夫
Мачавариани Г. И.	马恰瓦里阿尼	Пудовкин В.	普多夫金
Мейе А.	梅耶	Пушкарю С.	布什卡留
Меллер	缪勒	Пфандль Х.	普范德里
Мельчук И. А.	梅里丘克	Пьер Кюри	皮埃尔·居里
Меромский А.	梅罗姆斯基	Разгон Л.	拉兹贡
Меромский	梅罗姆斯基	Рахилина Е. В.	拉西林娜
Миронов С. А.	米罗诺夫	Рахманинов С.	拉赫马尼诺夫
Миртов А. В.	米尔托夫	Реферовский Е. А.	列费尔夫斯基
Морозова Т. С.	莫罗佐娃	Реформатский А. А.	列福尔马茨基
Моррис Ч.	莫里斯	Ржевкая Е.	勒热夫斯卡娅
Мурат В. П.	穆拉特	Рихтер Э.	雷赫特
Мюллер В. К.	米勒	Робер К.	罗别尔
Невзоров А.	涅夫佐罗夫	Розенталь Д. Э.	罗森塔尔
Нейгауз Г. Г.	纳依豪斯	Рощин М.	罗辛
Немченко Г.	涅姆钦柯	Рыбаков А. Н.	雷巴科夫
Николаева Т. М.	尼古拉耶娃	Салтыков-Щедрин	萨尔蒂科夫-谢德林
Овсянников В. З.	奥夫相尼科夫		
Огиенко И. И.	奥基延柯	Салтычиха	萨尔特奇哈
Огнев Н.	奥格涅夫	Санников В. З.	萨尼科夫
Ожегов С. И.	奥热果夫	Сахаров А. Д.	萨哈罗夫

Селиверстова О. Н.	谢里韦尔斯托娃	Фёрс Дж.	弗斯
Селищев А. М.	谢里舍夫	Филлмор Ч.	菲尔默
Семенюк Н. Н.	谢苗纽克	Фэйсолд Р.	法索尔德
Сепир Э.	萨丕尔	Хаймс Д.	海姆斯
Сергеич П.	谢尔盖伊奇	Хауген Э.	豪根
Серебренников Б. А.	谢列布列尼科夫	Хокетт Ч.	霍凯特
Сешеэ А.	薛施蔼	Хомский	乔姆斯基
Симонов К.	西蒙诺夫	Хэллидей М. А.	韩礼德
Сирль Дж.	塞尔	Хютль-Ворт Г.	修特里-沃尔特
Сиротинина О. Б.	西罗季妮娜	Цветухин	茨维杜欣
Скляревская Г. В.	斯克利亚列夫斯卡娅	Чедвик Дж.	查德威克
		Черных П. Я.	切尔内赫
Смирницкий А. И.	斯米尔尼茨基	Чехов А. С.	契诃夫
Смит У.	斯密特	Чистяков В. Ф.	契斯加科夫
Соболевский А. И.	索博列夫斯基	Чуковская Л. К.	楚科夫斯卡娅
Соколова А. Н.	索科洛娃	Чуковский К. И.	楚科夫斯基
Солженицын А. И.	索尔仁尼琴	Шаламов В. Т.	沙拉莫夫
Сологуб	索洛古布	Шанский Н. М.	尚斯基
Солоухин В.	索洛乌欣	Шахматов А. А.	沙赫马托夫
Сорокин Ю. С.	索罗金	Шахрай О. Б.	沙赫莱
Соссюор Ф. де	索绪尔	Швейцер А. Д.	施维采尔
Спасский П. Х.	斯帕斯基	Шветова Ю.	什维多娃
Степанов Г. В.	斯捷班诺夫	Шекспир	莎士比亚
Стоян П.	斯托扬	Шибутани Т.	西布塔尼
Суперанская А. В.	苏佩兰斯卡娅	Шмелев Д. Н.	什梅廖夫
Сухомлинов М. И.	苏霍姆林诺夫	Шор Р. О.	肖尔
Сухотин А. М.	苏霍京	Шукшин В.	舒克申
Тарасов Е. Ф.	达拉索夫	Шулан Б.	萨蓝
Тимофеев-Ресовский Н. В.	季莫菲耶夫-列索夫斯基	Шумяцкий Б.	舒米亚茨基
		Щеглов Э.	谢格洛夫
Толстой А. Н.	阿·托尔斯泰	Щерба Л. В.	谢尔巴
Трубецкой Н. С.	特鲁别茨柯依	Эрвин-Трипп С.	埃尔文-特里普
Тургенев И. С.	屠格涅夫	Эренбург И.	爱伦堡
Унбегаун Б.	温贝考恩	Ю Хак Су	尤·哈克·苏
Уорф	沃尔夫	Юшманов Н. В.	尤什马诺夫
Успенский Б. А.	乌斯边斯基	Юшманов Н. В.	尤什马诺夫
Утёсов Л. О.	乌吉奥索夫	Якобсон Р.	雅克布森
Ушаков Д. Н.	乌沙科夫	Якубинский Л. П.	雅库宾斯基
Фасмер М. Р.	法斯梅尔	Яновский Н. В.	亚诺夫斯基
Федин К.	费金	Ярцев В. Н.	雅尔采夫
Фергюсон Ч.	弗格森		

译者后记

俄罗斯的社会语言学研究有着悠久的历史和传统，和我国语言学界所熟知的英美学派相比，它在研究的广度和深度、研究对象的层次等方面都有自己的特点。克雷欣教授是莫斯科功能社会语言学派的代表人物，他的研究在相当程度上体现了俄罗斯社会语言学的诸多特点。有幸翻译他的著作，使我得以实现向中国读者介绍俄罗斯社会语言学的夙愿。

参与本书翻译的还有解放军外国语学院的于鑫副教授，他学风严谨，学养深厚，承担了本书一半的工作量，包括第一编（大部分）和第二编（全部）的翻译工作，没有他的加入，本书的翻译不可能在较短的时间里完成。

感谢克雷欣教授在本书的翻译过程中给予的帮助！感谢"当代俄罗斯语言学理论译库"项目组和北京大学出版社的支持和帮助！感谢我的家人和同事在翻译过程中给予的理解和支持！感谢我的合作伙伴于鑫博士！

由于时间和水平所限，翻译中难免有不当之处，敬请读者批评指正。

赵蓉晖

2011 年 4 月于上海